中国非物质文化遗产
数字传播研究报告
2018—2022

薛 可 郭 斌 主编

Report on
Digital Communication of
Intangible Cultural Heritage of China
(2018–2022)

上海交通大学出版社
SHANGHAI JIAO TONG UNIVERSITY PRESS

内容提要

本书是中国非物质文化遗产数字传播的研究报告，该报告通过对中国非物质文化遗产的的发展现状、发展特色、发展技术以及发展趋势的研究，勾勒出中国非物质文化遗产数字传播的发展轨迹，对非物质文化学、传播学、文化学、民俗学、民族学、计算机科学、社会学、设计学等相关学科的研究者，提供中国非物质文化遗产的研究资料，也为中国非物质文化遗产的传播与保护提供中国学者的智慧。本书可作为对文化的数字传播感兴趣的读者，包括非物质文化、民俗，以及其他传统文化领域的学者。

图书在版编目（CIP）数据

中国非物质文化遗产数字传播研究报告. 2018－2022年／薛可，郭斌主编. —上海：上海交通大学出版社，2023.4
ISBN 978－7－313－28438－9

Ⅰ. ①中…　Ⅱ. ①薛…　②郭…　Ⅲ. ①数字技术－应用－非物质文化遗产－文化传播－研究报告－中国－2018－2022　Ⅳ. ①G122－39

中国国家版本馆 CIP 数据核字（2023）第 050060 号

中国非物质文化遗产数字传播研究报告（2018—2022年）
ZHONGGUO FEIWUZHI WENHUA YICHAN SHUZI CHUANBO YANJIU BAOGAO(2018—2022 NIAN)

主　编：薛　可　郭　斌			
出版发行：上海交通大学出版社	地　　址：上海市番禺路 951 号		
邮政编码：200030	电　　话：021－64071208		
印　　制：上海新艺印刷有限公司	经　　销：全国新华书店		
开　　本：787 mm×1092 mm　1/16	印　　张：28.75		
字　　数：644 千字			
版　　次：2023 年 4 月第 1 版	印　　次：2023 年 4 月第 1 次印刷		
书　　号：ISBN 978－7－313－28438－9			
定　　价：88.00 元			

序 | Preface

　　人类文明是通过文化的传承得以延续的,而文化所包含的内容极其广泛,有物质文化和非物质文化,有历史文化与艺术文化,有生产文化与精神文化等,我们需要传承与弘扬的,是优秀而先进的文化,为此,全球将这些优秀而先进的文化定义为文化遗产,认为其是值得继承和发扬的,根据其存在形态的差异性,分为物质文化遗产与非物质文化遗产,物质文化遗产又分为历史文化遗产与自然文化遗产等,而本书讨论的是非物质文化遗产。

　　非物质文化遗产(Intangible Cultural Heritage,简称"ICH"),又被称为"无形文化遗产"。在联合国教科文组织于 2003 年通过、2006 年生效的《保护非物质文化遗产公约(Charter on the Preservation of Digital Heritage)》中,明确"非物质文化遗产"是"指被各社区、群体,有时是个人,视为其文化遗产组成部分的各种社会实践、观念表述、表现形式、知识、技能以及相关的工具、实物、手工艺品和文化场所。这种非物质文化遗产世代相传,在各社区和群体适应周围环境以及与自然和历史的互动中,被不断地再创造,为这些社区和群体提供认同感和持续感,从而增强对文化多样性和人类创造力的尊重"。我国第十一届全国人民代表大会常务委员会通过的《非物质文化遗产法》的界定是:"非物质文化遗产指各族人民世代相传并视为其文化遗产组成部分的各种传统文化表现形式,以及与传统文化表现形式相关的实物和场所"。综述而言,非物质文化遗产(以下简称:非遗)包含着文化表达形式和文化空间,是一个民族的文化基因(DNA)。

　　数字非遗,是非物质文化遗产与数字技术的结合,即通过数字技术、网络技术、计算机技术等手段,开展非遗数字化的采集、存储、复原、再现、展示、传播等,即科技为非遗赋能,也为非遗的现代化、时尚化、丰富化、应用化,提供了广阔的前景和无限的可能。

　　我大学学的是传播学,硕士、博士攻读管理学,入职高校以后早年讲授文学、文化,在上海交通大学担任多年的新闻与传播系主任,学科背景一直是文化、传播、管理三大学科及其交叉研究。在麻省理工学院担任高级访问学者期间,又致力于数字技术对文化、传播、管理的赋能与提升。2018 年作为首席专家主持国家社科基金艺术类重大课题"中国非物质文化遗产数字传播研究"(18ZD22),这是关于非遗数字传播研究的第一个国家社科基金重大项

目,之所以在数字非遗上倾注如此多的心血,是基于如下三方面的考量:

首先,非遗是中华文化中的重要瑰宝,是世界文化生态中,不可或缺和不可替代的重要内容。作为全球 4 大文明古国之一,中华文化是唯一从未中断一直延续至今的文化,源远流长、盛行不衰,这种生命力来自文化本身不可替代的价值与无与伦比的先进性,无论是保护世界文化多样性,还是立足于世界优秀民族之林的文化复兴和中国梦的实现,无论是增强文化自信,还是东西方多元文化格局的共存,都有必要高度重视、认真对待非遗文化。

其次,随着互联网带来的数字化革命和信息文明时代的来临,非遗从保护留存到传播创新,都必须与数字化有深度融合,内涵守正,形式创新是必然选择,否则,抱残守缺、自娱自乐,不但无法传承延续,而且必定随着消费者的迭代和社会的变迁,走向边缘化,被新生代消费者遗弃,被时代发展潮流所淘汰。

最后,随着中国综合国力的不断增强,民族自信心不断得到强化,国潮风不光风行国人,而且为全球更多的人群认同和追捧,数字非遗有了更为广泛的社会基础与市场环境,真所谓天时、地利、人和各要素皆已具备,是水到渠成、应运而生。

正因为课题重大,而且内容丰富、学科跨度大,我和西北工业大学的郭斌教授组建了上海交通大学和西北工业大学联合课题组,强强联合,优势互补,共同完成了这一研究报告。

我与郭斌教授相识在中国人工智能大会。郭斌教授系工学博士,西北工业大学计算机学院副院长、教授,国家杰出青年科学基金获得者、工信部智能感知与计算机重点实验室副主任、西北工业大学计算与艺术交叉研究中心主任,系教育部"新世纪优秀人才(2012)和国家"万人计划"青年拔尖人才(2017)、爱思唯尔中国高被引学者。郭斌教授是一位很有非遗情怀的数字技术科学家,我们都希望通过数字技术对中国非物质文化遗产的传播与保护做一些事,也更希望能把中国非物质文化遗产数字传播的历程作为历史资料记录下来。我与郭斌教授商定,由我们二人共同主编,并轮流担任第一主编。

本书就是在这样的大背景之下完成的。既是数字非遗国家社科基金重大课题的总结,也是顺应市场、社会需要的自然呈现。

本书分为十章,第一章数字非遗的研究回顾,通过概念、内涵、分类、特征的总体描述,梳理了数字非遗的发展轨迹与研究现状。第二章数字非遗的研究综述,通过对理论基础的阐述,对国内、国际相关研究进行了系统整理,完成了研究文献的综述,廓清了研究脉络与成果汇总。第三章至第五章,分别从数字非遗的留存保护、受众感知、传承三个方面,对数字赋能非遗的三大领域进行系统阐述。第六章至第七章分别从交互传播与众创平台,将数字对非遗的创造性功能进行了系统挖掘,即数字技术不光是再现非遗,还能创造非遗。第八章至第十章,将数字非遗的三大应用场景:文创、旅游、会展进行了全面分析与论述,使数字非遗更加具象、更有场景化价值。最后通过两个附录,收录了数字非遗的大事年表与政策汇总,增强本书的资料性、全面性。

本书由上海交通大学和西北工业大学数字非遗联合课题组同仁共同完成。由我和郭斌教授协商提出全书体系、撰写体例、行文要求后，由课题组同仁分头执笔。具体分工如下：第一章龙靖宜；第二章李亦飞；第三章方禹杨；第四章丁亚三；第五章陈梦琦；第六章王娜；第七章王娜；第八章花敏；第九章刘佳晨；第十章岳鸣雁；附录一李思晨；附录二鲁晓天。鲁晓天、王娜协助我和郭斌教授参与了全书的统稿工作。

衷心感谢上海交通大学出版社人文分社新闻传播出版中心首席编辑黄强强老师和责任编辑李夕冉老师为本书付出的辛勤劳动，感谢数字非遗国家社科重大项目课题组的全体同仁和本书全体编撰人员，我们共同探索，并肩工作，在辛劳之余，获得了学术创造的快乐，也收获了真诚的友谊。

本课题内容新，原创要求高，我们才疏学浅，难免有错误和不足，也请广大读者朋友和业内同道批评指正。

上海交通大学-南加州大学文化创意产业学院副院长、长聘教授、博士生导师

2023 年 3 月 25 日

目 录 | Contents

第一章
数字非遗的研究回顾

第一节 数字非遗概念及内涵

无论是从学界还是从业界来看，国内外关于数字非遗并没有统一的定义。这是技术革新、社会进步、媒介演变、消费升级等多种因素共同作用的结果，数字非遗的概念也一直处于动态更新的过程中。笔者从非遗界定、数字非遗界定，以及数字非遗意义三个角度来深入探讨数字非遗的概念及内涵。

一、非遗界定

"Intangible Cultural Heritage，ICH"，即"无形文化遗产"，在我国被称为"非物质文化遗产"，日本、韩国则称之为"无形文化财"，泰国则采用"Intellectual Cultural Heritage"（知识性文化遗产）来表述。关于非遗的界定可以追溯到 20 世纪中后期，各国与各组织开始纷纷提及非遗的相关概念：日本和韩国将无形文化财、民俗等无形文化遗产早早纳入国家法定保护范畴，分别在 1950 年的日本《文化财保护法》与 1962 年的韩国《文化财保护法》中做出明确规定；①1982 年，在联合国教育、科学及文化组织（UNESCO，United Nations Educational，Scientific，and Cultural Organization，以下简称联合国教科文组织）的世界遗产委员会墨西哥会议文件中出现"民间文化"一词；1985 年，泰国实施了重视创作者有形与无形个人价值的"国家艺术大师计划"（National Artist Project）；②1989 年，联合国教科文组织第 25 届全体大会通过的《关于保护传统文化与民间创作的建议》提出了"传统和民间文化"的概念，这一建议也成为后来各国开展非物质文化遗产保护的国际标准；③1997 年，联合国教科文组织召

---

① 苑利.日本文化遗产保护运动的历史和今天[EB/OL]. https：//www.ihchina.cn/news_1_details/8547.html.［访问时间：2022－08－13］；许庚寅.韩国《文化财保护法》的架构探讨[J].文化遗产，2011(04)：56－59.
② 杨怡.非物质文化遗产概念的缘起、现状及相关问题[J].文物世界，2003(2)：27－31.
③ 宋俊华.非物质文化遗产概念的诠释与重构[J].学术研究，2006(9)：5.

开的"保护大众文化空间"国际文化保护咨询会提出"人类口头和非物质遗产"，并在 1998 年公布的《人类口头和非物质遗产代表作条例》中，正式将"非物质文化遗产"概念化；[①]在联合国教科文组织于 2003 年通过、2006 年正式生效的《保护非物质文化遗产公约》(*Charter on the Preservation of Digital Heritage*)（以下简称《公约》）中，明确了"非遗"是指"被各社区、群体，有时是个人，视为其文化遗产组成部分的各种社会实践、观念表述、表现形式、知识、技能，以及相关的工具、实物、手工艺品和文化场所。这种非物质文化遗产世代相传，在各社区和群体适应周围环境，以及与自然和历史的互动中，被不断地再创造，为这些社区和群体提供认同感和持续感，从而增强对文化多样性和人类创造力的尊重"。[②] 这一界定成为国际公认的"非遗"权威定义之一。同时，《公约》确定了非遗的范围、保护原则等内容，成为全球各国开展非遗保护的纲领性文件。

我国第十一届全国人民代表大会常务委员会通过的《非物质文化遗产法》也对非遗进行了界定："非物质文化遗产指各族人民世代相传并视为其文化遗产组成部分的各种传统文化表现形式，以及与传统文化表现形式相关的实物和场所。"[③]这一定义更突出地强调了民族文化、传统文化在非遗中的地位。正如学者谈国新、何琪敏所言："非遗是一个民族最稳定的文化 DNA，也是一个民族区别于另一个民族的标志性符号。"[④]

综上可知，非遗可以理解为两个概念范畴：一是文化表达形式(forms of popular and traditional expression)；二是包括与非遗相关的实体物品和文化场所等在内的文化空间(cultural space)。

二、数字非遗的界定

简单来讲，数字非遗可以理解为"非遗＋数字技术"，即非遗文化与数字技术相结合的产物。具体而言，目前数字非遗所涉及的主要工作是基于数字技术、网络技术、计算机技术等开展的非遗数字化采集、存储、复原、再现、展示、传播等内容。[⑤] 就学界与业界对数字非遗概念的界定来看，可以分为两大主流方向：一是从非遗留存与保护的数字化方面对数字非遗进行界定；二是从非遗的数字传承与传播方面对数字非遗进行界定。

（一）非遗数字化
学者王耀希在 2009 年出版的《民族文化遗产数字化》中指出："文化遗产数字化"是指：

---

① 杨文艺，顾晓晖."后申遗时代"的反思：我国非物质文化遗产的概念论争[J].安徽理工大学学报(社会科学版),2017(3):5.
② 联合国教科文组织.保护非物质文化遗产公约[EB/OL]. http://www.ihchina.cn/zhengce_details/11668.[访问时间：2022-07-11].
③ 全国人大常委会法制工作委员会行政法室.非物质文化遗产法释义及行政指南[M].北京：中国民主法制出版社,2011:1.
④ 谈国新,何琪敏.中国非物质文化遗产数字化传播的研究现状,现实困境及发展路径[J].理论月刊,2021(9):87-94.
⑤ 朱千波.对非遗进行数字化传承[EB/OL]. http://edu.people.com.cn/n/2015/0519/c1053-27022565.html.[访问时间：2022-07-07].

"采用数字采集、数字存储、数字处理、数字展示、数字传播等数字化技术将文化遗产转换、再现、复原成可共享、可再生的数字形态,并以新的视角加以解读,以新的方式加以保存,以新的需求加以利用。"①这一界定从技术介入的视角,剖析了文化遗产资源转化为数字形态文化遗产资源须经历的步骤,即文化遗产数字化过程,也成为诸多学者界定非遗数字化的重要基础与借鉴。例如,马晓娜等学者在此基础上,对文化遗产数字化与非遗数字化进行了辨析,认为非遗数字化工作与文化遗产不同,识别与认知非遗所包含的文化元素、文化价值、文化内涵等"非物质"特征与元素是定义"非遗数字化"的重要前提,这将影响非遗数字化的原则、方法及工作侧重。② 学者黄永林和谈国新则参照王耀希对"文化遗产数字化"的界定,提出了非遗数字化定义——"采用数字采集、数字储存、数字处理、数字展示、数字传播等技术,将非物质文化遗产转换、再现、复原成可共享、可再生的数字形态,并以新的视角加以解读,以新的方式加以保存,以新的需求加以利用"。③

可以看出,非遗数字化或非遗数字化保护,更多的是从技术层面对数字非遗进行界定,强调数字技术在非遗中的价值作用与实践应用,侧重于对非遗进行数字化存储与保护。如,谭必勇等学者指出,数字非遗就是"将数字信息技术应用于民族、民间非物质文化遗产的抢救与保护,借助数字摄影、三维信息获取、虚拟现实、多媒体与宽带网络技术等技术,建立一个以计算机网络为基础的综合型数字系统"。④ 学者宋俊华认为,在非遗数字化的过程中,"数字化技术作为一种信息处理技术,是计算机技术、多媒体技术、智能技术和信息传播技术的基础",既是一种可以帮助非遗建档、传播、研究、存储、传承、开发等的非遗保护措施,又是一种将非遗生命力在实践中不断延伸的内在元素。⑤ 而学者范周则强调,非遗数字化是一种手段,即采用当代数字技术将传统非遗进行活态呈现,其目的是"让非遗能够'听得见''带得走''学得来'",⑥拉近非遗与现代受众的距离。

通过以上界定可以看出,从非遗数字化角度理解的"数字非遗"主要侧重于如何通过数字技术实现对非遗资源的有效存储和长期获取,凸显数字技术在非遗数字形态转化过程中的技术支持作用。随着非遗数字化进程的不断推进,其工作重心也从对濒危非遗项目的数字化抢救,逐渐拓展到对整体非遗项目的数字化保护以及对经典非遗项目的数字化传承与传播。正如周亚等学者指出:"非遗数字化"的研究与实践是随技术环境变化而变化的,"非遗数字化"的内涵与外延也会随之不断发展。⑦

(二)非遗数字传播

非遗数字传播,也可称作非遗数字化传播,其重点在于如何通过数字手段对非遗进行

---

① 王耀希.民族文化遗产数字化[M].北京:人民出版社,2009:18.
② 马晓娜,图拉,徐迎庆.非物质文化遗产数字化发展现状[J].中国科学F辑,2019(2):121-142.
③ 黄永林,谈国新.中国非物质文化遗产数字化保护与开发研究[J].华中师范大学学报(人文社会科学版),2012(2):7.
④ 谭必勇,徐拥军,张莹.技术·文化·制度:非物质文化遗产数字化研究述评[J].浙江档案,2011(6):30-33.
⑤ 宋俊华.关于非物质文化遗产数字化保护的几点思考[J].文化遗产,2015(2):25-26.
⑥ 范周.数字化传播,让非遗更"潮"[EB/OL]. https://www.ihchina.cn/Article/Index/detail?id=7340.[访问时间:2022-07-11].
⑦ 周亚,许鑫.非物质文化遗产数字化研究述评[J].图书馆情报工作,2017(2):6-15.

传播，是明显区别于非遗数字化的另一内容。学者范周指出："非遗的数字化保护不仅仅是要对其进行抢救性记录，更重要的是为其在互联网时代进行有效传播打下坚实基础。只有在数字化后，非遗相关内容才可能打破时间和空间的限制，从而实现网络传播。"①可见，非遗数字化是非遗数字传播的基础与前提，而两者可以被视为数字时代非遗发展的两个不同阶段。

谈国新等学者认为非遗数字传播就是在新的数字传播系统中引入非遗，并依托数字媒介的交互性、沉浸感、便利、简洁等特点，丰富非遗文化的表达形式，让非遗传播内容更具吸引力。②薛可、龙靖宜对非遗数字传播也进行了概括性界定："所谓数字传播，是以电脑为主体、以多媒体为辅助，集合了语言、文字、声像等信息的多种交换功能，通过网络将各种数据、文字、图示、动画、音乐、语言、图像、电影和视频信息等进行组合互动的新的传播形式。"③她们认为，中国非遗传播是面向不同受众开展的全新传播，是将传统非遗内容与数字技术进行融合、再造，而不是内容、传播与技术的简单叠加。张吕等学者在此基础上，进一步阐释了中国的非遗数字传播，即一个"以数字技术为前提、媒介融合为趋势"的系统性工程，是"由多元行动主体组成的非遗信息传播'数字共同体'"。④

由此可见，从非遗数字传播视角理解的数字非遗更多地关注非遗的数字传播媒介、数字表现形式等方面。同样，伴随数字技术与互联网技术的发展，以及媒介技术的不断变革与更新，非遗数字传播的手段与方式也日益创新多样，不断延伸着数字非遗的范畴。

此外，数字非遗也可以理解为非遗数字化传承，即"以数字采集存储和数字展示传播方式，将非遗资源转换为数字形态复现再生，主要侧重于产业融合和文化遗产保护"。⑤这一界定将非遗数字化与非遗数字传播融为一体，并将非遗的数字保护与传承置于文化产业发展的大语境下。

三、数字非遗的意义

从文化遗产到非遗，再到数字非遗，全球各国对非遗的保护愈加重视，手段与方法也更凸显时代特征，对非遗保护与文化发展具有重要意义。

（一）留存与延承非遗文化

作为我国"公共数字文化工程"的重要内容之一，数字非遗不仅是留存非遗文化的重要手段，而且是在当代延续和继承非遗文化的重要途径。正如中国艺术研究院院长、中国工艺美术馆、中国非物质文化遗产馆馆长韩子勇所言："由于非遗形态多样、综合繁杂，又是活态

① 范周.数字化传播，让非遗更"潮"[EB/OL]. https://www.ihchina.cn/Article/Index/detail?id=7340.［访问时间：2022-07-11］.
② 谈国新，何琪敏.中国非物质文化遗产数字化传播的研究现状、现实困境及发展路径[J].理论月刊,2021(9)：87-94.
③ 薛可，龙靖宜.中国非物质文化遗产数字传播的新挑战和新对策[J].文化遗产,2020(1)：140-146.
④ 张吕，雷雨晴.数字化生存语境下非遗的传播与传承[J].中国电视,2021(10)：72-76.
⑤ 胡惠林，单世联.新型城镇化与文化产业转型发展[M].上海：上海人民出版社 2014：325.

的,因此对信息技术、数字技术的需求迫切程度更高,数字化、信息化对非遗的传承、创新、发展的帮助也是最大、最突出的。"①如今,非遗正值从"抢救性保护""整体性保护"向"生产性保护""生活性保护"过渡的关键期,数字技术为其留存与延承带来了更多的可能。

在非遗数字化进程中,数字技术让传统的非遗资源逐渐转化为可以长期存储、长期可得的非遗数字资源,抢救、保留了诸多濒临消失的非遗文化,也让非遗保护得到了社会的广泛关注与重视,有效地实现了非遗的抢救性保护和整体性保护。在此基础上,数字化、信息化也打破了时间和空间的限制,丰富了当代非遗的展示方式和传播途径,并让已发生深刻变革的非遗传播体、渠道和受众更加适应数字时代的变化与发展。同时,形态多样的非遗文化也借助日趋成熟的移动互联网和数字化技术逐渐向着生产性保护方向创新发展,不断激活非遗潜能、释放非遗活力,让非遗真正融入民众生活,实现非遗的生活性保护。所谓"生产性保护",就是借助生产、流通、销售等手段,使传统工艺融入现代社会生活实践;"生活性保护",即紧密联系民众生活,让非遗在社会生活中持久传承。② 因此,在数字时代语境下,数字技术推动传统非遗进行创造性转化和创新性发展,进而达到非遗的生产性保护与生活性保护的目的,不断延长非遗生命、加深非遗内涵,推动非遗留存与延承。

(二) 弘扬与传播中华文化

习近平总书记高度重视弘扬中华传统文化,并指出:"要使中华民族最基本的文化基因与当代文化相适应、与现代社会相协调,以人们喜闻乐见、具有广泛参与性的方式推广开来。"③因此,作为中华传统文化的优秀内容,我国非遗的数字化传承与传播也尤为重要。虚拟现实、互联网传播、大数据、区块链、多感互动等技术,不仅让传统非遗打破区隔限制,大大拓展了非遗文化的传播范围,而且数字技术带来的交互性、场景感也让传统非遗文化更加新潮,更具现代感,更让非遗文化从小众走向大众,逐渐成为普适性文化教育的重要内容,提升全民对中华传统文化的认知,坚定民族文化自信。

同时,习近平总书记强调:"一个国家、一个民族的强盛,总是以文化兴盛为支撑的,中华民族伟大复兴需要以中华文化发展繁荣为条件。"④而提升文化话语权、"传统文化走出去"已成为中国开展对外传播的重要任务和发展战略之一。⑤ 无论是数字展示,还是数字传播,数字技术将是我国非遗文化"走出去"的重要技术支撑,在提升中华民族文化的国际吸引力、感召力和认同力的同时,树立我国文化大国形象,增强中华民族文化自信。

---

① 文旅中国.数字化何以激活非遗艺术[EB/OL]. https://baijiahao.baidu.com/s?id=1736662117004104198&wfr=spider&for=pc.[访问时间:2022-08-15].
② 李亦奕.激活传统手艺,融入现代生活[EB/OL]. https://www.ihchina.cn/Article/Index/detail?id=10006.[访问时间:2022-08-15].
③ 习近平:建设社会主义文化强国 着力提高国家文化软实力[EB/OL]. http://politics.people.com.cn/n/2014/0101/c1001-23994334.html.[访问时间:2022-08-28].
④ 中华民族伟大复兴需要中华文化发展繁荣——学习习近平同志在山东考察时的重要讲话精神[EB/OL]. http://theory.people.com.cn/n/2013/1216/c40531-23849634.html.[访问时间:2022-08-28].
⑤ 吴瑛,乔丽娟.国际舆论新格局与中国话语新空间[J].对外传播,2021(1):5.

（三）繁荣与发展世界文化

联合国教科文组织于 2005 年公布了《保护和促进文化表现形式多样性公约》，其中明确指出："确认文化多样性是人类的一项基本特性。认识到文化多样性是人类的共同遗产，应当为了全人类的利益对其加以珍爱和维护。"[1]非遗的数字化保护不仅拓展了传统文化表达的新领域，还是促进各国和各民族文化繁荣、维护世界文化多样性与推动人类社会进步的重要内容。

具体而言，一方面，数字非遗在文化内容上可以丰富当代世界文化。依托便捷的互联网与先进的数字技术，可以打破时间与空间的限制，展示不同地域、不同年代的非遗文化，保留原有非遗文化的差异性，维护文化内容的多样性；另一方面，数字非遗在文化形态上可以丰富当代世界文化。之所以说数字技术可以盘活非遗文化，主要在于其可以利用虚拟的图文声像再现非遗艺术，甚至调动全身进行沉浸式体验，仿佛置身于非遗文化之中，是传统非遗文化在形态上的创新。此外，各种形式的数字非遗产品与服务也让数字技术逐渐成为其他文化的新支撑，催生多元形式的文化产品与服务，为消费者提供更加多样的文化消费选择。

第二节　数字非遗分类与特征

随着数字技术与信息技术的不断发展，关于数字非遗的研究与应用也愈加丰富与深入。与传统非遗相比，数字非遗在数字生态环境下呈现出多样的类型与时代性特征。

一、数字非遗的类型

数字非遗的类型目前没有统一标准，通常根据不同的数字非遗特点进行分类。下面分别从非遗项目形态特征、数字技术应用现状、数字非遗传播模式三个视角对已有数字非遗的类型进行梳理。

（一）基于非遗项目形态特征的分类

根据《中华人民共和国非物质文化遗产法》（以下简称《非遗法》）[2]的规定，非遗包括传统口头文学以及作为其载体的语言；传统美术、书法、音乐、舞蹈、戏剧、曲艺和杂技；传统技艺、医药和历法；传统礼仪、节庆等民俗；传统体育和游艺；其他非物质文化遗产六类。《国家级非物质文化遗产代表性项目名录》[3]则将非遗分为十大门类：民间文学，传统音乐，传统舞

---

① 联合国教科文组织.保护和促进文化表现形式多样性公约（2005）[EB/OL]. http：//www.ihchina.cn/Article/Index/detail?id=15716.[访问时间：2022 - 08 - 15].

② 中华人民共和国非物质文化遗产法[EB/OL]. http：//www.npc.gov.cn/zgrdw/huiyi/lfzt/fwzwhycbhf/2011-05/10/content_1729844.htm.[访问时间：2022 - 08 - 15].

③ 国家级非物质文化遗产代表性项目名录[EB/OL]. https：//www.ihchina.cn/project.html.[访问时间：2022 - 08 - 17].

蹈,传统戏剧,曲艺,传统体育、游艺与杂技,传统美术,传统技艺,传统医药和民俗。根据以上官方分类标准及不同非遗项目的自身特点,数字非遗可以分为传统表演类数字非遗、传统游艺类数字非遗、工艺民俗类数字非遗和文学语言类数字非遗四大类。[①]

1. 传统表演类数字非遗

传统表演类数字非遗具有观赏性特点,包括传统音乐、传统舞蹈、传统戏剧与传统曲艺等方面的内容。这类数字非遗主要依托数字展示技术呈现出极具观赏性的交互舞台,通过利用虚拟现实(VR)、全息投影、混合现实(MR)等技术再现场景、延伸舞台、实现交互,提升传统非遗视觉表演效果,增强受众观看表演时的沉浸感,提升受众对非遗传播的立体感知,为受众奉上视听盛宴。例如,《只此青绿》《牡丹亭》等新媒体节目,利用数字舞美调度演员在台上的表演,利用传统的舞台布景与数字技术,打造立体舞台,使观众在视觉、听觉、心理等方面产生共鸣、共情,深化表演中的沉浸感体验。

2. 传统游艺类数字非遗

传统游艺类数字非遗具有娱乐性,包括传统体育竞技、杂技艺术、少儿游戏等内容。这类数字非遗利用数字技术,增强受众体验的娱乐性与参与性,深入理解非遗文化,提升非遗的认知程度。例如,依托动作捕捉建立传统游艺类非遗数据库,再以3D技术对其进行还原,通过VR、全息投影等技术进行线下展示,也可以在线上依托网络平台予以游戏呈现,并在多个不同类型的网络平台上进行互动游戏,以增强游艺类非遗项目的趣味性,让受众身临其境,体验传统游艺,在趣味活动中深化受众对非遗的了解和记忆。

3. 工艺民俗类数字非遗

工艺民俗类数字非遗注重工艺技法的操作,包括传统美术、传统技艺、传统民俗、传统医药等内容。这类数字非遗可以采用严肃游戏的形式实现数字展示,以此加深受众对技法、技艺的理解,甚至可以提升自己的操作熟练度。首先,在这类数字非遗展现的过程中,故事场景与游戏机制的设定主要以工艺民俗历史为客观依据,设置游戏故事的宏观背景;其次,利用工艺民俗类非遗元素,重现工艺技法操作现场,构建非遗游戏的模拟场景,在审美与体验方面优化游戏;最后,设置"闯关"等具有挑战性的环节,增强游戏趣味性,进而强化工艺民俗的核心技法和技艺,加深受众对工艺民俗类非遗的理解。

4. 文学语言类数字非遗

文学语言类数字非遗具有抽象性,强调对内容的感受与理解,包括民间传说、民间故事、歌谣、长篇叙事诗、谚语、谜语等内容的数字非遗。情感可视化是这类数字非遗展示的主要方式,将语言和文字信息具象化,降低内容理解难度的同时也提升了受众对非遗的接受程度。比如,将民间文学语言的情感元素通过情感可视化技术提取出来,让文学语言类非遗的文字、声音等内容简易化、可视化,打造一个以情感信息元素为核心的情感共享空间,让其所表达的内涵与内容更易被理解,进而提升受众对作品的关注度。

---

① 薛可,龙靖宜.消弭数字鸿沟:中国非物质文化遗产数字传播新思考[J].中国非物质文化遗产,2021(2):8.

（二）基于数字技术应用现状的分类

由于非遗本身形态众多，并具有活态性，数字技术的介入程度与应用方式也各不相同。国内一些学者就文化遗产与非遗的数字化应用技术现状进行归纳总结，例如，彭冬梅、潘鲁生、孙守迁等人对物质文化遗产与非遗保护技术的研究；姚国章对非遗数字化技术的研究；耿国华等人对文化遗产活化关键技术方向的研究。基于此和数字非遗应用实践，可以从数字技术角度将数字非遗大致分为三类：以采集存储为主的数字非遗；以展示传播为主的数字非遗；以智慧管理为主的数字非遗。①

1. 以采集存储为主的数字非遗

以采集存储为主的数字非遗主要是将非遗资源进行数字化保存、存档与重建，形成数据化、信息化的非遗资料以便长久留存。这类数字非遗是通过二维三维扫描、数字摄影摄像、三维建模与图像处理、动作捕捉、数字叙事记录手段等技术生成的包括文字、图像、声音、视频、三维数据等形式的数字文件，完成对非遗的活态内容向数字信息的转换，同时也可以灵活、便捷地对数字资料进行修改、编辑、排序、移位、备份、删除和增补，实现对非遗资源长期有效的保存、组织和存储，起到非遗的保护与传承作用。例如，皮影数字博物馆②通过采集万余件皮影图像资源、收集皮影名角珍贵唱段的音频文件、录制各地具有代表性的皮影节目等方式，保存我国非遗皮影戏的众多珍贵文化资料。

2. 以展示传播为主的数字非遗

以展示传播为主的数字非遗主要是通过多种数字智能展示手段，如 3D 技术、虚拟现实技术（VR）、增强虚拟现实技术（AR）、混合现实技术（MR）等前沿技术，并结合文本、图片、音频、视频、动画等内容展示形式，在线下展示空间和线上媒体平台进行仿真模拟与智能交互，实现非遗的实体化和虚拟化展示与传播。例如，中国首部世界非遗 VR 纪录片《昆曲涅槃》，通过 VR 技术再现江南场景，展示昆曲魅力，将现代数字技术与传统非遗文化在虚实变化中进行完美融合。

3. 以众创管理为主的数字非遗

以众创管理为主的数字非遗主要依托大数据、云计算、云平台、区块链、可视化运维管理等技术，对已有的数字非遗资源进行系统性的存储、整理、管理与共享，形成感知、数据、决策、执行、评估和反馈的管理模式，实现统一管控、业务协同、数据共享与智慧服务等目标。例如，致力于打造全球领先的数字藏品综合服务平台的"天工严选"，充分运用 3D 建模、区块链等元宇宙相关技术对藏品进行数字化采集、创作、发行、交易，并发行国家级非遗藏品，旨在成为"打造中华文化数字内容优选平台"。

（三）基于非遗数字传播媒介的分类

随着信息技术与媒介变革，可以承载数字内容的传播媒介日趋多元。学者谈国新、何琪

---

① 彭冬梅,潘鲁生,孙守迁.数字化保护——非物质文化遗产保护的新手段[J].美术研究,2006(1)：5； 姚国章.非物质文化遗产的数字化发展及关键技术应用[J].常州大学学报(社会科学版),2021(4)：11； 耿国华,何雪磊,王美丽,等.文化遗产活化关键技术研究进展[J].中国图象图形学报,2022(6)：20.

② 皮影数字博物馆[EB/OL]. http://shadow.caa.edu.cn/.[访问时间：2022 - 08 - 17].

敏将非遗的数字化传播媒介分为基于网络的数字化传播媒介、基于智能设备的数字化传播媒介、基于社交网络的数字化传播媒介，以及基于公共文化服务平台的数字化传播媒介。[①]根据此研究内容，并结合媒介本身的属性与特点，数字非遗可以分为基于大众媒介的数字非遗、基于网络媒介的数字非遗、基于其他媒介的数字非遗。

1. 基于大众媒介的数字非遗

传统的大众媒介包括报纸、杂志、广播、电视等。随着数字化技术的不断渗透，大众媒介也纷纷进行数字化转型，将数字技术应用于传统媒介的非遗传播中，主要包括四种类型。一是基于平面媒介的数字非遗。平面媒介成为非遗数字内容的接入口，依托电子设备，联动线上数字内容，或是引入 AR 等技术，增强读者非遗体验的临场感。二是基于广电媒介的数字非遗。主要是在广播、电视节目的内容、表现与制作等方面进行数字化创新，例如河南卫视推出的"奇妙游"系列节目，不仅创新采用"网综＋网剧"的形式架构，更是利用 XR 技术呈现了诸多非遗元素和内容，赢得了观众广泛好评。[②] 三是基于影视剧的数字非遗。有以非遗为主题的纪录片、综艺节目，如展现非遗文化的《了不起的匠人》《我是你的瓷儿》等纪录片、深挖非遗传承的《传承者》《非凡匠心》等综艺节目；也有将非遗内容合理化融入剧情的影视剧，如展现"茶百戏"的《梦华录》、融入缂丝的《当家主母》等。四是基于户外媒介的数字非遗。作为一种以公共空间为主的媒介形式，户外媒介也不断加快数字化步伐。例如，博物馆、美术馆、文化馆等公共文化服务空间，为非遗提供了数字化、智能化的展示与传播平台，通过文化互动体验，提升受众的参与感，强化对非遗内容的认知与理解。比如，陕西非遗数字化展厅依托 3D、AR、VR、沉浸式投影等技术，让受众全方位感知、沉浸式互动体验非遗文化。

2. 基于网络媒介的数字非遗

网络媒介是数字非遗的重要展示与传播平台，可以从两个方面对其深化理解。一是基于一般网站的数字非遗。这主要是指以图片、视频、音乐等数字方式呈现非遗资源，受众可以通过浏览网页获取非遗信息。例如，中国非物质文化遗产网·中国非物质文化遗产数字博物馆、中国传统村落网、四川非物质文化遗产网等。二是基于社交媒体传播的数字非遗。作为新媒体中的佼佼者，社交媒体强调人人参与、具有社会性，受众通过互动、分享建立情感联系与社交关系，因此成为非遗展示与传播的重要平台。通过社交媒体进行传播的数字非遗在内容和形式上更加开放、多元，更具创新性。例如，依托短视频创作的数字非遗已经成为年轻人了解非遗文化的重要数字内容。

3. 基于智能媒介的数字非遗

智能手表、手机、眼镜等智能化的电子设备在不断地影响着人们的工作、生活及娱乐方式。基于智能媒介的数字非遗多是依托智能手机、智能手表、VR 眼镜等智能设备，通过强化、延伸受众的感官感知，提升沉浸式互动体验，提升非遗文化的传播效果。例如，"AR 安徽非遗"APP 是安徽非遗文化的 AR 展示平台，它不仅储存了安徽省的众多非遗项目资料，而且将非遗真实场景进

① 谈国新,何琪敏.中国非物质文化遗产数字化传播的研究现状、现实困境及发展路径[J].理论月刊,2021(9)：87 - 94.
② 小迁.河南中秋晚会再度出圈,非遗与现代科技碰撞火花,雅俗皆可共存[EB/OL]. https：//xw.qq.com/cmsid/20210919A0B55V00.[访问时间：2022 - 08 - 28].

行 3D 化呈现，并依托 AR 技术实现智能交互展示，增强受众在智能设备端的互动体验感。

（四）数字非遗其他分类方式

伴随技术更新、媒介环境、文化创新等方面的不断变化，数字非遗也不断出现更为细化、多样的分类方式。

1. 以非遗数字展示方式为分类标准

根据非遗数字展示方式的不同，可以分为传统信息展示型的数字非遗，通过显示设备展示图文、音视频和三维模型等非遗资源，如通过数字大屏、投影、显示器等屏幕设备展示的非遗信息；机械控制展示型的数字非遗，通过机械装置模拟非遗活动流程，并依托显示终端实现非遗信息可视化；交互触屏展示型的数字非遗，通过触摸浏览获取非遗信息，常见于博物馆、图书馆、文化馆等场所；传感器式互动型的数字非遗，通过陀螺、声场、磁场等各种传感器技术，根据用户不同反馈做出相应的反应；虚拟现实体验型的数字非遗，通过虚拟现实等技术实现多感官非遗体验，如利用 AR、VR、全息投影等营造逼真的非遗场景。①

2. 以非遗数字化传播模式为分类标准

根据非遗数字化传播模式的不同，可以分为以下四种模式：大众传播模式的数字非遗，即借用纸媒、广播、电视等大众媒体影响力开展创新传播的数字非遗，如河南卫视的《元宵奇妙夜》《清明时节奇妙游》《端午奇妙游》《七夕奇妙游》等系列节目；数字典藏传播模式的数字非遗，即基于数字图书馆与数字博物馆的数字非遗，如中国非物质文化遗产数字博物馆、美国历史资源数字图书馆"美国记忆"等；网络传播模式的数字非遗，即通过网络空间的交互优势可以实现实时传播，如在短视频、社交媒体、门户网站等平台发布的数字非遗内容；互动沉浸传播模式的数字非遗，即利用数字技术打造场景化交互体验，如非遗数字体验中心的 VR 互动体验、非遗互动游戏 APP 等。②

3. 以非遗 IP 数字化应用方式为分类标准

根据非遗 IP 数字化应用方式的不同，可以分为以下三种模式：场景化数字非遗，即基于非遗 IP 打造的非遗文化体验场景，如线下的非遗数字体验空间、"文化＋科技"的非遗演出等；资源化数字非遗，例如通过盘活非遗 IP，实现商业价值的非遗"数字藏品"；符号化数字非遗，即通过非遗文化符号，衍生发展数字非遗，如数字非遗文创产品、非遗游戏、非遗动漫等。③

二、数字非遗的特征

一般来说，人类非遗具备非物质性、口传身授性等特点。而中国五千年的历史文化与多民族形态造就了中国非遗独有的特性：包罗广泛性、多元杂糅性、朝野共享性和流播迁转性。④

① 黄永林，谈国新.中国非物质文化遗产数字化保护与开发研究[J].华中师范大学学报（人文社会科学版），2013(2)：7.
② 谈国新，何琪敏.中国非物质文化遗产数字化传播的研究现状、现实困境及发展路径[J].理论月刊，2021(9)：87-94.
③ 中信证券.文化数字化：数字时代的文化新基建[C].2022：6.
④ 廖奔.中国非物质文化遗产的特性[EB/OL].http://www.npc.gov.cn/npc/c222/200811/ff6fbf8e02634e9a882781d48ec2f610.shtml.[访问时间：2022-08-17].

与此同时,进入数字时代,信息技术、数字技术、互联网技术等不断深刻地影响着人们工作与生活的方方面面,中国非遗在数字时代的新特征也不断显露。[①]

(一) 活化展示的可塑性

非遗是发展着的活的文化,具有极强的可塑性。传统非遗的传承方式与准入门槛都限制了其进行广泛的传播。在如今"互联网+"时代,口传心授的传承方式已逐渐落伍,而数字技术给当代非遗传播带来了新的希望,它不仅可以留存原有非遗文化的内涵与本真,挽救诸多濒危的传统艺术,而且可以为传统传承方式注入活力,让传统非遗的表达方式更加新颖,活化多元的中国传统非遗文化。因此,数字技术不断激发着非遗自身的潜能,保持活化状态,让数字非遗的可塑性不断凸显。

(二) 多态承载的流变性

非遗的流变是背在保留内涵不变的基础上,非遗随着外部环境的变化而进行的艺术形式改变和流动,根据不同的工具、实物、文化场所等进行因地制宜的传承和传播。非遗主要是以无形的实践、表演、知识或技能等形式呈现,其存在方式既复杂多样又无形。由此可见,当社会大环境发生变化时,非遗的传播形态也会随着环境的变化而改变。如今,网络和数字技术帮助中国非遗实现了跨区域、跨国度交流学习和传播推广,越来越多的国家、地区和民族在了解和学习中国非遗,而中国非遗也在这一过程中不断获取和融入新文化元素,创新非遗内容与形态,为非遗的流变提供更大的发展空间。

(三) 广域传播的无界性

《2022 年第 49 次中国互联网络发展状况统计报告》[②](以下简称《第 49 次报告》)显示,我国网民规模已达 10.32 亿,网民使用手机上网的比例达 99.7%,并呈现出互联网深度融入人民日常生活的新特点。数字技术和新媒体使当代非遗突破了诸多限制,如地域性传播、难以复制重现、不可实现移动等。随着 5G 技术的广泛应用与普及,日益便捷的网络环境也使各种移动终端成为公众获取信息的重要途径,也可以随时随地地获取数字非遗信息。与此同时,这也帮助中国数字非遗打破国界、走向世界。《2022 年非物质文化遗产在海外短视频平台上的影响力报告》[③]的数据显示,TikTok 上的非遗相关内容视频播放总量已逾 308 亿次。TikTok 也成为在海外传播中国非遗文化极有影响力的短视频平台之一。

(四) 区域融合的共享性

因地域广袤且民族众多,我国非遗具有显著的地域性特征。因此,长久以来受传播、交

---

① 薛可,龙靖宜.消弭数字鸿沟:中国非物质文化遗产数字传播新思考[J].中国非物质文化遗产,2021(2):8.
② 中国互联网络信息中心.2022 年第 49 次中国互联网络发展状况统计报告[C].2022:2.
③ 中国非物质文化遗产海外短视频平台影响力研究报告[EB/OL]. https://www.163.com/dy/article/H9DUFULM0553B8GZ.html.[访问时间:2022-08-17].

通等时空条件的限制,一些珍贵的艺术表演、传统手工艺、文学语言等非遗文化的传播受限于局部地区。同时,民族文化生存发展所依赖的地域和族群共同造就了特定族群文化同理心下的区域性民族艺术,也让非遗文化呈现区隔化发展。然而,进入数字时代,互联网让非遗扩大了受众范围与传播影响力,不仅仅囿于某些地区、地域,而是逐渐传播到了全国乃至世界。非遗的数字传播让原本区隔化传播的非遗文化焕然一新,及时、新鲜的信息又迅速拓展了非遗的受众群体的范围,提升了受众对非遗文化的认知程度,快速推动非遗实现跨区域共享。

(五)"圈层化"的交互性

在传统非遗传播的过程中,通常以"点对点""点对面",即传承人面对个人或大众的形式进行展示,受众互动参与的可能性非常小,只能长期被动接收非遗信息。数字时代不断呈现新媒体融合发展的趋势,非遗在传统媒介中单向传播的局面正在改变,受众也能够通过 VR、AR、全息投影传感器互动等技术参与非遗的数字化输入输出,并逐步实现与非遗传承人在网络平台上的多向度沟通交流。同时,与非遗有关的人群也因互联网碎片化传播逐渐分化出圈层,使得受众与受众能够进行多向的信息交换、技艺切磋、情感共鸣,不断推动非遗实现更广泛的传播,促进传统非遗的传承。

第三节　数字非遗的发展轨迹

数字非遗保护是在数字技术的推动下发展而来的,虽然其发展历史并不长,但是可以通过与之相关的保护政策、理论研究与实践应用了解数字非遗的发展轨迹。下面从数字非遗的政策推进、理论演变、实践发展三个方面对国内外数字非遗的发展历程进行梳理。

一、数字非遗的政策推进

自 2003 年,联合国教科文组织在《公约》中正式确定非遗的概念,并提出"确认""立档""保存"等一系列保护措施,非遗保护开始在世界范围内得到重视,各国也纷纷出台关于非遗保护与传承的相关政策与法律法规。虽然全球对非遗数字化保护与传播的关注始于此,但是鲜有专门的政策与法律出台。因此,各国关于数字非遗相关的政策条例与法律法规多是在文化遗产数字化或非遗保护的大框架下提出的。

(一)国外数字非遗相关政策与法律

早在 1992 年,联合国教科文组织就启动了"世界记忆"(Memory of the World)项目(又称"世界记忆工程"或"世界档案遗产"),旨在通过国际合作与现代信息技术保护、利用和传播文献遗产,在国际范围内推动文化遗产数字化,增强各国的文化遗产保护意识。

2001 年,在联合国教科文组织发布的《世界文化多样性宣言》(*Universal Declaration on Cultural Diversity*)中,提出利用数码知识表达和传播文化,促进文化多样性。

　　第六条　促进面向所有人的文化多样性

　　在保障思想通过文字和图像的自由交流的同时,务必使所有的文化都能表现自己和宣传自己。言论自由、传媒的多元化、语言多元化、平等享有各种艺术表现形式,科学和技术知识——包括数码知识——以及所有文化都有利用表达和传播手段的机会等,均是文化多样性的可靠保证。

——《世界文化多样性宣言》①

2003 年,联合国教科文组织制定《数字遗产保护章程》(*Charter on the Preservation of the Digital Heritage*),提出了数字遗产的界定范围,明确了其包括原生数字和数字转化而成的两种形态,并强调数字手段可以为人类知识的传承、创造、交流和共享提供更多机遇,希冀通过数字化方式保护文化遗产。②

　　数字遗产是特有的人类知识及表达方式。它包含文化、教育、科学、管理信息,以及技术、法律、医学和其他以数字形式生成的信息,或从现有的类似的模式转换成数字形式的信息。信息是"数字生成",只有数字形式,没有其他形式。

——《数字遗产保护章程》③

自 2003 年联合国教科文组织正式提出"非遗"的概念后,非遗的数字化保护逐渐引起关注,被纳入文化遗产数字化保护、数字遗产保护等内容的范畴,相关政策条例也均提及文化数字化保护或非遗的数字化保护内容。2005 年,联合国教科文组织的第三十三届会议上通过《保护和促进文化表现形式多样性公约》,提倡以新技术推动文化表现的多样性发展;2012 年,联合国教科文组织发布《温哥华宣言——数字时代的世界记忆工程:数字化与保存》(*Vancouver Declaration — The Memory of the World in the Digital Age: Digitization and Preservation*),以数字文化遗产和文献遗产保护等相关问题作为主要议题。

　　除了联合国教科文组织发布的相关数字非遗保护文件外,在世界范围内,各国也都在非遗数字化保护与传播方面不遗余力,纷纷颁布相关政策与法律。

　　日本早在 1950 年就颁布了《文化财保护法》,并在随后 1954 年的第一次修订中确定非遗记录保存制度。奥兹地区狮子舞数字化保护就是日本具有代表性的早期非遗数字化保护

---

① 联合国教科文组织.世界文化多样性宣言(2001)[EB/OL]. https://www.ihchina.cn/zhengce_details/15718.[访问时间:2022-08-17].

② 韩美群,周小芹.近二十年来非物质文化遗产数字化传承研究回顾与展望[J].中南民族大学学报(人文社会科学版),2022(1):11.

③ 联合国教科文组织.数字遗产保护章程[EB/OL]. https://www.saac.gov.cn/daj/lhgjk/201201/fee5d5c3cfcd4443ba7b9f538fc7062f.shtml.[访问时间:2022-08-17].

工作之一。^①《文化财保护法》不仅成为日本文化发展的重要法律文件，也成为日本非遗保护的纲领性文件，并伴随日本社会与文化的发展与时俱进、被及时修订。自 20 世纪 90 年代初开始，日本在文化遗产数字化方面的工作伴随国家的信息化建设也不断深化。日本东京文化财研究所下设非遗部，专门从事日本非遗保护及传播等基础性研究工作，十分重视非物质文化遗产采集、建档工作，通过录音、录影等方式建立非遗视听档案及数据库。^② 2015 年，根据《知识财产推进计划 2015》的要求，日本设置了文化相关省厅等联络会，促进省厅之间的数字化数据库合作，并加大日本文化遗产的国内外宣传。^③

韩国于 1962 年颁布《文化财保护法》，标志着韩国文化遗产保护体系的建立，提出了早期非遗数字化保护措施。该法第 2 条规定：对于国家指定的重要无形文化财，应制作资料存簿，备置录音物、摄像物、乐谱、剧本及保存状况相片。^④ 该法自制定以来多次修改。自 1995 年起，非遗的记录工程由国立文化财研究所负责，并于 2010 年完成了重要文化财的记录工作。2003 年，国立文化财研究所开始实施《文化财研究情报化战略计划》，其主要目的是管理韩国文化遗产资料与建设研究文化遗产的信息网络，将已有资料进行数字转化，成为可供网站检索的数字信息。2013 年，国立无形遗产院的成立进一步推进了韩国非遗在调查、研究和记录方面的存档工作。2015 年，制定《关于非物质文化遗产的保存和振兴法》，进一步确定了韩国非遗在新时期的保护与发展问题。^⑤

1980 年法国文化部成立了民族遗产委员会（Conseil du Patrimoine Ethnologique），负责保护农村地区濒危的传统生活方式。法国成为《公约》缔约国后，也将《公约》纳入国家的法律范畴并予以实施。法国国家非遗中心——世界文化之家、法国文化部遗产和建筑总局下设的"监察、研究与创新评议会"，以及民族和非物质遗产委员会都是负责法国非遗记录建档、数字化传播的专业部门与机构。^⑥ 2010 年，法国文化部启动了"文化、科学和教育内容数字化计划"，主要目的是依托数字化手段保存法国历史文化记忆。^⑦

美国虽然不是《公约》缔约国，但是也在非遗数字化保护方面开展了诸多工作。美国国会在 1976 年通过了《美国民俗保护法》，主要针对印第安原住民文化、口述历史等民俗资料加以采集，同年创建了"美国民俗保护中心"（American Folklife Center，AFC），专门从事民俗资料的数字化存储与保护工作。^⑧

英国也不是《公约》缔约国，但是在国家层面设有数字文化传媒体育部（Department for Digital, Culture, Media & Sport），负责管理全国文化遗产保护的相关工作，包括非遗文化。

---

① 韩美群，周小芹.近二十年来非物质文化遗产数字化传承研究回顾与展望[J].中南民族大学学报（人文社会科学版），2022(1)：11.
② 徐红，郭姣姣.数字化技术在日本民族文化传承中的运用及启迪[J].新闻大学，2014(6)：8.
③ 胡亮.日本文化遗产的数字化开发与应用 https://baijiahao.baidu.com/s?id=1672696077535318238&wfr=spider&for=pchttp://www.cssn.cn/skyskl/skyskl_jczx/202007/t20200720_5157570.shtml.[访问时间：2022-08-17].
④ 朴原模.韩国非物质文化遗产的记录工程与数码档案的构建[J].河南社会科学，2009(4)：4.
⑤ 冯萌萌，余晓宏.中韩两国非物质文化遗产传承人保护措施比较研究[J].商情，2017(022)：221-222,227.
⑥ 胡小宇.法国非物质文化遗产保护的历史、现状与经验[J].徐州工程学院学报（社会科学版），2021,36(05)：1-9.
⑦ 朱晓云.法国文化数字化工程启动[EB/OL]. http://www.chinawriter.com.cn/bk/2010-10-22/48042.html.[访问时间：2022-08-17].
⑧ 李娜，刘同彪.美国民间生活中心（AFC）的民俗档案实践与经验探讨[J].文化遗产，2016(6)：96-102.

同时,英国在非遗保护立法方面也不遗余力,相继推出了《2005 年苏格兰盖尔语法》《2008 年苏格兰格子注册法》《2009 年苏格兰威士忌条例》《2011 威尔士语措施》《2012 年现场音乐会法》等,促进非遗文化传播以及相关数字创意产业的发展。①

欧盟国家于 1999 年启动一项名为"内容创作启动计划"的多国框架性合作项目,并规定文化遗产数字化是该项目的基础性内容。② 2005 年,欧盟委员会推出欧盟数字图书馆"Europeana",目的是在欧洲范围内开展文化遗产数字化开发等工作,随后 Europeana 成为涵盖机构最多、存储数据量最大的欧洲文化遗产资源在线整合平台。③

泰国文化部将保护与传承非遗作为国家核心任务,并分别于 1942 年、1979 年、1992 年和 2010 年制定了《国家文化法》。2009 年在联合国教科文组织的支持下,开展泰国非遗资料库采集工作,建立非遗数据库。④ 2016 年泰国正式颁布了保护非物质文化遗产法案,并于同年成为《公约》缔约国。

阿联酋政府于 2018 年启动《阿联酋文化部门发展战略框架(2018—2031)》,包括提升非遗的社会认知的相关计划。阿布扎比于 2017 年制定了《保护非物质文化遗产法》,沙迦于2020 年颁布了《沙迦 2020 年第 4 号有关沙迦酋长国文化遗产法律》,均强调了非遗保护的重要性与相关措施。⑤

蒙古国政府在 1999 年至 2006 年间,实施了"国家扶持传统民间艺术工程",又于 1999年至 2002 年完成了"蒙古口头遗产视听文献工程"的影像记录。⑥

(二)国内数字非遗相关政策与法规

相较于其他国家,我国的非遗数字化保护工作开启较晚。2004 年,我国正式加入《公约》,成为缔约国,参与世界非遗的保护与传承工作。

我国正式开展非遗数字化保护及建立档案和数据库的工作是始于 2005 年 3 月国务院办公厅发布的《关于加强我国非物质文化遗产保护工作的意见》,并明确要初步建立涵括国家级、省级非遗网站、专题数据库的数字化网络服务体系。

> 要运用文字、录音、录像、数字化多媒体等各种方式,对非物质文化遗产进行真实、系统和全面的记录,建立档案和数据库。
>
> ——《关于加强我国非物质文化遗产保护工作的意见》⑦

---

① 郭玉军,司文.英国非物质文化遗产保护特色及其启示[J].文化遗产,2015(4):12.
② 林毅红.基于数字化技术视角下的非物质文化遗产保护研究——以黎族传统纺染织绣工艺为例[J].民族艺术研究,2011(5):6.
③ 闫晓创.欧洲文化遗产资源的在线整合实践研究[J].中国档案,2017(4):2.
④ 泰国构建非遗保护传承立体格局[EB/OL].http://culture.people.com.cn/n/2015/0706/c172318-27257549.html.[访问时间:2022-08-18].
⑤ 申十蕾,法正,曹姚瑶.阿联酋非物质文化遗产保护举措及启示[J].自然与文化遗产研究,2021(6):8.
⑥ 钟红清.略论国外民间美术类非物质文化遗产保护概况——以亚欧多国为例[J].非物质文化遗产研究集刊,2012(1):13.
⑦ 国务院办公厅关于加强我国非物质文化遗产保护工作的意见[EB/OL].http://www.gov.cn/gongbao/content/2005/content_63227.htm.[访问时间:2022-08-18].

2006 年 5 月，国务院批准文化和旅游部确定了第一批国家级非物质文化遗产名录，共计 518 项。

2010 年，文化和旅游部提出将"非物质文化遗产数字化保护工程"纳入"十二五"规划，并于 2011 年正式启动，主要开展制定非遗数字化保护标准规范、建设国家非遗数据库、研发非遗数字化管理系统软件、研发中国篆刻艺术应用软件、建设非遗数字化保护试点等工作。[①]

2011 年 2 月，《中华人民共和国非物质文化遗产法》正式颁布实施，是我国非遗保护的专门法，明确了非遗保护要遵循"真实性、整体性和传承性"的原则，将建立非遗数据库设定为文化管理部门的法定义务。

> 第十三条　文化主管部门应当全面了解非物质文化遗产有关情况，建立非物质文化遗产档案及相关数据库。除依法应当保密的外，非物质文化遗产档案及相关数据信息应当公开，便于公众查阅。
>
> ——《中华人民共和国非物质文化遗产法》[②]

2016 年 9 月，国务院同意设立"文化和自然遗产日"，规定自 2017 年起，将每年 6 月第二个星期六定为"文化遗产日"。

2017 年 1 月，中共中央办公厅、国务院办公厅印发《关于实施中华优秀传统文化传承发展工程的意见》，其中多条意见可以适用于非遗数字化保护，提出要完善非遗普查建档制度，推进戏曲保护数字化工作。

> 实施中华文化资源普查工程，构建准确权威、开放共享的中华文化资源公共数据平台。
>
> 实施戏曲振兴工程，做好戏曲"像音像"工作，挖掘整理优秀传统剧目，推进数字化保存和传播。
>
> ——《关于实施中华优秀传统文化传承发展工程的意见》[③]

2017 年 4 月，文化和旅游部出台了《关于推动数字文化产业创新发展的指导意见》，指出要引导数字文化产业发展方向，促进优秀文化资源数字化。

（四）促进优秀文化资源数字化。实施数字内容创新发展工程，鼓励对艺术品、文物、非物质文化遗产等文化资源进行数字化转化和开发，实现优秀传统文化资源的创造

---

① 丁岩.吹响非遗数字化保护工作的时代号角[EB/OL]. https://www.ihchina.cn/luntan_details/7926.html.[访问时间：2022-08-18].
② 中华人民共和国非物质文化遗产法[EB/OL]. http://www.gov.cn/flfg/2011-02/25/content_1857449.htm.[访问时间：2022-08-18].
③ 中共中央办公厅 国务院办公厅印发《关于实施中华优秀传统文化传承发展工程的意见》[EB/OL]. http://www.gov.cn/zhengce/2017-01/25/content_5163472.htm.[访问时间：2022-08-18].

性转化和创新性发展。依托地方特色文化,开发具有鲜明区域特点和民族特色的数字文化产品。加强现代设计与传统工艺对接,促进融合创新。依托文化文物单位馆藏文化资源开发数字文化产品,提高博物馆、图书馆、美术馆、文化馆等文化场馆的数字化智能化水平,创新交互体验应用,带动公共文化资源和数字技术融合发展。

——《关于推动数字文化产业创新发展的指导意见》①

2019 年 3 月,时任国务院总理李克强在《政府工作报告》中首次提出了"智能＋"的概念,明确指示要加强互联网平台在多个领域的应用,深化大数据、人工智能等技术的研发,促使新一代信息技术与非遗产传承的深度融合及应用。②

2019 年 7 月,文化和旅游部制定了《曲艺传承发展计划》,旨在推动曲艺传承发展,也提出了对曲艺的数字化保护意见。

以非遗记录工程为依托,以国家级非遗代表性项目为重点,组织开展曲艺记录工作,利用现代技术手段,全面、真实、准确地记录项目信息。

鼓励曲艺类非遗代表性项目保护单位、代表性传承人和各类表演团体与电视台、广播电台、互联网直播平台等开展合作,探索设立曲艺电视书场、广播书场和网络书场,开展多种形式的演播活动,拓展发展空间。

鼓励各地积极借助各种媒体资源,创新传播渠道,搭建传播平台,加强对曲艺的宣传报道,扩大曲艺的社会影响,为曲艺传承发展营造良好的社会氛围。

——《曲艺传承发展计划》③

2020 年 10 月,党的十九届五中全会通过了《中共中央关于制定国民经济和社会发展第十四个五年规划和二〇三五年远景目标的建议》,提出要夯实非遗系统性保护,加强各民族优秀传统手工艺保护和传承,实施文化产业数字化战略。其中,专栏 13 有多项社会主义文化繁荣发展工程涉及数字非遗保护工作,如实施地方戏曲传承发展、分类采集文化遗产数据、建设国家级非遗馆、建设国家文化遗产创新中心等。

专栏 13　社会主义文化繁荣发展工程

02　文艺精品创作

……实施当代文学艺术创作、中华文化新媒体传播、纪录片创作传播、地方戏曲传承发展、网络文艺创作传播等重大项目。

---

① 文化部关于推动数字文化产业创新发展的指导意见[EB/OL]. http://www.gov.cn/gongbao/content/2017/content_5230291.htm.[访问时间：2022 - 08 - 18].
② 政府工作报告首提"互联网＋"[EB/OL]. http：//www.cac.gov.cn/2015-04/01/c_1114823221.htm? ivk_sa＝1024320u.[访问时间：2022 - 08 - 18].
③ 文化和旅游部关于印发《曲艺传承发展计划》的通知[EB/OL]. http://www.gov.cn/xinwen/2019-07/30/content_5416672.htm.[访问时间：2022 - 08 - 18].

03   全媒体传播和数字文化

……分类采集梳理文化遗产数据,建设国家文化大数据体系……

04   文化遗产保护传承

……建设20个国家重点区域考古标本库房、30个国家级文化生态保护区和20个国家级非物质文化遗产馆。

06   重大文化设施建设

建设……国家文化遗产科技创新中心。

——《国民经济和社会发展第十四个五年规划和2035年远景目标纲要》①

2021年8月,中共中央办公厅、国务院办公厅印发《关于进一步加强非物质文化遗产保护工作的意见》,进一步细化了非遗在新时期的保护与传承意见,并在非遗记录、传播等方面强调突出数字化建设内容。

（一）完善调查记录体系。

开展全国非物质文化遗产资源调查,完善档案制度,加强档案数字化建设,妥善保存相关实物、资料。实施非物质文化遗产记录工程,运用现代科技手段,提高专业记录水平,广泛发动社会记录,对国家级非物质文化遗产代表性项目和代表性传承人进行全面系统记录。加强对全国非物质文化遗产资源的整合共享,进一步促进非物质文化遗产数据依法向社会开放,进一步加强档案和记录成果的社会利用。

……

（十四）促进广泛传播。

适应媒体深度融合趋势,丰富传播手段,拓展传播渠道,鼓励新闻媒体设立非物质文化遗产专题、专栏等,支持加强相关题材纪录片创作,办好有关优秀节目,鼓励各类新媒体平台做好相关传播工作。

……

（十六）加强对外和对港澳台交流合作。

推出以对外传播我国非物质文化遗产为主要内容的影视剧、纪录片、宣传片、舞台剧、短视频等优秀作品。

——《关于进一步加强非物质文化遗产保护工作的意见》②

2022年8月,中共中央办公厅、国务院办公厅印发《"十四五"文化发展规划》,其中在专栏10与专栏12中,特别强调了关于非遗数字化保护与传承的具体措施,如戏曲传承振兴、

---

① 中华人民共和国国民经济和社会发展第十四个五年规划和2035年远景目标纲要[EB/OL]. https://www.12371.cn/2021/03/13/ARTI1615598751923816.shtml#d10.[访问时间：2022-08-18].

② 中共中央办公厅 国务院办公厅印发《关于进一步加强非物质文化遗产保护工作的意见》[EB/OL]. http://www.gov.cn/zhengce/2021-08/12/content_5630974.htm.[访问时间：2022-08-18].

新媒体传播、国家文化记忆等。

　　专栏 10　中华优秀传统文化传承发展

　　戏曲传承振兴：实施中国戏曲"像音像"工程、剧本创作扶持工程、戏曲进乡村和进学校项目，编纂出版《中国戏曲剧种全集》等，拍摄中国戏曲剧种纪录片。扶持濒危剧种。

　　中华文化新媒体传播：建设中华优秀传统文化传承发展国家级融媒体平台，实施"美丽中国网"项目，运用互联网新媒体开展中华优秀传统文化网络传播。

　　……

　　专栏 12　历史文化保护遗产利用

　　"国家文化记忆和传承"记录传播：系统挖掘梳理重要文化和自然遗产、非物质文化遗产，开展系列影像记录、出版及传播推广。

——《"十四五"文化发展规划》[①]

　　其间，国家各相关部门也发布了诸多与非遗保护相关的文件，例如《文化部关于加强非物质文化遗产生产性保护的指导意见》《文化部关于加强国家级文化生态保护区建设的指导意见》《商务部文化部关于加强老字号非物质文化遗产保护工作的通知》《黄河流域生态保护和高质量发展规划纲要》。地方政府也颁布了相关的非遗保护条例，如《北京市非物质文化遗产条例》《上海市非物质文化遗产保护条例》《四川省非物质文化遗产条例》等，均就完善非遗数据库、利用新媒体宣传和传播非遗文化等提出具体的意见或措施。

二、数字非遗的理论演变

　　数字非遗是因非遗保护的工作需要而出现的文化遗产学科下的重要研究分支和方向。下面将对数字非遗的学科基础与国内外数字非遗的研究视角进行阐述。

（一）数字非遗学科基础

　　要了解数字非遗的学科理论，首先要厘清非遗的学科背景与理论基础。非遗学是文化遗产学的分支学科，而文化遗产学又是文化学的重要分支。由此可知，非遗学是以文化学为基础发展而来的。在早期关于非遗的研究中，民俗学、社会学、人类学、历史学、美学等学科为非遗研究提供了多样的视角，也为非遗学成为独立学科提供了诸多理论基础与研究方法的借鉴。

　　随着非遗保护工作在全球的兴起，博物馆学、艺术学、语言学、民族学、工艺学、建筑学、地理学、计算机学科等学科慢慢渗入，非遗学逐渐成为一门相对独立的交叉学科。数字非遗

---

① 中共中央办公厅 国务院办公厅印发《"十四五"文化发展规划》[EB/OL]. http://www.news.cn/politics/zywj/2022-08/16/c_1128920613.htm.[访问时间：2022 - 08 - 18].

也因此出现,成为非遗学研究的重要问题与领域。从其学科背景的多样性与研究视角的变迁可以看出,数字非遗的研究是从早期以文化学、民俗学为基础的文化学研究领域,进入社会学、心理学等人文社会学科的"文文交融"研究领域,再到之后与建筑学、地理学等学科开展"文理交叉"的研究,如今融入计算机科学、网络工程、传播学等更多元的学科,逐渐发展成与人文科学、社会科学,以及自然科学混融交叉的非遗学研究分支。2006 年,由王文章主编的我国第一部全面深入研究非遗的理论专著《非物质文化遗产概论》面世。①

在我国,教育部于 2021 年 2 月正式将"非物质文化遗产保护"列入普通高等学校本科专业目录,开展非遗教育和人才培养,推动非遗学科建设。非遗学相关的理论学习以形态学、社会学、文化学、艺术人类学、历史学、民俗学等学科为基础,并辅以非遗形态学、文化遗产形态学、文化遗产学、非遗学等学科的理论与方法。2020 年 11 月,为适应人工智能、大数据等科学技术的快速发展,以产业与社会的融合发展,教育部提出要强化新文科建设,打破学科之间的壁垒,②这也为数字非遗的基础研究和人才培养提供了更广阔的空间。

(二)数字非遗研究视角

由于各国对非遗的概念界定有所不同,或是在本国负责具体非遗研究与工作机构也存在设置方面的差异,致使数字非遗的研究视角也存在国别间的差异。

国外非遗的研究多涉及社会学、计算机、人文交叉、环境科学、教育学、酒店休闲体育、建筑学、经济学、管理学、艺术、电子电气、区域规划、文化研究等学科,并以环境科学、计算机科学居多,其中计算机科学的理论方法、信息系统、人工智能、软件工程等成为非遗的研究方向,同时也是数字非遗的重要研究方向。③ 据学者赵跃和周耀林的研究,各国关于非遗的研究自 2002 年开始增多,较早从事非遗研究的国家是日本、韩国及法国,而中国、意大利、印度等国近几年开始才有了较多的非遗研究。这与各个国家关于非遗保护的相关政策与法律法规密不可分。④ 随着数字非遗的研究越来越深入,部分国际学者开始探讨数字化浪潮对区域性非遗保护与生存的影响问题,例如美国学者克里斯托弗·罗宾(Christopher Robbins)尝试开发基于本土文化传统的新技术。⑤

我国非遗保护工作起步相对较晚,关于数字非遗的研究较国外而言时间较短。我国已有关于非遗的研究涉及文化、戏剧、美术、音乐、图书情报档案、体育、法学、旅游经济、民族、舞蹈、艺术、教育学、新闻传播等领域,⑥主要涉及的研究内容有关于非遗概念的界定、中国非遗保护、非遗传承人、非遗法律保护等,⑦关于数字非遗的研究并不多。随着数字技术的快速

---

① 余悦.非物质文化遗产研究的十年回顾与理性思考[J].江西社会科学,2010(09):10-23.
② 王福州.从实践探索到学科建构还须行多久——兼议非物质文化遗产的学科建设[J].文化遗产,2021(6):13.
③ 张琪,王东波.国外非物质文化遗产研究领域的知识结构与前沿演变[J].江苏科技信息,2019(32):12-16.
④ 赵跃,周耀林.国际非物质文化遗产数字化保护研究综述[J].图书馆,2017(8):10.
⑤ Christopher Robbins. Beyond preservation:New directions for technological innovation through intangible cultural heritage[J]. International Journal of Education and Development using Information and Communication Technology,2010(2):115-118.
⑥ 张琪,王东波.国外非物质文化遗产研究领域的知识结构与前沿演变[J].江苏科技信息,2019(32):12-16.
⑦ 余悦.非物质文化遗产研究的十年回顾与理性思考[J].江西社会科学,2010(09):10-23.

发展、在非遗保护工作中的实践应用、非遗数字研究逐渐成为数字时代非遗研究的热点与重点。目前,关于数字非遗的研究方向大致可以分为以下四个方面:非遗数字化采集、整理与记录;非遗数字化保护与管理;非遗数字化展示与传播;非遗数字化开发与应用,侧重于关注不同的数字技术在非遗保护中的作用与应用。这些研究方向与我国目前数字非遗的发展现状不谋而合,也逐渐与国际数字非遗研究接轨。国内外学者共同关注数字非遗保护的管理机制与非遗数字资源集成的技术实现等方面的研究,并在非遗数据库建设研究方面成果较为突出。[①]

三、数字非遗的实践发展

在关于数字非遗相关政策与法律的指导下,世界各国也都积极实践与实施非遗数字化项目与工程。早期的非遗数字化保护工作主要集中在数字化采集、存储与转化,建立开放共享的数字资源库。随着技术的发展与进步,非遗数字化实践不断融入了更加多元的先进技术,逐渐向着立体化、互动性、多维的数字化保存、展示与传播方向发展。

(一) 国外数字非遗的应用实践

自 1992 年"世界记忆"项目启动以来,联合国教科文组织不遗余力地开展文化遗产数字化工程,在《公约》颁布后,更是大力推广和实践非遗数字化保护工作。2004 年,基于阿塞拜疆国家地毯博物馆,联合国教科文组织启动了数字化保护丝绸之路文化遗产工程项目。2007 年,联合国教科文组织亚太地区文化中心建立了"亚太地区非物质文化遗产数据库"(Asia-Pacific database on intangible cultural heritage),公众可以通过亚太地区文化中心官网自由检索日本、中国、印度等十多个国家及地区的非遗项目,非遗数字资源得以深入人们的生活中。[②] 2017 年 11 月,联合国教科文组织国际非遗大数据平台(简称"非遗大数据平台")发布,旨在保护、传承、交流国际非遗信息。[③] 2021 年,亚太地区非遗信息和网络中心(ICHCAP)与越南国家艺术文化研究院(VICAS)联合推出的亚太地区非遗信息分享平台构建项目(IchLinks)正式上线,为亚太地区非遗工作者提供便利。[④]

在欧洲,由欧盟委员会赞助的"欧洲文化遗产在线"(ECHO, European Cultural Heritage Online)是欧洲地区文化资源的典藏库,其中包括巴尔干民俗文化、楔形文字等非遗收藏,面向世界共享欧洲文化资源。另一个于 2013 年启动的"时光机项目"(Time Machine Project),是由瑞士洛桑联邦理工学院(EPFL)和威尼斯大学(Università Cafoscari Venezia)共同开发的数字人文项目,通过数字化和人工智能技术对欧洲文化遗产进行挖掘,对海量的历史文献、画作和历史古迹进行了数字化,形成欧洲的"历史大数据",并免费向社

① 谭必勇,徐拥军,张莹.技术·文化·制度:非物质文化遗产数字化研究述评[J].浙江档案,2011(6):30-33.
② ACCU. Asia-Pacific Database on Intangible Cultural Heritage[EB/OL]. http://www.accu.or.jp/ich/en/.[访问时间:2022-08-18].
③ 史一棋.国际非遗大数据平台在北京正式发布[EB/OL]. https://baijiahao.baidu.com/s?id=1585532573486372444&wfr=spider&for=pc.[访问时间:2022-08-28].
④ Ich@Links[EB/OL]. https://www.ichlinks.com.[访问时间:2022-09-23].

会提供信息，这是世界文化遗产数字化保护的主要成果之一。① 法国最具代表性的数字化项目，即法国国家图书馆于 1997 年实施的"加利卡"（Gallica）数字图书馆工程，在法国历史文化数字化进程中与非遗数字化保护工作中起到了重要作用。英国公共文化组织与协会积极参与非遗数字化保护工作，如展示英国传统、现代及地方音乐的在线数据库——英国泰特在线网（www.tate.org.uk/），为普通公众提供了了解、欣赏、研究和学习英国音乐的重要途径。意大利图书馆遗产与文化机构专业委员会发起的"因特网文化遗产项目"，不仅能够和各类公共文化机构共享数字文化资源，实现了非遗信息资源共享，而且也为公众提供了开放的资源获取平台。②

美国国会于 1995 年启动全国性虚拟图书馆"美国记忆"（America Memory）工程，对语音、文字、图片，以及影像资料为主的美国历史记忆与文化档案进行数字化记录与保护，截止到 2000 年项目完成了 500 万份文件和文献的数字化，并建立了相应的专题数据库，为社会提供免费、公开的美国历史文化数字资源。③ "美国民俗中心"如今拥有通过田野调查搜集而来的数以百万计的民族志资料，包括音频和视频录音，以及照片、手稿、文档和出版物等形式的民间音乐、口头叙事、民间舞蹈、物质民俗、社区生活与仪式庆典等资料，其网站的信息检索与民俗展示免费向公众开放。④

1995 年，日本 IBM 东京研究所、日本民族学博物馆推出"全球数字博物馆计划"，为公众提供浏览网络、在线咨询等服务。2010 年，日本文化厅和国立情报学研究所共同建设的"文化遗产数据库"，免费提供日本文化遗产相关数据检索等业务，方便公众了解日本文化遗产保护与发展现状。2015 年和 2016 年，东京文化遗产研究所非遗部分别对"竹富岛取种祭祀"影像资料、纪录片《雪祭》的音频和视频的第一部和第二部进行数字化提取，实现非遗数字化使其得以长期保存。除此之外，日本在非遗数字化保护方面进行了多样化的尝试。依托动画形式承载日本传统非遗文化，例如展现日本传统牌类游戏"歌留多"的《花牌情缘》，包含祭祀活动、花道、书道、茶道等众多非遗元素的《源氏物语千年纪》等。⑤ 日本奥兹大学开展的虚拟保护"精神链"工程，运用运动捕捉技术对"狮子舞"中的舞蹈动作与音频进行提取，实现三维的数字化保护。⑥

韩国国立文化财研究所在 1994—1997 年，对韩国传统音乐资料的音源进行了数字化整理、分类。⑦ 2004 年，依托韩国三星公司的优势资源和网络，联合国教科文组织与其协同合作，对世界非遗进行数字化保护。⑧

其他一些亚洲国家也纷纷践行非遗数字化保护工作。越南国家文化信息部于 1997—

① "时光机项目"（Time Machine Project）简介［EB/OL］. http://dh.cooo.com.cn/digital-humanities/bdbed67783/.［访问时间：2022 - 08 - 18］.
② 谭必勇，张莹.中外非物质文化遗产数字化保护研究［J］.图书与情报，2011（4）：5.
③ 韩东升.美的文化遗产数字化建设［J］.中外文化交流，2014（11）：2.
④ 李娜，刘同彪.美国民间生活中心（AFC）的民俗档案实践与经验探讨［J］.文化遗产，2016（6）：96 - 102.
⑤ 赵婷，陶信伟.日本文化遗产数字化保护经验与启示［J］.文化艺术研究，2018（4）：9.
⑥ 彭冬梅.面向剪纸艺术的非物质文化遗产数字化保护技术研究［D］.浙江大学，2008.
⑦ 朴原模.韩国非物质文化遗产的记录工程与数码档案的构建［J］.河南社会科学，2009（4）：4.
⑧ 张瑞民.国外非物质文化遗产数字化保护及其启示——兼论武强年画数字化保护策略［J］.文教资料，2015（25）：2.

2002年,采集、存储了越南63个省市和54个少数民族的文化资源,建立了越南非遗数据库。[①] 菲律宾国家博物馆和国家图书馆也对菲律宾伊富高人的口头民间文学《呼德呼德》进行了数字化采录。[②] 印度尼西亚于2006年制作了印度尼西亚文化地图,并辅以声音、图像等资料对非遗内容进行展示与完善。[③] 2012年,印度尼西亚国家博物馆与谷歌联合推出巴迪克蜡染及其制作过程的网络资源。[④] 阿联酋沙迦和阿布扎比在2020年落地了多项非遗数字化保护的活动。沙迦遗产研究院推出线上非遗杂志、创建线上虚拟椰枣存放工作坊等。[⑤]

(二) 国内数字非遗的应用实践

自2005年《关于加强我国非物质文化遗产保护工作的意见》发布后,国家级、省级、地市级和县级非遗保护中心纷纷建立,积极推进建立包括网站、专题数据库等在内的非遗网络服务体系的工作,并在多个领域逐步落实非遗数字化进程。

早期,我国非遗数字化应用侧重于数字化转化与保存,主要工作有搭建非遗大数据平台、建立非遗数字博物馆、设计非遗APP等。例如,2006年,"中国非物质文化遗产网·中国非物质文化遗产数字博物馆"(http://www.ihchina.cn/main.jsp)上线,利用数字化技术和网络平台展示我国的非遗保护进程与成果,进行非遗信息交流、知识分享、学术讨论、对外传播。2006年4月,全国首家非遗网上博物馆——"蜀风雅韵"(成都非物质文化遗产数字博物馆)正式向公众开放,网站收录了成都蜀锦织造技艺、蜀绣、都江堰放水节、成都漆艺等众多成都地区非遗项目。2011年3月,国家图书馆启动"中国记忆项目"(China Memory Project),运用新媒体等手段初步再现与传播了蚕丝织绣、传统年画等非遗文化。2015年,联合国教科文组织与腾讯互娱共同发起"开放的传统游戏数字图书馆"(Open Digital Library on Traditional Games),采集记录了世界各地的传统游戏,建立了一个开放、交互式的在线数字存储库。并在2015—2017年,先后在孟加拉国、蒙古国、巴西、希腊、肯尼亚和摩洛哥6个国家成功测试。[⑥] 2015年,全国首个非物质文化遗产APP——"广东省非物质文化遗产电子地图(手机版)"正式上线。这期间,省级、地市级和县级非遗保护中心、博物馆、文化馆、图书馆等机构都在不断践行具有本地特色的非遗项目数字化工作,并积极与各高校、企业合作,联合推出了多元化数字化非遗项目。

随着数字技术深入应用、新媒体不断涌现,我国非遗数字化的进程逐渐向着数字展示、数字传播与数字体验方向推进,数字非遗的形式也日益多样,创新应用与跨界融合案例的层出不穷。例如,2019年2月,中国首部世界非遗VR纪录片《昆曲涅槃》登录央视新闻客户端

---

① [越] 阮志斌.越南非物质文化遗产保护:实际情况及问题[EB/OL]. https://www.ihchina.cn/Article/Index/detail?id=8550.[访问时间:2022-08-18].
② 史阳.呼德呼德——菲律宾伊富高人的口头非物质文化遗产[J].东南亚研究,2007(5):83.
③ [英] 高拉·曼卡卡利达迪普.保护印度尼西亚非物质文化遗产:保护系统、保护计划、相关活动及其所出现的问题[J].民间文化论坛,2012(4):95-96.
④ 禾泽,疏影.印尼、马来西亚:多种举措保护东南亚传统文化[N].中国文化报:2013-10-10.
⑤ 申十蕾,法正,曹姚瑶.阿联酋非物质文化遗产保护举措及启示[J].自然与文化遗产研究,2021(6):8.
⑥ 界面新闻.腾讯建了一座在线图书馆,展示世界各地的传统游戏[EB/OL]. https://baijiahao.baidu.com/s?id=1601965239555388837&wfr=spider&for=pc.[访问时间:2022-08-18].

《VR》频道。2021年1月,由文化和旅游部非物质文化遗产司主办的"文化进万家——视频直播家乡年"活动在多个网络视频平台上线。2021年,河南卫视凭借采用5G＋AR技术呈现的《唐宫夜宴》成功"出圈",并陆续推出传统文化系列节目。2021年6月,由中国演出行业协会联合多家视频、短视频、音乐、社交媒体等网络平台共同承办的2021年文化和自然遗产日"云游非遗·影像展"开幕,2 000余部非遗纪录片与节目在网络平台进行公益性展播。作为中国第一家"世界的记忆"项目保护单位,中国艺术研究院建设的"世界的记忆——中国传统音乐录音档案"数字平台于2022年4月正式上线。自1997年入选联合国教科文组织"世界的记忆项目"以来,经过20多年的传统音乐数字化建设,该平台利用数字技术对大量的传统音乐录音档案进行搜集、整理、数字化抢救与保护。[①] 2022年5月,由百度智能云联合中国文物交流中心、极幕科技联合打造的国内首个文博虚拟宣推官——"文夭夭"正式亮相,将在各大博物馆提供讲解、导览、主持对话、直播等服务。[②] 2022年6月,全国首条实现线上线下同步开放的非遗街区——广州非遗街区(北京路)与广州非遗街区(元宇宙)亮相。[③] 2022年8月,文化云"天工严选"数字藏品首发国家级数字藏品——唐明敏的绒绣《浦东陆家嘴》和曹爱勤的瓷刻《富春山居图》。

第四节　数字非遗的发展现状

从2010年我国将非遗数字化保护纳入"十二五"规划纲要,到2011年颁布第一部《非遗法》,再到如今"十四五"文化发展规划再次提出多条非遗数字化保护具体措施,我国非遗数字化保护工作日益深入。下面,将从数字非遗现存问题、发展动因、未来展望三个方面了解数字非遗目前在我国的发展现状。

一、数字非遗的现存问题

联合国教科文组织于1998年发布的《世界文化发展报告》指出,在知识经济时代,发展中国家若依赖资本力量实现文化遗产数字化,将会成为文化资源的廉价出口和文化产品的进口国,极大地动摇民众对本国文化的认同,也会逐渐丧失对本土文化的解释权。[④] 进入高速发展的数字时代,数字技术的介入也使传统非遗在传承、保护与传播方面面临诸多困境。

① 郭海瑾.中国艺术研究院"世界的记忆——中国传统音乐录音档案"数字平台上线发布[EB/OL]. http://www.rmzxb.com.cn/c/2022-04-25/3102414.shtml.[访问时间:2022-08-18].
② 虚拟文物解说员文夭夭上岗,高颜值高智商。可同时服务上百家博物馆[EB/OL]https://export.shobserver.com/baijiahao/html/487906.html.[访问时间:2022-09-23].
③ 全国首创元宇宙非遗街区,广州非遗街区(北京路)开街[EB/OL]. https://baijiahao.baidu.com/s?id=17355112177784927411&wfr=spider&for=pc.[访问时间:2022-09-23].
④ 丛瑞雪.文化全球化背景下的国家文化安全问题[J].商场现代化,2010(2):3.

（一）非遗本真遗失，难以还原活态性

非遗是一种文化的遗产，是特定人群的生活经验、历史传统、集体记忆，以及社会实践，[①] 我国的非遗保护强调"保护为主、抢救第一、合理利用、传承发展"，因此保护非遗的原真性与文化内涵仍是数字非遗保护工作的核心。[②] 但是难寻非遗传承人、非正宗传承人作品遭受质疑、欠缺地方性知识、数字化难以还原非遗的本来面貌与文化意义等问题成为困扰数字非遗发展的重要难题。数字化保护是对传统非遗的活化创新，应在理解非遗内涵、展现非遗活态性的基础上进行延伸与发展。因此，如何通过数字技术的赋能，使非遗在保存内涵与创新活化之间保持平衡，完成非遗在数字时代的再生过程，将是数字非遗发展面临的重要问题。

（二）数字能力欠缺，难以深度参与传播

无论是非遗数字化工作，还是非遗数字传播，并非仅靠非遗传承人一人之力就可以完成。国家苏绣非遗传承人邹英姿和姚惠芬在接受采访时说："我们虽然认为数字传播对苏绣传承有重要作用，但仅靠我们自己是没有办法完成苏绣数字化传播的。"[③] 诸多非遗传承人也同样面临如此困难：民间非遗传承人大多专业过硬、技艺卓越，但整体文化水平普遍不高；认识与使用数字技术的机会也是少之又少，缺乏数字技术与知识的储备，很难有时间和机会去了解和学习，也不免产生抵触新事物的情绪，可以称之为数字时代的"弱势群体"；不熟悉数字传播、欠缺数字使用能力；等等。[④] 因此，这种非遗传承人数字能力不足、参与感薄弱的境况，使得找到合适的非遗传承人并非易事，也致使他们与广大受众之间的鸿沟在数字时代越拉越大。

（三）代际失衡严重，难以满足受众需求

非遗的无形性、活态性决定了其本质是变化，也凸显了人与人、人与环境之间密不可分的联系。随着社会经济发展、文化消费升级，受众的文化需求日益多元化，过于传统与陈旧的非遗内容并不符合当代人的审美偏好，忽视了受众的兴趣偏好，即使利用数字技术对传统非遗进行转化、改造与再创，也难以满足受众多元化的需求。在国务院已公布的第五批国家级非遗传承人名单中，40 岁以下的仅 7 人，60 岁以下的不足 45％，平均年龄达 63.29 岁。[⑤]"老一辈非遗爱好者老去，中青年受众群体不感兴趣"，[⑥]不仅是苏绣在数字化过程中面临的巨大困境，也是众多非遗在数字时代遇到的现实问题。早有学者对形式化、同质化的非遗数字化工作提出质疑：内容重复的数字资源以及"闭门造车"式的资源库，不仅没有实现数字传播的初衷，也没有凸显非遗在数字化过程中的重要价值。

---

① 刘晓春.非物质文化遗产的地方性与公共性[J].广西民族大学学报(哲学社会科学版),2008(3)：76-80.
② 宋俊华.关于非物质文化遗产数字化保护的几点思考[J].文化遗产,2015(2)：25-26.
③ 薛可,龙靖宜.中国非物质文化遗产数字传播的新挑战和新对策[J].文化遗产,2020(1)：140-146.
④ 薛可,龙靖宜.消弭数字鸿沟：中国非物质文化遗产数字传播新思考[J].中国非物质文化遗产,2021(2)：8.
⑤ 王莹.第五批国家级非遗传承人公布 平均年龄 63.29 岁[EB/OL]. http://www.xinhuanet.com/politics/2018-05/17/c_129874567.htm.[访问时间：2022-08-28].
⑥ 薛可,龙靖宜.中国非物质文化遗产数字传播的新挑战和新对策[J].文化遗产,2020(1)：140-146.

(四) 传播媒介单一,难以实现广泛传播

被称为"网络原住民"的年轻人是如今数字时代的主流受众。数字技术更符合当代年轻人的文化消费习惯与审美偏好,与其他年代的人群相比,他们对网络平台和数字内容的依赖尤为突出。因此,传统非遗"点对面"现场展示的方式很难吸引年轻受众的关注,也与数字时代受众多元文化创新的需求相脱节。虽然媒介日益多样、新媒体层出不穷,但相比其他领域来说,数字媒介在非遗领域的利用率与普及率并不尽如人意。非遗数字化工作的开展并没有跟上媒介变革的速度,采用新媒体等数字传播方式的非遗项目仍是少数,反而将数字媒体作为传统媒介屏显替代品的例子却比比皆是,这也是非遗数字化传播模式呈现滞后现象、传播效果并不尽如人意的重要原因。[①]

(五) 技术应用滞后,难以诠释数字非遗

我国非遗数字化传播起步较晚,非遗数字化技术应用并不深入,仍是重数字存档记录、轻数字传播开发,因此难以平衡非遗在数字化过程中的"道"与"器",即非遗的形式与意义。[②]目前,在我国非遗数字化过程中,利用互联网实现非遗信息共享的应用越来越多,如数字博物馆、数字图书馆,但多集中在非遗数字化采集、记录等留存方面,单调、千篇一律的非遗数字化产品也让众多年轻受众渐行渐远。同时,在后续的对非遗数字资源进行分析、处理、开发等工作中,其他全息拍摄、动作捕捉、虚拟现实等新技术并未实际深度介入和得到广泛应用,因此在技术及时跟进、实现转化再生、资源众创共享方面仍有不足,并未完全融入数字化表达的话语体系,无形中限制了非遗数字展示方式与空间表达。[③]

二、数字非遗发展的动因

自 2004 年加入《公约》以来,我国已开展非遗保护工作 18 年,数字非遗保护工作正在有条不紊地推进与深化,并取得了令人瞩目的成就。下面将从政策法律、经济、文化、技术升级四个方面对数字非遗在我国发展的动因进行阐述。

(一) 法律、政策保障数字非遗发展

作为《公约》缔约国,我国自 2004 年起便不遗余力地践行非遗数字化保护工作。在《公约》的框架下,我国从国家层面到地方政府,通过制定相关法律规范和政策为非遗数字化保护工作的开展保驾护航。一是国家通过《非遗法》将非遗保护纳入法律范畴,其对非遗保护工作的开展具有指导意义。各地方政府也据此颁布了与非遗保护相关的地方性条例。二是非遗保护连续纳入"十二五"—"十四五"文化发展规划,构成了国家、中央部委及地方政府三级规划体系,并与《关于进一步加强非物质文化遗产保护工作的意见》共同成为各级政府部

① 谈国新,何琪敏.中国非物质文化遗产数字化传播的研究现状,现实困境及发展路径[J].理论月刊,2021(9):87-94.
② 宋俊华,王明月.我国非物质文化遗产数字化保护的现状与问题分析[J].文化遗产.2021(6):1-9.
③ 王龙."互联网＋"时代非物质文化遗产的数字化[J].求索,2017(8):5.

门、相关单位开展非遗数字化保护工作的纲领性文件。三是中共中央办公厅、国务院办公厅于 2022 年 5 月印发《关于推进实施国家文化数字化战略的意见》，从文化数字化的角度提出了诸多发展要求，对我国数字非遗的发展具有重要意义。无论是从国家到地方，还是从非遗保护到文化数字化，数字非遗在我国的发展都有相应的法律规范和政策作为指引和保障。

（二）文化经济激活数字非遗发展

2021 年，我国 GDP 总量为 17.73 万亿美元，系世界第二大经济体。[1] 经济的稳定发展为文化产业的发展、非遗数字化保护工作的推进奠定了稳定的基石。在国家大力推动文化产业发展、推行文化消费政策的情况下，2021 年全国规模以上文化及相关产业企业实现营业收入 11.9 万亿元，比上年增长 16.0%[2]。《中国文化产业发展报告（2021—2022）》[3]显示，文化数字化发展迅速，尤其是传统文化不断向数字化转型，而文化消费也将成为扩大内需的新引擎。伴随着经济的稳定发展、文化产业的持续增速，文化消费也随之不断升级，而数字技术带来的数字经济也在不断重构人们的生产生活，重塑社会的经济结构，让数字文化经济成为新的消费热点。《文化科技融合 2021，迈入数字文化经济时代》[4]指出，文化要素化作为数字文化经济最为显著的特征，主要是指数字技术助力文化资源转化为数据资产形态的生产要素。数字非遗正是在数字技术的支持下发展而来的非遗文化数字化新形态。由此可见，文化经济的良好发展态势将不断刺激数字文化经济增速发展，也将激活数字非遗在经济方面的增长，促进数字非遗快速发展。

（三）文化资源助力数字非遗发展

我国拥有五千年历史文化资源，这是开发文化创意产品、推动文化经济增长、发展文化产业的重要支撑。就非遗而言，截至 2020 年 12 月，我国列入联合国教科文组织非物质文化遗产名录（名册）的项目共计 42 项，总数位居世界第一；在国内，国务院共认定 1 557 个国家级非物质文化遗产代表性项目。[5] 非遗与数字技术的结合可以取得双赢的效果：一方面，数字技术将为当代非遗保护提供丰富而多元的手段和路径，不仅可以让非遗文化以全新的数字形式得以长久保存，而且也是传承中华民族文化记忆的创新方式；另一方面，源源不断的非遗资源可以持续践行文化数字化、发展数字文化经济，推动文化产业快速发展。此外，以中华传统文化为支点的数字非遗，也可以成为中国数字文化"出海"的新风向，通过网络游戏、网络动漫、直播、短视频等多元的传播形式，推动中国数字非遗走向国际，创新中国传统

① 刘潘.2021 年世界各国 GDP 排名（TOP50）[EB/OL]. https://www.huaon.com/channel/rank/823971.html.[访问时间：2022 - 08 - 20].
② 国家统计局：2021 年我国文化产业逐步恢复[EB/OL]. https://baijiahao.baidu.com/s?id=1723355504091345254&wfr=spider&for=pc.[访问时间：2022 - 08 - 20].
③ 向勇.文化产业蓝皮书：中国文化产业发展报告(2021—2022)[C].北京：社会科学文献出版社,2022.
④ 腾讯研究院.《文化科技融合 2021 迈向数字文化经济时代》报告重磅发布[EB/OL]. https://xw.qq.com/cmsid/20210318A0B9V600.[访问时间：2022 - 08 - 20].
⑤ 中国非物质文化遗产网·中国非物质文化遗产数字博物馆[EB/OL]. https://www.ihchina.cn/.[访问时间：2022 - 08 - 20].

文化的国际新表达，提升国际影响力，增强国家文化软实力。

（四）技术升级赋能数字非遗

进入数字时代，信息技术的高速发展不断为数字经济的发展提速。《数字中国发展报告（2021年）》①显示，我国数字经济总量跃居世界第二，成为引领全球数字经济创新的重要策源地。我国2020年数字经济核心产业增加值占GDP比重达到7.8%，数字经济已成为我国经济增长的重要组成部分。与此同时，我国各种技术也在经济快速发展的推动下，达到世界领先水平：已建成全球最大的5G网络；人工智能、云计算、大数据、区块链、量子信息等新兴技术跻身全球第一梯队；中国大数据专利公开量约占全球的40%，位居世界第二。这些数字技术的不断升级不仅为数字非遗的发展提供了重要的技术支持，也为非遗在数字时代的发展提供了更多的可能性，成为数字文化经济发展的重要推动力。特别是5G技术应用的落地、互联网的高速发展，在为数字经济和新兴技术企业提供良好平台的同时，也促进了数字非遗在产品和服务上的不断创新，使更多的终端视听设备、新兴技术，如AR、VR、全息成像、交互娱乐引擎等融入非遗数字化传播进程中，进一步提升了数字非遗的沉浸体验感，能够更好地服务广大受众，实现非遗的数字化保护。

三、数字非遗的前景展望

以2022年《"十四五"文化发展规划》、2021年《关于进一步加强非物质文化遗产保护工作的意见》等为指导，根据我国数字非遗的发展现状，提出以下四点数字非遗的前景展望。

（一）数字非遗在科研教育方面的展望

对数字非遗在科研教育方面的展望可以从基础研究、人才培养与应用合作三个角度来看，一是数字非遗的基础研究，将会进一步深化多学科的基础理论研究，挖掘和建立非遗数字化保护与传承的知识理论体系，拓宽数字非遗的研究视野。二是数字非遗的人才培养。一方面，会不断加强非遗教育培养，调整、引导和改善非遗教育干预措施，将非遗教育纳入现代教育体系，不但培养了文化、技术、创意方面的人才，而且培养了数字非遗在行政、管理、运营方面的人才，为数字非遗发展提供可靠的人才支撑；另一方面，也会强化社会非遗教育培训，丰富数字非遗在社会上的教育形态，满足各类人群的学习需求，进一步提升传承人技能艺能和数字素养，加强非遗传承梯队建设，引导社会力量参与数字非遗的社会实践和研学活动。三是数字非遗的应用合作。高校、科研机构将与企业协力合作，致力于研究数字非遗应用型成果，提升研究成果的应用转化率，探索数字技术在非遗保护中的更多可能。

---

① 宋婧.信息技术服务业：谱写数字经济发展壮美诗篇[EB/OL]. http：//news.sohu.com/a/575498551_121134737.[访问时间：2022-08-20].

（二）数字非遗在技术应用方面的展望

数字技术将不断强化在非遗资源供给上的赋能作用,未来,越来越多的数字技术将在非遗领域落地应用。一是非遗资源大数据管理与共享平台将会进一步完善,加强非遗数据安全服务,依托区块链、云平台等技术发展以非遗数据驱动的新业态新传承模式;二是伴随影音技术的不断升级,已有的 VR、AR、3D 扫描重建、互动感应、动作捕捉等技术将会更广泛地应用于非遗展示,同时元宇宙的快速兴起,也让虚拟人等创新技术融入非遗的数字化保护实践中,合力在线上和线下共同打造多元、互动、沉浸式的数字非遗体验场景,让数字非遗"飞入寻常百姓家";三是探索解决非遗数字化过程中产生的失真问题,减少因外部数字技术手段造成非遗内涵与意义的表达偏差,寻求非遗与技术、媒介、再生等手段之间的平衡,让非遗传承主体在数字语境下归位,还原非遗的本来面貌。①

（三）数字非遗在管理协作方面的展望

数字非遗在管理协作方面会不断加大力度。一是会进一步强化对非遗数字资源的版权保护,通过政策、法律、技术等手段解决非遗在数字化过程中的知识产权问题,通过规范合法合理的存档和获取方式,为数字非遗提供版权保障。二是将对非遗数字资源逐步实施动态性、标准化管理和建设,包括非遗项目的相关数据、非遗传承人、非遗资料等内容,强化管理过程,优化管理手段。三是将会加强数字非遗的内外协作,一方面,协调数字非遗相关部门,完善合作机制,紧密开展非遗资源、技术管理等方面的合作;另一方面,加强跨领域、跨国界的沟通交流,促进数字非遗不断创新发展。

（四）数字非遗在传播转化方面的展望

传播转化将是数字非遗接下来的重要发展领域,逐步推进文化产业数字化战略。一是将会在数字非遗的传播内容、传播渠道、传播模式等方面不断拓展,构建适合数字非遗传播的全媒体体系,增强数字非遗的趣味性、互动性,提升非遗在数字空间的生存力、传播力和影响力。二是将会大力推动数字非遗的创意性转化,依托数字技术创新传统非遗文化,在凸显非遗文化的历史和文化价值的同时,将数字非遗成果产品化,提升其社会和经济价值。三是将更加关注数字非遗与数字经济的结合,加快发展云游非遗、非遗直播、非遗数字产业园等数字非遗新业态,推动数字非遗产业化发展,发展以数字藏品为代表的数字非遗交易,推动数字非遗产品网络销售和"出海"服务。

---

① 韩美群,周小芹.近二十年来非物质文化遗产数字化传承研究回顾与展望[J].中南民族大学学报(人文社会科学版),2022(1):11.

第二章
数字非遗的研究综述

第一节　数字非遗的理论基础

自 1972 年《保护世界文化和自然遗产公约》通过以来，在联合国教科文组织（UNESCO）的积极推动下，国际社会对于非物质文化遗产的认知不断深化、重视程度不断提高，2003年，通过《保护非物质文化遗产公约》，其中明确指出，要利用各种举措对非遗进行传承和保护。随着数字技术的高速发展与完善，数字技术赋权成为保障传统非遗生命力的重要手段，也成为学界关注的焦点。当前，非物质文化遗产研究呈现多学科、综合性、交叉性等特点。本节将从传播学、民俗学、心理学、计算机科学四个与数字非遗研究相关的核心学科出发，探讨不同学科视角下的数字非遗的研究趋势及核心理论应用，明确数字时代下中国非物质文化遗产所产生的全新变化，及其在数字传播过程中所产生的全新特点，并分析在当前国家文化自信增强形势下中国非物质文化遗产数字传播的新研究视角，夯实现有研究理论与研究方法的基础。

一、多学科视角下的数字非遗研究理论

（一）传播学视角下的数字非遗研究

一切文化都是在传播的过程中得以生存和发展的，传播是促进文化变革和创新的活性机制，也是文化的内在属性和基本特征。[①] 立足传播学视角开展非物质文化遗产数字传播研究，其研究主题和内容可以从多个角度切入，包括从不同的传播主体切入，探索非遗传承人、非遗爱好者等不同主体在进行非遗传播时的动机与行为；从不同的传播媒介切入，具体分析非物质文化遗产怎样有效地通过不同的媒介进行传播；从传播内容维度切入，寻找适合不同传播媒介的内容形式以及探索如何通过不同内容的呈现方式有效传达给受众；从传播环境

---

① 周鸿铎.文化传播学通论［M］.北京：中国纺织出版社，2005：37.

的角度切入,分析在特定传播环境下非物质文化遗产的数字传播策略等。可见,在传播学视角下如何传播非物质文化遗产、如何发挥传播过程中的媒介特征、如何发挥其在保存社会记忆和民众教育等方面的功能,以最终达到更好的传播效果都是值得研究的核心问题。① 在此过程中,传播学的诸多经典理论也为数字非遗研究的深化提供了新的思考。

在非遗与传播学理论的结合上,谭宏提出可以利用拉斯韦尔的经典传播学理论"5W"模式②检测非遗的传播效果,并从控制、内容、媒体、对象和效果五个方面对非物质遗产传播作了具体分析。③ 柴颂华和吕尚彬则运用"5W"理论详细阐述了非物质文化遗产传播中存在的问题,并提出了非遗在其传播过程中选择依托以政府为主导、社区及个人积极参与的路径,根据不同的对象选择媒体进行有效的传播,同时在传播中也要考虑其在文化交流、文化教育与文化普及等价值方面的评价。④

也有学者提出非遗概念受到公众的关注要归功于议程设置理论。议程设置理论作为传播学经典理论,提出大众媒体可以通过提供信息和安排相关的议题来有效控制与掌握大众关注哪些事实及他们谈论这些事件的先后顺序。黄海波和詹向红以合肥市非物质文化遗产保护中的媒介建构问题为依托,验证了大众媒介的议程设置在非遗信息传播中所起到的重要作用。⑤ 农郁则认为,"培养"理论能提高受众对非遗的了解程度,而"框架"理论则可以培养大众对非遗的兴趣,合理运用传播学理论将能够有效扩大非遗信息传播的覆盖面,培养受众对于非遗的关注与兴趣,帮助建立非遗区域中受众与地域文化间的情感联系,强化非遗的代际传播。⑥ 国外的研究还涉及议程设置理论对文化政策的影响,Littoz-Monnet 从新议程的建立以及话语体系的形成角度,探讨了欧盟的文化保护策略,阐明了议程设置理论的关键动态在欧盟制度背景下关注话语本身的性质、欧盟层面冲突扩展战略的特殊性,以及欧盟政治和制度背景的特征;⑦Zyglidopoulos 等学者从议程设置理论的视角检验了媒体对博物馆的报道是否可以带动博物馆参观人数的增加以及其他因素,并通过计量经济学分析验证了媒体报道和正面价值构成了声誉的重要组成部分。⑧

由斯图亚特·霍尔提出的编码解码理论也时常被应用于非物质文化遗产数字传播研究的经典传播学理论,霍尔提出编码是人们的意识形态对于文化内容的复制,而解码则是把这种固化的意识形态进行再次创造,有时甚至会进行反思与反抗。据此,霍尔提出了受众的三

---

① Giaccardi E., Palen L. The social production of heritage through cross-media interaction: making place for place-making[J]. International Journal of Heritage Studies, 2008, 14(3): 281 – 297.
② 5W: Who(传播者)、Says What(传播内容)、In Which Channel(传播渠道)、To Whom(传播受众)、With What Effect(传播效果)。
③ 谭宏.关于非物质文化遗产传播的思考——基于"拉斯韦尔 5W 模型"的分析[J].新闻爱好者,2009(06):14 – 15.
④ 柴颂华,吕尚彬.基于"5W"模式下的非物质文化遗产传播研究[J].学术论坛,2016,39(07):149 – 153.
⑤ 黄海波,詹向红.传播学视阈下非物质文化遗产保护的媒介建构——以合肥市非物质文化遗产保护为例[J].江淮论坛,2011(02):149 – 155.
⑥ 农郁.传播学理论在非物质文化遗产信息传播中的运用——以天津市为例[J].中国报业,2013(14):19 – 20.
⑦ Littoz-Monnet A. Agenda-setting dynamics at the EU level: the case of the EU cultural policy[J]. Journal of European integration, 2012, 34(5): 505 – 522.
⑧ Zyglidopoulos S, Symeou P C, Bantimaroudis P, et al. Cultural agenda setting: Media attributes and public attention of Greek museums[J]. Communication Research, 2012, 39(4): 480 – 498.

种态度,即偏好式的、妥协式的和对抗式的解读。① Li 在研究中讨论了非物质文化遗产的保护框架和日益增长的旅游经济,通过编码解码理论解读非遗的游览设计和叙述,并以面临类似问题的国际案例研究为指导提出了可能的解决方案。② 在国内研究中,赵新艳依据编码解码理论,深度分析了非物质文化遗产的传播,尤其是在新媒介环境下现代大众媒体角色的定位、传播内容的选择与传播方式的创新,提出了非遗传播者与受众的关系图,以期为实现媒体与非物质文化遗产的共同发展提供相应的理论依据和科学建议,她认为媒体应借助多种传播技术,从而更好地"编码"。③ 郭新茹和王娜两位学者则在编码解码理论的视角下,以《延禧攻略》为例探索了我国非遗影视化传播的策略,提出在编码过程中,要创新非遗的影视化生产模式,对影视作品主题符码进行创新并综合运用多样化的传递符码载体;而在解码过程中,应尽可能地引导受众理解影视作品中的非遗文化内涵,在实现整合营销的基础上进行影视作品非遗衍生品开发,进一步增强消费者黏性④。

从传播学的研究视角出发,非物质文化遗产作为传播的基本内容,多是以研究的主题呈现出来。学者们以非遗传播的大环境为背景,研究在该背景下应该如何传播非遗。相比理论研究,应用型研究偏多,这些研究基于实际案例,大部分研究主要着眼于非遗数字传播的不同媒介,分析传播策略以及传播效果。

(二)民俗学视角下的数字非遗研究

民俗学是一门针对风俗习惯、口承文学、传统技艺、生活文化及其思考模式进行研究,来阐明这些民俗现象在时空中流变意义的学科。⑤ 民俗学的概念虽然与非物质文化遗产并不完全相同,但却联系密切。民俗和非物质文化遗产都与传统文化相关,都有相似的历史保护形式和社会认同基础。不少存在非物质文化遗产的地区,也有着历史悠久的保护祖先文化的民俗活动。因此,根据《非物质文化遗产法》中的分类,非遗中也有单独的一类为"传统礼仪、节庆等民俗",可见民俗学与非物质文化遗产学之间的紧密关联。从民俗学的角度探索数字非遗,应特别关注民俗的特征与特点,不同于传统手工技艺等,民俗的展现形式强调"身体在场"与"行为实践",因此从民俗学的角度出发,非物质文化遗产与媒体技术的深度融合,可以为更新非遗主体、丰富内容、拓宽渠道等注入新的活力。⑥ 民俗学是非物质文化遗产保护与传播研究的理论基石。由于民俗学和非物质文化遗产的相关性,其参与到非遗保护中有着深厚的学术理论基础和研究积累,其中民俗主义理论和公共民俗理论是最普遍应用于数字非遗研究中的核心民俗学理论。

① Hall S. The rediscovery of 'ideology'：Return of the repressed in media studies[M]. New York：Routledge, 2005：61 - 95.
② Li Y. Preserving A Fragile Cultural Heritage Destination：Decoding and Encoding the MoGao Caves[D]. Columbia University, 2018.
③ 赵新艳.基于霍尔编码解码理论的非物质文化遗产差异化传播研究[J].新闻传播,2012(09)：78 - 79＋81.
④ 郭新茹,王娜.编码解码理论视角下我国非物质文化遗产影视化传播的策略探究——以《延禧攻略》为例[J].文化产业研究,2019(02)：123 - 134.
⑤ 钟敬文主编.民俗学概论(第二版)[M].北京：高等教育出版社,2010：11 - 32.
⑥ 吕明爱.丹东朝鲜族花甲礼的历史价值与现实意义[J].中国文艺家,2019(08)：91.

民俗主义理论源自 20 世纪 60 年代的德国,汉斯·莫泽作为最早使用这一概念的民俗学家,将经过加工处理或重新发明的所谓的"传统风俗"来吸引外地游客,为本地区及其文化做宣传的行为现象统称为"民俗主义"。① 海曼·鲍辛格在其基础上,提出民俗主义指的是对民俗现象的运用和表达性的民俗表现。马克·雅可布在非遗研究中运用民俗主义理论解释非遗的跨学科研究,强调文化的中介、调解和促进作用,成为联合国教科文组织保护非物质文化遗产的新范式。② 而布雷克则在研究中探讨了 2003 年联合国教科文组织发布的《公约》的演变,从寻求保护"传统文化和民俗"转向管理"非物质文化遗产"这一新词以及这一转变的影响。③ 国内学者杨利慧讨论了"民俗主义"的概念和中国民俗学建设的意义,提出有关民俗主义的讨论在某种程度上可以充当当代中国民俗学转型的媒介,能够拓宽民俗学者的视野并促使民俗学与其他社会科学的交叉融合,加强民俗学与当代社会之间的联系,并对当前重大而剧烈的社会历史变迁过程有所担当。④ 官茹瑶则以非遗旅游项目"不灭窑火"为例,从民俗主义的视角出发,探究如何将传统文化资源要素进行提炼、发展和变革,寻找项目开发中存在的问题并对民俗主义的存在能否为非遗旅游提供相应范式做可行性分析,确认非遗旅游开发的未来趋势。⑤

公共民俗学兴起于 20 世纪 70 年代的美国,主要依赖于公共部门工作人员进行民俗调查,并利用民俗开展各种公众性活动。在公共民俗学与数字非遗的研究结合点上,罗伯特·巴龙将公共民俗学的研究经验与深入非物质文化遗产的学术领域,认为应当认识到遗产干预不可避免地涉及权力并出现非对等性时,公共民俗学应尽力去减轻和减少这些不平衡,诸如想方设法地使社区能够以自己的方式呈现他们的文化等。⑥ 公共民俗学介入数字非遗研究,直面文化实践过程中文化客体化等一系列问题,并以其自反性的批评促进传统学科理论体系的建构。在非物质文化遗产的记录、教育、评估、展演与开发等相关公共实践中,学者也应尽可能保持学术独立性,坚守民间立场,尊重非物质文化遗产传承人,不断反思可能带来的客体化等问题,将公共民俗学的重要精神、观点与方法应用于数字非遗的研究中。⑦ 在国外研究中,汉森提出,从公共民俗学视角研究非遗(ICH)是对遗产资源保护的重要思考方式,也是对民俗学在文化遗产领域的研究进行扩展,认识到遗产是一个与更广泛的意义系统相联系的过程,研究认为社会各界正在逐步认识到民间生活作为非物质文化遗产的重要性,各类民俗、方言等表现形式也逐步被纳入非遗的保护范畴中。⑧

① Moser H. Volksbräuche im geschichtlichen Wandel: Ergebnisse aus 50 Jahren volkskundlicher Quellenforschung[M]. München: Deutscher Kunstverlag, 1985: 78.
② Jacobs M. Cultural Brokerage, Addressing Boundaries and the New Paradigm of Safeguarding Intangible Cultural Heritage. Folklore Studies, Transdisciplinary Perspectives and UNESCO[J]. Volkskunde, 2014, 115: 265 – 291.
③ Blake J. From traditional culture and folklore to intangible cultural heritage: Evolution of a treaty[J]. Santander Art & Culture L. Rev., 2017: 41.
④ 杨利慧."民俗主义"概念的涵义、应用及其对当代中国民俗学建设的意义[J].民间文化论坛,2007(01): 50 – 54.
⑤ 官茹瑶."不灭窑火"与非遗旅游开发[D].浙江师范大学,2018.
⑥ Baron R. Public folklore dialogism and critical heritage studies[J]. International Journal of Heritage Studies, 2016, 22(8): 588 – 606.
⑦ 黄龙光.中国非物质文化遗产保护与公共民俗学实践路径[J].民族艺术,2020(05): 65 – 74.
⑧ Hansen G. Cultural Heritage and Public Folklore[J]. Cultural Heritage Care and Management: Theory and Practice, 2018: 43.

民俗学从学术属性来说是一门兼具人文科学与社会科学性质的交叉学科,在这一视角下,非遗数字传播的研究内容主要为不同类别的民俗性质的非物质文化遗产的数字化保护与传播策略。从理论上来看,民俗与非物质文化遗产概念相近。正如高丙中所言,非物质文化遗产的范围就是英文的"民俗"(Folklore)所包含的内容。① 非物质文化遗产在很大程度上就是民俗学的研究对象。在研究实践中,学者多主张民俗学研究应关注文化主体之"民",即民俗文化的持有者,关注民俗主体的能动性。

(三) 心理学视角下的数字非遗研究

心理学是思想和行为的科学,包括了对有意识和无意识现象,以及感觉和思想的研究。非遗的数字传播与人的交互与心理学有所关联,从用户心理出发,心理学研究能够帮助非遗传播发掘和探索非遗受众的心理特点与行为特点,为非遗产业化发展、非遗产品开发、非遗旅游营销等提供具有参考价值的重要用户画像。② 此外,心理学在数字非遗研究中也涉及相关用户的感官维度,通过研究用户需求,明确非遗数字传播的信息设计思路,从视觉界面设计、多层感官设计、交互功能设计等方面构建具有趣味性、交互性、多样性、沉浸性的数字化展示模式。孙曼曼研究了情境化展示在非遗展示空间的发展性,从非遗展览自身、非遗展示现状、非遗展示接受者这三个角度探析存在于非遗文化展示空间中的需求、不足、趋势、期望。同时,发掘情境化展示空间的内涵及特性,基于展示空间设计项目经验积累及情境化在不同应用领域、对展示对象中的案例进行分析提炼,以具有内容和形式针对性的三条主线,将情境化设计手法引入非遗展示空间,形成适用于非遗展示空间的情境化应用策略和方法理论。③ 此类研究均以心理学为研究视角,探索非遗的传播与展示形态。

认知心理学是一门研究不能为人所观察到的内部机制和过程的学科,狭义上指当代的信息加工心理学,即采用信息加工观点研究认知过程。④ 它将人看作是一个信息加工系统,认为认知就是信息加工,包括感觉输入的编码、贮存和提取的全过程。认知可以分解为一系列阶段,每个阶段是一个对输入的信息进行某些特定操作的单元,而反应则是这一系列阶段和操作的产物。⑤ 从认知心理学的角度出发,张希月和陈田以传统手工艺苏绣为例,对非物质文化遗产旅游开发影响机理进行研究,将旅游体验的内涵解构为感知、偏好与态度。研究发现,旅游开发态度是游客的心理与行为相关联的最关键环节,最终会影响游客的行为意愿。⑥ Jie Zhou 结合创业者的认知心理学,将其分为创业认知、创业情感和创业意愿,研究在

---

① 高丙中.迈向学术概念的"非物质文化遗产".民间文化青年论坛网[EB/OL]. https://www.chinesefolklore.org.cn/web/index.php? NewsID=12540.[访问时间:2022-09-10].

② 张孝义,孙国君,梁娉婷,等.黄山市徽州非遗消费者的心理与行为研究[J].蚌埠学院学报,2016,5(06):165-168.

③ 孙曼曼.基于情境营造的非遗展示空间设计研究[D].华东理工大学,2018.

④ Lachman R, Lachman J L, Butterfield E C. Cognitive psychology and information processing: An introduction[M]. London: Psychology Press, 2015:91.

⑤ 里德·亨特,亨利·埃利斯.认知心理学基础[M].北京:人民邮电出版社,2006.

⑥ 张希月,陈田.基于游客视角的非物质文化遗产旅游开发影响机理研究——以传统手工艺苏绣为例[J].地理研究,2016,35(03):590-604.

非物质文化遗产领域中的大学生创业情况,并根据各不同高校的创业教育特点、内容和研究现状得出在创业教育中,应针对不同年龄段采取不同的教学方法,为非遗传承提供技术支撑,为大学生创业做出贡献。[①] Azuma 则从日本民众的认知心理出发,探究不同的诗的写作作为日本非遗所产生的受众认知状态,研究发现由处于不同社会地位的人创作的诗句,表达了生动的爱、悲、乐、怒和钦佩之情,此类感情从心理学的角度引发了当代日本人的共鸣,形成了大众传播。[②]

集体无意识作为分析心理学的核心理论,是指在漫长的历史演化过程中世代积累的人类祖先的经验,是人类必须对某些事件做出特定反应的先天遗传倾向。[③] 它在每一个世纪只增加极少的变异,是个体始终意识不到的心理内容。[④] 集体无意识理论的主要内容是"原型"指代人类祖先在历史活动中的原始经验以具有普遍性的心理结构模式和'种族记忆'的方式,沉积在集体无意识系统中,它从来没有出现在意识领域之中,是经过遗传而流传下来的一种先验的认知倾向,是为人的认知和行为所提供的先验模式。[⑤] 刘君荣基于集体无意识理论分析了两岸非遗文化的场景化传播,认为非遗文化传播活动是系统化的社会实践,以概念、载体、表达方式和社会关系为切入口,建构两岸同胞共同的集体文化记忆,是一个经由双向交流达成社会共识的形成过程。[⑥] 在国外的相关研究中,较为典型的是 Sitnikov 对中国台湾地区的欧亚太平洋宗教符号及非物质文化遗产符号元素的分析,通过分析此类文化符号元素在深化中的痕迹,分析其共同意义并重构它们的起源和转变阶段,为非物质文化遗产的传播提供心理学溯源。[⑦]

心理学是一门范围广泛的学科。作为一门社会科学,心理学旨在通过建立一般原则和研究具体案例来了解个人和群体。从研究范式的角度出发,心理学视角下的数字非遗研究强调事实的分析和问题的解决,学者多从用户的行为和认知出发,设计非物质遗产数字产品,应用心理学的研究方法通过对用户心理有所了解,从而创造出优秀的产品。

(四) 计算机科学视角下的数字非遗研究

数字非遗的研究主要分为基础研究、技术研究和应用研究三个维度。其中,基础研究主要着眼于对数字非遗的基础理论和原则方针问题的研究,为非遗数字化实践提供理论支撑;技术研究主要着眼于非遗数字化所涉及的技术的研究,为其提供技术支撑;应用研究主要着

① Zhou J, Qi J, Shi X. The Innovation of Entrepreneurship Education for Intangible Cultural Heritage Inheritance From the Perspective of Entrepreneurial Psychology[J]. Frontiers in Psychology, 2022: 13.

② Azuma H, Imada H. Origins and development of psychology in Japan: The interaction between Western science and the Japanese cultural heritage[J]. International Journal of Psychology, 1994, 29(6): 707 - 715.

③ Williams M. The indivisibility of the personal and collective unconscious[M]. Analytical Psychology: a Modern Science. Routledge, 2018: 76 - 82.

④ 尹立.意识、个体无意识与集体无意识——分析心理学心灵结构简述[J].社会科学研究,2002(02): 62 - 65.

⑤ 叶浩生.西方心理学的历史与体系[M].北京: 人民教育出版社,1998: 324.

⑥ 刘君荣.集体无意识视角下两岸非遗文化的场景化传播[J].东南传播,2019(12): 50 - 52.

⑦ Sitnikov I. Common Symbols in Eurasia-pacific Unconscious cultural heritage: A case study of the taiwanese 18 deities'cult[J]. International Journal of Asia-Pacific Studies, 2011, 7(1).

眼于非遗数字化应用的成果形态(如数据库、APP 系统)。① 从计算机科学的视角出发,其参与数字非遗的研究主要是通过技术研究和应用研究两个维度。

在技术研究领域,新兴数字技术正逐渐渗透进非遗的数字化建设中,对非遗的保护与传播产生影响。比如 3D 扫描与重建、虚拟现实、增强现实、网络技术,以及动作捕捉等技术的应用和发展,为非遗数字化提供了新的技术手段与方法。宁峰等认为将传统媒体与新媒体的优势加以整合,能有效地克服传统非遗传播路线过于狭窄、信息扩散范围有限的缺点,应充分利用全媒体传播的优势,运用大数据时代的数字传媒技术手段,将非遗文化资源收录、存储、处理,进而推动非遗的传播。② 在数字化技术对非遗传播的影响方面,Yuanwu 认为数字化建设是非物质文化遗产保护和传播的重要手段,例如博物馆的数字化建设、建筑中的艺术形态数字呈现等,结合非遗受众的心理,作者提出了数字化交互、沉浸式参观模式等新的数字呈现方法。③ 周子渊认为非遗数字化传播具有真实直观、准确集成、拷贝永恒和即时交互的优势,并提出了非遗数字化传播的几种方式;④郭传燕和汪全先认为数字化拓宽了非物质文化遗产的传播途径,在手段和传播效果上比传统方法优势明显,借助各种数字媒介构建强大的网络数字资源网能够促进非物质文化的快速传播。⑤ 而在应用研究领域,选择合适的数字化技术是非遗数字化保护与传承需要解决的重要问题,国内外学者深入非遗数字化保护的各个阶段,涉及数字化采集与存储、数字化复原与再现、数字化展示与传播、虚拟现实等多个技术维度。此外,也有研究者基于具体的非遗项目,着重考虑特定数字化技术的应用实践研究,如：M. Riley 等以冲绳民间舞蹈为例,通过将演员动作的细节参数传送给计算机以确保动作完成的精确性;⑥E. Clishman 等以印度古典舞蹈和切罗基躁脚舞蹈为例,阐述了民俗舞蹈数字化保护的重要性;⑦J. Chan 等学者为了分析学员的舞蹈动作细节,开发了一个基于运动捕捉和虚拟现实技术的舞蹈教学系统。⑧

基于计算机科学视角进行的非物质文化遗产数字传播的研究多以计算机技术为工具。一方面,计算机技术作为技术手段,体现在非物质文化遗产数字化的呈现和传播的应用中。此类研究范式具有其独有的特点,研究从某技术理论出发,设计展示非遗的数字化系统,并进行应用实例的实验研究;另一方面,计算机技术为非遗的研究获取数据提供了技术支持,

---

① 周亚,许鑫.非物质文化遗产数字化研究述评[J].图书情报工作,2017,61(2)：6-15.

② 宁峰,侯景娟.非物质文化遗产在全媒体时代的传播策略研究[J].南昌师范学院学报,2016,37(1)：26-31.

③ Shi Y, Hao J, Sun S. The digital protection of intangible cultural heritage — The construction of digital museum[C]. 2008 9th International Conference on Computer-Aided Industrial Design and Conceptual Design. IEEE, 2008：1196-1199.

④ 周子渊.非物质文化遗产的数字化传播研究[J].青年记者,2012(26)：18-19.

⑤ 郭传燕,汪全先.数字化时代瑶族非物质文化遗产的保护与传播——以广西金秀坳瑶黄泥鼓舞为例[J].柳州师专学报,2016(2)：10-13.

⑥ Riley M, Ude A, Atkeson C G. Methods for motion generation and interaction with a humanoid robot：Case studies of dancing and catching[R]. Georgia Institute of Technology, 2000.

⑦ Cushman E, Ghosh S. The mediation of cultural memory：Digital preservation in the cases of classical Indian dance and the Cherokee stomp dance[J]. Journal of Popular Culture (Boston), 2012, 45(2)：264-283.

⑧ Chan J C P, Leung H, Tang J K T, et al. A virtual reality dance training system using motion capture technology[J]. IEEE transactions on learning technologies, 2010, 4(2)：187-195.

比如通过计算机技术爬取数据,并用相关软件进行数据分析,得出结论。

二、跨学科结合的数字非遗研究方法

(一)田野调查法

田野调查法是通过走进调查对象的世界,以观察等方式收集原始数据的一种研究方法。在实际使用过程中,田野调查方法会因学科而有所差异,如生物学家通常在田野调查时仅观察动物与其周围环境的相互作用,而社会科学家可能会采访或观察自然环境中的人以学习其语言、民俗和社会结构。作为一种能够获取一手资料的研究方法,田野调查法是民族学最主要、最有代表性的研究方法,也是民俗学研究的重要手段。该方法在人文社科领域的地位是由英国功能学派创始人之一、著名社会人类学家马林诺夫斯基(Bronisław Kasper Malinowski)所奠定的。他提出了新的民族志写作方法,即亲身实地参与研究对象的聚落生活,使用当地的语言,甚至和土著建立友谊,以深度完成对文化部落的研究。随着马林诺夫斯基式的民族志写作这一方法不断被采纳,民族学的研究学者通常会对自己在调查中的发现和体验进行记录,并运用一种较为微观的整体描述法进行描述。19 世纪中叶,西方国家就已经形成了从事民族研究的专门组织,如法国的"巴黎民族学学会"、美国的"美国民族学学会"、英国的"民族学学会"等,这些组织通过组织考察队,到殖民地的民族中进行实地调查研究。当代的非物质文化遗产研究同样依赖田野调查法来实现对地方民俗的深描与精研。例如,为了研究湘西少数民族的非物质文化遗产,陈廷亮与湘西土家族苗族自治州民族民间文化保护中心及各县市民族民间文化保护中心展开合作,分别对湘西土家族、苗族的非物质文化遗产资源进行了深入细致的田野调查,充分运用影像、录音等手段记录下第一手普查材料,深刻全面地了解湘西土家族苗族非物质文化遗产;[①]林俊琦在研究宁波市鄞州区非遗博物馆群的民俗叙事与地方认同时,同样采用了田野调查法,对各类非遗博物馆的创办目的、发展状况、叙事模式、参与认同等方面进行了深入调查,最终形成对民俗叙事与地方认同之间的构建关系与运行逻辑的分析,并梳理多元叙事路径在利用并表现地方传统文化资源、凝聚地方文化认同、重塑地方文化自觉等方面所发挥的作用。[②]

通常来说,田野调查包括采用参与式观察、深度访谈等系列研究方法来获得一手数据和资料。其中,参与式观察法作为田野调查最重要的研究手段之一,要求研究者深入到研究对象的生活环境中,并与之共同生活,在实际参与研究对象日常社会生活的过程中观察、了解和认识他们的社会与文化。因此,参与式观察的核心在于研究者需要入乡随俗,即学习当地人的风俗习惯、信仰及社会交往方式,尽量以当地人的身份来参与到当地人的各种活动当中,从而获取自己所需的各类研究资料。在实际的非遗研究过程中,邓燕珍为了更好地研究

---

①　陈廷亮.湘西少数民族非物质文化遗产开发利用的可行性与基本模式分析[J].民族论坛,2009(10):35 – 37.
②　林俊琦.民俗叙事与地方认同研究[D].华东师范大学,2019.

湘西苗族鼓舞的本真性传承和保护,尽力还原鼓舞在民族志场景中的实况,运用参与式观察法进入德夯苗寨进行了为期两个月的田野调查,深度参与村民的吃饭、聊天、访谈,并与村民一起上山采蘑菇、下河游泳,参加、观看苗鼓表演,从而建立了良好的关系;为了更深刻地理解鼓舞,邓燕珍作为研究者还向湘西苗族鼓舞的"鼓王"学习了一套舞台表演的舞蹈动作,以便理解舞蹈的动作内涵和舞蹈蕴含的信仰及价值表达,为反思湘西苗族鼓舞在当地的生存状态及其历史变迁打下基础。[①]

访谈法作为田野调查的另一重要研究方法,是一种研究性交谈方法,即通过研究者和受访者面对面交谈来了解受访者心理和行为的心理学基本研究方法。作为一种口头交流式的调查方法,访谈法通常分为结构化访谈、非结构化访谈和半结构化访谈。其中,结构化访谈的特点是按定向的标准程序进行,通常采用口述问卷或调查表来进行;非结构化访谈是指没有定向标准化程序的自由交谈;而半结构化访谈则是介于全结构化和非结构化中间的一种访谈形式,是按照一个粗线条式的访谈提纲进行的,也是最常被使用的访谈方法。在半结构化访谈中,访谈者可以根据访谈的实际情况灵活地对提纲做出必要的调整,对提问的方式、顺序、访谈对象回答的方式、访谈记录形式,以及访谈时间、地点等均没有具体要求,均由访谈者根据情况灵活处理。访谈法的运用场景广泛,能够收集多方面的分析资料,通过访谈法,研究者可以全方位地深入了解研究对象的心理。在非遗研究过程中,访谈法也通常被运用以获得对非遗传承人、传播者更为深入的认识,例如陈茜朦对非物质文化遗产虚拟展览馆用户体验建立了评价与量化的模型,研究采用用户访谈法,从艺术家、学生、学者、临时参观者中选取不同年龄、职业背景和教育水平的用户作为访谈对象,以获得非遗虚拟展览馆用户体验的评价指标。[②] 而为了研究藏族非物质文化遗产的生产性保护和热贡唐卡产业化现状,孙飞在资料搜集时进行了大量的深度访谈,其中包括画师、官员、学生等不同的被访谈者,在与他们的交谈中获得了大量的一手资料。[③]

(二) 案例研究法

案例研究法是研究者选择一个或多个事件或场景作为研究对象,系统地收集数据和资料从而开展的深入研究,用以探讨某一现象在实际生活环境下的状况。基于案例的探索更多偏向定性研究,研究者不介入事件,能够保留生活事件的整体性和本真性,挖掘出现象背后具有意义和内涵的特征。相比其他研究方法,案例研究法能够对研究事件进行详细描述,帮助形成全面的认知和理解分析,以获得系统而整体的观点。

在中国知网,以"非遗""传播"为关键词进行搜索可以发现,截至 2022 年 8 月 18 日,共有 2 813 篇学术期刊;以"非遗""传播"和"为例"为关键词进行搜索,共有 542 条,接近总数量的 1/5。可见在关于中国非物质文化遗产传播的研究中,案例研究法占据重要的位置。通过对国内外的典型案例进行研究和分析,研究者能够借鉴其成功经验并运用理论挖掘、论证其

① 邓燕珍.非物质文化遗产的本真性传承与保护研究[D].华中农业大学,2015.
② 陈茜朦.非物质文化遗产虚拟展览馆用户体验评价与量化模型研究[D].重庆大学,2019.
③ 孙飞.藏族非物质文化遗产的生产性保护[D].中央民族大学,2013.

成功背后的模式与方法,形成具有可复制性的传播策略。从民俗学视角研究中国非物质文化遗产数字传播的研究同样依赖于对案例的深度分析。姚占雷等学者以二十四节气为例,研究了非遗民俗生活性保护的媒体传播和策略,发现非遗民俗传播存在随意、区域分布不均、低级重复等困境;[①]夏海斌和陈振伟则以吉安中秋烧塔习俗为例,研究非遗民俗传承,基于 AR 技术的视角,探讨了非遗民俗传承数字化教育的创新形式,提出要注重 AR 智能多媒体人机交互式设计和现实场景与虚拟数字文化内容整合。[②]

近几年,随着短视频等新兴传播手段的兴起,学界的研究方向不断丰富,非遗传播案例的探讨和分析也逐渐从非遗项目延伸至非遗的数字传播实践中。如梅娜、陈小娟通过研究利用抖音进行非物质文化遗产传播的具体案例,对有效利用碎片化和异质性统一的内容特色、互动仪式参与和沉浸式体验的形式特色,以及流量加内容变现的跨媒介平台运营等特点进行了分析。[③] 同时,国际学者也逐渐开始关注非物质文化遗产的数字记录、保护、传播与传承,如使用社交媒体对非物质文化遗产进行记录的实践案例、非物质遗产跨文化传播案例等。加拿大学者 Sheenagh 通过对土耳其梅夫莱瓦伊(Mevlevi Sema)仪式开展案例研究,提出 YouTube 上的叙述可抵制非物质文化遗产僵化;[④]奥斯滕等人研究非物质文化遗产的数字化保护措施,讨论在具体的保护案例中如何应用数字和可视化技术使非物质历史和社会文化信息得到保留;[⑤]Arno van der Hoeven 则关注非物质文化遗产的参与性实践,研究了专业人士通过非遗的网络化传播来重新考虑其公共角色的参与方式,并展示了如何通过在当代城市的实体和虚拟领域中发生的公共实践赋予非物质文化遗产意义。[⑥]

(三) 问卷调查法

问卷调查法是国内外研究中使用最为广泛的研究方法之一,研究者常运用问卷调查法进行控制式的测量并对所研究的问题进行验证。通常情况下,相比访谈法,问卷的设计更详细、更完整,也更易于控制。问卷法的主要优势在于标准化和低成本,是以设计好的规范化、计量化问卷进行调查,而问卷则以问题的形式系统地记载了需要调查的内容,其目的是收集被调查者对于某个特定问题的态度、观点等信息。

调查问卷的设计通常分为两种形式,即封闭式问卷与开放式问卷。其中,封闭式调查问卷对应的问题答案是封闭式的,通常为单选题、多选题或运用李克特量表、语义差异量表等。例如,"相比传统刺绣的静态实物展示,我对刺绣数字化的展示方式更感兴趣? 请选择'非常

① 姚占雷,盛嘉祺,许鑫.非遗民俗生活性保护的媒体传播及其策略——以二十四节气为例[J].图书馆论坛,2019,39(01):24-32.
② 夏海斌,陈振伟.基于 AR 技术的非遗(ICH)民俗传承教育研究——以吉安中秋烧塔习俗为例[J].数码设计,2020,9(19):128-129.
③ 梅娜,陈小娟."抖音"短视频进行非遗传播的模式研究[J]. 新闻前哨,2019,300(05):30-31.
④ Pietrobruno, Sheenagh. Between narratives and lists: performing digital intangible heritage through global media[J]. International Journal of Heritage Studies,2014,20(7-8):742-759.
⑤ Mah O B P, Yan Y, Tan J S Y, et al. Generating a virtual tour for the preservation of the (in) tangible cultural heritage of Tampines Chinese Temple in Singapore[J]. Journal of Cultural Heritage, 2019, 39:202-211.
⑥ van der Hoeven A. Networked practices of intangible urban heritage: the changing public role of Dutch heritage professionals[J]. International journal of cultural policy, 2019, 25(2):232-245.

同意''同意''一般''不同意''非常不同意'"。而开放式调查问卷往往以填空题的形式出现，不设置标准的答案及选项。例如，你为什么喜欢或不喜欢刺绣的数字化展示？在进行问卷设计时，上述两个问卷类型通常会进行融合与整合，但需要平衡好两者的比例，多数研究情况下常以封闭式问卷为主，辅以几个开放式问题，以获得更为全面的认知和了解。而在封闭式问卷的设计中，需要注意问题设计的完备性和排他性，即确保问题选项穷尽所有的可能选项，且不能出现交叉的题项，此外还应关注"六个避免"原则：避免抽象、笼统、过于专业的提问；避免模糊用词；避免一题两问、多问；避免主观引导；避免否定式提问；避免直接问敏感性问题。调查问卷的结构包含五个部分：问卷标题、问卷说明、问卷主体、人口统计学变量、结语。在问卷说明部分概括说明研究的主题、目的、意义、主要内容，并自述组织者的身份以及对于问卷内容的保密承诺。特别需要关注的是，人口统计学变量的设计通常建议放于问卷结尾，且对于个人信息不过于忌讳，遵循"由简至难"的原则更容易获得受访者的信任与认可。问卷主体部分往往会针对不同的变量进行测量，而一个变量的测量需要依靠三个或三个以上的问题和测量维度形成量表，从不同的侧面尽可能刻画难以直接感知的内心表达。①

在非物质文化遗产数字传播的研究领域中，受众行为意愿研究往往通过问卷调查法进行，例如刘海英等基于结构方程模型，对非遗旅游纪念品的购买意愿影响机制进行研究，整体研究运用问卷调查法进行，采用李克特五级量表对目标问题开展定量测量，并利用 SPSS 与 AMOS2 对数据进行 CFA 分析与结构方程模型分析，实现对研究模型的验证。② 此外，问卷调查法也通常用于对受众心理的探索研究中，张孝义等以黄山市徽州非物质文化遗产为研究对象，通过对非遗受众的问卷调查并结合受众的人口统计学变量进行交叉分析，以探究不同受众的心理与行为特点。③

（四）实验法

实验法是一种科学的研究方法，探究一个或多个自变量被操纵并应用于一个或多个因变量以衡量其对后者的影响，通常在一段时间内研究者会观察并记录自变量对因变量的影响，以得出关于这两种变量类型之间关系的合理结论。实验法起源于理工类学科的研究，直至一百多年前冯特在莱比锡建立了第一个心理学实验室，实验法才逐渐被大多数心理学家所接受并引入社会科学类研究中。实验的方法能够使研究者控制一定的条件或创设一定的情境，在可控的环境下系统地操纵自变量，以引起被试的某些心理活动，观察因变量的变化，从而探讨变量之间的关系。

在非物质文化遗产领域的研究中，实验法也常被运用于探究不同情境下受众的心理及行为意愿，例如，高凌和张梦霞通过实验研究方法检验消费者知识对文化认同与产品购买意

① 郝大海.社会调查研究方法[M].北京：中国人民大学出版社，2005：15－21.
② 刘海英，张传统，孙晓，等.基于结构方程模型的非遗旅游纪念品购买意愿影响机制研究[J].西北师范大学学报（自然科学版），2021，57(01)：126－134.
③ 张孝义，孙国君，梁娉婷，等.黄山市徽州非遗消费者的心理与行为研究[J].蚌埠学院学报，2016，5(06)：165－168.

愿关系的调节作用,并验证感知稀缺的中介效应,通过实验的操纵研究发现,消费者对非遗产品的消费与对工业化生产的产品的消费存在着不同的消费心理和决策机制。[1] 而鲍小春等则运用眼动实验探究了不同个体在剪纸文化内涵上的认知差异,发现文化程度、学科背景、对剪纸文化的了解程度、家庭文化氛围等因素均会影响个体对剪纸文化的认知。[2] 此外,情境实验法也是通常被运用于非物质文化遗产领域的实验法研究范式,研究者通常会选取特定的群体作为被试,并向他们呈现真实的非遗项目、产品等,此后研究者再调查被试群体认同等心理因素的强度水平,观察他们的集群行为意愿或实际行动,并将所得的数据结果进行建模分析,以获得各个变量间的逻辑关系。[3] 当涉及群体认同变量时,研究者可以直接测量被试的群体认同感,常见的问题如"×××这个身份对我来说很重要""我以身为一名×××为荣""我喜欢×××这个身份";[4]也可以将群体认同作为一个操作变量,通过社会身份外显启动法或内隐启动法置于实验环境中进行测量。

此外,实验法也通常被应用于基于计算机科学视角进行的非物质文化遗产数字传播的研究中。计算机科学作为技术手段,体现在非物质文化遗产数字化的呈现和传播的应用中,此类研究范式具有其独特的特点,即从某技术理论出发,设计展示非遗的数字化系统,并应用实例开展实验研究,探索受众的接受与行为意愿。

第二节　数字非遗的国内研究综述

数字非遗的国内研究综述将知网作为来源数据库,将 2006 年 7 月 1 日—2022 年 7 月 1 日作为检索时间跨度,将"SU=('非遗'+'非物质文化遗产')×'数字'"作为检索条件,共检索到符合要求的文献数据 7 850 条,其中 7 435 条为期刊论文、415 条为会议论文。经过数据筛选,剔除因重复收录等原因产生的重复项,最终获得期刊文献数据 7 398 条,会议文献数据 407 条,共计文献数据 7 805 条。将所有文献数据以 Refworks 格式保存,并导入 Citespace 进行数据转码处理,形成中国学术研究领域中非物质文化遗产数字化研究的样本数据库。进而,本节从时间分布、期刊分布、机构分布、高被引合著作者网络、热点分布、聚类分析、时区分布等多维视角对样本数据进行量化分析,并形成直观的可视化呈现。

一、年度变化分析

随着中国 Web2.0 应用的快速发展,中国学者逐渐重视新媒介技术在非物质文化遗产记

① 高凌,张梦霞.消费者非遗产品购买意愿影响因素及作用机制[J].经济与管理研究,2018,39(01):126-135.
② 鲍小春,许鑫,孙亚薇.个体在剪纸文化内涵认知方面的偏差研究[J].图书情报工作,2017(02):32-40.
③ Van Zomeren, M., Postmes, T., Spears, R. Toward an integrative social identity model of collective action: A quantitative research synthesis of three socio-psychological perspectives[J]. Psychological Bulletin, 2008, 134:504-535.
④ 张书维,王二平,周洁.跨情境下集群行为的动因机制[J].心理学报,2012,44(4):524-545.

录、保护、传播、传承中起到的重要作用，从 2006 年开始，中国非遗数字化文献经过一段平稳增长期，现今已然进入井喷式快速发展时期。统计不同年份中国非遗数字化领域论文数量可以发现（见图 2-2-1），中国在该领域的学术研究总量呈现逐年增长的上升趋势，其中 2006—2015 年整体增长较为平缓，平均每年文献增量均为两位数；从 2016 年起，中国非遗数字化相关研究数量陡增，年均发文量近 200 篇。受限于采集时间等问题，本节仅收集 2022 年前半年数据，但从目前数据可以预测，未来上升趋势依然十分显著。结合中国互联网发展可以看出，非遗数字化的发展与中国互联网数字媒介技术发展息息相关。2006 年，中国移动互联网开始出现功能性应用，除了阅读和听音乐外，人们还能在手机上传递图片和打单机游戏，互联网应用前景十分广阔，越来越多的学者开始探索非物质文化遗产保护与传承的新路径。2016 年，中国逐渐由图文时代进入短视频时代，为非遗的快速传播带来新的工具。此后，人工智能、AR、VR 等新技术的出现更是让全感官体验成为可能，学者对于数字技术在非遗保护传承中的应用和未来发展进行了丰富的探索，同时对其附带的伦理问题进行了深入的探讨[①]。

图 2-2-1 "非遗数字化"文献量变化趋势图

为了解中国非遗数字化研究领域机构与作者的产出比情况，本节进一步统计了不同年份发表相关论文的机构和作者数量。从图 2-2-2 可以看出，自 2006 年起越来越多的学者和机构参与到非遗数字化研究中，整体趋势与文献增量趋势基本相同，2006—2015 年增长较平稳，2015 至今研究群体急速增长。比较非遗数字化领域内发文机构数和作者数变化可以看到，2008—2012 年，发文机构数略高于作者数；2013—2016 年，作者数略高于机构数；从 2017 年起，研究学者数量增长速度远超机构，形成一定数量上的超越。这或许说明，在中国非遗数字化领域研究初期，由有关机构牵头开展的科研项目占据一定比例，凭借着过去在非遗领域的积累，机构研究者在非遗保护传承的数字化探索中拥有一定的优势。然而随着中

---

① 赵路平，吕颜婉倩，黄琰秋.基于报纸和网络文本的非物质文化遗产传播研究[J].图书情报工作，2015，59（14）：37-45.

国学者对数字媒介的研究更加深入,越来越多的学者凭借自己过去的学术经验和专长参与到这一新兴领域研究中,机构内或机构间的学术互动和合作越发丰富,使得参与非遗数字化领域研究的研究者数量逐渐高于机构数。

图 2 - 2 - 2　"非遗数字化"发文作者和机构数量变化趋势图

二、研究热点分析

本研究采用社会网络分析法,通过 Citespace 对非遗数字化领域的研究关键词进行提取和分析,并通过网络图、分时区图、聚类图等可视化方式对分析结果进行直观展示。将文献数据时间限制在 2006 年 1 月—2022 年 12 月,以一年为时间区间,以"关键词"为节点,将 G 指数中的 k 值定为 25,以"Pruning the merged network"的方式生成中国非遗数字化关键词知识图谱。在图 2 - 2 - 3 中,每一个圆形节点为一个非遗数字化关键词,每一条连线代表关键词间存在共线关系,节点圆圈越大,连线越多说明关键词在该研究领域越重要。从图中可以看出,非遗、非遗文化、传承、非遗传承、非遗保护、非遗项目、传承人为最显著的研究热点词;创新、活态传承、发展是第二梯队的研究热点;其余热点还有高校、传播、工匠精神、文化自信、传统工艺、乡村振兴、产业化等。

对 Citespace 统计的高频词进行筛选和合并形成的非遗数字化关键词频数统计表,显示出中国非遗数字化领域过去的研究关注与热点。如表 2 - 2 - 1 所示,可以看到过去 16 年中国学者主要关注数字技术,如新媒体、短视频在非遗保护、发展、传承中的应用,不同主体,如传承人、高校在其中的作用,以及文创产品、文旅融合、乡村振兴等数字化实践。

为进一步了解所有热点关键词的研究主题,本研究通过 Citespace 自带的 LLR 算法将所有的关键词进行聚类分析,将关键词按时间分布展开,形成分时区聚类图。图中的每个节点均代表一个关键词,点的颜色反映的是其所属的聚类,点的位置代表的是该关键词在非遗

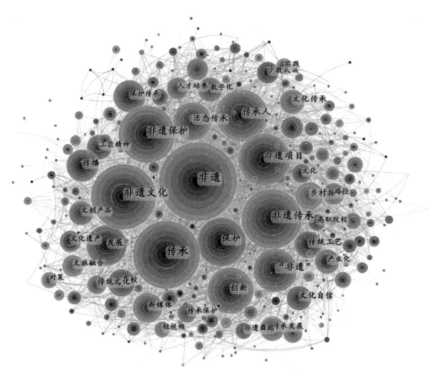

图 2‑2‑3 中国非遗数字化关键词网络图

表 2‑2‑1 2006—2022年非遗数字化关键词排行

序号	关 键 词	频 数	序号	关 键 词	频 数
1	非遗	1 033	12	高校	109
2	非遗保护	612	13	乡村振兴	99
3	传承	520	14	传播	76
4	非遗文化	518	15	文化遗产	67
5	非遗传承	316	16	文化传承	60
6	非遗项目	259	17	新媒体	59
7	传承人	239	18	文创产品	58
8	发展	166	19	产业化	55
9	创新	123	20	文旅融合	54
10	保护传承	117	21	传统文化	53
11	活态传承	110	22	制作技艺	53

续　表

序号	关　键　词	频　数	序号	关　键　词	频　数
23	数字化	53	29	少数民族	40
24	传统工艺	50	30	工匠精神	37
25	文化自信	49	31	口述史	37
26	人才培养	46	32	传统技艺	37
27	路径	44	33	价值	36
28	短视频	43	34	策略	34

数字化领域第一次出现的时间,结合图标元素和形态可以对研究热点的发展和演变有较为清晰的了解。图2-2-4展示了9个聚类,结合上述图表和聚类名称,可以大致将所有聚类分为三类：非遗数字化保护与传承(聚类#0、#1、#2、#3、#4、#5)；新媒体视域下非遗活态传承(聚类#6、#7)；乡村振兴战略下非遗项目数字化实践(聚类#8)。

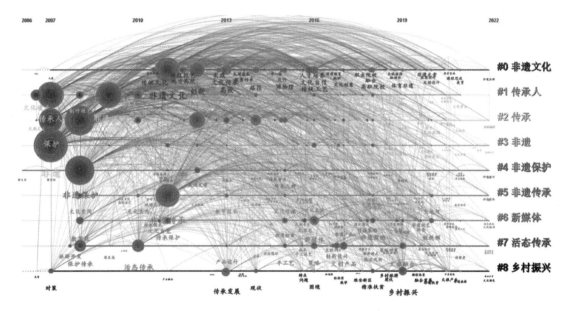

图2-2-4　非遗数字化关键词分时区聚类图

在这一节中笔者仅对新媒体视域下的非遗活态传承进行论述。"文化空间"这一概念最早由联合国教科文组织作为一种非遗类别引入非物质文化遗产领域,[①]其内涵在之后的讨论与研究中不断丰富,意在强调部分非物质文化遗产项目实践无法离开空间与时间的限制和

① 邹启山.联合国教科文组织人类口头和非物质遗产代表作申报指南[M].北京：文化艺术出版社,2005：2.

群众的参与而存在,[1]这也反映了非遗具有时代性、地域性、具身性等特征。[2] 这些特征使得"博物馆式"的保护和呈现并不能全面完善地记录非物质文化遗产的全部信息,因此"活态传承"这一概念在非遗的保护发展过程中显得尤为重要。而数字技术的发展为非遗活态传承提供了丰富的工具和平台。通过数字影像技术可以将非遗以影音作品的形式保存下来,纪录片能更生动全面地记录和讲述非遗文化,让观众了解其文化背景和发展现状,短视频则能通过更加浅显易懂的表达激发用户对非遗文化的喜爱。智媒时代兴起的 AR、VR、全景 360°等全息影像技术则能生成三维图像数据,对非遗项目进行具象化的立体呈现。除此之外,专家学者还能通过数字化存储建立数据库,不仅能更好地管理、评估、监测非遗传承人的状态,还能更好地存储非遗项目的相关数据和信息,做统一归档和管理。[3] 上述非遗数字化活态传承关键信息都以节点的形式清晰地出现在图 2-2-4♯6 和♯7 聚类中。

三、高被引文献分布

本地被引频次(LCS)指文献在该数据库,即在知网中的被引用次数,常用来反映该文献在其研究领域的影响力和贡献度。[4] 本研究将所有搜集到的文献按 LCS 倒叙排列,从而得到截至 2022 年 7 月 1 日中国非遗数字化领域的高被引文献排名(见表 2-2-2),第一栏编号为 CNKI 导出时自动生成。

表 2-2-2　LCS≥50 的高被引文献

编号	文献标题	作者	期刊	年份	LCS
7256	"非遗"产业化:一个备受争议的问题	刘锡诚	《河南教育学院学报(哲学社会科学版)》	2010	118
7204	论"非遗"传承人的保护方式	刘锡诚	《河南教育学院学报(哲学社会科学版)》	2011	94
6613	基于 GIS 缓冲区分析的西北民族地区"非遗"旅游资源空间结构研究	苗红;张敏	《干旱区资源与环境》	2014	87
6304	"非遗"传承创新语境下的 APP 界面设计研究	谭坤;刘正宏;李颖	《包装工程》	2015	84
7358	数字技术与山东非物质文化遗产保护	杨海波	《山东社会科学》	2009	82

---

① 萧放,席辉.非物质文化遗产文化空间的基本特征与保护原则[J].文化遗产,2022(01):9-16.
② 张吕,雷雨晴.数字化生存语境下非遗的传播与传承[J].中国电视,2021(10):72-76.
③ 谈国新,张立龙.非物质文化遗产数字化保护与传承刍议[J].图书馆,2019(04):79-84.
④ 刘春年,张曼.三十余年图情领域重要期刊文献量化分析[J].现代情报,2014,34(11):110-118.

编号	文　献　标　题	作　者	期　刊	年份	LCS
6638	经济民俗学：探索认同性经济的轨迹——兼论非遗生产性保护的本质属性	田兆元	《华东师范大学学报(哲学社会科学版)》	2014	80
6844	论非物质文化遗产保护视野下"非遗"纪录片的建构	王家乾；苏大为	《电视研究》	2013	79
7383	数字图书馆建设中的非物质文化遗产数字化保护	张红灵	《四川大学学报(哲学社会科学版)》	2008	76
5730	非遗活态传承的悖论：保存与发展	高小康	《文化遗产》	2016	64
5827	"非遗"生产性保护的实践与思考	刘晓春；冷剑波	《广西民族大学学报(哲学社会科学版)》	2016	62
6394	论"非遗"传承与当代社会的多样性发展——以景德镇传统手工艺复兴为例	方李莉	《民族艺术》	2015	60
6738	民族文化产业视域下少数民族非遗文化的生产性保护——以壮族织锦技艺为例	丁智才	《云南社会科学》	2013	60
6435	非遗数字资源的元数据规范与应用研究	许鑫；张悦悦	《图书情报工作》	2014	54
7046	"非遗"视野下的武术文化传承断想——以拳种为视角	王传方	《山东体育学院学报》	2012	54
5635	以社区为中心——联合国教科文组织非遗保护政策中社区的地位及其界定	杨利慧	《西北民族研究》	2016	53
6490	空间再造与文化传承——栖霞古镇都村"非遗"保护工程实验研究	王德刚	《民俗研究》	2014	53
7119	基于数字技术的非物质文化遗产保护策略研究	王建明；王树斌；陈仕品	《软件导刊》	2011	52
5590	协同设计"触动"传统社区复兴——以"新通道·花瑶花"项目的非遗研究与创新实践为例	张朵朵；季铁	《装饰》	2016	51
7127	"原生态"民歌的舞台化实践与"非遗"保护——在"中国原生态民歌盛典"学术研讨会上的发言	乔建中	《人民音乐》	2011	50

　　中国非物质文化遗产数字化高被引文献均发表于 2008 年至 2016 年,其中 13 篇均为宏观设计与分析。非遗数字化保护,即借助数字技术,通过建立数字数据库、创建数字博物馆、

创作数字化影像图画、测量并复现数字模拟等方式将非遗信息数字化并存储在计算机中从而实现保护传承的效果。① 元数据作为非遗数字化存储的底层数据，其标准与规范不仅影响国内非遗信息的存储，还影响国内外数据信息的沟通互联，因此许鑫和张悦悦在前人的基础上，从我国实际出发，结合 DC 元数据标准设计了一套更适用的元数据规范体系。② 而短视频、APP、纪录片等数字载体在非遗数字化传播中的应用则需要更加详尽的分析。谭坤等学者通过调研，从 APP 界面交互、信息架构、视觉设计等三个维度为优化非遗类 APP 使用体验、充分传递非遗文化内涵提供了针对性建议。③ 王家乾和苏大为则首次对以非遗为题材的纪录片的类型、功能、来源以及艺术建构进行了整合与梳理，从而进一步明确了非遗纪录片在非遗保护传播中的意义与价值。④

非物质文化遗产的丰富性决定了在研究其数字化保护、传播时，交叉学科视角是必不可少的，在高被引文献中，不同学者分别从计算机、建筑学、体育学、民俗学等学科切入，讨论中国非物质文化遗产的文化保护、资源开发和内容传承以及数字技术在其中的支持和应用。苗红和张敏基于 GIS 技术对西北地区空间层面的点（旅游城市、5A 景区）、线（国道、铁路）以及点-线综合进行非遗缓冲区分析，从而得出中国西北地区的非遗资源空间分布格局，并基于此提出该区域非遗旅游资源的开发优化路径。⑤ 文化空间作为一种具有一定文化实体的非遗项目，对其的保护往往需要更加专业细致的空间规划以及专业理论和技术指点。王德刚以文化空间再造理论为指导，以栖霞古镇都村为基地，初步实验了文化空间保护的可能性。⑥ 王传方则在武术文化传承的讨论中，强调"拳种"这一概念，提出拳种是武术文化传承的基本载荷因子，包含了丰富的技术功法和套路，并从传承意识、传承人、传承场域等方面为中华武术的活态传承提出了对策建议。⑦ 非物质文化遗产作为民俗资源的一部分，其传承保护需要民俗学理论作支撑，田兆元就从民俗经济学视角对中国官方文件里关于非遗生产性保护的相关概念界定中存在的问题进行了讨论。⑧

除了实践性的探索与研究外，高被引文献中也有不少对于中国非遗保护实践的反思和批判。刘锡诚回顾过去国内对于传统技艺类、民间美术类"非遗"产业化发展的众多争议，表明对部分非遗项目产业化过程中存在的因过度追求经济效益而牺牲传统非遗文化内涵的担忧，并提出保护非遗项目的核心技艺和核心价值是非遗保护过程中必须要严格遵守的前提。⑨ 刘晓春和冷剑波则更支持对非遗项目进行生产性保护，因为这更符合非遗的文化性和独特性。为进一步了解当前中国非遗生产性保护现状，他们对部分非遗进行田野调查，发现

① 王建明,王树斌,陈仕品.基于数字技术的非物质文化遗产保护策略研究[J].软件导刊,2011,10(08):49-51.
② 许鑫,张悦悦.非遗数字资源的元数据规范与应用研究[J].图书情报工作,2014,58(21):13-20+34.
③ 谭坤,刘正宏,李颖."非遗"传承创新语境下的 APP 界面设计研究[J].包装工程,2015,36(08):60-63+115.
④ 王家乾,苏大为.论非物质文化遗产保护视野下"非遗"纪录片的建构[J].电视研究,2013(04):71-73.
⑤ 苗红,张敏.基于 GIS 缓冲区分析的西北民族地区"非遗"旅游资源空间结构研究[J].干旱区资源与环境,2014(04):179-186.
⑥ 王德刚.空间再造与文化传承——栖霞古镇都村"非遗"保护工程实验研究[J].民俗研究,2014(05):13-25.
⑦ 王传方."非遗"视野下的武术文化传承断想——以拳种为视角[J].山东体育学院学报,2012,28(01):47-51.
⑧ 田兆元.经济民俗学:探索认同性经济的轨迹——兼论非遗生产性保护的本质属性[J].华东师范大学学报(哲学社会科学版),2014(02):88-96+154.
⑨ 刘锡诚."非遗"产业化:一个备受争议的问题[J].河南教育学院学报(哲学社会科学版),2010(04):1-7.

截至 2016 年,中国非遗项目保护成果显著,但仍然存在保护对象不清晰、现代化生产冲击、原材料匮乏、优秀人才断层、政府支持力度不够等问题。[1] 非遗活态传承虽然一直是学术研究热点,但仍然存在立场鲜明的两方观点。高小康教授将生态学概念引入非遗,认为只有将非遗文化放置于其生态壁龛中,并促进不同文化间的交流与沟通才有可能使非遗保护超越单个文化群体或形态,实现世界文化可持续发展。[2]

四、研究前沿分析

为了解中国非遗数字化领域研究的发展和热点变化,本节借助 Citespace 自带的展演功能,将可视化图谱展示方式改为"时区图"(Timezone View),将研究关键词按年份横向展开,从而较为清晰地呈现不同时间阶段中研究关键词的演变和发展。在时区图中,每一个节点出现的位置代表该关键词第一次出现的年份,节点间的连线则反映关键词之间的共用线及传承关系。

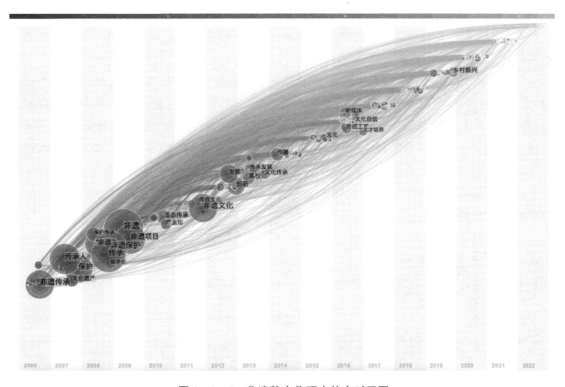

图 2 - 2 - 5　非遗数字化研究热点时区图

对非物质文化遗产的传承、保护、创新是非遗研究需要解决和探索的核心议题,非遗数字化为对这些议题的研究提供了一个工具与载体,在一定程度上缩小了讨论范围。2006—

① 刘晓春,冷剑波."非遗"生产性保护的实践与思考[J].广西民族大学学报(哲学社会科学版),2016(04):64-71.
② 高小康.非遗活态传承的悖论:保存与发展[J].文化遗产,2016(05):1-7+157.

2016年这十年中,非遗数字化研究都围绕非遗传承、保护、发展、创新展开学术性思考和设计,并尝试站在数字技术的角度思考非物质文化遗产保护传承具体开展过程中存在的问题,从而提出具有针对性的建议和可行方案。2005年国务院正式发布《关于加强文化遗产保护的通知》,我国围绕非遗保护传承开展的相关工作逐渐步入正轨。"非物质文化遗产"这一概念出现之初,学界和业界对于如何开展相关工作并没有特别明确的方向,反映在研究热点上,2006—2009年,数字非遗研究的关键词主要以"非遗传承""传承人""非遗""非遗保护"等泛化的词语为主,直到2010年才逐渐出现了"产业化""活态传承"等具有针对性的或数字化特征的关键词。可以看到非遗数字化研究开展的前十年,是学界、业界逐步探索非遗文化发展道路的10年。

2016年,习近平总书记在中国共产党成立95周年大会上明确提出"四个自信",在胡锦涛同志提出的"三个自信"的基础上补充增添了"文化自信"。由此可以看到党和国家对于民族文化传承发展的重视以及实现"成为文化强国"的决心,而非遗正是中国民族文化的重要组成部分。在本节收集的所有文献数据中,最早有关文化自信的非遗数字化文献是2016年10月15日吉文莉发表在《社科纵横》上的文章《浅议文化自信视野下的国家非遗通渭小曲传承》,[①]此后越来越多的学者从文化自信的视域出发,探索激发非遗文化价值,传扬文化精神的可行之法。

自党的十九大以来,全国人民在党和国家的带领下响应乡村振兴号召,积极推进乡村建设,大力发展乡村经济、政治、文化、社会和生态文明。而非物质文化遗产作为中国宝贵的文化财富不仅具有文化价值,也具有极高的产品价值。从2014年起,就有部分地区依靠当地的特色非遗文化开展扶贫项目。2019年5月,中共中央办公厅、国务院办公厅发布《数字乡村发展战略纲要》,要求农业农村引入数字化技术,进一步发展和释放数字化生产力,为非遗＋乡村振兴指明了发展方向。在这样的背景下,2019年后,"乡村振兴"成为非遗数字化研究领域最重要的研究热点。

提取文献数据中的突变词并计算其突变率和突变时间,可以对非遗数字化研究前沿热点的形成和演变有更全面的了解。利用Citespace软件对2006—2022年间非遗数字化领域的研究前沿进行计算,共得到51个突变词,研究选取突变率大于3.7的专业术语进行分析。

表2-2-3　中国非遗数字化关键词突出表现

关键词	突变率	起始年	终止年	关键词	突变率	起始年	终止年
传承人	19.35	2007	2014	产业化	4.76	2017	2018
文化遗产	8.16	2007	2015	传统工艺	0.23	2017	2019
非遗保护	13.09	2008	2014	传统创新	3.88	2017	2018

① 吉文莉.浅议文化自信视野下的国家非遗通渭小曲传承[J].社科纵横,2016,31(10):148-150.

续　表

关键词	突变率	起始年	终止年	关键词	突变率	起始年	终止年
制作技艺	6.4	2008	2016	民间艺人	3.76	2017	2019
非遗项目	12.38	2009	2018	传统舞蹈	4.65	2018	2019
保护	17.64	2010	2017	非遗舞蹈	6.11	2019	2020
传统剧目	6.47	2010	2015	文旅融合	5.88	2019	2022
山东省	5.31	2010	2014	高职院校	5.73	2019	2020
博览会	4.99	2010	2018	现状	4.64	2019	2020
非遗法	6.54	2011	2012	校本课程	4.63	2019	2020
民俗学	4.43	2013	2014	精准扶贫	4.33	2019	2020
传承人群	4.56	2015	2019	短视频	10.71	2020	2022
文化馆	5.1	2016	2018	文创设计	3.72	2020	2022

从表2-2-3可以看出，在2006—2022年间，中国非遗数字化领域出现了较多前沿术语，与不同时期的社会热点、重点、行业发展，以及政策方针紧密相连。

首先，我们可以明显看到学者对于研究群体关注的变化。以2015年为分界点，2007—2019年间，学界对于非遗传承用户研究的重心逐渐从传承人（个体）转移到传承人群（群体），鼓励非遗传承人通过研学等方式在沟通交流中碰撞出新的火花。除了对现有手艺人进行关注外，非遗数字化研究者们也开始思考可持续发展的培养策略。2019—2020年，学者减少了对于民间艺人的讨论，将重点转移到"高职院校""校本课程"等基础教育上，通过培养学生的非遗兴趣，增强未来手艺人的专业性，从而拓展非遗未来发展的可能性。

其次，学界研究热点也与非遗大事件息息相关。2010年10月，第一届中国非物质文化遗产博览会正式举办，截至2022年，已陆续举办六届，而"博览会"这一关键词在2010—2018年一直是非遗数字化领域的热点关键词之一。作为主办省份的山东省也在2010—2014年成为学者研究中的焦点。除了博览会外，法律法规的颁布也会引导学界动向。2011年2月通过的《中华人民共和国非物质文化遗产法》引发各界专家对非遗法进行了长达两年的讨论。

再次，近年来中国非遗文化发展与国家发展战略紧密结合，在数字技术的支持下，逐渐激发出非物质文化遗产的文化价值和商业价值，为国家宏观布局的实现贡献了不小的力量。结合热点时区图和突变词可以看到，虽然学界早在2010年就已有非遗"产业化"相关文献，但直到2017年才成为该领域的研究热点之一。分析2017—2018年的相关文献可以看到，在"十三五"规划"一带一路"倡议的指导下，学者们开始讨论如何借助游戏、数字文创、AR

等数字技术和产品在保证非遗文化性、历史性的同时,提高非遗产品的商业价值,实现非遗的可持续发展。业界和学界对于一个政策的领悟和贯彻落实需要在不断的实践和讨论中更进和优化,因此,早在 2013 年提出的"精准扶贫"战略,在 2019 年才成为非遗数字化领域的研究热点。借助非遗实现文化精准扶贫的过程中离不开数字技术的支持,非遗产品或者非遗景点往往首先需要通过抖音等短视频平台进行传播和引流,接着产品通过电商平台或直播间进行售卖,景点则通过吸纳游客来实现其经济价值并推动文旅融合的发展。

最后,从表 2-2-3 中我们可以直接地看到"文旅融合""短视频""文创设计"是当前最热门的研究关键词。综合来看,这些内容都是时下较为有效的非遗数字化传播媒介和策略。短视频凭借其丰富的展示形式、惊人的传播速度已然成为目前人们最偏好的非遗传播形式。仅以抖音举例,截至 2021 年 6 月 10 日,抖音上关于国家级非遗项目的短视频内容累计超 1.4 亿,且在过去一年,相关视频累计播放同比翻了一倍之多。[①] 而非遗文创和文旅融合则以非遗文化为核心,结合流行元素对非遗进行二次设计,从而吸引用户进行消费,形成健康的文化产业生态。2020 年中国景德镇国际陶瓷博览会实现的 56.37 亿元交易额[②]和 2022 年同程旅行发布的《2022"五一"假期旅行消费数据报告》中消费者对于非遗旅游的关注度环比上涨超过 100%的数据[③]无不体现出"非遗＋旅游"以及"非遗＋文创"产业模式的可行性和价值。

五、期刊分布分析

从 2006—2022 年 6 月,共有 1 700 个期刊或会议发表过与非遗数字化相关的研究,将所有期刊按照其非遗数字化领域的文献载文量高低进行排序(见表 2-2-4)。从表中可以看到《大众文艺》《戏剧之家》《文化产业》是中国非遗数字化领域目前发文量最多的期刊。对高载文量期刊做进一步分析发现,载文量排名前 15 的期刊中,仅有《文化遗产》和《四川戏剧》属于 CSSCI 和核心期刊,其余均为普通期刊或网络期刊,可见中国非遗数字化领域研究整体发文期刊质量仍有待提高。

表 2-2-4　按文献量期刊排名

期　　刊	文献量	百分比(%)	TLCS	TLCS/N
《大众文艺》	245	3.14	474	1.93
《戏剧之家》	146	1.87	172	1.18

① 巨量引擎.世界时移,古韵遗风－2021 巨量引擎非遗文化白皮书[EB/OL]. https://wenku. baidu. com/view/ 5c2e06562a4ac850ad02de80d4d8d15abf2300b1.html.[访问时间：2022－07－22].
② 中国青年报.非遗文创为脱贫致富插上翅膀[EB/OL]. https://baijiahao. baidu. com/s?id＝169543772694374838 0&wfr＝spider&for＝pc.[访问时间：2022－07－22].
③ 央广网.同程旅行发布 2022"五一"假期数据报告：非遗旅游关注度提升[EB/OL]. https://baijiahao. baidu. com/s?id＝ 1731873178780956778&wfr＝spider&for＝pc.[访问时间：2022－07－22].

续　表

期　刊	文献量	百分比（%）	TLCS	TLCS/N
《文化产业》	120	1.54	89	0.74
《文化遗产》（CSSCI）	117	1.50	941	8.04
《美术教育研究》	111	1.42	169	1.52
《中国民族博览》	102	1.31	109	1.07
《纺织服装周刊》	82	1.05	17	0.21
《艺术评鉴》	70	0.90	103	1.47
《黄河之声》	70	0.90	98	1.40
《走向世界》	68	0.87	18	0.26
《西部皮革》	67	0.86	49	0.73
《今古文创》	65	0.83	47	0.72
《四川戏剧》	60	0.77	143	2.38
《艺术教育》	60	0.77	153	2.55
《北方音乐》	56	0.72	83	1.48

　　然而，由于期刊收录时间存在差异等问题，仅凭期刊载文量多少并不能反映期刊在非遗数字化领域的重要性。本地被引总频次，（TLCS，Total Local Citation Score），即统计期刊文献在该数据集中总被引用次数，和篇本地被引频次，（TLCS/N）即该数据集中本期刊文献平均被引用次数，常在文献计量分析中反映期刊和期刊文献的学术价值和贡献。为了防止多篇低被引文献和极少量高被引文献对整体排名产生干扰，本研究最终选择了结合期刊篇本地被引频次和文献量对期刊在中国非遗数字化领域研究贡献进行分析与排名，在期刊载文量大于等于 10 篇的基础上，按期刊的 TLCS/N 值进行倒序排列，最终结果如表 2-2-5 所示。在排名前 10 的期刊中，除了《河南教育学院学报（哲学社会科学版）》外，其余期刊均为核心期刊或 CSSCI 期刊，这也侧面反映了该评判标准的效用性。

表 2-2-5　文献量≥10 期刊按 TLCS/N 排名

期　刊	文献量	百分比（%）	TLCS	TLCS/N
《河南教育学院学报（哲学社会科学版）》	15	0.19	251	16.73

续　表

期　　刊	文献量	百分比(%)	TLCS	TLCS/N
《广西民族大学学报（哲学社会科学版）》	11	0.14	150	13.64
《民俗研究》	21	0.27	266	12.67
《电视研究》	10	0.13	118	11.80
《民族艺术》	12	0.15	138	11.50
《包装工程》	29	0.37	330	11.38
《装饰》	15	0.19	165	11.00
《东南文化》	11	0.14	113	10.27
《人民音乐》	19	0.24	185	9.74
《西北民族研究》	19	0.24	180	9.47

六、研究机构与作者分布分析

　　对中国非遗数字化领域内的所有刊载文献进行分析,分析范围为5 053家相关机构。按载文量排序可以看到该研究领域中机构数量众多且长尾效应较明显,不存在发文量特别突出的研究机构。仅从文章数量看,排名前10的机构中,半数为杂志机构,四所为高校,一所为科研机构。为进一步分析该领域内贡献度较高的研究机构,本研究对发文量大于及等于10篇的机构的TLCS/N进行了排序,表2-2-7显示在非遗数字化领域贡献度排名前十的机构均为高校和科研机构,其中天津大学冯骥才文学艺术研究院、浙江师范大学文化创意与传播学院和中山大学中国非物质文化遗产研究中心的贡献度最高。结合研究机构的两张表格可以得出结论:在中国非遗数字化研究领域,杂志是高发文量机构单位,但发表高质量文献仍然需要高校和科研单位的努力。其中中山大学中国非物质文化遗产研究中心和中国艺术研究院是少数既能保持高发文量又能保证学术贡献度的研究机构。

表2-2-6　按发文量排列

单　　位	性　　质	文献量	百分比(%)	TLCS	TLCS/N
《纺织服装周刊》	杂志	76	0.85	16	0.21
《走向世界》	杂志	67	0.75	16	0.24
中国艺术研究院	科研机构	47	0.52	230	4.89

续　表

单　　位	性　　质	文献量	百分比（%）	TLCS	TLCS/N
湖南工艺美术职业学院	高校	47	0.52	79	1.68
上海体育学院	高校	35	0.39	29	0.83
中山大学中国非物质文化遗产研究中心	科研机构	26	0.29	295	11.35
《中华手工》	杂志	25	0.28	9	0.36
《经济》	杂志	24	0.27	14	0.58
《中国纺织》	杂志	20	0.22	7	0.35
苏州旅游与财经高等职业技术学校	高校	19	0.21	56	2.95

表 2 - 2 - 7　文献量≥10 期刊按 TLCS/N 排列

单　　位	性　　质	文献量	百分比（%）	TLCS	TLCS/N
天津大学冯骥才文学艺术研究院	高校	18	0.20	257	14.28
浙江师范大学文化创意与传播学院	高校	11	0.12	151	13.73
中山大学中国非物质文化遗产研究中心	科研机构	26	0.29	295	11.35
天津理工大学	高校	10	0.11	104	10.40
华中师范大学信息管理学院	高校	10	0.11	103	10.30
华中师范大学国家文化产业研究中心	高校	10	0.11	71	7.10
湖南工业大学包装设计艺术学院	高校	10	0.11	67	6.70
中国传媒大学文化产业管理学院	高校	11	0.12	66	6.00
湖南师范大学美术学院	高校	11	0.12	57	5.18
中国艺术研究院	科研机构	47	0.52	230	4.89

为了更好地对数字非遗研究领域的研究者进行统计,本节在原搜索关键词的基础上另加入了"文化符号""短视频""社交媒体""Vlog""新媒体"等关键词进行多主题词联合搜索①以形成更为全面的分析结果。借助 Citespace 分析工具,这里将非遗数字化领域文献发表总数排名前十的高产作者的信息呈现于表 2 - 2 - 8。其中黄楚新以 97 篇的文献量排名第一,近年在中国非遗数字化领域最活跃的学者有侯玲、黄楚新、薛可、谭天和谭宏,2021 年他们在该领域分别发文 21 篇、11 篇、5 篇和 4 篇。

进一步分析该领域的核心研究作者的具体文献内容可以发现,学者们主要从两种不同的研究视角切入。以黄楚新、谭天为代表的学者,主要以数字传播渠道及方法为核心研究内容,勾勒新媒体视域下国家文化传播版图并展望未来发展趋势,如《借力新媒体,向世界讲好中国故事》《社交媒体给少数民族带来的发展机遇》等;而陈炜、薛可等学者则以非物质文化遗产的传播与保护为核心研究主题,探讨数字化传播方式带来的新的机遇与挑战,如《旅游开发对少数民族非物质文化遗产保护的影响研究——以广西三江侗族自治县为例》《中国非物质文化遗产数字传播的新挑战和新对策》等。

表 2 - 2 - 8　中国非遗数字化领域发文量排名前十的学者

排序	姓　名	文献数	单　　　位	首发文时间	2021 年发文量
1	黄楚新	97	中国社会科学院	2010 年	11
2	陈　炜	42	南宁师范大学	2008 年	1
3	王昕巍	30	吉林大学	2015 年	2
4	谭　天	27	暨南大学	2007 年	4
5	薛　可	26	上海交通大学	2011 年	5
6	马知遥	25	天津大学	2010 年	2
7	谭　宏	23	重庆市非物质文化遗产保护中心	2006 年	4
8	王云庆	22	山东大学	2006 年	0
9	晓　然	22	中国工会财会杂志社	2015 年	0
10	刘世文	21	阜阳师范学院	2011 年	0
10	侯　玲	21	四川大学	2021 年	21

---

① 检索式为：SU=("非遗"+"非物质文化遗产"+"文化符号")×("数字"+"短视频"+"社交媒体"+"Vlog"+"新媒体"。

七、数字非遗国内研究结论

（一）国家发展战略的重视与政策的出台推动了非物质文化遗产学科的发展

从研究热点中可以看到"文化自信""乡村振兴"等国家发展战略，一方面反映了中国非遗数字化研究紧跟国家政策导向；另一方面说明国家战略为中国该领域研究指明了发展方向。2017 年 5 月 7 日，中共中央办公厅、国务院办公厅颁布《国家"十三五"时期文化发展改革规划纲要》，明确提到要"健全非物质文化遗产保护制度""支持非物质文化遗产场所建设""推进非物质文化遗产生产性保护"，[①]可以看到中国非遗的保护、传承作为文化发展的重要部分，与中华民族伟大复兴中国梦紧密结合。学者们也意识到非遗学术研究应该融入国家发展战略，在保证非遗保护项目服务国家战略的同时，分析非遗保护实践中的具体问题。[②]

随着中国非遗保护实践的不断深入，国家逐渐意识到数字技术在其中发挥的重要作用。2005 年 3 月 26 日，国务院就在相关意见中指出要积极运用数字化多媒体等方式记录并建立非遗档案和数据库。[③] 2014 年，《非物质文化遗产数字化保护专业标准》经全国文化艺术资源标准化技术委员会审核通过正式立项，成为当年第一批文化行业标准制修订计划项目。2017 年，原文化部颁发的《文化部关于推动数字文化产业创新发展的指导意见》进一步详细指出"鼓励对艺术品、文物、非物质文化遗产等文化资源进行数字化转化和开发，实现优秀传统文化资源的创造性转化和创新性发展"。在国家政策意见的大力支持下，中国非遗数字化产业创新和学术研究探索如火如荼，方兴未艾。

（二）文化理论的探索成为学科发展基础，非遗传播实践进一步反哺理论研究

结合高被引数据和研究热点可以看到，学者们不断引入不同学科知识，拓宽中国非遗数字化理论广度，为人们探索更可持续化的非遗保护路径和策略提供了全新视角。在学界，对于如何开展非物质文化遗产保护工作存在较大的争论，一方学者认为应该保留非物质文化遗产的"本真性"，另一方则认为非遗的保护与继承应该随着时代的发展而演变。而这些关于非遗保护的根本性问题，往往需要学者兼收并蓄、慎思明辨才能形成真正适合中国国情和非遗发展的结论和道路。理论指明实践方向，实践激发理论思路，随着中国非遗保护项目发展越来越成熟，部分非遗保护实践往往走在理论前面。而学术场域中提出的非遗数字化策略的有效性往往也需要在实践中得到验证，因此非遗保护策略的创新除了通过学者引入其他领域经验完成，还需要在不断的实践中发展演进。如果说社会媒体更多的是报道非遗实践的成效，那么学界则更多是思考其背后的原因与逻辑，通过反思失败案例中存在的问题，归纳总结优秀案例思路，以厘清非遗保护传承的边界，并提出更具普遍性的保护原则和更具

① 中共中央办公厅国务院办公厅印发《国家"十三五"时期文化发展改革规划纲要》[J].中华人民共和国国务院公报，2017(14)：5-21.
② 宋俊华，白雪筱.新时代非遗保护研究的路向选择[J].文化遗产，2021，(01)：153-158.
③ 中华人民共和国中央人民政府.国务院办公厅关于加强我国非物质文化遗产保护工作的意见[EB/OL].http://www.gov.cn/zhengce/content/2008-03/28/content_5937.htm.[访问时间：2022-07-22].

操作性的保护方案。

（三）非遗产学研一体深度融合相互促进，学术界研究推动业界数字架构发展

从收集的文献数据上看，44.91％的文献或会议文章为国家级或省级基金项目研究结果，且大量研究为个案研究，这在一定程度上表明，中国非遗数字化研究与行业发展需要紧紧地联系在一起。从非物质文化遗产上看，中国丰富的非物质文化项目使得单一方案的普适性并不强。截至2022年8月6日，中国共拥有世界级非物质文化遗产42项，国家级非物质文化遗产3610项。[①] 要想妥善保护各项非遗项目，不仅不同类别间需要根据不同类别特点制定针对性策略，同一类别下特定非遗项目的优秀保护方案也不可盲目挪用。因此，在非遗数字化领域，学术界和业界需要保持高强度互动，传承人和机构在学者的指导下优化保护传承思路，同时也积极反馈非遗保护成果，从而形成理论与实践的良性循环，促进中国非物质文化遗产的数字化发展。除此之外，数字化技术正处于高速发展时期，为了应对快速变化的社会，传承机构往往需要快速应用并迭代数字的存储、传播、演示方式，却难以在宏观数据规范和底层数据结构上达成一致。而这正是学术界可以发力的地方——通过宏观学习、归纳不同实践经验，总结共通性需求，提出对策，并最终形成行业规范，促成业内交流互通。由此可以得出，在中国非遗数字化领域，学界和业界的频繁沟通交流是必要的。

（四）计算机科学逐步融入非遗研究实践，交叉学科的非遗研究范式逐渐呈现

从高被引文献中可以看到，中国非遗数字化研究是具有典型交叉学科特色的学术研究领域，绝大部分的研究都包含两个及以上学科的知识或理论，而计算机科学在其中占据极大比重。这一方面归因于非物质文化遗产种类的多样性。《非物质文化遗产法》将非物质文化遗产总共分为11类，其中包括民间文学（如布洛陀）、传统音乐（如蒙古族呼麦）、传统舞蹈（如秧歌）、传统戏剧（如昆曲）、曲艺（如苏州评弹）、传统体育（如太极）、游艺与杂技（如聊城杂技）、传统美术（如桃花坞木版年画）、传统技艺（如宜兴紫砂陶制作技艺）、传统医药（如摸骨正脊术）、民俗（如春节）。[②] 这使得学者在针对不同非遗文化进行微观探索和分析时会不可避免地涉及不同学科领域，如艺术、体育、城市设计等；另一方面则在于该研究领域本身具有极强的学科交叉性。非遗项目的保护和传承作为学术界关于非物质文化遗产的核心议题本身可以从众多学科视角切入，而数字化作为一种保护形式需要依托成熟的数字技术和理论，这其中必然会涉及大量的计算机等专业的学科知识。因此以交叉学科视角切入的非遗数字化研究也将一直是中国在该领域进行研究的主要研究范式。

传播学作为一门新兴学科，其所具有的时代性和交叉性的特征与当前中国非物质文化遗产研究的发展现状格外契合，[③]因此从传播学的视角来研究分析中国非遗数字化过去

① 中国非物质文化遗产网［EB/OL］.中国非物质文化遗产数字博物馆 https://www.ihchina.cn/.［访问时间：2022-07-22］.

② 中国非物质文化遗产网［EB/OL］.中国非物质文化遗产数字博物馆 https://www.ihchina.cn/.［访问时间：2022-07-22］.

③ 张国良.中国传播学的不惑之惑——写在传播学引入中国40年之际［J］.现代传播（中国传媒大学学报），2021（02）：30-35.

16 年的研究发展,或许更能理解非遗数字化研究以国家发展战略为指导、理论与实践相补充、学界与业界强互动、多元学科交叉对于其领域发展的重要意义。中国非遗数字化研究目前仍处于快速发展阶段,没有形成特定的研究作者和机构群体,在拥有巨大发展可能性的同时,也需要更清晰的发展规范,探索数字技术在非遗保护中的渗透边界。本节采用固定的检索条件搜集单一数据库内文献数据,难以包含中国非遗数字化研究领域中的所有历史文献,因此存在一定的数据偏差,未来可以进一步优化文献和期刊数据的抓取方式。

第三节　数字非遗的国际研究综述

数字非遗的国际研究综述将 Web of Science(简称 WOS)作为来源数据库,以"(((TS＝(Intangible cultural heritage)) OR TS＝(Non-material cultural heritage)) OR TS＝(Non-physical cultural heritage)) AND ((TS＝(digital)) OR TS＝(digitalization) OR (TS＝(new media)) OR (TS＝(computer)) OR (TS＝(cyber)) OR (TS＝(internet)))"为检索条件进行主题检索,共获得目标文献数据 819 条,去除因重复收录等原因产生的数据,最终获得 760 条有效数据;采集数据时间范围是 2003 年 1 月 1 日—2022 年 7 月 1 日。将所有文献数据以纯文本格式保存,导入 Citespace 软件进行转码处理,从而形成国际学术研究领域中非遗数字化传播研究的样本数据库。本研究从时区分布、热点分布、聚类分析、共被引网络分析、国家分布、期刊分布、机构分布等多维视角对样本数据进行量化分析,并形成直观的可视化呈现。

一、年度变化分析

通过分析论文的年发表量,可以大致了解国际研究领域非遗数字化保护研究的发展状况。2003 年联合国教科文组织第 32 届大会通过了《保护非物质文化遗产公约》,旨在保护以传统、口头表述、节庆礼仪、手工技能、音乐、舞蹈等为代表的非物质文化遗产,并特别要求各国、各地区对现有的非物质文化遗产进行清点,列出亟须抢救的重点和有重要代表意义的遗产项目,[①]由此将世界非物质文化遗产保护事项提上议程,并为各国拟制非遗清单提供了导引。有关非遗数字化研究的第一篇相关论文也发表于 2003 年,此后 20 年间,国际非遗数字化传播研究成果总体呈增长趋势:2003—2012 年为非遗数字化传播研究的萌芽阶段,发文量偏少且趋于平缓,10 年累计发文共 53 篇,仅占总数的 6％;2013—2019 年,非遗数字化传

① UNESCO. Convention for the Safeguarding of Intangible Cultural Heritage[EB/OL]. https://www.ihchina.cn/zhengce_details/11667.[访问时间:2022－07－22].

播研究进入缓慢发展阶段,随着数字技术的更新迭代,该阶段发文量增速有所提升,但总体发文数量仍然较少;2019年至今,该领域研究进入快速发展阶段,2019—2020年论文发表数量陡增,至2021年达到峰值,并呈现持续增长趋势(见图2-3-1)。可知,非遗数字化传播议题在近二十年来受到的关注越来越多,且现今仍处于快速增长阶段,在未来的一段时间内也会保持其重要的研究地位。

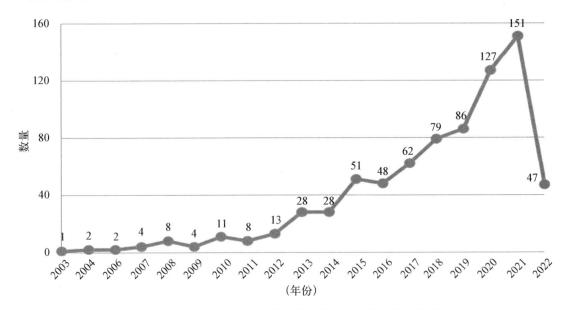

图 2-3-1　国际非遗数字传播化传播论文年发表量走势图

二、研究热点分析

关键词是对文献内容的高度精练,通过分析特定领域的论文关键词可梳理出该领域的研究热点与研究方向。为探究非遗数字化传播研究领域的研究重点,在 Citespace 参数设置中,将 Time Slicing 设置为"2003—2022",将 Year Per Slice 设置为"1",Node Types 选择"Keyword",Pruning 选择"Minimum Spanning Tree",运行软件即可得到关键词网络图谱。在图 2-3-2 中,每一个圆形节点即一个非遗数字化传播关键词,连线代表关键词间存在共现关系,节点圆圈越大,与其他关键词连线越多,则说明该关键词在该研究领域越重要。可见,非遗数字传播领域最显著的关键词为"intangible culture heritage""cultural heritage""practical/art";其余热点词还有"computer aided instruction""augmented reality""digital data acquisition technology"等。

对 Citespace 统计的高频词进行词频排序,排名前 20 的关键词见表 2-3-1。关键词出现的频率越高,说明该领域热度越高;关键词中介中心性越大,说明其与其他关键词的关联度越高。由表 2-3-1 可见,出现频率排名前 5 的关键词分别为"intangible cultural heritage""cultural heritage""practical/art""cultural aspect""computer aided instruction"。

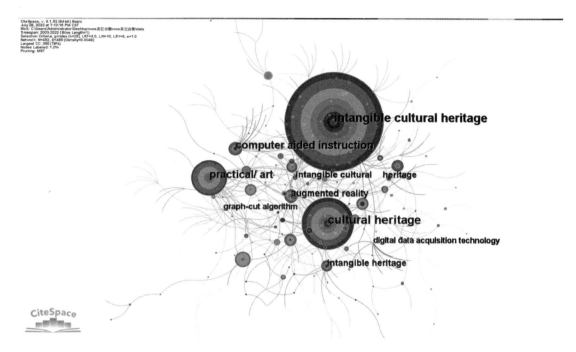

图 2 - 3 - 2　关键词网络图谱

在词频排名前 20 的关键词中，"intangible cultural heritage""internet""city""framework"
"place""challenge"的中介中心性超过 0.1，表明其与其他关键词之间的联系密切，成为关键
节点。由表 2 - 3 - 1 可见，过去 20 年间，国际非遗数字化传播领域的学者主要关注人文方
面，如 intangible cultural heritage、cultural heritage、cultural aspect、art、history；在数字技
术方面，如 computer aided instruction、virtual reality、augmented reality、computer
animation 等；在交互方面，如 user experience、interactive system 等内容。其中，与数字技术
相关的关键词占比较高，体现出非遗数字化传播研究对各类数字技术的高度关注与深入探
究；并且"practical"作为高频关键词与"art""history""computer aided instruction"共同出
现，反映了相关研究领域对于现实中数字技术应用实践的高度重视。

表 2 - 3 - 1　关键词排序（前 20 个）

	词　频	中介中心性	关　键　词
1	125	0.64	intangible cultural heritage
2	66	0.37	cultural heritage
3	44	0.13	practical/art
4	20	0.05	cultural aspect

	词 频	中介中心性	关 键 词
5	17	0.03	computer aided instruction
6	17	0.06	augmented reality
7	16	0.03	practical/computer aided instruction
8	16	0.04	practical/history
9	15	0.05	virtual reality
10	15	0.04	digital technology
11	14	0.08	human computer interaction
12	12	0.04	mobile computing
13	12	0.02	digital heritage
14	11	0.09	practical/cultural aspect
15	8	0.02	computer animation
16	8	0.02	computer game
17	7	0.00	digital humanity
18	7	0.01	user experience
19	7	0.03	digital archive
20	7	0.01	interactive system

　　为进一步了解高频关键词的研究主题,本节在使用 Citespace 进行高频关键词分析的基础上,使用对数似然比(Log-Likelihood Ratio，LLR)算法对关键词进行聚类,生成关键词聚类图谱。图 2-3-3 中共有 452 个节点、1 252 条连线,网络密度为 0.012 3,Q 值为 0.643 6,S 值为 0.861 6。模块值 Q 用于评价聚类的有效性,平均轮廓值 S 用于衡量聚类的同质性,当 Q>0.3,且 S>0.7 时,认为该聚类模块性显著,令人信服,证明本研究生成的聚类图谱可信度较高。

　　本研究共生成 12 个聚类,涵盖 intangible cultural heritage、computer animation、big data、user interfaces、live recording 等主题。聚类前数字编号越小,则聚类中包含的相似关键词越多。由图 2-3-3 可见,聚类♯0 为 cultural heritage,聚类♯2 为 intangible cultural heritage,表明相关研究紧密围绕文化遗产展开;聚类♯1 为 practice,表明多数研究重视理论的实践意义;聚类♯3、♯4、♯5 分别为 big data、computer animation、information retrieval systems、

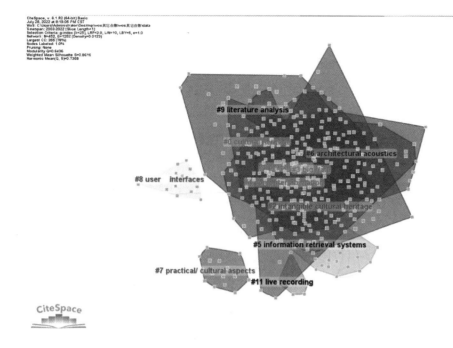

图 2 - 3 - 3　关键词聚类图谱

表明大数据、电脑动画与信息检索系统是数字化技术中受关注度较高的方面；聚类♯6 为 architectural acoustics，表明相关议题有许多涉及建筑学领域，体现了多学科交叉的特点。

　　将关键词聚类按时间分布展开，得到关键词聚类时间线图谱（见图 2 - 3 - 4），该图展现了不同时间段热点关键词的演变历程与相互关系。进一步分析 12 个聚类，可以大致将所有聚类分为三类，非遗人文历史方面（聚类♯0、♯1、♯2、♯10）、非遗数字化呈现（聚类♯3、♯5、♯7、♯8），以及人机交互研究方面（聚类♯4、♯6、♯9、♯11）。

　　如图 2 - 3 - 4 所示，该领域研究热点从 2006 年的"virtual reality""image reconstruction" "virtual heritage"起步；至 2010 年前后，研究热点扩展到"digital archiving（数字存档）" "interactive video（交互式视频）""computer animation（电脑动画）"等领域；2013 年后，研究热点范围持续扩大，延伸至"architecture""big data""social media"等领域，其中"3d"作为关键词自 2013 年首次出现，至今维持着高热度（3d printing、3d laser scanning、3d model、3d animation 等），表明 3d 技术为非遗数字化传播领域的关注重点。

三、研究前沿分析

　　在 Citespace 中以 Timezone 的形式处理、展示数据，得到关键词时区图（见图 2 - 3 - 5），本图通过展现各个时间段出现频次最高的关键词，直观地呈现了国际非遗数字化领域研究热点的变化历程。在时区图中，每一个节点出现的位置，即该关键词首次出现的年份。

　　如图 2 - 3 - 5 所示，2003—2005 年，由于文献数据量极小，未能生成高频关键词；2006—

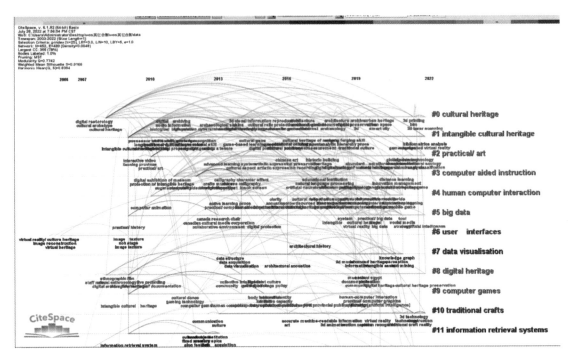

图 2 - 3 - 4　关键词聚类时间线图谱

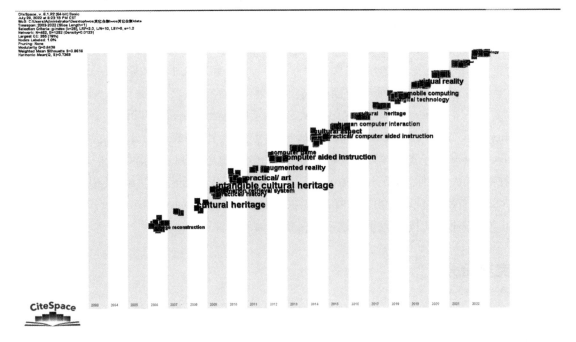

图 2 - 3 - 5　关键词时间线图

2010年，主要高频关键词有"cultural heritage""history""art"等，集中在人文艺术领域，有关数字技术的关键词出现相对较少，关键词内涵较为空泛，可知该阶段属于国际非遗数字化研究的起步阶段，学界与业界对于如何开展研究尚未寻得具体方向；自2011年起，高频关键词多为"computer aided instruction""digital technology""virtual reality"等具体的数字技术，体现出研究者对于数字技术的关注度日益提升，也表明学界的理论研究随着新兴数字技术的发展逐渐深入，关注领域随之扩张。

2012年，谷歌推出了第一款AR眼镜Google Project Glass，其出现将AR技术的使用、研究推向高潮，各领域学者也对该技术在相关领域中的应用进行了深入探究。在本次收集的所有数据中，有关AR技术应用于非遗数字化传播中的研究在2012年、2013年呈现快速增长与发展趋势，"augmented reality"也由此成为2012年与2013年之交的高频关键词。学者设想将AR技术运用在传统非遗舞蹈保护、博物馆非遗展演等领域，进一步推动了业界在相关方面的改革、完善。

通过对Citespace的Burstness（突现节点）功能进行突现词分析，以得到不同时期突现关键词的起止时间与爆发强度（strength），通过对突现词进行提取可以实现对研究前沿的探测。Burstness网络图如图2－3－6所示。

关键词	年份	爆发强度	开始年份	结束年份	2003-2022
image reconstruction	2003	1.3	2006	2009	
information retrieval system	2003	3.34	2009	2013	
knowledge based system	2003	1.28	2009	2010	
human computer interaction	2003	1.59	2014	2015	
digital archive	2003	1.33	2014	2016	
cultural landscape	2003	1.17	2015	2017	
practical/cultural aspect	2003	2.78	2016	2019	
mobile computing	2003	1.26	2018	2019	
practical/augmented reality	2003	1.15	2018	2020	
intangible cultural heritage	2003	1.49	2019	2022	
virtual reality	2003	1.26	2019	2022	
computer animation	2003	0.88	2019	2020	
practical/computer aided instruction	2003	1.52	2020	2022	
practical/art	2003	1.36	2020	2022	
learning (artificial intelligence)	2003	1.34	2020	2022	
intangible culture	2003	1.31	2020	2022	
big data	2003	1.12	2020	2022	
place	2003	1.07	2020	2022	
practical/big data	2003	1.07	2020	2022	
data visualisation	2003	0.91	2020	2022	

图2－3－6　突现词排序（前20个）

由图 2 - 3 - 6 可知 2006—2022 年,国际非遗数字化传播领域的突现词主要围绕各类数字技术展开,经历了由"image reconstruction(图像重建)"到"information retrieval system (信息检索系统)",到"knowledge based system(知识库系统)",再到现如今的"human computer system(人机交互)""digital archive(数字档案)"。"VR""AI""big data""data visualization"作为延续至今的突现词,成为当今最热门的研究重点,也表明在未来的一段时间内,虚拟现实、人工智能、大数据、数据可视化、计算机实用辅助教学将成为该领域的研究热点,将得到更多关注。

四、期刊共被引分析

根据期刊共被引数量可以判断特定领域内的重要期刊。在参数设置中,将 Time Slicing 调整为 2003—2022,Year Per Slice 设置为 1,Node Types 选择 Cited Journal,Selection Criteria 选择 Top15(在每个 time slice 中提取 15 个被引次数最高的文献),Pruning 选择 Minimum Spanning Tree,运行软件得到高被引期刊图谱数据(见图 2 - 3 - 7)。所得网络图谱中,节点数为 1 000,连线数为 875,网络密度数值较小,为 0.001 8。

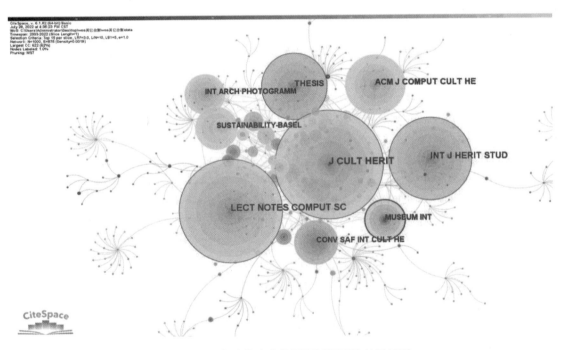

图 2 - 3 - 7　非遗数字化传播领域期刊共被引图谱

被引用频率最高的前 5 本刊物为《Journal of Cultural Heritage》《Lecture Notes in Computer Science》《International Journal of Heritage Studies》《Thsis》《ACM Journal on Computing and Cultural Heritage》。被引用率排名前 10 的期刊中,中介中心性最高的期刊为 Museum International,值为 0.16。被引期刊学科主题涵盖社会科学及交叉科学、工程技

术、艺术与人文科学领域，可见非遗数字化研究多学科交叉的鲜明特点（见表2-3-2）。

表 2-3-2　非遗数字化传播研究期刊共被引排序（前10位）

	词　频	中介中心性	来　　源
1	61	0.12	J CULT HERIT
2	58	0.12	LECT NOTES COMPUT SC
3	46	0.16	INT J HERIT STUD
4	37	0.12	THESIS
5	34	0.01	ACM J COMPUT CULT HE
6	25	0.02	CONV SAF INT CULT HE
7	24	0.02	SUSTAINABILITY-BASEL
8	23	0.02	INT ARCH PHOTOGRAMM
9	22	0.20	MUSEUM INT
10	16	0.02	PROCD SOC BEHV

五、国家分布分析

对文献进行国家发文量分析，在 Citespace 参数设置中，将 Time Slicing 设置为 2003—2022，Year Per Slice 设置为 1，Node Types 选择 Country，运行软件能够得到发文量居前 10 位的国家数据，并获得其在国家合作网络图谱中的中介中心性，最终获得图谱（见图 2-3-8）。如图 2-3-8 所示，国家合作网络图谱中网络密度仅有 0.043 1，体现了国家之间合作联系较少，大多呈各自发展的态势。

表 2-3-3 反映了不同国家对非遗数字化传播研究的贡献及其在国家合作网络中的重要性。就最早发文时间而言，韩国于 2003 年发表首篇关于非遗数字化传播的论文，强调将可视化、信息化等数字技术广泛应用于博物馆展览中，[①] 提高本国文化遗产的传播效果。就发文数量而言，中国（279 篇）、韩国（79 篇）、意大利（62 篇）位居前三。其中，中国为文献重要的来源国家，其发布文献数量大于排名其后的韩国、意大利、希腊和西班牙四国发布文献数量之和。可见，虽然中国的非遗数字化传播研究与韩国相比起步较晚，但在后期对该领域

---

① Han Youngho. A Study on the Cyber Museum Organization System for Intangible Cultural PropertiesI[J]. Korean Institute of Interior Design Journal，2003(38)：266-273.

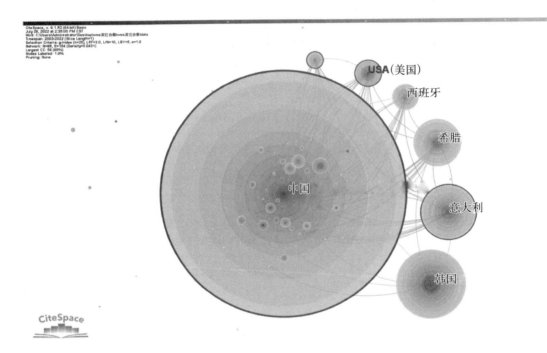

图 2 - 3 - 8　国际非遗数字传播研究国家合作网络图谱

的关注度与投入度有大幅提升。就国家中介中心性而言，在拥有文献量排名前十的国家中，中国、美国、意大利的中介中心性值超过 0.10，成为关键节点。在一定程度上表明了这些国家在开展非遗数字化传播研究时，与国际同行的合作较多、联系较紧密。综观各国的文献发布情况，可以发现有关非遗数字化传播的研究在世界范围内的开始时间较晚，主要研究国家多数为发达国家，发展较为不均衡。

表 2 - 3 - 3　非遗数字传播研究文献高产国家排序（前 10 位）

	发文数量	中介中心性	国 家	年 份
1	279	0.25	中国	2006
2	79	0.04	韩国	2003
3	62	0.12	意大利	2009
4	54	0.06	希腊	2012
5	30	0.09	西班牙	2008
6	29	0.18	美国	2008
7	18	0.16	英国	2014

续　表

	发文数量	中介中心性	国　　家	年　份
8	18	0.03	澳大利亚	2007
9	16	0.00	土耳其	2013
10	15	0.02	马来西亚	2015

六、研究机构与作者分布分析

　　为了解深耕非遗数字化传播领域的重要机构以及机构间的合作情况，在 Citespace 中进行文献所属机构分析。在参数设置中，将"Time Slicing"设置为"2003—2022"，"Year Per Slice"设置为"1"，Node Types 选择 Institution，运行软件能够得到机构合作网络图谱（见图 2-3-9）。通过图谱数据可见，国际非遗数字化传播领域研究机构分布较为密集，存在比较显著的区域连线。说明了在国际领域，非遗数字传播已经成为重要的研究主题，该领域的研究相对成熟并存在较为固定的研究团队与合作机构。如图 2-3-9 所示，Aristotle Univ. of Thessaloniki 与 Fdn Res & Technol Hellas、CNR（Italian National Research Council）等众多机构之间连线密集，形成机构合作群，其主要研究方向聚焦在基于信息和通信技术（ICT）

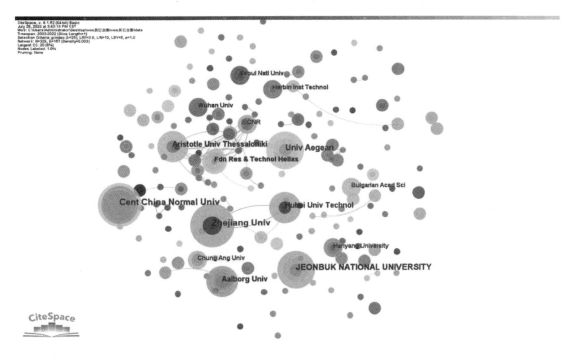

图 2-3-9　非遗数字化传播研究机构合作网络图谱

的非遗数字化传播领域，包括非遗集成平台建设与学习系统开发等；①又如 Zhejiang Univ.与 Hubei Univ. Technol 在不同阶段均开展机构合作，持续关注虚拟现实技术在非遗数字传播中的应用，并以三维建模为研究重点进行合作。② 综上所述，在数字非遗研究领域，各国之间的机构交流与合作正逐渐拓展，拥有相似研究背景的机构通力合作，在特定领域进行深耕，推动了基于不同数字技术的非遗传播发展。但同时，也应注意到国际中更大量的机构仍处于零散分布状态，与其他机构间尚未形成合作，预示未来存在较为广阔的合作研究空间。

为发现非遗数字化传播研究领域中的重要学者，在 Citespace 中进行所获文献的作者分析，"作者共被引"数据可以反映相关学者在该领域中的研究贡献与地位。在参数设置中，将 "Time Slicing"调整为 2003—2022，"Year Per Slice"设置为"1"，"Node Types"选择"Cited Author"，Selection Criteria 选择 Top15（在每个 time slice 中提取 15 个被引次数最高的文献），"Pruning"选择"Minimum Spanning Tree"，运行软件即可获得图谱（见图 2－3－10）。

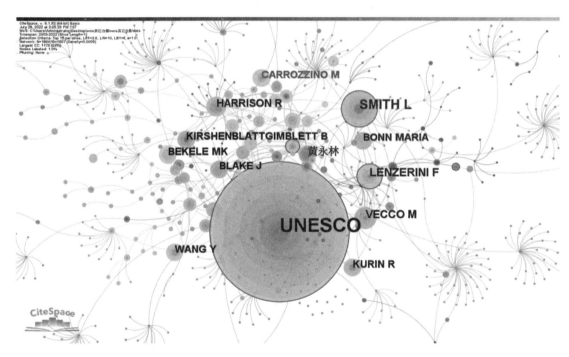

图 2－3－10　非遗数字化传播研究高被引作者合作网络图谱

在所得到的网络图谱中，节点数为 1 864，连线数为 1 507，网络密度仅有 0.000 9，可知国际非遗传播数字化研究领域研究群体较为分散，学者间的合作性不强。其中，被引频率最高的几位作者分别为 UNESCO，Smith L，Lenzerini F，Vecco M，Harrison R。其中

---

① Dagnino F M, Hadjileontiadis L J, Ott M, Pozzi F. An integrated platform supporting intangible cultural heritage learning and transmission: Definition of requirements and evaluation criteria [J]. Journal of Computing and Information Technology，2014，22(4)：277－292.

② Yang C, Sun S, Xu C. Recovery of cultural activity for digital safeguarding of intangible cultural heritage[C]. In 2006 6th World Congress on Intelligent Control and Automation，2006(2)：10337－10341.

UNESCO、Smith L、Lenzerini.F 的中介中心性超过 0.1,表明这 3 位作者是非遗数字化传播领域占主导地位且学术影响力较大的"关键节点"(见表 2-3-4)。

表 2-3-4　非遗数字化传播研究作者共被引排序(前 10 位)

	发文数量	中介中心性	作　者	年　份
1	63	0.11	UNESCO	2013
2	16	0.12	Smith L	2013
3	11	0.11	Lenzerini F	2014
4	10	0.05	Vecco M	2015
5	9	0.03	Harrison R	2017
6	7	0.04	Icomos	2014
7	6	0.03	Yang Y	2018
8	8	0.02	Wang Y	2016
9	8	0.00	Carrozzino M	2013
10	6	0.00	Giglitto D	2019

联合国教科文组织(UNESCO)的论文共被引量排名第一,主要原因是其有关非遗保护的公约被广泛引用,因此成为关键性节点。分析所获数据可知,UNESCO 被引用最多的文献,即 2003 年出台的《保护非物质文化遗产公约》(*convention for the safeguarding of the Intangible cultural Heritage*),该公约对于此后的非遗数字化研究有着很大的指导意义,成为相关研究领域的理论基石与重要参考依据。此外,联合国教科文组织针对文化遗产数字化研究,定期召开国际数字遗产会议(Digital Heritage International Congress),为非遗数字化传播研究的发展提供了土壤与讨论平台。在国际数字遗产大会(2013)中,学者从数字技术的视角分析非遗保护新策略,也分析了数字技术应用下的真实性与伦理问题。该年论文发布数量相对之前有了较大提升,成为该领域快速增长阶段的起始点。可见,核心国际组织的引领与指导对于非遗数字传播研究的发展有着重要意义。

七、数字非遗国际研究结论

(一) 以联合国教科文组织的《公约》及会议内容为基本导向,推动非遗数字化研究发展

从高被引作者分析与全体文献数据中可见,联合国教科文组织(UNESCO)在非遗数字

化研究领域有着关键地位,其出台的一系列文件以及支持举办的会议为非遗数字化研究的发展提供了理论基石与强大动力。非遗数字化研究紧密围绕2003年联合国教科文组织第32届大会上通过的《保护非物质文化遗产公约》展开,"公约"规定,缔约国有义务对本国非物质文化遗产进行清点。[1] 由此,学者就"公约"内容讨论了各国非物质文化遗产新清单编制问题;[2]基于具体案例分析了数字媒体应用于非遗保护过程的实践效果;[3]各国政府也以"公约"的核心内容为主要依据,支持并鼓励国内非遗数字化保护研究开展。[4] 与此同时,由UNESCO支持开展的世界遗产大会(World Heritage Committee)、国际数字遗产会议(Digital Heritage International Congress)、世界记忆项目会议(UNESCO Memory of the World Conferences)等也为非遗数字研究提供了充足的交流平台,学者通过分析UNESCO加入前后世界非遗保护情况证实了该国际组织的重要性。[5] UNESCO对非遗管理与保护的重视为非遗数字化研究打下了基础,使世界各国的学者从数字技术的视角出发,探究非遗传承保护新路径,讨论技术加持下非遗保护的真实性与伦理问题。

(二) 非遗研究实践结合计算机科学、工程技术等多个学科,学科交叉特点显著

从高被引期刊与高频关键词中可以看出,国际非遗数字化研究引起了来自计算机科学、工程科学、博物馆学、文化学、艺术学、民俗学等不同学科领域以及政府文化部门、博物馆、高校等机构的关注,[6]具有多学科交叉的特点。联合国教科文组织《保护非物质文化遗产公约》指出,非物质文化遗产包括各种类型的民族传统和民间知识,各种语言,口头文学,风俗习惯,民族民间的音乐、舞蹈、礼仪、手工艺、传统医学、建筑术以及其他艺术,并鼓励对非遗进行保护。[7] 由此可见,非遗研究所涉及的领域众多、方向各异,学者在结合相关非遗内容进行研究时,或多或少会涉及艺术、工程技术、计算机科学等领域,如我国通过艺术化的影音表现方式展示非遗项目,制作了一系列高质量的纪录片;[8]学者也聚焦现今具有高精度的3D技术,探讨该数字技术在非遗数字化保护中的应用;[9]同时,游戏引擎作为人机交互、3D技术、虚拟现实等多种技术糅合的综合性应用平台,正在逐渐成为非遗数字化保护的新兴手段。[10]

① Artese M T, Gagliardi I. Framework for UNESCO intangible cultural heritage[J]. Archiving Conference, 2014.
② Stanley R, Astudillo H. Ontology and semantic Wiki for an Intangible Cultural Heritage inventory[C]. Computing conference. IEEE, 2013.
③ Costa da Silva, Ana Claudia. Management of intangible cultural heritage in digital media using pamin[C]. ICME Workshops, 2013:1-6.
④ Janssens E, Linden H, Wiercx B. www.immaterieelerfgoed.be: A platform for intangible cultural heritage in Flanders (Belgium)[C]. Digital Heritage International Congress. IEEE, 2014.
⑤ Heo Yongho, UNESCO Regime and Intangible Cultural Heritage of Korea[J]. Asian Comparative Folklore, 2022 (75):153-186.
⑥ 赵跃,周耀林.国际非物质文化遗产数字化保护研究综述[J].图书馆,2017(08):59-68.
⑦ UNESCO. Convention for the Safeguarding of Intangible Cultural Heritage[EB/OL]. https://www.ihchina.cn/zhengce_details/11667.[访问时间:2022-09-10].
⑧ 马晓娜,图拉,徐迎庆.非物质文化遗产数字化发展现状[J].中国科学(信息科学),2019,49(02):121-142.
⑨ Yang C, Peng D, Sun S. Creating a virtual activity for the intangible culture heritage[C]. In Proceedings of the International Conference on Artificial Reality and Telexistence-Workshops, 2006:636-641.
⑩ Malegiannaki I, Daradoumis T. Analyzing the educational design, use and effect of spatial games for cultural heritage: a literature review[J]. Comput Education, 2017(108):1-10.

由此,非遗数字化传播领域呈现出多学科交叉的特点,不同学科都积极地从各自的立场和视角出发,对现有发展状况和未来发展方向给予阐释和解答。但与此同时,学科的杂糅与技术的全面应用也带来了新的问题,许多学者就使用新技术转化传统形式带来的原始艺术形式灭绝问题进行了探讨。① 在未来,如何在保证非遗原生态保护的基础上进行非遗数字化传播将成为需要学界与业界共同探讨的重要话题。

(三) 积极加强各国联系与学界研究互动,加速推进非遗数字研究发展

从国家、机构、作者等合作网络图谱分析中可以看出,现今非遗数字化研究领域的合作性不强。从研究对象来看,该现状产生的主要原因是世界各国非物质文化遗产内容大相径庭、数量繁多,丰富的非遗文化项目注定了非遗的传承与保护难以从单一方向切入解决,而是需要提出具有针对性的策略与方案。从研究主体的视角切入,在非遗数字保护的实践过程中,从非遗清单编制到非遗数据库建设、非遗数字博物馆建设等都需要依托特定的部门或机构去完成,导致非遗数字化保护的实际工作分散在政府文化部门以及图书馆、档案馆、博物馆等机构,使得国际非遗数字化保护的研究主体较为分散。② 此外,虽然联合国教科文组织通过《保护非物质文化遗产公约》建立了较完整的非遗名录保护制度体系,吸纳了世界绝大多数国家为缔约成员国,也为非遗数字化研究提供了理论基石,但仍有部分国家尚未加入《公约》(如美国、英国、澳大利亚、加拿大等),这些国家对于非遗现象的研究更多聚焦于民俗学研究与知识产权保护方面,未形成综合的保护体系,使得相关非遗数字化研究更加分散。对于非物质文化遗产的保护实质上是对人类文化多样性及其推动力的维护,面对来源分散、主体多样、结构复杂的非遗数字信息资源,如何使各国与学界研究突破现有壁垒、建构非遗数字化保护体系成为亟须解决的现实问题。

---

① Kolay S. Cultural heritage preservation of traditional indian art through virtual new-media[C]. Conservation of Architectural Heritage, 2016(225): 309 - 320.
② 赵跃,周耀林.国际非物质文化遗产数字化保护研究综述[J].图书馆,2017(08): 59 - 68.

第三章
非遗的数字留存与保护

第一节　数字非遗的留存与保护概述

我国的非物质文化遗产海纳百川、博大精深，展示了中华民族强大的生存智慧，蕴含着中华民族独有的文化密码，承载着中华民族上万年的活态文明史。意蕴丰富的非遗文化在当代社会仍在绽放魅力，支撑着我们的生活实践与精神家园，陪伴着人类的生存、发展与进步，这离不开精心的留存与保护。本节将介绍非物质文化遗产留存与保护的发展态势、发展困境，以及数字技术为非遗留存与保护带来的全新解决方案。

一、我国非遗留存与保护基本态势

我国非物质文化遗产保护工作在近 30 年间取得了重大成就，特别是党的十八大以来，我国对非物质文化遗产的保护步伐明显加快，法律制度逐步建立健全，留存与保护机制逐渐完善，实现了非遗保护的常态化、制度化、体系化。此外，科技的飞速进步不断创新非遗的采集与留存方式，赋能非遗的保护与创新发展。

（一）巩固保护成果　深化留存与保护工作

2019 年，中国非物质文化遗产的抢救性保护工作取得阶段性成效，相关法律制度初步建立。此后，非遗的留存与保护工作向着巩固抢救成果、深化保护工作的方向迈进。[①] 我国基于联合国教科文组织《保护非物质文化遗产公约》与中国国情，开拓了具有中国特色的非遗留存与保护道路，大力推进非遗记录工程、传统工艺高质量发展、文化生态保护区建设工程、非遗新媒体传播计划、边境地区非遗保护工程等保护举措，逐步构建了顶层规划、分层实

---

① 开创非遗当代传承发展的生动局面——党的十八大以来我国非遗保护工作综述［EB/OL］. http://news.cnr.cn/native/gd/20171017/t20171017_523990594.shtml.［访问时间：2022 - 09 - 28］.

施、系统保护、重点突破的非物质文化遗产保护体系。①

1. 建设非遗资源档案

近半个世纪以来,国家投入大量资金,组织大批专家学者、艺术工作者、民间手艺人开展科学严谨的非物质文化遗产普查、收集工作,逐步建立并完善非遗资源档案库。

《中国民族民间十部文艺集成志书》的内容搜集与编辑出版工程始于 20 世纪 80 年代,在 10 多万名文化工作者的共同努力下,于 2019 年 9 月正式完成。这是一项意义非凡的抢救性工作。该书按照中国的行政区和十大艺术类别划立卷,每个省、自治区、直辖市各 10 卷,共 298 卷,约有 4.5 亿字,收集文字、图片、曲谱等相关资料超过 50 亿字,涵盖了中国人民几千年来在生产生活实践中创造的文化结晶。十大门类分别为《中国民间歌曲集成》《中国戏曲音乐集成》《中国民族民间器乐曲集成》《中国曲艺音乐集成》《中国民族民间舞蹈集成》《中国戏曲志》《中国民间故事集成》《中国歌谣集成》《中国谚语集成》《中国曲艺志》。②

我国第一次非遗全国大普查于 2005 年 6 月正式启动,为期 5 年,对非遗项目成系统、分门类地进行了采集和留存。这次全国性的大普查全面走访了各个地区,共有 76 万人次参与其中,86 万人次民间艺人配合调查。数据显示,这次普查统计了近 56 万项非遗项目,同时详细记录了各个非遗项目的分布地区、保护现状、传承状况等信息。普查成果包括 26 万余件实物和资料、8.9 亿字文字记录、408 万张图片记录、7.2 万小时音频记录以及 13 万小时视频记录,整理编撰成了 8 万册资料。③

如今,我国普查出的非遗项目近 87 万项,为了留存和保护普查出的海量非遗资料,我国建立了完备的非遗代表性项目名录体系。该体系分为国家、省、市、县四级,其中,国家级非遗项目有 1 557 项。非遗的类别划分和各类别的非遗数目如表 3-1-1 所示。

表 3-1-1 中国非物质文化遗产类别及数目

非 遗 类 别	非遗数目	非 遗 类 别	非遗数目
民间文学类	167 项	传统体育、游艺与杂技类	109 项
传统音乐类	189 项	传统美术类	139 项
传统舞蹈类	144 项	传统技艺类	287 项
传统戏剧类	171 项	传统医药类	23 项
曲艺类	145 项	民俗类	183 项

资料来源:国家级非物质文化遗产代表性项目代表性传承人[EB/OL]. https://www.ihchina.cn/representative.html.[访问时间:2022-07-05].

---

① 文化和旅游部印发《"十四五"非物质文化遗产保护规划》[EB/OL]. http://sxfycc.com/portal/article/index/id/1811.html.[访问时间:2022-11-04].

② 《中国民族民间十部文艺集成志书》历时 30 年完成[EB/OL]. http://www.gov.cn/gzdt/2009-10/12/content_1436842.htm.[访问时间:2022-08-16].

③ 我国非物质文化遗产普查工作取得显著成果[EB/OL]. https://www.mct.gov.cn/whzx/bnsj/fwzwhycs/201111/t20111128_765121.htm.[访问时间:2022-07-05].

2. 培养非遗传承人

非遗传承人精通某项非遗知识、技艺,代表某种历史深厚的民间文化传统,具有一定的领域影响力。无论是一段民间舞蹈、一首民间音乐,还是一种手工技艺、一项杂技绝活,无不是通过非遗传承人的言传身教而发扬光大并流传至今的。各级非遗传承人不仅是文化的传递者,更是文化的创造者,他们不断将个人创造力融入非遗实践活动中,不断丰富非遗的内涵、推动非遗的发展。

保护非遗传承人是非遗保护工作中的重要组成部分。从 2007 年到 2018 年,我国先后命名了五批国家级非遗项目的传承人,共计 3 068 人,截至 2022 年 11 月,调整至 3 068 人。① 政府从财政、政策等方面大力支持传承人的传习活动。例如,2015 年,我国推出“中国非物质文化遗产传承人群研修研习培训计划”,组织 10 万非遗传承者到高校进行培训学习、交流研讨活动,进一步精进技艺。② 2021 年,该培训更名为“中国非物质文化遗产传承人研修培训计划”,继续发挥院校的力量,帮助传承人夯实基础、开阔眼界、提高专业技能与传承传播能力,提升非遗保护的整体水平。③

3. 建设文化生态保护区

文化生态保护区是在非遗项目集中、特色鲜明的地区建立的整体性保护区域。保护区内传统文化、自然环境、社会环境、经济环境和谐统一,实现非遗项目的可持续保护和发展。截至 2020 年 6 月,我国已设立了 7 个国家级文化生态保护区和 17 个国家级文化生态保护实验区,涉及省份 17 个,促进了非遗项目的区域性整体保护。④ 国家级文化生态保护区名单如表 3 - 1 - 2 所示。

表 3 - 1 - 2 中国国家级文化生态保护区名单

名　称	地　　　区	县级单位数	国家级项目数
闽南文化生态保护区	福建省(泉州市)、福建省(漳州市)、福建省(厦门市)	29	58
徽州文化生态保护区	安徽省(黄山市、绩溪县)、江西省(婺源县)	9	24
热贡文化生态保护区	青海省(黄南藏族自治州)	3	6
羌族文化生态保护区	四川省(阿坝藏族羌族自治州茂县、汶川县、理县、绵阳市北川羌族自治县、松潘县、黑水县、平武县)	7	31

① 国家级非物质文化遗产代表性项目代表性传承人[EB/OL]. https://www.ihchina.cn/representative.html.[访问时间:2022 - 11 - 05].
② 中国非物质文化遗产传承人研修培训计划[EB/OL]. https://www.ihchina.cn/train.html.[访问时间:2022 - 08 - 16].
③ 文化和旅游部 教育部 人力资源社会保障部关于印发《中国非物质文化遗产传承人研修培训计划实施方案(2021—2025)》的通知[EB/OL]. https://zwgk.mct.gov.cn/zfxxgkml/fwzwhyc/202110/t20211019_928411.html.[访问时间:2022 - 08 - 16].
④ 国家级文化生态保护区[EB/OL]. https://www.ihchina.cn/shiyanshi.html#target1.[访问时间:2022 - 07 - 05].

名　　称	地　　　区	县级单位数	国家级项目数
武陵山区(湘西)土家族苗族文化生态保护区	湖南省(湘西土家族苗族自治州)	8	26
海洋渔文化(象山)生态保护区	浙江省(象山县)	7	6
齐鲁文化(潍坊)生态保护区	山东省(潍坊市)	12	14

资料来源：中国非物质文化遗产网.国家级文化生态保护区[EB/OL]. https://www.ihchina.cn/shiyanshi.[访问时间：2022-10-05].

(二)完善法律规范　非遗法治体系现代化

我国非物质文化遗产留存与保护领域的立法经历了从在某一领域立法到全面立法,从地方立法推动国家层面立法,再到进一步推动部门和地方立法的过程。目前,非遗法治体系已初步建成,正在发展完善,向着现代化的方向迈进。

1. 国家级法律法规和政策

2000年起,文化和旅游部与全国人大教科文卫委员会开始积极推进国家层面的立法,基于中国国情并借鉴国外的非遗立法经验,经数次修改讨论,颁布了《民族民间传统文化保护法(草案)》。2004年,我国加入联合国教科文组织《保护非物质文化遗产公约》,并将草案正式更名为《中华人民共和国非物质文化遗产保护法》,标志着我国的非遗保护工作向着国际化的方向跨出了一大步。2011年2月25日,《中华人民共和国非物质文化遗产法》正式通过,并于当年的6月1日正式实施,从此我国非遗保护事业走上了法治化、制度化的道路。

除了法律法规,国家层面也出台了相关的政策性文件。比如,2005年3月,国务院办公厅《关于加强我国非物质文化遗产保护工作的意见》,附件包括《国家级非物质文化遗产代表作申报评定暂行办法》;同年12月,《国务院关于加强文化遗产保护的通知》;此外,中共中央办公厅、国务院办公厅于2017年1月25日印发《关于实施中华优秀传统文化传承发展工程的意见》,这些政策性文件都为非遗的保护工作保驾护航。[①]

2. 地方性行政法规

《云南省民族民间传统文化保护条例》于1999年率先出台,开辟了非遗地方立法的先河,也为国家层面的立法提供了有益借鉴。此后,一些省份也陆续制定出台了相关地方性法规,针对本地区具有特色和优势的一类或一种非物质文化遗产通过立法手段进行保护,如《云南省丽江纳西族自治县东巴文化保护条例》(2001年6月发布)、《淮南市保护和发展花鼓灯艺术条例》(2001年9月发布)等。这些地方性法规的出台有力地支持了本地非物质文化

---

① 学术|松雨：完善政策法规体系为非物质文化遗产保护提供有力支撑[EB/OL]. https://new.qq.com/rain/a/20220331A073GN00.[访问时间：2022-07-17].

遗产的留存与保护。

2011年后,在《非遗法》的引领下,各地积极推动地方立法,形成了陆续推进的立法高潮,有些地方还对已经出台的地方性法规进行了修订。具有代表性的地方法律法规如表3-1-3所示。

表3-1-3　各省、自治区、直辖市非物质文化遗产保护法规调查表

公布时间	省　份	行　政　法　规
2000年5月	云南省	《云南省民族民间传统文化保护条例》
2002年7月	贵州省	《贵州省民族民间文化保护条例》
2004年9月	福建省	《福建省民族民间文化保护条例》
2005年4月	广西壮族自治区	《广西壮族自治区民族民间传统文化保护条例》
2006年7月	宁夏回族自治区	《宁夏回族自治区非物质文化遗产保护条例》
2006年9月	江苏省	《江苏省非物质文化遗产保护条例》
2007年5月	浙江省	《浙江省非物质文化遗产保护条例》
2008年1月	新疆维吾尔自治区	《新疆维吾尔自治区非物质文化遗产保护条例》
2011年7月	广东省	《广东省非物质文化遗产条例》
2012年7月	重庆市	《重庆市非物质文化遗产保护条例》
2012年9月	山西省	《山西省非物质文化遗产条例》
2012年9月	湖北省	《湖北省非物质文化遗产条例》
2013年3月	云南省	《云南省非物质文化遗产保护条例》
2013年9月	河南省	《河南省非物质文化遗产保护条例》
2014年1月	陕西省	《陕西省非物质文化遗产条例》
2014年3月	河北省	《河北省非物质文化遗产条例》
2014年4月	西藏自治区	《西藏自治区实施〈中华人民共和国非物质文化遗产法〉办法》
2014年8月	安徽省	《安徽省非物质文化遗产条例》
2014年11月	辽宁省	《辽宁省非物质文化遗产条例》
2015年3月	甘肃省	《甘肃省非物质文化遗产条例》
2015年5月	江西省	《江西省非物质文化遗产条例》

续 表

公布时间	省 份	行 政 法 规
2015 年 9 月	山东省	《山东省非物质文化遗产保护条例》
2015 年 12 月	上海市	《上海市非物质文化遗产保护条例》
2016 年 5 月	湖南省	《湖南省实施〈中华人民共和国非物质文化遗产法〉办法》
2016 年 8 月	黑龙江省	《黑龙江省非物质文化遗产条例》
2016 年 11 月	广西壮族自治区	《广西壮族自治区非物质文化遗产保护条例》
2017 年 3 月	吉林省	《吉林省非物质文化遗产保护条例》
2017 年 5 月	内蒙古自治区	《内蒙古自治区非物质文化遗产保护条例》
2017 年 6 月	四川省	《四川省非物质文化遗产条例》
2017 年 12 月	青海省	《青海省非物质文化遗产保护办法》
2018 年 12 月	天津市	《天津市非物质文化遗产条例》
2019 年 1 月	北京市	《北京市非物质文化遗产条例》
2022 年 5 月	海南省	《海南省非物质文化遗产规定》

资料来源：学术 | 松雨：完善政策法规体系为非物质文化遗产保护提供有力支撑［EB/OL］. https://new.qq.com/rain/a/20220331A073GN00.［访问时间：2022 - 07 - 17］.

(三) 科技非遗融合 探索留存保护新方案

各项非物质文化遗产起源于特定地域、特定群体的生产生活实践,是先民生存经验和智慧的结晶,主要通过口传心记的方式流传。非遗起初只留存于特定群体的日常生活中,受到当地人的保护和发展。随后,文字和纸张的出现拓宽了非遗的记载途径。如今数据库、短视频、纪录片、数字藏品等新形态已经成为非物质文化遗产留存和保护的重要载体。

近年来,有关非遗的话题频频"破圈",以各种形式活跃于短视频平台、数字展厅、旅游景区、文创产品领域中。"酒香也怕巷子深",随着时代的发展和生产方式的变革,传统非遗曾淡出人们的生活。但科技与非遗的融合让非遗华丽回归,在科技的加持下实现创新转化,散发出更迷人的光彩。

二、非遗的留存与保护困境

(一) 时代变迁 演出场域消亡

传统非物质文化遗产的演出场域随着时代的变迁以及人们消费方式的转变而不断减

少,落到无处可演的尴尬境地。游艺、杂技、曲艺、戏剧等非遗的演出是表演者、观看者与演出环境共同参与、和谐统一的艺术活动。在演出过程中,艺术家与观众就演出内容产生情感共鸣与共同记忆,从而发展出稳定持续的观演关系。然而,随着社会的发展变革和新媒体技术的出现,新型的娱乐方式冲击着传统演出,线上网络场域也逐步代替了线下演出场域。此外,出生于现代经济社会快速发展时期的年轻人在成长过程中几乎没有机会接触传统非遗,对非遗缺乏认知和理解,更缺乏情感记忆。

研读材料

　　桂林戏曲这一非物质文化遗产的演出场域逐渐消亡。桂林戏曲的传统演出场域有位于桂林市城区的茶馆、戏楼、剧院、书场和乡村的戏社、草台、会馆、庙宇。“文化大革命”爆发后,这些演出场所陆续拆除殆尽,桂剧院不断减少,演出市场空间不断缩小,集体记忆逐渐遗失。目前桂林戏曲没有专门化、规范的演出场域,仅定期在民俗节庆活动中演出和充当临时性演出。其中,彩调和文场多在民间舞台表演,桂林渔鼓和全州渔鼓多在地方舞台进行文艺汇演,且仅作为其中的一个表演曲目。随着时代的发展,桂林戏曲演出场域消亡的趋势难以扭转。[①]

(二) 发展缓慢　经典落后潮流

传统非物质文化遗产的表现形式不完全符合现代人的生活需求与审美偏好。非物质文化遗产原本产生并活跃于人们日常生活的实践活动中,集实用性与艺术性为一体,具有实用价值、艺术价值、审美价值与经济价值。但随着时代的快速发展,许多更智能、更便捷、更实用的新技术的出现,替代传统非遗技艺满足了人们的生活需求。此外,一些经典的非遗活动项目墨守成规,没有结合新科技、新潮流及时推陈出新、创新发展,对新时代的人们的吸引力不足,不符合现代大众的审美品位。

(三) 留存固化　忽略活态技法

文字、视频等载体难以记录非遗的活态技法与文化精髓。人们常常用非物质文化遗产外在的固化形态代表该项非遗技艺,却忽略了非遗的活态性。如注意了竹刻的样式,却忽略了内在支撑其遗产的制作技艺;记录了蜀绣的制作过程,却忽略了其技法的文化本质与活态变化。对于非遗的留存不应该只关注有形的物化形式,更应该关注无形的技法手艺,进一步推动其随着时代进步而获得创造性的发展。

(四) 保护极端　远离大众生活

对非物质文化遗产的保护常常留存于资料库中,远离人们的生活,导致其失去了本身的

---

① 李广宏,梁敏华.桂林戏曲非物质文化遗产旅游数字化开发研究[J].河北旅游职业学院学报,2018,23(04):28-32.

意义与再发展的可能。非遗文化保护单位和研究机构往往将与非遗相关的文字、影像等资料隔离保存，或只用于少数学者的文化研究。这些人们在生产生活实践中凝结出的智慧结晶在受到保护的同时，也远离了人们的生产和生活，无法在使用中创造价值，更无法继续发展。根据联合国教科文组织《公约》的标准，非物质文化遗产是一种与人相传的活的文化遗产，必须不断地被相关群体和个人创造、延续并留存保护。因此，非遗不应被封闭在档案室、博物馆或纪念地，而应该活在相关地域人们的日常生活中，继续为人们的生活创造价值，保持其生命力，并随着时代的发展不断推陈出新。[①]

三、非遗的数字留存与保护

随着物联网、大数据与云计算的飞速发展，数字技术为非遗的留存与保护提供了全新的解决方案。非遗的数字留存与保护是指基于非遗的固态实物、活态技法与文化精髓，借助数字设备与技术对非遗资源进行智能采录、安全存储、分类管理、便捷访问与赋能提升。相比于传统的留存方式，数字技术能够更加精准化、形象化、视觉化地记录非物质文化遗产中的活态内容，赋能非物质文化遗产的数字化、信息化、网络化和智能化。

（一）数字采集　记录多样技法

数字摄影、动作捕捉等数字技术能够记录非物质文化遗产的动态实践过程。非物质文化遗产作为活态遗产，堪称"最难捕捉的文明"，不仅需要记录实践结果，更重要的是记录实践过程。

（二）数字存储　保存活态精华

数字影像、数字展厅等载体能够留存非物质文化遗产的活态精华。从结绳记事到竹简纸张，从计算机存储到光盘刻录，人类的信息存储方式不断向着高效便捷的方向变革。非遗的数字化存储不仅能够全方位地保存非遗的固态实物与活态技法，还能提供分类管理、便捷访问等便利条件。

（三）数字展示　辅助传承传播

VR、AR等数字技术能够创造出高拟真的虚拟世界，形象生动地展示非物质文化遗产的全貌，带领观众身临其境地体验非遗技艺的精髓与魅力。基于VR/AR技术可以进行音频、视频、游戏、沉浸式体验等多样化的内容体验，能够根据不同人群的需求和喜好调整表现形式，让大众从多个方面深度接触非遗项目，且避免了传统实际接触的方法对非遗造成破坏的问题。

[①]　"非遗"保护，缩短传统与生活的距离[EB/OL]. https：//www.ihchina.cn/luntan_details/7955.html.［访问时间：2022-08-16］.

（四）数字赋能　推动创新发展

数字分析与生成技术能够赋能非物质文化遗产的创新发展。数据挖掘、知识图谱等技术能够提取并分析非物质文化遗产的特征，辅助人们对非物质文化遗产的认知、分类等展开研究。AI 智能生成技术能够在掌握非物质文化遗产技法特点与创新规律的基础上，自动生成非物质文化遗产作品，并推动非遗项目创造性发展。

科学系统地对非遗项目进行留存与保护是满足人民生产生活实践与精神世界的需要，是国家和民族进步发展的需要，更是国际社会文明对话和人类社会可持续发展的必然要求。然而，当前我国的非遗工作仍处于初级阶段，主要体现为采访、拍照、拍摄纪录片、建设数据库、建造博物馆等简单方式来进行保护。这些措施对非遗活态技艺的记录与保存还远远不够。利用数字化技术对非物质文化遗产资源进行全方位、系统化、活态性的记录，建立完善的数据库，达到资源整合与共享、安全长久保存、便捷访问的目标，是未来非遗留存与保护的发展方向。

第二节　非遗数字留存与保护的技术与方法

现代数字技术的出现与快速发展为非物质文化遗产的留存和保护提供了一条崭新的途径。本节将从非遗的数字化采集、数字化存储、数字信息组织、数字信息检索、数字化处理五个方面介绍非遗数字留存与保护的技术与方法。

一、非遗的数字化采集

非遗的数字化采集是指借助数字技术和数字设备高精度、立体化、全方位地采集非遗信息，通常包括与非遗项目以及各项目传承人相关的文字材料、照片、影像、碑刻等实物资料；非遗实践活动的场所、工具、产品等非遗实物载体以及非遗技术的动态实践过程三部分，主要涉及数字摄像、全息摄影、图文扫描、三维扫描、动作捕捉、群智建档等技术。

（一）数字摄像技术

对非物质文化遗产进行高精度的数字摄像是目前最常用、最便捷的采集记录手段，在非遗的抢救保护过程中发挥着重要作用。对目标非物质文化遗产进行数字摄像采集的过程为：获取该非遗的光学像，通过光电传感器将光学信号转变成数字信号，从而形成数字影像。典型的数字摄像设备有数码相机和摄像机，它们在拍摄过程中可以直接将信息存储为数字格式，方便快捷地采集具有高精度的音频、视频资料，也便于后期编辑、处理与使用。相较于传统的摄像方式，数字摄像技术采集的非遗信息具有准确度更高、成本更低、保存时间更长等优点。[①]

---

①　靳桂琳.我国非物质文化遗产的数字化保护研究［D］.昆明理工大学，2019.

文化和旅游部于 2013 年设立试点,2015 年全面启动国家级非物质文化遗产代表性传承人抢救性记录工作。截至 2021 年,中央财政已经为全国约 1 600 名国家级非物质文化遗产代表性传承人抢救性记录工作给予了财政支持,约占国家级传承人总数的 52.2%。记录工作成果包括文献片、综述片、收集文献、口述文字稿及工作流程文件等内容。每个记录项目的成片时长平均为 25 小时,数字化后的收集文献为 100—300 件,口述史文字稿的平均字数为 10 万字。每个项目最终提交的资源量平均为 300 GB(素材资源量平均为 1 200 GB)。2015—2018 年开展的四批国家级非遗代表性传承人记录项目中,共计 872 个项目通过了专家评审,已完成最终验收。围绕记录工作制作的非遗影像公开课的播放量达 1 481 万。[①]

研读材料

无锡于 2014 年最早开始实施非物质文化遗产的数字化记录工程,采集记录的内容主要为非遗项目实践、非遗技法教学等,记录形式为文献片、综述片等。五年内,无锡组织实施了 10 项非遗的数字化记录工程,完成了喻湘涟、王木东、柳成荫等高龄非物质文化遗产传承人的抢救性数字化记录。其中,对锡帮菜制作技艺的采录得到了多位传承人的支持与配合,特别是锡帮菜鼻祖高浩兴的口述被成功记录下来,形成了一份难得而珍贵的数字档案。此次采录全方位地记录下了锡帮菜的前世今生以及锡帮菜制作的流程与规范,成为一本活态"教科书"。2019 年,高浩兴于因病离世,享年 83 岁,这份数字档案愈显珍贵,对于锡帮菜具有重要的传承意义。[②]

(二) 全息摄影技术

全息摄影是一种可以记录物体反射光的振幅和相位的立体摄影技术,能够更精确细致地留存非物质文化遗产的全貌,还可以通过全息投影技术借助激光器在展览会上进行展示。相比于只记录物体表面的光强分布的普通摄影,记录反光强度和相位信息使得全息摄影对信息的采集更具精确性和立体度。此外,全息摄影还有即使图片残缺不全也依然可以重现全部景物的优势。

全息照片的拍摄原理如图 3-2-1(a)所示,从左侧光源的位置射出激光,一部分直接射向照相底片,另一部分射向物体,经过物体反射再射向照相底片。两束光在照相底片汇合,会产生叠加和干涉效应。照相底片的各个位置的感光程度会随着两束光的强度、相位变化而发生变化,将这些信息记录下来,便形成了全息照片。[③] 全息照片的再现也需借助激光。如图 3-2-1(b)所示,激光射向全息照片,人眼便能透过照片看到三维立体的物体图像。倘

---

① 国家级非物质文化遗产代表性传承人记录工作:为公众留下珍贵的非遗记忆[EB/OL]. https://www.ihchina.cn/news_1_details/25516.html.[访问时间:2022-08-16].
② 留存非遗之美,也要用得充分[EB/OL]. http://szb.wxrb.com/jnwb/pc/content/201911/20/content_24657.html.[访问时间:2022-08-16].
③ 全息摄影术[EB/OL]. https://baike.baidu.com/item/%E5%85%A8%E6%81%AF%E6%91%84%E5%BD%B1%E6%9C%AF/3492557.[访问时间:2022-08-16].

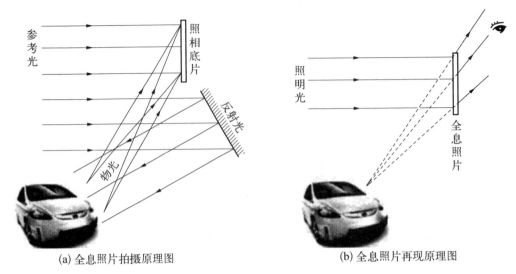

(a) 全息照片拍摄原理图　　　　(b) 全息照片再现原理图

图3-2-1　全息摄影

资料来源：物理科普——神奇的全息摄影[EB/OL]. https://baijiahao.baidu.com/s?id=1675695607039574788. [访问时间：2022-08-16].

若人眼直接看向全息照片，只能看到许多形似指纹的干涉条纹。

研读材料

　　内蒙古自治区展览馆内的非遗舞蹈全息影像剧场极大地吸引了游客驻足。2019年，内蒙古自治区展览馆内的许多游客被基于全息影像技术的光影特效所震撼，他们无须佩戴任何设备，就能沉浸式地体验筷子舞、顶碗舞等蒙古族传统非遗舞蹈、全息蒙古族婚礼、全息祭教包等项目，感受蒙古族非物质文化遗产的魅力。全息影像剧场已经成为该展览馆内的标志性明星产品，为传播非遗文化、扩大非遗舞蹈影响力做出了巨大贡献。[①]

（三）图文识别技术

图文识别技术OCR(Optical Character Recognition)能够自动识别出图像中的文字信息，对非遗文献资料进行扫描识别并保存为数字化资料，通常涉及计算机视觉处理和自然语言处理两个领域。图文识别过程可以分为三大步骤：图像预处理、文字识别与文本输出。图像预处理是指通过图像旋转校正、图像降噪、线检测、特征匹配、二值化等步骤处理图像的旋转、弯曲、折叠、残缺、模糊等问题，从而提高后续的图文识别效率与准确率；在文字识别的过程中，通过图像处理技术提取图像中文字区域的位置，并将该位置内的文字图片转化为文

① "好玩＋实用"：全国党媒.新技术让"非遗"文化焕发新活力[EB/OL]. https://www.hubpd.com/c/2019-05-17/808770.shtml.[访问时间：2022-08-16].

图 3-2-2　全息鸿雁舞蹈

资料来源："好玩＋实用"：全国党媒.新技术让"非遗"文化焕发新活力［EB/OL］. https://www.hubpd.com/c/2019-05-17/808770.shtml.［访问时间：2022-08-16］.

本；最后，通过自然语言处理技术结构化输出识别出的文字。

随着数字技术的进步发展，图文识别流程又可以细分为基于传统方法的 OCR 识别流程、基于深度学习方法的 OCR 识别流程和混合式的 OCR 识别流程。基于传统方法的 OCR 识别流程主要有图像预处理、版面分析、字符切分、字符特征提取、字符特征匹配、版面理解、格式化数据输出等步骤，特征的计算方法由人来进行设计；基于深度学习的 OCR 识别方式是指通过卷积神经网络模型实现文本的区域检测、序列切分、序列识别、语义分析等步骤；混合式 OCR 识别流程是两者的结合，如图 3-2-3 所示，在预处理阶段采用传统的算法，在识别阶段采用深度学习方式，两种流程模式分别用于识别单字符和文字序列。[①]

相比于人工录入字符，图文识别技术大大提升了数据采集效率，并节省了大量人力资源，在非遗文献资料的数字化建档中发挥着巨大作用。

（四）三维扫描技术

三维扫描技术集光、机、电和计算机技术于一体，可以在非接触的情况下采集物体空间的外形结构和表面纹理色彩，获得文物的外观、大小、花纹等数据，为文物留存、重建、复原提供科学的数据。它能够将物体的三维立体信息转换为计算机可识别处理的数字信号，极大地方便了对物体进行数字化采集和留存，具有速度快、精度高、非接触测量，不损伤被采集物品等优点。

近几十年来，三维扫描技术持续发展，三维扫描设备也在不断地推陈出新。为了采集不同类型、大小、形状的文物，三维扫描设备发展出许多类型。根据扫描文物是否可以接触，可选用接触式或非接触式扫描设备；按照扫描的规格，可选用大场景扫描设备或一般扫描设

---

① 牛小明，毕可骏，唐军.图文识别技术综述［J］.中国体视学与图像分析，2019，25(03)：241-256.

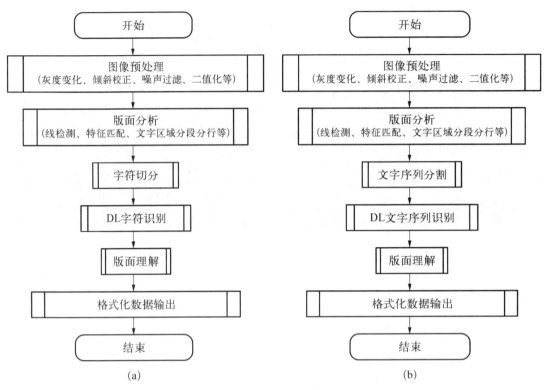

图3-2-3 混合式OCR识别流程图

资料来源：牛小明，毕可骏，唐军.图文识别技术综述[J].中国体视学与图像分析，2019，25(03)：241-256.

备。在三维扫描文物建模中，文物表面的纹理及色彩很重要，通常在扫描记录文物空间三维数据的同时，还要兼顾文物的表面数据采集。[1]

研读材料

2021年，CCTV-6电影频道联合天猫举办了一场名为"潮起中国·非遗焕新夜"的公益庆典活动，三维扫描技术在本次活动中发挥了重大作用。在人物数据采集方面，不熬夜工作室使用100台相机矩阵式扫描技术，在几分钟内就快速获取了人体完整三维数据；在非遗作品数据采集方面，不熬夜工作室则选择使用先进三维扫描技术，高效获取了非遗面塑作品的完整的高质量彩色三维数据模型，为后续的视觉设计提供了素材基础。此后，这些3D模型元素应用于三维动画设计制作中，打造主题大片，让非遗"活"起来；应用于平面视觉海报设计中，增强视觉冲击力，让非遗"潮"起来；应用于现场舞台裸眼3D视觉展示设计中，营造沉浸式观看体验，让非遗"动"起来。[2]

---

[1] 屈兵.基于三维扫描与3D打印在西藏文物数字化保护的应用[J].探索科学，2016，000(006)：100-101.

[2] 人民融媒体.当"非遗面塑"遇上"数字化"，老手艺玩出新国潮[EB/OL]. https://www.shining3d.cn/blogs/fenxiang/wenchuang/article_789.[访问时间：2022-08-16].

(a) 三维扫描采集人物数据　　　　　　　　(b) 三维扫描采集北京面人数据

图3-2-4 三维数据采集

资料来源：人民融媒体. 当"非遗面塑"遇上"数字化"，老手艺玩出新国潮［EB/OL］. https：//www.shining3d.cn/blogs/fenxiang/wenchuang/article_789.［访问时间：2022-08-16］.

（五）动作捕捉技术

动作捕捉技术是指借助专业的动作捕捉设备，测量、跟踪并保存被采集者在运动中身体各个部位的位置变化，把该位置变化记录为数据坐标，从而记录被采集者动作的技术。如图3-2-5所示，常见的运动捕捉技术从工作方式和原理上可分为机械式动作捕捉、电磁式动作捕捉、主动光学式动作捕捉和被动光学式动作捕捉。①

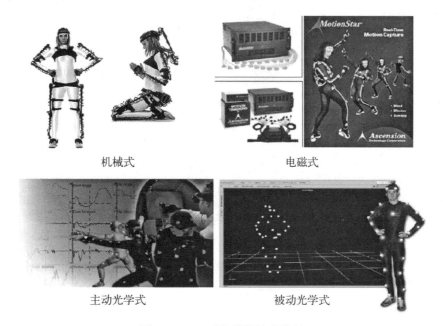

机械式　　　　　　　　　　　　电磁式

主动光学式　　　　　　　　　　被动光学式

图3-2-5 动作捕捉技术类别

资料来源：施蕾. 动作捕捉技术对非物质文化遗产舞蹈的数字化保护［D］.云南艺术学院，2015.

---

① 施蕾.动作捕捉技术对非物质文化遗产舞蹈的数字化保护［D］.云南艺术学院，2015.

　　民间舞蹈、戏曲表演、武术等非物质文化遗产是一种动态艺术,都包含一定的肢体动作。通过运动捕捉技术则可以快速、精准地获取人体动作,将这些富有民族特色的动作转化为计算机可以存储的数字格式,从而留存和保护这些非遗资源。此外,采集到的数据坐标还可以应用到动画制作等领域,赋能非遗的数字化展示。

> **案例材料**
>
> 　　动作捕捉技术记录了湖北长阳土家族传统仪式——"撒叶儿嗬"。长阳县资丘镇民族文化馆联合华中师范大学的三维动漫实验室选出了三名动作规范"撒叶儿嗬"传承人作为动作捕捉模特,采集他们在举行"撒叶儿嗬"仪式时的动作并转换成动画,再逐步微调,修正动作的失误,最终制作出动作标准的数字化"撒叶儿嗬"仪式,并呈现在"撒叶儿嗬"动漫展现软件中。该动漫展现软件全方位地展示了"撒叶儿嗬"仪式,具有切换动作角度、选定人物角色等个性化功能,大大促进了此项非遗的留存和传播。[1]

图 3 - 2 - 6　基于动作捕捉技术的"撒叶儿嗬"动漫展现软件

资料来源:湖北广播电视台.AR 看非遗│跟着 3D 动漫掌上学"撒叶儿嗬"[EB/OL]. http://news.hbtv.com.cn/p/1843286.html.[访问时间:2022 - 07 - 21].

(六) 群智建档技术

　　非物质文化遗产档案资源建设是指形成并完善非遗档案资源,包括非遗普查、数字化采

---

① 湖北广播电视台.AR 看非遗│跟着 3D 动漫掌上学"撒叶儿嗬"[EB/OL]. http://news.hbtv.com.cn/p/1843286.html.[访问时间:2022 - 07 - 21].

录与建档、数据库建设、资源开发利用等内容。群智建档技术是指利用当前 web2.0 网络环境的交互功能，通过群体认知、共享、协商和合作，实现群体智慧的涌现，促进群体智慧的发挥，推动非遗档案资源建设的长足发展。

我国非遗档案资源建设主要由政府管理、文化部门主导。然而，仅仅依靠政府机构开展非遗档案资源建设工作，覆盖范围有限。并且，资源建设工作人力物力消耗过大，相关机构渐显力不从心。此外，资源建设要求工作人员对非遗有相当的了解，面对众多的类别，机构工作人员有时难以达到这一要求。因此，将群体智慧引入非遗档案资源建设，构建非遗档案资源建设"群体智慧模式"，有助于协调非遗档案资源建设各主体之间的关系，充分调动社会公众参与非遗档案资源建设的积极性，从而实现留存和保存非遗档案资源的目标。①

二、非遗的数字化存储

(一) 非遗数字影像

我国目前的非物质文化遗产保护工作主要体现在保护非遗传承人、保存非遗文字材料与影像资料等方式。用数字影像记录当前和未来都是常用的非遗留存形式，在非遗保护工作中发挥着重大作用。

1. 数字图像

数字图像是用二维数组表示的图像，其光照位置和强度都是离散的，基本元素是像素。通常每个像素点的位置用整数行(高)和列(宽)坐标表示，颜色由整数灰度值或颜色值表示。数字图像在计算机中被保存为二维整数数组的光栅图像，在传输和储存时常用压缩格式的方式来节省资源消耗。

2. 数字音频

数字音频是一种对声音进行录制、保存、编辑、压缩和播放的数字化技术，涉及数字信号处理、计算机、多媒体等技术。数字音频的采集过程为：将音频文件转化为电平信号，再转化成 0、1 字符串进行保存；播放过程为：将二进制数据转换为模拟的电平信号，再通过扬声器播出。相比于一般的磁带、广播，数字音频的存储方式具有便捷、成本低、无声音失真、编辑修改方便等优点。

3. 数字视频

将动态影像以电信号的形式采集、存储、处理、转化的技术称为视频技术。根据视频采录形式的不同，视频可以分为模拟视频和数字视频。其中，模拟视频以原始形式记录电信号的波形，播放时直接对波形进行读取、放大，并传送到播放器，从而还原成影音。数字视频按一定时间间隔对模拟波进行采样，并转换为数字的形式存储在数字设备上，播放时先把数字转化回电压波，再进行播放。

(二) 非遗数据库

狭义上，数据库是指以结构化的形式组织、存储并管理数据的数字仓库；广义上，通常将

① 周耀林，赵跃，戴旸.基于群体智慧的非物质文化遗产档案资源建设模式探析[J].中国档案研究，2015(00)：111-131.

数据、数据库管理系统以及关联应用统称为数据库。数据库的存储空间巨大,存储的数据类型多样,包括文本、音频、图片、视频等内容,具有有组织、可共享、统一管理等特点。根据数据组织方式的不同,数据库可分为关系型数据库和非关系型数据库。

1. 关系型数据库

在关系型数据库中,数据的组织、存储方式可以根据实体之间的关系来确定,使用关系模型组织数据,代表性数据库有 Mysql、SqlServer。关系型数据库适用于数据关联性强的应用场景。数据之间的组织形式会极大地影响着数据查询的效率,因此,构建数据库时应根据业务和性能需求选择合适的关系模型。

2. 非关系型数据库

在非关系型数据库中,数据的组织、存储形式是分布式、无关联的,也不一定遵循 ACID 原则。相比之下,非关系型数据库结构简单,能够随时存储自定义格式的数据,且无论数据量多么巨大都能保持良好的读写性能,因此更适用于数据量大、业务多变、具有可扩展性和追求效率的应用场景。非关系型数据库擅长处理文章、评论等海量非结构化数据,这些数据不需要精确查询,通常只用于模糊处理,利用 key-value 键值对就可以高效获取大量的数据。该数据库的扩展能力也能够满足此类数据无限增长的存储需求。根据存储方式的不同,非关系型数据库主要可分为四种类型:

(1)键值(key-value)储存数据库。它需要存储数据之间的关系,能够快速查询数据,代表软件为 Redis。

(2)列储存(ceb/olumn-oriedted)数据库。它的优势是能够快速查询数据、数据存储的扩展能力强,但功能相对局限,代表软件为 Hbase。

(3)面向文本文档(document-oriented)数据库。它对数据结构的要求相对较宽松,但查询性能较弱,没有统一的查询语言,代表软件为 MongoDB。

(4)图形(graph)数据库。它的计算可以便捷地利用图结构的相关算法,但每次查询都需要完成整个图计算,代表软件为 InfoGrid。

(三)非遗数字展厅

非遗数字展厅是以非遗展品为基础,借助多媒体技术及数字技术,融合动画、VR、AR 等展示形式,实现信息化、智能化、可交互的非遗展厅形式。非遗数字展厅有线下展厅与线上展厅两种形式。

线下非遗数字展厅是集数字沙盘、互动屏幕、触摸屏、球屏阴影厅等多媒体展示系统于一体的综合智能展览厅,通过组合应用数字图片、数字音频、数字视频、数字动画等数字媒体与全息投影、虚拟现实、box 影院、动态捕捉等高科技技术,让展厅达到视觉震撼、使观众获得深度体验的效果,同时发挥留存与传播非物质文化遗产的作用。[1]

---

[1] 一文了解下数字展厅设计中的多种智能展陈技术[EB/OL]. https://www.163.com/dy/article/HER0FL4A05533L4S.html.[访问时间:2022 – 07 – 21].

(a) AR文物欣赏　　　　　　　　　　　　　(b) 全息场景复原

(c) 体感换衣　　　　　　　　　　　　　　(d) 大屏投影

图 3-2-7　线下非遗数字展厅

资料来源：易试互动.非遗展厅＋多媒体数字技术　展现非遗之美[EB/OL]. http://www.1shi.com.cn/alzx/4795.html.[访问时间：2022-08-17].

　　线上非遗数字展厅也可称为云展厅、虚拟展厅,参观者只需一个链接便可以随时随地进入虚拟非遗场馆进行游览体验,支持手机、IPad、电脑、VR 眼镜、智慧屏等多终端展示,具有更强的便捷性与非遗文化传播能力。

案例材料

　　2020 年,依托于省级非遗项目《海岛传统婚礼习俗》的线上非遗数字展厅——定海非遗民俗馆数字展厅成功上线。该数字展厅是舟山市首个展示古城生活民俗文化的专业虚拟展览馆,采用全景 VR 等数字媒体技术,高精度、立体化地展示了定海布袋木偶戏、舟山锣鼓、舟山船模、舟山贝雕等非物质文化遗产项目,大大促进了该地区民俗类非遗的留存与传播。①

　　根据展览需求的不同,展厅可以设置非遗博物馆、非遗技艺沉浸体验展、非遗产品展等

① 全景 VR！定海非遗民俗馆数字展厅震撼上线！[EB/OL]. https://www.sohu.com/a/417775702_684613.[访问时间：2022-08-17].

(a)　　　　　　　　　　　　　　　　　(b)

图 3 - 2 - 8　线上非遗数字展厅——定海非遗民俗馆

资料来源:搜狐网.全景 VR! 定海非遗民俗馆数字展厅震撼上线! [EB/OL]. https://www.sohu.com/a/417775702_684613.[访问时间：2022 - 08 - 17].

多种主题展厅,具有沉浸式、趣味性、互动体验性、不受时空限制等诸多优势。非遗数字展厅的更多应用将在本书第十章进行详细介绍。

三、非遗数字信息组织

　　为非物质文化遗产建设数据库不仅要对非遗资源进行采集和存储,更重要的是根据其特点与关联逻辑,制定合适的信息组织方式,对其进行整理、排列、组合,使非遗数据的存储有序化和系统化。[①]

　　随着非遗数据资源管理需求发生变化与信息技术的发展,当前的数字信息组织方式可分为微观信息组织模式、中观信息组织模式和宏观信息组织模式。其中,数字信息资源组织的微观模式包括文件方式,自由文本方式,超媒体方式和主页、页面方式;中观模式包括搜索引擎方式、主题树方式、指示数据库方式;宏观组织模式包括学科信息门户模式、信息重组模式。[②] 在互联网环境下,用于组织数字信息资源的常用方式主要有以下六种。[③]

(一) 文件方式

　　文件方式主要适用于非结构化的信息资源的组织管理,如程序、图形、图像、音频、视频

①　黄永林.数字化背景下非物质文化遗产的保护与利用[J].文化遗产,2015(01)：1 - 10＋157.
②　谢晓专.网络信息资源组织模式研究[J].图书情报工作,2006(01)：64 - 67.
③　数字信息资源组织的方式[EB/OL]. https://www.guayunfan.com/lilun/683804.html.[访问时间：2022 - 08 - 27].

等。用文件系统来组织和管理非遗数字信息资源具有简单方便的优点，但是由于该方式只能处理简单的逻辑结构，对复杂结构化信息的控制与管理效率低下，因此，很少独立使用文件方式来管理大量信息数据，而是常被用作其他信息组织方式的管理对象，辅助数字信息资源的管理。

（二）超媒体方式

超媒体方式结合了多媒体与超文本技术，将文本、音频、图像、视频等多媒体信息以超文本的方式组织在一起，形成一个关联性强的网状信息结构。形式各样的信息类型能够方便地表示和建立信息间的语义关联，为信息组织与检索提供便利。这种信息组织方式能够根据信息间的关联高效查询多媒体信息，符合人类的联想思维与查询行为的习惯，同时避免了信息的存储冗余的麻烦，简化了查询操作。但是，当信息规模过大时，用超媒体方式建立的信息网络容易混乱、失去秩序，从而难以准确并迅速地定位目标信息，也很难保存信息浏览记录，难免出现查询结果失准的问题。

（三）搜索引擎方式

搜索引擎通过对互联网中的各类网络资源进行标记，实现自动搜索功能，是常用的信息检索工具。搜索引擎是一种二次信息组织方式，并不直接搜索互联网中的信息，而是搜索预先经过整理的网页索引数据库，再根据索引搜索信息资源。根据检索内容的不同，搜索引擎可以分为全文搜索引擎和分类目录两类。其中，全文搜索引擎依靠能够自动跟踪、浏览网页并进行标引的网络蜘蛛（Spider）或爬虫（Crawlers）软件，自动获取并分析网络上的文章、图片、视频等信息内容，并按照一定的规则进行整理，形成数据库，代表性工具有谷歌、百度。分类目录依靠人工收集并整理信息，构建数据库，代表性工具有雅虎中国、搜狐、新浪、网易等。

（四）主题树方式

主题树方式也是一种二次信息组织方式，需要专业人员将信息资源进行分门别类的整理，建立树形结构的索引数据库。在检索时，由根节点出发，层层遍历，先找到所需要的信息索引，再通过线索找到相应的网络信息资源。主题树方式依赖具有某一领域知识的专家，人工建立的索引数据库质量高，因此检索质量通常优于搜索引擎。主题树方式广泛应用于具有专业性或示范性的网络数字信息资源组织，代表性检索工具有 Yahoo、Gopher 等。但同时，主题树方式也存在一些弊端，主要表现为人工建库效率低，质量受建库者影响大。此外，为保证主题树的清晰性和资源的可用性，主题树的目录体系结构不宜复杂，每一类目下的信息索引条目也不宜过多。

（五）数据库方式

数据库方式是一种二次信息组织方式，将信息资源以一定的记录格式建立索引数据库。

在检索时，先通过关键词在数据库中查询信息线索，再通过信息线索链接到相应的数字信息资源。这种方式的信息处理规范化程度较高，但缺乏灵活易用的可视化检索界面，需要使用者具备一定的检索技巧。

（六）学科信息门户方式

学科信息门户是将一个学科领域的信息资源、工具和服务组织在一起，便于在该领域进行信息检索与提供服务。通常，图书情报机构工作人员负责对数据信息进行收集和筛选，然后按学科组织为互联网资源和资源目录的联机服务系统，并提供检索和浏览入口。学科信息门户方式需要建立详细的元数据记录数据库，记录内容为网上信息资源的描述以及该资源的链接地址。从功能角度来看，学科信息门户是对网络指南、资源导航、指示数据库等信息资源组织方式的发展。

四、非遗数字信息检索

将非遗信息按照一定规则进行组织是为了对其进行高效检索。早期的数据信息只有文本，随后出现了音频、视频等各种各样的数据类型，数据量也呈现爆炸式增长。为了处理海量多源异构的数据，信息检索技术也从基于文本的检索方式发展到基于语义和内容的检索方式。

（一）基于文本的信息检索

基于文本的信息检索是最早出现的信息检索方式，通过人工提取信息关键字建立的信息索引库来进行基于关键字的检索，代表性技术有布尔检索、加权检索、截词检索、限制检索、位置检索和聚类检索等。在该索引方式下，关键字与数据信息互相链接，通过检索关键字来获取数据信息，将数字信息索引转化为文本信息索引。设置的关键字可以是信息的拍摄方式、文件格式、文件大小等物理特性，也可以是主题词、学科领域、关键人物、时间地点等内容特性，从诸多方面提取信息的特征。该索引方式依赖人工分析并标注数据，表现出费时费力、对信息内容理解存在差异等诸多问题，逐渐被基于语义和内容的检索方式取代。

（二）基于语义的信息检索

基于语义的信息检索通过对信息进行更加深入的整理和分析，提取信息的语义特征建立信息索引库，来进行基于语义特征的索引。该索引方式具有良好的概念层次结构、支持逻辑推理，更符合人类的信息理解与检索要求。例如，检索"西红柿"这一词语时，基于文本进行的信息检索只能检索出"西红柿"所连接的数据，但基于语义进行的信息检索能够检索出"西红柿""番茄""圣女果"等所有与语义相关的信息。因此，基于语义的信息检索具有更好的应用前景。

（三）基于内容的信息检索

基于内容的信息检索是一种更智能化的信息检索方式,融合了认知科学、多媒体、模式识别、数据库、人工智能等领域的技术,通过引入新媒体数据的表示方法和模型,建立索引系统。该索引方式更加符合人文标准,可靠性强,人机友好,是未来信息索引的发展方向。

五、非遗的数字化处理

非遗的数字化采录产生了大量的信息数据,为人工智能技术的应用提供了条件。非遗的数字化处理是指利用人工智能技术对非遗的数字信息进行特征提取分析、知识图谱构建、数字修复等操作,从而促进非遗的留存与保护工作。

（一）非遗特征提取

对数字化的非遗资料进行数据分析和特征提取是数字化处理的基础,可以为构建知识图谱、残缺图像还原、非遗衍生品真假鉴别、智能艺术创作等应用提供支持。数据特征可以分为自然特征和人为特征。其中,自然特征是指数据本身具有的特征,例如图像的颜色、轮廓、纹理等特征;人为特征是人为规定的特征,例如灰度直方图、熵等特征。

特征的提取方法可以分为基于传统方法的手工特征提取和基于神经网络的自动特征提取。前者需要人工设计要提取的特征类型和计算方法,计算机只能发挥计算作用。如图3-2-9所示,图像特征可以分为颜色特征、纹理特征、形状特征和空间特征,每种特征都发展出了人工计算的方法;后者主要通过训练神经网络模型自动识别并提取特征,大大节省了人力资源。

图3-2-9　图案特征点及其传统提取方法

资料来源:王子翔.基于VGG19的迪庆藏族装饰图案特征提取系统设计与应用[D].昆明理工大学,2021.

研读材料

　　在对景泰蓝进行数字化保护的过程中,对大量的景泰蓝掐丝图像进行采集、标注是一项费时费力的大工程。如图3-2-10所示,借助机器学习技术实现自动化掐丝弧度记录具有标注速度快、精度高的优势,大大提高了非遗留存与保护工作的效率。[①]

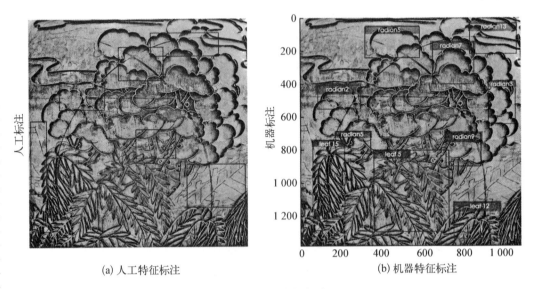

(a) 人工特征标注　　　　　　　　(b) 机器特征标注

图3-2-10　特征标注

　　资料来源:覃京燕,贾冉.人工智能在非物质文化遗产中的创新设计研究:以景泰蓝为例[J].包装工程,2020,41(06):1-6.

(二) 非遗知识图谱

　　知识图谱是一种网状结构的信息库,通过模拟人类理解客观世界的方式来组织知识,每个节点代表一个实体,每条边代表实体间的关系,基本组成单位是"实体—关系—实体"三元组和"实体-属性"键值对。知识图谱的出现为机器理解语义提供了可能,自2012年提出以来应用广泛。

　　知识图谱可根据覆盖范围分为通用知识图谱和领域知识图谱。前者覆盖范围更大,更注重信息的广度,主要用于开放式对话问答、互联网搜索、推荐,通常使用自下向上的方式构建,内容分散、灵活。后者覆盖范围相对较小,每个知识图谱仅覆盖一个领域的信息,但力求信息的准确性,常用于金融、法律、医学等特定领域的任务导向型对话问答、辅助分析,通常采用自上向下的方式构建,图谱规范性强。[②]

---

① 覃京燕,贾冉.人工智能在非物质文化遗产中的创新设计研究:以景泰蓝为例[J].包装工程,2020,41(06):1-6.
② 曹益铭.基于文化领域知识图谱的智能问答系统研究与实现[D].北京邮电大学,2021.

　　从前,领域型知识图谱依靠领域专家构建。随着自然语言处理技术的发展,许多学者开始研究机器自动构建知识图谱的方法,主要涉及实体抽取、关系抽取、图谱构建与保存。实体抽取包括识别实体本体与特征属性,例如一个非遗项目可以按照如图3-2-11所示的模型抽取实体。关系抽取是指识别不同实体间的关联,用于构建实体图谱。图3-2-12展示了基于文本信息自动构建古琴艺术知识图谱的流程。

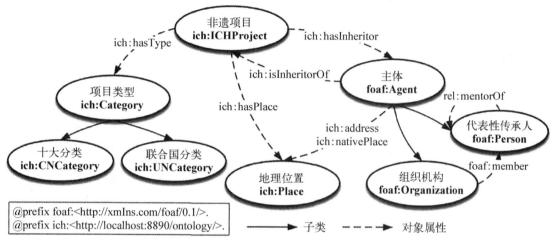

图3-2-11　非遗知识本体模型

资料来源:侯西龙,谈国新,庄文杰,等.基于关联数据的非物质文化遗产知识管理研究[J].中国图书馆学报,2019,45(02):88-108.

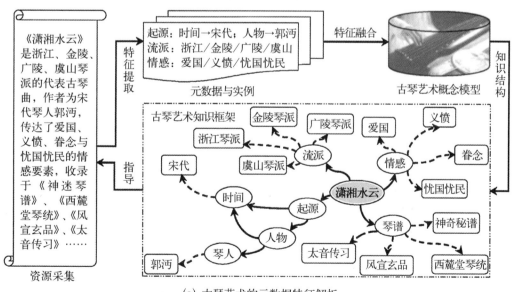

(a) 古琴艺术的元数据特征解析

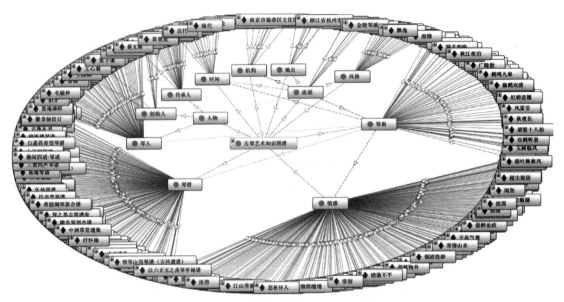

(b) 古琴艺术知识图谱

图 3 - 2 - 12 古琴特征解析

资料来源：张卫,王昊,李跃艳,等.面向非遗文本的知识组织模式及人文图谱构建研究[J].情报资料工作,2021,42(06):91-101.

(三) 非遗数字修复

诸如服装、壁画、建筑等承载着非遗技艺的衍生品因疏于保护而破损严重。数字修复可以将珍贵、濒危、损坏或已经消失的非遗进行数字修复与存档,使其完整地存在于虚拟世界中,既可以避免对实物的加工和破坏,又可以通过虚拟呈现的方式还原它的完整面貌,方便传承传播与永久留存。

目前,数字修复技术发展成基于信息素扩散的修复和基于信息块合成的修复两个分支,技术框架如图 3 - 2 - 15 所示。基于信息素的修复是指将完好无损的信息区域作为信息源,将破损区域视为空洞,将修复过程看作信息源处的信息素向空洞局部扩散的过程,通过建立扩散模型、计算高阶偏微分求导或泛函数求值来实现。基于信息块合成的修复思路为计算残缺区域与其他完好区域的相似度,选择相似度最高的相似块来修复残缺区域,主要涉及多种纹理合成技术。这两种修复技术各有利弊,基于分级重构的修复技术结合了两者的优点,先将待修复对象分解为纯纹理信息与纯结构信息,然后分别用 PDE 类的算法修复纯结构信息,用样本类的算法修复纯纹理信息,最后重构修复结果,以达到最佳修复效果。[①]

---

① 吴萌.馆藏墓室壁画数字修复模型及算法研究[D].西安建筑科技大学,2017.

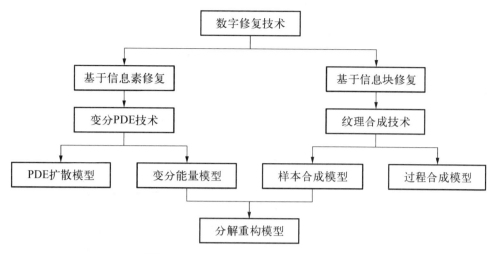

图 3 - 2 - 13　数字修复技术发展示意图

资料来源：吴萌. 馆藏墓室壁画数字修复模型及算法研究［D］.西安建筑科技大学,2017.

第三节　非遗数字留存的应用

非物质文化遗产的数字留存载体形式多样,包括影像资料、数据库、数字展厅、数字藏品等。不同的留存方式在非遗的保护工作中发挥着不同的作用。例如,非遗纪录片侧重于本真性记载,非遗数字展厅有利于非遗的传播;非遗数字藏品赋能非遗的创造性发展。本节将具体介绍非遗的影像、数据库、数字藏品三种数字化留存形式。

一、非遗影像

呈现于荧幕的非物质文化遗产数字影像是非遗的重要留存形式,记录并传播着非遗在人们生活中的实践场景。非遗文化的影像有许多类别,例如非遗纪录片、非遗电影、非遗电视剧、非遗动画、非遗综艺等。这些影像作品,或通过意趣盎然的情节铺展、活泼亲和的表达方式、原汁原味的细节呈现走近观众,或巧用非遗元素,使其文化魅力在服、化、道、摄、录、美中绽放出来。[①]

（一）非遗纪录片
根据纪录片的特点和类型,非遗纪录片可分为非遗民族志纪录片、非遗民族学纪录片和

---

① 用影像彰显非遗文化的时代价值［EB/OL］. http://www.wodsy.com/news/b4a6d89a08d14254aa6f1874c251adca.html.［访问时间：2022 - 07 - 21］.

"非遗"商业模式纪录片。其中,前两者统称为人类学纪录片,跨越了人类学与影视学两个领域,以纪录片的形式记录人类学中与非遗相关的内容,是人类学科学性与纪录片艺术性的巧妙结合、和谐统一。

非遗民族志纪录片是指以冷静旁观的态度和真实记录的手法拍摄的关于非物质文化遗产的影像纪录片,内容包括遗产传承人的表演和生活、民俗活动和礼仪与节庆等。它不反映拍摄者的主观观点,不加入任何阐释,使内容尽量客观真实。随着数字时代的到来,民族志纪录片的拍摄主体已经从职业影视导演转向了民间 DV 爱好者,保存形式也从博物馆转向网络。

非遗民族学纪录片是指摄制者在尊重人类学科学性的前提下,精心策划主题、编排故事情节,有选择地拍摄非遗内容,并精心剪辑成纪录片。不同于民族志纪录片,民族学纪录片中加入了摄制者自身的分析、对比和阐释,更具主观性、逻辑性和学理性。同时,民族学纪录片也具备一定的故事性和戏剧冲突艺术效果,观赏性更强。在大众传播盛行的今天,非遗民族学纪录片有着较强的传播力,它不会被束之高阁,而是借助人们的喜爱和传播力,通过媒体在一些特定的群体中进行较大范围的传播。

非遗商业模式纪录片则多见于大众传播媒介中,关注的重点并不在文化本身,而是文化奇观与戏剧冲突。往往是当代人站在后现代的立场上,以猎奇的心理去审视农耕文明时期人类行为。如今,有越来越多的主流媒体和纪录片编导关注到非物质文化遗产的题材。

不同类型的非遗纪录片在非遗的留存和保护进程中发挥着不同的作用。非遗民族志纪录片的主要功能在于文化记录,客观真实地记录非遗的本真形态,促进非遗的本真性保护;非遗民族学纪录片的主要功能是进行文化交流,有助于非遗的广泛传播和创造性发展,促进非遗的活态性保护;非遗商业模式纪录片的主要功能则是娱乐和宣传,促进非遗的生产性保护,营造保护非遗的文化氛围,让传统非遗在现代传播媒介下产生更大的价值。[①]

数字化技术让非遗纪录片更加生动活泼,更加符合大众的喜好。例如,系列微纪录片《如果国宝会说话》借用多种数字化呈现技术讲述了国宝文物等工艺美术作品的前世今生,以多元素材和活泼语态实现美术纪录片的"年轻时尚化"表达,践行了"让国宝活起来"的价值旨归。纪录片《年画画年·寅虎送福》走访了 14 个年画主产区,拜访了 36 位非遗传承人、专家学者,为阐释年画文化注足底气。在此基础上,巧妙利用跨界嘉宾,例如著名动画形象"大耳朵图图"的设计师、裸眼 3D 动画师、短视频博主等,他们的视角和创意表达使年画与人们生活的紧密相连,让年画文化的"接地气儿"的特点更加凸显。

---

① 论非物质文化遗产保护视野下"非遗"纪录片的建构[EB/OL]. https://www.ihchina.cn/luntan_details/7902.html. [访问时间:2022-07-21].

表 3－3－1　代表性非物质文化遗产纪录片

纪录片名称	导演	出品方
《了不起的匠人》	黎振亚	知了青年(中国)文化有限公司
《我在故宫修文物》	叶君、萧寒	杭州潜影文化创意有限公司、故宫博物院
《手造中国》	子健	良友(北京)文化传媒有限公司
《传承》	贺亚莉	中央电视台
《功夫少林》	肖崴	中央电视台、河南电视台
《茶，一片树叶的故事》	王冲霄	中央电视台
《聆听中国》	王凯	中央电视台
《本草中华》	孙虹(第一季)、林潘舒(第二季)	云集将来传媒(上海)有限公司
《我是你的瓷儿》	子健、张德滨	哔哩哔哩
《漆彩人生》	郑颖	四川广播电视台

资料来源：这些关于非遗的纪录片，你看过几部？[EB/OL]. https://baijiahao.baidu.com/s?id=16026249519968 27433.[访问时间：2022－07－21].

（二）非遗电影

电影从非遗文化中寻找灵感、丰富内涵，同时也把一些原生态的、民间的瑰宝留存在影片中，并传播给观众，助力非遗的留存与保护。中国人自己拍摄的第一部电影《定军山》便以京剧这一非物质文化遗产为原型，此后有关非物质文化遗产题材的电影层出不穷，各个非遗类型的代表性影片如表 3－3－2 所示。

表 3－3－2　代表性非物质文化遗产电影

非遗类别	电影名称	导演	非遗项目
民间文学类	《赵氏孤儿》	陈凯歌	赵氏孤儿传说
	《不肯去观音》	张鑫	观音传说
	《花木兰》	马楚成	木兰传说
	《忠烈杨家将》	仁泰	杨家将传说
	《白蛇传说》	程小东	白蛇传传说

续 表

非遗类别	电影名称	导演	非遗项目
民间音乐类	《百鸟朝凤》	吴天明	唢呐
	《长调》	哈斯朝鲁	蒙古族长调民歌
	《郎在对门唱山歌》	章明	紫阳民歌
	《信天游》	冯小宁	陕北民歌
	《天琴》	江秀佳	广西民歌
民间舞蹈类	《盛世秧歌》	孙小茹	山东商河鼓子秧歌
	《花腰新娘》	章家瑞	花腰彝族"龙舞"
传统戏剧类	《江姐》	张元	京剧
	《凤冠情事》	杨凡	昆曲
	《爱在廊桥》	陈力	寿宁北路戏
	《千里走单骑》	张艺谋	安顺地戏
曲艺类	《贵妃还乡》	邢丹	东北二人转
传统体育、游艺与杂技类	《蔡李佛拳》	程东	蔡李佛拳
	《新少林寺》	陈木胜	少林功夫
	《吴清源》	田壮壮	围棋
	《叶问》	叶伟信	咏春拳（五祖拳中的一个拳种）
民间美术类	《唐卡》	哈斯朝鲁	藏族唐卡
	《窗花》	陈雨田	蔚县剪纸
传统技艺类	《云之锦》	张瑜	云锦
	《青花》	桑华	青花瓷
传统医药类	《刮痧》	郑晓龙	刮痧
	《正骨》	詹文冠	中医正骨疗法
民俗类	《尔玛的婚礼》	韩万峰	羌族婚俗
	《雪花秘扇》	王颖	女书习俗

续 表

非 遗 类 别	电 影 名 称	导 演	非 遗 项 目
民俗类	《十里红妆》	金良言	宁海十里红妆婚俗
	《静静的嘛呢石》	万玛才旦	藏历年
	《花腰新娘》	章家瑞	花腰彝族婚俗

资料来源：《百鸟朝凤》《大鱼海棠》，国产电影中的非遗你知道多少？［EB/OL］. http://ent.cnr.cn/zx/20200628/t20200628_525146533.shtml.［访问时间：2022 - 07 - 21］.

（三）非遗电视剧

非遗类纪录片、电影"大行其道"，电视剧也不甘落后。从古装到现代，从唐宋到民国时期，非遗类剧集涵盖了各朝各代。《甄嬛传》《琅琊榜》《如懿传》《延禧攻略》《长安十二时辰》等大火的电视剧作品中均展现了不同程度、不同类型的非遗风貌。

非遗与影视剧的结合有两种方式：一是"植入"非遗元素，非遗为作品的主题、剧情、服装等内容而服务，起到"点缀"作用，例如《延禧攻略》《清平乐》《长安十二时辰》等；二是非遗"作主角"，故事以某项非遗为切入点，围绕非遗传承展开叙事，这类型剧集数量较少，例如《鬓边不是海棠红》《芝麻胡同》等。① 具有代表性的非遗电视剧如表 3 - 3 - 3 所示。

表 3 - 3 - 3 代表性非物质文化遗产电视剧

电 视 剧 名 称	导 演	非 遗 项 目
《延禧攻略》	惠楷栋、温德光	绒花、打树花、刺绣、昆曲、缂丝、京绣、点翠
《知否知否应是绿肥红瘦》	张开宙	马球、建盏、宋代点茶
《都挺好》	简川訸	苏州评弹
《一个都不能少》	张艺谋	剪纸、邵家班子杖头木偶戏、裕固民俗
《塞上风云记》	林 峰	九曲黄河灯阵
《大宅门》	郭宝昌	同仁堂中医药文化
《芝麻胡同》	刘家成	酱菜制作工艺
《鬓边不是海棠红》	惠楷栋	京剧、苏绣
《清平乐》	张开宙	汴京宋室风筝

---

① "非遗＋电视剧"，如何让"传播"＋"传承"产生"化学反应"［EB/OL］. https://www.sohu.com/a/399084579_228914.［访问时间：2022 - 08 - 19］.

续　表

电 视 剧 名 称	导 演	非 遗 项 目
《长安十二时辰》	曹盾	西安鼓乐、长安楮皮纸制作技艺、竹篾灯笼编制技艺、关中木构营造技艺、弓箭制作技艺、澄城水盆羊肉、木轮大车技艺、凤翔木版年画、制墨、铠甲制作技艺、蹴鞠、马球技艺、针灸

资料来源：光明日报.影视助力"非遗"出圈[EB/OL]. https://news.gmw.cn/2020-09/16/content_34189843.htm.[访问时间：2022 - 10 - 04].

二、非遗数据库

非遗数据库是全方位、体系化留存非遗的重要形式,科学系统地保留着非遗的本真面貌。国家级非遗数据库以"中国非物质文化遗产数字博物馆"①为代表,各地方也纷纷建立起当地非遗的数据库,具有代表性地方数据库如表 3 - 3 - 4 所示。

表 3 - 3 - 4　代表性非物质文化遗产数据库

图书馆名称	非遗代表数据库个数及名称	自建资源个数 (包含非遗数据库)	非遗数据库内容 (主要表现形式)
黑龙江省图书馆	少数民族非物质文化遗产(黑龙江库)	26个	文字、图片、音频、视频
吉林省图书馆	吉林省非物质文化遗产数据库	16个	文字、图片
江苏省图书馆	江苏省非物质文化遗产	33个	文字、音频、视频
陕西省图书馆	陕西非物质文化遗产数据库	17个	文字、图片、音频、视频
山东省图书馆	山东民间彩印花布、山东民间手工艺、乡土山东、山东地方戏揽翠	30个	音频、视频
安徽省图书馆	安徽非遗(一)—(六)	33个	文字、音频、视频
福建省图书馆	福建省非物质文化遗产保护数据库	19个	文字、图片、视频
湖南省图书馆	湖南非物质文化遗产资源库	4个	文字、图片
内蒙古自治区图书馆	无	10个	文字、图片、音频、视频

① 中国非物质文化遗产网・中国非物质文化遗产数字博物馆[EB/OL]. https://www.ihchina.cn.[访问时间：2022 - 07 - 10].

图书馆名称	非遗代表数据库个数及名称	自建资源个数（包含非遗数据库）	非遗数据库内容（主要表现形式）
天津市图书馆	非物质文化遗产名录、非物质文化遗产数据库、《天津非物质文化遗产系列片》	28 个	文字、音频、视频

资料来源：孔凡敏.公共图书馆非物质文化遗产数据库建设研究[J].大学图书情报学刊,2019,37(03)：83-86.

目前我国建立的非遗数据库数量较多,收录的非遗种类也相对完善,但仍以静态文本库为主,大部分数据库仅记录了非遗的名录与简介,缺乏丰富的数据表现形式,内容也不够丰富。此外,各个数据库自成一派,缺乏统一的标准与规范,数据资源也无法合并、共享,存在信息碎片化、重复建设等问题。针对这些问题,未来非遗数据库应向着统一规划、资源共享、内容收录全面、表现形式多样的方向发展。

三、非遗数字藏品

非遗数字藏品是一种具有收藏价值的虚拟非遗物品,是互联网时代下非遗数字化转型催生的全新留存形式。数字藏品限量在虚拟网络中发行和流通,通过区块链技术对虚拟物品进行唯一标识来保障数据价值和真实性,不可篡改、不可拆分。这种留存形式具有诸多便利——收藏者只需要登录平台、实名认证、浏览信息、选择藏品、预约或购买几个步骤,明显简化了收藏流程,降低了收藏门槛。创作者只需专注创作,不必花过多时间精力在商业运营上;收藏者通过网络平台收藏数字藏品,省去了实地探访的麻烦,也节省了成本、保障了数据安全。[①]

自 2021 年下半年以来,国内的数字藏品市场迅速发展,腾讯、阿里、京东等互联网企业争先布局,官方媒体、央企和地方文旅基金也都纷纷入局。一年内,故宫博物院、三星堆等众多博物馆陆续推出文博类数字藏品,深受大众欢迎。据不完全统计,2022 年 1—4 月,我国数字藏品的每日发行额从日均 100 万元提高到了 1 330 万元,增长超过 10 倍。截至 5 月底,国内数字藏品平台数量已经超过 500 家。预计到 2026 年,我国数字藏品市场规模将达 300 亿元。[②]

当前,数字藏品领域正蓬勃发展,紧跟时代的非遗传承人们将逐渐非遗文化数字藏品化,通过全新的技术手段与表现形式赋予非遗新的生命力。非遗数字藏品使非遗文化重新赢得了人们的关注、走进人们的生活,使更多非遗爱好者拥有能够永久保存、随时鉴赏和分享的虚拟收藏品,也促进了非遗文化创意产业的不断发展。

[①] 非遗＋数字藏品,科技向善还有多远？［EB/OL］. https://ex.chinadaily.com.cn/exchange/partners/82/rss/channel/cn/cEB/OLumns/snl9a7/stories/WS628dce87a3101c3ee7ad71c3.[访问时间：2022-08-17].

[②] 数字藏品赋能传统文化,促进非遗等传统产业发扬与传承［EB/OL］. http://news.hexun.com/2022-08-19/206594306.html.[访问时间：2022-08-17].

> **研读材料**
>
> 　　2022 年 7 月 23 日，潮宏基在阿里拍卖平台正式发售全球限量 999 份的"非遗花丝风雨桥数字藏品"。该数字藏品的原型是当前世界上存体量最大的花丝工艺作品——花丝风雨桥，也是潮宏基臻宝首饰博物馆的镇馆之宝。四年来，潮宏基黄金花丝工作室与多位文化学者及工艺大师殚精竭虑、精诚合作，采用国家非物质文化遗产花丝镶嵌工艺技法，复原了这座侗族独有的"风雨廊桥"建筑，具有极高的技术价值和艺术价值。该藏品一经发售便在上万人的围观和争抢下"秒罄"，深受大众喜爱。①

图 3-3-1　非遗数字藏品——花丝风雨桥

　　资料来源：搜狐网.数字藏品赋能传统文化，促进非遗等传统产业发扬与传承[EB/OL]. https://www.sohu.com/a/577464016_100249696.[访问时间：2022-08-17].

第四节　非遗数字保护的应用与转化

　　非遗数字化保护的关键是采用数字技术创新传统非遗项目的表现手段与传承传播机制，使其在新的现代时代背景下实现可持续发展，避免其随着时代的发展而消亡。② 学界普

---

① 潮宏基珠宝发布非遗花丝数字藏品，再次成为行业先行者[EB/OL]. http://dzb.hxnews.com/life/newss/2022/0824/71390.html.[访问时间：2022-10-02].

② 非物质文化遗产数字化保护与传承刍议[EB/OL]. http://nrcci.ccnu.edu.cn/info/1034/5012.htm.[访问时间：2022-08-20].

遍认可的非遗保护原则主要有：本真性保护原则、整体性保护原则、活态性保护原则、濒危遗产优先保护原则、科学性保护原则等。[①] 非遗的数字保护应基于这些原则，利用科技手段更好地保留非遗的本真形态，助力其创新发展与价值创造。

一、非遗的本真性保护

本真性保护强调在非遗的保护过程中保持其最本质的特性，保留其在发展过程中全部信息，杜绝断章取义、混淆真伪的行为。[②] 这并不是把非遗固化，使其保持最原始的形态，也不是拒绝其随着时代更迭而继续发展，而是保护它的本质属性不变，无论怎样丰富内涵与创新发展，它还是它。[③]

非遗的保护是否要坚持本真性原则，在学界存在一定的争议。有的学者认为，本真性与原生态同义，若坚持本真性，便是阻碍非遗的发展。[④] 联合国教科文组织也在《保护非物质文化遗产伦理原则》中提出，应尊重非遗的动态性与活态性，拒绝本真性与排外性。[⑤] 但是，大多数学者认为本真性是指保护非遗的专有属性。例如一个人从幼年、青年到老年会发生很多变化，但血型、基因等专有属性不会改变。而原生态是指事物被创造之初的形态，与本真性不同。

研读材料

传统戏剧类非物质文化遗产弋阳腔在 500 年的发展过程中始终保持其本真性。南宋中期，江西地方民间小调与从信江传入的南戏相融合，发展出了一种具有高腔特色的地方声腔，这就是"高腔鼻祖"弋阳腔的雏形。此后，弋阳腔受到赣东北地区道士腔等诸多文化的影响，演唱形式经历了曲牌连缀体结构和"一唱众和"的形式、"滚唱"的形式、板式变化体结构等阶段。但弋阳腔如今仍保留着南戏音乐的特点，其本真形式从未因时代发展而改变。

本真性保护原则与非物质文化遗产的活态性保护、动态性保护并不矛盾，也不阻碍非物质文化遗产的创造性发展。但过度的改编与商业化运营会使非遗面目全非，有违本真性保护原则。

---

① 新时期中国非遗发展的新观念[EB/OL].https://share.gmw.cn/feiyi/2021-02/07/content_34605968.htm.[访问时间：2022-08-20].
② 非物质文化遗产保护的原则介绍[EB/OL].http://www.scicat.cn/aa/20211011/360179.html.[访问时间：2022-07-18].
③ 陈金文."非遗"本真性问题再论[J].广西师范学院学报(哲学社会科学版),2018,39(04)：87-91.
④ 韩成艳.从学术上拯救"原生态"和"本真性"概念[J].广西民族大学学报(哲学社会科学版),2015,37(06)：86-91.
⑤ 联合国教科文组织.保护非物质文化遗产伦理原则[S].巴莫曲布嫫,张玲,译.民族文学研究,2016(3)：5-6.

研读材料

　　过度编创"非遗表演秀"有违非遗的本真性保护原则。为了追逐利益,有些地区过度编创,甚至对非遗表演秀进行定做,从而赚取演出费用,这既侮辱了非遗,又坑害了游客。例如,黔东南个别景区内的侗族大歌表演仅演唱一种蝉歌,这并非正宗的侗族大歌。倘若侗族大歌的商业表演者认为仅学习几首蝉歌便足以完成此项非遗表演,而游客也被误导为侗族大歌仅有这一种题材和形式,长此以往,侗族大歌必将失去其丰富性和多样性,沦为单一的蝉歌。[①]

二、非遗的活态性保护

　　活态性保护强调在非遗的保护过程中紧跟时代变迁和人们生产生活方式的变革,使非遗适当地发展变化,找到合适的位置与形式,继续存活人们的生活中。诚然,某些传统的生产技艺会被如今的高科技方式所取代,某些传统演出对于人们的吸引力比不过流行歌曲。但这并不意味着非遗会被时代淘汰,也不意味着非遗应该被保存在博物馆里,脱离人们的生活。反之,非物质文化遗产是人类生活实践与精神文明的根源,生活的方方面面都有着非遗的影子。将非遗发扬光大,为人类创造更大的价值,形成良性循环式的活态传承,才是非遗保护的意义所在。[②]

　　活态性从始至终都是学界公认的非遗核心属性,也是非遗保护的重要理念。"活态"与"动态"不同,拍摄视频、制作动画等方式并不能达到对非遗进行活态保护的目的。"活"与"死"相对,其核心是生命力,但"活态"的含义又远不止"存活"。首先,活态保护体现了对非遗项目及其传承人、衍生品的尊重。其次,活态保护体现了对非遗项目创造性发展和创新性转化的尊重。此外,活态性还体现了对非遗存在价值的尊重,大众应自觉维护非遗在社会中的地位。[③]

研读材料

　　赵树宪将宫廷绒花融入现代生活,实现绒花的活态性保护。绒花本是宫廷用花,在如今的中国难以发挥价值。但绒花传承人赵树宪摆脱束缚,一方面坚持使用传统材料,运用传统工艺;另一方面对这项非遗技艺的表现形式、体裁角度进行创新,使绒花继续活在人们的生活中。例如,2012年,姚星彤身穿"绒花若雪"礼服亮相法国戛纳红毯,惊艳了世界。2018年,在《延禧攻略》剧中,娘娘头上的绒花饰品,深受观众喜爱。此外,

① 范勇冠.我国非遗保护中本真性原则适用性的思考[J].大观(论坛),2020(10):87-88.
② 试论非物质文化遗产的活态保护[EB/OL]. https://www.ihchina.cn/luntan_details/8106.html.[访问时间:2022-08-20].
③ 孙发成.非遗"活态保护"理念的产生与发展[J].文化遗产,2020(03):35-41.

时尚精美的胸花、乖巧灵动的绒花动物、油画般细腻的绒花装饰画都是赵树宪的作品。倘若传承人墨守成规,不思创新,绒花技艺将很难在现代人的生活中大放光彩。

图 3 - 4 - 1 延禧攻略中的非遗绒花头饰

资料来源:如何评价《延禧攻略》所展现的昆曲、刺绣等非遗文化?〔EB/OL〕. https://www.zhihu.com/question/285609426.〔访问时间:2022 - 11 - 20〕.

我国大力建设非遗生态保护区、非遗数据库、非遗博物馆,对非遗项目进行本真性保护,但这些举措不足以延续所有非遗项目的生命力。例如,在贵州某些地区建设生态保护区以保护吊脚楼修造技艺是可行的,因为吊脚楼建筑是该修造技艺产生的物化产品,保护其不受破坏便是留存了技艺。但民间文学、民间音乐、民间舞蹈、传统戏剧等类型的非遗项目,若只存在于博物馆中,淡出大众的生活,便是极大地浪费了文化资源。非物质文化遗产应紧跟时代,不断向前发展,以更加多彩的形态丰富人们的生活。

研读材料

过去,陕西汉中巴山地区的人们分散地生活在山林之中,在交通不便、信息封闭的环境下形成了一种特殊的婚丧嫁娶习俗。然而,随着现代化农业技术的推广和刀耕火种生产方式的消失,这些“落后”的习俗也不再适用。倘若以保护非遗习俗为目的,建设生态保护区,让该地区的人们继续过以前贫苦的日子,为习俗的传承营造原生态社会环境,这无疑违背了社会发展规律。事实上,无论巴山地区的经济怎样发展,人们婚丧嫁娶的礼仪活动不会取消，习俗的本质也不会改变，而是会随之发生适应性调整。且中国人普遍具有怀旧情结，愿意继承由祖先传下来的文化习俗，加之正确的宣传和引导，合理调整客司礼仪词等非遗的形式和内容，便能促进其活态传承。可见，保持习俗的本真性，包容习俗的活态性，才是正确的保护方式。①

三、非遗的生产性保护

生产性保护强调在非遗的保护过程中结合市场需求，扩大非遗衍生品的生产、流通和销售范围，促进非遗实现资源转化，推动非遗与经济、社会的共同发展。非物质文化遗产反映了社会精神文明多元化存在的诉求，反映了传统与当代碰撞融合的诉求，而生产性保护是使非遗融入当代社会的最佳实现路径。在这一过程中，市场需求是总拉动力，非遗项目的内在属性和社会环境变迁是内在推动力，创造性转化和创新性发展是实现非遗可持续保护的保障，在这些因素的共同作用下，非遗生产性保护形成了一套自己的生成逻辑，如图 3‑4‑2 所示。

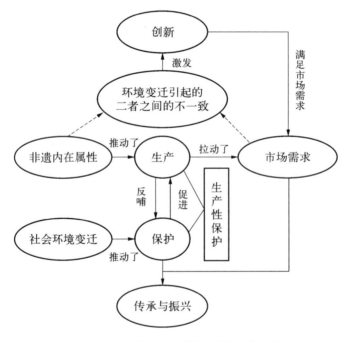

图 3‑4‑2　非遗生产性保护的生成逻辑

资料来源：仇兵奎，许子婵.非物质文化遗产生产性保护的生成逻辑
与实践模式［J］.晋中学院学报，2021，38（05）：26‑30＋95.

---

① 　试论非物质文化遗产的活态保护［EB/OL］. https://www.ihchina.cn/luntan_details/8106.html.［访问时间：2022‑
10‑02］.

非遗项目的文化形态和生存形态复杂多样,在生产性保护的具体实施中不能制定标准化流程,而是要平衡非遗项目的历史文化价值和商业价值,不断总结优化,为每个项目量身构建生产性保护的实践模式。

我国非遗生产性保护的实践模式可分为五类,如图3-4-3所示,每种非遗项目可能随着自身发展和环境变化而适用于一种或多种模式。其中,"传统+产业化"融合模式适用于高历史文化价值和高商业模式的非遗项目,例如传统酿制技艺的衍生品——山西老陈醋。这类商品既有较高的市场需求,又有较高的历史文化价值为其增值,很容易被消费者抢购;"传统+特定市场"模式适用于历史文化价值高但商业价值低的非遗项目,例如苏绣衍生品。这类产品市场需求小,需要使用一定的运营方式和宣传手段使其走进大众视线,争取市场份额;"文化创意产业化"模式适用于历史文化价值低但商业价值高的非遗项目,例如四川羌绣。这类产品需进一步挖掘自身价值,注重非遗产品的产权保护,保障产业收益的可持续性;"保护+保护"共存模式适用于历史文化价值和商业价值均较低的非遗产品,例如关注度较低的非遗纪念馆。这类产品需要依靠政府力量或社会力量,挖掘其价值,创新保护形式,推动其向其他模式转化;"自主发展"模式存在于正在探索发展路径的非遗项目,是其他四种模式的初期形态。这类项目需要借鉴其他项目的经验,尽快形成良性运转的生产性实践模式。[①]

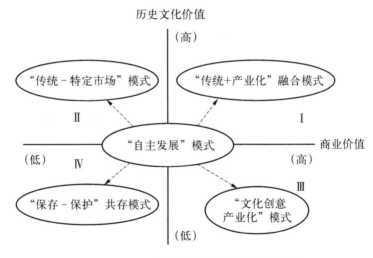

图3-4-3　非遗生产性保护的实践模式

资料来源:仇兵奎,许子婵.非物质文化遗产生产性保护的生成逻辑与实践模式[J].晋中学院学报,2021,38(05):26-30+95.

近年来,中国出现了上百个国家级非物质文化遗产生产性保护示范基地,这些基地挖掘当地非遗项目中当代人喜爱的非遗要素,并将其转化为吸引消费者的非遗产品,通过发展非遗旅游、非遗商业演出、非遗文创产品等方式,实现非遗的生产性保护。这些举措既提升了非遗在人们生活中的活跃度,推动了非遗的发展,又增加了传承人的收入与社会就业岗位,

---

① 仇兵奎,许子婵.非物质文化遗产生产性保护的生成逻辑与实践模式[J].晋中学院学报,2021,38(05):26-30+95.

推动地方经济增长与乡村振兴。下文介绍几种常见的非遗生产性保护方式。

(一)非遗商业演出

将非遗与文艺演出相结合是一种商业价值较高的生产性保护方式,通过打造主题鲜明、文化气息浓厚的高质量文化演艺产品,实现文化产业与旅游产业的双赢。随着传统文化与不同演出形式的深度融合,我国非遗商业演出发展出了"戏剧文化＋现代演艺""传统音乐＋主题演艺""民俗舞蹈＋互动演艺"等多种形式。[①]

1. 戏剧文化＋现代演艺

京剧、昆曲、唐山皮影等传统戏剧虽韵味十足,但"曲高和寡",难以吸引当代年轻人的目光。将传统戏剧进行改编,加入现代流行元素,创新演绎形式和剧情内容,使其符合现代人的审美偏好,是对戏曲类非遗进行生产性保护的必要方式。

研读材料

2018年9月25日正式公演的游园式全景演出《寻梦牡丹亭》将中国古典戏剧《牡丹亭》与现代表演形式相结合,带给游客沉浸式、交互式的观演体验。如图3-4-3(a)所示,《寻梦牡丹亭》通过全息数字影像、巨型圆环装置投影等技术还原了如梦似幻的亭台楼阁舞台,营造了科技感极强的演出氛围,在与游客的互动中推进情节发展,演绎杜丽娘与柳梦梅缠绵哀婉的爱情故事。

2. 传统音乐＋主题演艺

民歌山歌、民族音乐、佛教音乐、道教音乐、唢呐、鼓乐等传统音乐的受众往往仅限于特定地域的群体。随着社会经济的发展,演出场域不断缩小,听众也越来越少。将传统音乐与实景特色主题演艺相结合,将原本限于特定地域的音乐搬到面向大众的舞台上来,加之适当的改编创作,让世界各地的观众都能享受其中。

研读材料

全球最大的山地实景演出《禅宗少林·音乐大典》将禅乐、禅武等非遗元素与实景演出形式相结合,策划了一场震撼人心的佛乐盛典,成为河南的城市文化名片。该演出规模宏大,实力空前,1 000多名演员的武术表演和唱诵在峡谷自然景观的衬托下显得尤为壮观。

3. 民俗舞蹈＋互动演艺

狮舞、龙舞、高跷等民间舞蹈特色鲜明、技巧性强,倘若在距离观众较远的舞台上演出,

---

① 非遗＋旅游演艺,如何让游客沉浸式体验传统文化?[EB/OL]. https://new.qq.com/rain/a/20220301A02PNY00. [访问时间:2022-08-20].

难免因其高难度的动作而让观众产生距离感。将民俗舞蹈与近距离巡游、户外定点表演、节庆表演等互动演艺方式相结合,能够拉近表演者与观众的距离,使演出更具趣味性和吸引力,让非遗文化走进观众的内心。

> **研读材料**
>
> 清明上河园景区里的高跷、狮舞、蹴鞠、盘鼓、皮影、木偶等民间艺术表演短小生动、不受场地限制,深受游客喜爱。由图3-4-3(c)可见演出火爆,场面热闹非凡。

4. 民间文学＋沉浸式演艺

神话、传说、史诗、民间故事等民间文学创造了许多脍炙人口的经典故事,例如天仙配、刘海砍樵、杨家将传说等。民间文学＋沉浸式演艺将这些故事进行创作改编,采取情景表演、互动表演等方式,结合科技手段与创意置景,使游客完全沉浸营造的氛围和故事中,感受民间文学的魅力。

> **研读材料**
>
> 椰海实景演出《红色娘子军》以民间文学作品《红色娘子军》为创作蓝本,让静态的历史动起来,让游客真实地体验那段波澜壮阔、荡气回肠的革命战争历史。图3-4-3(d)展示了实景影画的演出现场,舞台使用了大量电影特效和光影效果,还原了20世纪30年代海南本土女性红色革命场景。

5. 传统曲艺＋网红演艺

近年来,相声、快板等传统曲艺与网红流量＋演艺模式的结合大获成功。曲艺传承人在把握好创新"度"的基础上,采取创新的手段创作曲艺作品,吸引新的粉丝群体,使非遗文化"出圈"。

> **研读材料**
>
> 德云社是通过网红演艺的形式振兴传统曲艺的典范,目前已成为中国最著名的专业相声社团之一。伴随着一场场精彩的演出,郭德纲、岳云鹏、张云雷、孟鹤堂、杨九郎等相声传承人的名字深深刻在了观众的心中。他们使相声这一传统艺术在保留精髓的同时焕发了新的流量生机,使更多的年轻人了解、熟知、热爱传统曲艺,使传统艺术发扬光大、代代相传。

6. 武术竞技、体育与杂技＋剧场演艺

武术竞技、体育与杂技类非遗项目也可以与演出相结合。在实景剧场演出中,融入少林武术、太极、咏春拳、蹴鞠、古彩戏法、口技、杂技等传统武术杂技元素,配合特效、机械、装置等手段,打造富有趣味性、故事性的演艺作品。

> **研读材料**
>
> 　　郑州建业小镇户外实景演出《战太极》以水边码头为舞台,演绎了太极之村陈家沟掌门嫁女在即,遭遇清兵突袭、捉拿新郎的故事。演出中的太极文化元素大大增强了演出的观赏性,通过传统太极功夫展示、西式大炮对决、水上激烈打斗等形式,为游客带来新颖有趣的感官体验。

(a) 寻梦牡丹亭　　　　　　　　　　　　　(b) 禅宗少林·音乐大典

(c) 清明上河园景区非物质文化遗产节目　　　　　(d) 红色娘子军

(e) 德云社　　　　　　　　　　(f) 郑州建业小镇户外实景演出《战太极》

图 3 - 4 - 4　非遗旅游

资料来源:腾讯网.非遗+旅游演艺,如何让游客沉浸式体验传统文化?[EB/OL]. https://new.qq.com/rain/a/20220301A02PNY00.[访问时间:2022 - 08 - 20];人民网.2018 德云社全球巡演赴东京　郭德纲、于谦等再掀狂热[EB/OL]. http://japan.people.com.cn/n1/2018/0709/c35421-30135381.html.[访问时间:2022 - 08 - 20].

"非遗＋旅游演艺"模式是当前弘扬优秀传统文化、讲好中国故事的重要形式。将非遗文化有机融入剧场演出、实景演出、互动演出等文旅演艺中,不仅能够将非遗文化发扬光大,也使得景区演出活动更富有文化性和差异化,从而打造出有主题、有特色、有内涵的文旅演艺产品,实现对当地文旅发展的溢出效应。

(二) 非遗文创产品

非物质文化遗产之所以被称为"遗产",是因为它们曾经被需要过、喜欢过、使用过,但在现代社会逐渐没有了用武之地。而文创产品的出现让非遗从博物馆走向办公室,从古老变为新潮,重新在人们的生活扮演重要角色。

非遗文创产品是人们在生产实践活动中创造的带有非遗文化元素的产品,兼有非遗的文化性和产品的功能性,用来满足使用者的精神需求和实践需求。如图 3-4-5 所示,文创产品类型多样,可以应用到生活中的方方面面。非遗文化内涵丰富,能够为产品的创造开拓思路,提升其文化价值。同时,文创产品的设计、生产过程也是非遗文化再生产的过程,非遗文化在文创产品中得到了重构,具备了新的时代内涵。

从前,非遗传承人是一个技术要求高但收入较低的职业。许多手艺人为了生计而选择转行,行外人更不愿进入这一行,造成了技艺无人传承的困境。如今,非遗文创产品为非遗传承人创造了商业机会,增加了收入来源。市场上各种"联名款"产品颇受消费者喜爱。此外,非遗传承人被誉为"匠人""艺术家",提高了传承人群体的社会地位,大大改善了非遗传承环境,使非遗传承实现良性循环发展。

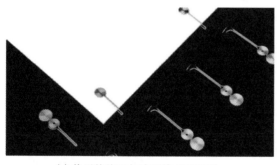

(a) 基于传统盘扣造型的文具系列

(b) 多功能极简皮影书架

(c) "徽班进京"手机壳

(d) 昆剧积木系列

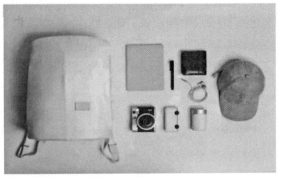

(e) 粉墨春秋脸上描　　　　　　　　　(f) 南海藤编文创

图 3－4－5　非遗文创

资料来源：腾讯网.文创|当非遗遇上现代设计，这些"跨界"产品让人眼前一亮［EB/OL］. https：//new.qq.com/rain/a/20210304A0CGH300.［访问时间：2022－08－20］.

此外，越来越多的年轻人投入到非遗文创产品的创作中来。他们热爱文化，掌握现代科学技术，也懂得当代潮流趋势，善于使用先进的技术来传播文化元素，以富有创意性的形式来展现文化产品的内涵。依靠、鼓励年轻人进行非遗文创产品的开发和学习，是对"文化中国"这一理念最好的践行。

在新时代，非遗文化传承受到越来越多的人的重视，文创市场越来越繁荣，人们对于文创产品的需求越来越大，同时也对文创产品的设计提出了更高的要求。在这样的环境下，设计人员需要深入挖掘非遗文化的价值，创新产品形态、色彩规划、产品功能等要素，使非遗文化与功能性产品产生"1+1>2"的效果，推动非遗文化与文创产品的繁荣发展，为广大人民群众提供丰富的非遗文创产品。

（三）非遗产业链

随着文化产业的发展，许多地区开始基于本地的非遗项目探索开发非遗衍生品产业链，将丰富的非遗文化资源转化为文化资产。非遗衍生品具有历史性、独特性、民族性和区域性，这些特性使产品自带卖点，成为营销的有力抓手。非遗产业化发展能够从生产端夯实非遗文化的经济基础，从产品端提升非遗文化的影响力，形成非遗保护与经济发展的良性循环。

建设非遗产业链一方面需要完善产品的生产、流通、销售流程，不断吸引人才和资本的进入，扩大产能，使产业链向着更安全、高效、专业、规范的方向发展；另一方面，需要基于非遗独特的文化属性打造产业化品牌，形成品牌效应，增强产品的核心竞争力。景德镇的陶瓷便是非遗产业链的成功案例。景德镇的企业生产高质量的陶瓷产品，同时在世界范围内打造独具特色的陶瓷品牌，让中国陶瓷享誉世界。

此外，现代科学技术也为非遗的产业化发展做出了贡献。智能图案生成、图片风格转换等人工智能技术和 ps、pr 等工具能够为产品设计提供帮助；自动控制技术、智能调度技术、智能设备使产品实现自动化生产；现代物流、数字追踪使产品实现高效流通；快手、抖音等短视频平台辅助商品的售卖。2019 年，抖音和快手分别推出了"非遗合伙人计划"和"非遗带头人计划"，借助数字科技和平台实现非遗产品的产业化推广。

研读材料

　　云南普洱市宁洱哈尼族彝族自治县逐步建立起了完善的普洱茶的产业链。宁洱全县共有 20.48 万亩茶园，分布于 6 镇 3 乡 85 村。2008 年，普洱茶制作技艺被认定为国家级非物质文化遗产代表性项目。此后，当地政府大力发展普洱茶产业，使茶农彻底摆脱贫困，走上小康之路。一方面，宁洱县积极鼓励传承人将现代工艺与传统技艺相结合，研制出七子饼、金瓜茶、沱茶、传统吉祥字样紧压茶等新产品，提高普洱茶质量，建立国际品牌；另一方面，宁洱县创新生产经营模式，推出"企业＋基地＋农户"这一多方参与、互利共赢的新模式，发挥工商企业和农业龙头企业的作用，建设完备的原料生产基地、加工基地，为农户提供就业岗位，增加收入。实践证明，普洱茶的生产性保护、创新性实践、群众性传承为这项古老的人类文化遗产打上了鲜明的时代印记，使其走向千家万户。

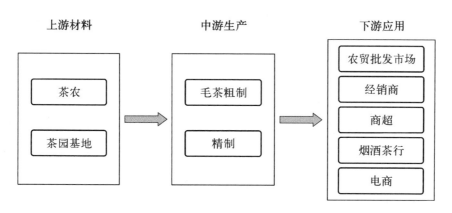

图 3 - 4 - 6　普洱茶产业链

资料来源：中商研究院.中国普洱茶产业链/主要品牌分析一览（附产业链全景图）[EB/OL].
https://www.askci.com/news/chanye/20171201/154436113146.shtml.[访问时间：2022 - 08 - 20].

第四章
数字非遗受众与感知

第一节　数字非遗受众感知概述

非遗文化的传承与发展离不开传承人的代代相传,同样也离不开大众的推广与喜爱。营造非遗传承与保护的浓厚氛围,有助于进一步继承和发展我国传统文化。因此,数字非遗受众的精准感知对于挖掘社会受众认知偏好、掌握技艺传承状况至关重要。本节主要介绍数字非遗受众感知的概念、影响受众感知的因素,以及进行受众感知的技术手段。

一、受众感知概念

受众作为接受者的统称,泛指一种媒体渠道、某种媒体内容或节目形式的读者、听众或观众。① 数字非遗受众,即数字非遗文化的接受者,例如传统戏剧类非遗项目(京剧、昆曲、粤剧等)的观众、传统音乐类非遗项目(南音、陕北民歌等)的听众、民俗类非遗项目(春节、壮族三月三等)的亲历者,甚至是传统技艺类非遗项目(核雕、苏绣等)的参与者。在非遗数字化与智能化留存、传承的背景下,受众既是接受者也是传播者,受众自身的语言特点、知识偏好、文化背景等都将对非遗数字化的传播效果造成重大影响。所以,对受众的有效感知是进一步推广非遗文化的重要前提。

数字非遗的受众包括内部受众和外部受众两部分。内部受众主要是指非遗文化传承人,传承人能够直接指导和推进非遗的数字化过程;外部受众主要是指非遗文化爱好者及其他群体,他们通过直接或间接地接触非遗来了解每一项非遗的内容。内部受众对非遗的认知度、忠诚度较高;而外部受众对非遗项目认知的时间可能较短,主要来自各类媒体及短视频平台宣传、亲友传播,因此对不同的非遗项目有着各自的态度和偏好。尽管如此,外部受众与数字非遗的发展密切相关,是非遗文化得以持续发展和传承的重要有生力量。

---

① ［英］麦奎尔·丹尼斯.受众分析[M].北京:中国人民大学出版社,2006.

感知是一种人们关于自我意识的主观体验,[①]通常情况下人对信息的感知需要三个过程,即感觉、传递和处理。首先由感官接收信息的刺激信号,然后通过神经传至大脑,最后由大脑对信号进行分析和处理,并得到感知结果。受众对非遗文化的感知也是如此,由于分析和处理过程的差异而产生不同的感知结果。本章主要通过一定的技术手段将受众对非遗的感知结果进行分析与总结,以感知受众的偏好与认知状况,进而帮助受众更好地了解、学习非遗文化,同时为文化部门的决策提供理论指导。

从字面意义上理解,受众感知是指受众的感觉和知觉,是受众对每个数字非遗项目的印象和偏好。感觉是人体内部在外部事物刺激下产生的自然反应,是人脑对于客观事物属性的直接反映;而知觉是人们基于感觉对客观事物的一种高级认知,心理学研究将其特征总结为整体性、选择性、理解性、恒常性和背景效应。[②] 客观事物对受众的内部或外部进行感官刺激后,使受众形成对该事物的初步印象(感觉),并带有一定的倾向性和个性偏好(知觉)。这一感知过程具有鲜明的主观性,是受众特有的心理活动结果。

在数字非遗受众的感知过程中,受众首先受到了非遗项目的外部刺激,对每一项非遗涉及的技艺、图像、视频、音乐或文字具有了一定印象,形成感觉;在对非遗项目进一步接触、了解过程中,受众不可避免地受到自身文化背景、兴趣爱好的影响,逐渐形成对非遗项目的独特态度和偏好(具有主观性和选择倾向性),形成受众感知。数字非遗受众感知主要探究如何增强受众对于非遗文化的理解力与感知度,激发受众感知。[③]

二、受众感知技术

对非遗受众的感知以往多采用问卷调查的方式,随着智能感知及可穿戴技术的飞速发展,对受众的认知活动进行更细粒度的感知不再是天方夜谭。

现有受众感知方法主要包括:可穿戴设备感知、扩展现实技术、自然语言理解、面部表情识别等。

(一) 可穿戴设备感知

近年来随着可穿戴计算的蓬勃发展,基于可穿戴设备的受众感知逐渐成为研究热点。可穿戴设备作为新的传播媒介,能够增强人与物之间的联系。具备多种感知能力(语言、动作、位置等)的各类可穿戴设备通过记录、计算、呈现的方式实现虚拟世界和物质世界的信息交换,细粒度地刻画了数字非遗受众感知过程。

可穿戴设备,又称可穿戴式生物传感器,是一种可以直接穿戴在用户身上或是整合到用

---

① 朱耀平.感受质、意识体验的主体性与自我意识[J].浙江大学学报(人文社会科学版),2014(1):125-133.
② 徐冉.城市品牌的受众感知及传播策略研究[D].山东大学.2018.
③ 叶哲佑.生产、社交与移动:媒介可供性理论下短视频的内容呈现与受众感知——以抖音短视频《"心闻"故事"账号为例[J].新媒体研究,2021,7(11):44-46.

户配饰上的便携式设备。[①] 根据感知需求和设备实现功能的不同,可将传感器穿戴在受众的不同部位,常见的穿戴位置如图4-1-1所示,如智能头盔、眼镜、手表等。

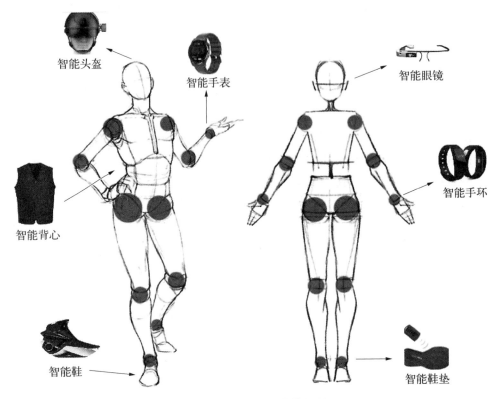

图4-1-1 常见可穿戴位置

资料来源:人体关节[EB/OL]. https://baijiahao.baidu.com/s?id=1648971518018266221.[访问时间:2022-08-12].

根据穿戴方式可以将可穿戴设备分为接触型设备、植入型设备以及外接型设备。其中接触型可穿戴设备直接将传感器固定在受众皮肤表面,实现受众感知,具备便捷、灵活的特点,具有较高的柔韧性和灵敏度;植入型可穿戴设备利用传感器进行皮下监测,实现对受众生理信号的感知;而外接型可穿戴设备将传感器外接到固定装置进行感知。数字非遗的受众感知仍然以接触型可穿戴设备为主,一方面感知受众在接受非遗项目时的情感状态与生理特征,例如,Martella等人为受众佩戴三轴加速度计,通过采集到的加速度数据感知受众情感的变化情况;另一方面,也可以感知受众在体验非遗技艺时的运动状态,通过与非遗传承人的运动状态进行对比实现对受众的指导。[②]

随着生物电领域感知材料的发展,研究者们结合生物电传感技术实现对数字非遗受众

---

① Seneviratne S, et al. A survey of wearable devices and challenges[J]. IEEE Communications Surveys & Tutorials, 2017, 19(4): 2573-2620.

② Martella C, et al. How was it? Exploiting smartphone sensing to measure implicit audience responses to live performances[C]. In Proceedings of ACM International Conference on Multimedia, 2015.

的感知研究,主要包括脑电信号、肌电信号、皮肤电信号,通用处理流程,如图 4-1-2 所示。

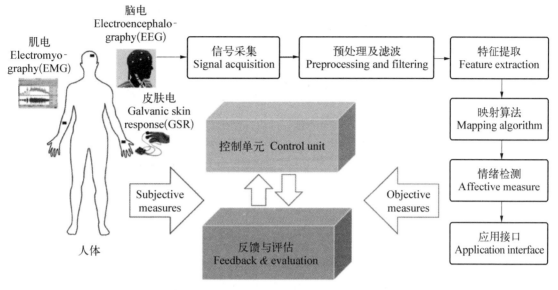

图 4-1-2　人体生物电信号的采集与处理

资料来源:沈旭昆,闫烁.基于生物电传感的受众感知探索与研究[J].包装工程,2021,42(10):26-31.

1. 脑电信号

精准的脑电信号监测与分析已经逐渐成为受众感知的重要研究手段,在数字非遗的受众感知方面有着广阔的发展前景。脑电信号(Electroencephalography,EEG)是脑神经组织在大脑皮层电生理活动的客观总体反映。[1] 大脑皮层是控制躯体运动最高级的中枢,它是受众意识活动的物质基础以及神经活动的中心,可标记为如图 4-1-3 所示的四个区域:① 额叶(Frontal Lobe),主要功能与精神、语言和运动有关;② 顶叶(Parietal Lobe),主要功能与感觉、动作和阅读有关,可以调节注意力和分配空间注意力;③ 颞叶(Temporal Lobe),主要负责处理输入信息以维持听觉、语言、记忆以及精神活动;④ 枕叶(Occipital Lobe),主要功能与视觉有关。[2] 利用脑电信号进行受众感知的原理在于:当受众感受非遗项目时,大脑接收到刺激信号,产生活动,引发电信号的变化,形成脑电图。虽然单个神经细胞产生的信号非常微弱,但大量神经细胞的活动可产生多个频率的振幅,这类脑电活动的幅值波动特征描述了不同的大脑状态。因此,可对受众的脑电图进行分析,检测其大脑状态的变化情况。

2. 肌电信号

脑电信号可显示受众的情感水准和认知状况,肌电信号(Electromyography,EMG)可以对受众肌肉的运动状态进行刻画。例如,可以通过肌电信号分析受众在体验苏绣的刺绣

① Verma G K, Tiwary U S. Multimodal fusion framework:A multiresolution approach for emotion classification and recognition from physiological signals[J]. NeuroImage,2014,102:162-172.
② Squire L R, et al. The media temporal lobe[J]. Annual Review of Neuroscience,2004,27:279-306.

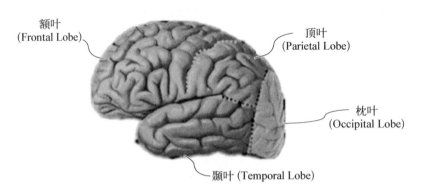

图 4 - 1 - 3　脑部分区图

资料来源：王一牛，罗跃嘉.前额叶皮质损伤患者的情绪异常［J］.心理学进展，2004，12(2)：161 - 167.

过程中的针法是否到位、力道是否恰当，实现对传统技艺类非遗项目体验过程的全面感知，为个性化数字非遗体验提供理论依据。它是一种产生于任意组织器官的生物电信号，是肌纤维中运动单元动作电位(Motor Unit Action Potential，MUAP)信号在人体运动后一段时间和空间上的叠加，[1]可利用肌电仪进行采集，如图 4 - 1 - 4 所示。

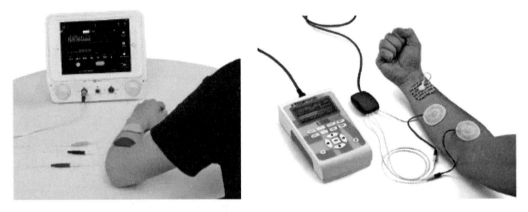

图 4 - 1 - 4　肌电仪

资料来源：百度百科.表面肌电测试仪［EB/OL］. https：//baike. baidu. com/item/表面肌电测试仪/15672015.［访问时间：2022 - 08 - 20］.

3. 皮肤电信号

皮肤电信号是另一个重要的神经生理信号，简称为 GSR(Galvanic Skin Response)或者 EDA(Electrodermal Activity)。受众的生理信号直接由自主神经系统操控，不易受主观意识的掌控，而自主神经系统的活动变化能够反映受众心理的变化。当受众喜好某个数字非遗项目时，皮肤表面的皮肤电信号能够直接反应其心理的活动、情绪的变化。

---

① 陈岁生，卢建刚.一种无线肌电信号采集装置的设计［J］.微计算机信息，2008(14)：105 - 106＋113.

事实上,皮肤电来自皮肤汗腺的自主激活,是人类情绪变化最敏感的反馈之一。在体验非遗的同时,受众有丰富的情绪变化,例如看到壮族三月三的盛大活动场景,人们会有一种喜悦高兴的心情。这种情绪的变化会导致人们精神性地"出汗",即"生理唤醒水平以及器官激活程度与常态生理节律产生了差异"。[①] 这种"出汗"与人们因为体温上升需要散热而引发的出汗不同,它与个人的体温无关,只与人们受到的外界刺激或精神性活动有关,主要发生在掌心、足底或者腋窝等汗腺比较发达的部位,而且情绪越紧张越强烈,排汗越多。因此,可借助皮肤电与情感之间的内在联系感知受众情感状态。

(二)扩展现实技术

扩展现实技术主要包括虚拟现实、增强现实,以及混合现实技术。其中虚拟现实(Virtual Reality,VR)是指通过物理设备模拟生成的一个与物理世界分离的虚拟世界。受众通过佩戴相关 VR 设备,如 VR 眼镜、手柄等进入虚拟世界,以提升自身在视觉、听觉等感官上的沉浸交互体验。

混合现实(Mixed Reality,MR)也是在虚拟现实的基础上进一步做了升级,将物理世界与虚拟世界进一步融合产生新的沉浸式环境体验。与元宇宙(Metaverse)概念类似,在混合现实中,受众所处的物理环境与营造出来的虚拟环境可以进行实时的交互。AR 环境中虚拟的物体能够被明显感觉到是"虚拟生成"的,物体的相对位置也会随着物理设备的移动而发生移动。而在混合现实环境中虚拟与现实没有明显的界线,物体的相对位置不会随着用户的移动而发生移动。例如,混合现实环境下产生的虚拟人能够根据现实场景做出实时反应,会越过障碍物、躺在沙发上等,虽然"跳跃""躺下"等动作是预先设置的,但是它可以根据实况信息实时做出调整。

(三)自然语言理解

语言和文字是人类主要的交流媒介,也是受众表达对非遗喜好程度的最直接的方式之一。在体验非遗项目的过程中,用户在微博、微信等社交平台上发表的帖子直接表达了他们的情感和认知,例如使用"快乐""高端""太震撼了"等词语来抒发对非遗文化的喜爱之情。因此,可以对受众发布的帖子等文本内容进行分析与理解,这样可以更容易实现对受众心理的感知。

自然语言理解(Natural Language Understanding,NLU)技术指利用计算机对自然语言文本进行分析处理从而理解该文本的过程、技术和方法。[②] NLU 技术主要可以完成以下三类工作:① 模仿人类理解语言的基本方式,比如分词断句等,将一段长文本分割为具有一定语义、语法的片段。例如语句"秦腔,就是以古代陕西、甘肃一带为发源地的汉族民间歌

---

① Ekman P, Levenson R W, et al. Autonomic nervous system activity distinguishes among emotions[J]. science, 1983, 221(4616):1208－1210.
② Qiu X, Sun T, et al. Pre-trained models for natural language processing:A survey[J]. Science China Technological Sciences, 2020, 63(10):1872－1897.

舞"可被自动分割为"秦腔/就是/以/古代/陕西/甘肃/一带/为/发源地/的/汉族/民间/歌舞";② 基于分割得到的片段将文本转换为计算机能够进行计算的向量或者矩阵,即文本的向量化表示,例如0-1编码、词向量模型,以及基于神经网络的文本表示模型;③ 利用分类、生成等算法对文本表示数据进行处理,以得到文本中的关键信息,借助这些信息理解人类的语言、判断用户的需求。目前自然语言理解技术被广泛地应用于各种人机交互、信息快速检索等智能化系统方案,使人们的日常生活更加便捷。

(四)面部表情识别

表情是人类表达情感信息的主要途径,结合 AI 图像识别技术,利用面部肌肉特征点位置计算和对面部表情进行分类,可以自动分类基本表情、区分心理状态,例如高兴、悲伤、愤怒、恐惧等。但表情信息总是和其他很多因素交织在一起,比如头部姿态、光照和个体身份信息,多种外部因素的交织会对表情信息产生一定的影响。目前基于注意力卷积网络的深度学习方法能够专注于面部的重要部位,并且使用可视化技术根据分类器的输出找到重要的面部区域以检测不同的情绪。

第二节　数字非遗受众心理感知

一、基于问卷调查的受众心理感知

问卷调查是多数学者进行受众相关研究时采用的主要方法之一。Schroder 等人将问卷调查研究比喻为受众态度和观点的"快照",能够便捷地感知受众的认知状况。① 问卷是一种专门以特定问题记录的形式系统地记载调查内容的印件,目的是广泛收集、了解被调查者对于当前某一个或特定重大问题的态度、观点主张等重要信息。② 问卷调查是一种通过要求采访者回答详细问卷来收集数据的方法。

问卷分为封闭式调查问卷(Closed-ended Questionnaire)、开放式调查问卷(Open-ended Questionnaire)两种类型。封闭式的调查问卷所对应的问题答案往往是较为固定且较为容易进行量化研究的,比如你在多大程度上喜欢京剧? 请选择"非常喜欢""喜欢""既不喜欢也不讨厌";而开放式调查问卷往往没有标准的问题答案,比如你为什么喜欢京剧。显然,封闭式调查问卷有如下特点:问题和答案清晰直白、有序排列、便于作答,不确定因素可控;缺乏自主性,无法收集到独具特色的答案;固定的答案设置难以覆盖调查问题的各个方面。相比封闭式调查问卷,开放式调查问卷的最大优势是灵活,然而如果问卷的问题均为开放式问题

---

① Schroder K, et al. Researching Audiences [M]. London: Arnold, 2003: 245.
② 陈宏,王有红,刘隽.创业综合词典汇[M].南京:南京大学出版社,2018.

通常会导致调查过程耗时长、数据分析困难，同时也可能会收到大量无效的问卷。

调查问卷通常包含以下三类基础元素：理论模型变量、人口统计学特征、辅助变量。理论模型变量可以由一个或多个不同的测度（Measurement Item）进行测量（如李克特量表、语义差异量表等[①]），通过测度项从不同的侧面尽可能地刻画难以直接感知的内心表达。人口统计学特征主要是受众性别、年龄、民族、职业、受教育程度等，该类特征往往能反映出特定群体的特征，便于研究者对感知结果进行归纳总结。辅助变量通常也指控制变量，其功能是突出理论模型变量的应用重要性，进而保证感知结论是合理有效的。由于理论模型是基于特定角度构建的，所选变量可能并不具备充分性。通过控制变量可证明，即使存在其他变量可能对模型造成影响，选定的变量依然是主要的。

在进行问卷调查之后，研究人员通常会建立一个模型来验证假设的有效性，常用的模型是综合信息技术接受和使用模型（Unified Theory of Acceptance and Use of Technology，UTAUT）。该模型的四个核心因素是绩效期望、社会影响力、努力期望和便利性。其中，绩效期望通常是指用户认为使用系统可以提高工作绩效的程度；努力期望是用户认为自己使用系统的难易程度；社会影响力是认为其他人感觉自己应该使用该系统的重要程度；便利性是指用户感知到一个或多个组织和众多基础设施支持他们使用该系统的相对程度。此外，UTAUT 还应至少包括如下四个可自由调节的变量：年龄、性别、经验、自愿性。学者许鑫[②]将"绩效期望"定义为："社会公众在使用非遗数字化技术的过程中，这些信息技术为其检索、查询和了解非遗带来的效率的提高或内容的丰富等方面的有用性的主观感知。"杨阳等人[③]利用发放的 300 余份问卷分析了受众对于芜湖铁画作品的感知。学者郭伟欣等人[④]在"妈祖信俗非遗旅游地——湄洲妈祖祖庙"现场对 457 位旅游者进行量化问卷调查，收集他们对非遗旅游地的真实性感知与行为意向，问卷结果表明游客对非遗旅游目的地的真实性感知会正向影响他们的游后行为意向。此外，赵森[⑤]利用访谈与问卷调查相结合的方式对甘孜非遗文化爱好者、甘孜游客等人群进行了数据收集，从非遗数字化的特性、受众的认知、感受、行为意愿等方面进行了梳理，主要包括如表 4-2-1 所示的内容。

表 4-2-1　数字非遗的感知特性

主 类 型	辅 助 类 型	内　　　涵
感知有用性	满足感	用户通过非遗的数字化传播可以满足自己的需求
	获得感	用户通过非遗的数字化传播获取对自己有用的信息

①　亓莱滨.李克特量表的统计学分析与模糊综合评判[J].山东科学,2006,19(2)：7.
②　许鑫,孙亚薇.非遗数字传播中的信息技术采纳研究[J].图书与情报,2017(06)：133-140.
③　杨阳,陈兰.基于公众感知的芜湖铁画非遗旅游保护与开发途径研究[J].明日风尚,2020(07)：147-149.
④　郭伟欣,梁文斌.妈祖文化视域下旅游者对非遗旅游地的真实性感知与行为意向的关系研究[J].焦作师范高等专科学校学报,2022,38(02)：39-43.
⑤　赵森.基于 SOR 理论的甘孜非遗数字化传播策略研究[D].电子科技大学,2022.

续　表

主　类　型	辅　助　类　型	内　　涵
感知易用性	信息获取及时性	用户可以通过非遗的数字化传播及时获得所需要的信息，并缩短学习认知的时间
	便捷性	呈现非遗信息内容的数字媒介可以被用户低成本、随时地接触和使用
感知娱乐性	趣味性	非遗的数字化传播可以吸引用户的兴趣，让用户感觉好玩、有意思
	新鲜感	用户对于呈现非遗数字化的媒介感觉很好奇
共情	自豪感	用户对于数字化传播的非遗信息内容感到自豪与骄傲
	情感共鸣	在数字化传播的非遗信息内容的刺激作用下，用户的情感或情绪上产生了相似的反应

资料来源：赵森.基于 SOR 理论的甘孜非遗数字化传播策略研究[D].电子科技大学，2022.

案例材料

　　上海交通大学的薛可等人基于 UTAUT 模型，以短视频作为主要研究内容来感知国内青少年群体对于皮影戏发展的感知意愿水平。[①]主要通过在线电子问卷平台向在国内生活的 10 周岁到 24 周岁的青少年们发送问卷。首先将知识期望、审美期望、社交期望、享乐期望、努力期望、社会影响作为自变量，将"习惯"作为调节变量，将"观看意愿"作为因变量，对采集的相关数据进行了建模及分析。其中知识期望主要指青少年受众可以感知到观看皮影戏相关的短视频对于进一步了解传统皮影戏文化产生的积极帮助程度；审美期望主要指受众所感知到的通过观看皮影短视频对于其欣赏皮影戏艺术的帮助程度；社交期望主要指受众可感知到通过观看皮影短视频对于其进行在线社交互动的独特帮助程度；享乐期望是指受众可以感知到通过观看一部或多部皮影相关的短视频能够真正获得的独有乐趣程度；努力期望主要指受众能感知体验到其使用短视频平台来观看皮影的难易程度；此外，社会影响指受众主观感觉自身观看皮影短视频的意愿所受到的他人影响的程度。青少年受众的观看皮影类短视频的意愿极有可能受到周围人的直接影响，例如朋友、同学、老师以及家长们对于此类短视频的观看与主动推荐都有可能左右其选择。

　　经资料采集与数据整理分析发现，多数受访青少年并没有频繁观看皮影相关短视频作品的个人喜好，经常连续观看者以及几乎每天都会观看的受访人数占比仅 22.2%。

---

① 薛可,鲁晓天.传统戏剧类非遗短视频青少年观看意愿的影响因素——以皮影短视频为例[J].中南民族大学学报（人文社会科学版）,2020,40(06)：67－73.

青少年们主要关注的是：皮影类短视频作品的表现形式及风格是否风趣幽默、是否有话题性，以及他们在选择观看这些短视频时所必须进行的技术操作是否简便。值得注意的是，"皮影段子""皮影说唱"等视频内容能够真正满足当前青少年的娱乐以及消遣时间的多样化需求，各社交平台提供的评论、分享功能更是能够直接让广大青少年们通过对皮影戏话题进行讨论而实现交友的目的。皮影短视频作品中蕴含的戏曲唱腔、操偶表演技巧、戏偶动作和面部造型特征等众多视频元素，以及在短视频中特效化、个性化的艺术表现形式和风格都吸引着众多青少年。

二、基于自然语言理解的心理感知

除利用问卷调查方法探究数字非遗的受众感知外，学者们也开始利用对网络文本的分析来实现对受众的心理感知。在社交媒体时代，人们越来越习惯于在网络上表达自己的观点与兴趣爱好，发布的帖子更是直接或间接反映了人们对数字非遗文化的认知状况。

全面理解受众帖子内容信息首先要对文本内容进行预处理，例如分词、去停用词等。由于人们在发布帖子时不会在词语与词语之间划定界限，计算机需要懂得分词断句，这样才能有助于机器正确地理解每个语句所蕴含的语义信息。目前常用的计算机分词技术有基于词典的自动分词和基于统计的自动分词。其中，词典分词将要处理的内容迭代地进行字符匹配，当整个句子被匹配完成后则分词结束。基于词典的分词虽然相对简洁、容易被理解，但是效率不高。基于统计的分词方法主要通过构建语言模型来帮助进行有效分词。在这类方法中，词语可以被认为是一个比较稳定且可靠的组合，因此相邻的两个（或多个）字在数个不同的句子中重复出现的次数越多，越有可能组成一个"词"，即相邻字出现的频率可以更好地反映词语的可信度。利用概率统计的方法来计算分词的概率，然后以概率最大的分词方式作为最终的分词结果。例如，在受众发表的帖子中"非""遗"经常出现，那么语言模型会认定"非遗"为一个词。此外，停用词指的主要是一些在文本语言中虽然出现频率普遍较高但没有多少实际应用意义的、对受众感知无重要作用的字词，例如"的""了""吧"等。

对文本预处理之后进行特征提取，为利用智能算法感知受众情感奠定基础。特征提取是将受众发表的帖子转化为计算机可计算的文本向量，再通过情感分类机器学习算法判断出文本最终表达的情感。情感特征主要包括词频—逆文档频率以及信息增益等。具体地，词频代表着某特定单词在整个帖子中所出现的总次数，文档频率代表了在整个语料库中包含某个特定单词的帖子个数；而逆文档频率，即文档频率的倒数，反映了一个词语在帖子中的贡献度和识别度。将频率与逆文档频率联合起来则说明，如果一个词语在一个帖子中出现的频率很高，但是在其他用户的帖子或者评论中出现的频率很低，那么该词语就会被提取为特征词。而信息增益主要计算的是当帖子包含某个词语时的信息熵和去掉该词语之后的信息熵的差，该值越大则它对某个句子判定情感的贡献就越大，情感区分能力就越强。

现有研究工作将自然语言理解统称为"内容分析"或者"网络文本分析"。其中"内容分析是对媒体传播内容进行定量、定性分析，明确信息传播的焦点与重点，分析传播者对具体问题所持的态度、情感以及传播内容在特定时期的变化规律等"；[①]网络文本分析主要是通过"借助文本内容深层挖掘分析软件，对从网络上可获取到的有用的网络文本内容资源进行深层次分析挖掘"，从而获取到研究所需要应用的最有实用价值的数据和信息。[②] 通常可以借助语义网络对受众所表达的观点、情感进行刻画，其目的是利用一些高频词汇产生的语义关联，以节点（事物、概念等实体）、连线（关联关系）构成关联图。[③]

（一）短视频评论心理感知

短视频作为重要的用户生成内容社区，存在大量的在线用户评论数据。在线用户评论是参与者表达观点、情感特征和偏好行为的重要数据，可以直观地展示受众的心理特征，特别是对具有高影响力的短视频用户评论的分析。

多数研究对于短视频情境下非遗受众信息需求特征、参与行为，特别是对受众心理、情感与行为表现缺乏深入探讨，为应对这一问题，学者徐孝娟等人[④]以黄梅戏非遗短视频为例，将用户的热门评论内容及用户统计学特征信息作为数据基础进行受众心理感知。他们基于评论数据特征，通过分析抖音平台中黄梅戏视频热门评论内容及其关联人口学数据（用户年龄、性别及地域分布），共同挖掘用户对于非遗短视频各特征的关注程度，并据此凝练标签间的逻辑关系以及运用系统的理论方法，根据词频统计和代表性评论语句构建用户参与模型，如图4-2-1所示。该方法借鉴了扎根理论和卷入度理论，其中扎根理论主张从日常生活

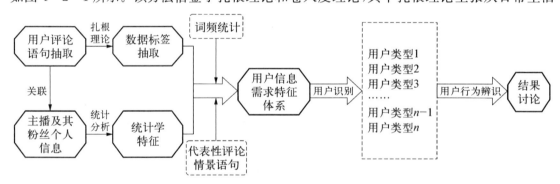

图4-2-1　基于短视频评论的受众心理感知流程

资料来源：徐孝娟，赵泽瑞.非遗短视频用户信息需求特征及其参与行为研究——以"黄梅戏"短视频在线评论为例[J].现代情报，2022，42（08）：74-84.

① 杨艳.基于网络文本内容的南京"非遗"体验感知分析[J].市场周刊，2021，34（11）：98-101.
② 席岳婷，贺雅娟.基于网络文本分析的美食街区游客感知研究——以西安永兴坊为例[J].经济研究导刊，2022（06）：130-133.
③ 王永明，王美霞，李瑞，等.基于网络文本内容分析的凤凰古城旅游地意象感知研究[J].地理与地理信息科学，2015，31（01）：64-67+79.
④ 徐孝娟，赵泽瑞.非遗短视频用户信息需求特征及其参与行为研究——以"黄梅戏"短视频在线评论为例[J].现代情报，2022，42（08）：74-84.

经验和社会现象中提取相关概念，构建理论，是社会科学界对新事物、新现象普遍使用的归纳式研究方法；而卷入度指用户被事物激发内在情绪的强度、持久性和方向，包括强调了个体认知情绪信息的"认知卷入"（刻画观点、价值等实现程度）和强调受众内在感觉状态和内在情绪状态的"情感卷入"（主要指所引起受众情感的效应）。

对用户评论数据的分析表明：在短视频情景下，每一类群体均可以很好地借助短视频了解自己感兴趣的非遗内容，也验证了短视频在非遗传播和创新发展上有着独特的优势。从非遗传承人的粉丝性别上看，男性的比例高出近10%，说明非遗参与可能会受到性别影响。从观看黄梅戏视频的地域受众和主播地域分布来看，黄梅戏视频文化具有很强的属地特征，用户和主播所处的地域具有相关性，其中以湖北、安徽、江苏较多。结合黄梅戏的发展历程可反映出非遗粉丝的参与行为与发源地相关性较强，粉丝地域与发源地一致会提升参与程度，具有较强的影响作用。此外，卷入度受信息人、信息维度影响最大，用户的非遗信息需求特征聚焦在"信息—唱功实力""信息—内容剧情""信息环境—距离拟近"以及"信息技术—社交互动"方面；情感和认知卷入度对用户参与行为均会产生积极影响，其中参与行为对情感卷入存在较大依赖。

（二）社交网络帖子心理感知

在数字非遗的推广和传播过程中，多数社交网络起到了重要作用，例如以携程网为主的非遗旅游推广、以豆瓣为主的非遗电影推广、以新浪微博为主的数字非遗文创推广等。研究者们基于海量社交网络文本对数字非遗受众进行心理感知，并进行非遗传播的实证分析。

1. 旅游体验感知分析

学者杨艳[①]以南京云锦博物馆以及甘熙宅第的游客为重点研究对象，根据携程旅游APP中的评论分析了游客在旅行过程中存在的主要感知行为要素特征及情感倾向，主要采用了词频分析、语义网络分析等技术。南京云锦博物馆是全国唯一的云锦和民族织锦博物馆，同时也是一座充满文化内涵的非遗博物馆；[②]而甘熙宅第是国家民俗、非遗"双博馆"。杨艳采集整理了自2013年9月1日—2021年8月31日的携程评论数据，经过预处理仅保留了游客们对南京云锦博物馆的264条点评、对南京甘熙宅第的616条点评，并绘制了如图4-2-2所示的文本语义网络。图4-2-2(a)中，"云锦""织锦"与其他词汇之间的关系最紧密（即连线最密集），这体现了游客们对博物馆内展示出来的中华民族传统织锦工艺以及民族文化的深刻印象。如图4-2-2(b)所示，"甘熙""民俗""文化"这三个词是其中的高频热词，说明了游客普遍对甘熙宅第的历史文化属性的印象非常深刻。整体而言，游客群体对南京云锦博物馆景区、甘熙宅第景区的评论均以积极的情绪占主导，所占比例分别为81.11%和82.55%。

---

① 杨艳.基于网络文本内容的南京"非遗"体验感知分析[J].市场周刊,2021,34(11)：98-101.
② 江苏省南京云锦博物馆[EB/OL]. https://www.neac.gov.cn/seac/mztj/201403/1012259.shtml.

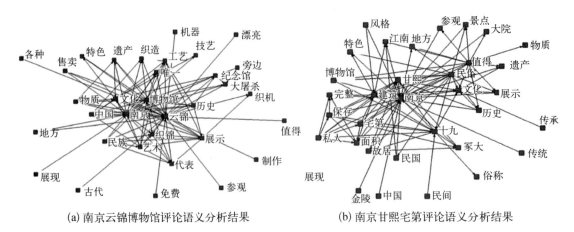

(a) 南京云锦博物馆评论语义分析结果　　　(b) 南京甘熙宅第评论语义分析结果

图 4－2－2　携程网评论语义网络

资料来源:杨艳.基于网络文本内容的南京"非遗"体验感知分析[J].市场周刊,2021,34(11):98－101.

2. 非遗题材电影观影者感知分析

学者谈国新等人[①]以非遗电影《百鸟朝凤》为研究对象,在豆瓣和猫眼两个平台共抓取观影者的评论数据 56 645 条(见表 4－2－2),通过利用情感分类、词频分析和语义网络分析等技术从观影者的感知视角探究利用电影进行非遗活态传播的实际效果。

表 4－2－2　评论数据示例

用 户 名	评 论 内 容	评论时间	评分
张曙凡	很好看的一部片子	2020－05－29	10
music.song	影片第一遍看感觉有点闷,但是仔细回味一下,还是会有很多反思的;一个人对于唢呐的坚守	2020－05－20	8
乔安崴脚到没朋友	传统文化的落寞,有时代抛弃,有故步自封,有人性	2020－05－05	8
电影狂魔	一代大师最后的绝唱,激情澎湃,慷慨悲歌,不去电影院感受一下艺术气息,对不起"文化瑰宝"四个大字	2016－05－06	10
梦里诗书	《百鸟朝凤》作为中国老一辈导演吴天明的遗作	2016－05－06	8

资料来源:谈国新,郑淞尹,何琪敏.非遗题材电影观影者感知与传播研究——基于在线评论数据的实证分析[J].华中师范大学学报(自然科学版),2022,56(04):603－612.

研究者将非遗感知路径划分为电影角色感知、电影故事感知和电影主旨感知三个维度(见图 4－2－3):从电影角色到非遗传承人,从电影故事到非遗空间,以及从电影主旨到非

---

① 谈国新,郑淞尹,何琪敏.非遗题材电影观影者感知与传播研究——基于在线评论数据的实证分析[J].华中师范大学学报(自然科学版),2022,56(04):603－612.

遗价值。感知分析过程主要包括感知内容分析和情感特征分析两部分。具体地,评论中的高频要素反映了大部分观影者的共同关注点,通过对高频要素的解读可以获知观影者对非遗题材电影的感知情况:首先利用一些中文分词工具(如结巴分词)来进行上述评论文本内容的分词工作,其次再通过检索停用词表过滤掉一些无意义的词或字符,统计过滤词并编制高频词表,从不同维度分析观众通过电影感知非物质文化遗产的路径和具体内容;最后利用ROST CM6 软件构建语义网络图(见图 4-2-4),分析引发观影者产生不同情感的因素。

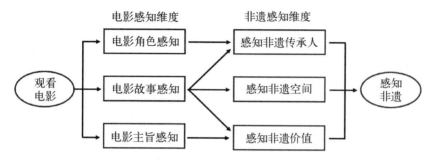

图 4-2-3 非遗感知维度映射

资料来源:谈国新,郑淞尹,何琪敏.非遗题材电影观影者感知与传播研究——基于在线评论数据的实证分析[J].华中师范大学学报(自然科学版),2022,56(04):603-612.

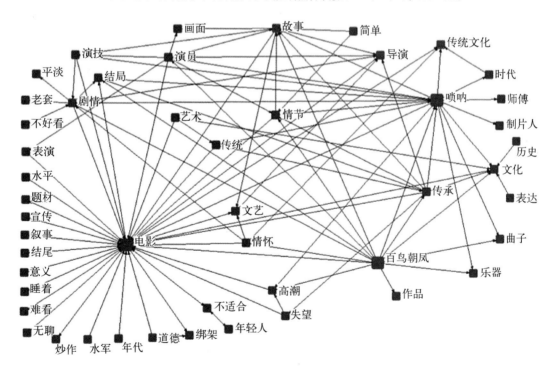

图 4-2-4 评论语义网络图

资料来源:谈国新,郑淞尹,何琪敏.非遗题材电影观影者感知与传播研究——基于在线评论数据的实证分析[J].华中师范大学学报(自然科学版),2022,56(04):603-612.

　　分析结果表明：① 观影者能够通过电影感知非遗，即电影感知的三个维度（角色、故事、主旨）与非遗感知的三个维度（非遗传承人、非遗空间、非遗价值）之间存在映射关系；② 引发观影者正面评价的主要因素是剧情、研究和电影传达的价值观，引发观影者负面评价的主要因素是题材、宣传方式和非遗的表现力；③ 电影叙事的完整性和场景的原真性使观影者普遍对非遗产生了较深程度的感知，并引发了大量观影者对非遗价值问题的讨论和思考。

　　3. 美食街区游客感知分析

　　美食街区也是对非遗受众进行感知的一类重要场所。作为国内首个非遗美食街区——永兴坊的发展具有极其重要的意义。永兴坊是西安市一个以仿古"坊、肆"建筑群为主的街区，其深度还原了长安的民俗生活风貌。席岳婷等人[①]对携程网上 2015 年 11 月—2021 年 4 月游客对永兴坊发表的评论进行采集，利用 ROST CM 软件对游客评论进行分析（见图 4-2-5），以达到全面、准确探析永兴坊非物质文化遗产美食街区的游客群体特征的目的。

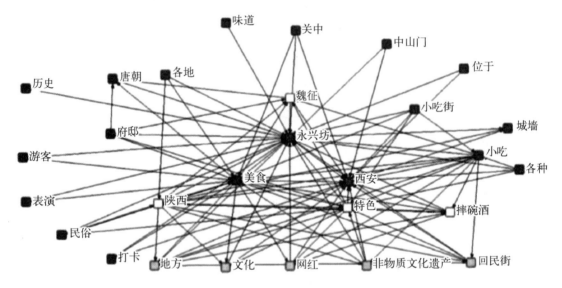

图 4-2-5　永兴坊评论语义网络图

资料来源：席岳婷，贺雅娟.基于网络文本分析的美食街区游客感知研究——以西安永兴坊为例[J].经济研究导刊，2022(06)：130-133.

　　如图 4-2-5 所示，"永兴坊""美食"与其他词汇的联系最紧密，在整个语义网络图中位于中心位置，刻画了永兴坊以饮食文化为特色的鲜明属性；第二个维度的词包括"魏征""摔碗酒"等，突出了永兴坊美食街区的特色项目；第三个维度的词是"网红""非物质文化遗产"等，这些词从侧面展现了永兴坊的主要组成部分以及悠久的历史，同时也反映了游客对永兴坊文化的认同程度。近年来陕西美食在全国范围内获得了广泛的关注，频频登上社交媒体

① 席岳婷，贺雅娟.基于网络文本分析的美食街区游客感知研究——以西安永兴坊为例[J].经济研究导刊，2022(06)：130-133.

平台热搜榜,也间接地反映了广大受众对永兴坊主要为正向感知。

三、基于多模态情感计算的心理感知

无论是基于问卷调查的受众心理感知,还是基于自然语言理解的受众心理感知,均存在一个不可避免的缺陷:受众可能会掩盖自己内心真实的想法。如果受众猜测到了调查问卷的意图,可能违背自身意愿给出相反的答案;而对于受众在网络上发布的帖子和评论,也可以通过"反语"来表达不同的观点。如果受众给出的是假数据,那么对受众心理的感知也会造成消极影响。

为解决这一问题,学者们借助生理信号数据来实现细粒度受众心理感知。多模态情感计算指通过多种模态的数据实现对数字非遗受众的情感感知。人类的情感是通过多种模态的形式进行表达的,每个人都有自己的主观感受,身体会出现一系列的生理反应,并且通过表情、言语和肢体动作等行为方式进行表达。目前多模态情感计算主要通过脸部表情追踪、手势跟踪、语音情感声学参数提取、生理信号提取进行情感特征抽取,然后进行综合的决策以获得最终的情感状态。[①] 目前在数字非遗受众感知方面,研究者多利用脑电、皮肤电等信号实现精准心理感知。

(一)脑电信号与受众心理感知

脑电信号波动主要包括自发性脑电活动和诱发性电活动两大类,其中自发脑电活动指人脑自主地在不同情绪状态下表现的脑电信号频率波动;而诱发电活动是通过外界刺激产生的一种脑电信号波动,[②]例如受众观看了图片、视频等。根据脑电波的频率范围可将脑电信号划分为如下类型:

(1) α波(Alpha):频率约为每秒 8—14 次,幅度约为 20—100 μV。通常认为 α 波是受众处于静息状态的主要电波形式,波幅呈由小变大、再由大变小的周期性变化。此外,α 波也分为慢速 α 波、中间 α 波以及快速 α 波,如表 4-2-3 所示。

(2) β波(Beta):频率约为每秒 12—30 次,幅度约为 5—22 μV。当受众接受外部刺激、进行思想活动时,β 波出现。通常认为 β 波是大脑皮层处于紧张激动状态下的主要电波形式。β 波同样也分为三种不同的频率,如表 4-2-3 所示。

(3) θ波(Theta):频率范围约为每秒 4—7 次,幅度范围约为 20—150 μV。

(4) δ波(Delta):频率范围约为每秒 0.5—3 次,幅度范围约为 20—200 μV。

对脑电信号的精确采集主要通过直接在受众大脑皮层的外部表面放置电极传感器等实现,要求各个传感器与受众头皮充分接触,以保证稳定地采集信号。不同采集设备所应用的电极数量各不相同,并且在头皮上的位置也不尽相同,常用的电极数量有 16 电极(导)、

---

① 学者网.中国科学院自动化研究所陶建华教授作"多模态情感计算的现状与挑战"主题报告[EB/OL]. https://www.scholat.com/teamwork/teamwork/showPostMessage.html?id=10286.[访问时间:2022-08-16].

② 于茜.面向中国青年用户的头戴式脑电产品设计研究[D].东华大学,2020.

表 4-2-3　脑波种类对比

脑 波 种 类		频 率	特 性
自发脑波	α波 慢速	8—9 Hz	临睡前意识逐渐走向模糊的脑波
	α波 中间	9—12 Hz	身心轻松而注意力集中的脑波
	α波 快速	12—14 Hz	高度警觉状态的脑波
	β波 Low Range	12.5—16 Hz	放松但精神集中
	β波 Middle Range	16.5—20 Hz	思考状态的脑波
	β波 High Range	20.5—28 Hz	激动、焦虑状态的脑波
	θ波	4—7 Hz	潜意识层面的脑波,影响态度、行为
	δ波	0.5—3 Hz	无意识层面的脑波
诱发脑波	γ波	30—80 Hz	接受多模态感官刺激时产生的脑波

资料来源:脑电波.使用电生理指标记录大脑活动的方法[EB/OL]. https://baike.baidu.com/item/脑电波.[访问时间:2022-08-10].

32电极(导)等。目前常用的放置电极方法为10—20系统电极放置法,[①]电极在人体头皮结构中的相对分布位置如图4-2-6所示,其中每个字母都代表着不同位置的脑区域,其中字母C表示中央(Central Lobe)、字母F表示额叶(Frontal Lobe)、字母P表示顶叶(Parietal Lobe)、字母O为枕叶(Occipital Lobe)、字母T为颞叶(Temporal Lobe);奇数为左半脑,偶数为右半脑,小写字母z表示电极位置在大脑中线位置。电极传感器是采集脑电信号的关键组件,通过在电极传感器与头皮之间注入电解质即可进行脑电信号的传导(阻抗测量),主要的传感器种类包括干电极采集设备和湿电极采集设备两大类。其中,干电极采集设备通常采用刚性的管状金属柱并前置放大器,电极与头皮直接接触,无需任何电解质(导电膏),使用后不需要清洗头皮。虽然干电极设备方便快捷,但是电极与头皮间的阻抗较高,信号质量一般,因此测量时的脑电信号噪声干扰较大。此外,由于

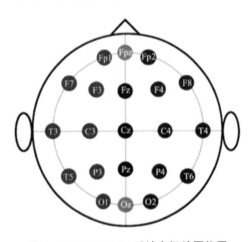

图 4-2-6　10—20系统电极放置位置

资料来源:王忠民,赵玉鹏,等.脑电信号情绪识别研究综述[J].计算机科学与探索,2022,16(04):760-774.

① Jasper H. The ten-twenty electrode system of the International Federation[J]. Neurophysiology, 1957, 10(2): 371-375.

刚性金属柱直接与使用者头皮接触，长时间佩戴此设备易疲劳且产生痛感，如图4-2-7(a)所示。湿电极采集设备需要在采集电极与受众的头皮间注入一种电解质，该电解质能显著降低头皮与采集电极之间的阻抗，因此具有较高的测量精度，如图4-2-7(b)所示。然而电解质的使用提升了信号采集过程的操作难度，在大部分应用环境中均受限。湿电极设备主要包括导电膏电极、盐水电极和半干式电极（凝胶电极）等，导电膏电极和盐水电极都是当今最常用的可测量受众脑电信号的生物电传感器，即需要借助 KCL 等电解质溶液实现对脑电信号的采集。

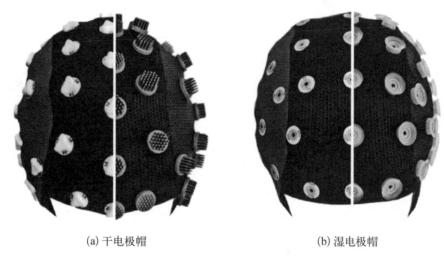

(a) 干电极帽　　　　　　　　　　　　　(b) 湿电极帽

图4-2-7　脑电采集设备

资料来源：di Fronso S, et al. Dry EEG in sports sciences: A fast and reliable tool to assess individual alpha peak frequency changes induced by physical effort[J]. Frontiers in neuroscience, 2019: 982.

目前常用的湿电极采集设备主要是半干式（Semi-dry Polymer）电极/传感器，如图4-2-8所示。该类电极通过在受众头皮外建立类似体液的离子通道来传输脑电信号，相比于干电极，半干式电极采集的信号质量更加高、噪声较小；与其他湿电极相比，半干式电极仅需要较短的系统配置时间即可采集数据，并且在采集结束后，水分可直接蒸发，无须额外清洁头部。在信号采集过程中，外界环境、肌肉运动等因素会使接收到的信号中包含噪声，仍然需要通过滤波（Filter）等方法去除噪声。[①] 滤波可以去除某些固定频段的噪声，例如高通滤波（High-pass Filter）、低通滤波（Low-pass Filter）等。对于频率与脑电信号相近的噪声，可继续借助主成分分析，将脑电信号分解为互相独立的子波，去掉与脑电信号不相关的噪声部分。

脑电信号是由人的自主神经系统控制产生的，不受社会因素的影响，因此多数学者利用脑电信号对受众的认知状况进行更加客观的感知。例如，学者刘航宇等人[②]收集受众情感表

---

① 骆睿鹏,冯铭科,等.脑电信号预处理方法研究综述[EB/OL].电子科技：1—8.[访问时间：2022-08-21].
② 刘航宇.基于脑电信号的细粒度情感识别研究[D].东北电力大学,2022.

(a) 5通道半干式脑电图机

(b) 32通道半干式脑电图机

图 4 - 2 - 8　Emotiv 公司半干式脑电传感器

资料来源：EMOTIV 产品—5/32 通道脑电图机［EB/OL］；https：//www.medicalexpo.com.cn/prod/emotiv/product-126127-911487.html.［访问时间：2022 - 08 - 10］.

达数据,归纳出与受众高度相关的情感类别;随后,在欧式向量空间中构建数据与情感类别的映射规则以实现多维情感数据的空间映射;最后,针对脑电信号对应的情感数据进行标签映射以获得受众的情感标签。除了视觉感知外,赵钰茜等人[1]利用脑电信号对受众的听觉感知进行了分析,以秦腔中的传统剧目《火焰驹》为例分析了有/无二胡演奏背景的受众群体在对苦音的听觉模式上是否存在差异。苦音是秦腔中用于表现情绪变化的技法之一,多用于表现郁闷、哀怨等悲伤情绪,与之相对的是欢音,其曲调为徵调式,多用于表现欢快、活泼等情绪。[2] 在测试过程中分别选取了30名二胡组受众和30名非二胡组受众,并对每组受众施加三种苦音的刺激,随后要求受众判断听到的每组音列中是否包含苦音。对每组受众脑电信号的分析结果表明,"揉弦苦音"既能引起非二胡组受众的注意也能引起二胡组受众的注意,并且二胡组受众的大脑左侧普遍被激活。这说明在对"揉弦苦音"的注意过程中,有演奏经验的受众更能引起大脑左侧"语法中心"的激活,从而促进自身对于音乐本身的感知与理解。

---

① 赵钰茜.中国地方特色音乐的听觉感知研究［D］.上海音乐学院,2022.
② 巢霞.论陕西筝派中"欢音苦音"的艺术特点［J］.黄河之声,2016(23)：139 - 140.

案例材料

　　北京航空航天大学的沈旭昆等人[①]采集了受众的生物电信号,并对生物电信号与受众主观情感之间的相关性进行了分析。作者分别对个体认知与群体交互机理进行了探究:在个体层面,主要刻画了描述受众参与度的生理特征,并计算了生理特征对应的二维情感信息;在群体层面,探索了受众与表演内容之间、受众与受众之间的交互行为机制。具体来说,将话剧《德龄与慈禧》作为舞台表演的内容,对台下观众的 EEG 数据进行采集。随后对信号进行筛选、深度挖掘与分析研究适用于现场表演活动的观众参与度指数,最后基于 EEG 数据计算情感得分,进而建立一个基于观众参与度和情感激发维度的演员表演评估规则。

(二) 皮肤电信号与受众心理感知

　　皮肤电信号与脑电信号类似,当受众情绪状态发生变化时产生的皮肤电导的变化,即皮肤电信号,其测量原理如图 4-2-9 所示:

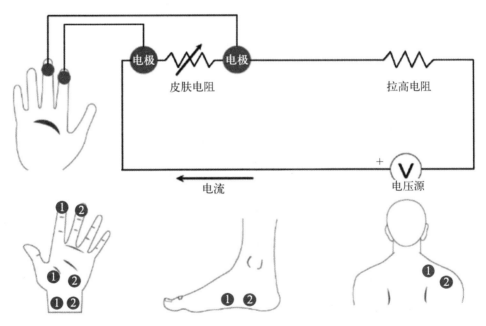

图 4-2-9　皮肤电采集原理图

资料来源:van Dooren M, et al. Emotional sweating across the body: Comparing 16 different skin conductance measurement locations[J]. Physiology & behavior, 2012, 106(2): 298-304.

　　个体神经系统的活动会引起皮肤血管的收缩或舒张,汗腺被激活会改变汗液分泌水平。

---

① 沈旭昆,闫烁.基于生物电传感的受众感知探索与研究[J].包装工程,2021,42(10):26-31.

汗液中的离子改变了正负平衡,导致皮肤电阻发生了改变,导电性随之改变而产生皮电活动,该活动能够快速、灵敏地反映刺激对个体的影响。测量皮肤电的方法主要分为体外法和体内法,其中:体外法是对皮肤施加一定的电流,测量电流通过时的电阻大小;体内法是对皮肤施加较低的电压,测量电极之间的电位差。当受众的情绪发生变化时,皮肤电的幅值会在短时间内迅速上升,然后随着情绪趋于稳定而下降,形成带波形的皮肤电导信号。[①] 在实际应用中多采用体内法,测量时将一对电极贴附在皮肤表面并施加微小的并且持续稳定的电压,使电流与皮肤电导成正比,再经过信号转换即可通过设备记录皮肤电信号。通常会将电极放置在汗腺比较充足的区域,例如掌心、手指、足底等。表4-2-4反映了不同身体位置测量皮肤电信号的干扰程度。

表4-2-4 测量位置总结对比

身 体 位 置	汗 腺 密 度	干 扰 性
手掌	高	低
手指	中	低
足底	高	高
肩膀	中	中
手腕	弱	低

资料来源:van Dooren M, et al. Emotional sweating across the body:Comparing 16 different skin conductance measurement locations[J]. Physiology & behavior,2012,106(2):298-304.

皮肤电信号主要由两部分信号组合而成:一部分是缓慢变化的皮肤电导水平(Skin Conductance Level,SCL),另一部分是快速变化的皮肤电导反应(Skin Conductance Response,SCR)。此外,SCL和SCR又可分别称为基础(Toxic)活动和相位(Phasic)活动,如图4-2-10所示,SCL是个体在没有受到外界刺激(平静)的状态下保持的皮肤电导基线,甚至在几分钟内无明显变化。不同个体的皮肤电导基线存在着差异,而且同一个体的电导基线在一天中的不同时段也存在差异。一般情况下,SCL的波动与皮肤的干燥程度、个体的自我调节能力相关;呈现早晨较低、中午最高、夜间又下降的周期性变化;皮肤电导基础水平越高的个体,越倾向于紧张、焦躁、情绪敏感;反之,越倾向于冷静、心态平和。SCR对特定的情绪刺激异常敏感,相比SCL的变化幅度更大、速度更快。事件相关皮肤电导响应往往在受到刺激后的1—5秒内发生突变,而非特异性皮肤电导响应与刺激无关,在皮肤表面以1—3分钟的周期自发产生。

皮肤电信号存在以下六个主要特征:① 周期性。一般情况下,受众的皮肤电导呈现早晨较低、中午最高、夜间又下降的周期性变化;② 应激性。受众在进行智力活动或接受刺激

---

① 杜思清.基于皮肤电信号的心理应激建模的研究[D].东南大学,2019.

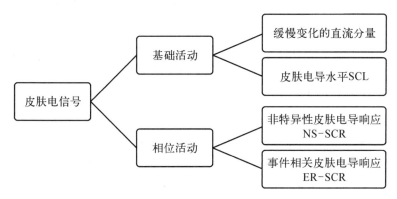

图 4 - 2 - 10　皮肤电信号组成部分

资料来源：Braithwaite J J, et al. A guide for analyzing electrodermal activity (EDA) & skin conductance responses (SCRs) for psychological experiments[J]. Psychophysiology，2013，49(1)：1017－1034.

时，SCL 和 SCR 均会发生变化（难度越高变化越大），而 SCL 在静息状态下较低且平稳，每次遇到刺激便会产生一个 SCR；③ 反应性。几乎各种形式、各种强度的刺激均会产生 SCR，从刺激发生到出现 SCR 会存在一个潜伏期（同一种刺激不论强度大小，潜伏期长度基本相同）；④ 条件性。皮肤电导反应 SCR 容易形成条件反射；⑤ 适应性。在持续高强度刺激皮肤的情况下，皮肤的电反应会降低，可能无法激起 SCR，并且即使持续更高强度的刺激也可能无法再直接引起 SCR（间隔一段时间之后进行相同刺激仍然会引起 SCR）；⑥ 情绪性。受众对情绪的体验强度与皮肤电导反应 SCR 的数量正相关；

利用皮肤电测量仪器获得受众的皮肤电信号后可结合机器学习等算法对受众情感、认知状况进行刻画分析，将受众感知研究从猜想转为实证。信号的有效频率范围为 0.02—0.20 Hz，可以采用低通滤波的方式过滤其他噪声以获得较干净的皮肤电信号。[①] 接下来，类似脑电信号与肌电信号的处理方式，从皮肤电的时域信号中提取相关统计特征（比如信号幅值的平均值、标准差、中值、极值等）训练智能算法实现对受众的细粒度感知。例如，学者刘光远等人使用不同情感（高兴、愤怒、恐惧和悲伤）的电影片段作为对受众的情感刺激，然后采集受众的皮肤电信号，对其情感状态进行监测，将受众的情感体验与生理信号特征建立了映射，实现对受众情感的感知。[②]

实际上，皮肤电信号仍然存在一定的缺陷，仅凭皮肤电信号难以判断受众得到的刺激是积极的还是消极的。因为皮肤电信号的应激性和反应性使得个体无论受到积极刺激还是消极刺激均会引发 SCR，根据信号的幅值波动无法判断情感效价。此外，对皮肤电信号的监测也会受到监测部位、汗液量、体温等其他生理因素的影响，需要受众处在一个相对平静，并且体温无明显波动的健康状态。

① 杜思清.基于皮肤电信号的心理应激建模的研究[D].东南大学，2019.
② McCleary R A. The nature of the galvanic skin response[J]. Psychological Bulletin，1950，47(2)：97.

案例材料

　　文化体验是受众在文化元素影响下产生的一种心理活动,是在体验带有文化背景的音视频等数字非遗项目时产生的对于非遗的主观体验。例如,人们在体验傣族泼水节时会产生一种喜悦的心情,在观看吴桥杂技表演时会有一种紧张刺激的心情。学者赖祥伟等人提出了一种可利用皮肤电信号对受众文化心理体验和感知评估的实验方法:①首先通过实验获得受众的高兴、悲伤、愤怒、恐惧、平静共五类情感样本,每类情感共采集 35 个样本;然后对所采集的受众皮肤电信号分别进行降噪、特征提取,共提取到了受众皮肤电信号的平均值、标准差等特征;最后根据各个样本对应的特征值构建用于文化体验感知的 K 近邻识别模型。

　　类似地,柳沙等人探究了皮肤电信号能否用于感知受众对于产品外观的偏好体验。② 产品外观与受众的情感体验之间可能存在着潜在关联,例如某些文创产品仅通过外观就能够引发用户强烈的情感,能够直接影响用户对产品价值及品质的评估。正

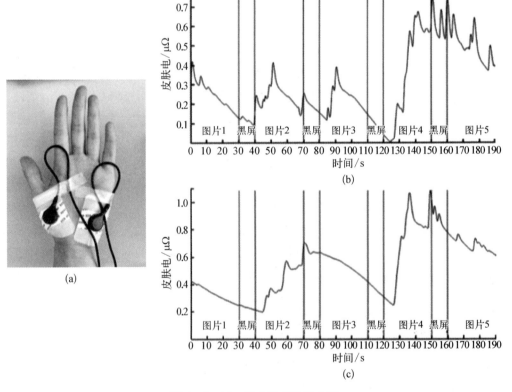

图 4-2-11　受众的皮肤电曲线

资料来源:柳沙,彭鑫玉,张宝月.皮肤电信号在产品外观偏好评价中的应用研究[J].包装工程,2016,37(24):22-27.

①　赖祥伟,等.一种使用皮肤电信号进行文化体验情感识别的方法[P].重庆:CN105212949A,2016-01-06.
②　柳沙,彭鑫玉,张宝月.皮肤电信号在产品外观偏好评价中的应用研究[J].包装工程,2016,37(24):22-27.

确识别受众对数字非遗项目的情感体验,有利于改善非遗的数字化展示形式,为受众提供更具适应性和个性化的文化体验服务。柳沙的团队以不同外观的座椅图片为诱发材料,利用皮肤电设备采集受众浏览图片的生理信号,然后对信号进行预处理和特征提取,同时结合对受众的问卷调查结果进行比较分析。如图4-2-11所示,皮肤电信号与受众浏览的图片具有明显的关联性,图4-2-11(b)表明用户浏览图片4时皮肤电信号明显上升,而图4-2-11(c)表明用户在浏览图片2和图片4时皮肤电信号明显上升。实验结果表明当受众对某些产品感兴趣时,注意力比较集中,通过皮肤电信号能够实时反映出受众对产品的感兴趣程度。

第三节　数字非遗受众行为感知

受众心理感知是对受众内心情感的理解、认知状况的分析,主要是感知受众对每个非遗项目的偏好;而受众行为感知是对受众体验非遗过程中行为的细粒度刻画与理解,主要是感知受众的非遗体验,为向受众提供个性化服务、优化非遗数字化过程奠定基础。

一、基于生理信号的受众行为感知

对受众行为的感知多采用肌电信号,作为生理信号的重要组成部分。肌电信号的主要产生过程源自神经系统对肌肉运动(收缩与舒张)的控制。首先大脑的运动皮层产生动作电位,然后信号经过脊髓及周围神经系统传导到人体皮肤的各肌肉纤维,不同肌肉纤维的各个运动单元在同一时间均会产生不同频率范围或幅度的信号,并分布在整个皮肤表面,从而形成电势场,最终可转换成用于分析处理的肌电信号。

在采集肌电信号时,将测量电极放置在人体皮肤表面,实时测量记录皮肤表面因肌肉收缩运动而产生的电位差,进一步通过采集电路放大、记录而形成电压随时间变化的一维图形,即肌电图。肌肉收缩越强烈,其激活的运动单元数量越多,肌电图上显示的电压振幅越高。肌电仪的主要参数包括通道数、通信方式和采集率。通道数直接决定了采集肌肉的数量,通道数越多,采集到的EMG越丰富;目前主要的通信方式为蓝牙或者Wi-Fi;采集率表示单位时间内采集数据的大小,例如每秒采集1KB大小的数据,采集率越高表示单位时间内能够获得的有效信息越多,便于鉴别出肌肉突变信息(但是往往存在大量的信息冗余)。图4-3-1显示的是被试者手握矿泉水瓶时小臂处的肌电信号变化情况,其中的通道指的是位于不同肌肉位置的电极对。

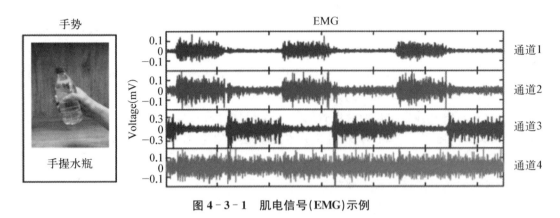

图 4-3-1　肌电信号(EMG)示例

资料来源：Zhu K，Guo W，et al. High-Fidelity Recording of EMG Signals by Multichannel On-Skin Electrode Arrays from Target Muscles for Effective Human-Machine Interfaces[J]. ACS Applied Electronic Materials，2021，3（3）：1350-1358.

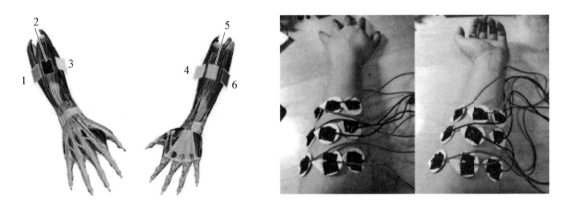

图 4-3-2　不同肌电信号采集位置

资料来源：Bai D，Liu T，et al. Application research on optimization algorithm of sEMG Gesture Recognition Based on Light CNN+LSTM model[J]. Cyborg and bionic systems，2021：1-12.

　　采集方式包括针电极采集和表面电极采集，目前表面电极采集方式因其非侵入性、无创伤性、操作简单逐渐成为主流(见图 4-3-2)。表面电极传感器所采集到的信号即为表面肌电信号(Surface Electromyography，sEMG)，它是浅层肌肉肌电信号和神经干细胞上电活动在皮肤表面的综合效应。[①] 表面肌电信号测量的是某个肌肉块某些位点附近的肌纤维、神经元的神经电位(Neuropotential)电势变化。肌肉由多个运动单位组成，其中每个运动单位包含大量的肌纤维。虽然电极测量位点与运动神经元的运动终板(Motor Endplate)的位置不尽相同，但是每个电极实际测量得到的肌电信号是所有可支配肌纤维产生的电势和，如图 4-3-3 所示。

---

① Merletti R，Farina D. Surface electromyography：physiology，engineering，and applications[M]. New York：John Wiley & Sons，2016.

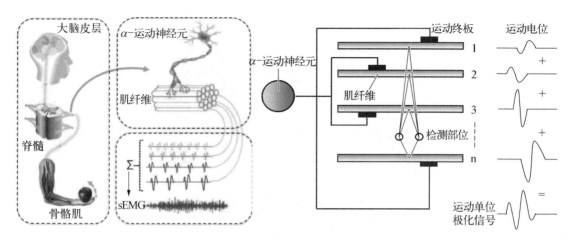

图 4-3-3　sEMG 产生原理图

资料来源：润谊泰益.sEMG 研究所|你所不了解的肌肉科学—表面肌电信号采集及科学应用[EB/OL]. https://baijiahao.baidu.com/s?id=1735489254386730309.[访问时间：2022-08-20].

表面肌电信号存在如下特点：[1]

① sEMG 是一维的时间—动作电位序列；

② sEMG 是一种交流信号，幅值大小与肌肉运动力度呈正比；

③ sEMG 是非平稳微电信号，幅值为 0—1.5 mV，主要能量集中在 20—150 Hz；

④ sEMG 比肢体运动超前 30—150 ms。

人体的 sEMG 较弱，容易受到干扰，在实际采集过程中大部分感应到的数据会通过导线直接传输到特定的医疗仪器中进行处理，因此使用场合受限。例如在感知舞狮等传统体育类非遗项目时，肢体的过度运动容易导致电极与皮肤间的相对运动，会对采集结果造成较大影响，难以通过导线获取传习人的肌电信息。值得注意的是，当肌肉没有发生明显的收缩行为时，肌电活动仍然可以被测量。因此，肌电信号可作为感知受众认知行为过程的重要信息来源。研究表明肌电信号特征与脑电信号中的 Low Range β 波的信号特征存在显著相关性，进一步说明了肌电对于受众感知的重要性。

案例材料

　　上海大学可穿戴艺术与中国非遗刺绣创新实验工作坊利用可穿戴设备实时记录受众在进行手工刺绣体验过程中产生的脑电、肌电状态，以及刺绣状态等信息，科学具象地感知了人们在非遗创作过程中的一系列知识与经验。如图 4-3-4 所示，电脑屏幕前的用户头部和手腕均佩戴传感设备，在黑布刺绣的过程中，电脑屏幕会实时显示感知到的脑电波和肌电波信号。通过这些信号，可实时观测受众的刺绣状态，便于指导受众提升刺绣技巧，对于非遗技艺的传承大有裨益。

---

[1]　李建华,王健.表面肌电图诊断技术临床应用[M].杭州：浙江大学出版社,2015.

图 4 - 3 - 4　刺绣过程实时感知

资料来源:中国青年报.上海大学生尝试用人工智能传承非遗,用舞蹈疗愈疾病[EB/OL].https://baijiahao.baidu.com/s?id=1686230887436862084.[访问时间:2022 - 07 - 10].

二、基于智能物联的受众行为感知

随着万物互联时代的到来,大量的可穿戴设备、物联网传感器被广泛应用于对人类行为的感知与理解。物联网是物物相通,而智能物联除了物物相通外,还具备感知、交互、智慧三大特点。数字非遗借助可穿戴设备、物联网传感器等可实时感知受众行为,并对受众的行为产生一定的反馈而加深受众对非遗技艺的理解,甚至能激发受众的创作灵感。因此,越来越多的研究人员对数字非遗受众行为感知工作进行了探索。

智慧空间对受众行为的感知主要包括听觉感知、触觉感知以及视觉感知(见图 4 - 3 - 5)。视觉感知可通过摄像头识别用户的行为和动作,而激发受众的视觉感知可通过视频等形式。听觉感知能够填补视觉艺术信息传播功能的空缺,与其他感知功能语言一起为受众服务。激发受众听觉感知的方法主要有三种:一是关于展览对象内容的讲解,二是背景音,三是自制音。[1] 视听语言的恰当组合,使人们在参展过程中实现了真正意义上的生理、心理和空间的交互,通过提升听觉感知,展现视觉形态能够更好地渲染空间,增强受众的参与感与体验感。触觉感知主要有两种形式,分别是直接接触反馈和间接接触反馈。直接接触反馈就是参观者用手或身体的其他部位直接接触所展示物体,感受它的形态、硬度等,直接接触物体

---

[1]　陈建新,马士勤.博物馆展陈的交互方式研究[J].艺术与设计(理论),2018,2(04):67 - 69.

反馈带给参观者的是更为精准以及实实在在的质感；间接接触反馈是指参观者的手或身体其他部位在物体的外轮廓移动，不直接触碰物体，用心体会物体的脉络和肌理。不同的触觉感受能够使人产生不同的心理体验，例如柔软的触感会给人温柔的感觉，而冷硬的触感会带给人冷漠有距离的感觉。①

图 4-3-5　智慧空间中的受众行为感知

资料来源：王越.交互语境下江浙地区非遗小镇展示空间设计研究[D].山东建筑大学，2022.

学者们借助智能物联设备对受众行为感知进行了大量探索。例如，浙江大学团队②根据对蜡染专家的采访反馈为受众设计了一门初级蜡染课程和一套相应的指导系统 BatikGuide，如图 4-3-6 所示。该系统使用摄像头和射频识别（Radio Frequency Identification，RFID）标签对

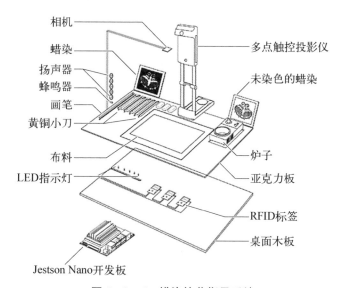

图 4-3-6　蜡染技艺指导系统

资料来源：Guo J，et al. Comparing the tangible tutorial system and the human teacher in intangible cultural heritage education[C]. In Proceedings of the 2020 ACM Designing Interactive Systems Conference. 2020：895-907.

---

① 马峥.大连金石滩海洋博物馆展示设计交互体验性研究[D].大连工业大学，2020.
② Guo J，et al. Comparing the tangible tutorial system and the human teacher in intangible cultural heritage education[C]. In Proceedings of the 2020 ACM Designing Interactive Systems Conference. 2020：895-907.

蜡染学员的操作进行评估并判断是否合格,能够提供详细的有声指导,从而使传习人更容易掌握这一技艺。

除此之外,也有学者对贵阳水族马尾绣技艺进行感知,[1]他们通过感知受众的手势指导用户完成创作过程,如图4-3-7所示。该方法利用体感控制器跟踪受众手部的位置,同时应用三个图像识别传感器精准检测用户的每个手指的具体位置,另外有一台录像机捕捉手工制作过程中的三维图像信息。

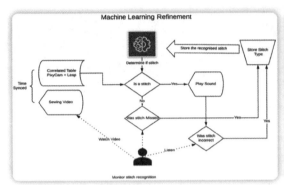

图4-3-7 贵阳水族马尾绣手势感知

资料来源:Flanagan P J, Fraietta A. Tracing the intangible:the curious gestures of crafts' cultural heritage[C]. Adjunct Proceedings of the 2019 ACM International Joint Conference on Pervasive and Ubiquitous Computing. 2019:49-52.

西南科技大学的杨蕾等人针对羌绣技艺的数字化保护提出了一种针法感知算法,[2]这种算法能够分析受众在体验羌绣过程中的需求和刺绣流程。羌绣针法以精巧细致的架花为主,图案花纹多呈复杂的几何立体形状,构图比较严谨细致,且结构组织匀整,具有极强的装饰性。[3] 为了辅助受众学习羌绣技艺,该团队以传统不变特征变换(Scale-invariant Feature Transform,SIFT)为基础,提出了一种基于导向滤波的特征提取模型,精确地提取了目标用户的针法纹样变化的关键特征点。

第四节 数字非遗受众媒体感知

媒体作为信息传播的媒介,对数字非遗的推广与宣传起到了不可替代的作用。随着抖音、西瓜视频、快手、好看视频等网络短视频平台的快速发展,数字非遗的深度推广与传播迎来了

---

① Flanagan P J, Fraietta A. Tracing the intangible:the curious gestures of crafts' cultural heritage[C]. ACM International Joint Conference on Pervasive and Ubiquitous Computing. 2019:49-52.

② 杨蕾,张欣,胡慧,等.基于数字化保护与产业化应用等羌绣服务设计[J].包装工程,2022,43(02):358-366.

③ 羌族刺绣[EB/OL]. https://www.ihchina.cn/Article/Index/detail?id=14181.[访问时间:2022-08-18].

图 4 - 4 - 1　羌绣 AI 针法感知界面

资料来源：杨蕾,张欣,胡慧,等.基于数字化保护与产业化应用等羌绣服务设计[J].包装工程,2022,43(02)：358 - 366.

新的机遇。2021 年 8 月,巨量算数发布《抖音用户群体画像(2021 年版)》[①]显示,2021 年 6 月抖音日均活跃用户超过 6 亿,借助此类平台可促进数字非遗传播方式的创新,同时增强非遗的存在感。本节主要对现有权威媒体发布的非遗数据报告进行总结,反映我国目前的非遗现状。

一、权威媒体非遗数据报告

自 2021 年开始,各自媒体平台纷纷发布了相关的非遗数据报告,主要有《2021 巨量引擎岭南篇非遗数据报告》《2021 巨量引擎山东篇非遗数据报告》《2022 年非物质文化遗产海外短视频平台影响力报告》《2022 非遗数据报告》等。

（一）《2021 巨量引擎岭南篇非遗数据报告》

2021 年 12 月 18 日巨量引擎在“2021 第四届非遗品牌大会(广州)”上正式发布了《2021 巨量引擎岭南篇非遗数据报告》,系统地介绍了非遗数字化背景下岭南地区(包括广东省、广西壮族自治区、海南省、香港地区、澳门地区)非遗项目传播现状。[②]

报告指出,截至 2021 年 11 月,广东现存 165 项国家级非遗项目,广西 70 项、海南 44 项、香港 12 项、澳门 11 项。[③] 社交媒体和短视频平台的发展进一步推广了传统非遗项目,

<hr />

① 巨量算数.抖音用户群体画像(2021 年 6 月版)[R].字节跳动,2021.
② 巨量引擎.2021 巨量引擎岭南篇非遗数据报告[R].第四届非遗品牌大会(广州),2021.
③ 广州日报.首份岭南地区非遗数据报告发布,粤剧“数字化”表现最亮眼[EB/OL]. https://baijiahao.baidu.com/s?id=1724524123493966094&wfr=spider&for=pc.[访问时间：2022 - 08 - 20].

截至 2021 年 11 月,岭南地区的国家级重点非遗项目视频在抖音平台的覆盖率达到 73%。此外,非遗项目对于促进和带动我国岭南地区各民族文化的全面发展大有帮助,仅是和粤剧表演相关的网络视频的累计播放量就突破了 3.3 亿次。如果按照网络上的视频播放总量与受众点击量来计算,岭南地区最热门的非遗项目依次为潮剧、壮族三月三、粤剧、凉茶、琼剧、儋州调声、粤曲、雷剧、彩调(见表 4-4-1)。

表 4-4-1 岭南地区热门非遗项目

名　　称	非 遗 类 别	非 遗 级 别
潮剧	传统戏剧	国家级
壮族三月三	民俗	
粤剧	传统戏剧	
凉茶	传统技艺	
琼剧	传统戏剧	
儋州调声	传统音乐	
粤曲	传统曲艺	
雷剧	传统戏剧	
彩调	传统戏剧	

资料来源:巨量引擎.2021 巨量引擎岭南篇非遗数据报告[R].第四届非遗品牌大会(广州),2021.

从数字非遗创作的角度来看,岭南地区的非遗项目得到了较好的传承与推广。截至 2021 年 11 月,岭南地区的非遗创作者在各大平台上发布了大量的视频内容,仅抖音平台已入驻近 4 000 位创作者,其视频播放总量大约突破 114 亿次。除发布视频外,非遗短视频创作者也通过直播的形式连接广大受众与非遗文化,进而使非遗文化在广大群众中传播继承。

(二)《世异时移　古韵遗风——2021 巨量引擎非遗文化白皮书之"山东篇"》

2021 年 11 月 26 日,巨量引擎在山东青岛举办的"焕新非遗"公益行动启动仪式[①]上正式发布了《世异时移　古韵遗风——2021 巨量引擎非遗文化白皮书之"山东篇"》,显示从 2021 年 1—10 月,抖音平台上的非遗相关话题的视频点赞量比去年同期增长 138%,评论量增长 289%,分享量增长 454%,证明越来越多的非遗项目走进了大众视野,越来越多的地方特色文化将受到重视。

截至 2022 年初,我国现存国家级非物质文化遗产项目 1 557 项,抖音平台上非遗项目的覆盖

---

① 海报新闻.抖音上的山东非遗:唤醒传统文化,让非遗焕发新生机[EB/OL]. https://baijiahao.baidu.com/s?id=1718215051257777640.[访问时间:2022-08-20].

率已突破 97%,并且相关视频总数逾 1.4 亿,累计播放量同比增长 107%。自 2021 年 1—10 月,与山东非遗项目紧密相关的视频数量同比增长 60%,创作者数量同比增长 64%。报告显示,山东地区的五大热门非遗项目分别为吕剧、核雕、面人、泰山传说和螳螂拳(见表 4-4-2)。

表 4-4-2　山东热门非遗项目

名　　称	非遗类别	非遗级别
吕剧	传统戏剧	国家级
核雕	民间工艺美术	
面人	传统美术	
泰山传说	民间文学	
螳螂拳	传统体育	

资料来源:巨量引擎.世界时移　古韵遗风——2021 巨量引擎非遗文化白皮书之"山东篇"[R].青岛,2021.

此外,抖音平台上传播的非遗项目吸引了国内更多的年轻人的持续关注,例如,2021 年上半年,青岛市非遗内容兴趣用户同比增长 113%,女性用户占比 68.2%,且处在 18 岁以上 30 岁以下年龄段的人群占比 11.1%、31—40 岁人群占比逾 30%。

(三)《2022 年非物质文化遗产海外短视频平台影响力报告》

2022 年 6 月 8 日,文旅产业指数实验室[①]分析了 TikTok 软件上中国非物质文化遗产项目的传播情况,并发布了《2022 年非物质文化遗产在海外短视频平台影响力报告》,显示 TikTok 上非遗相关内容视频播放总量超过 308 亿次,为提升我国优秀非遗文化成果的网络传播影响力和推动对外文化产业交流融合发挥了一定的积极作用。报告以国家级项目名录所界定的非遗为研究范围,以 TikTok 相关标签索引为依据、以影响力数据指标为基准(视频播放量不低于 3 000 万,视频数量不低于 50 个),总结出最热门的 10 项非遗,如表 4-4-3 所示。

表 4-4-3　TikTok 平台最热门中国非遗项目

非遗项目	类　　别	短视频内容代表	TikTok 视频播放量
武术	传统体育、游艺与杂技	武术、太极	222 亿
春节	民俗	春节	46 亿

① 文旅产业指数实验室是由中国旅游报社、中国社会科学院舆情调查实验室联手阿里巴巴集团共同创立,将文旅产业发展与形象传播研究相结合搭建的多领域、跨学科创新研究平台(资料来源:人民网.文旅产业指数实验室[EB/OL].https://baijiahao.baidu.com/s?id=1701507269713558565.[访问时间:2022-08-20].)。

续　表

非 遗 项 目	类　　别	短视频内容代表	TikTok 视频播放量
木兰传说	民间文学	木兰	27 亿
中医针灸	传统医药	针灸	5.6 亿
京剧	传统戏剧	京剧、中国传统戏剧	3.3 亿
景德镇手工制瓷技艺	传统技艺	微型陶瓷	1.5 亿
传统木结构营造技艺	传统技艺	榫卯	1.25 亿
竹编	传统美术	竹编	8 260 万
皮影戏	传统戏剧	皮影戏	4 800 万
二胡艺术	传统音乐	二胡	3 920 万

资料来源：文旅产业指数实验室.2022年非物质文化遗产海外短视频平台影响力报告[R].中国旅游报社,2022.

(四) 抖音《2022 非遗数据报告》

2021 年 11 月 26 日,抖音发布《2022 非遗数据报告》,指出近一年来,在抖音平台上的国家级非遗项目覆盖率累计达到 99.74%,相关视频播量达 3 726 亿,获赞 94 亿。其中,我国目前受欢迎程度最高的 10 项非遗为：相声、黄梅戏、柳州螺蛳粉制作技艺、京剧、豫剧、越剧、象棋、狮舞、烤全羊技艺、秧歌。

在 "非遗合伙人""看见手艺" 等计划的助力下,2021 年全年非遗项目直播场次同比增长642%,非遗创作者平均每天直播 1 617 场。此外,平台上的老字号品牌销量同比增长 617%,获得收入的非遗传承人数量同比增长 34%。从非遗内容创作者年龄来看,26% 的用户为 90 后,35% 的用户为 80 后,20% 的用户为 70 后。大量受众参与了抖音推出的非遗互动游戏：

(1) 非遗舞合拍：主要项目为肉连响,这是一种发源于湖北省利川市的传统舞蹈,因用手掌击打身体的额、肩、腰、腿关节等主要部位时发出连续的、有一定节奏强度的击打响声而得名 "肉连响"。

(2) 非遗美食制作：主要为螺蛳粉、川菜、桂林米粉、火宫殿臭豆腐等小吃制作技艺。

(3) 吹糖人体验：吹糖人也是一个在我国民间广为流传的传统小手艺,方法是将大米熬制成麦芽糖,然后对麦芽糖完成加工、造型。具体而言,将麦芽糖加热,然后抓取少量麦芽糖,揉成一个小圆球,用食指先轻轻蘸上少量淀粉,再按压出深坑,收紧外口并快速拉出,当拉到一定细度时快速折断糖棒,此时向上折断的糖棒看起来就好像是一根小小的吸管,立即用嘴对其吹气、手捏或者借助工具完成造型。①

---

① 南昌市非物质文化遗产研究保护中心.吹糖人(淦家吹糖人、溪霞吹糖人)〔EB/OL〕. http：//ncswhg.jxdckj.vip/fmlshow.aspx?id=4420.〔访问时间：2022 - 08 - 18〕.

（4）木雕做手办：木雕作为一种民间工艺，雕刻花纹精美，结构精巧，用户可借助算法体验虚拟制作木雕手办、手工艺品等。

（5）非遗时装秀：非遗时装秀主要以苏绣换装为主。苏绣起源于苏州，作为我国四大名绣之一，具有造型图案新颖秀丽、构思独特巧妙、绣工考究典雅细致、针法简洁活泼、色彩清雅脱俗的独特风格。[①] 通过换装可进一步激发用户对传统美术、传统服饰的兴趣，为非遗文化的保护和传承奠定群众基础。

二、受众媒体感知现状

通过对以上非遗数据报告的分析可以发现，目前受众媒体感知研究仍存在如下缺陷。

第一，针对各省数字非遗受众的感知报告较少。截至 2022 年 6 月，我国共提出了五批国家级非遗项目，覆盖了全国 33 个省份，其中又以浙江、山东、山西三省的项目数量最为突出（见图 4-4-2）。然而目前关于浙江、山西、河北等地的数字非遗感知数据报告仍然缺失，未来需要各省市对自身的特色非遗资源进行挖掘总结，借助新媒体、数字技术进行保护与传承。

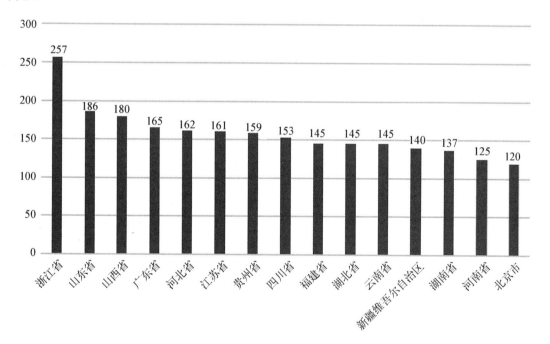

图 4-4-2　各省非遗项目数量对比

仅展示前 15 位，数据来源：光明网.【非遗不"遗"】数据图解 | 数说中国各省市非遗 你的家乡排第几？［EB/OL］. https://m.gmw.cn/baijia/2022-06/11/35802356.html.［访问时间：2022-08-28］.

[①]　江苏石渠宝鉴."四大名绣"苏绣：图案秀丽构思巧妙，清朝达到全盛时期！［EB/OL］. https://baijiahao.baidu.com/s?id=1670342622654468494.［访问时间：2022-08-18］.

第二,针对不同门类的数字非遗受众感知研究较少。《国家级非物质文化遗产代表性项目名录》将非遗分为民间文学,传统音乐等十大门类,[①]目前关于非遗传承人与传习人的感知多集中于传统戏剧、民俗、传统美术、传统技艺等门类。[②] 对于传统音乐、传统体育等门类也需要进行受众感知,例如在各类音乐平台中推广花儿、评弹等传统音乐、戏剧等,然后借助评论、生理信号等感知听众的偏好。对于不同门类的数字非遗受众进行感知,将有助于分析总结该门类下不同非遗项目的特色,为非遗项目的留存与保护提供指导。

第三,现有的媒体感知报告多关注受众的静态特征(人口学特征),比如地理空间、年龄、性别、文化、职业等,忽略了对受众偏好、认知特征的刻画。相比于人口学特征,认知特征更能客观地反映受众对非遗文化的理解。因此,未来仍需要借助海量媒体数据加强对受众认知属性的感知与刻画。

---

① 叶颖.民俗类非物质文化遗产数字化保护研究[D].福建师范大学,2016.
② 谈国新,何琪敏.中国非物质文化遗产数字化传播的研究现状、现实困境及发展路径[J].理论月刊,2021(09):87-94.

第五章
非遗的数字化传承

第一节　数字非遗传承概述

　　提到非遗文化，很多人对非遗的理解都是"古董""杂技"，而对自己身边的非遗文化甚少了解。其实，非遗文化在我们的生活中随处可见，对于西安人民来说，皮影的制作过程是非遗；对于潮汕人民来说，手打牛肉丸的制作技艺是非遗；对于四川人民来说，传统竹编技艺是非遗。每个地方非遗文化的由来都有其背后的故事，各不相同。非遗文化作为中国的一张独特的名片，向世界各地展示了中国文化的魅力，这种宝贵的智慧应该被永久地传承并发扬光大。传统的非遗传承受到时间、空间多方面因素的限制，导致很多非遗文化的传承十分艰难。如何将宝贵的非遗文化更好地传承下去是数字化非遗传承的终极目标。本节将从非遗文化传承的意义、非遗文化传承存在的问题、数字化非遗传承的必要性三方面进行阐述。

一、非遗文化传承的重要性

　　非遗文化的传承是指人类通过与整个自然界的不断地历史交流融合和发展变化，各种不同文化的历史群体不断地赋予我们每一代的非遗文化人历史责任感和文化认同感并力求在文化传生的过程中进行创新，以此来丰富人类非遗文化的多样性、激发文化创造性、保证文化的延续性。[①] 在手工业发达的年代，非遗是各路工匠、艺人等智慧的果实，非遗文化源于生活，服务于生活，是日常生活中的一部分。非遗文化是中国历史文化中非常宝贵而又无法替代的存在，如何将这份遗产很好地保护起来并传承下去是当今人类社会应该重视的重要课题。

　　非遗文化本身的形态决定了其传承的难度，如何有效地应用相关数字化技术，实现文化遗产的可持续发展已成为当前的研究重点。我国于2004年开始参加了联合国教科文组织的《保护非遗文化公约》。本文从中国知网（CNKI）（核心、CSSCI、CSCD）、万方服务平台（学

---

① 王瑛.非遗传承的现实困境及创新模式[J].文化产业,2022(1):64-66.

位论文）、读秀知识库（图书搜索）数据库中检索 2006—2022 年关键词为非遗文化数字化传承相关的文献，通过不同时间的发文数量（见图 5－1－1）可以看出发文量。总体呈逐年增加的趋势（2022 年所检索的数据不全，忽略不计），从而说明国内对非遗文化传承的重视程度越来越高。

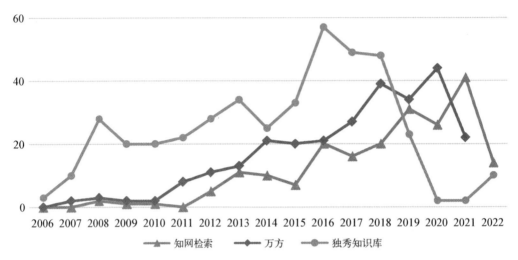

图 5－1－1　近年国内权威期刊非遗文化数字化传承研究发文统计

二、非遗文化传承面临的问题

许多非遗文化由于时代的变迁、人们观念的转变等客观因素和非遗技艺难以学习、非遗技艺缺乏传承人等主观原因无法很好地传承下来。而这些没有传承下来的非遗文化只能任其消逝，很难再将其找回。目前，非遗文化的传承主要面临着以下五个问题。[①]

（一）非遗文化内涵本真遗失

非遗文化遗产是不同文化的群体的生活经验、历史传统、集体记忆和社会实践活动，[②]所以非遗的传播和传承就意味着历史文化内涵的存续。但是调查显示，中国非遗的继承与发展存在严重的本真遗失现象。以其中的苏绣为例，现如今，在镇湖镇苏绣街上所售卖的苏绣工艺品并不是出自非遗传承人之手，这些工艺品所用的针法与传统的非遗苏绣的针法有很大差距。这一现象不仅丢失了传统苏绣工艺的本真，而且使得公众对苏绣艺术的认知逐渐下降，埋没了中国非遗文化的内涵。在与传承人、受众对话调研后可知造成这一现象的主要原因有两个：一是很多非遗技艺难以寻找到传承人从而失传，比如太平猴魁非遗工艺从申报到审核通过就花费了很多时间，方南山和方继凡是通过自己不懈的努力，甚至将其一生奉

①　王瑛.非遗传承的现实困境及创新模式[J].文化产业,2022(1)：64－66.
②　刘晓春.非物质文化遗产的地方性与公共性[J].广西民族大学学报(哲学社会科学版),2008,No 133(03)：76－80.

献于此。[①] 国家对非遗的申报从技艺的精湛度到审美要求,包括传承活动的开展以及品质修养方面都做出了明确的细化规定。这种边缘项目的继承人们,往往年事已高,真正掌握传统技艺的他们因无法适应市场而使传统技艺面临着消亡。二是民间非正宗的技艺传承人所制作的作品泥沙俱下,存在诸多质量问题。在公众质疑其作品的质量问题时,也同样会对真正的非遗技艺产生怀疑,使得保留艺术的本真性受到很大的挑战[②]。传承人在非遗文化的传承过程中责任重大。到目前为止,已有五批(共3 068名)国家级非遗代表性项目传承人被文化和旅游部批准认定。这些传承人是非遗文化内涵本真的直接鉴定人,如何在仅留存这些传承人的情况下将非遗文化的本真内涵传承下去是值得我们思考的问题。

(二) 非遗技艺的学习耗时长

随着经济的高速发展,现代社会人们的生活环境发生了巨大的变化,生活的习惯也不同以往,手机、平板、电脑等电子设备是现代生活必不可少的部分。而非遗技艺的学习过程并不简单,需要人真正用心去感受去学习。在这样的大环境下,大部分人并不能切身体会到非遗技艺的魅力,也就很少有人能够静下心来专门学习一门非遗技艺。

非遗技艺由于其本身的难度较大,所以在学习传承的过程中必然需要投入大量的时间和精力。往往学习一门非遗技艺需要三到五年的时间,而想要真正地传承非遗技艺则需要花费将近十年的时间,并且整个传承学习的过程比较枯燥乏味,令人难以坚持。

(三) 非遗传承人本身的问题

1. 传承人高龄化问题严重

现有的传承人大多是高龄老人,他们对非遗文化的理解是带有自身经历和理解的,是深刻的。但是由于这些老人大多居住在生源地,交通不便、通信不便的偏远地区的非遗文化传承人的思想相对保守,尽管他们真正了解非遗文化,但他们无法有效地传承、推广和创新。

2. 对传承人身份要求严格

一些非遗技艺的传承对非遗文化传承人的身份要求十分严格,旧式的"学徒制"导致一些非遗文化技能的传承遵循传统规则,比如在一些地区,非遗文化的传承遵循具有"只为男性而不为女性,只为家庭而不为外来者",这导致一些非遗文化技术无法广泛

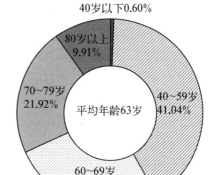

图 5-1-2　国家级非遗传承人年龄分布
(可查出生日期部分)

资料来源:这些老手艺,正在重新焕发光彩|思客数理话[EB/OL]. https://baijiahao. baidu.com/s?id=1669351041482663821&wfr=spider&for=pc.[访问时间:2022-08-29].

① 【2021茶业风采展示】传承创新,带头致富——方继凡[EB/OL]. https://new.qq.com/rain/a/20211204A0820H00. [访问时间:2022-08-29].
② 薛可,龙靖宜.中国非遗文化数字传播的新战和新对策[J].文化遗产,2020(1):7.

传承。还有传承人内部存在的类似门户之见以及传男不传女等老派思想,这些陈旧观念都给非遗技艺的传承发展带来了很大的阻碍。比如,四川传统竹编技艺的传承就存在竹编产品制作周期长,工艺精细,工作强度大,而经济效益不高的问题,这就需要竹编传承人踏实钻研、耐住寂寞。当下正处于经济高速发展的时代,这为许多人提供了各种各样的工作机会,许多年轻人认为学习传统手工技艺太过耗时,学习周期长,挣钱慢,他们更愿意外出务工,这也就导致了许多年轻人不愿意从事非遗手工技艺,青年人才流失。除此之外,一些会竹编的老一辈艺人担心"教死徒弟,饿死师傅",因而在教授过程中,只传授基础技术,对于一些比较核心的技术则有所保留。[①]

3. 传承人梯队建设不足

截至2021年6月,我国共有3 068名国家级代表性非遗传承人,其中有一半以上的传承人的年龄在70岁以上。此外,3 068位传承人已经有400多位去世,再加上现代社会的各种冲击,老一辈的传承人坚守非遗文化和非遗传承的难度较大,这在很大程度上造成了非遗传承的断层。6月11日,第八届国际(上海)非遗文化保护论坛在上海顺利举行,国家非遗文化保护工作专家委员会委员马盛德表示,"非遗传承形势严峻,抢救性保护刻不容缓"。[②]

山西省非遗文化左家拳[③]的第六代传承人以"传拳传艺"为出发点,在文水当地进行义务传承和免费教学,传承人的高度自觉和学习左家拳的低成本有助于扩大传承群体,但完全依赖传承人的自觉和选择的传承方式以及非营利的义务传承具有不可持续性,不能满足地方性拳种长期传承的需求。目前左家拳的传承人现状成为制约其发展的潜在风险。对于传承人的管理和保障制度尚不完备,传承人认定制度的发展停滞,传承人发展空间狭窄导致传承人断层;传承人对项目的传承有着强烈的责任感,这也是维持传承人自始至终都坚持对拳种传承的主要动力来源,但缺乏保障的自觉传承比较脆弱。

此外,以中国戏曲的传承模式为例,戏曲在生长、传承和良性生态机制方面出现断裂,戏曲传承人群体"主体承袭"的核心问题仍然无法解决,同时木偶戏、普陀东海龙王信仰祭海仪式、普陀木雕等很多非遗文化均存在传承人阶梯建设不足的问题。

(四) 非遗文化推广不足

非遗传承面临的一大难题就是推广力度不足,一些现代的外国文化和生活习惯也对传统文化的推广产生了一定的影响。以剪纸艺术为例,在过去,剪纸是人们节日生活中不可或缺的一项活动。每逢佳节,家家户户都会剪出漂亮的门花和窗花来贴。但是随着城市化的发展和生活方式的改变,掌握这项技能的人越来越少,取而代之的是一些印刷品。这一现象产生的重要原因是对剪纸文化的推广不够全面,很多人不知道剪纸这项非遗文化的由来,也没有体会过剪纸过程中的乐趣,非遗文化的内涵和其本身作为传统非遗文化的价值没有很

① 潘彦瑾.非遗视域下四川传统竹编技艺的生产性保护研究[D].成都大学,2021.
② 3 068名国家级传承人里去世了400多位,断层,萎缩,怎么办?[EB/OL]. https://export.shobserver.com/baijiahao/html/258215.html.[访问时间:2022-08-29].
③ 刘锦文,权黎明,李洁.非遗视角下地方性拳种传承困境与发展路径研究——以左家拳为个案[J].第十二届全国体育科学大会论文摘要汇编——专题报告(武术与民族传统体育分会),2022.

好地推广开来。不只是剪纸,很多非遗文化都由于推广力度不足,再加上现代化技术的发展,弱化了本身源于生活的非遗文化在生活中的存在感。

此外,仍有许多非遗项目没有被载入我国非遗项目保护名单中,部分非遗技艺由于没有被及时地记录数据或数据缺失,没有得到应有的保护,这给非遗传统文化的发展和传承造成了一定的影响。非遗文化以及非遗传承的宣传手段仍然是靠报纸、电视等传统媒体,对于新兴媒体的使用较少。而如今的大学生大多数时间都是使用抖音、微博、微信、小红书等新兴媒体,于是非遗文化传播的手段就显得落后和单一,从而无法让人们更多地了解到非遗文化和非遗传承,以至于许多非遗项目陷入失传的境地。大学生由于大部分时间都是在学校、宿舍,所以几乎没有时间和条件观看电视、报纸这样的传统媒体,而是通过手机、电脑等媒体获取一些信息。综上,电视、报纸等传统媒体的宣传力度在逐渐下降。因此,非遗文化的传承和宣传模式必须紧跟时代发展,找寻新的方式方法,利用新兴媒体更好地推广非遗文化。

(五)非遗传承受众群体弱小

非遗技艺的延续和传承主要是通过非遗传承人收徒传授,大部分只在技艺相关行业的小圈子里进行传承,较少面向群体大众,因此普通民众很难了解到非遗传承和非遗传承人,仅通过传承人来承担非遗文化传承的艰巨任务。非遗传承人大部分来自民间,虽然他们具有娴熟的技术和丰富的经验,但是他们的文化水平有限,较少接触数字技术方面的知识,也难以去学习,甚至有的会抵触数字技术,这就阻碍了大众对非遗传承进行了解和认知,使得寻找合适的传承人难上加难,而寻找合适的传承人是比普及非遗文化更加迫在眉睫的问题。

我国在宣传和推广非遗文化知识方面有一定成效,但是在非遗传承以及非遗传承人方面的宣传显得不够充分,这就使得即使有想要学习传统技艺的人也没有渠道去了解和联系非遗传承人。而网络上对于非遗传承、非遗技艺的介绍也是少之又少,这就使得想要学习的年轻人既无法自行学习又无法去联系传承人进行拜师学习,从而失去了非遗传承的机会。

入选湖南省第三批省级非遗文化保护名录的傩狮舞,其技艺的传承模式是进行团体培养,其技艺传授比较粗浅,并且重技轻道。傩狮舞是一个团体的表演项目,其中参与表演创作工作的人数较多,如果只是授予代表性传承人相应的权益和荣誉,会明显降低其他参与创作表演的一般传承人的参与热情,不利于非遗技艺的传承延续。为此,我们也应关注一般继承人的权益,合理协调好代表性传承人与一般传承人之间的荣誉和利益关系。最关键的是,从观念上和政策上提高对一般传承人的重视程度,营造良好的"群体传承"的氛围,扩大非遗传承人团体对扩大非遗文化的受众群体十分有必要。[1] 如何解决傩狮舞传承过程中遇到的受众群体问题、如何运用现代科技手段来扩大非遗文化的受众、如何扩大非遗文化的受众面,加强对非遗的传承和保护最终使得非遗文化在维持其本真性的同时尽量完整地传承下来是需要思考的关键问题。[2]

---

① 唐璐璐.亚洲四国乡村传统手工艺集群化发展策略的比较研究[J].文化遗产,2019(3):8.
② 高洁.湘中傩狮舞的非遗保护与传承对策分析[J].北京舞蹈学院学报,2021,147(2):67-69.

图5-1-3　湖南傩狮舞

资料来源：枫坪傩狮舞由30至40人组成,将近300人参与[EB/OL]. http://www.1010jiajiao.com/peixun/update-7141409.html.[访问时间：2022-08-29].

三、数字非遗传承的必要性

数字化非遗传承的工作核心是以数字化技术为主要支撑,利用数字化技术所具备的便利、通用和保密性,对特定方向的非遗文化和技艺进行传承。非遗传承数字化后,能够完整再现技艺传承的过程和特点,从而使得现代化技术和传统的非遗文化完美融合对接,为非遗传承提供更多、更灵活方便的传承手段和思路。

如何在数字化和信息化快速发展的态势下构建有效的非遗文化传承系统？这对于创新新型的非遗文化方式、坚定国家的文化自信以及提升国家在世界上的文化影响力有着十分重要的作用。随着时代的发展,现代化和数字化发展迅速,数字技术也在不断创新,同时也不断改变着人们的生活方式和思维习惯。在数字技术飞速发展的过程中,非遗文化传承和发展方式日趋科技化和信息化。尤其是随着互联网技术的日趋成熟,互联网技术被应用到社会的各个方面,使得非遗文化传承方式的数字化信息化趋势不可避免。相比于人工技术和软件技术,数字化技术在采集、存储、深入探索和整合分析信息等方面具有能够更完整地进行数据信息整合分析处理的优点,使得人们的决策可以基于事实和数据进行客观分析,从而提高对信息的整合分析处理能力。

第二节　数字化非遗传承技术和方法

如何使数字化技术服务于非遗文化的传承已成为一个重要的研究领域。现有的数字非遗传承技术包括新媒体技术、大数据技术、数字动画技术、虚拟现实技术，使用这些技术中的一种或多种能够使非遗文化以全新的方式获得更好更全面的保护。

一、自媒体智能技术

目前的新媒体主要指互联网、移动互联网的各种数字媒体，包括短视频、vlog、社交等各类网站、有声书等都属于新媒体的范畴。新媒体的快速发展不仅使得非遗文化能够被更好地传播，而且使得非遗传承人的生活条件也得到了很大的改善。现在只要拥有一台智能手机就能够在网上分享传播传统技艺。从而让更多人了解领略到非遗文化的古典

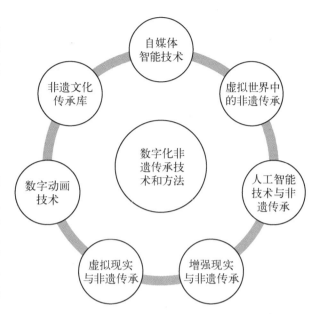

图 5 - 2 - 1　数字化非遗传承的技术和方法总览

资料来源：笔者自绘。

美，并使非遗技艺中的工匠精神也被更多的人所认可，新型的文化信息传播和体验方式也为非遗传承人提供了更多创作素材和创作思路。赵越等人研究分析了非遗传承人面临的现实困境并提出利用数字媒体技术做一些能够帮助到非遗传承人的工作，比如通过传统媒介对传承人进行报道和采访以提高非遗传承人的知名度和关注度，通过短视频、直播、有声书、vlog 等新型媒体技术为非遗传承人创造收益，激发他们对传承非遗文化的兴趣。①

（一）直播

直播是在各大社交平台上都有的一种主播和观众在线互动的传递信息的形式。直播间的主播可以通过各大直播平台展示自己想要展示的内容，直播用户可以根据自己的喜好选择进入相应的直播间观看直播，还可以通过弹幕与主播进行交流。在互联网直播行业飞速发展的情况下，非遗传承人们抓住这样一个宣传平台，在快手、抖音等平台发布视频或者进行直播，让人们了解到传统手工艺的更多内容，将传统手工艺更好地呈现在人们面前。在宣传推广传统文化时，运用新媒体技术，这使得传统的非遗技艺重新焕发生机与活力。所以，如何在当前新媒体技术快速发展的情况下，抓住机会，传承创新，进一步提升非遗项目的生存和发展能力，成为传承人们必须面对的问题。

案例材料

（1）乔雪作为乔家非遗手工皮艺的继承人，利用短视频平台宣传推广手工皮衣，乔

---

① 赵越，张宁.让数字媒体视野下的非遗传承人保护研究［J］.大众文艺，2019（23）：4－5.

雪和她的团队于2020年在抖音短视频平台进行了200多场直播,最多的时候有上万人同时在线观看,并且带货累计收益超过300万元。到目前为止,乔雪注册的抖音账号已经收获了57.1万粉丝,并且累计获赞298.7万次。借助在抖音平台的宣传推广,乔雪顺势创立了自己的皮艺制品公司,并且打造专属于自己的非遗皮艺制品品牌"乔师傅"。

在制备手工皮制品的过程中,不仅要耗费大量的时间,而且要投入大量的精力。制作一件非遗皮艺制品的过程很漫长,需要对之进行72小时的绘图、10万次的雕刻、60万次的敲击以及3360分钟的上色等,整个流程共计有126项复杂的工艺。由于制备流程的复杂,乔雪自从开始学习非遗手工皮艺,就不断地努力练习磨炼自己的手工皮艺技术。乔雪说:"手工皮艺中用手工缝制出的纹理图样,是机器所无法完成的。能够让年轻人学习传统的非遗手工艺,才是真的传承。"

(2)李年根是江西新余洞村竹编非遗传承人,李师傅从9岁便开始学习竹编技艺,一直到如今,李师傅已经是61岁高龄。李师傅的竹编技艺经过多年的打磨,他的手艺变得愈发精湛,并且他的效率也越来越高,这使得李师傅的名声传遍乡里,大家都十分喜爱李师傅所做的竹编艺品。随着社会生活的发展,工业化也愈发普遍,在工业化飞速发展的同时,手工艺的发展受到了极大的冲击,李师傅的手工竹编技艺也受到了工业化的影响。在这一背景下,李师傅的同门师兄弟以及徒弟们都早已转行另寻出路。

只有李师傅数十年如一日地坚守非遗竹编技艺,在坚守竹编技艺的52年里,李师傅从未有过懈怠,更未想过放弃,在工业化和新媒体发展的现在,李师傅也开始不断尝试寻找新的出路。最终短视频平台让这门竹编技艺被大家所熟知,并迅速"走红"网络。李师傅在传统竹编技艺的基础上进行创新,编制了许多有趣的新型竹编工艺品,例如能

图5-2-2 手工皮艺作品

资料来源:非遗手工皮艺传承人:37岁博士妈妈放弃北京白领工作回乡做皮匠[EB/OL]. https://www.sohu.com/a/473823904_121127862.[访问时间:2022-08-29].

进行扫描的二维码等新式的有趣物件,从而顺应当前的时代潮流来吸引年轻人的关注和喜爱。①

(二)短视频

短视频就是短片视频,一般视频时长较短,发布方便快速,视频时长为 5 分钟左右,短至几十秒,主要是通过互联网和便捷的终端设备抓住快节奏生活中的碎片时间来展示一些内容。从用户规模看,截至 2021 年 6 月,我国短视频用户规模达 8.88 亿。从视频内容看,我国有 97.94％的非遗项目通过抖音短视频平台进行了传播,在抖音平台上关于非遗的视频有超过 1.4 亿个。短视频对非遗传承的推动力已经毋庸置疑,但如何让更多非遗传承人借助短视频实现非遗的传播、传承和变现,各方仍在积极探索。

短视频平台由于其较低门槛和成本、表现手法表现形式多样以及可以突出放大展示视频特点的优势,使得传承人可以在短短几分钟的时间内展示出传统工艺的美好和内涵,从而快速吸引大众的关注。古老美丽的传统非遗艺术能够通过短视频快速传播,使更多人了解领略传统文化的美。

案例材料

(1)非遗传承人们通常在当地有着丰富的线下传承经验,他们经常在学校和企业中开展教学活动,在举行重大活动时,也会参与一些面向当地受众的推广活动。苏霞是山

图 5 - 2 - 3　苏霞创作的抗疫主题剪纸作品

资料来源:崂山剪纸非遗传人苏霞:创作剪纸作品以"艺"抗"疫"[EB/OL].
https://new.qq.com/rain/a/20220321A0B20S00.[访问时间:2022 - 08 - 29].

---

① 吸引"粉丝"数百万,竹编老李有绝活![EB/OL]. https://baijiahao.baidu.com/s?id=17110501463892678628&wfr=spider&for=pc.[访问时间:2022 - 08 - 29].

图5-2-4　艾德莱斯丝绸

资料来源：华服时课｜艾德莱斯——非遗活在当下［EB/OL］. https://new.qq.com/rain/a/20210930a0fukt00.［访问时间：2022-08-29］.

东省青岛市崂山区区级非遗文化崂山剪纸的传承人，2020年，苏霞开始在短视频平台上分享自己的日常，包括剪纸、教学、参加活动，粉丝虽然不多，但她一直在坚持。①

（2）坐标为乌鲁木齐市"7坊街创意产业聚集A区"的地点中涉及约30条抖音短视频，其中包含了艾德莱斯绸制作、古老桑皮纸制作、新疆少数民族服饰等多项内容，相关视频已有23.7万人次观看。

（三）vlog

vlog，即video blog或者video log，它是一种有主题、有剧本的视频记录，也可以称之为视频博客、视频网络日志，是博客blog的一种变体，一般时长在2—10分钟。vlog着重时效性，人们可以使用vlog代替文字、照片等静态的记录方式，并将vlog上传网络。近年来，网络上有很多助力非遗传承的vlog，非遗传承人通过vlog记录一些非遗技艺以供学习和参考，部分vlog信息如表5-2-1所示。

表5-2-1　非遗传承相关vlog（部分）

vlog名称	非遗项目	视频时长	上传日期	视 频 来 源
【小新的Vlog】传承千年的非遗香包技艺有多难？小新带你去庆阳绣一个	非遗香包技艺	00:04:44	2022年7月19日	https://haokan.baidu.com/v? pd = wisenatural&vid = 7703646435783653317.
遇见非遗｜Vlog小小非遗传承人	石磨、拓印、女书	00:03:56	2020年12月2日	https://www.bilibili.com/video/av372884815/.
新春特辑VLOG：带您走进非遗文化传承	糖画、鼻烟壶、缠花、衍纸	00:04:30	2021年1月27日	http://lanmu.qtv.com.cn/system/2022/01/27/015828334.shtml.

① 崂山剪纸非遗传人苏霞：创作剪纸作品以"艺"抗"疫"［EB/OL］. https://new.qq.com/rain/a/20220321A0B20S00.［访问时间：2022-08-29］.

续 表

vlog 名称	非遗项目	视频时长	上传日期	视 频 来 源
中国 Vlog|为了做一个非遗"后浪",他们有多拼?	芦笙制作	00:04:32	2020 年 10 月 26 日	https://baijiahao.baidu.com/s? id = 1681618167709633128&wfr=spider&for=pc.

(四) 有声书

有声书是一种由一个人或者多人对文字内容的录音,通过音频进行信息的传递。有声书的出现对于非遗传承来说有助于使非遗文化深入人心,有声书对非遗文化进行解读更有利于大众走近、深入了解非遗文化,同时扩大了非遗文化的受众面,降低了非遗文化传承的难度。

案例材料

(1)"非遗少年说"的音频形式是邀请八位口齿清晰、幽默有才的少年进行录制,通过讲故事的形式,来推广介绍各种非遗项目,如高大华丽的潮汕古建筑、气势恢宏的狮舞、香气十足的沙河粉等。在非遗少年们滔滔不绝而又自信十足的讲述下,非遗文化的完整面貌、形象被呈现出来。非遗的传承和发展需要一代代的人们去交接继承,而青少年是祖国未来的接班人,是实现非遗传承不可或缺的力量。①

(2)2022 年 7 月,喜马拉雅【黄浦最上海】有声电台全新推出"非遗新体验|黄浦非遗传人说 2022"专辑,8 位非遗传承人分别讲解了上海独脚戏、上海道教音乐、上海灯彩、梨膏糖制作技艺、南翔小笼馒头制作工艺、海派剪纸艺术、王宝和蟹宴烹饪技艺、海派旗袍盘扣制作技艺带我们走进上海非遗,聆听他们"一生守一艺"的动人故事。②

图 5－2－5 "非遗少年说"音频特辑

资料来源:这套少年讲的"有声书"让你将南粤非遗装进口袋[EB/OL]. https://baijiahao.baidu.com/s? id = 1701348178902783773&wfr = spider&for=pc.[访问时间:2022－08－29].

---

① 这套少年讲的"有声书" 让你将南粤非遗装进口袋 [EB/OL]. https://baijiahao.baidu.com/s? id = 1701348178902783773&wfr=spider&for=pc.[访问时间:2022－08－29].
② 海派城市考古|喜马拉雅黄浦有声电台上新,8 位黄浦非遗传人,带你走进上海非遗![EB/OL]. https://view.inews.qq.com/a/20220704A05BQ100.[访问时间:2022－08－29].

图 5 - 2 - 6　喜马拉雅黄浦有声电台"非遗新体验：黄浦非遗传人说"专辑

资料来源：海派城市考古 | 喜马拉雅黄浦有声电台上新，八位黄浦非遗传承人，带你走进上海非遗！[EB/OL]. https://view.inews.qq.com/a/20220704A05BQ100.[访问时间：2022 - 08 - 29].

（五）创新非遗传承形式

数字媒体技术在许多非遗传承的场景下发挥了其重要的作用。沈强等人指出对于徐州剪纸文化，新型的传媒技术虽然对传统的非遗传承模式形成了较大的冲击，但是通过新媒体技术对新媒体资源进行的有效整合可以打造更具地方特色和文化风格和特色品牌，形成更具徐州特色的剪纸创意，从而提高徐州剪纸技艺的知名度和影响力，有利于徐州剪纸非遗文化的传播推广，让大众对徐州剪纸非遗文化能够有更加详细的了解，从而引起大众对非遗文化的兴趣，更加有利于徐州剪纸非遗文化的传承和发展。[①]

冷荣亮等人以凤阳凤画为例，分析讲解了在非遗文化传承中数字媒体技术的具体应用，将凤阳凤画的非遗传承文化与现代数字媒体技术完美结合起来，将多媒体终端设备作为媒介，利用网络平台，设计一个聚合展示平台（见图 5 - 2 - 8），将凤画作品以及凤画技艺、凤画知识完美地发表展示于数字平台上，将数字媒体的特性与凤阳凤画的传统特性进行结合，形

---

① 沈强.数字媒体技术在非遗文化"徐州剪纸"中的作用研究[J].传播力研究,2020,4(15)：23 - 24.

图5-2-7　凤阳凤画网页展示

资料来源：冷荣亮，冯艳.数字媒体艺术在非遗文化传承中的应用[J].邢台学院学报，2018，33(3)：3.

成具有现代特色的非遗技术传播传承平台，从而更方便全面地宣传和传承非遗文化。[①]

　　对于非遗文化中四平戏的传承与发展而言，数字媒体技术可以通过数字化的技法绘制戏中人物角色，借鉴非遗中的白描手法设计人物角色的卡通形象，以一种富有趣味性的方式将四平戏戏剧文化的鲜明特色与卡通人物的活泼特色相结合，增添了四平戏戏剧文化的趣味性。此外，数字化角色设计的视觉应用数字媒体技术有效扩充了现有非遗四平戏的资料储存的容量，并通过不同的媒体平台将有关非遗文化的内容以不同的形式投放，使四平戏戏剧文化获得了更全面、更广泛的传承。[②] 数字媒体技术在这些非遗文化的传承中发挥了重要作用，非遗文化的"虚拟性"使得其很难以一种固定的形态留存下来并很好地传承下去，而利用数字媒体技术将无形的非遗文化有形化，更利于非遗文化的传承。

　　物联网和云计算出现之后，"大数据"成为当今最热门的词汇之一，其给社会经济生活带来了巨大影响，依靠大数据技术对非遗文化信息的采集、存储乃至传播、利用，可以更迅速地传播非遗文化，优化非遗文化传承渠道。

---

① 冷荣亮，冯艳.数字媒体艺术在非遗文化传承中的应用[J].邢台学院学报，2018，33(3)：3.
② 李韩云，储蕾芳.非遗四平戏角色设计的传承与创新[J].美术教育研究，2021(18)：2.

二、非遗文化传承库

（一）非遗文化传承资料库

大数据的出现及其发展给人们的生活和工作等都带来了巨大的改变,通过大数据技术对非遗文化信息进行采集、传播、利用和整合,能够更为迅速便捷地传播非遗文化和更加完美地呈现非遗技艺以及非遗传承的过程,优化非遗的传承传播方式。例如,对非遗蓝印花布(见图5-2-8)的文本、图像、视频等进行大数据信息采集后,并对之进行数字化加工存储和数字化转换传播,最终构建一个关于非遗蓝印花布的数字传承数据库,从而最大限度地记录和还原非遗蓝印花布技艺,有利于后来的传承人以及学者对非遗蓝印花布的文化技艺进行研究学习,由此避免非遗蓝印花布技艺的遗失,为坚守继续从事蓝印花布技艺的传承人们提供更多的新的创意和灵感。此外,还可以构建关于非遗蓝印花布代表性传承人的数据库,通过数据库记录下传承人的基本情况、传承人的作品、传承人的风格、技艺风格等方面的信息,并可以对这些信息进行编辑更新。[①]

图5-2-8　非遗蓝印花布

资料来源：张中启.非遗蓝印花布数字化保护与传承对策研究[J].国际纺织导报,2020,48(9):4.

（二）非遗传承人信息点库

非遗传承人信息点库的建立是非遗传承资料库的重要部分,尽管可以通过视频保留关于非遗技艺的影像,但刘廷认为"留下了形留不住神",然而大数据让他看到了希望,他认为："如果对非遗传承人进行数据采集,就算未来非遗产品变少,也不担心无法恢复。"[②]

非遗文化历史悠久,博大精深,现在很难还原当时非遗文化产生的原生环境,而利用大数据技术来完成对非遗文化信息的采集、保存、检索、整理、传播、利用和再现是大数据时代为非遗文化提供的创新模式,能够实现过去与现在的有机融合,从而为非遗文化的传承创造更加符合时代要求的条件。

张秉福指出,大数据平台可以包含和融合非遗文化信息和非遗传承人信息的相关数据,

① 张中启.非遗蓝印花布数字化保护与传承对策研究[J].国际纺织导报,2020,48(9):4.
② 当大数据揭开"非遗"技艺的基因后,人工智能复制的技艺还算非遗吗？[EB/OL]. https://export.shobserver.com/baijiahao/html/434964.html.[访问时间：2022-08-29].

通过设置数据的门槛还可以过滤掉许多低质量数据,提高非遗文化相关信息的数据质量。[①]此外,基于非遗大数据数字平台可以拓展一些服务,比如非遗信息检索、论坛、学习。通过充分利用和调度政府、传承人、企业、学者、公众等各方面的信息和资源来一同建设关于非遗文化的大数据平台,不仅能够构建更加完善和全面的非遗文化平台,而且可以将各个地区、部门、层级、机关联系起来,共同分享搜集信息,从而消除各地区层级的信息孤立、数字壁垒及碎片化信息资源等劣势,将各方资源、信息整合起来,加快非遗文化的数字化进程,完善非遗文化大数据平台,促进非遗文化数字平台的产业化,从而为大众提供更好的非遗大数据平台服务,使得非遗大数据平台的内容更加丰富全面。并且能够实时地分享更新非遗数据,从而使各方的非遗数据都能够被充分开发利用,避免在构建大数据平台中的非遗信息遗漏以及资源浪费。还可以通过非遗文化大数据平台,根据访问数据平台的人次、人气指数来动态分析非遗项目的发展趋势,以便进一步改进。薛金润等人在对贵阳市的非遗传承人的现状进行研究调查后,指出必须要利用好大数据技术的优势,全面开展贵阳市非遗传承人信息的普查工作,[②]将非遗传承人的基本情况按批次、区域、传承类别进行详细的分类和整理,建立专门的非遗传承人信息点的数据库,做到以传承人为中心开展非遗文化传承工作。

三、数字动画技术

数字动画是运用数字媒体制作出来的计算机动画。随着计算机技术的不断成熟和进步,数字动画技术在许多领域得到了广泛的研究和推广,尤其是在非遗传承领域,极大地促进了以数字动画技术为手段的数字非遗传承的发展,在非遗传承的过程中使用数字动画技术,例如 3D 动画、MG 动画等能够生动形象地还原一些非遗文化,动画呈现形式使非遗文化的表现更加有活力、有吸引力,并且真正融入公众生活,引起更多人的关注,从而大大优化了大众对非遗文化的体验,达到传承和保护宝贵文化遗产的目的。

(一)影视动画

借助计算机数字技术生成动画镜头有助于进一步深化作品精神,提升动画影视作品的艺术性和实用性。

1. 动画片

我国有很多相当出色的具有我国传统文化特色的动画作品,如《牧笛》《大闹天宫》《宝莲灯》《九色鹿》《十二生肖》《上帝的丝绸》《梁山伯与祝英台》等。在设计动画时需要考虑到时代因素,在传承传统文化的基础上增加一些更能为大众所接受的,具有当代元素的方式来创新表现。这些动画作品的表现形式上充满我国传统文化的特色。如水墨动画、白描动画、水墨剪纸动画、传统剪纸动画等,在剧情上也是以我国传统故事为纲,始终为探索本民族自己

① 张秉福.论大数据背景下非物质文化遗产的传承与发展[J].中原文化研究,2020,8(5):58-65.
② 薛金润,吴洪芬,杨月林,等.基于大数据视角下贵阳市非遗传承人现状调查与研究[J].卷宗,2020:124.

的风格而努力,在作品中展示了我国的民族生活和思维方式,也在潜移默化中传承着我国的优秀传统文化,逐渐形成了别具一格的属于我们自己的动画作品。

2. 动漫

动漫,即动画和漫画两者的综合。《2020年中国动漫产业发展现状与趋势分析》显示,我国动漫产业的发展越来越快,已经进入了蓬勃发展的阶段,仅2019年我国动漫产业的年总产值就达到了1941亿元。仅仅从动漫电影市场来看,2019年我国的电影市场中动漫电影占14.46%,动漫电影的票房占总电影票房的11.48%,这表明动漫产业在我国开始迅速发展,未来有很大的发展空间。非遗的精神内涵在动漫这一载体中得到传承,在创造性转化和创新性发展中获得了新的生命和内涵。近些年成果丰硕的"非遗+动漫"跨界合作,被认为是非遗连接现代生活的代表性实践。票房和口碑表现都比较好的《哪吒之魔童降世》《西游记之大圣归来》《白蛇》《大鱼海棠》《姜子牙》等动画电影,都取材于非遗故事、传统故事。[①]

案例材料

近年来,非遗的保护、传承得到各级政府部门、社会各界的认同和重视,无论是非遗的个体保护传承还是区域化整体保护,都涌现出非遗保护、传承、发展的优秀案例、有效做法,与其他行业融合发展的良好态势助力了非遗的活态传承。其中,非遗与动漫的融合是非遗普及、传播、传承与生产性保护的最有效途径之一。动漫在我国是朝阳产业,老少皆宜,尤其广受年轻人、少年儿童的喜欢。图5-2-9是西安莲湖区非遗文化面塑技艺传承人张倍源,将面人传统技法与动漫元素相结合完成的作品。

图5-2-9 面人传统技法与动漫元素相结合

资料来源:当非遗遇上动漫[EB/OL]. https://www.thecover.cn/news/9267567.[访问时间:2022-08-30].

① 当非遗遇上动漫[EB/OL]. https://www.sohu.com/a/556556088_118927.[访问时间:2022-08-29].

（二）MG 动画

Motion Graphics 动画（简称 MG 动画），即会动的图形和图形设计。这样的图形设计是处于录像、电影、动画等动态背景条件下的，它其中包含平面设计、动画设计和电影语言等方面的技术，其表现形式多样，并且可以和多种艺术形式进行融合搭配。MG 动画的表现形式多样，能够将一些信息图形化，使得信息富有趣味，它不仅可以对非遗文化进行短片形式的动画展示，也可在非遗文化的数字化展示的多个环节中发挥作用，为非遗文化的传承提供的新的形式，使非遗文化得到不断地挖掘和发扬。

非遗文化，尤其是手工艺类的非遗文化产品，例如扬州漆器、苏绣等，展示出来的产品是静态的"死物"，人们难以了解更多的内容和过程，如果想了解得更多，就只能通过亲临现场或上网搜索相关资料来深入、全面地了解某个非遗技艺，这个过程的时间成本较高，对于快节奏的现代人来说影响了他们进行深入了解的主动性，甚至在获取信息时费时费力，信息的混乱复杂也可能会阻止了他们对某项非遗技艺进行了解。与此相对地，动态信息能够补充静态图形无法表达出的信息，MG 动画能够将非遗技艺过程中的用料、制备过程等静态图形无法展现的信息展示在大众眼前，将复杂的过程和文字通过动画更为直接详尽地展现出来。①

案例材料

《带你了解佛山灯彩》MG 动画，将佛山彩灯的历史、种类、结构、制作技艺等与实拍图片结合起来，通过动画的形式创作重构，通过动画来讲述佛山彩灯文化及技艺。并且制作人通过有意夸大的形象以及改变动画运动速度与形状变化来获得更加有趣和有表现力的画面，使得所得的动画更加有趣、富有感染力和艺术张力，并且更易被广大受众所接受。

图 5‑2‑10　《带你了解佛山灯彩》MG 动画

资料来源：带你了解佛山彩灯——广美人文学院学生制作［EB/OL］. https://www.bilibili.com/video/BV1GW411j785/［访问日期：2022‑08‑29］.

---

① 靳璨,张飞越.非遗数字化保护与传承的新思路——MG 动画的运用优势及策略探析［J］.艺术科技,2021,034(004)：27‑28.

四、增强现实与非遗传承

增强现实(Augmented Reality,AR),即允许数字内容无缝叠加,并融入我们对现实世界的感知。对于非遗传承来说,AR能够将人们带回非遗文化产生的真实环境中,这种新颖的形式激发了许多年轻人对非遗文化的兴趣,同时可以帮助个人对非遗文化来源进行充分了解和理解,[1]如图5-2-11所示。

图5-2-11 古代李氏家族农村社会的虚拟实现

资料来源:Lang Y, et al. Construction of Intangible Cultural Heritage Spot Based on AR TechnEB/OLogy — Taking the Intangible Cultural Heritage of the Li Nationality in the Areca Valley as An Example. 2019:234.

(一) AR 虚拟人物互动技术

AR交互技术能够让非遗项目活灵活现,通过与虚拟环境中的非遗文化进行交互,实时感知和操作虚拟世界中的物体,增强非遗文化体验,呈现非遗文化的真实情境和内容精髓,有利于个人对非遗文化内涵进行感知和了解,扩大非遗文化的受众面,从而促进非遗文化的传播。

案例材料

1. 在传统皮影戏中的应用产生了皮影与观众的互动效果,让观众有更多的文化参与感,文献对基于AR技术的传统皮影和传统皮影的观看态度和效果等问题进行了调查,[2]发现与传统皮影相比融入AR技术的皮影更易被大众接受,观众可沉浸式地感受历

---

[1] Lang Y, et al. Construction of Intangible Cultural Heritage Spot Based on AR Technology — Taking the Intangible Cultural Heritage of the Li Nationality in the Areca Valley as An Example[C]. 2018 the 2nd annual International Conference on Wireless Communications,Networking and Applications (WCNA 2018),Wuhan,China,2018. 2019:234.

[2] 胡津铖.皮影艺术与数字交互艺术的融合探索[J].艺术科技,2019(16):2.

史。AR 技术更有利于激发大众对皮影的好奇心和兴趣,从而使得皮影被更多的人知晓,为皮影的可持续发展注入了新的生机与活力。

2. 睟颜 APP 中的 AR 京剧人物。配合 iOS 平台的 AR 技术,AR 京剧人物采用国画形式再加上现代动漫风格,只要点击 AR 功能,就会有一位"角儿"平地而起在观众眼前表演。在对外输出非遗四平戏的过程中,设计戏剧角色的设计师可以运用 AR 交互的技术,将人物形象以一种活灵活现的形式表现出来并投放到 APP 中,让人们可以触碰到戏剧角色,达到使用户通过触摸屏幕更换戏剧角色、调整人物姿态的简单交互目的,给用户带来不同的体验,激发用户对四平戏的兴趣,扩大非遗四平戏的受众面,发掘潜在的非遗四平戏的传承人。①

(二) AR 沉浸式体验

"花儿"是一种与传统诗歌不一样的通过民间口头传承的诗歌,是中国国家级非遗文化(ICH),因此,对"花儿"的传承不能直接沿用传统诗歌传承的方式,必须寻找新的方式。Liu 等人基于对公众的在线调查和对花儿专家的深入访谈,得出了一套在 AR 中生成故事情节和互动体验的设计要求,根据要求设计了名为"花儿与青春"的交互式 AR 系统,让观众体验和理解花儿表演的内涵。如图 5-2-12 所示,该方法增强了观众的沉浸式体验,让观众感受到和学习了非遗文化真实的内容,有利于"花儿"非遗技艺的教育传承。②

(a) 传送手势　　　　(b) 用来收集和抓住花瓣的手势　　　　(c) 模仿物体的手势

图 5-2-12　基于手势识别的互动表演叙述

① 非遗数字化案例分析:非遗与 VR/AR 结合的机会点和问题[EB/OL]. https://www.163.com/dy/article/H41M1UVP05533IW3.html.[访问时间:2022-08-29].
② Bekele M K, Pierdicca R, Frontoni E, et al. A Survey of Augmented, Virtual, and Mixed Reality for Cultural Heritage[J]. Journal on Computing and Cultural Heritage, 2018, 11(2):1-36.

五、虚拟现实与非遗传承

虚拟现实(Virtual Reality,VR)的概念是在 20 世纪 50 年代提出的,现在虚拟现实在娱乐领域的发展较为成熟。

图 5 - 2 - 13　VR 头显

资料来源:VR 眼镜盒子的亲戚"AR 眼镜盒子"连嗅觉灵敏的华强北都不愿下场 [EB/OL]. https://www.sohu.com/a/145283932_492152.[访问时间:2022 - 08 - 29].

许多研究证明了在非遗传承的过程中采用 AR、VR 的可行性。[①] 利用 VR 技术制作的非遗系列纪录片吸引了很多人的眼球。此外,通过 VR 展馆展示曲艺、传统技艺、民间文学等非遗文化项目的真实场景等非遗文化以原生态的方式延续传承。

(一) VR 纪录片

VR 纪录片是在虚拟现实技术背景下产生纪录片的新形式,现有的非遗项目的 VR 纪录片在保留纪录片取材于真实社会生活这一特性的同时,采用新型的 VR 技术来播放输出影像。VR 技术与纪录片的特性天然吻合,观众在佩戴 VR 设备后,可以沉浸其中去真实地感受记录下的非遗项目的内容。[②]

案例材料

2019 年 2 月 19 日,央视新闻发布消息将上线 VR 频道,并且播出世界非遗昆曲首部 VR 纪录片《昆曲涅槃》。网友将透过 VR"亲临"江南水榭楼台,看姹紫嫣红开遍,听

---

① Xie R. Intangible Cultural Heritage High-Definition Digital Mobile Display Technology Based on VR Virtual Visualization[J]. Mobile Information Systems,2021.

② 当 VR 遇上纪录片,真实的边界在哪里? [EB/OL]. http://www.cm3721.com/kuaixun/11636.html.[访问时间: 2022 - 08 - 29].

悲欢离合如烟。①

图 5 - 2 - 14　首部 VR 纪录片《昆曲涅槃》

资料来源：首部 VR 纪录片《昆曲涅槃》. https://www.163.com/dy/article/H41M1UVP
05533IW3.html.［访问时间：2022 - 08 - 29］.

(二) VR 交互技术

VR 交互技术，即通过专门的设备收集一些视频、图片等形式的资料，人们通过 VR 眼镜
就可以与环境产生交互的体验。在虚拟现实的"非物质遗产"环境中，人们可以全面感受到
非物质遗产的方方面面。通过 VR 全景相机拍摄少数民族节日活动照片和视频，并将影像
上传到网络上，人们戴上 VR 眼镜就可以体验少数民族节日的氛围；以丰富全面的资料作为
支撑，引入三维成像技术制作少数民族节日动画，帮助人们从视觉上感受民族文化的氛围和
魅力，通过这两种方式更好地实现少数民族节日数字化保护和传承的目的②。

VR 技术创建的多媒体和交互式漫游场景让游客接近文化遗产，感受文化遗产的历史、
文化和艺术价值，这种方法有利于物质文化遗产的传承。此外，人们可以通过虚拟游戏扮演
角色，参与其中，了解文化的方式、文化遗产的建设过程等。无论是物质文化遗产还是非物
质文化遗产，都可以根据传承的内容设计成三维虚拟游戏，使其得以传承。还可以利用虚拟
现实建模技术构建文化遗产的三维模型（如遗址、手工艺品等），然后用三维打印技术进行打
印，以便于学习和传承。③

VR/AR 技术不仅有利于非物质文化遗产的整体保护和传承，也避免非物质文化遗产遭
到破坏和腐蚀，拓宽了非物质文化遗产的传承路径和产业化发展路径。在虚拟现实技术的

---

① 首部 VR 纪录片《昆曲涅槃》［EB/OL］. https://www.163.com/dy/article/H41M1UVP05533IW3.html.［访问时间：
2022 - 08 - 29］.
② 邵晰.基于 VR 技术下的少数民族节日数字化保护与传承研究［J］.中国新通信,2020(9)：154.
③ 刘晓茜,李曦明,何人可.基于交互虚拟现实技术视域下非遗文化数字化传承与创新［J］.艺术工作,2022(1)：6.

支持下,改革创新使得非遗文化方式已经变得更加适合网络和信息时代的需要,这必然会扩大受众面,从而促进文化遗产的传承。

案例材料

VR京剧体验区"数剧京韵":以"坊间过大年"为主题的2019新春文化坊会,是北京坊新年期间独具特色的系列活动之一。新年活动还推出了科技味十足的VR京剧体验区,采用体积捕捉、动作捕捉、3D扫描等技术为游客带来新颖的观剧体验。①

六、人工智能技术与非遗传承

人工智能(Artificial Intelligence,缩写为AI)是计算机科学的一个分支,它企图了解智能的实质,并生产出一种新的与人类智能相似的方式做出反应的智能机器。AI算法因其对现实需求的快速反应能够为我们的现实生活带来便利。

(一)智能辅助设计技术

智能辅助设计是指通过对智能体的训练使得智能体获得一些简单的设计思维以代替人工。如今,在数字技术飞速发展的情况下,可以通过辅助设计技术做图案生成,以此来对传承人的技艺、技法进行数字化保存。不过,为了方便传承人的使用,还有许多难题需要解决。

图5-2-15 徐汇艺术馆二楼展厅中的壁画

资料来源:当人工智能开始创作古代壁画,非遗传承的关键是商业化还是玩起来?[EB/OL]. https://www.jfdaily.com.cn/news/detail?id=440093.[访问时间:2022-08-30].

---

① 非遗数字化案例分析:非遗与VR/AR结合的机会点和问题[EB/OL]. https://www.163.com/dy/article/H41M1UVP05533IW3.html.[访问时间:2022-08-29].

上海大学上海美术学院副院长金江波说:"在未来,要将艺术和科技相结合,智能辅助设计会被应用到非遗传承教学中,帮助群众更好地了解和掌握非遗技艺,也帮助传承人借助数字手段更好地传承技艺,形成数据库,从中提取更多和生活美学有关的设计。"①

案例材料

1. 在徐汇艺术馆二楼展厅中,设计者通过多媒体技术,将图片投屏到一整面墙上,制造了一幅幅壁画,使得参观者仿佛置身于数百年前西藏日喀则地区的庙宇中。墙壁转角,从壁画中分析提取的色彩流动成光波,诸如"红配绿"这样在口口相传中被认为是"传统禁忌"的配色方案,成为这些古代壁画的重要色彩搭配。这场"妙像焕彩化境入微——西藏日喀则地区13—15世纪壁画专题展",由徐汇艺术馆和上海大学上海美术学院数码艺术系合作举行,其背后是一场大数据与传统文化结合的实验,由传统元素构成的全新壁画正在由人工智能创作生成。②

2. 将数字化技术和非遗保护结合起来,构建了基于数字保护和产业化应用的羌绣服务设计系统(见图5-2-16)。在该系统中包含了多个功能,比如基于SIFT针法纹

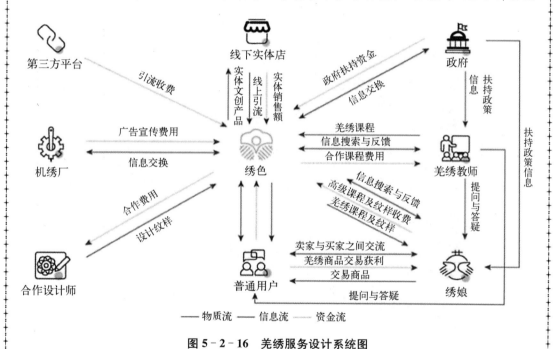

图5-2-16　羌绣服务设计系统图

资料来源:杨蕾,张欣,胡慧,等.基于数字化保护与产业化应用的羌绣服务设计[J].包装工程,2022,43(2):358-366.

---

① 创新非遗传承,靠人工智能如何实现[EB/OL]. https://baijiahao.baidu.com/s?id=16862022304964 76802&wfr=spider&for=pc.[访问时间 2022-08-30].
② 当人工智能开始创作古代壁画,非遗传承的关键是商业化还是玩起来?[EB/OL].https://www.jfdaily.com.cn/news/detail?id=440093.[访问时间:2022-08-30].

样提取进行 AI 针法识别、形状文法与图像拼接,还可以让访客自己设计纹样,从而根据客户的不同需求来进行非遗技艺的学习,引起客户的兴趣的同时传播更多的非遗文化技艺和知识。[①]

3. 金山农民画起源于民间,是上海金山的传统艺术之一,金山农民画起始于 1970 年代,其主要以江南水乡的乡土人情为主要的题材,以多种民间的艺术手法进行创作,并结合其浪漫主义的想象力和大胆的想法,创作出具有江南水乡特点的金山农民画。同济特赞设计人工智能实验室范凌的团队通过将人工智能和传统文化相结合,使得民众能够更好地接触和体验非遗传统文化。该课题组主要通过 Tezign.EYE 机器学习引擎对金山农民画进行结构分析,从而提炼出金山农民画的特点,在用户在屏幕上绘制简笔画后,Tezign.EYE 便可以利用机器在前期学习到金山农民画的特点,对用户的简笔画进行分析,对简笔画进行再创作,形成更加成熟的、专属于观众的金山农民画。[②]

图 5-2-17   AI 互动金山农民画

资料来源:当非遗老字号遇上人工智能   这些创意产品意想不到[EB/OL]. http://sd.sina. com.cn/news/2019-11-11/detail-iicezuev8694893.shtml.[访问时间:2022-08-30].

---

① 杨蕾,张欣,胡慧,等.基于数字化保护与产业化应用的善绣服务设计[J].包装工程,2022,43(2):358-366.

② 当非遗老字号遇上人工智能   这些创意产品意想不到[EB/OL]. http://sd.sina.com.cn/news/2019-11-11/detail-iicezuev8694893.shtml.[访问时间:2022-08-30].

（二）人工智能机器人

为实现 AI 时代下皮影的传承与创新，五邑大学的青年结合专业特色，利用 AI 算法实现机器人模仿人体动作来表演皮影戏，开创皮影新玩法，从构思、绘制、剪裁、雕刻、上色、拼装、表演等步骤，沉浸式体验皮影艺术，领悟红色文化，激发人们对非遗皮影的学习兴趣，吸引更多的人关注皮影文化，让非遗皮影实现创造性传承，创新性发展，让皮影艺术在光与影的传承与弘扬中绽放光彩。①

（三）风格迁移生成智能藏品

山东省艺术研究院数字赋能实验室将济南皮影戏与人工智能技术相结合，以 arXiv 数据库发布的图像风格迁移算法 Stylized Neural Painting 为技术支持，以济南皮影戏《西游记》剧目中的七个经典角色为学习模板，让 AI 自主学习传统皮影的制作和上色技艺，模拟渲染涂色的过程，让 AI 能够完成对皮影形象的自主色彩创作，从而将数字化技术和传统文化有机结合起来。通过人工智能来学习创作数字皮影藏品，能够进行创作创新，制作符合时代潮流以及年轻人审美的新作品。山东省艺术研究院数字赋能实验室通过人工智能对皮影进行批量的上色创作以及细节加工，最后将作品在线上出售，传承人也可通过分享皮影技艺和创意获得相应的报酬，为非遗文化传承注入新的活力。②

七、虚拟世界中的非遗传承

元宇宙（Metaverse）是利用科技手段进行链接与创造的、与现实世界映射和交互的虚拟世界，是新型社会体系的数字生活空间。从报纸到广播、电视到互联网，媒介的更新换代不仅是时代巨变的重要标志，也重构着人们的生活方式，正如麦克卢汉所说的"任何发明或技术都是人体的延伸或自我截除"。元宇宙的出现将继续扩展人体延伸的范围，改变人们感知世界的方式，也将为非遗的活态化传承、数字化生存提供技术支撑。

元宇宙可以通过标准化协议及创作平台的授权，使用户获得编辑和修改权，进而促进非遗体验产品的创作。区块链技术的大规模运用能够建立去中心化、节点化、高度透明的交易链条，通过代币建立永续发展的闭环经济系统，打通虚拟世界与现实世界的经济连接，进而实现非遗体验和创作的变现，这为非遗传承者提供了更有吸引力的发展机遇，有利于扩大非遗传承者队伍，实现非遗的产业化运营。③

---

① 吴江门五邑大学学生用 AI 助推皮影传承与创新承笃［EB/OL］. http：//www.rmsznet.com/video/d334783.html.［访问时间：2022-08-30］.
② 山东推出首款 AI 人工智能打造数字皮影藏品［EB/OL］. https：//baijiahao.baidu.com/s?id=1722259065730844009&wfr=spider&for=pc.［访问时间：2022-08-30］.
③ 王颖.让非遗"活"起来：元宇宙与我国非遗发展新思［EB/OL］. https：//mp.weixin.qq.com/s?__biz=MzA5MzE0ODc2NQ==&mid=2667743025&idx=2&sn=e238e8cd0965caa6fd105c1e9d27c46e&chksm=8a946403bde3ed15e5a4de7d00ba2bd394c289bbfac134adaef73013525f5cf94e0cc9f8334a&scene=27.［访问时间：2022-08-30］.

案例材料

2022年6月2日,由浙江省教育厅、浙江省援疆指挥部、中共阿克苏地委教育工委主办,阿克苏地区教育局、浙阿特殊教育发展联盟等单位承办的"浙阿同心,共富'童'行"——新疆阿克苏地区特殊学生赴浙江"手拉手"夏令营来到余杭街道,体验传统文化非遗、人工智能小镇、5G创新园"元宇宙"项目。此次夏令营旨在深入实施浙江"百校十万""石榴籽""青少年融情工程",也为深入推进浙江援疆"启明行动"赋予了新内涵。小朋友们来到余杭街道永安村"石榴籽"家园体验余杭非遗蓝染制作,在乡贤代表蓝染非遗传承人的教授下,大家详细地学习了传统"蓝染"技艺和流程,同时进行了染色实际操作,并形成独一无二的非遗艺术作品。人工智能小镇是对人工智能、5G技术在公共服务业的场景应用,包括了人工智能语音识别的前沿行业应用等内容。在余杭街道知联会会员企业强脑科技体验智能仿生手与脑机互动,也让小朋友们对人工智能的发展有了比较具体准确的认识,激发了大家对未来智能化创新发展的学习积极性。

第三节　数字非遗的传承平台与运用

一、数字非遗传承平台与运用概述

数字化平台的运用在各行各业都发挥了不可替代的作用,尤其是随着大数据时代的到来,数字化平台的建设有更多数据的指导,使得数字化平台的功能越来越全面。现有的数字化平台利用数字媒体技术、数字动画技术、VR/AR技术、人工智能技术、通信技术等将来自位置偏僻地区的非遗文化进行数字化并提取到交互平台上,并赋予这些平台记录、保存、检索、查看、还原、重建、共享信息等功能。这些技术的运用和功能的集成也为大众生活提供了便利。建设数字非遗传承平台是非遗文化传承的必要手段。非遗经过世代相传延续至今,需要与时俱进。在移动互联网时代,非遗传承的舞台更大了,不再以地区为界,而是扩大至全省、全国,甚至全世界。

王莹针对智化寺京音乐提出在资金、设备条件允许的情况下可以运用数字化摄影、录音、图片对智化寺京音乐的表演数据进行采集,再利用2D、3D数字建模技术对表演的场景进行重建,最后利用三维的数字平台对该项技艺进行展示,使这种艺术真正传承下去。[1] 对于非遗传承平台的搭建,首先,要做好明确的平台定位,区分出普通用户和专业用户,有针对性地提供服务,除了提供共同的普通资源以外,还要加强个性化的非遗资源的推送,根据不

---

[1] 王莹.智慧博物馆与非遗保护传承——以智化寺京音乐"数字化"保护与传承为例[C].2019北京数字博物馆研讨会,2019.

同客户的需求,有针对性地推送相关资源,适用于不同的群体。

数字非遗传承平台的形式是多种多样的。首先,线上教育平台可以通过数字课程打造非遗文化的科普平台,各个高校联合非遗文化的诞生地打造专业、全面、共享的数字课程,从青少年开始普及非遗文化从而让非遗文化深入人心;其次,存在各种各样的针对不同非遗文化搭建的网络化平台和实体化平台;最后,还有保证非遗传承自给自足的产业化和市场化平台,这些平台会专门针对一项非遗文化传承过程中存在的具体问题设计一些功能,从多个角度为非遗的传承添砖加瓦。

二、非遗数字化传承教育平台

(一) 线上培训

线上培训主要是通过线上的形式,突破地域、空间的限制对一些负责非遗传承相关工作的人员进行培训。线上培训课程的受众面比较宽泛,降低了从事非遗传承工作的门槛,有利于非遗文化传承工作的顺利开展。

案例材料

6 月 29 日,天津市残疾人社会保障和就业服务中心举办"2022 年市级残疾人非遗评书——有声书录制项目技能线上培训班"。来自全市各区的 25 名残疾人怀着对非遗传统艺术的热爱,将参加为期一个半月的线上非遗有声书录制培训,培训后通过考核的学员将实现见习就业。

针对重度残疾人行动不便、就业难的现状,中心积极走访,联系多家知名企业和机构,寻求残疾人足不出户通过网络可以实现居家就业的途径。经过调研论证,非遗文化评书项目满足残疾人的特点和需求,具备可以足不出户居家就业的优势。中心与培训教师精心筹备,制定优化了培训课程、培训方式,力求在短时间内,让残疾人掌握技能、技巧,实现就业。①

(二) 线上课程

线上课程是将课程内容录制好后发布到网上供学习者自由观看。非遗资源库、在线课程和制作微课是当下高校利用数字化新媒体手段展开研究和传承非遗的三种常规途径,这些课程可以在网络上共享,为学习者提供了便利的学习条件,丰富了教育传承的内容,同时高校在媒体融合的背景下创新传承非遗模式与途径可最大化发挥高校在非遗传承中的积极作用。②

---

① 传承技艺　匠心助残——远程非遗评书培训助力残疾人居家就业[EB/OL]. https://www.sohu.com/a/563835286_121106842.[访问时间：2022 - 08 - 30].
② 许文娟.数字化新媒体视域下"非遗"传承模式的探索[J].扬州教育学院学报,2020,38(1)：4.

案例材料

"非遗文化进校园"为南京工业职业技术大学大学生校园文化艺术节的传统品牌活动,一直备受师生们的好评。2020 年南京工业职业技术大学通过校团委在 B 站上首次开创非遗"云"课堂,紧密围绕具有南京特色的非遗文化进行深入的调研,邀请南京国家级、省级非遗文化传承人在直播间与青年大学生共同畅谈新时期如何传承和弘扬中华优秀传统文化。①

文化和自然遗产日,是每年六月的第二个星期六,是中国文化建设重要主题之一。为迎接文化和自然遗产日的到来,坚持"人民的非遗,人民共享"的理念,促进我区非遗文化保护传承工作,北仑区文化馆特别推出 2022 北仑区"非遗传习"云课堂网络培训项目,以线上课堂的形式,带领非遗项目走进群众,走进生活,推动非遗与现代生活相连接,让群众感受北仑非遗的传承之路,领略非遗魅力。在非遗产业互联网平台中,以手工技艺学习为核心的互联网平台"手工客",通过集结互联网平台中的手工艺人和手工爱好者,搭建了一个学习手工和分享手工作品的互动社区。平台通过手工艺人将原创手工进行拍照、上传、分享,提供给了手工爱好者丰富的学习资源,并建立圈子方便手工爱好者交流。同时通过平台开展线下沙龙体验与产品销售服务。②

三、非遗传承实体化平台

非遗传承实体化平台是指在线下进行非遗传承相关活动的团体或组织本着资源共享、互惠互利、共同发展的原则建立的实体化平台。这类平台有利于汇集非遗传承资源,充分发挥传承人、政府职能部门、高等院校的各自优势。

案例资料

(1)面对非遗传承的复杂难题,嘉兴市市文化广电旅游局、嘉职院联合组建"嘉兴市非遗文化学院"(以下简称"非遗学院")。利用非遗学院的平台优势,组织以"强基础、增学养、拓眼界"为目的研培研训,唤醒传承人的传承意识,加快推进非遗的校园大众化普及进程。面对高校建设的现实需求,成立非遗学院是最优增量。推进职业教育与非遗传承融合发展,高校具备担当重任的能力和条件。一方面,非遗成为高校教育的一部分,可以丰富课程资源,发展特色办学,促进平衡发展;另一方面,通过参与非遗传承保护,高校可以进一步拓展校企合作、校地联合的新模式,更好地融入地方发展,不断推动

---

① 非遗"云"课堂助力文化传承[EB/OL]. https://www.yangtse.com/content/1326133.html.[访问时间:2022-08-30].
② 跑马灯|2022 北仑区"非遗传习"云课堂网络培训项目(十一)[EB/OL]. http://news.sohu.com/a/571438542_121117478.[访问时间:2022-08-30].

优秀传统文化在继承中发展，在发展中继承。

（2）平潭海峡民间艺术馆收集并展出了世界各地的海螺和贝壳藏品，这不仅可以让海岛的民众认识和了解海洋以及海洋中的生物，同时能够搭建起港台两地人民非遗文化爱好者以及传承者的友好交流的桥梁。一开始，平潭海峡民间艺术馆主要通过展示平潭的各种贝雕工艺品、奇异贝壳以及在世界各地收集的各种贝壳艺术品，宣传和弘扬贝壳文化，让更多的人了解熟悉贝壳和贝雕文化。之后在更多人熟知平潭海峡民间艺术馆后，艺术馆逐渐成为平潭贝雕省级非遗传承基地、省文联省宣"一县一品"＝特色文艺基地和平潭贝雕国家级地标产品展示基地。在艺术馆内不仅展出了各种各样的贝壳，而且设立了许多的艺术体验馆，如雕刻坊、剪纸坊等多个区域，通过体验和观摩学习的活动来打造一个非遗文化学习和传承的平台，在艺术馆中还有许多的民间非遗传承人进行讲解教学，教授群众体验贝雕制作和剪纸艺术，以及水仙花雕刻等，从而更加有效地传播和传承海岛上的传统文化，使非遗文化更好地传承下去。①

图 5 - 3 - 1　平潭景区石牌洋贝雕艺术品

资料来源：平潭海峡民间艺术馆 打造非遗"活态"传承平台［EB/OL］. https：//www.thepaper.cn/newsDetail_forward_10994479.［访问时间：2022 - 08 - 30］.

四、非遗传承网络化平台

国内不少地方建立了非遗网络化平台，如非遗网站，民众可以通过平台查阅和下载非遗资源，有能力的非遗传承人或者民众也可以上传独有的珍贵影像、资料或者精美的非遗作

---

① 平潭海峡民间艺术馆 打造非遗"活态"传承平台［EB/OL］. https://www.thepaper.cn/newsDetail_forward_10994479.
［访问时间：2022 - 08 - 30］.

品,丰富非遗新媒体平台的数据储备。还有一些其他的非遗传承网络平台,比如非遗社区、非遗文创平台、智慧博物馆、数字文化馆。

(一)非遗传承网站

中国非物质文化遗产网是非遗传承网站中的代表,该网站主要包含非遗传承新闻、非遗传承人库、非遗传承基地等内容,登录网站即可方便快捷地查阅非遗文化的相关内容,有关非遗文化传承的动态也会在网站上实时更新,方便人们了解走近并更好地传承非遗文化。

(二)非遗社区

非遗社区 APP 平台是通过升级非遗产业的形态来全面提高非遗的用户体验,充分利用互联网技术,以现代产品设计的方法搭建以手工艺教程和直播为主题的手工艺社区平台,非遗社区 APP 将科技与文化相结合,从用户的角度出发,结合创新非遗传承的模式,是一种关注用户体验的非遗传承途径。[1]

(三)数字文化馆

建设文化馆能够有效解决人民日益增长的物质需求与精神需求不匹配的问题。文化馆最卓越的贡献就是传承民族文化,而数字文化馆是传统文化馆的创新形式。更好地保护和传承非遗文化是数字非遗文化馆的首要任务,建设数字非遗文化馆有利于群众快速便捷地在数字化文化馆中找到自己的目标资料,并伴有线上预约、线上交流等功能。数字文化馆的便利快捷大大提高了文化馆的使用率,为非遗文化注入新的元素是对非遗文化批判式继承的关键步骤。

案例材料

2021 年至今,宜昌数字文化馆非遗线上展示活动异彩纷呈。一是"非遗＋文娱"。2022 宜昌市端午节暨"文化和自然遗产日"非遗宣传展示活动期间,市文旅局、市非遗中心联合推出"趣味龙舟有奖大比拼"小游戏,不仅普及了屈原故里端午习俗相关非遗知识,还生动融入了城市 IP 形象,并将文创产品作为奖品,实现文、体、旅的线上融合。游戏一经推出,就受到网友的追捧,上线仅 5 天,吸引近 2 万人次参与游戏。二是"非遗＋产业"。宜昌数字文化馆开设"宜昌非遗购物节"专栏,上线 52 个非遗项目、162 款非遗热卖产品。"宜昌非遗购物节"活动影响深远,通过爱上宜昌、新华网、荆楚网、《三峡日报》《三峡晚报》等媒体平台线上推介、网络展播等,推动了疫情后复工复产,助力非遗传统工艺类项目传承发展,在增强非遗传承人文化自信、增加收入的同时,也让宜昌非遗好物走进千家万户。[2]

---

① 杨利强,高瞩.基于用户体验的非遗社区 APP 设计研究[J].设计,2020,33(5):3.
② 宜昌推动数字文化馆进万家[EB/OL]. https://baijiahao.baidu.com/s?id=1736836189982583969&wfr=spider&for=pc.[访问时间:2022-08-30].

（四）虚拟展示平台

虚拟展平台采用线上的形式使人们在手机、平板等终端设备能够随时随地地进入一些场景,了解其中的内容。现在有很多为非遗文化打造的非遗虚拟展示平台,这种以视觉化、审美化和数字化呈现非遗技艺的方式对非遗技艺的解读更加现代化,让人们在现代生活的空间中了解、参与非遗的传承与保护。各种网络社群平台的涌现为很多非遗文化的传承带来了新的生机与希望,通过不断优化完善和升级网络社群的功能有效应对传统社区内非遗传承面临的一些窘境,这也正是网络社群代替传统社区优化非遗传承过程的意义。

案例材料

（1）专门为南京云锦、金箔、绒花等非遗技艺打造的非遗虚拟展示平台"ZHI艺"采集了大量相关工艺素材,设计了云锦色卡,并设计了云锦配色小游戏(见图5-3-2),实现了对云锦纹样快速设计和定制。打开"ZHI艺"平台既像是走进了非遗技艺智慧博物馆,又像是走进了非遗技艺的体验馆。[1]

图5-3-2 "逐花异色"云锦配色小游戏

资料来源:田野."ZHI艺"平台:打造绚丽的非遗数字化展示空间[J].文化月刊,2021(05):20-21.

（2）苏州檀香扇非遗技艺借助IdeaVR引擎设计了虚拟传承平台的功能,通过建立内容丰富的非遗文化数据库、构建三维模型、渲染虚拟场馆等方面分析和实现了苏州檀香扇非遗虚拟传承平台的搭建,该平台实现了檀香扇材质更换交互体验、檀香扇设计

---

① 田野."ZHI艺"平台:打造绚丽的非遗数字化展示空间[J].文化月刊,2021(05):20-21.

环节交互体验,为用户带来十分逼真的视觉体验,交互感更强的互动体验,使用户进一步深刻地认识和了解了苏州檀香扇的非遗文化,同时也获得了学习檀香扇非遗技艺的VR体验,针对平台的测试结果和用户反馈证明了基IdeaVR引擎的苏州非遗文化传承平台对于苏州檀香扇非遗文化和技艺的保护、传承、发展等方面都发挥了积极作用,有很强的实用性。①

(3)在数字化和产业化的大背景下,构建整合线上线下的羌绣服务设计平台,成为弘扬羌绣文化的一大出路。羌绣爱好者可以在该平台上了解和体验羌绣文化以及羌绣工艺,而绣娘则可以在该平台学习羌绣的针法,提升自己的技艺,并且绣娘可以在该平台上介绍售卖自己的作品,有利于羌绣的可持续性发展。于是羌绣平台就包含两种客户端,分别是绣娘绣娘端(卖家端)与绣友端(买家端)(见图5-3-3)。绣娘端:绣娘通

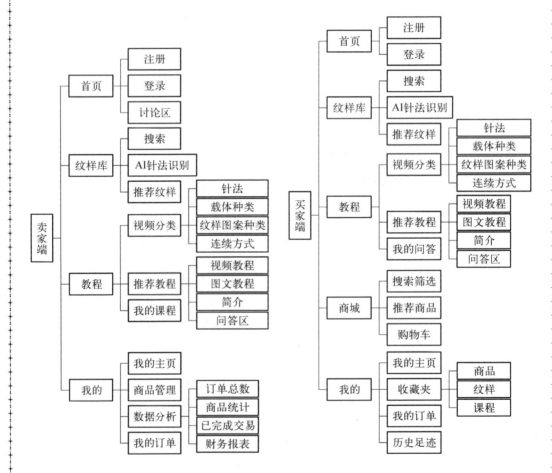

图5-3-3 卖家端、买家端的信息架构

资料来源:杨蕾,张欣,胡慧,等.基于数字化保护与产业化应用的羌绣服务设计[J].包装工程,2022,43(2):358-366.

---

① 王建磊.基于IdeaVR引擎的苏州非遗文化传承平台的设计与实现[J].现代信息科技,2021,5(23):6.

过 AI 匹配识别相应的针法,之后给出相应的学习视频和图文解答,帮助绣娘学习针法。绣娘在经过 AI 识别匹配、AI 交互后学习相关的针法教程,最后自己 DIY 设计制作自己的作品,并在平台上展示交流进行售卖。绣友端:羌绣爱好者可以在平台上选择自己喜欢的羌绣内容进行了解学习,并且可以自己动手尝试 DIY 羌绣作品,并在平台上交流心得等。

五、非遗传承产业化和市场化平台

非遗传承应用的产业化和市场化平台的建设能够有效解决这一问题,通过打造非遗传承平台可以将非遗传承人作为平台建设的主体,通过非遗传承人解读非遗文化的科普信息和传承非遗文化的要点来分析、设计、实现非遗文化传承平台是双赢的决策,同时也为非遗传承人创造了收益,以往主要依靠政府资金扶持的非遗传承事业,如今随着各大数字化平台逐渐探索出了一条自给自足的发展之路。[①]

(一) 视频号

微信视频号为非遗传承发展提供了新机遇。魏福庆利用视频号等平台,在前端通过短视频和直播展示作品吸引人们的关注,在后端通过工作坊研发产品、保障供应,打开了编织工艺品的线上市场。现在魏氏编织有 300 余种工艺品,一天能卖出 500 多个产品,每月营收将近 50 万元。魏福庆将女儿魏文轩制作柳编的视频放在视频号上,其中一条视频高达 2.9 亿人次观看,魏文轩也因此收获了全网 700 万粉丝。魏福庆认为,广泛的用户基数、强大的社交属性、丰富的微信生态工具使得视频号为非遗的传承发展提供了新机遇。当前,非遗传承人在短视频创作方面存在定位不清晰、内容缺乏题材、质量不高等普遍难点。他认为带货的前提是内容,创作出实用、有趣、有冲击力、用户喜欢的视频内容,抓住观众的好奇心,才能以此为基础利用视频号实现非遗传承的产业化。[②]

(二) 智能移动平台

1. 非遗交易平台

数字非遗交易平台是一个售卖非遗文化产品的线上交易平台,该平台以非遗传承为契机,全面推广非遗文化品牌,充分利用非遗文化街区、非遗商标及相关产业发展等优势,推进非遗文化资源优势向发展优势转变,既弘扬好非遗文化,也更好地将非遗文化成果转化为生产力。甘肃上线的"甘肃文旅文交中心数字非遗交易平台",不仅保护传承了非遗文化,还为

---

① 赵熠如.加速变现　微信视频号首战"6·18"[J].中国商界,2022(07):58-61.
② "非遗"+"版权",这个创新交易平台今日上线[EB/OL]. https://baijiahao.baidu.com/s?id=1744417756999853448&wfr=spider&for=pc.[访问时间:2022-09-20].

甘肃的非遗产品构建起了一种新的消费模式，实现了多方带动各相关产业发展的效果。

案例材料

荔湾区非遗版权交易平台是对近年来"非遗"＋"版权"的全新探索，具有作品版权展示、交流、宣传、交易等功能，是增强非遗活力、为非遗传承人提供版权服务的综合性平台。

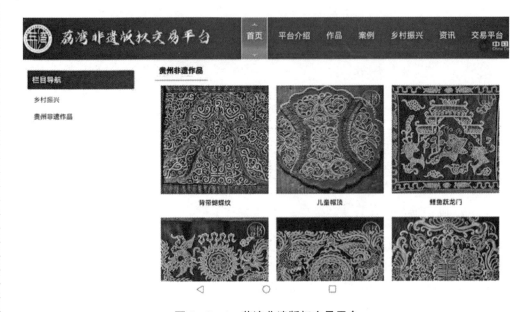

图 5‑3‑4　荔湾非遗版权交易平台

资料来源："非遗"＋"版权"，这个创新交易平台今日上线[EB/OL]. https://baijiahao.baidu.com/s?id=1744417756999853448&wfr=spider&for=pc.[访问时间：2022‑09‑20].

2. 智能体验平台

数字非遗智能平台是通过互联网、物联网、移动平台的巨大优势搭建的湘西南的"非遗＋SEB/OLoMo"智能移动平台，是一个以用户体验为中心，构建的针对湘西南非遗文化的大型智能移动平台。该平台有效整合了非遗商业资源，为个人用户提供了线上线下消费平台，协助实现非遗文化的主动传承，通过科技创新、产业转型、整体升级非遗产业能够自给自足，有利于非遗产业链的可持续性发展。[1]

以传统手工技艺类非遗传承为目标的"传＋"平台是以传承保护为基础，以品牌为引领，以模式创新为方式，以产业发展为永续动能的非遗经济模式。"传＋"，即传承家艺，又意"传加"，以"＋非遗"的方式使非遗与现代空间有机融合。一切非遗都可以产业化和市场化，打造非遗文化品牌的同时开辟了非遗文化传承的新路径，最终增加传承人的收益。"传＋"平

---

[1]　李定芳，文晨.湘西南"非遗＋SEB/OLoMo"智能移动平台建构初探[J].吉林艺术学院学报，2019(2)：6.

台是国内非遗经纪第一综合平台,针对非遗文化的传承提供了许多融合非遗文化与商业的新思路,真正凸显了传承人这个团体的主体性地位,真正地为该人群服务,活化了非遗技艺本身和其产品,为非遗文化的永续发展提供了不竭的动力。[①]

3.智能综合平台

数字非遗智能综合平台是指包含了非遗文化街区体验、文创产品制作与售卖等形成的联动非遗平台,平台搭建者和参观者共同组成了沉浸式体验场景,创造了内容生态的"互生"模式,让体验者感受到多彩的沉浸式的传统非遗文化氛围,从而活态化非遗传承。首创集团全力打造的咏园,将曾经的老旧厂房焕然一新,变成了充满文化气息的文创园区。咏园内既有新建的现代化沉浸式展厅,又保留了百年古砖墙,在建筑风格上,古今融合的理念与咏园非遗创新转化的功能一脉相承,其非遗体验式共创空间及消费场景,覆盖非遗＋美食、非遗＋博物、非遗＋娱乐、非遗＋住宿等业态。

图 5-3-5　咏园"绿码挂件"

资料来源:北京东城咏园:线上文创带火京绣"绿码"[EB/OL]. https://baijiahao.baidu.com/s?id=1733765210034604630&wfr=spider&for=pc.[访问时间:2022-08-30].

咏园园区设计出全链条服务平台,覆盖了非遗设计管理、IP 授权、样品试制、金融服务、生产销售、市场推广等丰富业态,形成非遗文化的全业态园区。未来,咏园将为入驻的传承人、设计师及企业搭建舞台,一手牵起非遗传承人,一手牵起设计师,通过资源整合,围绕文创产品的研讨、试制、发布、销售、传播,形成全产业链条。

---

① 李媛媛.非遗经纪模式探索——以"传＋"平台为例[J].非遗传承研究,2022(1):4.

第六章
数字非遗的交互与传播

第一节　数字非遗的交互与传播概述

数字时代的来临、不断出现的新技术给中国非遗文化的再现提供了最有效途径,而且使网络平台突破了传统非遗传播区域性的限制,彻底改变了中国原有的非遗传播生态环境,为全球民众充分了解、进一步认识我国的非遗文化提供了更大平台,也为传播我国的非遗文化、传承价值和向全球介绍中国非遗核心资源,创造了更加清晰的平台。[①]

随着交互技术的持续完善和提升,信息资源共享、开放共享逐渐成为当今社会的主要特点,而交互技术衍生的点赞、评论、转发等行为,使用户在了解事物的同时更具有参与感,传播得更为广泛。交互式传递是指在信息传播过程中,当来自听众的实际反馈已被接收,而传播者又将其加以利用,从而进一步调整并修饰,再次传递给听众信息时的传播方式。[②]

一、数字非遗交互与传播概念

交互一词源于国外,是指因为有了"动作"和随之产生的"反馈"才形成了一个交互的基本单元。[③] 交互设计(Interaction Design)这一概念,最初是由 IDEO 创始人之一比尔·莫格里奇(Bill.Moggridge)于 1984 年在顶会上提出,他曾创造出世界上第一个笔记本 Compass系统,撰写并出版了在人机交互设计方面影响巨大的《Designing Interactions》一书,堪称人机交互设计之王。[④] 基于电脑与网络诞生的互动系统,使命是帮助用户以最优化方法达成其目的。

传播的实质是信息共享,是指人类的社会性关系和人与整个社会相互之间的关联,既依

---

① 薛可,龙靖宜.消弭数字鸿沟:中国非物质文化遗产数字传播新思考[J].中国非物质文化遗产,2021(2):8.
② 百度百科.交互式传播[EB/OL].https://baike.baidu.com/item/交互式传播/8180141.
③ 王军亮.浅析交互设计的语义层面[J].艺术科技,2019(7):1.
④ 王军亮.交互设计的步骤与法则[J].明日风尚,2017(16):1.

托着整个社会进行传播，也反映了人类社会。[①] 传播过程是人产生的双向的交流行为，无法把传播过程孤立起来加以探究，而应当把传播过程置于人类的生产活动与人类文化交流中进行研究。[②]

随着网络信息技术的快速发展和应用的普遍，交互式传播技术已成为人类分享、沟通信息和形成共同思想的重要途径和丰富社交生活的重要部分。互动传播，即信息传播者和接收者之间采用交往与互动的形式实现信息传播。

相比于传统传播方式来说，通过社会化媒介交流的主体与用户之间已经不存在明确的边界了，两者更加平等，通过弹幕、点赞、点评等方式能够近乎无障碍地交流内容。以网络为基础的互动传播是一种多向互动沟通的方式，无论是宣传效果还是在宣传效果方面都很显著。比起以往的单向信息传递渠道，目标受众不仅主动地接受科学信息，而且积极吸收科学信息，并进而作为科学资讯的主要传播者，从而使科普知识更加深入、快捷地传递。

伴随着新媒体的高速发展，新出现的交互性使得传播方式发生改变。而这样的交互性能使传播者与接受者之间直接互动、互换地位，甚至能让传播者与接受者对信息的控制实现对等。在非遗的交互与传播中，共经历了三个阶段——传统展示阶段、融媒体呈现阶段和数字交互参与阶段。

（一）传统展示阶段

最初，非物质文化遗产是通过有形的陈列式展览进行呈现，观众通过视觉欣赏，经讲解员讲解、提问的方式进行互动，传达效率低、整体体验单调，对于非物质文化遗产，观众只能

图 6-1-1　非遗手工课堂

资料来源：腾讯新闻.现场教学让非遗文化"活"起来［EB/OL］. https://new.qq.com/rain/a/20211004A08AXF00. ［访问时间：2022-07-10］.

---

① 郭庆光.传播学教程第二版［M］.北京：中国人民大学出版社.2011.
② Schramm W L, Porter W E. Men, women, messages, and media: understanding human communication［M］. Beijing: Peking University Press, 2007.

通过一件物品、非遗传承人的现场表演或者一个故事来交互传播,受众群体非常有限,难以被广泛接收,传播能力非常弱。此外,文字记录为典藏的补充,在民间的非遗保护中较为常见,但由于文字记录属于一维状态,所以不能完全还原非遗文化的真实性;摄影存储的方式为二维平面状态,利用照相设备可以记录非遗技艺的部分过程,人们可以通过图像清晰直观地看到非遗,但形式流于表面,看过后不会留下深刻印象。

(二)融媒体呈现阶段

随着科技的发展,音频、视频等多媒体技术不断出现,非遗的呈现方式也大大丰富,观众可以通过多种感官来接收非物质文化遗产的内容,了解非物质文化遗产的发展历程、背景和相关传说,补充实体展示所缺乏的信息,人们也能够为即将消失的非遗留下了备份。在这一阶段中,形式逐渐变得多样化,如视频存储可以完整地记录非遗的整个过程,将其演变过程和发展状态都动态记录下来,观众可以观看、回放非遗的制作过程,领略非遗的美,通过看、听多维感受非遗之美。利用这些融媒体的互动功能,人们可以在画面中与制作视频的人交流,产生一定的参与和体验感,更能激发观众传播的积极性。

此外,随着移动终端等技术的不断发展,人们可以在手机上浏览新闻、博客,记录分享所了解的非物质文化遗产,促进二次交流传播。

图 6-1-2 非遗融媒体教学 绒花的制作方式

资料来源:腾讯新闻.非遗绒花的技术受到年轻人的欢迎[EB/OL].https://search.bilibili.com/all?keyword=非遗绒花&order=click.[访问时间:2022-07-28].

(三)自媒体交互呈现阶段

在自媒体时代,观众可自发地在新闻 APP、图文 APP 参与内容提供和分享,其交互性、易传播性与易用性大大缩短了传播的时间。在这一阶段,非遗的主要特征是文化遗产的数字化和虚拟化,展示的场景也多样化起来,出现了数字博物馆。人们可以通过查阅网站观看文物及其相关内容,足不出户便可以欣赏非遗的魅力,可以选择自己想观看的内容、形式、角度,甚至是在各地博物馆内获得沉浸式的体验,数字媒体加强了与用户之间的互动,使非遗再次出现了活力。

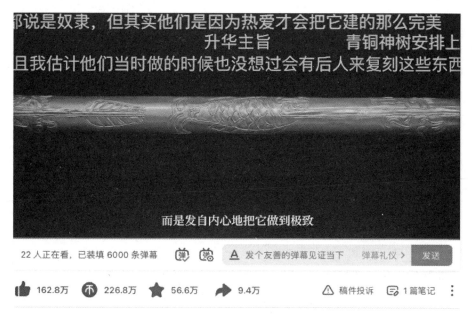

图6-1-3　大运河下的增强现实技术

资料来源：数字化何以激活非遗艺术.https://view.inews.qq.com/a/20220709A05B3Z00?refer=wx_hot&ft=0[EB/OL].[访问时间：2022-07-28].

自媒体的便捷性和可交互性，使非遗不仅仅是单方面的输出，而是允许用户获得深度参与的交互式体验，让观众留下深刻的印象，感受实操的快乐。

二、数字非遗交互与传播意义

联合国教科文组织《条约》明确指出，维护非遗项目是指通过对全球非遗的开发现状所进行的"立档、研究、保存、保护、宣传、弘扬、传承和振兴的相关措施"。①

党的十八大以来，习近平总书记就文化创新方面做出了一系列重要阐述，明确指出，必须注重文化发展，着力推进文化创新，把文化放在我国建设全局的中心地位；创新是非物质文化遗产建设的主要力量，也是推动文化产业建设繁荣的根本，必然成为"十三五"时期文化产业建设的重要热点。

针对中国非遗数字传播效应的调查结果表明，65%的受访青年人并不了解中华苏绣，而青少年人群对我国传统非遗的认识水平也较低。但由于我国非遗传承人目前的整体平均年龄已达到了60周岁以上，因此他们自身对数字传播也比较陌生，而且对数码技能和专业知识的储备不足，在数字应用能力上也比较单薄，一直处在非遗数字传播失语的状况下，成为数字时代的"弱势群体"。②　正由于此，非遗传统与数字时代之间、非遗传承人和广大受众间

① 巴莫曲布嫫.从语词层面理解非物质文化遗产——基于《公约》"两个中文本"的分析[J].2021(2015-6)：63-71.
② 薛可,龙靖宜.消弭数字鸿沟：中国非物质文化遗产数字传播新思考[J].中国非物质文化遗产,2021(2)：8.

的鸿沟越拉越大。

目前世界发达地区的非遗文化已经采用了数字技术，而在中国很多地区保存着珍贵的非遗，但因处在偏远地区无人过问，最后陷入人们了解不到、难以传承，直到慢慢消失的恶性循环。

作为中华民族文明的文化珍宝，我国非遗的传播和留存必须适应时代的变迁、适应社会群众的需要，在提升个人宣传表达能力的同时，充分运用多种技术手段展示我国的非遗风貌，把传递非遗信息的数字编码和解码过程置于同一个符码系统中，防止非遗数据传递差距不断增大，并逐步消弭由于数据接入、数据使用和数据能力所形成的非遗传递数据差距，各种交互技术与非遗的融合可以提高人们对非遗的认知，加快传播。

三、数字非遗交互与传播必要性

通常，非物质文化遗产都是以无形的方式存在的，非遗的传播都大多依靠传承者们。以舞蹈和音乐为例，人们通过现场观看，沉浸其中，就能感受到舞蹈和音乐之美，但若没有特别的解释，人们无法感受到舞蹈和音乐所包含的文化特征和内在涵义。而且一旦传承人死亡，后续的学员不知其文化内涵，只模仿动作，很多非遗只能慢慢消失。[1]

传统的非遗项目主要是以口传身授为主体的传统形式，而继承与开发的基础关键在于人——文化传承人。由于中国经济社会的发展，很多传统戏剧已经离开了它自身的发展环境，其存在状况也因为传承人的减少而变得越来越严峻；而且这些传统模式在今天尤显脆弱不堪，远远无法适应当前的艺术传播需要。而非物质文化遗产的脆弱性尤其突出，这种脆弱性源于日益变迁的时代、日益发展的经济社会，以及不断更新的艺术需要。而非遗的生命力，不仅仅要求艺术家一代一代人的不懈继承与奋斗，更需要的是有足以支持它自身存在与发展的广大受众人群，两者缺一不可。古老的观演与传播手段再好，但如果仅仅依靠现在的传播方式而没有改革进取，大多非物质文化遗产所引起的重视将会逐渐减少，甚至会彻底走向消亡。

非遗的精髓在于实体和精神共存，用传统的手段保护非遗的原生态、真实性、朴素性和持久性，只能传承非遗文化的实体，而精神则需更加丰富的表现形式来彰显，新的交互技术，能够使非物质文化遗产的发展与科学技术结合起来，将无形转化为有形，以增强人们对于非遗内涵的认知和理解。随着信息技术的飞速发展，数字技术正在引发革命，这些技术的进步，有利于人们弥补时间和空间的鸿沟，了解传统艺术的内涵并将这一文化传承发展，确保其可持续发展。提高信息传播的自主性、参与性和共享性，传播方式也从以往的线性转变为网状，交互性、无限性、人本性都大大增强。

---

① 郑积勤.新媒体技术在传统戏剧数字化保护与传播中的应用研究[D].浙江师范大学，2016.

第二节　数字交互技术与传播特征

一、数字交互技术

（一）3D 交互技术

3D 技术[①]的迅速发展促使 3D 交互技术应运而生。交互式 3D 技术被广泛应用于各个行业，比如在网页上能够对产品模型进行交互，可以对产品进行全角度的观看，并对其进行拆解、旋转、移动等操作。这也适应了当时人们的互动性、参与性强的特点。这个新的方式有效增强了用户体验的直观性、便捷性，也可以通过互联网与用户间进行交流，在立体的环境中，空间次序的视觉感受与认识都显得十分生动，相较于传统的展示模式更具说服力。

图 6-2-1　交互式 3D 技术在网页中的应用

资料来源：知乎.交互式 3D 优势突出，未来发展新趋势［EB/OL］.https：//zhuanlan.zhihu.com/p/506460378.［访问时间：2022-07-28］.

对于非遗而言，3D 交互可让无形的非遗实体化，甚至让古代文物"活"起来，可通过建模技术对一些传说和神话故事进行真实再现，让人们看到神话、参与神话，更有所感。另外，还可以对普通的艺术品进行精准的立体复制，由于现在非遗艺术品数量稀少而且不易收藏，所以可以通过 3D 和扫描技术的融合，对实物物品进行扫描、赋值，从而制造出更加精细的作品复制品，人们可零距离地观察具有历史感的非物质文化遗产。

（二）虚拟现实交互技术

虚拟现实技术（Virtual Reality），是指运用计算机技术创建的一个可以使参加者产生视觉、听力和触觉感受，并经过参与者的互动来感知虚拟现实世界的方法。[②] 虚拟现实可通过

---

① 赵侠.虚拟现实与 3D 打印技术在非遗保护中的应用研究［J］.决策探索,2018(8)：1.
② 《中国电力百科全书》编辑委员会,中国电力出版社《中国电力百科全书》编辑部编.中国电力百科全书·电工技术基础卷［M］.北京：中国电力出版社.2001.

图 6-2-2 敦煌中的 3D 交互应用

资料来源：搜狐网.沉浸式光影世界｜当敦煌遇见 3D 光影［EB/OL］.https：//www.sohu.com/a/502075277_99930774.［访问时间：2022-08-28］.

全方位、立体化的方式生动记录和完整保存非遗，并实现对非遗的传承和传播。

在建立的虚拟环境中，人们可以根据主观意愿浏览和互动，可以跨越历史发展了解古老的手工技艺，最大限度地再现非遗物质文化的形态和细节，身临其境地感受真正的非遗魅力。利用虚拟现实来保护非遗时人们容易忽略的空间因素，可以最大化地呈现非遗的形态的细节，将历史场景、文化遗产做成完全逼真的三维模型，使人们获得沉浸式体验。

这些新兴视觉主导的文化传播形式逐渐被应用到博物馆建设中，使得博物馆的游客有着不同以往的观展体验，在原有平面化的观展基础上，发展为虚实结合的立体观展方式。

（三）AR 交互技术

增强技术（Augmented Reality，AR）融视觉、听觉、力、触和动的感知于一体，利用各种感应装置使使用者沉浸在情境之中，以完成使用者和情境之间的真实互动，其主要的目的是将人造的虚拟对象置于真实的环境当中，或是真实环境的实时影片。[1] 一个完美的增强现实系统需要一个紧密结合、实时运行的系统单元和相应软件协同完成，常见的形式包括Minitor-Based、光学透视式、视频透视式三种。

---

① 曾建超，俞志和.虚拟现实的技术及其应用［M］.北京：清华大学出版社，1996.

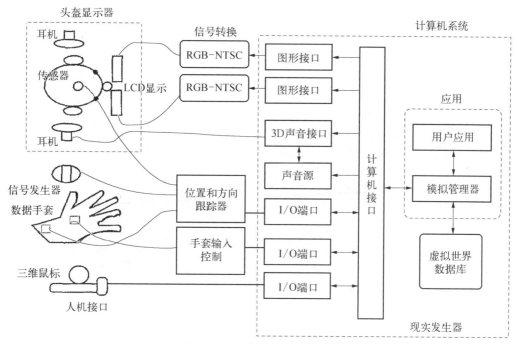

图6-2-3　虚拟现实系统结构

资料来源：百度百科.一种典型的虚拟现实系统构成[EB/OL].https://baike.baidu.com/pic/虚拟现实技术/1718968/1/4034970a304e251f95cab5d39dccde177f3e6709f5cc? fr=lemma#aid=1&pic=4034970a304e251f95cab5d39dccde177f3e6709f5cc.[访问时间：2022-08-28].

图6-2-4　博物馆中的虚拟现实交互

资料来源：数艺网.AR技术下的展陈导览(苏州博物馆)[EB/OL].https://www.d-arts.cn/article/article_info/key/MTIwMjA5NDU2MTaDz3llsJykcw.html.[访问时间：2022-07-28].

图 6 - 2 - 5　增强现实技术的应用

资料来源：百度百科.增强现实技术［EB/OL］.https：//www.zhaibian.com/
baike/21647955523062467538.html.［访问时间：2022 - 07 - 28］.

增强现实技术还可以通过设置与文化特征相关的体验项目，以让消费者获得在文化娱
乐体验。中国的所有非物质文化遗产可利用增强现实技术在一定情境中以数字或虚拟的方
式进行展示，并能够通过三维变化实现旋转。借此来激发人们的兴趣，并能让旅游者亲身体
验非物质文化遗产。

（四）体感交互技术

以上总结出来的关于非遗的几种保护方式，其重点都放在了非遗的大数据收集、保存、
修复与展示等方面，但对关于非遗文化遗产与消费者之间的展示与互动方面的探索与交流
则还非常少，将体感交互技术应用于非遗保护中，就能够使广大消费者亲自参与非遗活动，
并领略非遗的风采。

体感控制器交互技术是继个人电脑、网络、云计算、大数据分析之后的第五个技术上的
重大科技变革。[①] 随着数字化技术的日益推进，自然人机交互技术正扮演着联系真实生活
与虚拟世界的桥梁，体感控制器交互技术利用传感器技术获得了多种信息流，包括原始数
据采集，图像数据流、彩色影像数据信息流、原始声音数据信息流，依次对接了人体骨骼追
踪、身体辨识、语音识别三种处理形式，对应到非遗的各种不同类别，让非遗重新恢复
活力。

---

① 陈新宇，牛熠，邓毓博，等.基于体感识别的非物质文化遗产数字化交互技术［J］.甘肃科学学报，2015，27（2）：6.

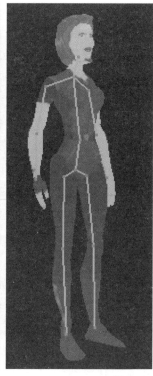
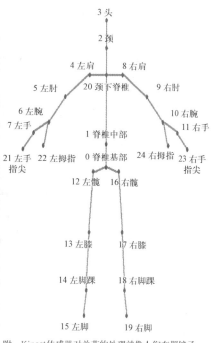

附：Kinect传感器对关节的处理就像人们在照镜子一样，"左侧"身体关节出现在图中的左侧，"右侧"关节出现在右侧。

图 6 - 2 - 6　使用 Kinect 体感交互技术的方法

资料来源：SeaLeft StudiosAdventures in Motion Capture：Using Kinect Data（Part 1）. https：//www. sealeftstudios.com/blog/blog20160701.php［EB/OL］.［访问时间：2022 - 07 - 28］.

图 6 - 2 - 7　景区中的虚拟＋实体换装体验空间

资料来源：良心匠心打造：圆明园拾光买卖街开街试运营. https：//baijiahao. baidu. com/s？id＝1711068 378912774658&wfr＝spider&for＝pc.［EB/OL］.［访问时间：2022 - 07 - 28］.

（五）可穿戴交互技术

人类的感知系统 60％以上的信息通过视觉获得，约 20％通过听觉获得，剩下的则通过触觉、嗅觉、味觉、手势和面部表情等获得。虚拟现实硬件系统设备要实现和满足人们的需求，实现"人"与"机"的信息传递和数据转换，将虚拟环境中三维物体造型、动作、声音转换成人类能够识别的信息，再将人类的主观愿望通过虚拟现实设备传递给虚拟现实系统。例如，转动、走动、手势等人的动作变成作用信息，再通过反馈使人获得视觉、听觉、触觉的感受。另外，还可以使用摄像机、压力传感器、视觉跟踪器、惯性仪、语音识别系统。

可穿戴设备作为人的信息传播媒介，可以拓展人的信息认知功能，增强人的信息互动功能，从而加强人与物间的信息连接。互动性体验是激发观众兴趣和让观众加深认识的最有效方式，同时也是对传统手工艺非遗产品进行展示宣传的最主要手段。可穿戴技术不但改变了传统手工艺非遗产品的信号接收途径，还可以帮助参与者通过主管的方式实现信息智能化的传递。[①]

可穿戴设备的多种感知能力（语言、动作、位置等）和图像识别使人工智能技术能够通过记录、运算、呈现的方式完成虚拟世界和物质世界的信息交换。整个过程犹如传承人亲临现场，可同时对几名或十几名体验者进行一对一教学，不仅极大地提高了传播效率，还能针对不同的体验者提供定制化的体验服务，达到言传身教的传播效果。

可以看到，交互方式出现的多元化让非遗从单纯的展示、单方面的输出，变成了一种用户可以互动、操作的体验，一些传统的技术不再遥不可及，而是可以交给用户，让用户体验传统技艺的魅力，真正地让非遗"活"起来，让它具有生命力，数字非遗有着交互性强、使用方便、时间自由等优点，得到了越来越多用户的青睐。

二、交互式传播学特征

（一）多模态交互

人生来有视、听、触等多种感觉，各种感官所传达给人们的感受是不同的，在多种感官的交叉作用下，才能有丰富的感觉体验。麦克卢汉在《理解媒介：论人的延伸》中提出媒介即人的延伸，任何媒介都不外乎是人的感觉和感官的扩展和延伸，[②]而一切传媒都不外乎是对人的认识和知识能力的拓展与继续，但事实上，所有人们所产生的知识能力或知觉，都是由人们的情感中心决定的，而每一种媒介都是人通过各种手段或非科技的技术手段，对人的精神核心体系增加力量与拓展效率，因而令人产生不同的感受；而每一个媒介都将彻底改变人类的认知方式从而逐步彻底改变人类的生活模式，这是一个永恒的规律。

多模态互动，即人类多感官融合，指可以采用文本、语言、视觉、动态、环境等各种方法实

① 郭斌，翟书颖，於志文，等.群智大数据：感知、优选与理解[J].大数据，2017，3（5）：13.
② 赵雪薇.移动新闻客户端的用户体验实证研究[D].暨南大学，2015.

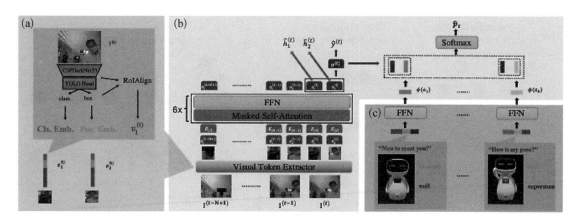

图 6 - 2 - 8　多模态交互模式 TFVT - HR 框架

资料来源：Xue Y，Wang F，Tian H，et al. Proactive Interaction Framework for Intelligent Social Receptionist Robots [C]//International Conference on Robotics and Automation. IEEE，2021.

现人机交互，以完全仿真人与人之间的交互方式。这一交互颠覆了传统 PC 式键盘输入与智能手机点触的互动模式。

（二）虚拟性

当今以大屏幕、环幕、立体画面等为主要媒介的产品展示方式，能让人们充分地沉浸于虚拟环境之中，从而形成强烈的沉浸感。新型交互形式打破了传统和真实物理世界维度的局限。未来，电视、电脑、手机之间的界限将会变得模糊，新型交互形式会不断融入视觉、环境元素，将震动、声音、气味等一些人们易感的因素加入应用中，调动用户的所有感官，增加用户与交互设计的互动性与参与感。在沉浸式交互形式中，通过塑造新的实体空间，可打破用户与表现形式之间的界限。用户也可产生内容，与传统的被动获取信息不同，用户能够主动探索和体验内容，极大地满足用户需求。

（三）多个体交互传播

社交网络的发展使得高阶交互出现，即作用在高阶结构上且涉及多个体的交互行为，相较于二元交互，高阶交互可用于描述系统中涉及多个体的交互行为。基于高阶交互的研究，能够从新的角度去了解传播现象，使传播出现新形式。在复杂网络中，引入单纯形（simplex）用于描述网络中的高阶结构，简单来说，k-simplex 是网络中 k+1 个节点的集合，这 k+1 个节点之间相互连接，再给定一个网络，它能够表示为不同阶 simplex 的组合，当 k>1 时，k-simplex 所表示的是网络的高阶结构。高阶交互指的是作用在网络的高阶结构上且涉及多个个体的交互行为，基于经典的 SIS 模型在 2 - simplex 上定义了高阶交互，如图 6 - 1 - 5h 所示，有三个节点处于 2 - simplex 上，其中两个节点已被感染，这两个节点将分别以概率 β 感染个体 i，同时这两个节点会以高阶作用的形式，通过概率 βΔ 感染个体 i。

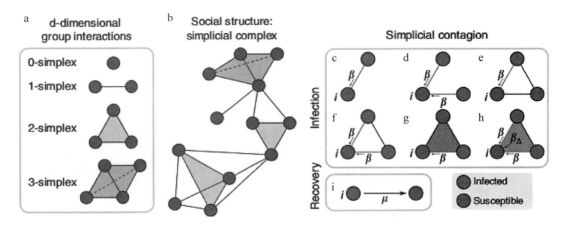

图 6‑2‑9　任意一个网络总是能够表示为不同阶 simple 的组合

资料来源：Iacopini I, Petri G, Barrat A & Latora V. Simplicialmodelsofsocialcontagion. Nat. Commun. 10，2485 (2019)。

（四）传播空间的情感化递进

虚拟现实展示系统通过数据形式来表现生活中的各类信息，这些数据是计算机识别的0、1 代码，研究人员通过计算机操作和处理这些二进制数据，从而实现相应的功能，数字化技术是计算机展现其功能和魅力的舞台。[①] 同时这种新颖的体验方式也会让用户获得情感上的满足。

在传播空间上，虚拟展示系统将实体空间转化为虚拟世界，不受时间、地点的限制，传播空间有了较高的自由度，人们可以摆脱时空的束缚，在任何时间都可以使用该系统进行体验，这在一定程度上满足了人们内心对于许多非遗文化向往但又无法实地观展的渴望心理。

在由意识心理医生唐纳德诺曼撰写的《情感化设计》一书中指出，人脑部的反应应该分成三个重要层面，即能力层级、行动层和反省阶层。[②] 使用者在完成用户体验的整个过程中，心灵反省层是主要考察用户情感上的一种层次，即人类在感受系统中所产生的深刻反省及其在个人情感上的反映，这是指一种用户在使用流程中所形成出来的心理体验，在这个虚拟与现实交叉的空间中通过情感的传递来侧面展现系统的使用价值。当用户拥有积极的体验后，例如在满族服饰展示系统中的清朝时期获得了积极体验，他们可能会将这种方式传递给其他人，从而促进信息的传播；而当用户产生消极的体验时，同样会对文化传播造成消极的影响。因此，在这个虚拟体验空间中，用户的情感化传递是系统设计的主要特征之一，也是充分发挥其功能价值的基础和要素。

---

① 汤静.浅析虚拟现实技术对数字非遗的应用[J].明日风尚,2021(4)：0164‑0165.
② 刘瑶.城市滨水环境情感化艺术设计方法研究——以长沙市潇湘风光带"渔人码头"为例.华中科技大学,2017.

（五）传播方式的灵活性创新

正如拉斯韦尔在"5W 模式"中提到，传播流程包括 5 个基本的构成要素，其中以第三个要素"in which channel"为主要传播渠道，也被称为传播方式，其随着时代的发展与技术的改进，发生了很大的创新与变化。[①] 当下，各类文化的传播方式逐渐由传统媒体向新媒体转型，层出不穷的新媒体技术不断推进着我国文化传播事业的发展。回溯信息媒介的发展历史，人们可以看到，从纸媒这一最初的传播方式到广播媒体，再到网络传媒，直至今天的数字传媒，其传播方式正经历着巨大的变革。与此同时，这些在未来还会随着大众审美体验要求的提升逐渐发展创新。[②]

虚拟现实技术的发展为文化遗产的传播与保护带来了新的方式，搭建了新的传播平台，利用三维建模技术虚拟还原原始风貌，让大众拥有全新的审美感知是虚拟现实的技术主要特点。以虚拟现实为代表的新媒体技术将虚拟与现实相结合，将视、听、触等多种感官相结合，并且可以将传统文化长久保存下来，进行无限制的传播和复制，让人们能够随时随地跨越时空进行浏览。

（六）传播效果的沉浸性表现

沉浸式的体验，可以使观众在欣赏非遗时，对非遗产生真切的感觉，留下深刻的印象，仿佛真的生活在古代，这也是近年来虚拟现实领域学者研究的目标。在新闻传播学范畴中，被传者在接收了消息以后，出现了许多变化，主要涉及心态、情感、认识等方面，这就表示传播者的意愿或目的已经达到一定程度了，也就是人们一般认为的宣传效应。该系统的设计目的，即通过虚拟现实的方式提升人们对于非物质文化遗产内涵的理解与掌握，并通过独特的方式将这种传统文化进行间接的传播。

一方面，制作精良的画面以及恰当的音乐和音效是虚拟服装展示系统的主体，通过三维软件建模的场景和人物满足了大众对于视觉画面的要求，因为在三维虚拟空间中，一切画面都是可以被美化的，一些不复存在的服饰也可以按照历史资料进行虚拟还原，也就是说现实生活中看不到的传统服饰可以在虚拟世界中实现，一定程度上满足了大众对传统服饰文化的认知诉求。音效无疑为系统的完善增添了亮点，视觉和听觉的交叉作用使人们容易产生身临其境的沉浸感。另一方面，体感交互设备是增强沉浸感的另一因素，Kinect 由于能够捕捉人体动作而被应用在各类游戏中，它脱离了鼠标键盘的操作，近年来凭借极强的沉浸感而备受玩家青睐。有些研究者认为传播效应主要包括三个层次：一是在意识层次上的传播效应，因为一般情况下人们认识容量增大，或知识结构有所改变，都是外部信号作用于人的认知和记忆系统的结果，[③]如果虚拟情景和更加鲜明，会让人产生更深的印象，因为视觉信号也作用到了用户的认知和记忆系统，引起了人们对于非物质文化遗产化认知上的改变，这恰好是认知层面效果的集中体现；而其余两个层次则是心理、态度层面上的效果，即某些事物在人们的价值体系或某种观念上产生作用，从而引起了情绪情感的变化。

---

① 陈少峰.非物质文化遗产的动漫化传承与传播研究[D].山东大学,2014.
② 汤志宏.新媒体时代对电视新闻编辑能力提升的策略研究[J].视界观,2020.
③ 沈珉,杨柳牧菁.赛博空间的非遗传播——媒介环境传播学视阈下的思考[J].未来传播,2020,27(1)：8.

第三节　非遗产品的交互技术及应用

2018 年 8 月 12 日,国务院办公厅出台《关于进一步加强非物质文化遗产保护工作的意见》,强调"促进广泛传播。适应媒体深度融合趋势,丰富传播手段,拓展传播渠道,鼓励新闻媒体设立非物质文化遗产专题、专栏等,支持加强相关题材纪录片创作,办好有关优秀节目,鼓励各类新媒体平台做好相关传播工作"。① 各省市纷纷响应,提出要切实提升非物质文化遗产系统性保护水平,如陕西省政府提出"强化体系建设,制定多元保护方案""推进融合发展,强非遗传承意识";②上海市政府提出"要运用文字、录音、录像、数字化多媒体等各种方式,对非物质文化遗产进行真实、系统和全面的记录,建立档案和数据库""加强非物质文化遗产的研究、认定、保存和传播"。③

一直以来,非遗因普及范围不够广泛,导致人们对其知之甚少。在经济全球化以及外来文化冲击的大背景下,非遗被逐渐忽视并淹没在各国文化中。特别是对于一些 00 后而言,由于缺少主动认知和直观感受的体验和过程,对非遗及其传统文化内容十分陌生。在当前形势下,"重视非遗的现代化复现,并在青少年一代中延续和传承其文化价值"成为传统文化保护领域重点关注的一个问题,而"基于直观体验的教育传承"是最好的方式之一。

虽然传统的幻灯播放、音视频内容观阅以及通过网页、电视媒体等多形态知识阅读等方式可以建立起对非遗的直观认识,但是这种静态的知识接受和认知建立过程缺少对内容的参与感,受众的兴趣度并不高。在数字信息技术蓬勃发展并不断进步的今天,各种交互技术可以极大地增强用户的沉浸体验,加深使用者的记忆,促进对非遗的传播。已有不少研发机构开始关注到这种功能,学者们融合各类学科,为互动效果的增强提供了各种途径。

交互技术包括但不限于声音识别、动作捕捉、眼动跟踪、人机界面、脑波交互等。交互的过程是输入与输出的过程。在交互技术中,人通过计算机界面或者辅助设备向计算机输入指令,计算机经过计算与处理之后将相应的反馈通过屏幕或者其他辅助设备呈现给用户,由此完成一次完整的交互过程。

一、全息投影技术

全息投影技术是比 3D 技术更为先进的技术,用户无须戴眼镜,只需要出现在表演的场

---

① 传承和传播"两翼齐飞""互联网+"激活非遗生命力[EB/OL]. http://www.xinhuanet.com/culture/20220323/b7f752e9d9194ce38953172cafbe8631/c.html.[访问时间:2022-07-28].

② 政在发布|陕西将强化非遗保护传承 稳步推进 12 个国家重点扶持非遗工坊建设[EB/OL]. https://www.sohu.com/a/491683815_100185418.[访问时间:2022-07-28].

③ 第十届国际(上海)非物质文化遗产保护线上论坛举行[EB/OL].https://www.ihchina.cn/project_details/25854/.[访问时间:2022-07-28].

合中,就可以得到全身心的沉浸式体验。全息投影技术完全打破了常规的展示方法,它展现出了一个梦境般的世界,但这个梦触手可及,无限精彩,能真正刺激到观众的所有感官,能够影响观众的心情,让观众体验一次便念念不忘。目前,这项技术在一些博物馆、舞台中的应用较多。[①] 全息立体投影设备并非是通过数字技术完成的,是利用投影设备把各种角度的图像投射在一个国外引进的全息投影技术膜上,可以使人看见不适合于自己视角的任何图像,从而形成真正的全息立体影像。

(一) 技术特点

(1) 全息技术能记录物体的光波振幅和相位的全部信息,并能把它再现出来。因此,应用全息技术可以获得与原物完全相同的立体像(从不同角度观察全息图的再现虚像,可以看到物体的不同侧面,有视察效应和景深感)。

(2) 全息摄影技术的每个部分均可反映原物的大致形态,从物体的任何一点辐射的球面波都可以抵达全息投影技术的各个点或每个部分,与参考光互相干涉,从而产生基元全息图,这也意味着全息摄影技术的每个点或部分都记载了来源于每个物体的散射光。这样,物体全息的每个部分就能够反映出所有照射到该部分的物点,形成实物的像,即破损的部分全息图像仍可反映实物的像。

(3) 作为光波图像的描述者,有无全息图是确定人们所了解的3D信息是否属于全息科技的主要指标。

(二) 全息投影技术在非遗中的应用

1. 全息投影与非遗民俗表演交互

交互技术和民俗文化的融合产生的舞台艺术交互技术是当下社会文化的新技术。交互技术和舞台艺术学科的交叉结合,使节目形态不仅限于荧屏之上,而且让观众走进了虚实融合的双重空间,明显优化了观众视听体验。

我国非物质文化遗产很多,将全息投影技术应用在一些古老建筑上,人们在游览古色古香建筑的时候能够看到在历史时空中发生过的故事、不同的人在这里所发生的事。图6-3-1显示的是一张全息投影未来在旅游业应用的概念图,人们能看到、听到这些有故事的建筑中发生的有趣的事情和表演,沉浸感更为强烈。

现在很多非遗传承人所生活的环境比较偏僻、落后,在一个小而破的地方进行非遗的创作。人们是可以体会到非遗技术本身的魅力,但大多时候,人们看这些技术重复多次,觉得乏味后就不会再看,也就体验不到非遗其本身的文化和本身的魅力。若将全息投影技术应用在非遗传承人身上,人们走入全息投影中,看到的一切景物都会使人们更加喜欢非物质文化遗产。

此外,全息投影技术也可以批量使用在一些民俗类非遗的场景中,在载歌载舞中,观众

---

① 袁菁菁.非遗手工艺的传承与3D全息投影技术的融合分析——以乌铜走银为例[J].美术教育研究,2021(9):2.

图 6-3-1　全息投影技术在文旅中的应用

资料来源：知乎.文旅夜景｜案例赏析：裸眼 3D 全息投影技术在文旅夜景等领域的应用［EB/OL］. https：//zhuanlan. zhihu.com/p/388842404.［访问时间：2022-07-28］.

图 6-3-2　全息投影技术在演出中的应用

资料来源：搜狐网.《平潭映象》呈现新东方美学［EB/OL］. https：//www.sohu.com/a/465684388_571524.［访问时间：2022-07-28］.

更能沉浸进去,体会到当年非遗之美,回味当年非遗的味道。如今一些非遗受到外来文化的冲击,导致变味,如果能用全息投影技术真实地记录好原汁原味非遗的整个过程,无疑会促进非遗的活态化传承,也会让现在的年轻人真正爱上非遗,真正爱上非遗背后的沉甸甸的文化内涵。

2. 文物展览

宝贵的文物和工艺品是人类无法复制的传统文化,有些工艺品和周围环境接触时间长了,可能会发生氧化物变质,这样就会对发现文物保护的形态等方面产生一定的影响。对过去的人们而言,很遗憾,也很无能为力,甚至不能挽回。不过,如今的全息投影技术,能够对工艺技术品直接拍摄图片,并拍摄成三维或立体电影,供人们观看,真正地将文物保护和工艺技术品进行收藏,这样既能够减少对工艺技术品的损伤,又不会影响人们欣赏,真的是两全其美。

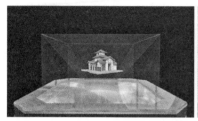

图 6 - 3 - 3　全息投影技术在博物馆中的应用

资料来源:历史上文物的敌人是空气!今天文物的朋友还是空气[EB/OL]. https://baijiahao.baidu.com/s?id=1677949592849420653&wfr=spider&for=pc.[访问时间:2022 - 07 - 29].

二、界面交互技术

界面互动科技是未来影片发展的重要趋势,在影视创作的实际应用中被广为使用,界面互动科技可以在各方面促进两者的快速发展,并最终促使两者全面地融合。界面互动性可以极大程度地调节观众们的热情,将电视影像艺术作品纳入其中可以使主观、灵活的情景效果直接展示于观者眼前,对观者的观影体验产生巨大效果。在传统的电视影像艺术作品传递过程中,由于观者往往仅仅以旁观者的角度收看,因此视点相对单调,且无法直接对该片内容产生直接影响。

(一) 技术特点

对数字传媒而言,通过实现人机交互界面就可以在地面电视用户和数字传媒之间充分传递信息。如图 6 - 3 - 4 所示,数字媒介人机交互界面能够传递信息,人能够通过电视屏幕收集数字媒介内容信号并进行处理,根据具体需要做出适当决定,从而反映至数字媒介信息系统中。[①]

数字媒体在人机交互界面设置中,可以针对数字媒介界面中的信息展示、操作及其具体反映,直接进行人和机器之间的友好操作。在人机互动产品中,怎样做到与快速高效的数据

---

① 李洋,谢继武,刘波.人机交互技术在数字媒体移动端界面设计中的应用[J].现代电子技术,2021,44(06):155-158.

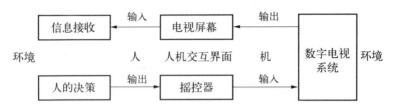

图6-3-4　数字媒体人机交互界面

资料来源：崔雪.陕西省非物质文化遗产APP界面交互设计研究[D].西安理工大学,2020.

媒介网站进行互动,包括在人机交互界面设置中,和人自身的认知规则、人体反射等情况相匹配,对整个人机交互过程的作用是非常巨大的。所以,人机互动数据媒介网站必须做到架构科学合理、简单应用,与社会大众生活审美一致,从而优化数据媒体人机的互动感受。

（二）界面交互技术设计原则

1. 可参与性原则

对于大部分用户而言,很多非遗都是无法随时随地且近距离地直接接触到的,也不明白这些非遗的有趣之处。界面设计[①]能够让玩家低门槛、低成本、广范围地参与到游戏中,让更多的没有基础的人可以随时随地对一个地方的非遗进行学习与了解,也有效降低了游戏设计参与的成本,使参与尽可能简单化,玩家几乎零成本便可学习和参与。

2. 可传播性原则

在时代飞速发展的今天,很多种类的非物质文化遗产受到地域的限制不易于进行艺术的传播,而界面交互将原本"口口相传、手手相授"一对一、点对点的单一传统传播模式转变成一对多的移动平台新媒体传播模式。

由于移动平台传播,具有传输覆盖面广、速度快、便携性强等优点,基于移动平台的游戏设计有益于非物质文化遗产的迅速与大范围传播。

当结束游戏时,用户能够通过分享键将非物质文化遗产纹样与相关内容介绍分享至微信、微博等平台,通过社群的传播渠道,更多的人会了解到非物质文化遗产,这一形式能够打破时间、地点与空间的局限,将传统的非物质文化遗产进行多维时空的艺术重构,让用户能够更好地进行剪纸游戏互动,借助移动平台对非物质文化遗产进行有效的传播。

对于大部分的传统非物质文化遗产而言,其所沉淀的艺术之美与其中所蕴含的文化意象是珍贵的传统文化。基于移动平台的一些游戏能够将原本传统文化中的艺术内容搬至移动平台进行传播。

3. 可发展性原则

随着数字化移动设备越来越先进,传播速度越来越快,范围越来越广,数字化艺术未来的发展也会有不断改进与提升的发展空间,不再仅仅停留于图片、视频与文字的简单保存形

---

① 谭坤,刘正宏,李颖."非遗"传承创新语境下的APP界面设计研究[J].包装工程,2015,36(8):5.

式上,而是利用交互的创新形式使用户采用寓教于乐的方法对一些艺术进行传播。

此外,随着数据手套、Kinect[①]等增强现实技术与设备的不断发展,在不久的将来,一些艺术发展更是朝着超时空体验与更为自然的人机交互模式的方向发展,交互类游戏也具有可提升与可发展的空间。

(三)界面交互技术在非遗中的应用

陕西剪纸[②]是一项具有游戏趣味性的民俗娱乐活动,陕西剪纸艺术作为中国民间传统艺术的代表,千百年来只能够以"口口相授,手手相传"的传播形式存在。

然而,随着数字化进程[③]的加快、生存环境以及生存空间的变化,仅靠少量实物与影像完整保存下来的陕西剪纸屈指可数;同时,随着传承人年龄的增长与社会的发展,剪纸艺人面临的是剪纸技艺的衰退与后继无人的问题,致使陕西剪纸濒临"人亡艺绝"的险境,亟须有效的抢救与保护。

通过移动平台的陕西剪纸游戏的设计对陕西剪纸进行传播与文化保护是非常有意义的,游戏的设计既能够保留陕西剪纸的艺术性,又迅速地让更多的人了解、喜爱甚至成为陕西剪纸的传承人,为陕西剪纸艺术的传播开拓了新渠道,实现对陕西剪纸进行有效的传播与保护。

图 6-3-5 显示的是陕西剪纸游戏 APP,其界面简单,可操作性强,用户可使用剪刀剪出期望的样子,若剪错可立即重来,相比于实际的剪纸更有成就感,也更方便。

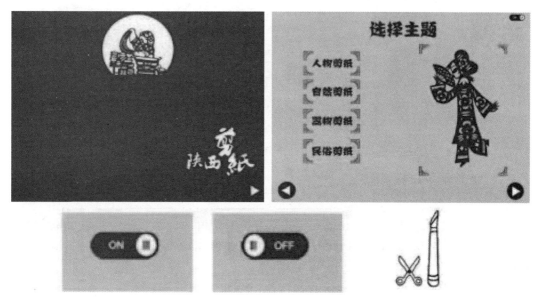

图 6-3-5 陕西剪纸游戏的界面交互

资料来源:崔雪.陕西省非物质文化遗产 APP 界面交互设计研究[D].西安理工大学,2020.

---

① 陈辉.基于 AR 技术的非遗产品交互媒体技术研究[J].现代电子技术,2017,40(22):3.
② 崔雪.陕西省非物质文化遗产 APP 界面交互设计研究[D].西安理工大学,2020.
③ 崔浩然.基于 Android 平台的手机游戏的设计与实现[D].西安科技大学,2011.

三、增强式虚拟环境

虚拟现实一般分为桌面式、沉浸式、增强式和分布式虚拟现实。这里，主要介绍增强式虚拟现实，它不只可被用来模拟现实和仿真真实世界，还可以增强参与者对真实环境的感受，即增强人们在生活中无法体验或者是不方便体验的感受，进而增强人们的沉浸感，使人们更能融入事物和环境中，对观察到的事物印象深刻。

（一）技术特点

较之传统的展示方式，交互式展示更加符合时代特征与未来科技发展趋势，更加注重展示主体（物）与参观者（人）之间的沟通，强调空间叙事性。在展示空间方面，多媒体[①]、虚拟技术[②]的应用扩展了展示空间，即虚拟展示空间。

图6-3-6 虚拟空间互动全息投影技术在博物馆中的应用

资料来源：搜狐网.博物馆展厅设计中，交互体验设计有哪些发展趋势？[EB/OL].https://www.sohu.com/a/544689175_121374365.[访问时间：2022-07-29].

目前国内外都十分重视利用虚拟现实技术复原有价值的传统文化遗产，包括建筑[③]、服饰[④]等。由于虚拟场景[⑤]越来越逼真化，设计所需的硬件和软件设备也在不断升级迭代，对虚拟场景的建模已经能够达到较高的逼真程度。

在中国非物质文化遗产的传播使用中，利用虚拟现实科技能够全面提升人们在视野和

① 梁勇.多媒体技术下的非物质文化遗产保护与传承[J].信息周刊,2019(9)：2.
② 汤静.浅析虚拟现实技术对数字非遗的应用[J].明日风尚,2021(4)：0164-0165.
③ 刘宇博.基于虚拟现实技术的建筑文化遗产信息展示开发研究——以东暖阁为例[D].天津大学,2019.
④ 文言,李俏.虚拟现实技术在贵州仡佬族非遗中的应用研究[J].山西青年,2020,No.577(05)：79-80.
⑤ 赵晓东,石程豪.实时虚拟场景漫游路径的优化算法[J].高技术通讯,2021,31(05)：509-515.

听力上的敏锐感受,同时也可以帮助感受者极大程度地提升对文物保护工作的直观感受。

以长沙非物质文化遗产湘绣举例,使用虚拟现实装置既能够仔细地观看湘绣的全景,同时通过身体的交互设备也能够感受"穿针引线"的场景,从而增强了互动性和体验感,也可以更有效地感受文物的历史意义,从而促进地方非物质文化遗产的传播。

除去文物内容之外,对于文献资料还能够通过虚拟现实手段加以展示。这些图片中所记录的传统湘绣手法与技艺,也能够利用虚拟现实技术进行原生态的表现。具体操作上,应先在已有文献中选取比较有特色的美术文章,并对其重新加工,以提高观赏效果,紧接着再把经过各种流程重新加工制成的可供欣赏的影像资源划分为创稿、绘画、添花、勾勒等类别,让体验者能够通过辅助和工具分类进行感受。虚拟现实科技结合非遗项目能够提高出土文物的保存水平,体验者只需持有技术设备,就能够在任何场所和时段内进行欣赏与使用,感受非物质文化遗产的丰富内涵和感染力。

(二)运用增强式虚拟环境来传播非物质文化遗产

满族传统服饰作为一种视觉感很强的文化符号,从款式到面料都蕴含着一个时代的文化内涵,是时代变迁的象征。在进行系统设计之初,首先要考虑的就是服饰效果的真实性,包括场景和人物模型的真实性,从而产生沉浸的效果。例如,满族女子服饰体感交互展示系统的设计初衷就是对满族服饰进行数字化还原,在人物穿上不同服装之后的神韵亦需要进行细致入微的刻画,只有这样才能将传统服饰文化最精髓、最深刻的文化传播给受众。

1. 虚拟人物的建立和优化

虚拟人物是主要的角色,对于用户体验满族服饰文化具有重要的推动与展示作用。这里以清朝时期的人物为例,具体阐述虚拟人物的制作方法。首先,在 3D 程序中制作一个长方体的头部,在比例修改面板上加入"涡轮平滑"命令,使其变得圆滑,近似真人的头颅;然后,根据人体生物构造大体确定人物的五官位置,利用"加线""挤出"的指令制造出人物头部(在整个制造人体的流程中,也同样先使用头颅的调整方法);再后,将全部制作好的模型转化为可编辑多边形;最后,按照制作模型的布线方式和人物构造对模型进行 UV 扩展,将展开的 UV 输出为标准图片格式,输入 Photoshop 中,这样就完成了人物贴图制作,其中有肤色、衣服、五官等,通过查阅一些史书资料,进行颜色校对以确保模型的真实性。之后,将 PS 中绘制的贴图导回至 max 中,添加灯光进行渲染测试,格式存储为"fbx"。这样做的目的是将建好的人物模型放在软件中进行测试以确保其准确度。图 6-3-11 显示的是满族格格的三维模型。

2. 虚拟时空的建立和优化

在制作时空场景的过程中同样也需要参照史书资料,最大限度地将历史古建筑进行虚拟复原。例如,在第一个场景中,将女真时期的茅草屋场景作为整体环境,其中草地的制作是通过创建面片和线命令,再添加贴图完成草地效果。由于地面面数过多导致计算机运行不畅,这里须谨慎注意面的使用;第二个场景是最具有满族特色的清朝宫殿,须重视时点和

图 6-3-7 满族格格三维模型

资料来源：张瑾璟.影视剧中清朝人物造型的创新[J].中国文艺家,2018(4)：2.

面的运行。清朝宫殿的房顶由黄色琉璃瓦制成,具有传统北方游牧民族的特色,屋檐细节较多,因此在制作过程中需要多次调节点的位置,并结合史书参考图片进行细节校对,点数过多时可以通过成组进行集中调节,这样能够相对减少计算机的工作量,从而避免因 CPU 运行量过大导致的系统卡顿问题;而在最后一个民国年代的场景中,将接近现代风格的民国房屋作为场景主体,制作方法与前三组大体相同,所有场景的导出统一为 obj 格式便于软件识别,且方便接下来的操作。将模型 UV 展开,将所有的贴图材质展开成一张完整的大图(尺寸设置为 8 192 像素),整体的材质图便于 Unity3d 软件中进行准确贴图。图 6-3-12 显示的是清朝宫殿的三维场景图。

图 6-3-8 清朝宫殿三维场景图

资料来源：陈冲.三维虚拟动画设计中的角色绘画与建模[J].现代电子技术,2020,43(19)：27-30+34.

研读材料

文夭夭①是百度智能云联合中国文物交流中心、极幕科技一起合力制作的国内首个文博虚拟宣推官。

她的名字来源于《诗经·周南·桃夭》中的一句诗句"桃之夭夭,灼灼其华"。其造型有着现代和古代的双重特色:双丸子头是古代少女的形象,而后面的辫子又是属于较为现代化造型;妆容是大唐时期盛行的花钿装饰,具有当时特色的眼影,采用了现代画法,有着年轻与古典交织的气息;服装采用当下流行的莫兰迪色系,且有一把古代扇子为穿越元素,在底纹、袖口等细节运用了古代的百褶元素,并取谐音"善",寓意人物性格善良单纯;服装材质采用科技流光,营造了虚拟时装感;腰间所系的熏球造型源自葡萄花鸟纹银香囊。

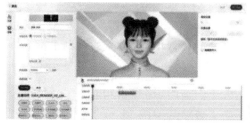

图 6 - 3 - 9 虚拟讲解员——文夭夭

资料来源:上观新闻.虚拟文物解说员文夭夭上岗,高颜值高智商.可同时服务上百家博物馆[EB/OL].
https://export.shobserver.com/baijiahao/html/487906.html.[访问时间:2022 - 07 - 31].

四、扩增实镜技术

(一) 扩增实镜技术简介

扩增实镜技术最早产生于哈佛大学电气工程副教授伊万·萨瑟兰(IvanSutherland)1968 年发明的名为"达摩克利斯之剑"的头戴式显示设备(HMD),该设备能够将简单的线

---

① 虚拟文物解说员文夭夭上岗,高颜值高智商,可同时服务上百家博物馆[EB/OL].https://export.shobserver.com/baijiahao/html/487906.html.[访问时间:2022 - 07 - 30].

框图转换为 3D 效果的图像。① 在历经半个世纪的发展之后，如今已经发展为分别基于魔镜技术（Seethrough）②和空间增强技术（SpatialAugmented）③的两大设备阵营。该技术在发展进程中的应用范围主要集中在军事、电视直播、游戏、娱乐、教育、医疗、文化遗产等领域。它重点集中在物质文化遗产方面应用，与增强社会文化表现对象的存在感密切相关，但在非物质文化遗产领域的使用相对较少。

（二）扩增实镜技术在非遗中应用

在科学技术高速发展的现代世界，利用先进技术手段对非物质文化加以保存成为保护我国传统文明一种主要途径，而运用越来越完善的扩增实镜技术已成为各国保存与传承非物质文化遗产的一种新趋势。

1. 传统宫廷文化数字交互展示

为保存并展现古老的宫中文明，韩国创作团队特别选择了闻名遐迩的景福宫作为展现传统宫中文化的主要场地。基于景福宫的微缩场景，感受者只需要把手上的相机指向模型，在模拟的广场上就会呈现大臣们祭拜天子的画面，感受者可以手握相机，采用互动式叙事的方法，来感受创作团队所呈现的宫中古老文明。将古代宫廷的立体建模和现代宫廷内的数字虚拟人物、道具结合在一起讲述了古代宫廷的传奇经历。将视觉图像与其产生的现实虚幻结合在一起，用增强与现实中特殊的互动性手段讲述，无疑会比单纯的影视剧或动漫让人感受更深刻。

图 6‑3‑10　体验者手持摄像头通过交互式叙事的方式来体验宫廷传统文化

资料来源：人民资讯.交互式体验助力古典文化传播［EB/OL］. https: //baijiahao. baidu. com/s? id = 17368410735568 98476&wfr= spider&for = pc.［访问时间：2022‑07‑31］.

目前，在我国很多景区里也能看到这样的交互设计，人们可以观看在朝堂上的人们的行礼方式，感受历史文化内涵。

2. 阿皮亚古道数字交互展示（时间机器）

阿皮亚古道是古罗马皇帝凯撒时期建造的一条道路，在这条道路上曾发生诸多著名历史事件，在此线路中出现过许多历史人物。怎样展示在这段道路上出现过的许多事情，使每位行走于此线途中的旅行者体会到这段道路的沧桑岁月，便成为拍摄人员思考的问题。拍摄人员最后选择把真实的古道与网络虚拟的历史故事结合在一起，通过增强现实技术手段，每位游客仅仅通过智能手机就可以了解各个线路上出现过的各种历史故事，把时间与空间融合在一起。

① 崔晋.增强现实技术在非物质文化遗产中的传播应用——以"太平泥叫叫"交互展示为例［J］.传媒，2017(22)：3.
② 周亚丽.全息"魔镜"在身边［J］.知识就是力量，2021(09)：84‑85.
③ 李婷婷.基于 AR‑VR 混合技术的公共空间内非物质文化遗产传播［J］.电子技术与软件工程，2019(12)：1.

图 6 - 3 - 11 古道中不同路段发生过的不同历史事件

资料来源：郝谨.浅谈交互媒体设计中传统文化元素的运用[J].戏剧之家，2019(24)：1.

该作品一共制作了 1 000 米长的路段，人们可以用手机随时看到这条路上曾经发生过什么样的故事，在历史上的今天，在同一个时辰，不同朝代的人是怎么样在这条路上生存的，人们可以看到许许多多非遗文化的呈现，那时候的人们身上所穿所戴在今天已经看不到了，人们说的语言也是已经失传的。但观众能通过他们的行为举止看到那些年代发生过什么。有了对比，人们才能感受到文化的神奇，领略到非遗中最深刻的内涵。

图 6 - 3 - 12 通过手机了解古道上发生过的历史事件

资料来源：光明网.让古道文化"活"起来[EB/OL].https：//m.gmw.cn/baijia/2022-08/12/35949048.html.[访问时间：2022 - 07 - 31].

（三）利用扩增实镜技术传播非物质文化遗产

"太平泥叫叫"是源于镇江姚桥乡桦山村的一个传统文化民俗泥人张彩塑制幼儿玩具，利用本地的山泥土，经过练泥、塑泥、压纹、上色、刺吹孔、制作等过程制造而成的。它的制造工艺技术较为原始，但造型简单朴实，艺术气息浓郁，还可以吹出各种哨声。而这个既传统又古老的民俗艺术幼儿玩具，通过民间艺人之间的薪火相传，一直传承了将近千年，被列为镇江的市级非物质文化遗产。但是由于随着时间的推移，与很多的传统文化民俗工艺品相比，"太平泥叫叫"的制造工艺技术也将面临失传。为保存和发扬该民间工艺品的制作技艺、审美观特色，人们通过增强虚拟现实交互式技术手段来了解"太平泥叫叫"的外形特点、制作过程以及吹奏原理。借助一本介绍手册和一部手机，将原有的手工艺品和现代数码互动传媒技术相结合，进而引导年轻一代认识传统工艺品的制作过程和审美特色。

1. 展示中交互式叙事设计

"太平泥叫叫"强化现实互动作品的主要创作思想,是利用基于强化现实科技的数字互动方式来表现"太平泥叫叫"的三维形象、手绘传统形象、吹哨音、吹响原理、工作流程和历史背景。为呈现以上的信息,设计人员先在增强现实识别图形的设计上引入了中国传统图案,以展示"太平泥叫叫"的中华传统古老技艺的美学特色,然后本次数字互动展示活动以江苏省非物质文化遗产传承人周保康先生的"太平泥叫叫"艺术——福满礼猴图为例,介绍了它的发展历史、吹响过程、方法以及吉祥含义。并以交互按键触发的形式,体验者的指尖按在现实识别图形的按键上就可以触发互动活动。

图 6-3-13 太平泥叫叫的交互操作

资料来源:闵文祺.太平泥叫叫虚拟体验研究[D].江苏大学.2020.

初步设计中使用了:"背景""祥瑞含义""制作方法""试玩吹响"四种互动按键来呈现互动设计。其中"背景"展示了视频内容,而"祥瑞含义"按键的互动设计方法是:当体验者的指尖遮挡着该按键,纸面上就会产生展示内容的三维形象并缓慢转动,由旁白讲述某项艺术作品的审美特点和祥瑞含义。"试玩者吹响按键"主要是为提升产品演示的趣味性而设置的,在触动该按键之后,在纸面上将产生演示对象的三维形象,并自动地将吹响部分(尾部)翻转向前方,当体验者用大拇指点到此位置,就可以看到整件产品的吹效果音。产品的识别图片被录制为精美图册,并成为该产品的一个配件。

2. 作品制作过程

"太平泥叫叫"增强现实交互展示作品制作一共分为 5 个流程。第一步是模型获取阶段,该软件采用摄影测绘(photogrammetry)[①]的方法生成模型;第二步是模型的后期处理阶段,其关键工作是通过整理原始建模的拓扑结构图和贴纸,并大规模减少了初始建模的面数,同时通过烤成的方式制作颜色贴纸和法线贴纸,让建模满足真实交互表现的基本条件;第三步是选择 unity 中的有关插件,并把建模和识别图形导入到 unity 中,准备开始制造演示作品;第四步是使用 playmaker 等可视化程序插件,建立交互式节点。第五步是测试和开发 APP 应用。

---

① 陈文,谢成泽,郑祖培.一种新型的航空摄影测绘装置.CN212584676U[P].2021.

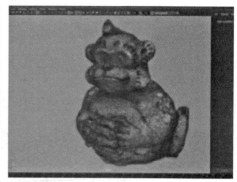

图 6 - 3 - 14　模型获取与生成的模型

资料来源：符沉,秦莹.太平泥叫叫[J].早期教育(美术版),2020(3)：2.

3. 过程中的人机交互体验

"太平泥叫叫"强化现实互动作品制作完成后,参与了中国镇江市民俗美术馆的首次非遗展览。在内容丰富的非遗展览项目中,"太平泥叫叫"展位引来了不少参观者体验交互展览内容,展台上总共展示了三种互动作品,并利用互动手册的开始页来引导参观者如何用设备和展示手册进行互动,大部分参观者都能够在手册的引导下完整地进行了互动流程。展览表明,观众更加乐于接受这些互动展示形式,特别是青少年。

图 6 - 3 - 15　人机交互技术

资料来源：沈青.镇江非遗太平泥叫叫的传承与发展[J].上海工艺美术,2020(1)：4.

研读材料

非遗传播和传承的核心是让更多的人看到。然而学习非遗技艺在过去一直是"只可意会不可言传"的事。而现在通过人机交互技术,通过对采集到的工作时间、节奏规律、运动轨迹和身体能量消耗等数据进行综合分析,可以清晰地看到学习的过程,数据图案能够直观地反映出学习者的专注度、放松度、力量运用等数据,人们会获得做非遗的成就感,更利于非遗的传播。

图 6 - 3 - 16   内容传播和用户反馈相互促进的良性闭环

资料来源:上观新闻.当大数据揭开"非遗"技艺的基因后,人工智能复制的技艺还算非遗吗?〔EB/OL〕. https://export.shobserver.com/baijiahao/html/434964. html.〔访问时间:2022 - 07 - 31〕.

五、感应控制技术

(一) 感应控制技术简介

感应控制技术是指通过自然人机交互技术,以受众的原始生理数据指导传播内容的生产创作,形成内容传播和用户反馈相互促进的良性闭环。[1] 各类生物传感器实时采集传播活动中的受众生理数据,例如使用脑电波帽监测脑电波变化、热成像和面部识别技术采集用户行为,再对用户的原始生理反应进行量化分析,更好地实现对用户体验的理解和加工。

另外,反馈式交互技术在各种信息传播媒介平台上的普遍应用,使得消费者在接收资讯的过程中能够随时随地实现信息传播、反馈与互动,广播式传播也由此转化为社交式传播。同时,混合增强智能技术的加入,构建了双向反馈的信息交互体系。一方面,体验式交互技术能够与人机融合增强现实技术进行融合,从而能够创建虚拟环境,在一定意义上弥补了空间环境不同所造成的体验感差的缺陷;另一方面,人机交互混合现实技术把人的理解力与计算机的信息处理功能更有效地结合了起来,使得计算和信息都不再是冷冰冰的东西,反而表现出了人性的一面。

---

[1] 传媒观察 | 人工智能让传统手工艺非遗"活"起来〔EB/OL〕.https://m.gmw.cn/baijia/2021-08/31/35126280.html.〔访问时间:2022 - 07 - 30〕.

（二）感应控制技术在非遗中的应用

人体-皮影交互体验装置的原理是通过 Kinect 体感设备（内置人体骨骼点读取程序）采集人体运动关节点坐标并构建人体关节模型，由装置自定义程序将关节点坐标数据转换为旋转角度，并将该角度数据传输至 Arduino，由 Arduino 控制安装在皮影关节上的舵机模仿人体运动（见图 6-3-21）。值得注意的是，由于人的肢体运动为圆周运动，因此这里选择使用舵机来控制皮影。另外，角度数据的输出以 s 为单位，实现皮影和人体的同步运动。

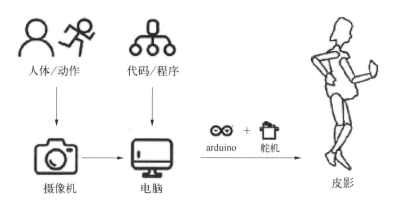

图 6-3-17　人体-皮影交互体验装置思路

资料来源：魏笑然，王珺.数字媒体技术对中国民间艺术发展传承的应用研究——以虚拟交互体验唐山皮影为例[J].艺术家,2020(3)：1.

为了保证其与人体运动关节点的匹配，并且选择的点必须能够安装皮影运动的舵机，本装置采用的 KinectV1 体感设备（Microsoft，USA），可以识别人体 20 处骨骼关节点并对关节点的运动进行追踪，如图 6-3-22(a)和(b)所示。图(c)中的所有点为传统皮影控制所需的 13 个骨骼点，依次为头骨、颈部、肩关节中央、左肘关节、右肘关节、左腕骨、右腕骨、脊椎、

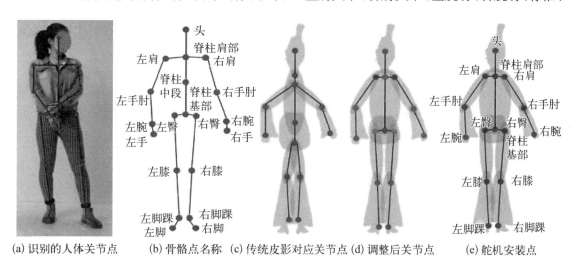

(a) 识别的人体关节点　　(b) 骨骼点名称　(c) 传统皮影对应关节点 (d) 调整后关节点　　(e) 舵机安装点

图 6-3-18　基于 Kinect 的人体-皮影交互体验装置设计

资料来源：张紫然，宋文芳，张祖耀.基于 Kinect 的人体-皮影交互体验装置设计[J].广东工业大学学报,2022(003)：039.

髋关节中央、左膝盖、右髋关节、左脚膝外、右踝关节韧带。图(d)显示的是在图(c)的基础上进行调整后的皮影关节控制位置(15个控制位置),即以肩部中央向两侧扩张了左肩关节点和右肩关节点,以髋部中央向两侧扩张了左髋关节点和右髋关节点,另外,头部和颈部关节点合并为1个关节点。图(e)是舵机的主要关节处,依次是左肩部中心、右肩部点、肩关节中央、左肘关节、右肘关节、髋部中央、左髋点、右髋点、左膝、右膝盖,以控制皮影四肢及头部的运动。

研读材料

　　抚州府非遗博物馆内设置了咏春拳、儒家拳术、大自然门等九类拳术的体感互动区域,让参与者可以亲身感受和掌握不同的拳术流派。借助幻影成像、体感互动等最新科技,展厅以生动、活态的方式展示了最地道的福建本土传统民俗文化,将馆内静态展陈和体动感表演相结合,形成互动沉浸式的展示空间,共陈列藏品352件,为全体参观者提供了动静结合、视听交融、互动沉浸式的非遗生存空间。

图6-3-19　游客通过体感互动的技术学习咏春拳

资料来源:光明网.福州:展览"动起来",非遗"活"起来[EB/OL].https://export.shobserver.com/baijiahao/html/487906.html.[访问时间:2022-08-03].

六、可穿戴交互技术

(一) 智能可穿戴设备简介

互动式体验[1]是激发观光者兴趣并让观光者深入了解的最高效方法,同时也是对中国文

---

① 罗向月.互动剧中的身体沉浸研究[J].视听,2021(5):2.

化传统手工业非遗产品进行宣传的最主要技术手段。可穿戴设备①不但改变了中国文化传统手工业非遗产品的资讯内涵接受途径,还有助于参加者通过主体感知的方法实现资讯内涵智能传递;可穿戴设备的多重感知功能(语言、动作、位置等)以及图像识别②使人工智能等现代科技方法手段可以通过大数据、计算、显示等的技术手段,实现虚幻世界与物质现实世界之间的数据信息内容互动。

整个流程就犹如传承者亲临场景,并同时对几个人甚至十多名感受者实施一对一教育,不但增强了信息传递效果,还可以根据不同的感受者进行定制化的感受方案,从而实现了言传身教的推广目标。人工智能的助教可以协助非专业知识人员做出更加标准化的手工,将中国传统手工业文化非遗向更广阔的中国大众传递与推广。随着数字交互技术③的发展,传统媒体设备与人们的互动方式更加简单而无形,而人工智能的加入与运用,使传统媒介载体朝着人类生物本质的方法演化,在提升人们沟通功能与距离的同时将信号损失减至最小。

(二) 智能可穿戴设备在非遗中的应用

21世纪伊始,电子化、手机互联网、人工智能技术的日臻完善,将推动着人类社会新一轮发展变革,各行各业都面临着人工智能技术发展的挑战,手机、智能家具、智能生产、3D打印机、虚拟现实、机器人、智能物品等纷至沓来。智能可穿戴服装在此轮转型中成为主要分支,不仅冲击了人们消费方式,更对整个服装产业链的升级变革提出了挑战。在2021年初,美国国际大数据公司(IDC)公布2020年第四季全球可穿戴设备出货量为1.535亿台,同比增长了27.2%;2020年全年整体出货量为4.447亿部,同比上升28.4%,体现了智能可穿戴服饰巨大的市场需求和发展潜力。

智能可穿戴衣服是将微型电子产品内嵌在衣服布料、衣物品或便携式活动常用物件中,是由现代科技蓬勃发展而派生出的一种智能衣服。可穿戴衣服并非是一种单纯的电子设备,而是依托大数据分析、互联网信息为载体,人机交互结合而创造的新兴技术,它所探索的是人与科技间崭新的结合方式、以人为本的人机交互方式。智慧可穿戴衣服既是智慧终端行业的新宠,也是未来智能手机的替代物与革新者,其不但能够代替传统电脑等终端设备,实现人与人之间的即时互动交流,而且还能够监控使用者在生活中的各种健康信息,并加以即时信息处理、备份、回复、大数据分析,从而达到更高级的智慧互动控制。由此,它将发挥手机产品的延伸扩展功能,并成为下一个智慧终端代表。从广义上来说,智慧可穿戴衣服既包含了可穿戴设备,还包含了智慧衣服装产品,这两种类型产品的设计形态和功能各有不同。可穿戴设备是以人类的头部、脖子、手腕的配饰需求为设计目标,产品设计形态小,功能集成化性好,容易操作;智慧穿戴产品设计主要以穿戴式单品设计为主,产品设计的整合性好,标准化水平高,根据特点可以分为智能监测类、智慧加热类、智慧抗菌类产品等。

① 孟靖达,冯岑.智能可穿戴技术的发展与应用[J].现代丝绸科学与技术,2021,36(2): 6.
② 唐闻.基于深度学习的计算机图像识别技术研究[J].电脑编程技巧与维护,2022(1): 154-156.
③ 钱雯霖,张马羽,宋思潼,等.基于数字三维交互技术的古镇文化推广及衍生产品设计[J].数码世界,2021,000(002): 27-28.

图 6‐3‐20　可穿戴设备智能服装丰富多彩的应用产品

资料来源：搜狐网.物联网智能穿戴包括哪些产品？［EB/OL］.http：//news.sohu.com/a/569617801_120094125.［访问时间：2022‐08‐05］.

　　可穿戴设备作为新的传播媒介，能够扩宽人的感知能力，提高人与信息的交互能力，增强人与物之间的联系。同济大学数字创新中心将传统的刺绣技术与可穿戴设备相结合，以传统旗袍为载体，利用智能纺织材料和算法，使原先静态的龙凤花鸟顿时活了起来。在一件旗袍上以动态的方式展现了四季变化，[①]从新叶抽芽到繁花盛开，从金风玉露到白雪皑皑，人工智能技术为静态的手工艺品增添了新的动态表达维度，使之焕发新的活力。

> **研读材料**
>
> 　　从"穿得暖"到"穿得美"再到"穿得智慧"，现在对于衣着的要求随着现代科学技术的进步，也变得越发不同。近日，"了不上的改革——纪念创新发展四十周年重大展览会"在国家博物院举行。东华学院时尚科创公司原创"科技旗袍"等智慧服饰品牌登台参展。
>
> 　　传统旗袍大都采用锦缎、香云纱等梭织面料制作，虽然飘逸，但弹性不足。东华大

---

① 传统文化牵手 AI，同济设计让进博会上非遗老字号"动"起来［EB/OL］. https：//news. tongji. edu. cn/info/1002/71510.html.［访问时间：2022‐07‐28］.

学上海国际时尚创意学院的师生创造性地采用更柔软、更方便活动的针织面料研发了"针织变色科技旗袍"。

"发光科技旗袍"的奥妙在于使用了东华大学与校企合作企业联合研发的环保节能纳米发光材料。

不同工作状态的发光线经过巧妙排布,若星云满天,呈现出强烈的立体感和透视感。尤其是通过旗袍的海派风的结构张力和图案表达,满满都是带有东方智慧的太空遐想。

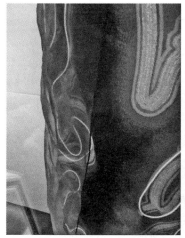

图 6 - 3 - 21　可发光旗袍系列

资料来源:可变色可发光可变形,这样的"科技旗袍"你见过吗[EB/OL].https://wenhui.whb.cn/third/baidu/201811/17/225085.html.[访问时间:2022 - 07 - 30].

七、AI 技术与数字内容进行交互

作为对人脑感知技能和情感天赋的延伸,人工智能在感知能力方面的深度学习效率远超人脑。在应用方面,人工智能也具有很大的实用价值,比如自然语言技术、实时认知技术、跨屏辨识技术、人工智能交互技术等。数字信息技术的嵌入让虚拟内容和有形样态并存,非遗的可及度和体验度都明显提升。利用信息技术赋能,人工智能能够使古老的非物质艺术形式渗透到当代的历史环境当中,让它们健康地被传承发展,并不断产生与时代相适应的崭新的艺术形式。

(一)传播主体的数字化

作为传播主体的人工智能技术在打破语音感知障碍上也具有明显的优越性。强烈的区域性特征导致中国手工艺在流传中的原始用语主要为地方土语、俚语。面对这种地方色彩浓厚的方言文化,目前的翻译技术无法灵活地提供较为贴切的解说,往往需专门人士反复收听辨别。但关于程序、制法用语或文化等内容的译文,传统手工艺或非遗所处的文化环境也往往无法和读者所在地域的人文语境完全相符,在整个信息传递流程中,翻译人员的汉语水平和语言习惯等不可控因素,直接影响了语言信息的准确程度。相比之下,人工智能的语言翻译功能则做到了根据上下文语境使用多语种流畅译文。经过语言收集、匹配,对非遗传承者的语言进行系统加工,然后采用语言阅读、机器朗读的形式传递,最后实现像人那样自然流畅地沟通交流,[①]在数字化传播进程中提高了中国手工艺非遗和文字信息领域的传递质量。"解决普通消费者识别问题的同时,可以利用深度认知技术定制高端、独特的",把少数民族的当地语言翻译成汉语等其他语种,实现了不同话语体系间的自主转换。

(二)跨屏识别:传播对象的关联化、交互化

在移动网络与人工智能的推动下,当消费者置身于一个非遗文化环境中,不但可以扫码一个非遗展馆的线上虚拟设备,传感器也可以对其进行即时定位,向消费者身上的各个设备主动传递相应的非遗信息、线下服务场所的资讯。通过庞大的系统支撑,人工智能技术可以把由诸多数据源所形成的设备 ID 和相关 ID 信息加以相互关联,从而形成了一种以人为中心,以用户终端为支点的 ID 型信息网络,从而真正做到对非遗信息的全面打通以及对多个 ID 的全面系统覆盖。在数字媒体时代,当同一网络客户端拥有多个设备终端用户,同一设

图 6 - 3 - 22   虚拟中国古代建筑展

资料来源:中国网.北京这些博物馆推出"云观展"!24小时不间断,附展厅入口[EB/OL].https://baijiahao.baidu.com/s?id=1732329334747397469&wfr=spider&for=pc.[访问时间:2022 - 07 - 30].

---

① 牛金梁.非物质文化遗产智能化传播的数字技术赋权逻辑[J].湖南师范大学社会科学学报,2020,49(5):7.

备终端的用户也可具有多个 ID 客户。^① 各种操作系统和应用间所产生的消息屏障,将导致用户数据信息的分散性和不规则化,也无益于受众对用户信息内容进行系统化的定位与判断。而依托 5G 网络的先进的数据传输能力,搭载 RSS 定向技术和无线 AP 定向技术的传感器产品终端可以为受众提供即时的定向数据信息,跨媒介的人工智能产品也可以让各个源头的数据信息之间形成联系,更有效地帮助跨屏受众实现身份辨识与标签定向,进而针对现有受众和其他潜在使用者实现全方位的跨屏推广。

(三) 场景搭建:传播内容的深度化、活态化

2019 年 2 月,OpenAI 发布了一项擅长处理语言建模和文本预测任务的大规模无监督语言模型 GPT - 2,^②它可以完成对输入文字的诵读、理解、翻译、总结等工作。在发现更深入资讯、提供更精准资讯的基础上,GPT - 2 可以自主产生连续、个性化的文化传播内容,在无须培训的情况下自行收集和组合相应的文化资料,进行问答;再辅之以更先进的信息查询与搜索能力、自然语言识别等机器人技能,从而达到国家非遗项目展示内容的多样化输出,满足消费者在认知层次上的基本需求。同时人工智能数据传播体系的发展与完善,也可以打破传统预设用户思维所形成的信息茧房,通过改变受众所获取的大数据进而重塑其对某项传统手工艺文化非遗的认同,在一定意义上解决了目前互联网信息传播环境中的逆淘汰问题。

随着 VR 和虚拟现实科技的发展与广泛应用,人工智能技术也可以根据具体的传统文化技艺与原生态历史文化特征,在表现形式和内涵等方面加以创造,对传统文化技艺与非遗的生活情境进行深度仿真,对传统文化原生态资料进行语音识别、图像对比等,再根据虚拟现实的人工智能模型方法,在保持细节特点的基础上对原有的人文环境、社会历史形态等更加概念化的生活情境进行人工智能优化与再现,构建成一种仿真情境,以更为生动的艺术表现形式进行生动的展现宣传。参与者通过平板手机等移动设备,借助身体运动和旋转的方式主动选定观赏视角和体验方位,在中国手工艺与非遗文化赖以生存的原生氛围中全面观察、体验人类非遗发展的过程,从而形成沉浸式体验场景,并形成强烈的、独特的体验式、情景性传播效应。

研读材料

由于新冠疫情蔓延,很多人没有办法出门,无法领略非遗的美好。北海市从实际出发,利用 AI 交互和 VR 技术,建成了非遗虚拟展示馆,展示馆线上游采用 720 度全景 VR,创造出 3D 虚拟现实环境,展出 1 000 多件展品、44 项北海非遗项目。多源信息融合的交互式三维动态视景能够带给观看者独特的沉浸式体验效果,使广大市民群众足不出户即可身临其境参观非遗展示馆。

---

① 贾菁.人工智能背景下非物质文化遗产数字化传播的进阶路向[J].当代传播,2020(1):4.
② Rajcic N, Mccormack J. Mirror Ritual: An Affective Interface for Emotional Self-Reflection[C]//CHI'20: CHI Conference on Human Factors in Computing Systems. 2020.

图 6‑3‑23　非遗线上展览馆

资料来源：北海新闻网.在家也能看非遗! 北海市非遗中心全景 VR 沉浸式体验"三月三"[EB/OL].http://www.bhxww.com/NewsInfo.aspx?id=55086.[访问时间：2022‑07‑31].

人屏互动装置展示了全长 17 米的巨幅剪纸作品《上海童谣》,擅长剪纸艺术的李守白大师带来了《上海童谣》艺术作品,并运用了最生动活泼的艺术形式将其呈现于观者眼前。同济大学设计创意学部数码动漫与数码娱乐实验室的柳喆俊团队运用互动装置,运用显示屏顶端中心的传感器判定到场观者的紧密程度,使整体卷轴画面的动感效应和观看人员的紧密程度呈正比。展示屏上首先出现的是缓缓转动的李守白剪纸艺术卷轴,周边自然环境是动的,而每个人物角色则是静止的;当围观的受众更多时,人物画面上的形象也会慢慢运动过来,呈现出欢快的景象。

八、元宇宙与非遗内容进行交互

从报刊到广播电台、从广播电视到网络,媒体的变迁并不仅仅是时代巨变的重要标志,它颠覆和重构了人类的生存方式,正如迈克卢汉所说的"一切发明创造或科学技术都是人类的延续或自身截除"。[1] 元宇宙的出现将继续扩展人体延伸的范围,改变人们感知世界的方式,也将为非遗的活态化传承、数字化生存提供技术支撑。

---

[1]　朱婧雯,欧阳宏生.认知传播的理论谱系与研究进路——以体认、境化、行动的知觉‑技术逻辑为线索[J].高等学校文科学术文摘,2021(2020‑5):109‑115.

图 6 - 3 - 24　《上海童谣》剪纸动态作品

资料来源：澎湃新闻.171 项匠人技艺欢迎互动体验.打造民族文化展示平台，"非遗暨中华老字号"展区首次设置［EB/OL］. https://page.om.qq.com/page/OhTuSPzz9-zLj8LKBMW9_X_w0.［访问时间：2022 - 07 - 30］.

（一）元宇宙与非遗连接的可行性

非遗在留存历史记忆、建设文化强国、拉动区域发展等方面具有重要的现实意义。但是在新冠疫情的冲击下，其长期以来存在的空间缺失、与现实脱节、难以为继等问题愈发严重，阻碍了非遗的文化与经济价值的释放。"元宇宙"概念的出现，恰似一道曙光，引起了社会的广泛关注。它所具有的同步性与高拟真度、开源与创作、闭环经济系统、永续发展等特点，不仅为未来"人体的延伸"指明了新的方向，也为当前非遗传承面临的突出问题提供了新的解决思路。

1. 5G 技术的不断发展

5G 技术的不断发展使得人们能够快捷上网、便携上网，并促进许多科技的发展，例如人工智能与元宇宙。最开始的元宇宙来自一部小说，当时因为各种条件的不足，人们都以为它是天方夜谭，而 5G 技术的发展为其提供了现实条件。

2. 数字孪生技术支撑

运用数字孪生技术能够生成与现实世界状态同步更新且具有高拟真度的仿真空间，还原非遗存在的真实空间。运用 AI、XR、3D 等技术能够搭建跨时代、多模态、理想化的超现实空间，实现对虚拟非遗原生空间的重塑。在元宇宙高级阶段，体验者还可以摆脱多种设备的束缚，通过脑机接口操纵数字分身，使用户通过远程分身在重构的虚拟空间中获得更加真实的非遗体验，比如基于虚拟现实的脑机接口（BCI - VR）技术就是将脑机接口技术与虚拟现实技术相结合，用户可以通过脑机接口进入 VR 技术搭建的非遗虚拟空间并进行体验。

3. 元宇宙协议

元宇宙可以通过标准化协议及创作平台的授权，让用户获得编辑和修改权，进而促进非遗体验产品的创作。区块链技术的大规模运用能够建立去中心化、节点化、高度透明的交易链条，通过代币建立永续发展的闭环经济系统，打通虚拟世界与现实世界，进而实现非遗体验和创作的变现，这为非遗传承者提供了更有吸引力的发展机遇，有利于扩大非遗传承者队伍，实现非遗的产业化运营。

（二）元宇宙可增强非遗互动性

人是非遗传承的核心与关键。在元宇宙时代，不仅要为用户构建沉浸式的非遗体验情境，还要打造互动仪式链，激发用户对非遗的情感能量，从而使其产生自觉进行非遗传承的道德感。

1. 突破地域限制，实现远程共在

互动礼仪链是由兰迪尔柯林斯提出的，他指出，互动礼仪的构成因素是团队凝聚（身体共在）、对局外人的屏障、共同的目标以及共同的情感状态，有效的交互礼仪能让人产生共同的兴奋感，并催生出团队凝聚力、情感力量、象征团结的标志以及道德感。[1] 在新冠疫情肆虐的背景下，各地对聚集活动进行了一定限制，阻碍了非遗体验者的群体聚集，难以打造非遗互动仪式，不利于提高非遗情感能量，给非遗文化体验造成了挑战。

不过，柯林斯在强调亲身参与的意义之外，也给出了一种特殊的限制条款，他表示："这样的情况也是有可能的，因为即将开发出来的电子媒体设备被设想为能够模拟人类的心理生理方面，以实现 IRS（互动仪式链）的正常运转。而 IRS 也可以构建起更高水平的关注焦点与情感连带，能够想象将来的电子通信设备也可以试着从人类神经系统内部接收信息，而这种信息也可以增加人们共享的情感体验。"

在元宇宙时代，柯林斯所强调的这种特殊限制条款将得到满足，用户有机会通过脑机接口进入虚拟的非遗仪式情境当中，并在这种虚拟仪式情境中实现远程的群体聚集，远程参与非遗活动。在互动仪式之后，用户出于获取社交货币的需要及对于传承非遗文化的道德感，会自发传播参加非遗活动的感受，这有助于带动更多用户进行非遗体验消费。

2. 发挥社交功能，打造意见领袖

为了成功打造非遗互动仪式链，还需要注意两个问题：第一，要注意将传统仪式和互动相结合，使用户在参与某项非遗仪式的过程中可以与其他非遗仪式的体验者进行互动，通过发挥即时社交功能，分享共同的情绪或情感体验，为非遗体验注入情感价值。第二，要招募对非遗文化有着强烈情感力量的个人，使其成为非遗体验的意见领袖，让其发挥强势信息源、声音放大器和意见环境塑造者的作用，既提供社会关注资源，也唤起他人对非遗文化共有的强烈情感。当非遗体验意见领袖与消费者共同参与非遗互动仪式时，意见领袖利用自身的号召力就可以激发人们的从众心理，催生集体兴奋，有助于互动仪式的成功开展，实现

---

[1]　柯林斯.互动仪式链[M].北京：商务印书馆，2009.

消费者情感能量的累积。

3. 提升用户地位，加强参与感

"未来的元宇宙是用户创造并驱动的世界"。要想实现非遗的活态化传承，就要充分利用元宇宙带来的技术优势，不断提升用户的话语权、编辑力、体验感，主要表现在三个方面：一是建立理想化的公共领域，让用户更好地发表自己对非遗发展的意见和看法，以主人翁的姿态为非遗保护出谋献策；二是吸引用户参与，以人机协作的方式不断构建并更新非遗虚拟空间；三是满足用户对非遗体验的多种需求，倒逼非遗体验不断优化。最终实现将用户从非遗文化的旁观者转变为建构者，促进他们对非遗的自发传承。

（三）元宇宙增加非遗的传播能力

不论是在《雪崩》还是在电影《头号玩家》中都能够看出，高度发达的虚拟世界建设在真实世界破败不堪的情况下的样貌。不过，必须意识到，未来的次元宇宙并不是人类为了逃避颓败真实世界的乌托邦，而是继 Web1.0、Web2.0 之后，万物互联网时代的全新发展阶段。在不远的将来，要通过虚实互补、虚实结合和虚实共生等途径，以虚拟空间建设促进非遗发展，利用非遗的力量助力现实问题的解决，实现虚实联动，充分释放非遗的潜在价值。

1. 虚实互补，布局差异体验

元宇宙的多技术支撑性虽然能够使非遗项目体验拥有多感官性、超真实化和深度沉浸的特点，但元宇宙阶段的虚拟空间仍不能完全取代现实。因此，要结合不同非遗项目的特点，在虚拟空间和现实空间布局差异化的非遗体验项目。在线上和线下提供不同的产品，通过线上引流带动线下消费是目前很多品牌处理线下实体店铺和线上网络店铺关系的一个有效方法。这同样适用于处理元宇宙时代非遗的虚拟世界体验与现实世界体验的关系，有利于充分发挥各自的优势。比如，味觉感受很难通过虚拟现实设备和脑机接口等技术来获得，这就限制了很多非遗项目的虚拟体验，所以现实非遗体验中应该更加侧重味觉体验，实现虚实互补。

2. 虚实结合，打造连接枢纽

除了进行差异化布局之外，还可以通过某种激励方式，将虚拟空间的用户向现实世界引导，打造连接虚拟与现实的枢纽。这个连接不仅指虚拟空间和现实空间的连接，也指虚拟非遗体验产业与实体制造业的连通。第一，可以在虚拟非遗体验中布设现实体验任务，引导人们完成线下体验，获取稀有非遗衍生品或非遗体验材料，实现虚拟世界和现实世界的连接。第二，可以将虚拟非遗体验中用户制作的产品，通过 3D 打印等技术生产出来，促进与非遗相关的实体制造业的发展。这种体验产品既可以用来销售，创造经济收益，增强用户在虚拟非遗体验中的获得感和成就感，也能作为象征非遗体验的符号被保存下来，增强用户的非遗体验记忆。

3. 虚实共生，赋能区域建设

虚实共生是指虚拟人物与真实人物的融合共生，可以解决非遗传承中的人力资源短缺问题。美国专家凯瑟琳海勒曾表示："在后人们眼中，人体的实际存在性与电脑仿真之间、人机关系结构与生命细胞之间，以及人工智能技术与机器人目标之间，都不是根本的差异或是绝对的区别。"在元宇宙时代，智能设备的发展将促进人的"赛博格化"，真实人物可以通过各种设备延伸自身的技能,虚拟人物则由真实人物的元件优化与重组合成。

"人的赛博格化"将解决目前非遗传承人老龄化的问题,实现非遗技艺的永续传承。虚实共生也指虚拟空间与现实空间的共同发展。在元宇宙催生的与现实城市中的人、物、组织、场景等要素相对应的虚拟城市中,通过计算实验方法分析和评估决策场景,可以对真实的城市建设进行预测。

移动互联网时代的"非遗＋"发展模式已经在拉动经济增长、促进区域发展等方面取得了显著成效。一个典型的非遗脱贫范例是盖宝村所打造的"侗族七仙女",她们通过直播和短视频展现了"侗族大歌""侗族琵琶歌""侗戏"和"蜡染"等非遗文化,带动了区域特色产品的销售。在元宇宙时代,可以在虚拟的城或乡村空间中设计多种非遗传承与利用方案,比较和分析各方案的运营结果,用于优化区域建设决策,以较低的成本将非遗文化传承与地方产品销售、区域可持续发展更好地结合起来,让非遗真正实现以虚拟带动现实、以现实反哺虚拟,形成虚实共生的美好图景。

研读材料

2022 年 6 月 12 日,广州非遗街区——北京路开街,元宇宙非遗街区线上同步开启,成为全国首条实现线上线下同步开放的非遗街区。戴上 VR 眼镜,即可"穿梭"于非遗街区元宇宙世界之间,实现沉浸式体验非遗展区、非遗集市等数字体验。

元宇宙街区呈现了广府特色非遗,包含广彩、广绣、榄雕、箫笛、通草画、象牙微雕、岭南古琴、西关打铜八大项目,每个项目选取具有代表性的精品进行 3D 数字建模,并结合 5G 云计算、AR/VR 等技术,在元宇宙中高精度、全方位地展示作品细节。

广州非遗街区(北京路)项目共分两期建设,此次开放的街区为一期,包含首层约

图 6-3-25　广州非遗街区

资料来源:《潇湘晨报》.全国首创元宇宙非遗街区,广州非遗街区(北京路)开街[EB/OL]. https://baijiahao.baidu.com/s?id=1735511217784927411&wfr=spider&for=pc.[访问时间:2022-07-29].

800平方米的展示空间。未来,项目将在二期建设中开放二、三楼区域,增加非遗剧场、大师工作室、非遗普及教育研学、沙龙书吧、休闲娱乐、文创商店等场所,并以巡回展演的方式,串联街区骑楼群和周边历史文化旅游景点,打造集展示展演、体验互动、文创消费于一体的非遗综合体验空间,建设成集赏、游、购、娱于一体的粤港澳大湾区非遗交流中心。

NFT,即 Non-fungibleToken,与 fundable(同质化)的可交易、可互换、可替代的特征不同,非同质化意味着"不可替代"。由于非同质化事物和人类有着更紧密的关系,形成的情感联结也更为牢固,往往是更有序的。

2021年,NFT的元年开启。NFT瞬间成为市场的新宠,艺术家、名人,以及阿里、腾讯等巨头公司纷纷入局,NFT艺术品拍卖量节节攀升,价格屡创新高。最新的财务数据报告表明,NFT通证总市值已突破650亿元。2021年年底,在大厂的数据基础上,国有企业、上市公司也低调入局,全球首个非遗数字藏品平台悄然上线,迈出了官方搭建东方文明元宇宙的步伐。

图6-3-26　非遗数字藏品平台

资料来源:应物非遗."应物非遗"数字藏品平台正式发布[EB/OL]. http://yingwufeiyi.com.[访问时间:2022-07-29].

第七章
数字非遗的众创平台

第一节　数字非遗的众创平台概述

在"互联网+"的历史背景下,出现了大量为企业创造者提供各类创新创业咨询的平台,其中众创平台和众创空间的出现是我国独具特色的现象。2015年,时任李克强总理提出"以大众创业万众技术扩大我国就业机会生活空间,以服务业新兴产业加快发展扩大就业容量",国家开始提倡"大众技术,万众创新",将创客空间视为支持企业的一种手段,鼓励创客将创新成果用于创业,众创空间就此发展而来并开始繁荣发展。众创平台是在互联网背景下对众创空间的延伸。在这个大背景下,非遗传承人也渐渐聚集在一起,创立属于自己的平台。

一、非遗众创平台相关概念

非物质文化遗产的保存和延续,越来越得到我国的重视。在新数字经济时期,为响应我国"大众创业,万众创新"的号召,非遗等众创空间依托全要素、开放型、便捷化等特征快速兴起,并通过文化创新、技术创新和产业技术创新的高效互动,对中国非遗的继承、保存与创造发挥了越来越关键的作用。

目前,围绕众创空间与价值共创的研究主题,学者们从众创空间的价值共创、[①]生态系统构建中的众创空间价值共创、[②]众创空间与参与主体间的价值共创[③]三个方面开展研究。总体而言,学者们已经对众创空间价值共创进行了诸多深层次的研究。

由于对众创空间背后的发展基础与渠道研究还不够深入,目前非遗众创空间过快发展出现了模式单一、同质化剧烈争夺、技术专业化水平严重程度低、产品生态化链不足等问题,

---

① 胡海波,卢海涛,王节祥,等.众创空间价值共创的实现机制:平台视角的案例研究[J].管理评论,2020,32(9):14.
② 戴亦舒,叶丽莎,董小英.创新生态系统的价值共创机制——基于腾讯众创空间的案例研究[J].研究与发展管理,2018,30(4):13.
③ 陈武,李燕萍.众创空间平台组织模式研究[J].科学学研究,2018,36(4):9.

很多非遗众创空间仍然滞留“孵育器”阶段，从而致使传承与保存非遗的综合作用得不到足够的发挥，而众创空间投入市场主体的自身价值观也得不够有效的体现。因此，研究众创空间背后的技术问题很有必要，众创的理论主要起始于群体，群体智慧会促进平台构建。

（一）理论基础：群体智慧内涵与类型

群体智慧是指大自然与人类社会中普遍存在的现象，从群体智慧理论探索时期开始兴起，至今一直活跃在生物学、社会学、大众行为学、计算机技术等领域。① 随着科学技术的不断进步，管理维度的群体智慧研究也全面展开，网络环境下群体智慧的内涵得以不断丰富，群体智慧的效能实现、技术支持和实际应用取得重要进展。

1. 群体智慧的内涵

人类的群体智慧主要来自生物圈，包括蚁群、蜂群、鱼群等集体行为。受生物界群体智慧的影响，来自不同领域的学者对群体智慧现象与理论展开了跨学科的探索和多视角透视，对其概念的理解和诠释也各异。因此，James Surowiecki② 认为，团队智力是“个人组成的团队共同去完成事情所表现出的智力”；Thomas Malone③ 认为，团队智力表现为一种群体智商，是指团队中的群体成员在共同解决各种问题时所表现出来的集体智慧；Pierre Levy④ 则认为，团队智力是一个主观的、高度个人化以及伦理与协作的结构，它提供了在一个社会、企业以及文化中表现出的类似智力的东西，包括认识、理解、行动、思维和解决问题等；John Smith⑤ 指出，族群智慧是“一群人在一致信仰的指引下，以族群为单位自行完成一项任务，这个族群不再是一个由众多单独个人组成的组合，而是一个有着强大的凝聚力，并显示出极高智力的集合”；Tom Atlee 和 Karen Mercer⑥ 认为，族群智力是在社交环境中产生的，个人通过多种形式共享社群职能、凝聚社群能力，进而转变为团体活动的过程。这不但源于众多个人的竞争和协作，同时有助于解决“集体迷思和个人认识偏差，并通过协调合力实现群体发展，从而大大提高了高人们的智力表现”；Tom Atlee⑦ 把群体智慧的重点主要放在人类社会中，探讨人类如何利用群集智能来克服集体决策失误和个人认知偏差，George Por⑧ 给群体智慧下了一个广泛而简单的定义“群体智慧就是任何产生于群体或其他集体生活系统的智慧，或者说是该群体或系统的一种能力或特性”。

戴旸将群体智慧界定为：“众多个体在共同目标和信念的驱使下，通过个体的认知、个体

---

① 郭斌，於志文.群智融合计算[J].中国计算机学会通讯，2018，014(011)：41－45.

② Surowiecki J. The Wisdom of Crowds: Why the Many Are Smarter Than the Few and How CEB/OLlective Wisdom Shapes Business[J]. Doubleday, 2004.

③ Malone T W. What is collective intelligence and what will we do about it[J]. 2008.

④ Levy N. Book review: Networks of Power Electrification in Western Society[J]. Generation, Transmission and Distribution see also IEE Proceedings-Generation, Transmission and Distribution, IEE Proceedings C, 1986, 133(1).

⑤ Nance W. Collective Intelligence in Computer-Based CEB/OLlaboration[J]. Journal of the American Society for Information Science & TechnEB/OLogy, 2010, 46(10): 793－795.

⑥ Altee T, Mercer K. The first little book on Co-Intelligence[M]. OR: The Co-Intelligence, 1996.

⑦ Altee T. Defining the Collective Intelligence[M]//TaherN. Collective Intelligence: An Introduction. 2005: 3－13.

⑧ Por G, Atlee T. Collective Intelligence as a Field of Multi-disciplinary Study and Practice[C]//Collective Intelligence conference. 2000.

间的协作与合作,依托一定的平台,以群体为单位,开展起的信息获取、问题认识、群体决策和群体预测等方面的行为,进而产生超越个体,或是个体总和的智慧与能量"。[1] 她认为群体智慧主要有三个特征:① 群体智慧的涌现以群体行为为依托,众多个体在共同的目标或信念的驱使下组成群体,在保持各自独立的同时,又以群体为单位实施行为;② 群体智慧可用于信息获取、问题认知、群体决策和群体预测等诸多方面,进而产生积极的响应;③ 在适当的情况下,群体形成的智慧往往会超越单个个体,或是个体总和,这也正是群体智慧的优越之处。 总之,群体智慧有着丰富的内涵和意义,它可以充分发挥群体力量,集思广益,最大限度地激发群体的智慧。

人群具有智力是不言而喻的,但是一个群体如何形成智力也存在不确定性,群体智慧的实现会受到包括人群规模、族群组成的异质性、退出机制、族群凝聚力、信息技术和通信技能等各种因素的影响。[2] 这些因素既有来自群体组织、构建、机制等方面的"内部因素",也有来自技术、平台等方面的"外部因素"。这种"内部因素"是影响群体智慧实现的基本要素。 正如 Surowiecki[3] 所言"群体智慧"超过"个体智慧"必须符合四个必要条件:① 多样化的观点。人人都有私人信息,即便是对已有事情的反常理解;② 独立自主化。人的想法不被周围人的想法所左右;③ 分权化。人都能进行专门探究并通过局部经验来决定;④ 中央集权化。这是一种使得个体判断转变为群体决策的机制。群体智能类型群体智慧是指一个人共享的或者整个群体的集体智能,它可以在众多人的协作和竞争中涌现出来。

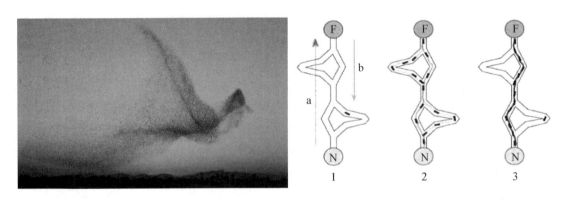

图7-1-1　群体智慧在生物中的案例及蚁群算法的发现

资料来源:搜狐网.自组织集群智慧:自然界 AI 算法研究的启示[EB/OL].https://www.sohu.com/a/559479328_548777.[访问时间:2022-08-03].

2. 群体智慧的类型

Surowiecki 认为,群体智慧涉及三种类型的问题:① 认知问题,包括那些已有或者已经找到解决方案的现存问题,如"如何选取建厂的最佳地址"等;② 协作问题,即如何协调成员

① 郭庆慧.基于智慧旅游的山东省非物质文化遗产旅游发展研究[J].大众投资指南,2019(17):2.
② 蔡萌生,陈绍军.反思社会学视域下群体智慧影响因素研究[J].学术界,2019(4):12.
③ Surowiecki J. The Wisdom of Crowds:Why the Many Are Smarter Than the Few and How Collective Wisdom Shapes Business[J]. Doubleday,2004.

的行动,如"公司是如何协调分工的"等;③合作问题,即如何让自利、互不信任的人们一起工作时所产生的问题,特别是当这种狭隘的自利甚至导致没人愿意参与其中时,如买卖双方对商品的合理价格产生共识等。可见,人类社区的群体智慧主要表现为认知、协作、合作三种实现类型。

（1）群体认知。群体认知是指群体中的不同个体从不同的立场、视角出发,结合自身的知识、经验做出的判断与预测。群体认知的对象主要是一些已有或将产生解决方案的问题,认知的结果也都不会是单一的,但有些结果必定会优于其他结果。通过主体的广泛认识和分析,进而提炼出最佳的答案,就是群体认知的主要目的,市场预测就是其主要范围之一。

（2）群体协作。群体协作的目的在于解决问题,一些大型的企业已开始采取这种方式完成自己内部无法完成的任务,他们将问题在网络上公开,邀请来自全国甚至全球的大众,以竞赛或公益的形式提供解决对策,进而进行评判和筛选。群体协作是一群志趣相投的人为了共同的目标以分散的形式贡献自己的创意和智慧的形式,它以群体间成员的彼此协调为前提,个体在做出行为的同时,也清楚地知道其他个体也在做着同样的事情。群体协作是当前群体智慧最主要的一种实现形式。

（3）群体合作。群体合作也是要调动群体成员中各方的努力,但这种努力未必具有明确的目标,它以一种更为宽泛和开放的形式,鼓励成员提出自己的创新构想和前景策划。同时,群体合作中成员的关系也不一定是和谐的,从某种程度上来说,合作还会涉及自我利益受损,当互不信任的人在一起工作时,狭隘的自我利益也会发挥作用。

二、群体智慧模型

近年来,群体智慧作为一种新型的管理模式和社会协作模式,引起了学者的重视。英国 lcosystem 公司 CEO 兼首席科学家 Eric Bonabeau 认为,群体智慧有利于制定出更好的决策,他强调 Web2.0 技术能使企业成为有史以来规模最大的"群体"。他于 2009 年提出了一个通用的群体智慧框架模型来帮助企业使用 Web2.0 解决问题和制定更好的决策。[①] 希腊雅典国家技术大学电气与计算机工程学院的 Loanna Lykourentzou 等人认为,大规模的群体通过个体的协作可以产生更高阶的智慧、解决方案和创新。他们通过对 Wikipedia、Google 等案例进行研究发现,其成功很大程度上归功于群体智慧系统的设计,[②] 并于 2010 年进一步阐述了群体智慧系统框架。[③] 2012 年,瑞士圣加仑大学信息管理学院的 Sandro Georgi and Reinhard Jung 在总结之前模型的基础上,构建了一个群体智慧综合模型,并进一步运用细粒度方法描述了群体智慧的特征,这些特征包括协作形式、组织模式、决策制定

① Weiss, Aaron. The power of lective intelligence[J]. Networker, 2005, 9(3): 16-23.
② Lykourentzou I, Vergados D J, Loumos V. Collective intelligence system engineering[C]//International Conference on Management of Emergent Digital Ecosystems. ACM, 2009.
③ Vergados D J, Lykourentzou I, Kapetanios E. A resource allocation framework for collective intelligence system engineering[C]//International Conference on Management of Emergent Digital Ecosystems. ACM, 2010: 182.

流程等。① 这几种模型从不同角度描述了利用群体智慧的具体方式,对群体智慧的研究无疑起到重要的作用,而该领域最著名的模型要数 Malone 等人从管理维度提出的群体智慧模型。

2009—2010 年,麻省理工学院斯隆管理学院群体智慧研究中心以 Malone 为首的研究团队,在对近 250 个网络群体智慧案例进行研究的基础上,提出了群体智慧管理模型。① 该模型从四个维度来描述群体智慧,即"What is being done""Who is doing it""Why are they doing it"和"How is it being done",并将其总结为"What(目标)""Who(主体)""Why(动机)""How(策略)"四个方面。"What"被认为是需要回答的第一个问题,他们将其界定为"目标",而在应用群体智慧的任何一项管理任务中,群体智慧所要开展的工作主要包括创造和决策两种;"Who"是需要解答的第二个问题,同样涉及两个主要模块——管理层和群体;对"Why"的解答,就是对群体参与动机、主要的激励因素和激励措施的探寻,人类社会中,人类参与行为或活动的动机,以及具体激励因素有很多,Malone 将其概括性地总结为金钱、爱、荣誉三个方面;在模型中需要回答的最后一个问题,就是"How"。Malone 将群体行为的内容分为创造和决策两大类,而"How"的解答,即以何种式或手段实现了创造与决策。创造的实现主要通过收集和协作两种方式,而决策又分为群体决策与个人决策。

三、非遗众创平台的意义

我国是由 56 个少数民族构成的国家,经过悠久的历史文化发展岁月,中华民族仍然保留下了让国人骄傲的古代历史文明与社会遗风,我国非遗文化产业受到了海内外大众的青睐。同时,也应看到,随着科学技术的日益发达,无数灿烂璀璨的中国社会历史社会发展遗迹逐渐被时光的沙海所掩盖了。20 世纪 50 年代末 60 年代初期,我国传统文化戏曲剧目超过了 367 个,然而时过境迁,现今我国仍在上演的仅有 267 个传统文化剧目品种,②几十年中我国的传统民族文化剧目就已经灭失了 100 多种。

非遗众创平台可以真正利用群体的智慧、利用大众的参与来对非遗进行保护。传统的非遗具有地域性强、老龄化严重等特点,难以被大众熟知,融合新科技的非遗众创平台具有简单、便捷、易操作的特点,非遗传承人可使用模板进行制作,即可获得一定的观看量。大众在观看视频以后,可以跟着视频学习、遇到不懂的地方也可在众创平台上与非遗传承人交互交流,从而不断对非遗进行创新与传播,可促进非遗的活态化传承。

当今科技的发展为非遗众创空间带来新的机会,抖音、快手、知乎、淘宝等一系列新媒体平台的出现,为非遗众创平台搭建了新的舞台,非遗有了新的传播渠道,不会再淹没在一些偏远地区。传承人利用短视频拍摄整个制作的工艺,观众通过留言提问,通过点赞获

① Georgi S, Jung R. Collective Intelligence Model: How to Describe Collective Intelligence [J]. Springer Berlin Heidelberg, 2012.
② 刘严文俊,王婷婷,赵鑫怡.关于新型非物质文化遗产平台建设研究[J].中国民族博览,2020(10):2.

得认同，使非遗传承人感受到大众对非遗的渴求；面对面的直播交流，更可让观众零距离接触有历史感的非遗，了解非遗背后的故事，知晓非遗背后的文化内涵，真正实现我国文化强国的建设。

第二节　数字非遗的众创技术平台

大数据是指在信息获取、保存、发现、利用、研究、处理、整合等领域，大大超越了人类和传统软件工具知识范围的大量而复杂的信息集合体，[①]可以帮助人类突破依靠传统和日常直觉操作的认知模式的局限，使判断和决策建立在大量事实和信息的基础上，进而明显增强了数据信息的应用整合性和应用创新性。同时，由于信息不能还原非遗原生环境的真实状况，所以通过利用大数据信息技术对非遗数据进行收集、存储、检索、再现、整合、传递与运用，就能够很好地满足社会需求，从而完成传统和现代信息的有机互动和整合，进而为人类非遗传承的研究开发创造全新的机会、环境和方式。目前，中国将非遗数字化的工作重点聚焦于对非遗信息的保存与呈现上，而大数据则是非遗数字化保存系统中最主要的数据载体。由于大数据技术所拥有的信息数量多、种类多、处理速度快的特点，它在促进非遗保存工作中有着多方面的意义与作用。[②]

一、技术众创：大数据平台

海量信息，又名巨量信息、海量资料，是指其所包含的信息量规模庞大到无法借助人力，在合理时限内达到截取、管理、加工和整合目的的，人们所解读的资料。自出现以后已经改变了人们的工作和生活方式，也为非遗的数字化保护提供了新路径。而大数据分析平台除了可以充分运用大数据资源支持科技发展外，还能够利用内容共建、资源共用、渠道合作和大数据分析等多种形式来实现社会公共服务。[③]

（一）非遗大数据平台建立意义
1. 改善非遗信息保存现状

在大数据时期，以文字、图像、声音、影像、视频等为主要媒介的结构化数据和未结构化信息大量出现，构成了网络信息的基础。而且其中的非遗数据源量还在不断增加，非遗资料记录也越来越原真、完整、便捷。同时大数字信息技术可靠性较强，既能采集宏观信息，也能

---

① 张秉福.论大数据背景下非物质文化遗产的传承与发展[J].中原文化研究,2020(5)：58-65.
② 周亚,许鑫.非物质文化遗产数字化研究述评[J].图书情报工作,2017,61(2)：10.
③ 百度百科.大数据平台[EB/OL]. https://baike.baidu.com/item/大数据平台/58923335?fr=aladdin.[访问时间：2023-04-10].

收集微观信息，极大提升了信息收集的深度和广度。立体拍摄、图文扫描、数字照相、全息摄影、动作拍摄等大数字化信息技术，为非遗保护工作提供了各种信息收集途径，而且所得非遗信息的清晰度、准确率和安全性、可信度等都获得了质的提高。非遗的信息资源易于通过互联网进行传递与获取，方便人们随时随地查阅、学习与欣赏，也有助于推动关心非遗的社会各方的沟通和协作。而磁介质存储、光媒介存储、纳米存储、虚拟存储等数字化存储技术的发展，为国家非遗信息库建立与大数据资源保护管理提供了全新的技术手段与物质基础。大数据非遗存储不但成本极低、易于查询、便于拷贝，且对信息存储的安全性与稳定性明显提高。

2. 改变非遗传统传承方式

与以往的方法相比，运用大数据分析平台可以使非遗传承更为人性化、多元化、开放化、智能化。运用大数据分析可以创造出虚幻化继承，从而形成了真实继承和虚幻传承之间共生互动、一同生长的全新局面。所谓虚幻化继承就是运用虚拟现实技术手段继承非遗，而虚拟现实科技则是将多源信息技术进行结合的三维互动科技，是指通过计算机技术与传感器联合构造出的一个虚幻情境，人们通过头盔、手套等多个感知器完成人和机器之间的视觉、听力、动作交流。虚拟现实技术可以通过对非遗项目进行建模，仿真出非遗传承时所需要的所有工具、装置、人物和场景，并运用动漫技术手段将非遗活动过程和整个工作过程加以真实重现，同时融合动态捕捉高端互动设备以及 3D 立体展示手段和互联网信息技术，能够让各个空间的非遗爱好者、中小学生聚集在虚拟现实平台中开展有关非遗的教学与培训，并由此激发其好奇心和探究欲，极大扩展了推广非遗传承的范围与途径，从而减少了教育、宣传的成本费用，提升与优化了宣传工作环境，为非遗学习与宣传提供了巨大的想象生存空间与丰富的创造灵感。[①]

3. 增强非遗传播实效

大数据下的信息非遗传播，品质与效果都大大提高。首先是传播渠道优势。大数据下的传统媒体传播是无交互的单向媒介，而新兴媒介传播则是双向交互的。而非遗传播者通过对新媒介及其相关数据的大数据文本研究，就能够找到最合适的非遗传播途径与手段。同时市民也可以使用移动 APP 和相应的网络服务，便捷地在网络选择的渠道中发现自身需要或者感兴趣的非遗资讯，并进行互动与评价，提高非遗宣传效果与接受程度。其次是精准推荐。通过大数据分析技术，具体了解目标受众的互联网访问、查询的情况和消费信息，并通过目标受众在微信、微博、QQ 群等社交媒介中的留言信息和关键字词，再结合对其个人信息情况进行综合性统计分析，就可以按照研究结论对受众进行有关非遗资讯的精准推荐，以此增强非遗宣传推广工作的针对性和实效性。最后是进行即时互动。利用大数据分析手段进行非遗传播者和受众间的信息交流，可以很好地解决这一难题。比如，视频平台推出的弹幕活动，把受众的各种感受、"吐槽"信息展示给每个围观者，视频传播方可以借此及时掌握受众的实际感受、观点和需求，针对现场状况对宣传内容和形式及时进行相应修改，以便

① 王洁.大数据思维与数字人文的加值应用——传统文化数据库发展的新趋势[J].图书馆理论与实践,2018(5)：5.

让非遗宣传更好地深入受众、融入社会。

4. 促进非遗开发利用

大数据挖掘通过对采集到的所有信息进行分类,并采用多维度、无组织、定量和分散的强力整合技术,在大量信息中确定各信息的具体属性,从而可以实现国家非遗发展政策科学化和服务精细化,把非遗及其在大数据分析中蕴藏的重大历史文化意义转变为社会文化的实际价值,从而为政府部门的非遗开发与利用计划制定、政策供给以及调整布局等提供理论依据和政策参照。同时,还能够实现国家非遗产专业服务精细化。大数据产品覆盖信息更加丰富,通过移动、PAD 等移动互联网信息服务,可以即时掌握用户的大数据,从而更加准确地掌握各类用户的非遗内容喜好、价值导向、产品需求以及消费习惯等消费倾向。从而能够增强非遗商品在传统基础上产品设计、制作和推广的有效性,产生更多样化的商品信息和产品推荐,适应用户需要对非遗商品的产品信息做出主动调配和提升,进而达到非遗商品对核心顾客的有效覆盖和精准服务。[①]

5. 拓宽公众参与渠道

大数据时期,由于数据公开门槛的下降,公民参与途径大大扩展,与非遗有关的各类网络资讯量呈现爆发式增加,而新兴媒介的普遍使用,也极大地推动了社会一般群众对非遗传承保护工作的重视与投入,从而扩大了非遗数据的供给量。而网络的广泛应用、自媒体的出现以及大数据分析的广泛运用,也使得非遗资源与信息的生成、保存、传递、收集、共享、评价都变得更加简单、有效、低成本,各种人群均可以通过适当的方式关心、参与并促进非遗的保存与发展,也能够按照大数据的分析成果对自身的非遗保存、使用情况做出客观评估与即时调整。这种线上和线下的行为互动融合、良性交流,将凝聚成推动非遗传承和发展的重要现实动力,从而推动非遗保护途径多元化布局的建立与优化。

6. 促进非遗科学研究

在大数据分析背景下,各种非遗数据资源得以不断地大量累积,非遗数据获取、管理和数据分析的能力明显提高,并可以从广泛性和深层次上形成可以展示非遗传承、规律和发展趋势的信息效应,从而明显丰富和加强了人类对非遗历史的科学研究认知,促进非遗科学研究的不断创新与发展。首先,革新非遗科学研究方式。大数据分析技术将为非遗这一多学科交叉研究领域,带来科学研究方式的重大革新:在实证科学分析方面,互联网将成为非遗科学研究的主要实践场景;在非遗科学研究数据获取上,常规的调查法将被真实性和准确度高得多的传感器提取技术所代替;在非遗科学研究资料的收集方法方面,将从传统的人工采集和通过软件查询,转变为主要通过大数据分析技术挖掘获得;在非遗的研究主要范式上,将进行定量分析探索和定量分析探索有机结合。这种科研方式的革新,必将推动中国非遗科学研究走向更高水平和境界。其次,开展非遗的双向研究。通过大数据技术,科学家能够更便捷地进行纵横双向的数据信息检索、比较整合,进行非遗的传递、互动、发布、转移与整

---

① 侯林.大数据时代戏曲艺术保护与传承的路径重构[J].戏剧文学,2017(8):7.

合,最后提升非遗的质量。

大数据分析技术拥有极大的效率优势,不但可迅速实现对非遗与研究信息的大获取与统计分析,同时也可完成对非遗研究与保护情况信息的统计分析。通过数字可视化手段,能够发现数字中蕴涵的复杂信息,并以图像形式直接地呈现在非遗参与者眼前,让其可以更加轻松地洞察这些信息内部蕴藏的联系与规律。

研读材料

建立大数据信息资源网络平台,从大数据信息发掘视角来看,将能够完成"网上＋非遗"的活态传递,并解决非遗领域大量数据信息资源收集难,大数据信息发掘问题多等痛点,让非遗项目管理框架化、计算化、互联网性。目前,永新华韵已经建设了联合国国际教科文组织非物质文化遗产大数据信息发掘网络平台,能够运用数据信息化、互联网化方法实现底层框架提升的基础建设。

该平台现已形成了非遗产品系统的分级规范和系统的全球识别编码,收集和处理了世界 220 万条语音版信息,收集了近三万个非遗项目,共收录了传承人 3 000 余人,遍及 105 个国家和地区,有着非遗机构、组织和作品的信息录入入口,让更多非遗机构、组织以及与非遗相关的匠人艺人加入大数据生态中,支持非遗的维护、传承与创新。图7-2-1 为非遗的数据平台,用户进入网页后可以对想要查询的非遗项目进行搜索;在"非遗名录"中可以看到非遗项目和传承人;"作品库"中有相应的非遗作品,可以激发观众的兴趣;"活动"里面实时发布与非遗相关的各种比赛与活动,促进非遗传承人与非遗爱好者之间的交流合作;"政策解读"中,对国家和各地的每一条政策进行实时更新;"非遗数字影像"保留了各项珍贵记录。

图 7-2-1　非遗大数据平台

资料来源:非遗大数据平台[EB/OL].http://wx.860530.com.[访问时间:2022-08-03].

(二) 大数据平台基本框架

在构建大数据平台时,需依靠以多点联动形成合力的战略空间布局。[①] 文化融合大数据分析网络平台的建设主要包括了业务产品设计和网络平台建构两个组成部分。服务设计以大数据技术互联互通、与市场协作互动的产品设计理念,致力于推进信息文化保护和发展,进一步丰富了大数据管理平台的功能属性和精神内容。平台构想旨在建立"管理端—数据分析端—用户端"的科学运作机制,以促进大数据管理端企业利用大数据管理技术更好地使金融服务于用户端企业,并借助用户端反馈的大数据技术不断地提升大数据管理端的企业服务。

1. 文化融合大数据服务设计

文化产业信息大数据服务体现在信息的互通与交流、文化产业的保护与发展、贸易合作与交流三方面,力求利用大数据分析的科学分析,向社会消费者提供丰富全面的文化产业信息,[②]促进对文化产业信息的保护。

(1) 数据互联与互通。文化信息大数据分析应用的关键在于信息资源的丰富和全面,因此要求有关单位间的资源共享和交流。在现实生活中,非遗文化的管理任务分散到多个主管部门身上,比如企业、水利部门、文物单位等。所以大数据的整理、获取难度较大,数据之间的管理门槛很高,各执法主体之间的分散使得大数据系统建设发展滞慢。所以,必须联动多个领导机关,形成信息互通体系,提高信息的科学分析水平。

(2) 文化保护与开发。非遗文化是具有区位资源优势的重大遗产,在发展的进程中必须坚持"保育为主,同步开发"原则,在保存的基础上加以发展,防止损害其自身的历史文化资源优势和价值。以京杭大运河史学文化发展为例,一方面,江苏段大运河地区具有独特的地方历史文化传统;另一方面,也带有中国历史传统文化的共性,因此在对江苏段大运河历史文化进行研究时,必须形成总体思维,既重视中华文化,也关注地区独特文化,相辅相成,全面反映江苏段大运河的历史文化精神。

(3) 市场协同与互动。在网络信息时代,每位客户都是独特的自媒介,[③]资讯途径的多元化和商品信息服务的丰富多彩性都大大提升了客户的主动性。所以,在传统文化资源大数据分析网络平台的设计过程中必须重视与客户关系的维系,主动地和客户形成有序的互动,并引导客户主动投身非遗文化产品的保护和开发中去,并采用完善有效的产业建议或商业模式,形成"公司—客户"双方激励的生态循环系统,从而发挥使用意义。

2. 文化融合大数据服务设计

文化融合大数据系统分为技术端、信息端和用户端三个维度,力求形成一个依托大数据的思想和技术互融互通的生态运营系统。对技术端与管理端的非遗文化遗产信息、文化产业整合与发展信息、文化生产与经营信息等大量的历史信息进行研究,为遗产的保存和研究

① 嵇刊,吴宇.流淌着的华夏文明——揭开大运河非遗的"文化密码"(下)[J].科学大众(中学生),2020,No.1251(10):37-39.
② 刘凡进.新媒体视域下洛阳隋唐大运河文化的传播研究[J]//洛阳文化发展报告(2020)[M].北京:社会科学文献出版社,2020:176-194.
③ 邵颖.江苏省大运河文化带"非遗"译介与传播的调查研究[J].山西青年,2021(4):130-131.

提供知识支撑,研究、开发出消费者感兴趣、流传范围广、内容丰富、特点突出的文化产业商品[1]和服务项目,并采用自上而下、自下而上的循环经营模式。以大运河为例,其框架如图7-2-2所示。

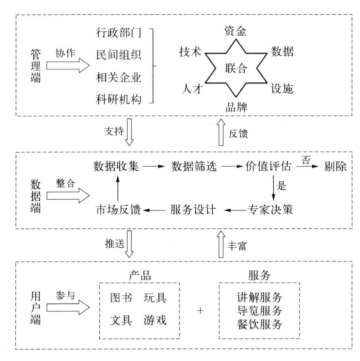

图7-2-2 苏州大运河文化融合大数据平台模型

资料来源:刘英杰,张银虎.苏州大运河非遗文化融合大数据平台构建研究[J].2021.

(1)管理端。管理工作一端是整个大数据平台的主要智力决策组织,在苏州大运河文化中的融合过程中担负着战略部署、信息资源调整、资源共享、技术研发、人力资源吸纳等具体的管理工作。而各级政府管理工作部门、民间团体、企业、科研院所等都是管理工作端的重要组成力量。面对大运河文化经济发展过程中存在的数据不通、资金短缺、人才不足、基础建设薄弱等现实社会问题,可以通过战略合作伙伴关系中的信息管理端进行数据共享,弥补投资管理短板,弥补人才不足,完成基础设施合作,以提高江苏段大运河流域文化发展建设融入能力和大数据平台建设速度,并解决江苏段大运河流域在濒危项目保护工作过程中所存在的监督管理保障问题和经济快速发展中的冲突问题。

(2)数据端。数据端服务是苏州大运河文化融合大数据分析平台的核心内容,数据量的多寡和质量的好坏都将影响苏州在大运河文化融入过程中的速度。数据管理端以大数据分析、云计算技术、物联网等多种信息技术为基石,围绕从政府部门等有关机关

① 唐慧超,孔雨爽,洪泉.基于社交媒体数据分析的大运河公共空间使用评价研究——以杭州西湖文化广场为例[C]//中国风景园林学会.中国风景园林学会2021年会论文集[M].北京:中国建筑工业出版社,2021:5.

获取的历史文化数据和市场使用者在访问、应用大数据平台过程中所捕捉的动态数据，并进行实时数据分析，经过对历史数据的甄别、总结、分析，从而形成了对市场信息的有效、精准把握，为政府下一步决策的部署和软件产品的设计开发提供了科技支撑。主要数据源既有政府部门等有关管理机关，也有广大市场使用者群体，通过大数据分析平台可以综合两部分数据，做出科学评价，从而进一步提高管理端和市场使用者端的智能服务。

（3）用户端。用户端作为江苏大运河文化发展综合应用大数据分析网络平台的客户接口，服务的好坏可以通过大数据分析端的评价和反映来评价。用户端的大数据分析文化工作主要包括产品和售后服务两方面，通过对客户企业的大数据进行分析，对企业文化进行了解，开展细致化的"1V1"咨询服务，从而帮助企业在分享大运河的生存发展中所遇到的问题。

商品中既包含了根据江苏大运河文化研发的书籍信息，也包含了以江苏大运河文化为 IP 开发的文化创意商品，还包含了江苏大运河文化题材玩具的研发及其饮食商品的开发、江苏大运河文化大影片的摄制、江苏大运河人文题材的网络游戏制作等，既涵盖了有形的物质商品，又涵盖了无形的虚拟商品。服务指面向用户所开展的与江苏大运河文化相配套的各种业务，主要包括根据江苏大运河历史文化发展与趣闻所进行的用户介绍业务、为帮助用户线下观光和旅游开展的各种文化攻略业务、用户在浏览参观过程中的休闲餐饮服务业务等，线上和线下同时进行用户服务，可以综合提升用户在使用过程的文化感受。

研读材料

大运河国家数字云平台集结了关于旅游相关的各项便民服务，同时也为相关管理者提供了一个便捷的移动办公平台，多功能集合打造了一个人性化且实用的旅游助手，通过线上的方式来了解关于大运河更多的信息，让出游更轻松。

京杭大运河文化旅游的官方云网络平台是一座集京杭大运河人文景点信息资源介绍、交互咨询服务、宣传展示、科学研究、游客咨询服务等功能为一体的综合应用服务系统，构建了数字化、虚拟现实化、可视式、智能的线上京杭大运河国际文化主题公园。

主要功能：按行政区域、景区等级、资源类型、景区荣誉找到对标参照景区，赶超先进，追求卓越。

提质增效：对景区业态进行评估，口碑管理，结合行业专家解读分析报告，助力景区运营发展。

数据运营：以数据为导向，为管理层提出科学决策的依据，为业务赋能，增长才能稳准狠。

精准营销：通过游客画像，了解客源属地、驻留时长、年龄阶段、个人偏好等，实现精准拓客。

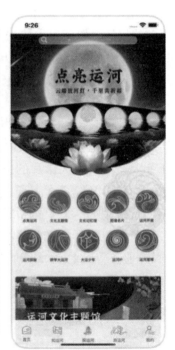

图 7 - 2 - 3　大运河 APP

资料来源：西西软件园.大运河云平台 v1.0.92 安卓版[EB/OL].https://www.cr173.com/soft/1453284.html.[访问时间：2022 - 08 - 05].

第三节　数字非物质文化遗产群智平台

当今,全球各地开始以网络技术为基础,建立非物质文化遗产资源的数字化展示平台,并将之视为非物质历史文化遗产信息资源保护的主要战略。① 对非物质历史文化遗产资料的信息化保护、研究、运用、传播,是在信息时代对人类非物质历史文化遗产进行保护的崭新

---

① 安晓瑞.非物质文化遗产保护与共享信息化平台构建研究[J].重庆文理学院学报(社会科学版),2014,33(2)：125 - 129.

道路,同时也是在信息时代具有重大社会人文意义的重要战略行动。把非物质历史文化遗产资料转变为信息化的文化表现形式,对以传统人手相传为核心的传统文化保护方式加以补充,进而形成更加适应信息时代的非物质历史文化遗产保护制度,已成为当前人类非物质历史文化遗产保护的重大趋势。

非物质文化遗产资源信息化工程就是要进一步研究并充分利用资料,以提升质量与效率。在非物质文化遗产资源信息化工程中,国家有关权威机构应该制定出文化遗产数据收集标准与建设规范,从大的方向上加以划分,然后逐渐细分,再到最后细化介绍,供人们学习交流;形成省、地、县保护管理体系。在地方层面,通过建立非物质历史文化遗产数据管理和信息资源共享中心,将形成可以覆盖所有非物质历史文化遗产资料的信息化网络平台,并利用现代计算机技术收集非物质历史文化遗产数据,并加以规范与整合,同时运用各种媒介手段将信息资料加以宣传。建立更高效的全国非物质历史文化遗产信息资源体系,使之在服务品质、社会效益、经济可持续发展水平等方面更有保障,从而减少重复建设,进一步开发建立全国非物质历史文化遗产信息资料保护管理和资源共享平台是十分必要的。非物质历史文化遗产信息资料的建立将利于对公共资源的有效保护,利于对更多人进行传播,利于对公共资源的商业价值的研究与开发,也有助于改善普通民众的文化素质。

(一)非物质文化遗产资源保护与共享信息化平台设计

遵循"统一软件、统一目录、统一类别、统一规格、统一质量"的技术规范,通过技术手段实现对非物质文化遗产保护工作的科学管理,构建非物质文化遗产保护工作网上平台,为非物质文化遗产保护管理工作提供完善的资源共享条件。本系统以数据库为基础,建立保护工作的计算机文档与相关信息资源库,形成以申报、收集、展览、传播、维护为目的的保护工作的信息技术上网服务平台,使其成为有关保护工作的公众资源交换的主要窗口。[①]

系统采用了 MVC 模式的 Java 多层构架以及 Struts2+Spring3+Hibernate3+Ajax 的集成架构,并基于网络平台的设计理念,形成了个信息化、规范性、系统性、互联网的系统,具备很高的安全、稳定性、操作灵活、适应性以及可推广性,符合实际使用情况和系统可不断扩充的要求。

1. 平台设计原则

具体包括以下四个基本原理: ① 稳定性和可靠性原则,信息系统的基本架构可以较好地满足开放分布式的网络应用条件。信息系统稳定运行,可以支持多用户同时运行,实现了多用户同步与即时存取,以支撑大量信息资源的获取;② 实用性和易用性原理,信息系统操作界面友善、简单、易用,以充分体现信息系统个性化,便于使用;③ 可持续性原理和可维护性原理,充分考虑信息系统容易扩充,信息系统架构与产品容易修复的特点;④ 稳定性和安全原则。充分考虑网络资源共享的现实情况,根据企业业务流程的变化而灵活地变化,注重网络系统的整体安全性,以构建涵盖平台、支撑系统、应用系统与用户平台的整体安全网络

---

① 张秉福.京杭运河非物质文化遗产保护与旅游开发互动模式研究[J].2021(2020-1):103-109.

系统。

2. 平台设计目标

在开发非遗平台时,应该达到以下七个总体目标:① 采用 C/S 架构,页面设置美观,操作方便;② 实现简便、灵活、高效、准确的内容检索;③ 利用各种媒体,全方位地展现有关非物质文化遗产的各种信息内容;④ 对于具体的某种遗产要有全面的数据信息显示窗体;⑤ 系统功能齐备,尽可能不出现遗漏,运转平稳,保证安全性,便于维修和操作等;⑥ 数据信息安全性保证,具有容错性,不泄漏客户个人信息,保障自身数据安全;⑦ 对客户所录入的各种数据信息内容实施严格的审查,以避免不法数字信息传播。

(二) 平台结构设计

根据以上的总体设计原则,总体功能及结构图如图 7 - 3 - 1 所示:

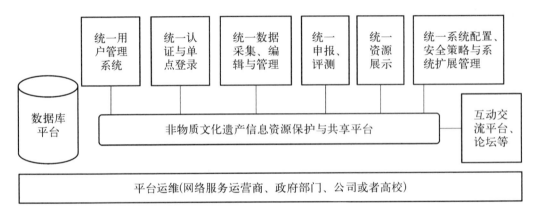

图 7 - 3 - 1 非遗平台框架设计

资料来源:安晓瑞.非物质文化遗产保护与共享信息化平台构建研究[J].重庆文理学院学报(社会科学版),2014,33(2):125 - 129.

1. 统一认证及单站点登录功能

针对该系统,可以按照历史类别,分别对用户所管辖作品进行上传与发布内容的管理,以及对独立非遗页面的管理。而针对各文化遗产也有各自的展示页面,某个用户在注册后,可以进行管理与推荐、上传与下载、审批与公布、评价与管理等。

2. 统一用户管理系统功能

提供了用户新增和撤销、用户个人信息保护、用户权利分配、用户分类管理、评审专家管理、政府机构信息管理、用户注册和申请等功能。

3. 统一数据采集、编辑与管理平台功能

增加了资料收集、编辑、分类、上传、评审、发表、推荐、删除、检索等功能。

4. 统一申报、评测平台功能

信息发布、评价信息、资料查询、申请文件、提交信息、下载数据、评委人员注册、评委预览、评价建议撰写等服务。

5. 统一系统与扩展管理功能

资源类别、安全管理策略、扩展设定、操作系统安装、资源数据安全管理、使用安全管理、机构安全管理等功能。

6. 资源展示功能

发布信息、研究动态、信息查询、数据搜索、研究评价、交流沟通等服务。

7. 互动交流平台

建立讨论发表意见系统的论坛和学习者的系统，也可创建个人博客，发布自己的作品。

(三) 系统架构设计

平台采取了四层结构的方法进行设计，主要分为显示层、管理层、服务层、稳定层。[①]

(1) 表示层：主要是具体的一些非遗资料进行整体介绍，包括图片资料、数字博物馆、影像和文字的资料；用户之间交互的窗口，并提供简单的 URL 浏览接口。采用了 JSP 语言、Javascript 和 Ajax 等技术，美工设计上采用了 DIV+CSS 形式，[②]页面漂亮，易于观看和使用。

(2) 控制层：主要承担对该网络平台的使用监管、统计分析，以及使用者提供信息内容的审批等。该层主要是以 Struts 的过滤器为内部控件，进行请求跳转和结果页面渲染。

(3) 业务层：一般是非物质文化遗产信息系统资源统计的编制、审查和传输，以及用户申请统计的管理等。该层一般通过 service 服务组件完成。

(4) 持久层：主要负责对数据库信息进行保存和维护管理，为业务层与管理层之间提供数据支持，并为其实现管理使用和控制的一个接口。该层通过使用 hibernate 管理 Javabean，并通过面向对象的方式管理数据库系统信息，为后期维护管理和服务拓展提供了方便。每一层中所用到的功能，如图 7 - 3 - 2 所示，Ajax 一个友好的交互接口，Struts 显示框架，所有功能在表示层与控制层都可以用。[③]

表示层	Html	Css+div	JavaScript
控制层	Struts		Ajax
业务层	Service		
持久层	Hibernate		Dbcp/jdbc
数据源	SQI Server 2008/Oracle 11g		

图 7 - 3 - 2　技术支持图

资料来源：曹先鹏，蒋勇.Java 编程语言在大数据开发中的运营分析[J].数字化用户，2022，28(12)：19 - 21.

① 王茹葳.Java 编程语言在大数据开发中的应用[J].电子技术，2022(001)：51.
② 曹先鹏，蒋勇.Java 编程语言在大数据开发中的运营分析[J].数字化用户，2022，28(12)：19 - 21.
③ 李志钦，桑园.Java 编程语言在大数据开发中的应用[J].黑龙江科学，2020，11(22)：2.

(四)平台数据流程

非物质文化遗产保存与共享平台的建立由国家政府或地区文化和旅游局等主管部门指导与帮助,并建立专门的资源评价机构,在全区甄别出最优秀的文化资源,再由互联网运营商提供公共网络平台,将优秀的网络资源公布在公共网络平台上,供广大用户学习与交流。网络平台的数据流程图如图7-3-3所示。

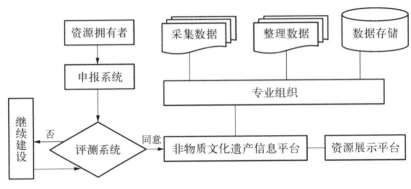

图7-3-3 平台数据流程图

资料来源:王文聪.江苏非遗文化微平台交互体验设计研究[J].美术与设计,2018(6):3.

(五)特色非物质文化遗产网站功能设计

非物质历史文化遗产的信息网络传承模式中,非物质文化遗产网站[1]是一个必要的组成部分。非物质历史文化遗产网主要是对非物质历史文化遗产信息进行数字呈现,以方便听众学习,也方便文化传承者与传播者、传播者与听众、参观者与听众之间进行信息互动。特色非物质历史文化遗产网内容一般都很艺术化,但同时也要体现出主题和丰富功能,强调网页页面的简单和功能模块的丰富灵活。页面要清新明朗、主题鲜明、信息丰富,一定要以信息为主,技术为辅,以形式服务于信息。[2] 网站功能设计如图7-3-4所示。

网站主要模块说明:

全站搜索系统:全站点查找管理系统实现了对资讯具体内容进行各种查找的能力。

非遗信息介绍:分为"遗产项目相关信息介绍""遗产项目申请文本""拥有者个人信息""遗产项目技术研究""遗产项目介绍"共七个下级子编目。把有关非物质文化遗产的所有资料全部展现在浏览者的眼前,让学人和科研人员对非物质文化遗产有更充分的认识。

博客功能:主要是让资料的持有者可以设置个人栏目,并发布科研心得,同时学习者或研究员们也可以创建自己的博客,进行相互交流学习。

论坛系统:论坛可向在线学习者和观众推出开放性的分类学术专题讨论区咨询服务,可在这里提交自己的看法、问题等。

---

[1] 汝子报,方晓,孙士新,等.基于DEA模型的"非遗"类网站运营效率分析[J].黄河科技学院学报,2019,21(2):6.
[2] 常艳丽.非物质文化遗产网站的网络影响力分析[J].现代情报,2013,33(9):5.

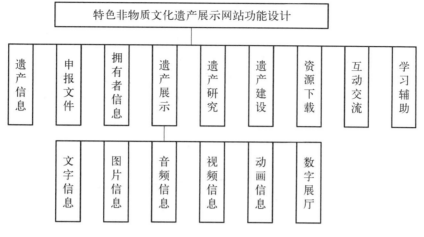

图 7 - 3 - 4　网站功能设计图

资料来源：王文聪.江苏非遗文化微平台交互体验设计研究[J].美术与设计，
2017(6)：3.

研读材料

越南国家艺术文化研究院(VICAS)同由教科文组织赞助的亚太地区非物质文化遗产信息和网络中心(ICHCAP)合作，共同推动亚太区域非物质历史文化遗产信息共享平台建设(IchLinks)。

图 7 - 3 - 5　IchLinks 项目

资料来源：https://www.ichlinks.com.[访问时间：2022 - 08 - 05].

> IchLinks 项目（https：//www.ichlinks.com）于 2020 年创建，是一个长期性项目。其主要目标是在未来几年为越南、蒙古国、马来西亚、乌兹别克斯坦、哈萨克斯坦、印度和斐济等亚太地区国家构建区域内非物质文化遗产信息分享平台。
>
> 在建立平台时，采用高技术的 IchLinks 平台，为研究者、政策策划者等寻找非物质文化遗产相关信息提供便利。此外，他们可以把所找到的信息及内容用于推广非物质文化遗产，提高非遗价值，为促进旅游、文化及经济社会发展做出贡献。

二、非物质文化遗产新媒体平台

"平台"一词是当前使用频率较高的词汇，例如电子商务台、公共服务平台、教育平台、微信平台等。"平台"有多种含义，指计算机硬件或程序的运行平台或指完成某种任务所必需的平台或条件。当今社会，新媒体平台[①]的广泛使用为非遗的留存与保护提供了新的机遇。

（一）新媒体平台概念

1. 新媒体

自"新媒体"概念出现以来，国内外学者纷纷尝试对其进行解释，虽未形成一个统一的概念，但学者们对"新媒体"有了较为一致的认识。国外对"新媒体"的界定是"新媒介就是网络媒介"；美国《连线》杂志定义新媒体为"所有人对所有人的传播"（Communications for all by all）；华纳兄弟总裁施瓦茨威格认为"新媒体就是非线性播出的媒体"。此后，《圣何塞水星报》的专栏作家丹·吉尔摩（Dan Gillmor）为"新媒体"的概念加入了新的元素——数字技术，他认为"new media"应该是数字技术在传播中广泛应用后产生的新概念。[②] 1998 年 5 月，联合国新闻委员会把互联网正式列为继报纸、广播、电视之后出现的"第四媒体"。之后，手机被定义为"第五媒体"。[③]

2. 新媒体平台

新媒体平台的含义广泛，不同行业对平台的界定有所区别。而本节所指的"平台"是计算机领域的专业术语，即"系统平台"，是指系统为应用软件所提供的基础的平台。从平台的共性来看，通常认为其是一种基础性的，可以衍生其他产品、资源、需求或服务的环境。例如，基于软件产生的 Windows 平台、系统平台等，基于工作流程的服务平台、营销平台等，基于生产制造的流水线平台、建筑平台等。总体上讲，平台分为有形平台和无形平台两种，而本节中所讲的"新媒体平台"则是依托网络环境产生的无形平台。结合"平台"的定义以及前文关于"新媒体"含义界定的梳理，将"新媒体平台"定义为依托于互联网、移动互联网等空间，发挥信息传播、资源聚合、文化传承等功能，最终实现资源共建共享的组织形式，它是集

---

① 黎斌.传统媒体应如何重构自己的新媒体平台[J].传媒，2015(8)：3.
② 李璐.新媒体环境下网络舆情传播特点及价值概述[J].视界观，2021,000(002)：1-1.
③ 梁雯欣.新媒体语境下城市形象传播研究——以"抖音"塑造"网红城市"为例[J].当代旅游，2018(11)：1.

资源、文化、需求、服务于一体的具有综合性的新媒体集合。

3. 新媒体平台分类

网络新媒体平台。随着网络科技的蓬勃发展,网络新媒体逐渐深入人们的日常生活中。中国网络信息中心公布的《第 47 次中国互联网发展状况统计报告》表明,截至 2020 年 12 月,中国网民数量约为9.89亿,全国网络覆盖率将达到 70.4%;手机网民数量约为 9.86 亿,占比上升至 90.1%。[①] 这表明,网络新媒体平台具有广泛的受众群体和广阔的发展空间。

网络新媒体平台的构建要坚持实用性、系统性、创新性的建设原则,采取"基础设施＋网络云服务"的建设模式,建设支持包括网站信息内容的统一管理及发布、网络直播、论坛、博客等多方面具有强大扩展能力的新媒体增值业务平台,[②]创造内容丰富、形式新颖、独具特色的网络空间。Web 的开发促进了互联网的社区性,利用 SNS、微博的共享与互动功能,使相互隔离的个体组成一个个的社区,进而组成了各种各样的网络社区。网络新媒体平台是一个综合运用多种信息技术,实现综合业务、运营管理的平台,门户网站、信息服务平台、管理系统等都是网络新媒体平台的具体表现形式。网络新媒体平台以受众群体广泛、接收途径便利、传输方式快捷等优势在新媒体发展领域独树一帜。

研读材料

　　分析技术与信息的快速蓬勃发展使人类的日常工作方式发生着变化,对互联网社会发展和新式传媒蓬勃发展的影响愈来愈深,也影响了人类接受外界信息的生存管理

图 7-3-6　云游非遗　影响展亮相文化和自然遗产日

　　资料来源:人民融媒体[EB/OL]. https://baijiahao. baidu. com/s?id＝1734491289492636205&wfr＝spider&for＝pc.[访问时间:2022-08-05].

① 余飞扬.电视剧微博营销策略研究[J].新媒体研究,2020,6(6):6.
② 吴鹏,王夏婷,金贝贝.基于 BDI-Agent 模型的网民集群行为建模研究[J].情报理论与实践,2019,42(4):9.

方式。《中国新传媒发展报告(2021)》①表明,新式传媒应用智慧知识水平程度大幅提升,应用情景也越来越多样,对人类社会各类产品的信息植入、传递和作用也越来越大,新式媒体社会的功能更加明显地提升。网络和新媒体平台为非遗传播扩展了新渠道。在 2022 年的中国"文化和自然遗产日"期间,"云游非遗影像展"活动的整体网络曝光量累计超 16.43 亿;截至 6 月 16 日,社交平台上♯非遗在身边♯话题的累计阅读量为 13.6 亿次。这也表明,这些非遗正以年轻人喜爱的形式走来。

(二) 社交新媒体平台

Web2.0 网络技术的高度互动性与强的传播能力,使一个全新的网络产品——社交新媒体产生,它迅速填充了人类的破碎时光,改变了事业与生活结构,并促使跨地域、跨部门、跨文化、跨行业的协同合作变为了可能。② 新浪微博发布的 2022 年第二季度财报显示,截至第二季度末,微博月活跃用户达到 2.61 亿,同比增长 32％,日活跃用户达到 1.2 亿,同比增长 35％。③ 腾讯公布的 2022 年业绩报告显示,截至第二季度末,微信每月活跃用户已达到 5.49 亿,用户覆盖 200 多个国家、超过 20 种语言。④ 可以看出,社交新媒体平台具有很高的关注度,其发展蒸蒸日上。

随着互联网技术、信息技术的发展,社交新媒体经历了第一代社交媒体——概念化社交(以 UUme.com 为代表)、第二代社交媒体——个性真实化社交(以 51.Com、以猫扑社区、腾讯 QQ、人人网等为代表)、第三代社会化媒体——SEB/OLoMo 社区的发展历程。⑤ 目前,社会化媒体技术已融入互联网搜索引擎、电商、网游、电子商务等多个行业,而当下的社会化媒体将重点关注政府、媒体和名人等人与人之间的关系交流。网络的高速普及缩小了人和人之间的差距,方便了个体之间的线上交流,尤其以微博、微信、QQ 为主的三大社交新媒体平台表现更为突出。社交新媒体平台最重要的特点是社会性,这种互动式、体验式的交流方式吸引了更多的社会公众参与其中。

(三) 移动新媒体平台

随着各种移动与智慧终端技术的广泛应用,信息技术也彻底改变了人类接受与发布资讯的途径,"掌上移动"成为现实。据 Talking Data 公司公布的《2022 移动互联网产业未来发展研究报告》,2021 年,我国移动端用户规模达 12.8 亿,智能手机设备占比 96.2％。也表明移动终端的互联网用户已开始成为新兴媒体的重点使用人群,而移动终端 APP 的应

① 唐绪军,黄楚新,吴信训.中国新媒体发展报告 No.12(2021)[M].北京：社会科学文献出版社,2021.
② 楼昕怡.论微博媒体广告传播方案与传播效度的关系——以"英国报姐"为例[J].传媒论坛,2021(3)：52-53.
③ 微博 2022 年第二季度净收入 4.5 亿美元,6 月的月活跃用户数 5.82 亿[EB/OL].https：//new.qq.com/rain/a/20220902A02ICY00.[访问时间：2022-08-03].
④ 腾讯 2022 年 Q2 财报发布,业绩或已触底[EB/OL].https：//baijiahao.baidu.com/s?id=1741402631517166167&wfr=spider&for=pc.[访问时间：2022-08-17].
⑤ 贺蕴彬,高显文,高琴.动态预测算法平台中网络多媒体应用的改进[J].电脑开发与应用,2022(7)：33-34,41.

用也因其使用便捷、页面设计优化、应用群体范围广等优势成为社会公众利用终端服务的重要连接渠道。移动宣传新媒介是指"以移动终端用户载体和无线为宣传媒体介质,以手机传媒、平板计算机等移动智能化终端和以汽车电视机,兼具户外传媒的时空移动终端用户信息系统为代表,进行文本、图片、声音、录像等信息内容的传递和信息服务的新的宣传形态"。[①]

　　移动信息传播的主要特点,是能够通过移动网络在手机、平板电脑、掌上电脑、手机及视听设备等终端上实现传递与互动信息,其具备便携性、移动功能、交互性强的特征,并突破了空间限制,便于消费者随时接收与传播资讯,并随时享受各类移动业务。在各种移动新媒体中,手机媒体最为典型。

研读材料

　　手机媒体的发展让人们进入网络空间更加便捷,新闻、视频的生产和发布不再由专业人士垄断,只要有手机,人人都可以是内容创造者,颠覆了传统媒体的生产流程与规则,抖音、斗鱼等短视频、直播强互动性平台,也为非遗的活态化带来新的契机。越来越多的非遗传承人在抖音平台记录和分享自己的手艺,让非遗重新进入人们的视野。抖音上做非遗类视频的大 V 也常常进行直播,开拓传承人在网络传播方面的视野,总结和分享视频和直播的制作与运营技巧。

图 7 - 3 - 7　人们在短视频平台上进行传播交流

　　资料来源:中国非物质文化遗产网 中国非物质文化遗产数字博物馆.用新媒体讲好非遗新故事[EB/OL]. https://www.ihchina.cn/Article/Index/detail?id=23392.[访问时间:2022 - 08 - 05].

(四) 新媒体平台在非遗资源建设平台中的现状

　　新媒体平台包括网络新媒体平台、社交新媒体平台、移动新媒体平台。通过网络调查发现,在非遗领域已经得到利用的是网站、微信和微博三种平台。为此,针对互联网、微信和微博三种渠道的非遗档案资源的现状开展调查,就当前新兴互联网非遗数据库构建中取得的

① 张培.移动媒体时代中国传统文化的海外传播策略分析[J].传媒,2021,000(003):77 - 78,80.

成果做出总结，并根据发展进程中保存的情况，给出具体的处理措施，以期为日后加强新媒体在非遗建设中的应用提供借鉴。

表 7 - 3 - 1   我国新媒体平台在非遗领域中的应用情况统计

省　份	非遗机构	非遗网站名称	非遗微博平台	非遗微信平台
河北省	河北非遗保护中心	河北非物质文化遗产保护网	河北非遗栏目组	河北非遗
山西省	山西非遗保护中心	山西省非物质文化遗产保护网	山西大学民俗与非遗学社	无
辽宁省	辽宁省非遗保护中心	辽宁省非物质文化遗产保护	无	无
吉林省	吉林省非遗保护中心	吉林非物质文化遗产网	无	无
黑龙江省	黑龙江省非遗保护中心	黑龙江省非物质文化遗产网	无	黑龙江省非物质文化遗产保护中心
江苏省	江苏非遗保护中心	江苏非物质文化遗产	无	江苏非遗
浙江省	浙江省非遗保护工作领导小组	浙江省非物质文化遗产网	浙江非遗网	浙江非遗
安徽省	安徽非遗保护中心	安徽省非物质文化遗产网	安徽非遗职业教育集团	非遗文化保护
福建省	福建省非遗保护中心	福建非遗网·福建省非物质文化遗产保护中心	福建省艺术馆——非遗保护中心	福建非遗
江西省	江西非遗保护中心	江西省非物质文化遗产网	江西师大非遗中心	江西非遗体验馆
山东省	山东省非遗保护中心	非遗——山东省文化厅	非遗山东	山东非遗、非遗山东
河南省	河南省非遗保护中心	河南非物质文化遗产	河南非物质遗产网	无
河北省	河北非遗保护中心	河北非物质文化遗产保护网	河北非遗栏目组	河北非遗
山西省	山西非遗保护中心	山西省非物质文化遗产保护网	山西大学民俗与非遗学社	无
辽宁省	辽宁省非遗保护中心	辽宁省非物质文化遗产保护	无	无
吉林省	吉林省非遗保护中心	吉林非物质文化遗产网	无	无
黑龙江省	黑龙江省非遗保护中心	黑龙江省非物质文化遗产网	无	黑龙江省非物质文化遗产保护中心

省　份	非 遗 机 构	非遗网站名称	非遗微博平台	非遗微信平台
江苏省	江苏非遗保护中心	江苏非物质文化遗产	无	江苏非遗
浙江省	浙江省非遗保护工作领导小组	浙江省非物质文化遗产网	浙江非遗网	浙江非遗
安徽省	安徽非遗保护中心	安徽省非物质文化遗产网	安徽非遗职业教育集团	非遗文化保护
福建省	福建省非遗保护中心	福建非遗网·福建省非物质文化遗产保护中心	福建省艺术馆——非遗保护中心	福建非遗
江西省	江西非遗保护中心	江西省非物质文化遗产网	江西师大非遗中心	江西非遗体验馆
山东省	山东省非遗保护中心	非遗——山东省文化厅	非遗山东	山东非遗、非遗山东
河南省	河南省非遗保护中心	河南非物质文化遗产	河南非物质遗产网	无
湖北省	湖北省非遗保护中心	湖北非物质文化遗产网	湖北非遗——挑花绣花	非遗所思、武汉非遗艺术博物馆
湖南省	湖南非遗保护中心	湖南非物质文化遗产网	非遗湖南	非遗最美传人
广东省	广东省非遗中心	广东非物质文化遗产数字博物馆	广州非遗	广东非遗网
海南省	海南省非遗中心	海南省非物质文化遗产网	无	海南岛
四川省	四川省非遗保护中心	记忆四川	非遗四川	非遗四川、四川非遗
贵州省	贵州非遗保护中心	贵州非物质文化遗产网	贵州非遗展示中心	贵州非物质文化遗产、贵州省非物质文化遗产博览馆
云南省	云南非遗保护中心	云南非物质文化遗产保护网	云南非遗	云南非遗
陕西省	陕西省非遗保护中心	陕西省非物质文化遗产网	陕西非遗	非遗陕西
甘肃省	甘肃省文化厅	非遗文化——甘肃非物质文化遗产	陇南市非物质文化遗产中心	天工文化
青海省	青海非遗保护中心	—	青海普众文化	POJOART

续 表

省　份	非遗机构	非遗网站名称	非遗微博平台	非遗微信平台
内蒙古自治区	内蒙古自治区非遗保护中心	内蒙古自治区非物质文化遗产保护中心	无	内蒙古非遗
广西壮族自治区	广西非遗保护中心	不详	广西艺术学院非遗协会	无
西藏自治区	西藏自治区文化厅	西藏新闻网—非物质文化遗产	无	西藏文化网
宁夏回族自治区	宁夏非遗保护中心	宁夏非物质文化遗产保护网	无	宁夏非物质文化遗产保护中心
新疆维吾尔自治区	新疆非遗保护研究中心	新疆非物质文化遗产保护研究中心网	新疆非遗中心	西域非遗
台湾地区	台湾文建会	中国台湾网——传统文化非遗专栏	无	台湾鹿港非遗支队
香港特别行政区	香港非物质文化遗产组	非物质文化遗产办事处	无	非遗中华、非遗文交所
澳门特别行政区	中国文物保护基金会	澳门非物质文化遗产暨古代艺术国际博览会	澳门非遗暨古代艺术国际博览会	澳门非遗古代艺术国际博览会

资料来源:周耀林,赵跃,戴旸.基于群体智慧的非物质文化遗产档案资源建设模式探析[J].中国档案研究,2015(1):21.

(五)群体智慧模式下数字非遗新媒体平台展望

新媒体不仅是非遗传承传播的技术支撑,而且是传播和传承的重要媒介,目前,非遗特色资源建设形态主要包括网页形式和数据库形式,非遗建设必须通过新媒体平台才能实现信息共享和互动交流。

要推进新媒体的传播深度,必须加强新媒体服务平台建设,搭建全方位的媒体服务平台体系。同时,为解决现有非遗网站、非遗微博、非遗微信等新媒体平台中存在的问题,有必要充分发挥群体智慧,提高社会公众参与度,因此,在针对平台建设进行可行性分析的基础上,提出群体智慧模式下新媒体平台建设的方案。

新媒体网站开发,必须坚持先进性、开放性、稳定性、系统安全的基本方针,[①]因此,本节引入"5W1H"来分析新媒体平台的建设。1948年,美籍政治学者拉斯韦尔在其主要论著《宣传在社会中的结构与功能》中,提出人类的宣传社会是由:谁(Who)-说了什么(say what)-通过什

---

① 陈俊琰.区域人工智能产业公共服务平台架构设计研究[J].中国新通信,2021,23(14):3.

么渠道(in which channel)-对谁说(whom)-产生什么效果(with which effect)五个基本要素所构成,即有名的"拉斯韦尔5W模型",[①]后经过人们的不断运用和总结逐渐建立了一套成熟的"5W1H"宣传模型。通过引入"5W1H分法",可进一步对现有的新媒体平台做出改进。

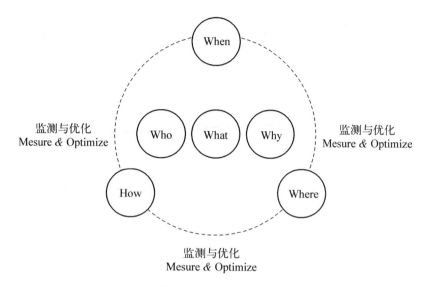

图7-3-8　5W1H分析法

资料来源:简书社区.新媒体框架之5W1H框架[EB/OL].https://www.jianshu.com/p/ae11f952dcf7.[访问时间:2022-08-07].

1. WHY——为什么要做媒体平台

不同的人对于不同的事物有自己的理解,用户可以在新媒体平台上发出自己的声音。以非遗为例,非遗传承人可以将他们所擅长的技艺教授给更多人,并且可以借此打造自身IP,获取收益。

2. WHAT——做什么

用户该做哪方面的新媒体、新媒体的内容是什么,这个在大部分的时候取决于第一点"WHY",不同的目的决定了不同的内容。大部分非遗传承人都希望在新媒体上进行创作,积累粉丝,将快要失传的一些非物质文化遗产传播出去,使新媒体成为一个与非遗相关的知识分享平台。

3. WHERE——在哪里做

目前的新媒体有不少,比较常用的有百家号、微信公众号、头条、一点咨询、简书、知乎、小红书等,按音视频分类的则有抖音、快手、火山、小西瓜、B站等,我们也可以按照不同的需求去寻找合适的产品。

4. WHEN——什么时候做

前面几个都选定后,便开始进行合理的时间规划,新媒体平台创立后,不能时冷时热地

---

① 谭宏.论文化传播在旅游市场开发中的作用——基于"拉斯韦尔5W模型"的分析[J].新闻界,2008(5):3.

进行更新,需要详细的计划,每日按时更新,给予观众期待感,有利于粉丝的积累,提高自身新媒体的影响力。

5. WHO——和谁一起做

如今新媒体平台泛滥,个人在进入新媒体平台后,很难找到合适的定位,发表几篇文章或者视频没有热度后,很难坚持下去。在这种情况下,可以寻找团队和合作伙伴,文笔好的人可以写文字,摄影技术好的人进行拍摄,美工好的人做后期处理,成为一个团队,优势互补。

6. HOW——怎么做

在做自媒体前,需要进行深入的调研,挖掘自身优势,探索使用什么样的推广方式、创作需要什么的技巧,吸收成功人士的经验,根据用户的反应和评论,不断改变媒体的特色,慢慢地变得不可替代。

5W1H 法只是一种工具,每个用户可以根据固定的方法进行分析,得到不同的结论。

三、非遗众创线下平台：众创空间

(一) 创客与众创空间

由美盟公司 CEO 胡斌和 COO 于伟旗等发起人倡导、北京全球网络科技俱乐部联手淘商公司、美盟公司等创新服务商联手策划,为把握现代网络条件下的创新企业发展特点与要求,利用市场化方式、标准化技术与资金化手段一起搭建的降低成本、便捷化、全因素、高开放性的新兴创业服务网络平台的统称,自己创建的"众创网络平台"。[1] 通过有效发挥互联网的功能,合理运用我国的创业创新政策、收集整理全国各大创业项目和创新教育项目信息,对创新人士和高校学生进行了有效的创新咨询服务,并着力实现政策综合作用,实现了创新与就业有机地结合、网上与线下教育有机地结合、孵化与服务有机地结合,为企业提供了完善的互联网发展空间和社会发展空间,以及企业资源共享发展空间。

非遗众创空间价值共创管理方式,是指构成收益共创行为的所有要素之间及其各个部分之间与环境之间的相互联系和影响原理。收益共创行为的三个核心原理：内在支持与保障、内在相互促进并存原理和对外协调并存原理。其中,内在基础协同保障机制促进利益共创行动体系建设的顺利完成,内在交互共建激励机制是发展价值共创行动体系建设的本质力量和根源,是生产、消费需求、交流与协同的最有效工具;而外在基础协同共存体制则推动利益共创行动体系建设从对外的联系获得,是利益共创行动体系建设成功实施的基础条件与保证。[2] 三种机制彼此联系、互补,共同推动了非遗创客空间的创新创业与成果产出,最后达到价值共创。

---

① 侯涛.基于"互联网＋众创空间"多方协同创业教育模式研究[J].焦作大学学报,2021,35(1)：3.
② 龚志文,喻婉芳.活动理论视域下"非遗"众创空间价值共创研究[J].对外经贸,2021(8)：3.

1. 支撑保障机制

支撑社会保障服务系统,是指非遗众创空间为促进人生价值共创活动所提供的基础构建管理系统和公共服务机构系统,包括办公室场地、工具、科技创新型咨询和产品、创业辅导等。在基础构建领域方面,众创空间首先必须具备相应的场域,场域的工程设计和施工对非遗众创空间价值共创活动的高效开展非常关键。而活动场域也必须不但要求具备所需要的设施与材料,同时需要具有研究、专业人员引导、成果展示等各项工作范围,为大学生创客们提升产品、制作的技术以及进行交互提供机会。在网络与大数据经济环境下,还需要提供在线空间服务,引导使用者、供应商等参加价值共创活动,同时允许使用者不受限制地 DIY 并接受来自不同群体的反馈。在线空间设计具有资讯发布、任务分配、资料展示、互动交流等功能。在业务上,根据需要定时举办相应的分享交流会、创客产品设计大赛、创客体验官等,为广大创客提高创新创业的能力提供帮助。

2. 互动共享机制

互动共享是指众创空间设计运营的基本机制,市场主体在资源共创过程中实现的合作和共享关系,其成果主要表现为市场主体之间通过合作实现了相应的信息获取。不但数据共享,还同时分享了智力与技术。依靠于网络、大数据、人工智能等技术的支持,众创天空社群在交互数据共享领域中拥有着得天独厚的信息优越性,为参加者提供了完善的认知空间设计、经验空间设计、社交空间设计,便于与组织、创客、用户等实现在各个层面的交流和协作,从而实现共同价值共创。[1] 实现了用户与创客之间的互动、用户与产业之间的互动、用户内部的互动、客户与其他机构之间的互动,从而实现了用户交互、多媒体互动与人际交互,并最终通过非遗的广泛传播和转化进行提升。

3. 外部协同共生机制

外部协同共生关系是在非遗众创空间价值共创过程中不断从外部获取政府扶持、科技、教育、资本和技术资源,同时向社会提供产品。[2] 非遗众创空间借助符合本地区的优惠政策,以增加个人创业的成功概率。同时做好众创空间规划和区域发展计划的统筹与良好衔接。做好培训与吸纳,做好知识产权保障,健全资本筹集、风险保障和售后服务等管理机制,实现众创空间有效运作。

(二) 非遗众创空间的六要素

1. 主体

作为活动主体的构成元素,市场主体也是实现价值共创项目任务的重要实施人员和主持人。非遗众创空间价值共创项目的参加市场主体是多元化的,各个市场主体有截然不同的心态、认知历史和能力,一般有如下三类:非遗的传承市场主体、现代设计师、新生代创客。

---

[1] 张永云.基于网络的客户协同产品创新知识分享机理研究[D].北京邮电大学,2017.
[2] 范玉凤,李欣.活动理论视角下的虚拟学习共同体构建研究[J].中国电化教育,2018(2):5.

2. 客体

客体是直接指向主体行动系统的客体，是主体具体要进行的活动内容。通过客体的产生与变化，使主体实现目标，并由此进而促使主体行为系统的实施。在非遗创客的过程中，客体可以有很多种表现形式，分为实物与文化层面。比如历史悠久的古建筑、中国手工艺品、民间艺术、创作思路、创作思路、研究方法、商业模式等。

3. 共同体

共同体是指所有参加价值共创活动的人之集合，是通过价值共创活动凝聚和协调合力，而共同体会成为主体的目标。非遗价值众创空间共同体为成员创造了活动的场地与资源，并通过建立互动规则、凝聚能力，让成员在行动、反思与再行动过程中提高各自的技能，以达到成员各自的人生目标，从而达成价值共创活动的整体目标。

4. 工具

开发工具，是指主体在把客体转换为结果活动中所运用的事物，分为生产物质工具和沟通工具。使用生产工具来为顾客进行生产和加工，以及使用沟通工具为工作共同体人员进行合作与沟通。共同体成员可以在某种观念或理论的指导下，自由利用开发工具。非遗众创空间的主要开发工具有机械制造用具、3D打印机、工厂、作坊、厂房、摄影机、电子产品、计算机软件、论坛、网络社群、读书会、视频、行业俗语、符号、数据库等。

5. 规则

准则是价值共创活动的交互中介，表现形式为价值共同体成员共同遵循的标准、原则和规范，分为正式准则和非正式规则。比如官方规定了非遗众创空间的管理、培训、保障制度、守则、组织机构及职能、入驻非遗众创空间的必要条件、程序规定等。非官方规范则有匠人文化精神、众创精神、开放精神、共同创新精神和价值理念等。

6. 分工

分工是指共同体和用户相互之间的中介物，而分配则是指共同体相互之间的劳务分配。共同体成员们一起商定工作目标，分派工作，一起负责并执行。共同体成员们基于各自的专业特性、知识、技巧、特长、科技知识和经验，与实现共同价值和共创过程的目标相符，一起担负着责任，对整个社会和活动总体产生了影响。

（三）"非遗"众创空间活动的四个子系统

1. 生产系统

其工业流程由基础、内容和技术三个要素构成。应用工作流程完成物品的产品设计、制作与运输。客体通过一定的手段，通过资源整合、相互合作和各种活动，获得社会活动结果。在非遗与众创空间价值共创运动的过程中所产生的非遗产物品，有可能是在传统道路上经过创新与发展而产生的文化产物、文创产品，也可以是一种创新。

2. 消费系统

消费体系是指主体和共同体怎样一起作用于客体上，即主体怎样消费能力和资源。资源可以由主体分散到共同体中，这将有助于减少资源获得的成本、增加知识储备、物质资源

共享、知识共享、资源共享。^①

3. 交流系统

构成价值的三种元素是主体、共同体和规则。在非遗的众创空间价值共创过程中,规则能够保证活动顺利的开展,并逐渐产生一种有序的运行机制。交流过程侧重在两个方面:共同体中的规则是怎样协商的、共同体怎样规范了自己的言行。另一方面,在非遗与创客的共同发展共创过程的交流环节中,传承人和创客们按照已建立的共同体系和规范,进行了互相交流和相互协调。但是,主体与共同体之间的交流并不总是平等的,观念的冲突也往往会导致社会矛盾,而共同规则就是解决矛盾的有效手段。

4. 分配系统

分享体系一般由共同体、客体和分享市场主体三种要素所构成,是指在非遗众创空间的社会价值共创活动中,共同体实行劳务分工制度,相互配合,一起实现了社会价值共创活动的基础任务。应按照何种规定将主要客体资源在共同体中加以合理分配? 在共同体中分享的社会和谐程度又怎样呢? 这是分享主体体系中需要着重解决的问题。分配系统充分体现了众创空间价值与共创实践活动的群体性特点。比如在互联网上跨区域交流、面对面互动等。而通过劳动分享,人们相比于个人创造空间,更可以从中进行自我适应、自我管理和产生自身价值。

(四) 非遗众创空间价值共创活动分析模型

1. 活动理论

活动理论(Activity Theory)是苏联文化历史学派的主要理论之一,基于马克思主义哲学的心理学理论,经维果斯基、列昂节夫等人的研究而逐步发展起来。活动理论分为三代理论。^② 第一代行为科学的中心思想是中介思想,由维果斯基首先提出。他用中介观念阐述了主、客观之间的由中介关系构成的三角形模式,从个体角度探讨了行为;第二代行为论由列昂节夫提出,他的主要功绩在于给出了行为的层次结构,包括动作、行为和动作三种评价方法。列节夫开始重视个与群的相互作用,着重探讨群的行为。第三代活动学说的主要代表人物是芬兰学家恩格斯托姆,在 1978 年,他从生命基因的视角剖析了人类的发展经过了三次主要发展历程,即动物活跃的生命适宜方式、哺乳动物向人演进阶段的社会活动方式和人类社区构成。动物活跃的生命适宜方式的基础是动物行为和生物学演变阶段的集体性;哺乳动物向人演进阶段的社会活动方式中产生了制造技术、集体规则、劳力分配;而人类社区构成是在剩余商品的发生和社会关系产生的基础上产生的。恩格斯托姆提出了著名的"三角模式"经济活动理论,并提出活动是一种系统,包括主体、对象、共同体手段、集体规则、劳务安排等六大要素和产出、交易、费用和配置四种子体系。六大要素间互相影响、作用,共同构成了产出、交易、费用和配置的四种系统。

---

① 吴刚,赵军,苏静逸,等."工作-学习"理论的创新与发展——第四代"文化—历史"活动理论及应用价值[J].远程教育杂志,2022,40(2):10.

② 晓帅.表演理论视域下的戏曲类非遗保护[J].艺术与民俗,2021(2):5.

2.分析模型

基于上述三代活动理论,构建非遗众创空间价值共创活动理论模型(见图7-3-9)。非遗众创空间价值共创活动分为活动前、活动中和活动后三个阶段。在活动前期阶段,各价值共创主体由需求引发动机,依据动机确定活动目标,由目标引起行动,条件决定行动的层次。活动中期阶段是活动的实施阶段,也是主体阶段,包括主体、共同体、客体、工具、分工、规则六个成要素和消费、协作、交流、生产四个活动子系统。在这个阶段,价值共创主体行动并指向活动客体,完成活动,实现价值共创产出。活动后期阶段是活动的输出阶段。在这个阶段,活动产出须与预期目标进行对比,以评价目标的完成情况,反思原因,制定新的目标,并对活动做出相应的优化,触发新一轮的非遗众创空间价值共创活动,从而形成活动的闭环。

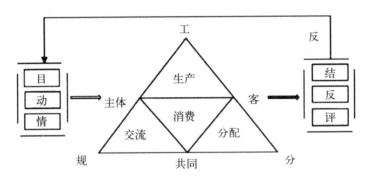

图7-3-9 非遗众创空间价值共创活动理论模型

资料来源:龚志文,喻婉芳.活动理论视域下"非遗"众创空间价值共创研究[J].对外经贸,2021(8):3.

研读材料

对于国家非遗的继承与保护,国务院办公厅已明确提出"人民政府领导,社区积极参与"的工作基本原则,在实施几年后,虽然政府领导管理工作已取得一定成效,但社会各界投入的资金仍然不够,导致非遗保护推广与传播不足。非遗留存于世界每个地方的文明,是指一种文化区别于少数民族,一种地方区别于一种地方标志性的文化象征,对于凝聚民族和地区团结有不可替代的作用。因此建立众创平台,在政府和各大互联网平台驱动的基础上,发展多样化的"众包"模式,将政府的"自上而下"机制与人们的"自下而上"保护机制结合起来,对非遗的传承与保护有不可替代的作用。

1.东家APP

东家APP希望成为通过与福建省工艺品工业协会、福建省东南拍卖道、共同打造网络平台和传统艺术产业之间进行深入协作的新标杆,共同形成"互联网+手艺人"产业生态共同体,共同促进国家非遗技术传承与传统艺术振兴。

2.非遗众创空间

"老家洛阳非遗众创天空"项目与洛阳市国家高校工业园、洛阳市师范学校、洛阳市非遗保护管理中心、科大讯飞、河南省电影集团公司、北京市中川影业、北京市中细软版权公司、中渡演艺、乐名片声音创客天空等金融机构进行深入交流,将技术、教学、电影、版权等关联领域与非遗共享结合,对"非遗＋创客""＋网络""＋培训""＋电影""＋音乐""＋直播"进行整合与创新开发,为非遗发现、保存、传播建立专业、专注的开发平台。

3. 胜溪创领众创空间

该研究中心以学院艺术专业老师及孝义非遗传承人为依托创建,以"孝义皮影戏""孝义剪纸""孝义刺绣""孝义面塑"为切入点,开展"寻找非遗传承人计划",面向校内外在学生、社会爱好者寻找传承人。同时,开设非遗讲堂,聘请非遗传承人以及有造诣的艺术家与学生交流互动。

第四节　数字非遗的众创平台效用

在网络、大数据、人工智能等新兴科技的助力下,非遗的众创产品在互动技术领域拥有了得天独厚的资源优势,为消费者创造了完善的认知空间、实践空间、交往空间,便于与组织、创客、消费者等实现各个层次的沟通和协作,从而达到资源共创。通过消费者与内容创作者之间的互动、消费者与组织之间的互动、消费者内部的互动、消费者与社会其他机构之间的互动,实现了内容交互、多媒体互动与人际交互,使非遗被广泛地传播和转化提升。

一、数字非遗众创平台传播现状

(一) 微博的传播情况

自微博出现以后,大大改变了人们的交流情况,人们可以通过微博热搜发现社会上正在发生的事情,因为羊群效应,当一条容易引起关注的消息出现在网上,就会引发大量的讨论与传播,而非遗入驻微博无疑是一件好事。

截至 2022 年 8 月 17 日,通过微博网站上的关键字查询可知,已认证单位共 331 家,各级政府非物质文化遗产的单位占了绝大部分,另外有民俗协会、商业机构、文化工作室等;个人认定的身份对象包括非物质文化遗产的传承人、保护组织人员、有关专家和相关的社会知名人士;非认证账户数共 5 121 个。

(二) 微信的传播情况

微信的出现让连接一切的社交通过互联网走进了千家万户,目前是全球应用频率最高的社交应用。微信具备了各种功能,可发送文本、图像、声音、视频等各种多媒体信息内容,

图 7 - 4 - 1　微博传播情况

资料来源：张琳，陈荔.多主体干预的微博舆情话题交互传播模型研究［J］.情报科学，2022，40（11）：49 - 55.

图 7 - 4 - 2　微信公众号传播情况

资料来源：郑超.融媒体视域下微信公众号新闻编辑选材及创新方向研究［J］.传播力研究，2021，5（26）：85 - 86.

集社交类、信息类、服务类等功能于一身，有效解决了中国人民在日常生活情感交流、获得专业知识、娱乐放松等多种需要。可以说，微信是中国当前最流行的社交应用，它不但促进了中国社会媒体的发展，更改善了中国社会的信息传播方式。

微信公众号的强大力量引起了社会的广泛关注，流量成为微信公众号运营成功与否的绝对标准。不同于微博的向全用户公开，微信公众号具有一定的私密性，文章的阅读数量显示上限为 10 万，不便于对普通用户进行统计。为此衍生出了对微信公众号进行统计的一些服务机构，如清博大数据、新榜、各类微信搜索平台。

截至 2022 年 8 月 17 日，通过对微信的公共账号的关键字进行搜索，所得出的"非物质文化遗产"关联结果已达百余条。查看其验证结果，认证单位主要有非物质文化遗产的官方保存单位、大学学生协会、非物质文化遗产博物馆、商业机构等，内容主要包括非物质文化遗产的信息、遗产的动态、有关人物采访、文化介绍和新闻报道及若干有关论文。

(三) 短视频平台传播情况

2022年6月8日,文旅产业指数实验室发布2022年非物质文化遗产在海外短视频平台上(以TikTok为主要数据分析源)的影响力报告显示,TikTok上非遗相关内容视频播放总量目前逾308亿次。TikTok目前在全国的年活动用户已经突破了10亿,年轻用户占比高。其海外用户的规模大、频次高、是海外传播影响力分析的有效研究样本。

1. 非遗海外关注度分布

按照国务院办公厅发布的五批国家级建设项目名单,中国非物质文化遗产共包括十个类别,分别是民俗文化、中国传统乐器、中国传统跳舞、中国传统戏剧、现代乐器、中国传统运动 & 游艺与杂技、中国传统美术、传统工艺、传统医药、民俗。从搜索结果来看,目前TikTok上相关视频内容均覆盖了这10个门类。

作为热门的海外社交平台,TikTok上有大量的非遗传承人、爱好者自发地分享中国非遗文化的相关内容。在高赞视频下方的评论区里,来自各国的网友用不同种类的语言表达了对中国非遗文化的肯定和热爱。在热门中国非遗文化中,"武术"的热度最高,在TikTok上关于武术的视频播放次数达222亿。不同门类下的中国非遗在海外均受到不同程度的关注,网友关注的分布比较均衡。

2. 短视频互动性强

在海外新媒体的研究中发现,能够引发关注度的主题,除了具备视听观赏性、文化共通性、创意新奇性等因素之外,往往还伴随"高参与度"这一特征。在高热度非遗中,如武术、春节、微陶、龙舞等相关话题下,存在着两大现象:一是互动交流性强,与视频创作者众多。二是互动交流性,体现在网友可进行点赞、评论、分享等一系列交互操作,而不仅仅是自己欣赏的"独乐乐"。高参与度一定程度上可以通过视频创作者的个人主观努力来达成,比如优化创作方式、积极响应网友互动等。

3. 文化IP输出效应强大

海外新媒体的数据和案例分析显示,个人效应的影响因素不可忽视,其中既包括全球知名度高的明星,也不乏原本籍籍无名的素人。李小龙、成龙等具有国际影响力的武术明星,带来了20多亿的视频播放量,大量展现两人不凡身手的视频,在TikTok持续成为爆款,直接提升了中国武术的话题热度。

而像"功夫老爹"梁长兴、竹编师傅潘云峰、李年根等一批非遗文化的传承人、爱好者,也通过TikTok被更多海外观众所知晓,以一己之力"撑起了"某个非遗项目的海外影响力。在大量视频里,中国非遗手艺人在制作/表演过程中展现出来的精益求精、追求极致、坚守传承的匠人精神得到了广大海外网友的认可。在网友转发、评论留言里,都能看到类似"中国匠人""艺术品""匠人精神"的词汇出现。

4. 非遗直播平台传播情况

在抖音的"非遗伙伴工程""看见手艺计划"等项目的帮助下,在2022年,抖音的非遗项目直播场次同比增加 642%,获得直播打赏的非遗主播人次同比增加 427%,濒危非遗音频的播出数量同比增加了 60%。

5. C2C 媒体平台传播情况:淘宝

淘宝激活了非遗的经济属性和产业价值,紫砂茶壶、生丝刺绣、乔师傅皮雕包等登上抖音最受欢迎的非遗产品榜单。依托兴趣电商,非遗老字号在抖音中开辟了新领域,2022 年抖音平台上中华老字号品牌销量同比增长 617%,增长突出的老字号品牌包括泸州老窖、荣宝斋、海天、张一元、五芳斋等。

报告显示,00 后购买非遗好物的热情最高。据统计,用户购买非遗好物的成交额同比增幅靠前,分别为 00 后959%,80 后 600%,90 后 578%。消费让传统的文化重回归现代生活。

图 7-4-3　抖音直播平台传播情况

资料来源:腾讯网.抖音 2022 非遗数据报告:濒危非遗视频播放量同比增长 60%[EB/OL].https://new.qq.com/rain/a/20220612A07G8000.[访问时间:2022-08-07].

二、数字非遗众创平台对传播的效用

在大部分人的心目中,非物质文化遗产是比较落后、过时的,与现代社会生活是格格不入的。随着外来文化的不断侵蚀,新事物的不断出现,一些非物质文化遗产逐渐消失在人们视野中,许多带着历史厚重感的非遗面临失传,甚至濒临灭绝。互联网技术的不断发展,为众创平台的革新也提供了新的契机,使建设社会新的众创景观、文化景观以及社会景象有了可能,也能更好地保护和传承非物质文化遗产。非物质文化遗产以一种崭新的形式进入到人们视野中。

(一) 众创平台促进内容多样化

智能时代到来后,互联网正朝着平台化、智能化、移动化的维度发展,给用户提供了很多生产知识的平台。知识是内容生态的一部分,而内容生态必须以创新为中心。创新一般以新颖性、差异性与稀缺性为主,须吸引用户,与场景匹配。仅仅靠传媒人员难以形成强大的传播之势,激发群体的智慧。对于非遗来说,更是如此,仅仅依靠非遗专业生产内容(PGC)是不够的,必须依靠更多的"人(创作者)—机互动",乃至"人(创作者)—机—人(用户)互动"完成,即众创。

(二) 众创平台消除时代的鸿沟

当下,年轻人越来越愿意在网络上学习人文科学知识、中国传统民族文化、高科技专业知识以及现代技术,而大学生们也越来越成为科学知识的创造者与共享者。以二次元的"古风"盛行中国传统文化作为典型例子,借助动画、虚拟玩具、cosplay 等文化元素,在无形中通过年轻人喜闻乐见的方式推动非遗艺术的巅峰式发展和文化创新的传承,同时也把人们消极的认知行为延伸至更积极的文化实践活动,甚至通过表演与兴趣团队完成对线上线下空间的打通,让非遗真正融入生活。

(三) 众创平台促进非遗的传承

随着大众传播媒介的改变、智能信息设施的升级,知识保存和传播的方式都发生了很多变化,机器辅助学习、智能教室的广泛运用,教育正在智能化更新,可以覆盖各种年龄段、各种知识领域,用户不仅仅在学校学习知识,还可以通过任何渠道、任何方式学习。非遗的制作通常技艺复杂,难以复制,有了这些平台,用户可近距离观察非遗的制作过程,使非遗更易传承。

(四) 众创平台促进非遗知识普惠和可持续发展

非遗的知识普惠需要国家的政策保障,更需要社会各方面的积极参与。计算机各项技术的不断发展,为用户参与传播提供了简单的、操作性强的方法,为用户的知识共享的过程提供了门槛低的手段,使每个人都有平台可展示,为社会贡献普惠式的教育,推动非遗未来的可持续发展。在正式教学方面,有慕课网、爱课堂等教学网络平台,普通用户可直接注册并学习知识,在教学有关方面,专家或非遗传承人也可上传专业课程,供普通用户教学;在百度、搜狗之类的互联网搜索引擎平台上,用户可以随意提出需要回答的问题,以及在抖音、快手等这样的短视频平台上,2019 年,抖音与中央研究院科学传播处、国家技术联盟科普部、《国家技术报》、国家科技厅、字节跳动五家组织,共同开展了国民短视频科研推广行动。[①]

---

① "DOU 知计划来了"!中国科学院科技产业网[EB/OL]. https://baike. baidu. com/reference/23747656/6f6bBC UeVixYwK-UZrzEnEJEQzVKZptT3Ft7Zv_8ib7oxY1YyhfeI3w_xBFTpKeqMavngvfHiLNsIKVZX1u9xDU4P96_GNtj5A. [访问时间:2022 - 08 - 07].

第八章
数字非遗的文创开发

第一节　数字非遗的文创开发概述

近年来,我国文化消费比重显著提高,人们开始追求具有个性化和创新性,且富有文化内涵的商品与服务。"非遗文创"开始成为一个消费热词。非遗文创在中国文化消费市场的经济体系升级转变中扮演着愈发重要的角色,是商业价值与文化创意的一种有效的融合。在国家政策支持、文创消费市场需求旺盛、数字技术赋能以及社会各界广泛关注和参与的背景下,非遗文创产业的价值日益凸显,发展动力强劲。本节主要就数字非遗文创相关的基本概况、产业环境、文化资源以及政策环境四方面内容进行重点介绍。

一、非遗文创概况

非遗文创是一种非物质文化遗产和文化创意产业结合产生的新兴文化产业形态。广义的非遗文创是指:"依靠个人或团队的力量,以非遗作为生产资料,通过技术、创意和产业化的方式进行文化产品的开发营销,把非遗与市场运行机制相结合,形成完整的产业链条,创造出适应人们物质及精神需求的文化产品,同时使非遗本身具备系统性、普及性及经济附加值。"狭义的非遗文创则是指:"针对非物质文化遗产项目的文化衍生品或文化创意产品进行设计、开发、经营的实践性工作。"[①]非遗文创在满足消费者日益提升的物质文化消费需求的同时,也对传统文化的继承和发展、当代文化的创新,以及中国文化的国际传播等发挥了重要作用。当前,数字化和信息化技术迅猛发展,已经极大程度地介入和渗透到了文创产业的生产、传播和销售的各个环节中。基于数字技术的非遗文创开发应运而生,成为文创开发领域中的前沿热点。数字非遗与文创开发的融合,是国家政策支持、文化消费需求增长、数字技术高速发展、崇尚文化自信的社会氛围等诸多因素促成的结果。数字非遗文创为非遗数

---

① 施展,周星宇.关于"非遗文创化"的调查研究——以河南省八项传统技艺开发为例[J].文化产业,2019(21):7-10.

字化保护、继承、传播和文创开发应用带来新的需求、模式、机制和应用场景等。本章关注近年来数字非遗在文创开发领域的研究、应用和发展情况，主要从数字非遗文创开发的基本概况、非遗文创的数字技术应用情况、数字非遗的文创产品开发、数字非遗的文创视觉和数字媒体设计等方面呈现我国近年来非遗文创产业的发展概况、相关研究、经验与成果，并辅以相关案例的介绍，以供未来发展参考。

二、产业环境

从产业的角度来看，文化创意产业（简称文创产业）是在经济全球化背景下产生的以创意为核心的新兴产业，它强调借助从业者的知识、智慧和技能，对文化资源进行重塑与提升，以产业化的方式对知识产权进行开发和运用，生产出高附加值的产品和服务，以满足人民的文化需求，具有创造财富和就业潜力的产业。联合国教科文组织将文创产业界定为："文创产业是以无形的文化为本质内容，经由创意、生产与商品化结合的产业……其主要包含文创产品、文创服务与智能产权三项内容。"[①]究其本质，我们可以把文创产业视为文化内容、创意转化、资本加持与科技赋能结合的产物。文创产业以内容和创意为核心、以资本为驱动，借助于科技赋能，从而将文化要素与先进技术相融合，实现创意性的转化。

近 5 年来，我国文创及相关产业持续快速发展，总体规模呈显著上升趋势。以 2021 年为例，国家统计局数据显示，我国文创及相关产业营业收入为 119 064 亿元，同比增长达到了 20.9%（近 5 年相关数据见图 8-1-1）。其中，我国规模以上文创设计 2021 年度营业收入为 19 565 亿元，文化创意设计营业收入占比 16.4%（近五年相关数据见图 8-1-2）。[②] 在非遗

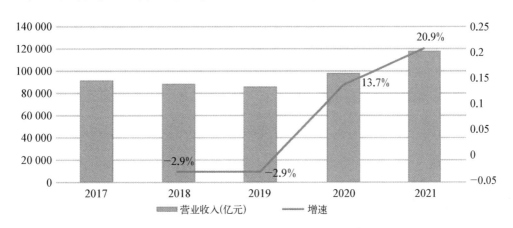

图 8-1-1　2017—2021 年中国规模以上文化及相关营业收入及增速

资料来源：智研咨询.2022—2028 年中国文化创意行业市场运营态势及投资前景趋势报告[R].智研产研中心，2022.

①　Kibbe B. Cultural Industries：A Challenge for the Future of Culture[J]. UNESCO，1982，112(45)：120-135.
②　智研咨询.2022—2028 年中国文化创意行业市场运营态势及投资前景趋势报告[R].智研产研中心，2022.

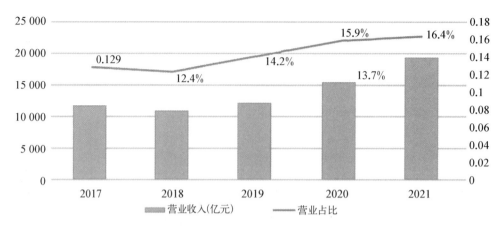

图 8 - 1 - 2 2017—2021 年中国规模以上文化创意设计营业收入及占比

资料来源：智研咨询.2022—2028 年中国文化创意行业市场运营态势及投资前景趋势报告[R].智研产研中心,2022.

文创产业发展的过程中,特别是在非物质文化遗产的转化应用和大众传播方面,文创产业具有天然的优势,发挥了越来越重要的作用,而数字技术的发展又为其带来了技术支持和新的机遇。文创产品和服务的设计、生产、投放、传播和消费的数字化、网络化进程进一步加快,以数字非遗及其衍生产品为代表的文创产品和数字内容,借助互联网、移动互联网和数字平台等手段都得到了广泛、快速和精准的传播和投放。

特别是在疫情期间,以线上消费为主的数字化文创产业呈现爆发式增长,短视频、虚拟展览、线上演艺、云课堂等新型文化体验方式异军突起。我们可以预见一种新兴的文创产业业态的形成。有赖于以大数据、人工智能、5G、AR/VR、物联网、高清视频、全息投影和区块链等为代表的数字技术的发展和支持,数字非遗文创将会为消费者带来全新的物质和文化消费体验,从而形成文创产业发展的新动能和新增长点。[①] 文创产业呈现出发展势头强劲、经济附加值高、技术更迭速度快、传播效能强、产业融合度高的特点。由于文创产业自身的这些特点,加之其规模的增长速度高于国民经济整体增长速度,文化创意产业这一新兴产业越来越为我国所重视。

三、文化资源

在文化资源方面,我国拥有灿烂辉煌的历史文化,创造并积累了丰富的文化资源,拥有无与伦比的深厚文化底蕴。据统计,截至 2021 年,我国列入联合国教科文组织非物质文化遗产名录(名册)的项目共计 42 项,总数位居世界第一。中国国家级非遗代表性项目共1 557项,国家级非遗代表性传承人共计 3 062 名(在世),并且设立了 23 个国家级文化生态

---

① 新文化产业白皮书(2019)——文化与科技融合[R].清华大学互联网产业研究院,2019.

保护(实验)区。①

目前,国家正在推进的文化数字化战略将进一步推动非遗文化资源的数字化升级。2022年5月22日,中共中央办公厅、国务院办公厅印发了《关于推进实施国家文化数字化战略的意见》,其中提出:"到'十四五'时期末,基本建成文化数字化基础设施和服务平台,基本贯通各类文化机构的数据中心,基本完成文化产业数字化布局,公共文化数字化建设跃上新台阶,形成线上线下融合互动、立体覆盖的文化服务供给体系。到2035年,将建成物理分布、逻辑关联、快速连接、高效搜索、全面共享、重点集成的国家文化大数据体系,文化数字化生产力快速发展,中华文化全景呈现,中华文化数字化成果全民共享、优秀创新成果享誉海内外的总体目标。"②并进一步指出了实现文化数字化战略的八项重点任务(见表8-1-1)。文化数字化战略的提出将有助于盘活存量的非遗文化资源,建成版权库、素材库、文化大数据体系,这会为文化资源的数字确权提供基础保障,也为数字文创产品的开发提供高质量的文化素材资源。因此,我国发展非遗文创产业具有得天独厚的文化资源优势,将数字技术资源优势转化为产业优势的潜力巨大。

表8-1-1　《关于推进实施国家文化数字化战略的意见》重点任务一览

序　号	任　务　内　容
1	统筹利用文化领域已建或在建的数字化工程和数据库成果,关联形成中华文化数据库
2	夯实文化数字化基础设施,依托现有有线电视网络设施、广电5G网络和互联互通平台,形成国家文化专网
3	鼓励多元主体依托国家文化专网,共同搭建文化数据服务平台
4	鼓励和支持各类文化机构接入国家文化专网,利用文化数据服务平台,探索数字化转型升级的有效途径
5	发展数字化文化消费新场景,大力发展线上线下一体化、在线在场相结合的数字化文化新体验
6	统筹推进国家文化大数据体系、全国智慧图书馆体系和公共文化云建设,增强公共文化数字化内容的供给能力,提升公共文化服务数字化水平
7	加快文化产业数字化布局,在文化数据采集、加工、交易、分发、呈现等领域,培育一批新型文化企业,引领文化产业数字化建设方向
8	构建文化数字化治理体系,完善文化市场综合执法体制,强化文化数据要素市场交易监管

资料来源:新华社.中共中央办公厅国务院办公厅印发《关于推进实施国家文化数字化战略的意见》[EB/OL]. http://www.gov.cn/zhengce/2022-05/22/content_5691759.htm. [访问时间:2022-07-02].

① 中国非物质文化遗产数字博物馆.中国入选联合国教科文组织非物质文化遗产名录(名册)项目[EB/OL]. https://www.ihchina.cn/chinadirectory.html. [访问时间:2022-07-20].
② 中国政府网.中共中央办公厅 国务院办公厅印发《关于推进实施国家文化数字化战略的意见》[EB/OL]. http://www.gov.cn/zhengce/2022-05/22/content_5691759.htm. [访问时间:2022-07-22].

四、政策环境

在政策层面,国家对非遗和文化创意产业的发展愈发重视,扶持政策相继出台,为非遗文创产业发展提供了良好的政策环境。早在 2000 年,《中共中央关于制定国民经济和社会发展第十个五年计划的建议》就首次使用了"文化产业"这一概念。至此,文化产业已经逐渐上升到了国家战略的层面。同年,在党的十五届五中全会提出"推动有关文化产业发展"的基础上,党的十六大将文化事业和文化产业作为相互关联的两个重要概念提了出来,强调"积极发展文化事业和文化产业""发展文化产业是市场经济条件下繁荣社会主义文化、满足人民群众精神文化需求的重要途径。完善文化产业政策,支持文化产业发展,增强我国文化产业的整体实力和竞争力"。[①] 这是我国在文化产业建设方面的重大理论突破,推动我国文化产业逐步发展起来。2014 年,时任李克强总理主持召开国务院常务会议,部署推进文化创意和设计服务与相关产业融合发展,其后,国务院发布《关于推进文化创意和设计服务与相关产业融合发展的若干意见》,从战略层面将"设计服务"与"文创产业"整合到了一起。2015 年 10 月,《中共中央关于制定国民经济和社会发展第十三个五年计划的建议》首次提出了"文化创意产业"这一概念,并提出"文化产业成为国民经济的支柱产业"的目标;2016 年 3 月,"大力发展文化创意产业"正式被写入了"十三五"规划纲要中。同时期,我国出台的各类文创产业政策也开始围绕数字技术展开讨论。例如,2016 年,数字创意产业首次被纳入国家战略性新兴产业。2017 年文化和旅游部颁布《关于推动数字文化产业创新发展的指导意见》,这是在国家层面首份针对数字文化产业发展的政策文件,为推动数字文化产业发展提出了具体政策举措。2020 年 11 月,文化和旅游部发布《关于推动数字文化产业高质量发展的意见》,其中提出要"夯实数字文化产业发展基础,培育数字文化产业新型业态,构建数字文化产业生态"等方面提出多项意见。[②] 2021 年,中共中央办公厅、国务院办公厅发布《关于进一步加强非物质文化遗产保护工作的意见》,其中指出:"要支持非物质文化遗产有机融入景区、度假区,建设非物质文化遗产特色景区。鼓励合理利用非物质文化遗产资源进行文艺创作和文创设计,提高品质和文化内涵。[③]"近五年其他重要相关产业政策信息总结如表 8-1-2 所示。

表 8-1-2 我国数字文化产业相关政策梳理规划汇总

日 期	部 门	文 件 名	相 关 政 策
2021 年 12 月	文化和旅游部	《文化和旅游部关于推动国家级文化产业园区高质量发展的意见》	培育壮大数字文化企业集群,加快发展线上演播、数字创意、数字艺术、数字娱乐、沉浸式体验等新业态

---

① 张小平.文化事业与文化产业协调发展的关键[J].前线,2011(10):3.
② 中国政府网.文化和旅游部关于《推动数字文化产业高质量发展的意见》[EB/OL]. http://www.gov.cn/zhengce/zhengceku/2020 - 11/27/content_5565316.htm.[访问时间:2022 - 07 - 22].
③ 中国政府网.中共中央办公厅国务院办公厅印发《关于进一步加强非物质文化遗产保护工作的意见》[EB/OL]. http://www.gov.cn/gongbao/content/2021/content_5633447.htm.[访问时间:2022 - 07 - 22].

续　表

日　期	部　门	文　件　名	相　关　政　策
2021 年 8 月	文化和旅游部、宣传部、国家发展改革委等部门	《关于进一步推动文化文物单位文化创意产品开发的若干措施》	提升文化创意产品开发科技应用水平。坚持创新驱动,鼓励开发数字文化创意产品
2021 年 6 月	中共中央办公厅、国务院办公厅	《"十四五"文化发展规划》	顺应数字产业化和产业数字化发展趋势,深度应用 5G、大数据、云计算、人工智能、超高清、物联网、虚拟现实、增强现实等技术,推动数字文化产业高质量发展,培育壮大在线演播、数字创意、数字艺术、数字娱乐、沉浸式体验等新型文化业态
2021 年 5 月	科技部等 9 个部门	《关于推进博物馆改革发展的指导意见》	加强与融媒体、数字文化企业合作,创新数字文化产品和服务,大力发展博物馆云展览、云教育,构建线上线下相融合的博物馆传播体系
2021 年 4 月	文化和旅游部	《进一步加大开发性金融支持文化产业和旅游产业高质量发展的意见》	积极运用开发性金融支持数字文化产业发展,支持 5G、大数据、云计算、人工智能等新技术的应用,扶持一批文化、旅游与科技融合发展示范类项目和新型文化企业,引导创作生产优质、多样的数字文化产品,提高质量效益和核心竞争力
2020 年 11 月	文化和旅游部	《文化和旅游部关于推动数字文化产业高质量发展的意见》	要夯实数字文化产业发展基础、培育数字文化产业新型业态、构建数字文化产业生态
2020 年 11 月	产业发展司	《文化和旅游部关于推动数字文化产业高质量发展的意见》	顺应数字产业化和产业数字化发展趋势,实施文化产业数字化战略,加快发展新型文化企业、文化业态、文化消费模式,改造提升传统业态,提高质量效益和核心竞争力,健全现代文化产业体系
2020 年 2 月	国家文物局	《关于新冠肺炎疫情防控期间有序推进文博单位》	继续利用数字资源,通过网上展览、在线教育、网络公开课等方式,不断丰富完善展示及内容,提供优质的数字文化产品和服务
2020 年 2 月	工业和信息化部	《关于运用新一代信息技术支撑服务疫情防控和复工复产工作》	支持完善疫情期间网络零售服务和物流配送体系,加强电子图书、影视、游戏等领域数字文化产品和服务的开发,形成丰富多样的"零接触"购物和娱乐模式,确保百姓生活必需品和精神营养品供应

续 表

日　期	部　门	文　件　名	相　关　政　策
2019 年 8 月	科技部等六部门	《关于促进文化和科技深度融合的指导意见》	到 2025 年,基本形成覆盖重点领域和关键环节的文化和科技融合创新体系,实现文化和科技深度融合。按照国家科技创新基地优化整合总体部署,建成若干目标明确、重点突出、协同攻关的文化科技领域国家科技创新基地
2019 年 4 月	文化和旅游部	《公共数字文化工程融合创新发展实施方案》	实现工程的统筹管理,建立统一的标准规范框架,推出统一的基层服务界面,初步形成公共数字文化资源服务总目录,统筹开展基层数字文化资源配送,做好工程平台、资源、服务的融合创新发展试点工作
2019 年 4 月	文化和旅游部产业发展司	《关于征集 2019 年"一带一路"文化产业和旅游产业国际合作重点项目的通知》	拓展数字文化产业合作。鼓励企业和研究机构与沿线国家和地区合作,以传统文化资源为基础,合作开发文化资源数字化项目
2019 年 1 月	中共中央、国务院	《关于支持河北雄安新区全面深化改革和扩大开放的指导意见》	开展文化产业创新实验,研究建立推动数字文化产业发展的有效机制,培育各类新型文化业态,推进文化与前沿科技领域融合发展
2018 年 11 月	国家统计局	《战略性新兴产业分类(2018)》	新增数字创意产业,并进一步明晰了产业划分
2017 年 8 月	国务院	《关于进一步扩大和升级信息消费持续释放内需潜力的指导意见》	再度提出大力发展数字创意产业
2017 年 7 月	文化和旅游部	《文化部"十三五"时期公共数字文化建设规划》	构建互联互通的公共数字文化服务网络;打造公共数字文化资源库群,加强资源保障;创新服务方式,提升服务效能;统筹推进重点公共数字文化工程建设;鼓励和支持社会力量参与公共数字文化建设;加强公共数字文化建设管理
2017 年 5 月	中共中央办公厅、国务院办公厅	《国家"十三五"时期文化发展改革规划纲要》	从八个方面确立了文化发展改革的主要目标,要求加大供给侧结构性改革,提升公共文化消费供给水平
2017 年 5 月	文化和旅游部	《文化部"十三五"时期文化科技创新规划》	提出了文化科技创新体系建设的基本思路
2017 年 4 月	文化和旅游部	《关于推动数字文化产业创新发展的指导意见》	深入推进文化领域供给侧结构性改革,培育文化产业发展新动能,现就推动数字文化产业创新发展

资料来源:中商产业研究院.2022—2027 年中国数字文化行业现状分析及发展趋势预测研究报告[R].中商产业研究院,2022.

第二节　数字非遗技术的文创应用

当今,世界愈发受到数字技术的影响。作为一个涉及广泛的前沿科技领域,它将有望为人类带来颠覆性的创新成果,并成为塑造人类未来生活的重要力量。以大数据、云计算、物联网、人工智能、可穿戴设备、5G、VR 和 AR 技术等为代表的新兴数字技术正在悄然影响着非遗产业与文创产业的方方面面,这也促使从业者重新思考和改进文创开发的内容、形式、方法范式和商业模式,以快速有效地应对技术革新所带来的行业机遇与挑战。因此,可以说数字技术在非遗文创领域中发挥着愈发重要的作用,它极大地推动了人们重新组织和思考新的文创开发模式。

一、AI 技术辅助非遗文创开发

(一) AI 辅助创意与设计

由于机器学习是对数据进行表征学习,因此认识数据的向量表示是深度学习网络最擅长的工作。如何模仿这些学习后的表征成为 AI 领域新的研究方向。通过向 AI 模型输入一个随机的向量,经过多层神经网络后可以输出一个新的高维向量,这个向量可以代表一段文字、一个图像或是一个序列,这样的 AI 模型被称为生成模型(Generative Model)。不同于常见的预测和分类模型,生成模型的工作是让结果具有一定的创造力,而不是从已有的数据分布中随机抽取一个,这代表着模型的输出是通过自身“思考”的,研究生成模型有助于我们更好地利用计算机技术辅助创意设计,并应用在文创产品、视觉传达、数字媒体等设计领域。

计算机视觉中的文本图像合成旨在理解视觉与语言之间的关系,并根据输入的文本提示生成相应的图像。这是一项复杂的生成性任务,因为机器学习模型必须理解概念属性、空间概念以及不同概念之间的关系,才能在理解的基础上生成图像。从文本到图像的生成要求机器对所创建的内容有深刻的理解,包括语义和上下文。这种多模态生成任务在图像制作、视频游戏等领域具有巨大的应用潜力。

2015 年,曼西莫夫(Mansimov)等人最早提出了名为“alignDRAW”的生成模型,该模型将变分自动编码器(VAE)和对齐模型生成的图像相结合,可以生成对应于输入文本的创造性图像。短短一年后,里德(Reed)等人提出了基于生成对抗网络 GAN 的 Zero-shot 转换生成模型,并奠定了条件生成模型的基础。此后,大量基于 GAN 的生成模型开始了爆发式的增长,如 StackGAN、AttnGAN 和 DF - GAN 等。GAN 的兴起为计算创造力领域带来了活力,但由于 GAN 生成的图像总体看来还过于生硬,且 GAN 网络相较于其他网络训练难度较大,基于 GAN 的模型在复杂的领域通用场景中仍然存在性能低下的问题,因此很难产生令人满意的结果。

2017 年,机器学习领域迎来了一次新的革命,瓦斯瓦尼(Vaswani)等人发表了一篇名为“Attention is all you need”的论文,提出了 Transformer 的神经网络架构,该架构由一个编码器

(Encoder)和一个解码器(Decoder)组合而成,并引入了注意力的机制。① Transformer 会对数据信息进行上下文的解读,在计算一个特定时刻的局部特征的同时,会考虑到整体特征的关系,并且解码器在解码时还能共享由编码器获得的特征。注意力机制使得机器对文本和图像的理解力提升到了一个新的高度,这种理解方式与人类对世界认知的过程非常类似,通过该结构可能会提升机器的创意表现。注意力机制与大参数深度模型的集成、模型生成结果的质量和理解达到了前所未有的水平。生成模型的出现为计算创造力和创意市场带来了无限可能,除了可以用来辅助创意设计,还可以利用 AI 进行创意写作和创意绘画,为智能化的非遗文创开发带来无限可能。

研读材料

　　2020 年,OpenAI 提出了 DALL－E,这是一种 120 亿参数的 GPT－3 模型,它通过 dVAE 和 Transformer 模型进行训练,dVAE 将一个图像压缩到 Token 中,Transformer 用于建模文本和图像标记的联合分布概率,训练期间使用最大似然估计算法生成所有 Token。DALL－E 可以创建拟人对象,变换对象的基本属性,包括表面材质、合成形式、内部和外部结构,并实现对场景视点的控制。此外,它还可以根据文本提示将不相关的概念组合起来,生成真实或虚拟的对象,这意味着它不仅可以扩展到各种设计任务中,而且还具有组合创新的能力,如图 8－2－1 所示。

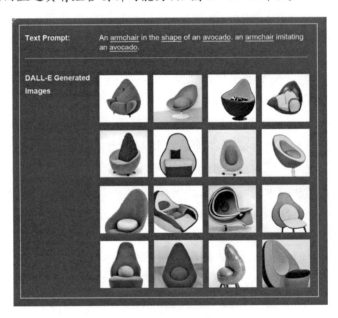

图 8－2－1　DALL－E 创意生成产品设计

资料来源:DALL－E. DALL·E:Creating Images from Text[EB/OL]. https://openai.com/blog/dall-e/.[访问时间:2022－07－09].

① Vaswani A, Shazeer N, Parmar N, et al. Attention is all you need[J]. Advances in neural information processing systems,2017,30.

（二）AI 创意绘画

绘画是一种文化和创意的艺术表现形式。千百年来,无论是梵高的《星夜》,还是王希孟的《千里江山图》,都能体现时代和历史的文化内涵,人们在看到这些画作时都会被绘画的艺术所吸引。在文创领域,这类大师的画作通常会被作为一种风格或模板,被进一步设计到各类文创产品中,通过文创产品进行文化传播。然而,以特定风格重新绘制具有创造性的图像需要训练有素的艺术家,耗费大量的时间。如何将艺术作品中的文化特征转化到文创产品中,这一问题吸引了许多计算机科学研究人员的密切关注。此前有大量的研究和技术探索过如何将图像转换为合成艺术品,在这些研究中,非真实感渲染(NPR)成为计算机图形学中一个稳固且主流的领域。然而,大多数 NPR 风格化算法都是为特定的艺术风格而设计的,并且不能轻易扩展到其他样式。盖蒂(Gatys)等人首先提出利用卷积神经网络(CNN)特征激活函数来重新组合内容给定的照片和著名艺术品的风格。其算法背后的关键思想是迭代优化图像,目标是匹配所需的 CNN 特征分布,这涉及照片的内容信息和艺术作品的风格信息。他们提出的算法成功地生成了具有给定艺术品外观的风格化图像。图 8-2-2 展示了将中国画《富春山居图》的特征风格转移到长城照片上的例子。根据盖蒂等人的算法,风格图像的类型没有任何明确的限制,也不需要训练的真实结果,它打破了以往方法的限制。

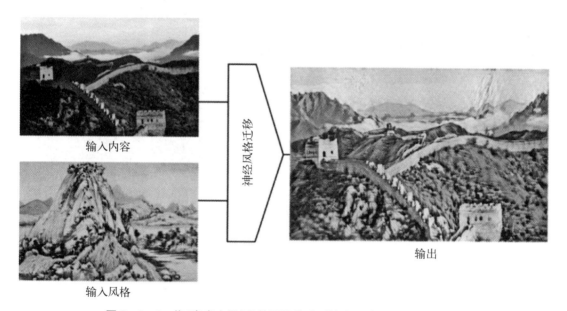

输入内容

输入风格

神经风格迁移

输出

图 8-2-2　将《富春山居图》的风格转移到给定照片的 NST 算法示例

资料来源：Jing Y, Yang Y, Feng Z, et al. Neural Style Transfer：A Review[J]. eprint arXiv：1705.04058,2017.

研读材料

　　盖蒂等人的工作开辟了一个新领域,被称为神经风格迁移(Neural Style Transfer),该技术可以学习一种艺术作品的绘画特征,并将这种特征风格转换到任意的图像上,主要用于获取两种图像(内容图像和风格参考图像),并将它们混合在一起,使用卷积神经网络以不同风格渲染内容图像的过程。新的图像具有原始图像的内容,但"绘制"风格却是参考图像的风格。例如,机器可以模仿梵高、达芬奇等著名画家的艺术绘画风格进行任意的绘画创作,这些图像可以是任意的图像。如图8-2-3所示,一张普通的照片通过风格迁移模型可以输出为不同的艺术家创作风格。

图8-2-3 通过神经风格转换实现画家风格的绘图创作

资料来源: Jing Y, Yang Y, Feng Z, et al. Neural Style Transfer: A Review[J]. eprint arXiv: 1705.04058,2017.

近年来由于芯片矩阵运算技术的突飞猛进,人们已经可以处理一些数据庞大和系统复杂的机器学习模型。语音人脸识别、计算机视觉、自然语言处理等处于早期阶段的领域有了长足的发展,例如,通过一种名为"文本-图像"的生成算法(Test-Image)来生成令人印象深刻的逼真画作。

研读材料

在众多的AI绘画工具中,最具代表性的是Disco Diffusion,在其中输入一段提示性文字(Prompt),机器可以根据文字的上下文语境理解语义信息,并根据描述语句实现高分辨率的机器作画。在文创设计领域，通过向 Disco Diffusion 传入带有文化特色的句子和创意需求，机器可以生成渲染或者手绘风格的图案。例如，输入提示语："a beautiful painting of Chinese Shanshui landscape, clouds, inkstyle, trending on artstation"，机器可以生成高质量的中国水墨山水画，如图 8-2-4 所示。

图 8-2-4　Disco Diffusion：通过文字描述生成高质量图像

资料来源：微博.堪比艺术家！被疯狂安利的 AI 插画神器 Disco Diffusion 有多强？[EB/OL]. https://weibo.com/ttarticle/p/show? id=2309404772656036577715. [访问时间：2022-08-11].

（三）AI 技术博物馆文化探索

在博物馆文化产业链中，为了吸引观众并提升个性化游览体验，人工智能技术可以改变历史文化藏品的探索方式，将收藏品数据进行组织和重建，并分析用户的观赏行为和个性化体验，利用人工智能来提升对博物馆收藏品档案的研究，并可以对艺术品未知的策略偏好选择和多种艺术品的风格进行合成。

研读材料

大都会博物馆（The Met）、微软和麻省理工学院（MIT）合作开发了一款博物馆藏品个性化体验原型"Generist Maps"（见图 8-2-5）。Generist Maps 是 Gen Studio 项目的一个组成部分，这是一个基于复杂的生成对抗网络（GAN）的项目，它允许用户探索、搜索，甚至沉浸在艺术作品的潜在空间中。具体来说，它可以为用户提供一个地图式的交互式模型，基于相应的数据集、国家、材料和关键字等属性，以线性和意想不到的方式来呈现每件艺术品之间的关系，用户在探索不同艺术作品之间的联系时，可以在其中欣赏到由 AI 创造的梦幻般的图像，这一系统能够让用户以视觉化、系统化和富有创造性的方式浏览大都会博物馆的丰富馆藏。

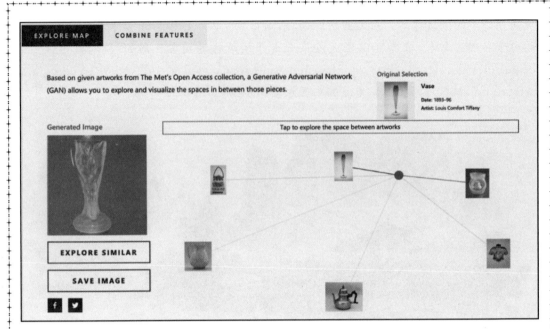

图 8-2-5　Genererist Maps 博物馆藏品体验界面

资料来源：The Metropolitan Museum of Art. How Artificial Intelligence Sees Art History[EB/OL]. https://www.metmuseum.org/perspectives/articles/2019/2/artificial-intelligence-machine-learning-art-authorship. [访问时间：2022-07-10].

　　除了对藏品的风格进行探索外,博物馆馆藏信息的数据处理和设计也是一项繁重的工作,随着文化机构将其收藏品数字化,将文本、物品和艺术品转换为电子记录,这些可用的文化数据量正在不断增长。然而,越来越多的人需要从这些数据中获得更多有用的信息和潜在关联信息。因此,仅仅将这些信息数字化并不能使馆藏信息实现自动访问、发现和自主理解,并且原来的标准界面不一定能符合用户希望进行的交互方式。这就需要借助博物馆数据可视化的技术,它是随着博物馆数字化的进程而逐渐发展起来的。将数据可视化运用于博物馆,其功用不仅仅体现在藏品展示上,同时也是向参观者传达信息的一种有效手段,并鼓励他们通过可视化的数据去探索和发现。

研读材料

　　一项来自皇家艺术学院(Royal College of Art,RCA)的博士研究项目将伦敦威康收藏馆、V&A 博物馆、纽约库珀·休伊特史密森尼设计博物馆和斯德哥尔摩北欧博物馆的藏品数据进行了时间线设计和可视化展现(见图 8-2-6)。这项工作是博物馆文化、计算科学、数字人文和信息可视化等领域的交叉研究范式,有助于帮助博物馆在视觉层面建立起数据、图像与观者之间更为清晰、完整和多元的互动,并进行知识生产和传播,提升参观体验。

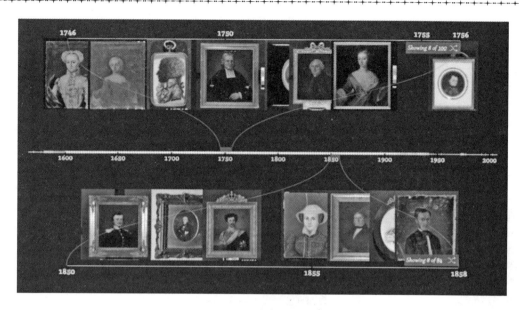

图 8 - 2 - 6　博物馆信息整理和可视化文化遗产数据

资料来源：Vane O. Timeline design for visualising cultural heritage data[M]. London：Royal College of Art，2020：42.

(四) AI 与传统舞蹈

保护非物质文化遗产是保持社会连贯性和文化多样性的重要手段。非物质文化的创意化数字产品及其人工制品的设计，已经成为其保存和再利用非遗文化的重要方式，但其提供的不仅仅是内容，还有过程和形式的体验设计。

研读材料

最近一项研究表明，AI 技术同样可以为对多种类别的非物质遗产的理解和感知开辟新天地。研究人员开发了一个名为"CHROMATA"的平台，用于提供在线进行资源和文化遗产的内容检索，并且利用 AI 分析多媒体数据，例如 3D 姿态估计、民俗舞蹈识别和文本分析。各种各样的数据（例如图像、视频、文本、音频和 3D 模型）通过 AI 进行分析，能够用于舞蹈识别和可视化、拉班舞动作分析和拉班舞谱生成、文本情感分析和文本生成，如图 8 - 2 - 7 所示。设计师可以在其中创建虚拟体验的创作界面。此外，还可以用 3D 重建技术来准确捕捉用户感兴趣的地方以及人类活动，以创建相关的虚拟空间。

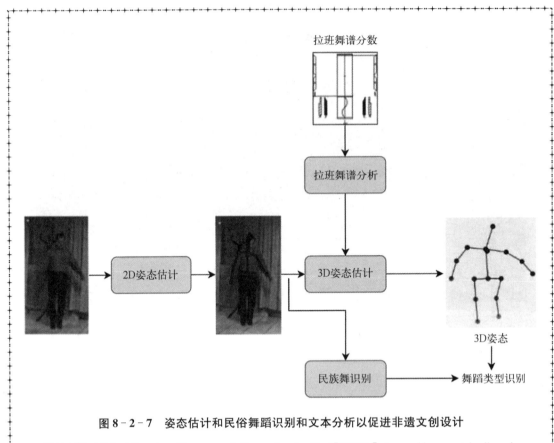

图8-2-7　姿态估计和民俗舞蹈识别和文本分析以促进非遗文创设计

资料来源：Michael Bromley. Chromata：A Generative Art Tool［EB/OL］. https://www.michaelbromley.co.uk/experiments/chromata/＃showcase.［访问时间：2022-07-16］.

(五) AI诗歌创作

过去的几年里,自然语言处理(NLP)技术取得了巨大的进步,为了跨越人类和机器之间的沟通鸿沟,机器必须学习人类的语言和表达方式,理解不同语义和词义,并且认识到语义之间的关系,最终将非语言格式的数据转换成人类可以理解的语言格式。

研读材料

谷歌的人工智能工具 Verse by Verse,允许用户使用美国经典诗人的"建议"来创作一首诗。其生成流程包括：内容确定、文本结构、句子聚合、语法化、参考表达式生成和语言实现。如图8-2-8所示,程序根据诗人各自的作品中收集到的信息生成创作建议,最终能够写出令人折服的优美诗歌。除此之外,用户可以选择不同类型的作诗风格,这是因为机器在学习过程中,分别对不同诗人的诗歌进行划分,因此不同诗人的诗歌会有语言特征上的不同。

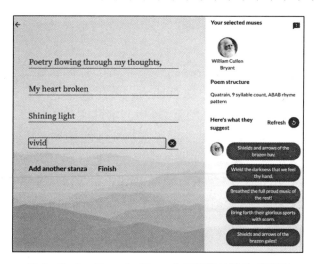

图 8-2-8 Verse by Verse 人工智能诗歌生成界面

资料来源：网易.谷歌发布 AI 诗歌写作工具 Verse by Verse[EB/OL].
https://www.163.com/dy/article/FSEFJIF20531I6Y1.html.［访问时间：
2022-07-22］.

除了生成英文诗歌外,一些研究人员还实现了 AI 生成中文诗歌。该研究基于手写汉字识别和机器学习的藏头诗自动生成。首先,分别使用 AlexNet 网络和 ResNet50 网络训练手写汉字数据集,选择识别准确率较高的 ResNet50 作为诗歌生成模型的输入模块。其次,使用 GPT-2 模型训练 26 000 首五言诗,以构建藏头诗生成模型。最后,将这两部分结合起来。如果输入四张手写汉字图像,系统可以在字符识别后自动生成一首以这四个字符为首的流利的藏头诗,如图 8-2-9 所示。

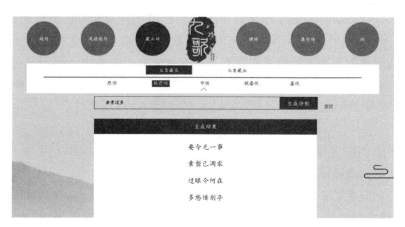

图 8-2-9 人工智能生成中文藏头诗

资料来源：腾讯云计算.人工智能帮你写藏头诗-清华大学出品 九歌作诗系统
［EB/OL］. https://cloud.tencent.com/developer/news/460070.［访问时间：2022-
07-22］.

二、大数据对文创设计产业的影响

大数据对创新和增长的影响已愈发显著，更丰富的数据和经过改进的分析方法可以帮助组织创造新的产品和服务，并提升决策能力。除了极少数文创产业（如博物馆、图书馆与数字化馆藏）外，对于艺术和文化产业，包括艺术和文化机构以及音乐、出版、电影和广播等文化产业，数据的产生和收集是一项极富挑战性的任务。从这一点来说，大多数与艺术和文化相关的产物并不在大数据世界中运作，但是许多开放数据却与非遗文创产业息息相关，例如，网络社交媒体、来自用户反馈和评论的文本、视频音频以及传感器数据等。当这些数据集中在一起时，文创产业大数据的潜在价值将会被挖掘出来，主要有以下四点：

（一）扩大和深化文创与用户的关系

为了精准设计定位，文创开发需要了解具体的目标受众，并想方设法扩大目标受众范围，以创新的方式将他们与产品联系在一起。大数据在用户研究中发挥着至关重要的作用，可以用于对用户数据的采集和分析，帮助设计师们了解当前和潜在用户群体，以此进一步修改设计方案和设计决策。例如，通过大数据分析网络视频平台和电视台频道的观众群体和收视率，从而确定在哪个频道投放哪种类型的文创节目。

（二）创造和衡量文创价值

文化和创意的价值是艺术设计的核心，在设计过程中应该强调文化和创意在产品上的附加价值，而不是赠送价值。也就是说，我们需要激励用户，为他们提供在文化和创意上难以忘怀的体验。事实证明，衡量这种非货币类型的价值，并向投资商、赞助商以及终端用户传达文创价值的重要性往往都比较困难。但是随着大数据的出现，这种情况正在发生变化。例如，通过社交媒体大数据来分析文创因素如何为社会和个人做出贡献，分析并确定这些文创信息对社会和个人的影响力以及受欢迎程度。这种分析有助于更客观和精准地衡量文化创意在产品中所占的价值。

（三）开发新的商业模式

近年来，文化创意领域的商业活动逐渐增加，其价值和影响力也在社会需求中不断提升，为新的市场和商业带来了多元化的创造性机会。但与此同时，商业模式的可行度存在着很大的不确定性。例如消费者是否愿意为文创产品或服务支付多少费用；消费者愿意为一场剧院表演花费多少钱；如果是下载录播视频他们又愿意花费多少钱；当前的有效方法是运行"商业模式实验"来收集大数据并分析学习。又如在互联网上先发布广告和调查评价，收集大量数据后评估该文创产品或IP形象对消费者的态度和需求，最终根据需求进行文创直播商业投放。

（四）鼓励创造性的实验

如今，文创产业的跨界合作越来越多，人们也更倾向于在创造性的实验和数据组看到文创产品的价值，例如，腾讯手游《王者荣耀》推出了西游记、三国、中国神话等相关文化的角色创意装扮（见图 8‐2‐10）。但从未有过的文创产品融合往往会给最终的投放结果带来不确定性。例如，西游记和中国神话题材的文化创意设计是否能吸引标新立异的年轻人，在设计之初需要进行详细和复杂的需求调研。如果明智地使用大数据，可以轻松地评估该文创项目的风险、识别问题和解决问题来支持文化创造力。

图 8‐2‐10　《王者荣耀》联动 86 版《西游记》国创文化经典原画设计

资料来源：中华网.《王者荣耀》联动 86 版《西游记》国创经典再出发［EB/OL］. https://game.china.com/cultural/news/13004325/20211009/40144212_all.html.［访问时间：2022‐07‐10］.

三、数据平台与文创设计素材管理

（一）文创设计的设计素材和资产

设计资产是指在进行设计的过程中所需要的一切材料和知识碎片。例如，图标、符号、图案和数据等。从设计学的角度出发，任意一个设计产物可以由设计资产中的元素所构成，因此在设计资产字典中，设计素材的空间特征代表了对应设计目标的自由创作和创意程度。设计资产可以是物理形式的，也可以是非物理形式的，如产品设计时所用的原材料、器皿、手绘稿、故事版等是以有形物理的形态构成；用户界面设计时所用的图标、文字素材、图像、交互控件、交互流程图等是以数字的形态构成。虽然存在形式不同，但这些设计资产的本质却是相同的，即以"元数据"（Metadata）的形式存在于设计环境中。设计资产管理已经成为当前设计公司重要的一环，便于公司项目标准化、流程化、可迭代化，不同素材可以得以正确地使用和分类,有针对性地解决设计问题。

非遗文创产业中的设计素材与一般设计的素材和资产有一定区别。文创设计主要分为两部分,一部分是文化,一部分是创意,因此在进行文创设计时,将非遗文化内涵和创意的设计方案提炼为设计资产是十分必要的。

1. 文化素材与知识图谱

以文化背景和内涵是为文创设计所服务的,在文创设计中,文化的内容和深度决定了文创产品的形态。良好的文化素材管理有助于设计师对文化背景更深入地了解和分析,创造出符合文化特征的设计成果。管理文化素材是一项极具挑战性的工作,因为文化是难以量化的、非固定形态的。如果将文化视作一种历史作用的结果,那么通过管理文化历史知识会更有效地区分和定义文化素材。这种知识性的素材通常采用知识图谱(Knowledge Graph)来表示,其本质上是一种具有有向图结构的语义网络(Semantic Network)的知识库。目前已经有利用知识图谱的结构来归纳整理非物质文化遗产关键词以实现共现聚类的研究(见图8-2-11)。

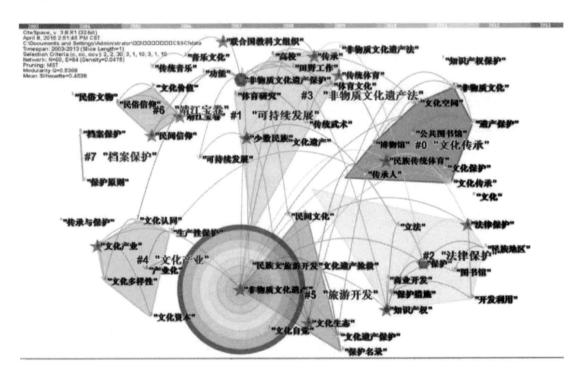

图8-2-11 以"非物质文化遗产"为关键词的知识图谱

资料来源:汤立许,宋同顺.基于CSSCI(2003—2013)的我国非物质文化遗产知识图谱分析[J].广西民族研究,2016(1):12.

2. 创意素材

创意素材不同于普通素材,它指的是创作人员将生活中搜集到的、未经过整理的、分散的、感性的原始材料进行创意加工所得到的创意设计半成品。严格来说,自然界中不会自我产出带有创意和创造性的原始材料,因为创意素材是需要通过人们的创造力来提炼的。一般来说,人们可以通过多种方式赋予普通素材创意,这些素材可以是文本的、图像的、色彩的或是策略的。为了增加素材的创意程度,可以对不同素材中的信息进行发散式组合、抽取、类比,进而达到新颖的创意表达。对原始素材进行创意加工后,创意素材多以创意片段信息和创意局部元素的形式呈现。

(二) 素材和资产管理

基于桌面的设计管理模式可能会付出高昂的代价。设计团队每天都在更新设计的工作流程,例如哪个设计稿或原型具有利益相关者,设计方案是否合理,设计素材能否继续迭代。设想某博物馆委托设计公司对其博物馆进行整体的文创设计,包括系统标识、室内设计、视觉传达、创意周边产品、文化宣传推广等。博物馆作为甲方需要不定期地向乙方提出预览和审查的要求,以方便动态跟进设计实施。当设计素材和资产较多时,基于桌面的预览并不能有结构地、系统地、清晰地展示设计进度。因此在进行文创设计的同时,设计素材和资产管理是必要的。

素材和资产管理需要注重设计整体的逻辑结构清晰、排布明确、层级合理、易于查看等问题。充分利用设计素材管理理念可以很好地对设计进度进行总结,提炼当前重点,并对当前素材进行归纳和整理。例如分类素材类别、构建素材组件库、根据设计问题划分解决方案等。素材和资产都可以通过数据协作平台进行共享和分发,易于管理和维护。

(三) 设计协作平台

设计协作平台是通过 web 互联网手段,轻松管理设计素材和设计资产的一种协同创造力工具,常应用在交互设计、文创设计、产品设计等方面。设计小组的人员可以同步在平台上完成设计构思和设计开发,无须再将设计素材进行打包通过其他数据传输方法进行内容分享。平台支持实时的协同创作、方案批评与修改、素材同步导入、实时迭代和方案沟通等功能。能辅助文创设计产业的相关利益者更合理和方便地开展系统化、一体化的设计项目,支持对设计素材和资产的设计、分享、储存、管理及调用。

1. Figma

Figma 是一款基于浏览器、可协作的 UI 设计工具,用户可以在任何平台(Windows、Mac、Linux)上使用它,而无须下载或更新。该系统可以使设计团队与相关方(甲方、产品人员、开发人员等)都实时参与设计,更新设计进度,如图 8-2-12 所示。通过评论、标注、留言等功能进行同步协作,有效减少了设计偏差,降低了后期返工概率,提高整体协作效率。与传统设计工具相比,Figma 最大的优势就是支持多人实时协作的工作方式,由于疫情的原因,远程办公的需求大量增加,Figma 也借着这一机会成为现在最流行的 UI 线上协同设计工具之一。Figma 主要服务于 UI 设计,其中还预设了各类标准的 UI 组件,对元宇宙相关的文创开发有特别的体验优化。

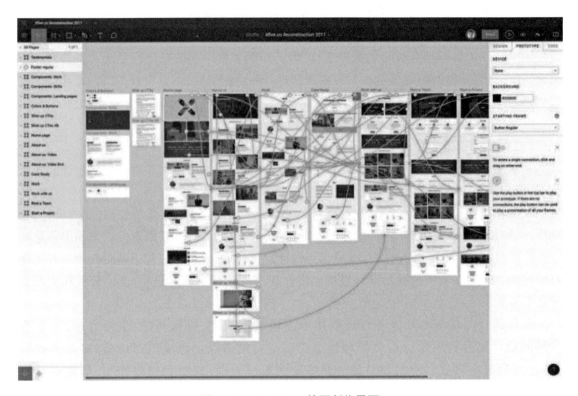

图 8 - 2 - 12   Figma 协同创作界面

资料来源：博思云创.figma——站式产品设计协作工具[EB/OL]. https://pixso.cn/compare-with-figma/. [访问时间：2022 - 07 - 23].

Figma 的"永远在线"功能是该工具最大优势。成员可以同时登录，并同时对项目方案进行更改。在工作的过程中，系统程序将实时自动地保存设计过程需要的素材和设计进度，因此设计师不必担心团队成员与项目不同步。除了所有这些实时协作工具之外，用户还可以直接在画布上发表评论。

2. 腾讯 CoDesign

Codesign 是腾讯推出的一项协同创作工具，具有高效写作、功能丰富、安全易用等特点。与 Figma 类似，同样具备设计展示、标注交付、设计规范管理和版本管理的功能。使用者只需要进行简单的下载并登录程序，通过添加团队人员组和创建项目便可以开始实时协同创作。

在设计过程中，CoDesign 可以使设计共享变得更加高效，设计师只需要复制链接并一键分享给其他成员，便可以快捷方便地邀请成员加入设计项目中。与 Figma 类似，团队成员将共享所有的素材库。除此之外，CoDesign 还可以进行更简洁和清晰的版本管理，可以实现将同一套素材库应用到不同的下游方案中，在云端对方案进行备份，如图 8 - 2 - 13 所示。

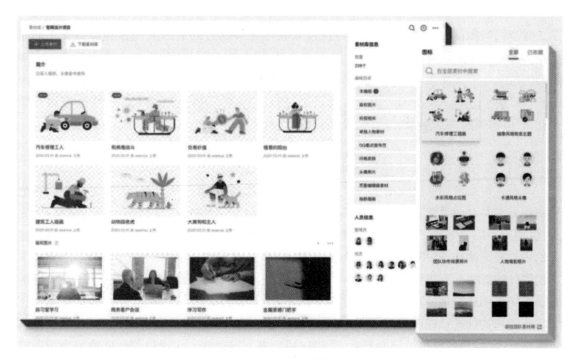

图 8‑2‑13　CoDesign 协同创作界面

资料来源：腾讯云.CoDesign-腾讯自研设计协作平台[EB/OL]. https://codesign.qq.com/.［访问时间：2022‑07‑23］.

四、沉浸式技术赋能非遗文创

（一）沉浸式技术对文创设计的影响

沉浸式技术在文化创意产品的设计中应该扮演怎样的角色？起到什么样的作用？从用户认知角度而言，沉浸式技术扮演了产品用户和文化创意产品中的交互接口的角色，使用户能够通过技术本身获得超现实的感知和体验。其突破物理空间和时间限制的特点令用户能够产生一种新的思维方式，在虚拟与现实交融的世界中，真实和虚拟的界限非常模糊，用户在此场景下，能够更加深刻地理解文化创意产品的内涵和底蕴。例如，埃及金字塔、敦煌莫高窟等的虚拟导览能够使用户身临其境地体验由于技术限制暂未开发的历史建筑。

从社会经济角度而言，沉浸式技术成为体验经济快速发展的基石之一。目前，体验经济正在当今的社会经济形态中呈现蓬勃发展的态势，其五个特性——非物质性、差异性、即时性、交互性和唯一性已在各行各业中崭露头角。不同的消费者、消费群体拥有不同的特性，包括生理区别和教育背景等多重因素。多种差异形成了不同消费者的体验差别。因此，文创产品在体验经济时代的重点应落在为不同消费者细化多维度体验的创新设计。而沉浸式技术由于其灵活性，可以随着场景切换而快速提升用户的体验与感受，则成为体验经济时代创造独特用户体验的最佳工具之一。

从交互方式角度而言,沉浸式技术在文创产品设计产品中的应用,使传统文创产品脱离了二维空间的限制。就体验经济而言,沉浸式技术能够通过创造因人而异的虚拟文化创意产品为用户带来身临其境的体验。这主要是由于沉浸式技术创造的新的人机交互方式。全新的人机交互方式使用户能够和传统的文创产品进行深度、沉浸式的交互。例如,故宫推出的 AR 日历卡片将 AR 技术应用于传统日历,使日历上的瑞兽跃然纸上。这样的应用还集中在数字博物馆、酒店全景、旅游全景、动画游戏以及新型社交上。

(二) VR 技术在非遗文创设计中的应用

当前 VR 技术被广泛应用于智慧展览和智能博物馆中,通过 VR 技术,游览者可以在远程实现云端参观博物馆和展览活动,从而了解活动规模、信息概况、馆藏艺术品与文物、历史文化、周边产品等等。VR 展示主要是以 1∶1 的比例还原现实世界对应展示的信息,其中包含的虚拟展览物件、环境场景、结构布局等数据信息,体现了信息构建的重要性。目前 VR 文创设计的虚拟元素搭建主要有两种方式:一是根据文物和馆藏信息进行三维建模,这种方式的优点是建模物件功能完整、干净,在虚拟环境中可用性强;二是通过三维全景扫描技术对环境和物件进行辅助建模,这种方式可以快速构建 VR 世界中所需要的元素,缺点是扫描精度有限,模型的直接可用性较差,需要扫描后进一步调整。在通过 VR 体验博物馆展览全貌的同时,使用者还可以个性化开场方式及自定义导航按钮来辅助自己更顺畅地观展,这种方式提升了文化信息的传播速度。

VR 体验沉浸式参观博物馆全景技术通过映射现实世界的物件让用户了解到博物馆的全貌,并使其产生沉浸式的参观感受,随时随地获取博物馆的丰富知识和独家藏品讲解。这类 VR 数字体验馆将传统博物馆单一的体验模式已经优化为多通道交互模式,能够使游客在不受空间和时间的约束下游览博物馆和艺术展。常见的数字博物馆通过数字沙盘、动态壁画和交互体验等不同区域的划分或结合来使游客获得与在传统博物馆截然不同的沉浸式体验。在视觉、听觉和触觉等方面给予游客身临其境的感受,不仅有利于游客对博物馆所展现的内容进行理解,同时还能提升游客的体验,从而增强用户黏性。

研读材料

以英国大英博物馆的数字虚拟游览为例(见图 8-2-14),该项目与谷歌街景合作,通过谷歌街景,人们可以轻松在远程访问博物馆的馆内藏品。除了让用户规划自己的路线,Google 街景还可以在空间中提供游览指示以辅助用户完整地对博物馆藏品进行浏览观看。不仅如此,在沉浸体验过程中,程序还提供博物馆馆长的沉浸式语音导览,根据画面所处的位置和浏览的信息,系统可以播放对应藏品的历史介绍、文化背景等。这些语音导览被翻译成韩文、中文、意大利文和西班牙文,方便不同国家的人使用。

图 8‑2‑14 大英博物馆谷歌街景沉浸式游览体验

资料来源：搜狐.英国线上博物馆|足不出户,相约一场"云"展览吧！［EB/OL］. https://www.sohu.com/a/454530932_648967.［访问时间：2022‑07‑23］.

（三）AR 技术在非遗文创设计中的应用

AR 技术与 VR 技术在浏览信息上有所不同。VR 是对所有场景和元素进行虚拟仿真,而 AR 是借用现实环境来作为其元素的展览场景。AR 以真实世界中的物品为载体,将物品作为 AR 的启动密钥。当用户使用 AR 应用程序开启相机功能并通过相机识别到对应带有信息的物品时,AR 功能将会被触发,例如在屏幕上会出现产品的对应信息或者是三维模型和三维动画。因此 AR 被广泛应用于传统旅游纪念品的创新中它能够将虚拟场景和真实环境相结合,对旅游胜地中的各类文化资源进行可视化展示。游客能够在旅游过程中通过手机等终端设备获得交互的虚拟文化旅游信息。

研读材料

设计师开发出带有 AR 功能的文创明信片,具体而言,设计师在传统的明信片的基础上叠加 AR 技术,将明信片的图像信息和特征信息录入 AR 软件中,当用户使用智能手机对这些明信片进行扫描时,手机会自动识别录入信息的图案,在对应位置为游客展现更多的景点信息及三维元素。这样有趣的方式能够优化游客的交互体验,并加深对文创产品背后所包含的文化的理解和记忆,如图 8‑2‑15 所示。

图 8‑2‑15　通过收集扫描 AR 明信片体验卡片中蕴藏的信息

资料来源：VR 之家.AR 技术的非遗明信片在传统明信片上首次植入 AR 技术［EB/OL］. https://www. vrzhijia.com/news/18225.html. ［访问时间：2022‑08‑11］.

故宫博物院与人工智能公司商汤科技（SenseTime）在 2022 年合作推出了 AR《故宫日历》（见图 8‑2‑16）。用户可以扫描该日历,探索故宫博物院的数字文物藏品。该日历以"吉虎迎新岁,山河庆升平"为主题,在 AR 虚拟物件中选取了现实世界中故宫馆

图 8‑2‑16　故宫 2022 年推出的 AR《故宫日历》

资料来源：国际在线.2022 年《故宫日历》发布玩转 AR 技术和国潮风［EB/OL］. https://baijiahao.baidu. com/s? id=1710140514793286365&wfr=spider&for=pc. ［访问时间：2022‑08‑13］.

藏与虎相关的藏品,将这些藏品进行数字信息写入后,设计制作成变化多样的精美传统虎图日历卡片。AR 文创日历在 AR 技术的驱动下使传统日历迸发出新的火花。读者在浏览日历时结合"故宫日历 2022"小程序,就可以在虚实融合的视觉体验下品鉴文物,并且文物的设计在建模和贴图渲染上都进行了一比一的高精度还原。用户在体验时会有一种身临其境的真实感,仿佛把故宫文物带回了自己家里一样。除此之外,该项目还开创性地将 AR 与防伪相结合,通过日历封二处的一书一码,即可绑定手机,并激活 AR 功能,有效保障读者的权益。

第三节　数字非遗的文创产品开发

近年来,随着文化消费的兴起,非遗文创产品也愈发受到消费者的追捧,以故宫文创衍生产品为代表的大量爆款设计不断涌现。非遗文创产品设计可以被视为非遗产业与文创产品开发的结合,作为新兴的产品设计门类,它是文化元素、精神内涵、艺术审美、传统工艺和现代营销等构成的综合体,它需要承载文化内涵,体现特色创新,同时具备产品功能属性。基于此,本节主要介绍了非遗文创产品的基本概念、价值所在、产品类型以及数字技术在非遗文创产品开发中的应用情况。

一、文创产品设计概述

文创产品的设计开发通常需要以一定的文化素材为基础,并强调有效的创意转化。首先,文创产品设计需要对文化素材所蕴含的文化信息(包括内容、形式、精神和风格等)进行挖掘和提取;其次,文创设计师需要运用创新思维与设计手段将提取出来的文化要素转化为设计要素;最后,还需要再进一步为其找到一个符合现代生活形态和消费市场需求的产品和服务形式。从这里我们可以看出,文创产品从开发之初就展现了显著的文化属性,关注对人的精神层面需求的满足。这一切使得文创产品获得了有别于一般产品的价值,即除了实用价值之外,还拥有更多的文化价值和体验价值,从而使其具备了超越一般产品的综合价值。

文创产品的产生与兴起反映了社会发展对于产品在物质功能和精神追求的综合性需求,因此文创产品的价值构成系统就与一般性产品有着很大的差异。相较于一般性的产品,文创产品的价值并不仅仅是由生产所需的社会必要的劳动时间和个别劳动时间,或是消费者的使用需求、购买能力和价值效用等显性的生产或消费因素来决定的,而是还受到文创产品的一系列隐性价值因素的影响。文创产品的显性价值与一般产品并无太大区别,其差异性主要体现在以文化与创意为核心的隐性价值上,它们可以直接或间接地影响一件文创产品的附加价值,也是文创产品企业的核心竞争力。传统制造业通过改变或提升产品的功能来为消费者提供更大的使用价值,从而获得竞争力与高额利润。但文创产品则需要在为消费者提供使用价值的基础上,同时满足消费者的精神需求从而获得利润。我们需要对文创产品的价值构成进行充分的认识。通常,一件文创产品的价值可以从以下方面得以体现:文化价值、创意价值、实用价值、审美价值、纪念价值、娱乐价值和传播价值等。

综上,可以总结出文创产品区别于一般产品的三个特点,即文创产品须以文化为基础、以创意为核心、以文化赋值为特色。因此,狭义的文创产品可以是指具备了以上三个特点的物质形态的产品;而广义的文创产品可视为具备三个特点的任何能够满足人们需求的实物产品,以及与非实物的服务的组合。简言之,所谓文创产品,就是以文化为创意来源的创新型产品,它们是文创设计师及相关创意人的知识、智慧、技能和灵感在文化创意行业内的成果。数字非遗文创产品设计则是指基于现代工业化生产条件,以非遗文化素材为创作基础、以文化创意产品为设计对象,结合数字技术与艺术设计手段的方式进行文化创意产品开发的设计活动。

二、基于非遗文化元素的文创产品设计

基于传统文化开发的文创产品近年来一直广受市场欢迎。所谓传统文化,是由文明演化汇集成的一种反映民族特质和风貌的文化,是各种思想文化、观念形态的总体表现。[①] 传统文化中本身就包含大量优秀的内容与形式元素,将这些优秀的传统文化元素创意性地应用于创意产品的设计中,可以有效地提升设计的质量,还可以为产品进行文化赋值。我国作为文明古国,拥有灿烂悠久的文明史和海量的传统文化遗产,随着近年来"文化自信"在我国成为社会共识和价值趋向,基于传统文化元素开发的文创产品也受到全社会的追捧。

近年来,基于非物质文化遗产开发的文创产品成为文创市场上的热点,也成为保护和传播非遗的一种重要形式。物质文化因为有着基于实物的历史遗存,在设计上的应用其实从未中断。后人会天然地采取或继承或批判视角,在前人的产品基础上对新产品进行设计开发。相对而言,非遗保护与文创产品开发是近些年才逐步发展并火爆起来的。非物质文化遗产因其独特的文化属性备受社会各界的关注。设计师需要对传统文化元素进行深度挖掘和提炼,并能够与现代审美进行融合,找到合适的创意转化形式,以此来吸引消费者的眼球,激发他们的购买欲望。传统文化传承与文创产品开发的结合让传统文化萌激出了新的活力,在如今竞争激烈的市场环境中开拓出了新的领域与商机,其社会价值也因此不断凸显。

研读材料

《扬子晚报》"紫牛新闻"计划发布数字文创主题产品"二十四节气",以数字文创形

① 吴冬玲.浅析中国传统文化与现代产品设计[J].工业设计,2011(11):2.

式致敬非遗。"二十四节气"是中国人通过观察太阳周年运动而形成的时间知识体系及其实践,先后于 2006 年和 2016 年被列入国家级非物质文化遗产代表性项目名录和联合国教科文组织人类非物质文化遗产代表作名录,是我国传统文化中的经典元素。《扬子晚报》"紫牛新闻"据此开发了系列数字文创产品,并借助百度超级链作为发行和推广平台,以期让非遗和传统文化在数字网络世界重新得到传承,并为用户带来更多新鲜的文创产品网络消费体验。首件作品"芒种"如图 8-3-1 所示。

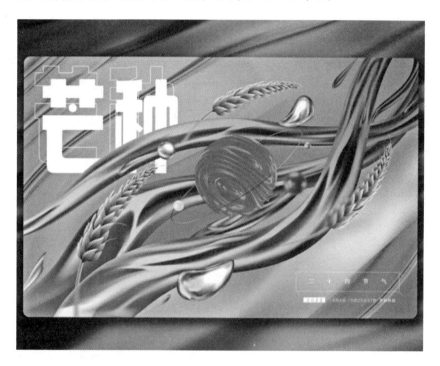

图 8-3-1　"二十四节气"系列数字文创产品 No.1"芒种"

资料来源:扬子晚报.致敬"非遗",扬子晚报首个数字文创产品上链了[EB/OL].
https://www.thepaper.cn/newsDetail_forward_18475964.[访问时间:2022-07-16].

三、非遗 IP 衍生的文创产品设计

IP,即知识产权,是 Intellectual Property 的缩写,指的是"权利人对其所创作的智力劳动成果所享有的财产权利"。[①] 最初是一个法律范畴的定义语汇,在营销领域慢慢演变成一个专业术语,通常指一个广为人知的品牌形象。本书中所提到的"IP"特指以文创的方式所创造的"文创 IP"。在文创领域,IP 被赋予了极强的文化属性,拥有知名度高、辨识度高、引

---

① 杨辉.工业设计与知识产权战略研究[J].科学导报,2016,000(009):203-203.

流能力强、变现能力强等特点。文创 IP 已经由早期的文学、影视领域逐步延伸到了动漫、游戏和非遗等其他领域。本节将着重阐述非遗类别的文创 IP 及其衍生产品开发。

"IP 衍生型"文创产品,则是基于文化 IP 的艺术价值、审美价值、传播价值、经济价值、精神价值而派生出的一系列产品,常见的有影视娱乐、艺术家作品、动漫游戏 IP 等衍生出来的产品。它来源于作品本身,却改变了作品的自主性、个体性、不可复制性等属性,成为具有审美价值的和娱乐价值可批量生产的一般性商品。此类文创产品的开发是以文创 IP 创作内容特色为基础,以 IP 形象为核心,衍生应用于市场现有的产品载体上,基本是在产品载体的原有形态上进行结合,应用方式多以较少或者不改变原有产品载体特定形制的方式呈现。需要注意的是,文创 IP 形象只是外在的形式,IP 本身所包含的文化内容才是基础。在倡导文化自信的背景下,国风文化消费盛行,我国民众对于非遗传统文化 IP 的内容和产品需求旺盛。另外,在国家文化数字化战略的助推之下,通过构建非遗文化数据库、版权库、大数据体系等基础设施,都将会为数字非遗 IP 的衍生文创产品的开发提供重要支持。因此,数字非遗 IP 的衍生文创产品作为传统文化内容的创新呈现形式,存在巨大的市场空间。

❙ 研读材料

　　2022 年 5 月,敦煌文创达与商汤科技发布了的数字文创《千年一瞬-敦煌九色鹿限定数字壁画》。这是双方合作以来围绕"敦煌文创"IP 共同推出的首个数字文创产品。该产品取材自莫高窟 257 窟数字空间中著名的敦煌壁画《鹿王本生图》,壁画讲述了九色鹿王舍己救人,却反被其出卖,最终惩恶扬善的故事。该产品既可以作为实物摆件来供人欣赏(图 8-3-2),也可以通过手机 APP 扫描实物产品,借助商汤科技的 AI+AR

图 8-3-2　《千年一瞬-敦煌九色鹿限定数字壁画》数字文创产品

资料来源:环球网.AI+VR 为九色鹿架起一扇"穿越门"让它跳出用户的手机[EB/OL]. https://tech.huanqiu.com/article/482e41gu7pM. [访问时间:2022-07-19].

技术来呈现敦煌九色鹿的数字视觉形象，让壁画"活"了起来，以动态的方式将壁画故事徐徐展开，为这件数字文创产品赋予了全新的视觉体验和互动玩法，同时它还采用了区块链技术，从而确保每一个数字壁画都是独一无二的。

四、文博旅游类非遗文创产品设计

常见的文博旅游类文创产品是指游客在旅游过程中购买的精巧便携、富有地域特色和民族特色的工艺品礼品，以及让人铭记于心的纪念品。文旅类文创产品不同于一般的商品，它能反映旅游地的特色，浓缩地域和民俗风情，沉淀着旅行的记忆。文博旅游类文创产品是一个国家或地区历史与文化的缩影，它是该旅游地独有的特色商品，是在旅游市场上具有独占性的商品。因此，文旅类文创产品的开发必须与地方（如国家、城市、博物馆与观光景点等）的历史文化相结合，要做到不流于表面，能够表现其神韵。对产品的文化背景挖掘得越深，其市场魅力就越大，产品的附加值就越高，顾客的购买欲望就越强。

据中研产业研究院公布的《2022—2027年旅游纪念品市场投资前景分析及供需格局研究预测报告》，文旅产业在目前我国具有极大的发展空间，发展文旅文创产品市场大有可为。我国作为文化资源大国，据统计拥有1.08亿件（套）可移动文物、76.67万件不可移动文物、1 557项国家级非物质文化遗产，[①]但就目前的文旅文创产品市场来看，这些丰厚的文化遗产并没有得到很好的利用，在很多地方仍未给予充分的重视，存在衍生产品相对较少、数字化程度较低、设计制造粗糙、同质化程度高、抄袭成风和创意低下等问题。这些问题会让游客失去购买的欲望，降低旅游体验满意度，也在一定程度上影响到旅游经济的健康发展。有数据显示，目前发达国家旅游购物收入占旅游的收入的60%—70%，而我国旅游购物收入占旅游点收入的比例还不到40%。[②] 有鉴于此，我国的文旅类文创产品开发迫切需要提升品质。

2016年5月，文化和旅游部、国家发展和改革委员会、财政部、国家文物局共同颁布《关于推动文化文物单位文化创意产品开发的若干意见》，给予行业发展必要的指导和强大的助力。《2021年旅游纪念品行业市场需求分析报告及未来五年（2021—2026）行业发展预测报告》显示，2019年我国文旅文创产品市场规模在655亿元左右，随着我国旅游纪念品市场不断成熟、完善，越来越多精细、优质、有地方特色的纪念品涌现，市场规模将进一步扩大。2021年，文旅文创产品市场规模已经达到723亿元，估算未来5年复合增长率为11.26%，2025年将有望达到1 108亿元。

---

① 中国人大网.国务院关于文物工作和文物保护法实施情况的报告［EB/OL］. http://www.npc.gov.cn/npc/c30834/202108/33b43dc7a2ef4b2bb4e7753170c7d0cf.shtml.［访问时间：2022 - 07 - 22］.

② 中研网.旅游纪念品缺乏新意产业亟待改变 旅游纪念品行业分析［EB/OL］. https://www.chinairn.com/hyzx/20211028/160034858.shtml.［访问时间：2022 - 07 - 17］.

研读材料

　　2013年，以故宫文创为首的博物馆文创产品设计为整个文旅行业做出了很好的示范。台北故宫博物院开发了一款现象级爆款产品，就是"朕知道了"胶带。该产品的载体极为普通，就是常用的纸胶带文具，但设计者巧妙地加入了康熙的朱批"朕知道了"作为点睛的文化元素。产品一经推出，迅速引爆网络，获得了大量关注的同时也收获了良好的社会和经济效益。2014年，故宫微信公众号发送了一篇名为"雍正：感觉自己萌萌哒"的推文，再次引发广泛的关注和传播，从此故宫的文创属性正式被发掘（见图8-3-3）。从这两次的成功案例中，故宫便好像掌握了"流量密码"，开发出了一种"实物产品设计＋网络平台推广"的博物馆文创新模式，凭借极具故事性的文化元素挖掘，展示出著名的帝王们的可爱的一面，引起了年轻消费者的兴趣，这里便足见文创设计的价值。

图8-3-3　故宫清康熙"朕知道了"纸胶带

资料来源：中国青年网.从"朕知道了"纸胶带，看台湾文创与传统文化有机融合[EB/OL]. https://www.sohu.com/a/130191452_119038. [访问时间：2022-07-19].

第四节　数字非遗的文创视觉设计

　　视觉系统是人类感知外部世界最主要的途径。同样的，人们总是最先通过视觉来感受文创设计，因此文创作品的视觉设计就显得至关重要。本章主要介绍了非遗文创视觉设计的概念、设计类型以及数字技术的应用情况,并结合具体案例展示了数字非遗文创视觉设计的相关成果。

一、数字非遗文创视觉设计概述

视觉传达设计是以某种目的为先导,通过一些可见的艺术形式来传达一些特定的信息到被传达对象,并对被传达对象产生影响的过程。它可应用于广告设计、包装设计、展示设计、环境设计、服装设计、产品设计,乃至所有与视觉相关的设计领域。[①] 视觉传达设计以文字、图形、色彩为主要艺术创作要素,在精神文化领域以其独特的艺术魅力影响着人们的感情和观念,在人们的日常生活中起着十分重要的作用。

非遗文创视觉设计是视觉传达设计在文化创意领域的应用,通过对视觉元素(图形、文字、色彩等)进行设计激活非遗文化资源,为作品打上特定的文化标签,以产品或服务为载体将文创作品的文化内涵与情感体验传达给观者,从而与观者达成视觉上和情感上的共鸣。这要求设计师打破固有思维模式,对产品进行消费群体画像,注重文化元素提炼与设计创新,通过对非遗文化的不同方面进行理解,将其与设计相结合,从而实现文化的传承与创新,以及价值的重塑,最终形成非遗文创产品和服务。

数字化是当前非遗文创视觉设计的新趋势,正深刻地影响着非遗文创视觉设计中"运用工具的倾向、传达进程的倾向以及传播样式的倾向",[②]其设计和投放过程中的任何一个环节,都可以发现数字技术的广泛运用。例如,对于文创视觉设计师而言,设计工具会很大程度上影响其创作过程,进而影响创作结果,每一位设计师都有自己擅长的一种或多种工具(比如 Photoshop、illustrator、3ds MAX 等)。来自麻省理工学院媒体实验室(MIT Media Lab)的美学与计算机研究小组的卡西·瑞斯(Casey Reas)和本杰明·弗莱(Benjamin Fry)开发了一种开源可视化编程语言 Processing。Processing 基于 Java 语言开发,为数字视觉与媒体设计而创建,其目的是通过可视化的方式辅助和表达数字创意。因此,Processing 在设计上简化了语法,选用图形编程模式取代了命令行程序模式,使非计算机专业的人士,如设计师、艺术家、电子极客在挥洒创意的过程中更加得心应手。[③] Processing 的出现丰富了视觉设计师的工具包,同时让人们意识到编程不再仅仅是工程师的专利,同样也可以为设计师和艺术家所采用,成为辅助创作的利器。

二、数字非遗文创广告设计

广告设计是利用视觉符号传达广告信息的设计,是对观念、商品及服务的介绍和宣传。[④]

---

① 何蕾.视觉传达设计中的"视觉设计"与"信息设计"[J].艺术与设计(理论版),2011(4X):3; 刘瑶.新媒体时代视觉传达设计的"再设计"[J].艺术百家,2021,000(002):202-206.
② 张春.数字视觉创意图形在文创品牌塑造中的应用探讨[J].大众文艺(学术版),2022(2):3.
③ Fry B. Visualizing data[M]. CA: O'Reilly Media, Inc., 2008:19-20.
④ 乔颖.全媒体视觉传达设计的发展形态研究[D].山东师范大学,2012.

广告包含五个要素：广告信息的发送者（广告主）、广告信息、广告信息接收者、广告媒体和广告目的。广告设计就是将广告主的广告信息设计成易于接收者感知和理解的视觉符号，如文字、标志、插图等，通过各种媒体传递给接收者，达到影响其态度和行为的目的。

传播是广告最主要的功能，它通过视觉形象完成经济信息、社会信息、文化信息等信息内容的传递。[①] 文创广告兼具商业性与文化性的属性，其传播的广告信息可以是具体的文创商品，也可以是某种特定的文化内涵。

广告以媒体形式进行分类，可以分为静态广告与动态广告。静态广告以印刷品广告为主，是在二维空间内进行的广告设计与传播。2020 年，麦当劳在沙特地区发布了一组 24 小时营业的星空主题创意海报，画面上，星光、色彩相融，美食若隐若现（见图 8‐4‐1）。设计师将麦当劳的特色餐品，如圣代、薯条、巨无霸汉堡放入了梦幻而绚烂的星河，传达了沙特地区"恒星之乡"的文化特色。动态广告以影视或视频广告为代表，具有注目率高、表现力强的特点。视听语言的运用是动态广告最突出的优势，所以动态广告的设计要充分关注视觉要素和听觉要素的配合。真实、直观、简洁是动态广告的特征，它以简洁明快的画面力求所传达的信息能够让观众瞬时看懂，产生感官刺激和心理触动，并同广告主题融为一体，体现出广告的内涵。地方旅游宣传片是典型的文创动态广告，通过展示当地的自然、文化特色吸引观众前往。

图 8‐4‐1　2020 年麦当劳沙特地区"Open All Night"系列海报

资料来源：腾讯网.麦当劳也玩赛博?! open late 系列海报又更新了［EB/OL］. https://new.qq.com/rain/a/20201229a0dh5900.［访问时间：2022‐07‐01］.

研读材料

　　近年来，随着自媒体行业的快速发展，一些创作者自发地利用中国传统文化素材进行短视频创作，对中国传统文化进行宣传，如内地美食和生活类短视频创作者李子柒。伴随自媒体和短视频行业的高速发展，李子柒迅速走红并成为享誉海内的网络红人。

---

① 陈培爱.广告学原理（第 2 版）［M］.上海：复旦大学出版社，2008：74‐76.

她用视频记录东方风情,与世界各地亿万粉丝分享中国传统文化,秉承"用视频记录诗意栖居"的信念,传递美好的生活方式。[①] 她于2016年3月发布了第一支短视频,截至2020年6月16日,共计发布视频151支,在国际视频网站YouTube上粉丝量突破了1000万,累计微博粉丝2539万,抖音粉丝3790万,天猫粉丝474万。[②] 凭借其人气,李子柒带火了一批非遗产品(如各类传统美食、胭脂、竹器、笔墨纸砚和刺绣等)。短视频技术是极具代表性的新兴的传播方式,特别是在疫情的背景下迎来了井喷式的发展,借助这一新兴平台,传统文化被激发出了新的活力,成为其对外传播重要的内容。

三、数字非遗文创融合 IP 形象设计

非遗文创 IP 形象设计是指根据已有的非遗文创 IP 进行视觉形象设计,或者是通过视觉设计的手段,基于非遗文化资源打造出一个具有一定影响力和知名度的 IP 形象。例如,当我们阅读《西游记》时,只是对"悟空"这一角色有一个比较模糊的想象,只有当其转化为画本、皮影或者戏曲舞台形象时,我们才能将一个个模糊的概念转化为具象的形态,进而基于这些非遗素材对悟空这一 IP 形象进行新的设计呈现。当前,也有一些 IP 形象原本并没有 IP 基础,而是从一开始就设计出大家喜爱的卡通形象,然后不断围绕这个卡通形象衍生出更多的内容,当这些内容越来越多地被人接受和喜爱时,这个 IP 形象也就打造成功了,典型的如兔斯基、阿狸。目前来看,IP 形象设计主要以动漫 IP 形象、表情包 IP 形象、城市 IP 形象、企业 IP 形象以及相关文创产业 IP 形象为主。IP 形象作为品牌重要的形象代言人,一般具备平易近人、可爱有趣的特点,令品牌更易被大众或目标消费群所接受。当前,数字技术高速发展也为非遗文创 IP 形象设计带来了更多的可能性,以 AI 辅助设计技术、AR/VR 技术、区块链技术和数字媒体技术等为代表的数字技术同时为 IP 形象设计提供了设计素材、设计工具和传播平台。非遗元素的加入也能够有效提升 IP 形象的文化内涵与独特性,同时也能带动非遗的认知与传播。

研读材料

十二生肖是中华民族传统文化中悠久的民俗文化符号,是人们最耳熟能详的中国传统民俗文化之一。2022年5月,恒境与原创 IP 汪柴主联名发售了一套十二生肖 IP 形象 NFT 设计。该设计将传统文化中十二生肖经典形象作为灵感源泉,以 NFT 作为新载体,实现了传统文化与 NFT 之间的双向赋能,这组设计使传统文化与数字艺术相

① 海宁怿.传播学视域下论李子柒式短视频对传统文化传播的启示[J].今古文创,2021,000(038):74-75.
② 王祚.文创产品的品牌传播框架构建——以李子柒为例[J].传播力研究,2020,4(22):3.

得益彰，并向全世界传播了中国优秀传统文化。[1]

图 8‑4‑2　十二生肖 IP 形象 NFT 设计

资料来源：首席营销官.十二生肖 NFT 设计，这个超级 IP 在元宇宙中火了！[EB/OL]. https://www.cmovip.com/mobile/detail/21740.html.［访问时间：2022‑08‑19］.

四、数字非遗文创展示设计

展示设计是指将特定的物品按特定的主题和目的，在一定空间内运用陈列、空间规划、平面布置和灯光布置等技术手段传达信息的设计形式，包括各种展销会、展览会、商场的内外橱窗及展台、货架陈设等。展示设计是视觉传达设计、产品设计和环境设计等多种设计技术综合应用的复合性设计，运用了较多视觉传达的表达方式。展示设计具有综合性，需要以较为全面的设计专业学科知识作为基础，以从空间规划到平面表现给人视觉和心理感知为目的，以图形、文字、色彩为基本元素，通过造型和空间元素的综合运用，创造出视觉美感。

---

[1]　Bilibili.传统民俗＋NFT，十二生肖系列数字藏品开启数字艺术新纪元[EB/OL]. https://www.bilibili.com/read/cv13914353.［访问时间：2022‑08‑19］.

博物馆、展览馆和商店是文创展示的主要阵地,文创展示设计要求设计师围绕展示主题进行整体设计,既要符合展示空间的环境要求,又要凸显展示主题的独特文化氛围。

当前,数字技术的发展已经开始深刻影响展示设计行业,特别是在 2020 年初新冠疫情暴发的背景下,全球线下展览出现大面积停摆,而线上展览迅速发展,"云看展"一时成为风尚,开辟了展览行业一片新天地。虚拟展示是以互联网数字展示空间为基础所形成的新型会展生态圈和展示方式,其本质是以数字技术为基础,借助 VR 虚拟现实技术、web3.0 技术、云计算技术、AI 人工智能技术、区块链技术和移动互联网技术等,将会展产业链中的各个实体构建形成一个数字信息集成的在线展示平台空间,从而形成新型展览和服务模式,它是对线下实体会展模式的一种有效补充。相较于传统的展示方式,虚拟展示设计可以借助数字影像构筑一个真实的网上虚拟空间,帮助观众实现足不出户,云游观展。观众置身于虚拟环境中,拥有身临其境沉浸式感受,甚至在一定程度上突破了物理世界的束缚,得以享受更具想象力的视觉展示效果。中国会展经济研究会《2021 年度中国展览统计数据报告》显示,据不完全统计,2021 年国内举办的线上展会共计 714 场,较 2020 年净增 86 场,增幅为 13.69%。其中,与线下展会同期举办的有 623 场,占线上展会总数的 87.25%。而独立举办的线上展会为 91 场,同比减少 28 场。数据表明,线下与线上展览相互融合发展的趋势已经显现,线上展示已经获得了广泛的认可,这其中展示设计发挥了重要的作用,也迎来了新的发展机遇。

研读材料

2022 年 SROM 丝绸之路云上策展大赛开展,展览主题基于丝绸之路的文化交流,依托 SROM 数融策展平台完成展览内容创作和形式设计。"丝绸之路数字博物馆"(Silk Road Online Museum)是由中国丝绸博物馆发起,国内外丝绸之路联盟相关的 40 余家博物馆参与合作,集"数字藏品""数字展览""数字知识"与"云上策展"四大功能于一体的数融博物馆。上海交通大学的陈玥彤等人以"红:丝绸之路上的色彩生命与历史记忆"为主题进行虚拟展览设计,该展览通过此次的数字平台遴选"数字藏品"100 余件,并借由其"云上策展"的线上 3D 建模功能搭建场馆、挑选展具、布置展台,并最终形成展览方案,分为四大单元对丝绸之路上熠熠生辉的各类红色奇珍加以展示,编织起丝绸之路上文化互融的世界图景(见图 8-4-3)。

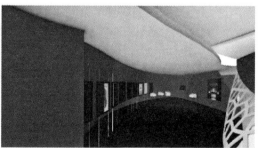

图 8 - 4 - 3　展厅室内效果图示例

资料来源：中国丝绸博物馆.酷家乐.2022年SROM丝绸之路云上策展大赛获奖作品展示［EB/OL］. https://www.kujiale.cn/activities/college_srom_award.［访问时间：2022 - 07 - 22］.

第五节　数字非遗的文创数媒设计

文创数字媒体设计是文创设计行业中极具特色的细分领域，在保护和传播优秀文化遗产、推进文化创新与数字技术创新的融合方面发挥着不可替代的重要作用。尤其是在文化消费日趋火爆，文化软实力竞争愈发激烈的社会背景下，借助数字媒体设计与技术，增强非遗产业与文创产业的竞争力，成为推进文创产业升级发展的重要催化力量。本节主要介绍数字非遗文创数媒设计的基础概念、设计思想、设计类型和技术应用等，并配以相关案例加以展示。

一、数字非遗文创数媒设计概述

文创数字媒体设计的产生与发展都与数字媒体技术的进步密不可分。随着21世纪的信息科学技术的飞速发展、数字媒体技术的广泛普及，数字媒体技术成为文创产业走向新时代和表现新创意的驱动力量。设计是一种对所处时代的表达和反映，相应的文创设计则可被视为一种以融合多元文化为设计元素，利用不同的载体达成设计创新的文化和商业现象。当前，计算机和各种数字技术成为人类生活生产中不可或缺的工具，当文创设计在这样的时代背景下，文创设计工作者开始依靠计算机和数字科技取代传统的设计工具、对象、创作和展示平台，一种被称为"文创数字媒体设计"的新兴设计形式应运而生。文创数字媒体设计可以被视为数字媒体艺术和设计领域里的一个分支，同时也是数媒设计在文创产业内的具体应用的体现，其特色在于设计多基于文化资源，借助数字媒体技术和平台对文化资源进行创造性的设计转化与表现，从而产生出兼具娱乐性、传播性、互动性和高附加值的数媒产品或服务。

中国知名创意产业理论学者金元浦教授就曾指出："我国当代文化创意产业已进入一个全面展开的新阶段。近年来，以数字技术为载体的内容文化产业迅速崛起，在世界产业中的比重逐年增加，成为一个高速增长的产业，并引领着当代文化产业发展的新趋势。这种内容文化产业以创意为动力，将各种'文化资源'与最新数字技术相结合，融会重铸，产生了新的产业群落，并以高端技术带动传统产业实现数字化更新换代，创造出了惊人的经济社会价值，未来更是前途无量。"①尤其是在新时代软实力竞争激烈的社会背景下，借助数字技术保护优秀非遗文化遗产，推进文化创新与数字非遗技术创新的融合，从而增强文创产业竞争力，这些因素成为推进文创产业向前发展的主要催化力量。金元浦教授进一步提出了"文化＋"的理念，认为"文化＋"具有两方面的重大意义：一是文化的生成性，即"＋文化"，它对于科技等各行各业有着强大的助力作用；二是真正的"文化＋"，即文化成为我们时代的主旋律，21世纪是走向文化的世纪，文化的繁荣成为发展的最高目标。同时，他还提出在目前阶段，"文化＋"的内容包含文化＋信息、文化＋建筑、文化＋旅游、文化＋体育、文化＋生态建设、文化＋城市发展、文化＋养生康体等多种正在运行的文化发展形态。当然"文化＋"一定是在"互联网—科技＋"的协同运营中展开的。②

文创数字媒体设计下的"产品"作为一种文化载体，通过数字媒体的呈现形式将不断传承发展的文化精髓融汇其中，从而反映一个国家和民族的特性，提升优秀文化的价值。2017年1月，中共中央办公厅、国务院办公厅《关于实施中华优秀传统文化传承发展工程的意见》强调，当前开展文化工作的重点任务包括："深入阐发文化精髓、贯穿国民教育始终、保护传承文化遗产、滋养文艺创作、融入生产生活、加大宣传教育力度、推动中外文化交流互鉴。"③我国拥有得天独厚的丰富非遗文化资源，在国家文化数字化战略的推动下，非遗产业与文创数媒设计的融合是大势所趋，将催生创新时代语境下的新产品、新艺术和新时尚。数字非遗文创数媒设计在承载和表现文化内容的时候需要具备多元性、开放性、包容性、传承性和保护性等特性，但究其核心依旧是传承和发扬优秀文化传统，同时创新当代数媒文化产品和服务，具有极强的文化属性和传播功能。

研读材料

如今，数字技术的高速发展启发了很多艺术家和设计师，他们尝试将过去的文化语汇融入到现代的视觉形式中，并进行了很多有趣的探索。其中，由艺术家塞尔吉奥·斯卡利特(Sergio Scalet)和娜迪亚·斯夸奇(Nadia Squarci)组成的Hackatao米兰艺术组合就大胆地将过去的文化元素、艺术语汇与当代的数字技术相融合，创造出一系列趣味

① 金元浦.从文化产业到数字内容产业[J].今日中国论坛，2005(12)：4.
② 金元浦."互联网＋"催生"文化＋"产业新形态[J].人民论坛，2016，000(018)：90－92.
③ 中国政府网.中共中央办公厅 国务院办公厅印发《关于实施中华优秀传统文化传承发展工程的意见》[EB/OL]. http：//www.gov.cn/xinwen/2017－01/25/content_5163472.htm. ［访问时间：2022－07－28］.

性强、富有想象力且刚柔并济的平面雕塑。如由伦敦市与Hackatao合作的《Hack of a Bear》,这件作品就是在达芬奇巨作的《Head of a Bear》的基础上通过复杂的图案以及几何元素将其连续成一个与整体相统一的序列,并在数字技术的加持下,当观众将鼠标停留在达芬奇的熊头的视觉图像上时,通过Aria应用程序,熊头便开始随声音毛皮竖起逐渐重塑且3D立体化,随即它开始转动头部并张开嘴巴,发出熊的嘶吼,最终再逐渐回归达尔文所画的熊头的线性平面图(见图8-5-1)。

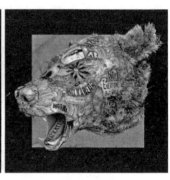

图8-5-1　Hackatao的作品《Hack of a Bear》

资料来源:Hackatao. Hack of a Bear[EB/OL]. https://hackatao.com/hack-of-a-bear. [访问时间:2022-07-25].

二、动态机能数媒

文创数字媒体设计中的动态机能通常是指在一个相对立体的造型中带入可供运动的机械设备,使其产生运动的文创媒体类型,其技术一般包含自然气流风动机能、马达带动旋转机能、电脑数控机能等技术手法。

自然气流风动机能是指设计作品在适宜的部位安装风动旋转机以及媒体投影设备,利用自然风力在空气中自上而下时所产生的动力,使作品的扇面部分进行自然风力的旋转运动,从而实现美学性的视觉效果——扇面的形式是不固定的。当然这种依照自然气流风动机能设计的动态机能数字文创作品受到来自自然风力强弱的限制,因此在设计制造的过程中需要对无风时、有风时、弱风时、强风时等多种情况下所形成的视觉效果进行分析以保证任何时期动态机能数媒装置在运转时产生不同形态的美。

在动态机能文创数媒的类别里,除了自然气流风动机能以外,还有非自然动态机能的文创数字媒体马达带动旋转机能。这种带有马达设备的装置,一头连接电动机,另一头连接关风器主轴,装置中间有钢珠和弹簧,由动轴阻力进行控制,主要以研究不同速度运转的马达对文创数字媒体装置的某个部位运转速度的控制,从而对艺术造型产生影响,并通过影像色彩的渲染烘托增强该机能的丰富性。另外,电脑数控机能是指在文创数字媒体设计的造型中,设有一个专用的可储存程序的 NC 系统,它可以执行一些或者全部的数字控制功能,可以通过感应周围环境状况的变化,经由电脑自动控制造型运动的速度以及视觉形象的变化。

研读材料

　　在动力机能媒体的类别中,韩国动力雕塑家崔有让(U-Ram Choe)算得上是最具代表性的艺术家之一。他的作品《金卡克拉灯》利用金属材料、机械、电子设备,并以云彩图腾、花瓣的形态作为视觉元素进行创作。金卡克拉灯中心是一个逆时针旋转的中心轴,六个圆柱体同时顺时针旋转,包含祥云元素的镂空雕版层层有序地堆叠,将该装置分为总共五层,每个圆柱体都与使用特定图案制作的金属板啮合,通过 90 度到 120 度角上下移动,循环重复。这不仅在结构上进行了元素比例的精密分配,同时通过灯光透过镂空的金属材料所产生的美感也使该装置展现出刚中带柔的顽强生命力——祥云之花(见图 8-5-2)。

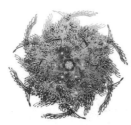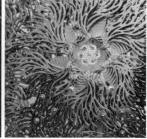

图 8-5-2　崔有让(U-Ram Choe)金卡克拉灯

　　资料来源:搜狐网.会呼吸的金属[EB/OL]. https://www.sohu.com/a/523104686_99985252.[访问时间:2022-07-25].

三、光动媒体

　　光对于我们来说并不陌生,它除了有照明、提示、装饰等的作用以外,还具有历时性的意义。利用光在一定程度上不仅可以反映现时社会发展的水平和状态,同时"光"产业的不断发展和与文化产业的不断融合也慢慢形成了光学文化。文创数字媒体中的光动媒体实际上也是光学文化的一种,从宏观层面讲可以说是一种灯光秀,主要以光线为主题,呈现媒介上着重强调色光,常用于工程照明和灯光设计。光动媒体是指文创数字媒体设计的视觉展现形式,主要在光电的支撑下使造型呈现发光效果的媒体类型。这种类型按照设计者的构思,配合声音、音乐、场景等其他媒介,使静态的造型通过光电配合增强作品的视觉效应,具有较强的视觉特色。

研读材料

2020 年全球疫情暴发的期间,日本的设计师们为了缓解人们在新冠病毒肆虐扩散时期下的紧张情绪,在 NAKED.INC 与丰川稻荷神社的联合创作下共同推出了艺术作品《NAKED 花蹲®》为疫情下的民众创造了一个浪漫愉悦的空间环境(见图 8-5-3)。该作品在日本丰川市首发,整个《NAKED 花蹲®》作品的开始由一捧虚拟的粉红樱花开启。每一位前来游览的观众在进入该空间之前都需要进行对手部的酒精消毒。当观众将手放于消毒器下时,自动喷洒的酒精液剂以及唯美温柔的樱花花瓣便映射在观众展开的手心之中,星星点点,营造出了粉色蝴蝶翩翩起舞的浪漫和温情。同时,观众在夜游时可以购买专为疫情期间保持距离的唯美花灯,当观众点亮花灯时具有强烈文化感的日本花卉图腾便会通过光影投影到地面,且投影出的图案与花灯刚好保持了一米的距离,巧妙地为每一位观者保持社交距离做出了正确的指引,同时又不失美和浪漫的氛围。更特别的是丰川市的一家手工艺中心专卖店"一年狐"所设计的面具也非常具有文化特色,他们设计的艺术面具在夜晚会发出有颜色的亮光,非常具有仙侠小说的气氛,同时又可替代口罩起到预防病毒的作用,即便在疫情期间观者也可以安心游玩,享受浪漫温馨且在具有浓厚文化气息的市井中漫步。

(a) 樱花消毒液　　　　　(b) 社交距离指引灯笼　　　　　(c) 可替代口罩的发光狐狸面具

图 8-5-3　日本 NAKED.INC 与丰川稻荷神社合作共同推出的艺术作品 NAKED 花蹲®

资料来源:腾讯新闻.创意与技术奇妙共生,点亮夜间旅游新景观[EB/OL]. https://new.qq.com/rain/a/20220523A05J0H00.[访问时间:2022-07-25].

四、互动媒体

互动媒体是一种混合了现代最新科学技术,通过虚拟与现实进行实时互动的一种文创媒体类型。互动媒体常常利用观众的好奇心理,结合与之相呼应的交互形式,为观者创造各种新鲜的体验,使观者主动融入作品之中,将观者转化为作品的另一个动态要素。文创交互媒体的技术则常以电子工程技术为基础,是一种结合了多种学科的交叉技术,具有独特的语言运用、独特的接收回应手段以及独特的影视制作技术等制作特点。其中,在文创数字媒体的领域里,互动媒体近几年大量被运用于博物馆和画廊的运营项目中。过去,当观者进入美术馆或者是画廊里时,我们会跟着讲解员透过被玻璃罩装裱好的文物和艺术作品开始我们的观赏。但是随着科学技术的发展和数字媒体技术的介入,观者的这种观赏行为也慢慢被虚拟现实技术再现历史情景、扩展文物内涵使观众有更深层次的交互体验的观赏行为所取代。

研读材料

　　在美国克利夫兰艺术博物馆 ArtLens 画廊里(ArtLens 画廊是 CMA 的一个体验空间)陈设着多种不同功能的沉浸式交互区域,包括 ArtLens 墙,ArtLens 应用,ArtLens 展览,ArtLens 工作室等。其中 ArtLens 墙(见图 8-5-4)宽约 40 英尺(约 12.2 米)是一面具有多点触制屏的交互式多媒体数字墙。它由 150 个科视 Christie MicroTiles 组成,显示的分辨率超过 2 300 万像素,通过这块超级触摸屏,观赏者可以更细致地欣赏和观察他们想深度了解的雕塑和绘画作品,并且这块触摸屏还经常展示大大小小的藏品图(一般约 4 200—4 500 张),不仅每天会刷新屏幕里所展示的内容,同时还能通过不同的类别进行分组展示,被借出的藏品也会被人性化地做出标记,以便观赏者可以更清楚地了解每一件作品的去向。ArtLens 的应用程序则更加贴心地为观赏者提供了更便捷的用户指南体验(见图 8-5-5),观赏者们通过这个开发好的应用程序直接可以将自己的手机变成一个 CMA 的观赏指南,观赏者们可以在进入画廊之前完成下载,提前计划好自己的观赏路线或创建分享等。在观赏时互动地图化身变成向导辅助游玩,不仅代替了之前的人工解说,还能跟踪观赏者最喜欢的艺术品,整个观赏过程都充满了人性化设计以及科技化体验。ArtLens 工作室则利用最先进的技术专为青年群体创造了对藏品再创造的探索空间,为下一代艺术鉴赏能力、美感、视觉素养的培养提供了一个有组织有设备有指导的创作空间,为青年一代的艺术培养提供了一个很好的教育平台。

图 8-5-4　ArtLens 墙

　　资料来源:克利夫兰艺术博物馆 ArtLens 画廊官网,ArtLens 墙[EB/OL]. https://www.clevelandart.org/artlens-gallery/artlens-wall. [访问时间:2022-07-26].

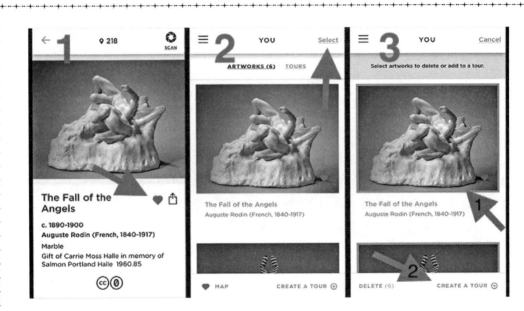

图8-5-5　ArtLens应用程序

资料来源：克利夫兰艺术博物馆 ArtLens 画廊官网. ArtLens 应用程序［EB/OL］. https：//www. clevelandart.org/artlens-gallery/artlens-app. ［访问时间：2022-07-26］.

五、综合媒体

综合媒体实际上来源于一种整合性的设计思想,是当今的设计师为了使文创数字媒体设计的呈现形式更具独特性所采取的一种解决问题的途径和方法,也可以说是对动态机能数媒、光动数媒、互动数媒三者的有效综合运用。美国建筑师里查德·沃曼（Richard Wurman）认为："随着宣传广告媒介的不断增加,把所有信息统一起来变得越来越重要,寻找向客户施加影响的所有手段,而不只是限于广告与销售宣传手册。"①从文创数字媒体设计的角度来看,某种单一媒介的视觉表现形式已经不足以满足人们对于接受多元化的信息的需求。因此,将各类数字技术手段(数码动画、影像制作、电脑编程设计、空间造型设计、光电机能技术、声音媒介等)进行有效的综合,构建起系统化的数字媒体的语法就显得非常必要。它可以创造更强大的号召力和想象力,给观者带来全方位的综合体验,并充分刺激和调动观者的情绪。

研读材料

2019年举办的上海国际文化装备产业博览会称得上文创数字综合媒体的一次盛

---

① Wurman R S, Sume D, Liefer L, et al. Information Anxiety 2［J］. Kybernetes，2001，31(5).

会。这是一场将灯光、互动、影像、音频、VR 等技术合为一体的综合媒体艺术博览会。其中,青年艺术家们利用传统的非遗染织技术与现代数字的灯光技术相结合,使得传统的布艺纹样在黑暗的空间中能按照纹样的造型走向发出不同颜色的亮光,观赏者不仅能从中感受传统布艺文化的图案美,同时在灯光技术的配合下,整个艺术作品也更加具有神秘感以及视觉冲击力(见图 8-5-6)。

图 8-5-6 2019 年上海国际文化装备产业博览会参展作品之一

资料来源:搜狐网.科技·创意·文化|2019 第二届 CDEX 上海国际文化装备产业博览会[EB/OL].
https://www.sohu.com/a/345725593_100265391.[访问时间:2022-07-30].

第九章
数字非遗的旅游拓展

第一节　数字非遗旅游拓展概述

非遗发展的重要方向是非遗数字化，虽然我国的数字非遗发展起步相对比较晚，但是总体的发展趋势是良好的。促进非遗数字化健康、快速、稳定和可持续发展的重要保障是积极把握未来发展的趋势。

数字非遗旅游通过利用数字信息系统将旅游文字、图片信息、位置定位、文化信息、相关影像、音频等信息展示给云用户，用户可以通过智能硬件设备浏览相关旅游资讯。数字非遗旅游数据库技术、虚拟与现实结合技术、云计算技术、信息可视化技术等为数字非遗旅游信息系统提供了技术支撑。通过数字非遗旅游信息系统，游客能方便、快捷地实现对旅游目的地信息的检索、旅游行程的规划，甚至完成对玩、食、住、行等的安排。旅游信息系统管理部门通过对系统平台的管理，面向用户传送相关旅游信息，对系统进行设计，为旅游用户提供消费、路线规划及导航、信息检索等服务，对系统数据进行监测以维护游客的旅游信息安全。

一、数字化非遗旅游拓展的意义

在数字非遗旅游发展的大趋势下，直面非遗传统手工艺品的工艺保护、传播、传承以及非遗旅游发展所面临的环境、人文、服务等方面的问题，探索非遗传统手工艺与非遗旅游互动发展的方法和实现途径，将扩展设计学应用于非遗旅游的设计，以拓宽分析角度和研究手段，使数字文旅的发展模式得以丰富，使非遗传统手工艺的传承方式得以创新。

系统整合非遗传统手工艺品的工艺特点、发展状况与数字旅游的技术发展应用、非遗旅游发展模式等资料，构建非遗传统手工艺的工艺文化和传承保护机制，创新非遗旅游服务体验路径，利用非遗数字化保护、传播和传承、体验设计、数字服务设计、用户体验等设计理论，研究非遗工艺品的数字化保护方法，设计特色非遗旅游信息服务平台、非遗工艺文创产品设计平台，辅助传播非遗传统手工艺文化。对设计结果进行评估测试，并得出测试结果，为相关产业的工作人员提供参考。

二、数字化非遗旅游的发展趋势

顺应时代发展、传承非遗文化已经成为迫在眉睫的问题。信息技术、多媒体技术、虚拟与现实结合技术、智能技术等数字化技术的守正创新为数字化非遗的可持续发展提供了新的可能。通过文旅资源的整合、多个行业的融合、新兴技术的耦合，覆盖多角度、多渠道、全方位地发展数字化非遗旅游势在必行。[①]

（一）整合资源，技术赋能

整合当地非遗文化与当地旅游资源，可从多种角度出发，按照景区、文化场馆、民俗活动的内容，将资源进行分类整合。利用新兴技术，以数字化的手段让非遗文化活起来，运用虚拟现实、5G、全景、物联网、人工智能识别、大数据、云计算等新兴技术手段与传统非遗文化深度融合，使游客在旅途中切实体会非遗的文化内涵和艺术特色，尽可能地展现非遗的真实全貌，推动文旅发展，实现活态传承。

（二）数字技术，多元发展

充分发挥微信、微博、抖音等新媒体的全方位数字化传播、网络信息资源共享、交互性强、信息传播与接收个人化等特性，使大众可以通过新媒体进一步了解数字化非遗旅游。积极利用新兴技术以及多元化的网络渠道，全方位展示数字化非遗旅游的创新性。通过数字化平台，以视频、合拍、互动游戏等多元化的展示形式，以增强数字化非遗旅游的趣味性、互动体验，向游客全方位展示数字化非遗旅游文化，促进文旅产业的发展。

（三）渠道创新，深度融合

增加以文化为主题的旅行项目，开展节庆活动、民俗活动等特有的线下文化体验项目，使游客近距离地了解非遗文化，扩大宣传范围，吸引更多受众，从而促进文旅产业的长效发展。非遗与旅游体验基地二者相互融合，延伸成为一种产品形态，已经成为一种常态化的深度旅游，也是拓展新路径的重要举措。

将非遗文化的观光性、体验性通过旅游行业更直观地表现出来。只有起点、没有终点的数字化非遗旅游是一个持续发展的过程，是文化多样性的重要体现，也是社会可持续发展的重要推动力。在此过程中，要注重对非遗本体保护传承与非遗要素的创新利用，大力推动非遗旅游业的数字化转型，进一步提升数字文化资源的建设水平。

---

① 纪潇宁，王冲.文旅融合视域下壮锦文化发展与传承研究[J].旅游纵览，2022，(11)：114－116.

研读材料

中共中央办公厅、国务院办公厅印发《关于进一步加强非物质文化遗产保护工作的意见》提出"促进合理利用",加强对非物质文化遗产的活化利用,推动非物质文化遗产与旅游融合发展,在有效保护的前提下,推动非物质文化遗产与旅游融合发展、高质量发展;深入挖掘红色旅游、乡村旅游、休闲旅游的消费潜力,支持利用非物质文化遗产资源发展红色旅游、乡村旅游、休闲旅游等业态,"以文塑旅、以旅彰文",推出一批具有鲜明特色的非物质文化遗产主题旅游线路、研学旅游产品和演艺作品;支持非物质文化遗产有机融入景区、度假区,建设非物质文化遗产特色景区。鼓励合理利用非物质文化遗产资源进行文艺创作和文创设计,提高品质和文化内涵,打造一批非遗文创精品。①

江苏省文旅厅印发《江苏省无限定空间非遗进景区工作指南(试行)》,在国内率先提出"无限定空间非遗进景区"概念,旨在保护传承非遗资源的基础上,突破时间、空间、形式的限制,在景区内的吃、住、行、游、购、娱各环节中,植入形式多样的非遗展陈、展示、展演、体验活动。简言之,建设"非遗旅游体验基地"是为了将非遗项目建设成为旅游景点,而"无限定空间非遗进景区"这一概念的提出则是把非遗项目融入已有的旅游景点。两者相辅相成,互为补充。②

三、数字化非遗旅游的创新策略

在数字化时代发展的大趋势下,出现了非遗保护新途径与非遗传播新形式,突破了传统线下展示体验的空间与时间限制,拓宽了数字化非遗旅游发展的新路径。文化数字化及文旅融合发展使得游客的旅游体验得到了极大提升,也是推动中华传统文化的创造性转化与创新性发展的关键举措。常见的文化数字化新形式有三维全景虚拟现实、交互式文物三维全景、数字幻影成像装置、主题性综合媒体展示等。

(一) 建立非遗数字传播

科学技术的进步导致非遗手工技艺类赖以生存的原生态条件被严重摧残,非遗生存环境恶劣,技艺传承断裂,非物质文化遗产发展前景十分堪忧。

游客大多具有从众心理、体验流于形式,并没有很好的体验感以及沉浸感,这是一种被动的旅游游览形式。其主要原因是在游览方式上缺乏创新,参观者多是以视觉来进行体验。传统单一的静态展示、简单的展板文字解说与千篇一律的景区游玩设施给人一种审美疲劳、

---

① 中华人民共和国中央人民政府官网.关于进一步加强非物质文化遗产保护工作的意见[EB/OL]. http://www.gov.cn/gongbao/content/2021/content_5633447.htm. [访问时间: 2022 - 07 - 05].
② 梅海涛.江苏省《关于进一步加强非物质文化遗产保护工作的实施意见》的解读[J].非遗传承研究,2022,(02): 4 - 9.

枯燥乏味的观感。这种方式无法展示出当地旅游特色以及物质文化遗产的活力,非物质文化遗产和传统旅游需要更具创新性的展示形式与活态性的展示体验方式,注重游览者多种模式的互动体验,才可以更好地诠释"数字＋文旅"的内在含义。

我国的一些旅游场所,运营理念陈旧,无法带来更多的经济效益。双网络平台更新与宣传缓慢,文创类衍生产品单一,没有形成属于自己的品牌文化。例如,起良村蔡侯纸博物馆与北张村楮皮纸传习所在网络上的宣传十分匮乏,并没有创立官方微信公众号以及微博主页,缺乏线上的数字化展示与宣传。在携程与大众点评这两个 APP 上也仅仅只有位置信息的介绍,使参观者无法获取有关博物馆的信息,进而流失了大部分的用户群体。

深入挖掘民间文化艺术之乡、民族村寨、传统村落、农业休闲乡村,以及各类城乡的非物质文化遗产资源,全面摸清分布状况与保护现状,建立非物质文化遗产档案数据库的分级、分类体系,并妥善保管有关实物、资料。利用现代科技手段,提升专业记录能力,深入推进社会记录,高质化推进国家非物质文化遗产标志性事项和代表性传承人全面统一的录入服务,做好文字资料与记录数据的经济社会运用;积极搭建国家非物质文化遗产数据网络平台,实现资源整合和数据共享,推动数据依法向社会开放。

(二) 提升非遗旅游沉浸体验

我国文旅产业以"数字＋文旅"相融合的创新方式,通过数字化技术助力传统文旅产业转型升级,数字赋能全域旅游新发展。

全国各地景区也在积极探索,将在云服务、3D、全息投影、AR/VR/MR、人工智能、自然交互、动作捕捉等前沿技术的基础上,融入数字技术、光影技术、文化创意、IP 等技术,打造出更生动、便捷、多元的沉浸式文旅体验新形式。

研读材料

在大数据的背景下,人们能够利用数据挖掘整理人与世界、人与产品、人与环境间有价值的交互数据信息,自然用户界面的设计也越来越契合自然需要,从而实现了复杂系统信息的精细化、立体化、直白化。这使自然用户界面的设计更轻松地寓于变化中的场景,并拓展了人机交互的内容与传递途径,帮助消费者获得真正的、自然化的互动体验。[1]

传统非遗艺术展示类主要通过视听手段来呈现,但不仅限于视听。有时,空间设计无法完全满足不同表演类型对于舞台场景与表演氛围的要求,自然用户界面在非遗展示中使不适于在实体展示空间中体验的内容更立体化、多维度,使跨时空的虚拟展示手段得以实现,致力于提供给用户情境化的真实体验。[2]

---

[1] 丁金虎,吴祐昕.自然用户界面用户体验设计研究[J].设计,2019,32(23):65-67.

[2] 非遗展示空间中的数字化应用-中国非物质文化遗产网·中国非物质文化遗产数字博物馆[EB/OL].https://www.ihchina.cn/luntan_details/18444.html.[访问时间:2022-07-06].

图 9 - 1 - 1　在"摆手舞"体验展项中使用体感识别技术

资料来源:非遗展示空间中的数字化应用——中国非物质文化遗产网·中国非物质文化遗产数字博物馆[EB/OL]. https://www.ihchina.cn/luntan_details/18444.html. [访问时间:2022 - 07 - 06].

　　AR 应用于非遗旅游的方向很多,基于现实而又超越现实阐述非遗文化具有巨大的潜在价值。用 AR 技术来提升在博物馆的游览体验十分具有吸引力,叠加虚拟信息或图像,丰富介绍形式增强观者与展品之间的互动,呈现缺损的或者不方便展出的展品,使得与非遗文化所处时代的历史背景变得生动形象。

　　试想一下,当你佩戴上 AR 产品或者使用 AR 应用,就可以聆听虚拟讲解员对文物产品多层面的解说,对准木乃伊扫描一下就可以看到内部的骨架,甚至可以"复活"博物

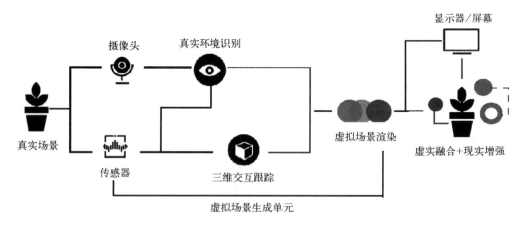

图 9 - 1 - 2　典型的 AR 系统结构

资料来源:魏丽芬,张俊.增强现实技术在智慧党建中的应用研究——以 AR 福小信说党史开发为例[J].机电技术,2021,(05):34 - 36+45.

馆展览中的展品,使其与参观者互动。AR技术在博物馆有很广阔的应用前景,可以将博物馆实体场景以及强大的虚拟技术相融合,希望通过数字化手段来解决博物馆自身的一些痛点。[①]

(三) 助力非遗旅游推陈出新

顺应非遗文化和数字化经济的发展趋势,凭借数字化其网络化、信息化、智能化、可视化等特性,积极探索"旅游＋新模式",推动非遗文化旅游产业模式的优化升级,为非遗文化旅游产业的未来发展带来更多可能性。目的地、景区使用空间智能互动和游戏化主题游览,则为文旅产业提升了新鲜感和互动度,使景区和非物质文化遗产焕发生机。例如网易伏羲等企业打造的AI文旅产品,将景区的历史文化背景与体验式游览行为相融合,为游客创造了"心流"体验。

研读材料

着力于产业发展需求,不少地方尝试"虚拟偶像＋文旅"模式,将虚拟偶像作为当地文旅的组成部分,首先是其与现实世界的适配性,不受场景环境的限制;其次是其无尽的创造性,不受客观条件的制约;最后是其独特的定制性,不受文化差异的约束,且可以根据用户问题进行绘声绘色的解答。

长沙文旅授予虚拟偶像"星瞳""长沙非遗文旅推广大使"称号。"星瞳"采用老虎作为图腾的核心元素,根据馆藏的杜鹃花绣品、湖南漆器进行纹样设计,并结合湘绣鬅毛针针法进行图样创作。QQ炫舞与长沙文旅在跨界互动上进行了形式上的创新,将长沙城市特色地标、湘绣与QQ炫舞数字文化IP进行有效结合。依托"一江两岸灯光秀"城市空间资源,长沙非遗文旅推广大使"星瞳"用手足勾勒出长沙的特色地标,用光绣出"狮虎""鹿""杜鹃"等具有湘绣特色的作品,交织出各色城市地标画面。同时,在橘子洲景区的洲头广场,邀请万人共同完成巨幅湘绣作品制作,打造城市"出圈"事件。[②] 长沙非遗文旅推广大使"星瞳"在游览某地后,在社交平台上分享了当日心情并搭配上打卡照,"线上＋线下"双向赋能,助力传播传承长沙非遗,深化城市文化属性及内核。

① 魏丽芬,张俊.增强现实技术在智慧党建中的应用研究——以AR福小信说党史开发为例[J].机电技术,2021,(05):34-36＋45.
② 湖南省文化与旅游厅网站."IP＋非遗技艺"合作,"星瞳"成长沙非遗文旅推广大使[EB/OL]. http://whhlyt.hunan.gov.cn/whhlyt/news/sxxw/202105/t20210518_18270724.html. [访问时间:2022-07-19].

图 9 - 1 - 3　长沙首位虚拟非遗文旅推广大使"星瞳"

资料来源：湖南省文化与旅游厅网站."IP＋非遗技艺"合作,"星瞳"成长沙非遗文旅推广大使[EB/OL]. http://whhlyt.hunan.gov.cn/whhlyt/news/sxxw/202105/t20210518_18270724.html.

(四) 引领非遗旅游消费新国潮

"非遗＋旅游"秉承融合发展的建设理念,在不断变革的社会背景下,做好文旅融合发展。必须审时度势,守正出新,与时俱进。适应媒体深度融合的趋势,发挥新媒体优势,依托文旅融合和传统艺振兴双引擎,从深度与广度上融合非物质文化遗产与旅游,促使非遗文化保护传承取得显著成效,完成非遗文旅产业的转型与提升,使文旅融合更具底蕴与活力。如今,"非遗＋旅游"跨界融合的新模式应运而生,非遗与旅游、非遗手工艺品与互联网等融合发展,不断创新实践,在保护传承、创新发展中促进区域经济的发展并不断催生新动能,并取得了卓越的成效,不断引领旅游消费新国潮。

研读材料

入眼的是风景,入耳的是故事,入脑的是历史,入心的是文化。"非遗进景区"为景区的文化底蕴和文明品质提供了精神命脉和无限活力。将中国优秀的传统文化系统地全方位地渗入旅游景点当中,从而浸润景点,塑造景点,让景点更具有历史文化底蕴。"非遗进景区"为中国优秀传统文化的广泛传播与大力弘扬,提供了巨大的平台与无限的发展空间。将非遗资源加以合理地创新发展和创造转化,使非遗资源真正开发了出来,为中国文旅融合与发展带来了全新的生命力。[1] 在西安永兴坊,有一个全国最大的

---

[1] 让非遗绽放更加迷人的光彩[EB/OL].https://www.ihchina.cn/project_details/24039. [访问时间：2022 - 07 - 19].

非遗布老虎,长达7.2米,一面由2 000个憨态可掬的布老虎堆砌出的老虎墙位于永兴坊东南门,与巨型布老虎形成呼应,世界上最大的皮影高达5米,别名为"永兴坊——杨玉环皮影",总长22米的陕西最长石桌、周长7.2米的陕西老碗、精美绝伦的七星额子、火爆国内各大短视频平台的永兴坊摔碗酒、"双喜鹊悦"非遗剪纸营造了具有浓厚陕西特色的非遗文化氛围,引得众多市民游客纷纷前来打卡,别具一格的非遗文化火爆"出圈"。

(a) 永兴坊福虎

(b) 杨玉环皮影

(b) 百家缘石凳

(d) 耀州大瓷碗

图9-1-4 永兴坊景观

资料来源:永兴坊景观|永兴坊[EB/OL].(yxfwsl.com)http://yxfwsl.com/page.php?id=3.[访问时间:2022-07-19].

在汉中诸葛古镇,每天多场精彩活动轮番上演。国家级非遗绝技"高空达瓦孜",在高空环境下将舞狮、武术、杂技等传统元素融合在一起,形成一系列惊、险、奇、绝高难度动作。也可感受唢呐红歌独奏传递的最朴素的爱国情怀,沉浸式体验民乐精粹。刚柔并济的民俗舞姿,配合激烈的鼓点鼓韵,呈现出非一般的视觉盛宴。川剧变脸独特的艺术特征是脸谱色彩鲜明、神态逼真、动作新颖传神、刚柔并济,将川剧艺术特有的眼、手、身、法、神、韵等表现得淋漓尽致。现场的非遗表演赢得了观众的阵阵欢呼。游客在此还可以体验古老制作技艺,如木牛流马、诸葛连弩等。①

| (a) 达瓦孜"高空飞狮" | (b) 民俗舞蹈 | (c) 变脸喷火 |

图 9-1-5　汉中景区非遗

资料来源:速来围观!汉中这里精彩"好戏"将轮番上演! _诸葛古[EB/OL].https://www.sohu.com/a/492444792_471972.[访问时间:2022-07-19].

四、数字化非遗旅游的技术融合

(一) 人机交互

传统的人机交互主要是通过键盘、鼠标/触控盘和显示屏、遥控器等外围设备进行电磁信号的传输。通过一系列深度学习理论和机器视觉模型,构建一个可视化的人机交互系统,人们只需通过相机和屏幕就能实现完整的人机交互。可视化人机交互系统主要包括鼠标(X-Y位置指示器)、键盘、遥控器三个基本外围设备。为了保证交互系统的实时性,根据不同数据处理流程的特点,利用CPU和GPU计算能力资源对图像进行交叉处理,保证实时性。②

在智能化时代,人与计算机间的交互模式不再局限于传统的键盘、鼠标/触控盘、显示屏和遥控器等交互媒介,而是逐渐转向多模态交互,集传统交互方式、手势、脑电、眼动和语音等新兴交互方式于一体。人机交互使计算机能够更智能地感知穿戴者的感受、更清晰地看到操作者的视野范围、更直观地理解操作者的意图。在人机交互过程中,人们建立了与计算机间最直接的交互方式、与可穿戴式设备间最自然的非接触式交互模式,这赋予了人们贴近真实生活的手势导航和能力掌控。③

---

① 速来围观!汉中这里精彩"好戏"将轮番上演![EB/OL].https://www.sohu.com/a/492444792_471972.[访问时间:2022-07-19].

② Ke Ziyi et al. A Visual Human-Computer Interaction System Based on Hybrid Visual Model[J]. Security and Communication Networks,2022.

③ 鹿智,秦世引,李连伟,等.智能人机交互中第一视角手势表达的一次性学习分类识别[J].自动化学报,2021,47(06):1284-1301.DOI:10.16383/j.aas.c190754.

研读材料

现代科技与传统技艺的融合不仅可以调动受众积极性,也能让大众更加容易理解什么是非物质文化遗产,展现并传播传统手工艺非遗项目,更新传统手工艺非遗产品的信息接收方式,优化传播参与者的主观体验形式。

非遗数据实验室采集了盘绣传承人的脑电、肌电状态,以及其使用线的长度、刺绣时间等数据。数据采集设备形似头戴式耳机,在额头处放一根传感设备,在上臂处套上肌电采集设备,震动后即可记录数据。

从脑电数据可视分析图中可获悉,李老师刺绣经验丰富,在刺绣过程中更为放松,故冥想度区域相对大于专注度区域(蓝色区域代表冥想值,红色区域代表专注值,紫色是冥想度和专注度两者之间的重合);从脑电分区直方图中可获悉,学员 Esense 数值整体偏高于老师,即学员在整体的刺绣过程中专注度较高、放松度较低;从刺绣肌电图中可获悉,学员的用力程度比老师高,并且在刺绣过程中肌肉运动剧烈,显然是因为在学习盘绣中遇到了更多的困难;从其他数据图中可获悉,在刺绣过程中用尺子测量使用的线长,也能明显发现学徒比老师使用的线要长,学徒在刺绣中单股线容易缠绕打结,比

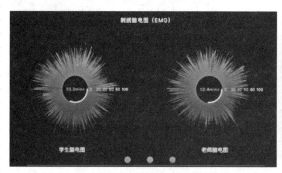

(a) 脑电数据可视分析图

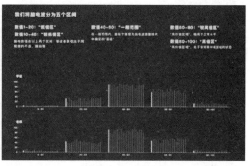

(b) 脑电分区直方图

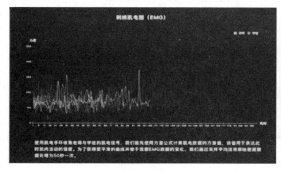

(c) 刺绣肌电图

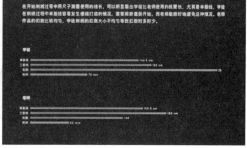

(d) 其他数据可视化分析图

图 9-1-6 土族盘绣技艺传承的数据实验

资料来源:当非遗撞上脑肌电,一次土族盘绣技艺传承的数据实验当非遗撞上脑肌电,一次土族盘绣技艺传承的数据实验[EB/OL].https://www.thepaper.cn/newsDetail_forward_13222813.[访问时间:2022-07-17].

较赞线。①

　　中国诸多传统技艺都是通过家传制、师徒制的方式代代流传。如今,通过数据采集和可视化呈现将"只可意会不可言传"的部分数据量化。在学习技艺的过程中初学者可以直观地体会到自己与非遗传承人技艺之间的区别,从而进行更正。

　　此前上海设计周上展出过"缂丝""织带""木刻""刺绣"四种传统非遗技艺互动作品。借助动作捕捉、眼动仪、脑电波传感器、三维动态扫描等数据采集设备,记录、分析,甚至复原非遗技艺手工艺者的动作、注视点、脑部活动和肌肉变化,犹如破解了非遗技艺的"数据基因"。②

(a) 木刻非遗技艺互动作品　　　　　　　　(b) 刺绣非遗技艺互动作品

图 9-1-7　数据基因

资料来源:图为非遗技艺的数据基因[EB/OL]. http://shu-iids.com/ich-data-lab/project_data_gene.html. [访问时间:2022-07-24];图(b)为大数据能否真正破解"非遗"的"基因密码"[EB/OL]. http://tech.youth.cn/wzlb/202201/t20220114_13390831.htm. [访问时间:2022-07-24].

(二) VR 景点

1. VR 全景旅游介绍

　　VR 全景技术是指与虚拟技术以及 360°全景技术集成的显示技术。依托人工智能、大数据等技术手段构建的 VR 全景旅游平台,使网友们身处家中也可以真实感受目的地场景。360°全景技术通过数字产品获取景点的真实图像信息,并通过相关软件生成 VR 全景旅游,人们可以通过鼠标来调整视野角度、将图像放大及缩小,让体验更具沉浸感。

---

① 当非遗撞上脑肌电,一次土族盘绣技艺传承的数据实验[EB/OL]. https://www.thepaper.cn/newsDetail_forward_13222813. [访问时间:2022-07-17].
② 大数据能否真正破解"非遗"的"基因密码"[EB/OL]. http://tech.youth.cn/wzlb/202201/t20220114_13390831.htm. [访问时间:2022-07-24].

研读材料

VR 全景相比于传统的展现形式更为详细,VR 全景还可嵌入各种功能及应用,陕西省西安市雁塔区的大慈恩寺佛塔的 VR 全景平台主要包括景区总览、景区漫游、景区 VR 展示三个主要模块。各模块细分为以下几点,例如 3D 环物、导航以及 VR 云游、当地实时天气预报、场景切换设置、页面音乐等,VR 技术与旅游的融合将成为未来观光旅游的重要的发展趋势。

图 9-1-8　VR 模式下的大雁塔平台以及场景展示

资料来源:大雁塔(西安大慈恩寺佛塔)VR 导览[EB/OL]. https://www.upvr.net/index.php/Product/Index/index/id/137838#

2. VR 全景旅游带来的好处

(1) 真实沉浸体验,可以扩展现实世界中不存在的物体或者场景。

(2) 实现同步解说,光标指哪讲哪,游客可以边参观边听讲解。

(3) 突破环境限制,在你的指尖之下领略四季的景区体验。

（4）产品营销平台，内置当地特产与手工艺品模块，新销售渠道方便客户线上购买。

（5）宣传实体产品，潜在旅游者通过 VR 旅游体验后，决定是否转变为现实旅游者。

（6）保护景区环境，环境问题是大多数景区都无法避免的，VR 全景旅游使游客在家都能有身临其境的体验。

（7）利于节约时间，工作、学习之外的空闲时间可以随时随地旅游，完全不用考虑排队、疫情管控等问题。

（三）3D 动画

三维角色动画设计与制作时，要充分融入当地旅游非物质文化遗产，制作符合当地人文环境的非遗 3D 动画。画面准确美观、具有趣味性以及科技感，利于进行旅游宣传。对场景环境、人物形态等相关事物进行设计使"非遗＋3D"呈现出对现实世界的拟真性，这样既可以增强人们对非物质文化遗产的认同感，同时能够使对非物质文化遗产的保护与传承意识深入人心。

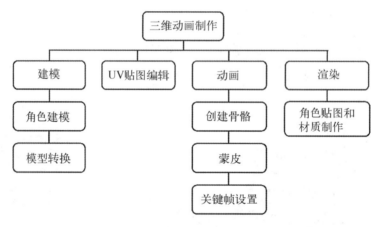

图 9-1-9　三维动画制作流程

资料来源：魏丽芬，张俊.增强现实技术在智慧党建中的应用研究——以 AR 福小信说党史开发为例[J].机电技术，2021，(05)：34-36＋45.

3D 数字技术具有强烈的视觉呈现效果，很好地表现了人类幻想中的映像世界，这就可以把所游览景点的历史文化信息更好地传达给参观者，让观者更加真切地接近游览环境。首先，由于 3D 数字技术能够更广泛地在新媒介平台上进行信息传播，从而拥有更加强烈的立体感和模拟的真实感，这也将更加方便地对景点的艺术性进行再设计。其次，3D 动画技术也将为观者提供更流畅、更清晰的画面效果，使艺术性更为真实化，使受众在运动 3D 动画的真实性中获得更为深刻的体验。例如，3D 技术将景区全景多角度地展示给旅客，使其身临其境地领略旅游景区的魅力，给旅客带来全新的感受，也为景区旅游带来新机遇。[①]

---

① 黄佳俊.3D 数字技术在旅游景区动画形象设计上的优势和实践[J].电脑迷，2017(10)：96.

第二节　数字非遗红色旅游

在消费新时代,红色文化旅游的社会功能与经济功能正日益得到发挥。数字化带来了新逻辑、新突破、新任务,数字经济深度推进红色文化旅游产业链重构,有助于实现红色文化旅游的持续健康发展,全面提升红色文化旅游产业链资源配置水平,实现红色文化旅游产业链全过程、全领域、全要素的深度耦合,推进红色文旅产业现代化。

一、数字化红色非遗旅游发展

非物质文化遗产传承着丰富的历史文化、宝贵的民族精神,是民族历史的活态传承,是民族灵魂的精神依托,是民族文化复兴可持续发展的源泉,对于推动中华优秀传统非物质文化创造性转化、创新性发展,坚定文化自信,传承民族精神,提升国家文化软实力,建设社会主义文化强国具有重要意义。

在非物质文化遗产传承面临的严峻挑战,生态环境亟须改善的境况下,红色基因应成为非遗传承发展的重要支柱。应用虚拟现实技术为数字化非物质文化遗产保存提供了先进的应用技术,此项技术在数字化非物质文化遗产保存中的应用是不可或缺的。

(一) 保护传承的需要

中共中央办公厅、国务院办公厅《关于进一步加强非物质文化遗产保护工作的意见》明确指出,加强对革命老区非物质文化遗产的保护传承,鼓励传承人创作以红色文化为主题的作品。[1] 中共中央办公厅、国务院办公厅《"十四五"文化发展规划》中重点部署的一项任务是"是注重加强中华优秀传统文化和革命文化传承弘扬",坚守中华文化立场,赓续中华文脉,传承红色基因,建设中华民族共有精神家园。[2]

(二) 交互融合的需要

尽管我国红色旅游发展迅速,但是仍面临着诸如在数字化技术上落后、自身创新能力不足、景区管理者相对落后的运行理念以及过于简单的宣传方式等问题。数字化非遗旅游的发展主要原则是提升游客体验,应以红色文化作为切入点,通过融入现实场景虚拟、文物全景交互、智慧导览、数字文物库、数字展厅、体验套装等技术,全面提升游客对于红色文化的

---

[1]　中华人民共和国中央人民政府官网.关于进一步加强非物质文化遗产保护工作的意见[EB/OL]. http://www.gov.cn/gongbao/content/2021/content_5633447.htm. [访问时间:2022-07-05].

[2]　中华人民共和国中央人民政府官网."十四五"文化发展规划[EB/OL]. http://www.gov.cn/zhengce/2022-08/16/content_5705612.htm. [访问时间:2022-08-17].

认知观念与认知,促进红色旅游从静态的文物展览到动态的文化旅游的转变,尝试突破单一体验,向多重感官转化,使游客由"被动学习"向"主动参与"转变,这样红色旅游将会从被动到主动,从静到动。切实做到寓教于乐,提升游客在红色旅游中的感受。

（三）先进技术的需要

虚拟现实技术是一种具有特殊代表性的先进技术,具有虚实结合、沉浸式体验、实时交互等多方面性,在非遗文化旅游数字化保存方面既增强了虚拟与现实之间的联系,也完美地结合了虚拟场景与现实场景。人机交互技术为游客提供了更加精确的体验资讯,能够利用"交互"特性,增强用户的体验观感,满足不同用户对红色旅游文化遗产的体验与观赏需求,同时又在最大程度上保护了红色旅游文化遗产,减少了重要遗产的损耗。

（四）传播效果的需要

在虚拟现实设备的推广与普及的过程中,其使用条件已经形成。伴随着手机网络的日益发达,以及信息传输方式的不断变化,或许在不远的未来,人们只需一部手机便能够做到在足不出户的状态下,进行红色文化旅行。比如当人们在游览延安宝塔山时直接从手机上了解宝塔山的全部历史状况。这样极大地方便了游览者,并且节省了很多成本。随着虚拟现实技术与新媒体的结合,虚拟现实技术将得到更好的传播并且呈现出更多的形式。而随着传播力的不断提升,红色文化旅游的影响力也会日益提升,更容易带动年轻人去学习了解。

（五）规划决策的需要

数字化红色旅游产生的新体验可以使旅游者对目的地产生更大的兴趣与更高的满意度,吸引游客前往观光,从而提升民众的收入水平,走向共同富裕。旅游企业、景区可运用数字化红色旅游系统减轻景区人员的业务压力,使工作管理更加高效与便利。相关部门应根据分析出的数据,提出合理的发展策略,提升本地红色旅游资源的知名度和影响力。数字化红色旅游稳定脱贫机制系统可以辅助相关政府部门根据旅游发展评价指标进行分析,制定合理的红色旅游业发展规划。

二、红色旅游数据挖掘与分析

（一）红色旅游数据挖掘

红色旅游是继承发扬中国红色文化精髓的主要载体和生动课堂形式。由红色旅游纪念走向产业发展,要坚持以社会效益为优先,统筹好经济效果与社会效益之间的关系,保留好红色旅游文物的历史原真性,同时加强对红色文化景区的环境保护,进一步加强基础建设,在保护与发展之间寻找平衡点,使红色旅游真正成为传播中国红色旅游文化和中华民族精神的重大系统工程。

研读材料

《全国红色旅游经典景区名录》公布了全国红色旅游经典景区300处,并将其作为五年内红色旅游发展工作的重点。[①] 携程发布《2022年上半年红色旅游大数据》,数据显示,暑期红色旅游景区门票增长5倍;88%的游客选择本地周边红色旅游;80后最爱红色旅游,占比41%;亲子家庭红色旅游占比近三成。

表 9-2-1　2022年上半年红色旅游大数据

目的地访问量最高的 红色旅游景区	搜索访问量最高的 红色旅游景区	门票预订最高的 红色旅游景区
北京	中国国家博物馆	北京
长沙	岳麓山	江苏
南京	天安门广场	四川
韶山	毛泽东故居	陕西
广州	井冈山	广东
遵义	西昌卫星发射中心	上海
上海	红旗渠	河北
井冈山	中国人民革命军事博物馆	山东
延安	狼牙山	浙江
嘉兴	杨家岭革命旧址	安徽

资料来源:红色旅游大数据:国博上榜2022上半年访问最高的红色旅游景区_腾讯新闻[EB/OL]. https://new.qq.com/rain/a/20220627A09RTT00.

综观这些红色旅游遗址,每一个都有自己背后的历史与独有的特点,每一段历史和每一个人物身上都有不同形式的故事。这些故事伴随着岁月的流逝形成了丰富的红色文化,不仅在历史上增添了浓墨重彩的一笔痕迹,也在当今社会中极大地丰富了区域旅游。建立具有地域特色的红色旅游品牌,在相当程度上会刺激当地的经济发展,并极大地带动当地的旅游业发展。优秀的红色旅游不仅能够吸引省外游客的光临,也可以可持续性地拉动省内的旅游需求,应加快布局各区域内的红色景区旅游线路,为游览者们提供更多的选择。

①　焦珊珊,李明,田逢军,等.中国红色旅游经典景区网络关注度分布格局及驱动机制[J].经济地理,2022,42(01):211-220.

（二）红色旅游数据分析

文化是一个民族与国家的灵魂，它的核心意义在于传承。同样，红色旅游的核心也是文化，而这也形成了红色旅游的资源基础。在对红色文化的传播中，旅游将作为一个巨大且行之有效的载体。在这个过程中，随着红色文化的宣传力度的提升与红色景区建设的日益完善，红色旅游将切实地成为旅客的选择之一，参观者慕名而来，也将受到红色文化的洗礼而归。[①]

"十四五"规划提出了推进红色旅游创新发展的要求。在传播方面，表现为创新内容、形式以及路径和完美贴合受众需求，打破红色旅游的固化形象。各地探索"互联网＋红色旅游"新模式，创新体制机制，优化配置资源，景区将建设智能化旅游系统，配合先进的科技手段，使游客体验到不同以往的服务。通过先进的科技手段，游客将通过更加生动形象的形式了解红色历史，更详细地学习红色文化知识，也将更加深刻地受到红色文化的洗礼。

表 9 - 2 - 2　红色旅游数据构成

主 要 构 成	举　　　例
红色事件	会议：瓦窑堡会议、八七会议、遵义会议等
	高频热点：打响武装反抗国民党反动派第一枪
红色人物	毛泽东、烈士、八路军
活动方式	参观、缅怀、爬山、体验
	红色教育实践基地（江西赣州中央红军长征出发纪念馆）
	革命遗址遗迹＋自然风光（河南林州红旗渠）
	红色旅游＋少数民族文化（四川阿坝红原邛溪镇）
景点特色	纪念碑，烈士陵园，陈列馆等
	红色景点机器人讲解员（上海黄浦中共中央政治局机关旧址"小福兴"）
	红色 VR/AR 体验馆（福建省革命历史纪念馆）
	红色旅游产品（浙江嘉兴文创产品融入红船元素）
	红色景点演艺项目（陕西延安历史舞台剧《延安保育院》）
	红色体验园（山西八路军游击战体验园）
口碑评价	体验红色文化、回顾红色历史

---

① 许万林，许燕，王云升.全域旅游视域下陕西红色旅游可持续发展路径选择[J].体育科技文献通报，2022，30（01）：179-181＋203.

（三）红色旅游数字技术

红色旅游是旅游产业中最具中国民族特色的一个重要组成部分之一，是中华民族的珍贵精神财富。VR 技术在红色地区旅游资源研究方面，有着极大的发展潜力和应用前景。

要把握发展数字文化的重大机遇，实现"弯道超车"，中国红色文化崛起就成为关键问题。中国红色文化是旅游行业中最具中国特点的重要组成部分，而红色旅游文化又是非遗文化中最具中国特点的部分，有着无法比拟的教育传播作用，承担着继承和培育中华民族文化传统的重要责任，是中华民族的珍贵文化精神财产。习近平总书记曾提出，"要把红色资源利用好、把红色传统发扬好、把红色基因传承好"。

1. 数字共享红色文旅资源

红色文化的赓续需要建立红色文旅数字资源库。首先，要对各地红色文化原始材料进行全面性挖掘、整体性收集、系统性梳理、结构性优化、智能性整合。其次，依托数字孪生，通过"建模、仿真、信息技术和处理"流程将红色文旅资源数字化，构建红色文化基因库。最后，利用红色文旅数字资源推进数据采集、生成和应用等环节，注重红色文旅资源的数字化管理，智能推动红色旅游数据治理。

以红色数字文化基因库为基础，实现各省市县数据互联互通，构建红色旅游协同发展机制，实现"互联互通"的数字资源共享，创新红色文化传播路径。以数字技术激发现有红色旅游资源的创意潜力，探索具有"突出特色"的旅游发展模式，促进红色旅游与"人、文、地、景、产"等旅游要素融合发展。

2. 红色文旅数字创意发展

（1）展馆设计数字化。借助 AR、VR 等数字化技术优化文物展陈方式，通过"动"起来的文物，使整个文化空间更具互动吸引力，使游客与红色文化产生更多的情感共鸣。建设线上展馆，打造红色"云"家园。线上展馆运用 5G、融媒体、全息投影等数字技术将展馆文物灵活呈现在云端，并通过设置链接，跳转到云上各产品门类，将线上展馆这一文化空间打造成孵化各类红色旅游产品的网络节点。

（2）旅游演艺数字化。将数字技术融入演艺中，营造出磅礴的历史氛围，使游客来一场酣畅淋漓的观赏体验活动。例如，基于建筑的空间结构，运用高流明激光投影、立体成像、裸眼 3D 等技术，加上高科技声光电的配合，使现场成为融投影、镭射、声音与光线于一体的红色文化空间；再现峥嵘岁月，凝聚民族力量，通过互动演艺装置，多态体验装置和数字模拟技术，搭建体验中心使游客穿越时空，亲历"枪林弹雨"，感受家国情怀，打造集观赏、互动、体验于一体的多维度、有质感、立体化的文化盛宴；以 5G＋4K 数字化云演绎模式为引领，拓展线上演艺，形成全天不打烊的"云演艺"模式，从而打破时间和空间的限制，使红色文化触手可及。①

三、红色旅游 AI 智能问答

红色旅游 AI 智能问答机器人依托 AI 核心技术、机器人操作系统及应用的研发实力、全

---

① 李晓.数字化视域下红色旅游创新发展研究[J].经济论坛，2022，(06)：60－66.

栈硬件设计制作实力、全国网点群众服务实力等优点,既能够加深参与者对红色旅游的红色记忆,还能够对红色旅游提供更多的服务和想象空间,使群众在感受红色文化精神的同时,助力全国各地的红色文化旅游业的发展。

研读材料

在井冈山革命博物馆内,"机器人讲解员"豹小秘,可以像人一样可以直立行走、语音交互、主动接待游客。对于不熟悉的内容尽管问机器人豹小秘,它不仅能告诉你们物品的名字,说不定还会再讲一个物品背后的故事。

机器人讲解员的记忆储存及数据灵活输出相较于人工讲解员具有极大的优势,1秒可录入数万字,对于游客的各类问询可以轻松答复。机器人讲解员在解说的同时也能在屏幕上同步展示视频或图片,沉浸式的讲解体验更激发了观众的想象力、临场感、交互性,使游客能够更加深入地了解革命历史,以及它不可替代的时代价值。[①]

图 9-2-1　红色旅游 AI 智能问答机器人"豹小秘"

资料来源:让红色历史"活"起来,猎户星空机器人"入职"井冈山革命博物馆|井冈山革命博物馆|机器人[EB/OL].https://k.sina.com.cn/article_2061924233_7ae6778900100vgr1.html.[访问时间:2022-07-16].

四、红色旅游的 VR 沉浸式体验

(一) VR 技术应用于红色旅游

在合理利用 VR/AR 全景技术的基础上,以红色经典故事的发生地为亮点,创新红色旅游发展策略,重视对红色旅游文化资源的挖掘,优化红色旅游的体验设计,打造极具视觉冲击力的场景,将红色爱国主义文化教育与旅游产业经济效益相结合,在扩大红色文化的影响力范围的同时,也推动了红色旅游产业经济发展,拉动配套产业协同发展。

---

① 让红色历史"活"起来,猎户星空机器人"入职"井冈山革命博物馆|[EB/OL].https://k.sina.com.cn/article_2061924233_7ae6778900100vgr1.html.[访问时间:2022-07-16].

1. 构建大数据库，提供信息支持

针对 VR/AR 技术的需要进行红色文化数据整理及旅游开发价值数据分析，推进红色旅游资源的信息化工作，构建完善的红色旅游资源数据库。数字化建设红色历史遗迹、博物馆，红色旅游资源数据库为 VR/AR 全景技术的应用提供了良好的数据支持。

2. 突破传统方式，注重科技创新

VR/AR 全景技术具有的创新性、交互性，该技术能够为人们带来新鲜感受，具备很强的吸引力。通过丰富的影像和虚拟现实模拟场景，提升旅游项目的吸引力，开发新的游览模式以及沉浸式体验，助力红色旅游突破传统方式，创新红色文化传播形式，挖掘红色旅游项目所具备的社会价值，推动红色产业精神文明建设。

3. 促进文化传播，增强情感共鸣

利用 VR/AR 全景技术作为创新技术，为红色旅游产业发展及红色文化传播提供新的工具，进而扩大红色旅游文化的传播范围，促进有深度、持续性的发展体系的建立。

结合 VR/AR 全景技术创造的极具视觉冲击力的场景，深化体验和情感冲击，将先辈们热血奋斗的场景展现在人们面前，使人们进一步感受中国军魂。[①]

研读材料

南昌依托世界 VR 产业大会和南昌 VR 产业基地，并结合当地的红色历史文化，打造了一个红色移动虚拟现实（VR）全国示范城市，旨在通过 VR 技术讲"好"红色文化故事，通过 VR 技术做"深"红色文化旅游。VR 技术新颖独特的教学形式使得厚重的红色文化有了更生动的解读。[②]

南昌新四军军部旧址陈列馆是全国首个采用实景 VFX 技术制作的裸眼 VR 沉浸馆项目，游客摆脱了 VR 眼镜等道具即可身临其境地体验裸眼 VR 的超高清影片。裸眼 VR 沉浸体验区是由五面 LED 屏组成的沉浸式显示装置空间。利用实拍＋叙事的方式进行裸眼 VR 内容的制作，并通过 VFX 技术手段进行后期制作。

南昌新四军军部旧址陈列馆中影片《铁军出征》，通过 VR 技术，跨越时空，身临其境地感受新四军浴血奋战的历史。参观者能够"目睹"新四军的革命往事，南方三年游击战争时期、新四军在南昌改编组建、抗日救亡及新四军抗日作战……四面八方炮火轰鸣，子弹横飞，"天空"中的"战机"朝大家呼啸而过，无数战士冲锋陷阵、奋勇杀敌。

影片结束后，游客脚下的屏幕切换成一个"3D 战营"，出现了"踩地雷"小游戏，"敌人"会不时冒出头来，踩向对应的地面，地雷便会引爆，"敌人"就会瞬间消失。这个互动游戏吸引了不少游客前来体验（见图 9 - 2 - 2）。

---

① 王崇娟，陈晓忠，刘绍勇. VR/AR 全景技术在红色旅游文化传播中的应用方法探析——以黑龙江省为例[J].旅游纵览，2022，(14)：128 - 130.

② 江西用 VR 技术讲好红色故事[EB/OL]. http://www.ctnews.com.cn/news/content/2020 - 11/16/content_91345. html. [访问时间：2022 - 07 - 30].

裸眼VR的参观形式＋别出心裁的游戏设计,为游客打造了一场沉浸式的互动体验。南昌新四军军部旧址陈列馆以寓教于乐的方式让游客参与到抗日战争的历史洪流中,激发了游客的"红色动能"。南昌新四军军部旧址陈列馆的创新突破了传统的知识传授式教育,更加直观、生动地使游客感受到新四军的历史。[①]

图9-2-2　游客体验南昌新四军军部旧址陈列馆裸眼VR沉浸馆项目

资料来源:全国首个裸眼VR沉浸馆落户南昌|vr|陈列馆|vr技术[EB/OL].https://www.163.com/dy/article/H782SD6O05524ONC.html.[访问时间:2022-07-17].

(二) 红色旅游引入VR技术必然性

红色文化是中华民族的特有文化,红色文化的继承问题历来受到党中央的高度重视,也成为当前很多专业研究者关心的重点课题。由于VR的日益发展,以及应用的不断丰富,在市场需求的驱动下,发展红色旅游的VR技术是顺应时代的趋势与社会发展的需求、使对红色旅游历史进行数字化保存成为可能,也是发展红色旅游历史传播手段的必然要求。

中国红色文化资源丰厚且具有较强的史学研究意义和爱国主义教育意义。可是许多珍贵的红色历史资源因为没有得到充分的保护,已经处于残破或者将要消失的状态。VR科技不但可以对保护下来的遗址进行三维全景扫描,增强游客的历史感受,也可以对已损的历史遗存或者即将消失文化遗产进行虚拟还原,进行数字化复制,满足游客了解历史的需要。红色文化资源是开展红色旅游活动的重要基石和动力,怎样更有效地维护好红色文化资源是红色旅游可持续开发的关键所在。而VR科技不但能适应红色旅游文化资源维护的需

---

① 全国首个裸眼VR沉浸馆落户南昌[EB/OL].https://www.163.com/dy/article/H782SD6O05524ONC.html.[访问时间:2022-07-17].

要,而且还能革新红色文化旅游开发方式,增强红色旅游开发新动力,所以利用 VR 科技发展红色旅游存在着必然性。

一般人对于红色旅游历史的实物资料的观察与感受都是环绕式、沉浸式的深度体验,体验者可以戴上 VR 头盔、感应手套、穿上感应服装等设备,获得沉浸式的互动体验。不同于一般旅游的走马观花式地拍拍照,看一看,这是一次对历史的反思、一次回味、能够深入了解一段鼓舞人心的历史故事,以实现继承和发扬红色历史文化的目的。要让旅游管理单位在各方面都做到尽善尽美,特别重视在每一个环节的体验,充分发挥虚拟现实旅游的红色传统文化教育的功能,特别重视对红色非物质文化遗产的自然环境和民族传统人文环境的融合和原生态保护,特别重视保护红色非物质文化遗产和民族传统特色产业、历史人文旅游资源等有关领域。[①]

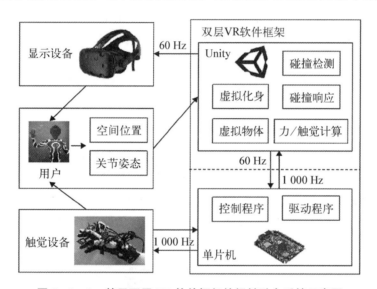

图 9 - 2 - 3　基于双层 VR 软件框架的视触融合反馈示意图

资料来源:郭园,童倩倩,郑宇铠,等.融合多元触觉和沉浸式视觉的可移植 VR 软件框架[J].系统仿真学报,2020,32(07):1385 - 1392.DOI:10.16182/j.issn1004731x.joss.19 - vr0440.

第三节　数字非遗乡村旅游

一、数字非遗乡村旅游发展空间

2022 年 1 月,国务院正式发布《"十四五"数字经济发展规划》,[②]指出要通过数字化促进

---

① 郭园,童倩倩,郑宇铠,等.融合多元触觉和沉浸式视觉的可移植 VR 软件框架[J].系统仿真学报,2020,32(07):1385 - 1392.

② 中华人民共和国中央人民政府官网."十四五"文化发展规划[EB/OL]. http://www.gov.cn/zhengce/2022 - 08/16/content_5705612.htm.[访问时间:2022 - 08 - 17].

公共服务更加普惠均等,要促进社会服务和数字平台深度融合,探索多领域跨界合作,以数字化推动文化和旅游融合发展。

文化振兴是乡村社会建设中"铸魂"的依托,数字非遗旅游是乡村振兴中"特色"的道路,文化包含非遗文化保护、非遗文化传承、乡村文化。非物质文化遗产的保护、传承与乡村振兴两者之间存在内在的契合性,既推动乡村非遗文化多元性和独立性发展,又推动了产业赋能目标的达成,从而彰显数字非遗与乡村旅游在内在相互嵌入和实践操作中的共生互动。

数字经济持续推动着文旅产业的发展升级,旅游目的地数字化已成未来发展趋势。借助自身旅游大数据和专业技术优势,转变小镇旅游的发展方向,打开小镇旅游新局面,助力其提高整体信息化管理和运营能力,打造数字化文旅小镇。围绕其数字化建设开发运营,实现一体化全面数字化建设,带动小镇产业变革加速,提升旅游资源的服务水平和利用率,促进小镇全域旅游发展,实现"文旅小镇＋数字化"的新模式。

二、数字非遗乡村旅游融合方式

(一)非遗乡村旅游＋数字小程序

"滁州数字非遗"线上平台采用"8＋1"模式,八大模块分别是:非遗展馆(5 个)、非遗产品(非遗食品 14 个,非遗纪念品 4 个)、视频集锦、非遗项目(88 个)、非遗传承人(73 人)、非遗文创(1 个)、一码游滁州、非遗活动,以及一大模块为手绘非遗,其中包含传统音乐、民间文学、传统舞蹈、传统戏剧、曲艺、传统体育、游艺、技艺、传统美术、传统技艺、传统医药、民

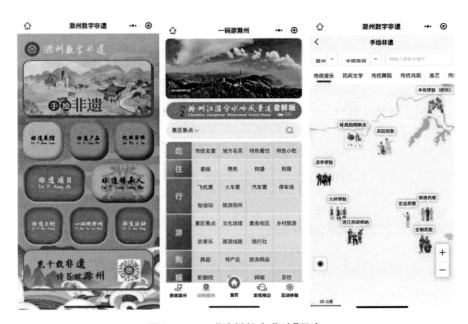

图 9‐3‐1 "滁州数字非遗"平台

资料来源:"滁州数字非遗"平台截图。

俗、民间知识。滁州数字平台提供"吃、住、行、游、购、娱"等智慧化线上服务。且可以通过文字、图片、视频等方式多角度了解滁州市非物质文化遗产的魅力。

表 9 - 3 - 1　滁州非遗展馆、食品、纪念品

	非 遗 展 馆	非 遗 食 品	非 遗 纪念品
滁州数字非遗	滁州市文化馆	天长甘露饼、琅琊酥糖、池河雪片糕	儒林根雕
	全椒县文化馆	凤阳龙兴御液酒、老明光酒、御膳麻油	凤阳花鼓雕刻挂件
	定远县非物质文化遗产展示馆	魏氏艾草、滁菊、西涧春雪绿茶	凤阳凤画
	来安县非遗馆	管坝牛肉、马厂酥笏牌	凤阳花鼓
	明光市文化馆	秦栏卤鹅、定远卤鹅、雷官板鸭	

资料来源："滁州数字非遗"平台截图。

(二)非遗乡村旅游+数字影像

凭借着在精神上与智慧上的特殊性,中国非物质文化在全世界文明中有着极大的影响,在世界非物质文化中也有着非同一般的地位。"非遗"数字影像记录着各族人民世代传承的传统文化和民族记忆,以及在日常生活中成为与群众密不可分的各式各样的传统文化的表现方式。

"非遗+影像"模式是依靠电视、电影、新媒体等媒介,利用数字化技术和网络平台,将历经岁月的非物质文化遗产化"无形"为"有形"地传承下去,完整地记录非物质文化遗产的表演形式、制作工艺、传承手段并广泛传播。特别是随着 5G 技术快速发展,数据传输效率大幅提升,4K、8K 高清视频,以及移动端上的流畅播放、VR(虚拟现实技术)和 AR(增强现实技术)使视频更具沉浸感,舒适的视觉效果使人们能在云端享受视听盛宴,从而推动了非物质文化遗产向影视方向快速发展。影视逐渐成为延续非物质文化遗产保存和传播的重要载体。[1]

乡村有"戏",乡村旅游才有"味"。非物质文化遗产与旅游协同发展,推动传统戏曲文化赋能乡村旅游发展,帮助提高文化在旅游里的占比,也直接提升了戏曲对受众的影响力,避免了乡村旅游的同质化发展,繁荣了乡村旅游市场。国家京剧院和中国移动咪咕公司联合出品的经典的传统技艺《龙凤呈祥》5G 云演播,4K 超高清制作,传统戏剧借助 VR 技术,以多视角、多机位呈现舞台画面,加入"云喝彩""云导赏""云解说""云互动"等花絮环节,使观众得以自主选择观赏视角,以跨界传播为实施要点,用绚丽浪漫的形式进行展示,彰显了中华非遗文化的神韵风采。并对线下剧场环境进行"复刻"与升级,创制"云打营""云包和"等模式,强化了云端剧场在场互动的体验感。[2]

① 黄永林.非物质文化遗产产业利用意义和发展模式研究[J].中国文艺评论,2022,(08):13 - 26.
② 国家京剧院携手中国移动咪咕联合出品《龙凤呈祥》[EB/OL].https://www.sohu.com/a/448926399_162522.[访问时间:2022 - 07 - 30].

图 9 - 3 - 2　《龙凤呈祥》5G＋4K"云演播"

资料来源：《龙凤呈祥》5G＋4K"云演播"：定义产业新未来［EB/OL］. https://new.qq.com/rain/a/20210325A04ANP00.［访问时间：2022 - 08 - 17］.

研读材料

　　上海东方证券心得益彰公益基金会等发起"西遇知美|敦煌"项目，从第一季《莫高霞光》、第二季《温柔的脊梁》、第三季《榆林之灵》，到第四季《四季的滋味》，始终坚持以艺术和跨界的形式传递敦煌的博大精深，以及它背后所蕴含的一切精神。

　　第四季《四季的滋味》由一部讲述敦煌研究院守护者故事的纪录片以及以此为灵感所呈现的公益餐桌组成。纪录片拍摄的足迹涉及莫高窟、榆林窟、西千佛洞、炳灵寺石窟以及麦积山石窟，展现了守护者们奉献自己的四季去换取文化瑰宝更源远流长的生命的动人故事。"西遇知美|敦煌"让更多人能够看到敦煌的独特之美，更加珍视和热爱

敦煌,也传递着可贵的品质和精神,承担起保护和传承敦煌文化的责任和使命,推动助力乡村发展。①

图9-3-3　"西遇知美|敦煌"第四季《四季的滋味》

资料来源:《四季的滋味》视频截图。

(三)非遗乡村旅游+数字媒介

非遗需要被看见,进而才能被了解、被热爱。提升非遗产业化品牌传播力,除了线下展示,社交媒体、网络视频、移动短视频等直观化、互动性强的新媒体传播方式也给打造非遗IP带来新入口,在实践过程中,相关部门和企业也在不断探索群众喜闻乐见的宣传、展示方式。2020年,抖音公布《抖音非遗大数据》显示,在1 372个国家级非遗项目中,抖音涵盖1 318项,涵盖率高达96%。"短视频语境下非遗新的文化样式最直观的表现就是影像化的制作和呈现……同一个非遗项目,不同的叙事、拍摄、剪辑手法可以呈现出完全不同的效果。"非遗媒介内容的再创造能力是决定非遗在全媒体时代传播力的重要因素。②"近几年,我们看到传统工艺走红网络,非遗网络公开课大受青年人欢迎,古老的非遗正一步步融入现代生活。"云南省非遗保护中心主任尹家玉谈到,要实现非遗项目家喻户晓这一目标,还需进一步加大传播力度,多渠道推广,让更多人自发地加入非遗的传承与传播中。③

---

① "西遇知美|敦煌"第四季《四季的滋味》在莫高窟收官[EB/OL].https://www.yicai.com/news/101085053.html.[访问时间:2022-07-30].

② 抖音非遗大数据:年轻人为非遗点赞64.8亿次——中国非物质文化遗产网·中国非物质文化遗产数字博物馆[EB/OL].https://www.ihchina.cn/news_1_details/21074.html.[访问时间:2022-08-04].

③ 让非物质文化遗产"活"起来[EB/OL].https://reader.gmw.cn/2021-06/29/content_34957877.htm.[访问时间:2022-08-04].

1. 非遗传承人——李子柒

作为具有广泛海内外影响力的短视频制作者,李子柒自觉承担起了中华优秀传统文化的传播使命,且能沉下心认真了解非遗项目,学习和传承传统技艺,不做表面功夫;作为网络红人,与文化部门合作,为非遗代言,为传统工艺振兴和乡村振兴做贡献,体现出社会责任感。李子柒通过自己的传承行动激励了千千万万人。

这些年来,她身体力行,从最初自己摸索缝制千层底,与中国工艺美术大师、蜀绣国家级非遗产传承人孟德芝女士学习,她记录了一针一线制作绣品的过程,让网友体会到非遗文化所包含的服章之美,更让蜀绣文化展现了华夏礼仪,彰显了古风之美。不仅如此,她还驱车 7 个多小时,从绵阳的深山里来到自贡的一口百年盐井前,亲手参与制作了一锅自贡井盐,将从东汉时期便开始发展的自贡盐文化带到当代千家万户。为了学习木活字印刷术,李子柒来到千里之外的温州瑞安东源古村,停留了 3 个多月,最终通过精美且细节丰富的视频,将在刻刀与纸墨上记载的华夏礼韵传播给了更多人。

近年来爆红海内外的李子柒通过视频展示乡村生活,她在短视频中身穿中国传统风格服饰,烹饪中华传统民间特色美食,配乐选取中国古典风格乐曲,镜头穿梭在淳朴的中国自然乡村风貌中,人设、服饰、场景、食物、道具、剧情的每一细节都在深入发掘中国传统乡村文化元素,利用融合数字技术打造了文化审美的视觉盛宴(见图 9-3-4)。虽然没有一字一词

(a) 制作自贡井盐

(b) 非遗蓝染

(c) 活字印刷

(d) 蜀绣

图 9-3-4　李子柒短视频

资料来源:李子柒抖音截图。

刻意的赞美,但视频让公众无一不感受到乡村生活的美好,使快节奏的城市人群对于这种悠闲、安逸和朴素的乡村生活充满向往。

2. 非遗传承人——川香秋月

川香秋月是三农类自媒体,1 115.0 万抖音粉丝,获赞超过 1.3 亿,是泸州城市宣传媒介。平时在视频里给 1 000 多万粉丝做乡村美食,传递乡村生活趣事。点开她的短视频账号,展现的正是有些琐碎而又温馨的家庭生活,家人就是她视频中最常出镜的"嘉宾"。正如她在一期短视频中所写道的:"乐观和爱才能让生活更有意义,迎着阳光、温暖前行,生活终将会更加美好!"她的创作很多时候正是在表达这种平凡而质朴的生活正能量(见图 9 - 3 - 5)。

(a) 泸州宣传

(b) 理塘萝卜种植

(c) 手工凉糕制作

(d) 竹荪美食制作

图 9 - 3 - 5　川香秋月短视频

资料来源:川香秋月抖音截图。

在视频之外,川香秋月也在用实际行动践行着她的信念。作为一名返乡创业者,最初从事电商销售的她在 2019 年年底抓住短视频兴起的契机,创作了大量表现乡村生活的作品,受到网友的喜爱。随着关注他们的人越来越多,如今团队还通过开展助农销售、特色农产品加工等方式,在理塘带动萝卜种植,为农户增收、就业提供帮助。① 川香秋月与甘孜文旅局局长刘洪,以及吴二娃、悦哥等抖音网红共创香格里拉之魂,吸引游客到此参观旅游,助力乡村

---

① 川香秋月_百度百科[EB/OL]. https://baike.baidu.com/item/%E5%B7%9D%E9%A6%99%E7%A7%8B%E6%9C%88/59296331.[访问时间:2022 - 08 - 04].

振兴。

李子柒、川香秋月等人为非遗传承以及乡村旅游所做的努力都被广大网友看到了,大家还在以自己的方式进行着接力,继续助力乡村旅游,传承非遗文化。在以后的日子里需要更多年轻的力量一起加入进来,和他们一起助力数字化赋能乡村文旅传播品牌;与文化部门合作,为非遗代言,为传统工艺振兴和乡村振兴做贡献。

(四)非遗乡村旅游+数字文创

目前非遗乡村旅游文化以静态体验为主,这导致很多乡村还保留着最本真和原始的状态,这为现代游客带来了一些不便,导致非遗乡村旅游在一些方面上吸引力不强、趣味性较弱,文化氛围、生活体验感较差,较难吸引游客等问题,而这些问题累积起来导致大众游客很难满足其多方面的需求。因此非遗乡村旅游必须从根本上使当地文化活起来,让静态的文化融入大众,在此基础上进行传承与创新而不失其本真,这是保护和开发非遗文化的重要途径,也是我们必须经历的改变。非遗艺术是农村旅游的精彩点缀,更是乡村旅游可持续发展的关键所在。乡村旅游的内涵价值和附加值,总体上还是通过文化体现的。所以,做好乡村文明建设,发展乡村旅游必须充实文化内容,特别是在保护、传承和利用非遗文化上多下功夫。同时还应该重视对分散在民间的传统非遗文化的发掘和整合,并进一步挖掘地方传统非遗文化的自身潜能,如此便能够与时俱进,并赋予地方传统非遗文化全新的形象。

在城乡振兴、文旅融合的新时代背景下,城市文创产品可以作为联系文化与游客的纽带,而对于乡村,文创产品则又成为一种全新的传播传统文化方式,通过这个途径能够拯救已经逐渐濒临消失的农村传统非遗文明,同时也通过艺术与传统文化元素的融合为农村文化赋能,从而提升乡村软实力。要加强对乡村优质文化资产的发掘,进一步发挥文化产业对乡村繁荣的助力功能。

珍贵精美的非遗产品、独具特色的文创产品,在弘扬优秀传统文化的同时,更被赋予了提振文旅消费的信心、释放文旅消费潜力的使命。

研读材料

中国印钞造币总公司和秦始皇帝陵博物馆联动制作出《兵马俑纪念券》(见图9-3-6)。纪念券运用了十余种防伪技术造就,并使用了最新的AR技术,详细描绘出兵马俑2200多年前无与伦比的历史文化价值。采用了新型防伪技术,全息精准镂空宽条,全息结构实现精准镂空脱铝效果。拥有纪念券的人只需要用专有的APP,扫描收藏册上的二维码,便可以欣赏威武的平面兵马俑画像,这些画像能够瞬间跃然纸上与你互动沟通,这让受众能更直观地看清历史的色彩。

(a)"秦始皇兵马俑"30周年纪念券 (b)"秦始皇兵马俑"40周年纪念券 (c)货币防伪技术

图9-3-6 兵马俑纪念券

资料来源：中国印钞造币＋秦始皇陵博物馆,联合发行"兵马俑纪念券"！[EB/OL].https://www.sohu.com/a/285580494_357388.[访问时间：2022-08-30];罕见！中国印钞造币总公司还发行了兵马俑纪念券？[EB/OL]https://toutiao.sctx.com/toutiao/details-69733.html.[访问时间：2022-08-30].

（五）非遗乡村旅游＋数字藏品

近年来,我国数字化进程再加速,以区块链、5G、AI等技术手段为媒介,立足于数字艺术,传播传统文化,赋能实体经济。NFT数字藏品是非遗数字化领域中一大热点,将传统非遗文化技艺与数字科技相结合,赋予传统非遗文化资源传承新的时代元素,实现创新性发展和创造性转化,促进优秀文化资源数字化,推动数字藏品与实体经济之间建立更深的连接与互动,开发具有鲜明地域特点和民族特色的IP数字形象。

我国非遗种类多样、技艺考究,普通陈列手段很难进行动态的展览。数字藏品很好地解决了这个问题。数字藏品平台有专业数字技术和宣传运营人员,将传承人创作出经典作品通过数字化建模包装,并将原件妥善保存起来。数字藏品可以限量售卖,通过手机里的一张3D图,让购买者既能足不出户、随时随地多方位地领略非遗文化,也能让他们对其有直观了解。要想将非遗文化传承下去,首先要了解它,数字藏品能够形象生动地展示展览内容,是一种新兴的展览形式。[①]

[①] 数字化何以激活非遗艺术[EB/OL].https://baijiahao.baidu.com/s? id＝1736662117004104198.[访问时间：2022-08-14].

研读材料

锦绣中华民俗村是浓缩了诸多元素的展览区,其中有27个村寨,细致展现了中华民族的人文风情与文化特点。五佛冠纸牌画是东巴画中的灿烂瑰宝,具有极高的艺术价值和研究价值。"东巴文化五佛冠"数字藏品以东巴仪式主持法冠为原型,深度挖掘纳西族东巴文化的内涵,借助区块链技术,通过数字化再造,推出了六款珍藏数字艺术藏品。非遗NFT让传统文化融入时代语境,用更新潮的方式使传统文化与现代风情交融相会(见图9-3-7)。

图9-3-7 锦绣中华"东巴文化五佛冠"系列数字藏品

资料来源:布局元宇宙!中旅"世界之窗""锦绣中华"数字藏品首发[EB/OL].https://robotdoit.cn/home/news/show/id/593.[访问时间:2022-08-30].

(六)非遗乡村旅游+数字演艺

非遗和演艺的结合并不仅限于景区中的表演,在文旅融合的大背景下,随着数字化、社交平台等强势崛起,非遗演艺也出现了许多不同的创意形式,甚至衍生出了一系列新兴商业模式。沉浸式非遗演出就深受大众的喜爱与欢迎,"沉浸式"演出本就拥有庞大的市场空间,尤其受年轻人的喜爱。沉浸式非遗演艺通过全方位、多角度、个性化地提升参与感、自我满足感,从而将其转化为文化认同、深度体验及商业消费。沉浸式的非遗演艺可以建立以非遗IP为原点,甚至可以与粉丝进行沉浸式的娱乐互动,同时整合IP资源、演出资源、地产资源,构建完整的商业闭环。山东的非遗主题旅游线路将山东的传统戏剧、舞蹈、音乐、曲艺、传统体育等进行有机结合,打造了沉浸式的非遗演艺线路,使游客与非遗表演者同处于一个空间,从一个非遗项目的旁观者转变为亲历者,加深游客对非遗文化的印象,丰富游客在非遗文化旅游中的体验。[①]

---

① 【非遗特辑】非遗+演艺,持续可变现的那些事儿<七>[EB/OL].https://zhuanlan.zhihu.com/p/511580090.[访问时间:2022-08-30].

三、数字非遗乡村旅游产业助兴

数字化和乡村旅游的深度融合,有利于深度挖掘乡村的地域文化及优势资源,系统整合分散的乡村旅游资源,促进乡村文旅产业发展,促进旅游产业主体与游客之间的互动,扩大乡村旅游消费市场及市场规模。

数字非遗与乡村旅游融合以"数字非遗"为核心模块,以"乡村旅游"为主导产业,能够智能梳理非遗资源,与互联网进行深度融合,形成"乡村非遗文化旅游业"这一新型产业。数字非遗主体对乡村旅游产品的内涵进行补充,刺激乡村旅游的消费市场;乡村旅游主体对数字非遗文化进行保护传承,拓宽非遗文化的发展平台。实现非遗保护、文化振兴、创新发展、乡村振兴的共赢。

第四节　数字非遗休闲旅游

在数字化信息的背景下,将"以文促旅,以旅兴文"作为文旅融合发展的路径以及指导思想,休闲旅游业依托数字赋能、城乡互动、数字治理等方法,取得正协同效应,促进非遗文化产业与数字经济、休闲旅游实体经济高质量融合发展。数字非遗休闲旅游打破了产业之间的壁垒,准确定位,尊重历史,彰显个性,促使旅游业迅速崛起并完成升级转型,创造新价值,开发新功能。

一、数字非遗休闲旅游概述

挖掘休闲旅游地域的文化特色,坚持"扬弃"观,休闲旅游多样化、多元化、互动化、智慧化正成为休闲旅游的新趋势,休闲旅游沉浸式体验正成为休闲旅游的新范式,休闲旅游新场景、新业态化正成为休闲旅游的新组成。借助数字化、互联网等技术打造智慧休闲旅游,助力文化遗产"新生",全面提升旅游管理和服务水平。以中华文明精神为定位,有效整合丰富的文物资源,将抽象的文化符号融入休闲旅游风貌塑造的方方面面。[①]

二、数字非遗休闲发展新模式

休闲旅游指在人民生活水平不断提升,物质文明与精神需要日益增长的情况下,追求休

---

① 智库研究：城市篇之西安篇-文旅升级下的"网红"城市[EB/OL].http://new.qq.com/rain/a/20210427A0AM2800.[访问时间：2022-08-14].

闲、娱乐、健康和使人们精神愉快的旅行。旅行目的、形式多种多样,随着数字化时期旅行认知的转变,旅行领域随之拓宽,而休闲旅行形式的多样化、多元化可以提升民众休闲旅行的期待值,促进旅行模式转型,使旅客对休闲旅游更加满意。

(一) 主题公园沉浸式旅游

近些年来,生活中的方方面面无不体现着对数字技术的应用,数字技术是实现非遗文化、旅游产业融合创新的重要推动力,是赋能传统旅游业向数字化、智能化升级的主要抓手。以增强现实、虚拟现实等前沿技术为载体,将数字技术、光影技术、文化特色IP等技术应用于新型主题公园,打造身临其境的沉浸式旅游。"数字+非遗文化+旅游"打破了传统的表现形式,连接现实场景与虚拟场景,优化"有形资源"与"隐形资源",将"静态观赏"转变为"动态互动",使游客"沉浸"于景区中,丰富游客多感官的娱乐体验,注重创意设计、氛围烘托、沉浸感和场景化。

研读材料

北京世园会中的"奇幻光影森林"(见图9-4-1),将虚拟立体视觉技术、增强现实技术、沉浸式技术、人机互动技术、虚拟现实技术、人工智能技术、移动流媒体技术、投影映射和环境互动等数字技术与自然园林、中国的传统文化结合在一起。它以中国传统文化典籍《山海经》为背景,发挥中国传统文化的奇观想象。艺术家们从《山海经》中选

图9-4-1 北京世园会"奇幻光影森林"奇幻光影世界的互动体验

资料来源:世园会"奇幻光影森林"惊艳首演,够炫![EB/OL]. https://baijiahao.baidu.com/s?id=1632205765342259419.[访问时间:2022-08-27].

取最具代表性和美好象征意义的奇花异草、珍禽异兽为角色,用最先进的数字技术讲述中国最古老的故事,让更多的人进入故事,了解中国传统文化。

"奇幻光影森林"坐落在自然园林环境中,依托虚拟视觉与人机互动技术、交互式投影映射,白天到夜晚"不落幕"。白天依托 AR 技术、音像互动技术,游客可以在"昆仑"山麓的玉树之间漫步,登至山巅的仙草花园中向灵鹿祈福,触动园林中的特殊设备召唤神兽,通过"仙境"装备找寻森林里的故事。夜间,户外互动影像与中国优秀传统文化、园林艺术文化相互融合,游客会被多角度巧妙的艺术设计所折服,领略内容与多维度多感官融合的沉浸式交互体验,感受现代科技与传统文化、虚拟技术与现实场景、光影技术与园林艺术的美妙融合。[①]

(二) 特色 IP 打造新地标

打造可供多维度开发的文化产品 IP,IP 具有话题性、流量性、粉丝性、传播性,借其之势打造旅游城市形象。将景区与主题 IP、具有标志性的特色相结合,形成独特影响力,在一种可以产生裂变传播的新型营销方式的加持下,引起粉丝自发性旅游打卡,已经成为当地城市快速打造地标和旅游名片的捷径。

八方邻里、熙南里历史文化休闲街区、老菜场市井文化创意街区等聚焦具有市场感召力的文化符号,打造特色鲜明的主题化、特色化 IP,充分利用非遗资源逐步提升街区的内涵和张力。在数字化网络时代,西安以非遗文化品牌为核心,创新推出"永兴坊摔碗酒""回民街毛笔酥""大唐不夜城不倒翁"等网红 IP,借助抖音短视频平台迅速"出圈",形成极强的网络效应,成功带火了永兴坊景区,使其成为西安旅游的一张名片。

研读材料

西安大唐不夜城位于西安市雁塔区,总建筑面积 65 万平方米。大唐不夜城的开发模式主要为"文化＋旅游＋商业＋数字"的多层次"四位一体"新模式深度融合。如今只要提起西安,大唐不夜城俨然已经成为西安的最具特色也是最具人气的旅游文化名片之一。孵化了像"不倒翁小姐姐"这样拥有千万粉丝、百亿流量的网红 IP,在抖音等短视频平台极具传播力。

《大唐开元》是全球首个基于唐朝历史文化背景的元宇宙项目。《大唐开元》类似于大唐不夜城的"虚拟镜像世界"。白天的大唐不夜城是休闲旅游景点,但晚上结合声光电的技术后,则成为时空隧道,使游客仿佛沉浸于盛唐(见图 9-4-2)。[②]

---

① 世园会"奇幻光影森林"惊艳首演,够炫! [EB/OL].https：//baijiahao.baidu.com/s? id=1632205765342259419. [访问时间：2022-08-14].
② 腾讯内容开放平台[EB/OL].https：//page.om.qq.com/page/OZvDj9ykWYfc9OeUNot5EmoQ0. [访问时间：2022-08-27].

图9-4-2 大唐开元·钟楼数字藏品展示

资料来源:腾讯内容开放平台[EB/OL]. https://page. om. qq. com/page/OZvDj9ykWYfc9OeUNot5EmoQ0. [访问时间:2022-08-27].

(三)虚实互动休闲旅游

基于政策背景和战略发展方向,紧抓发展当下产业领域与技术热点,多领域积极布局,持续以数据技术硬核赋能,积极深入探索新兴技术领域。深化"数字＋"模式应用,聚焦并持续拓展更多新兴数字孪生技术,打造数字全真呈现应用生态,实现虚拟平台、数字服务、虚实融合新消费等多位一体的商业创新,引领产业发展,推动数字技术与实体经济的高质量发展。

研读材料

湘西自治州凤凰县利用数字融合文化技术和虚拟人工智能技术实现全景渗透,强化技术的赋能力量,推动数字智能旅游的发展,构建"文化＋科技＋娱乐＋教育"为一体的数字拟真文旅产业乐园。

通过开发一个单独的虚拟空间,植入充满当地文化传说的湘西元素剧情,感受湘西文化在娱乐中的独特韵味,该模式可以为多人在线互动提供数字文化旅游产品,给予玩家视觉与听觉双重震撼,无缝衔接多个主题游戏,使玩家获得更深层次的精神体验。

数字文化旅游空间打破了传统旅游时间和空间的局限,通过1∶1恢复现实世界中的作物生长场景、手工制作场景、具有当地文化特色的表演场景,促进了线上和线下虚拟现实生态的共生。同时,以线上线下＋虚实互动为理念,推出主题数字收藏品,致力于为游客提供终极梦幻之旅。每套收藏附带交换线下公园门票、免费停车、免更衣室储物柜租赁费等实际权益,实现虚拟数字产品与实际价值的深度联结。用户在平台上购买的数字收藏不仅具有收藏价值,还与实物相结合,具有收藏升值、实物交换、增值服务等属性。此外,通过数字文化创意,探索文化价值,探索数字应用,整合数字资源,多维整合展示景区,更方便游客和网民欣赏(见图9-4-3)。①

图9-4-3　数字拟真文旅产业乐园——中青宝凤凰水上乐园

资料来源:TA终于来了! 国内首家虚实互动主题乐园"中青宝凤凰水世界"即将盛大试营业! [EB/OL]. https://new.qq.com/rain/a/20220804A0ABNE00. [访问时间:2022-08-30].

(四)数字休闲艺术创新

艺术是生活的组成部分,两者相互连接,不可分割。艺术传述着故事、一种历史文化情结,艺术创新是对世界各地的本土艺术资源与内容的发掘和研究,数字艺术创新能够为游客们带来休闲娱乐的沉浸式观感体验,数字休闲艺术创新是艺术性与商业性的巧妙结合。

研读材料

《长恨歌》是中国首部大型实景历史舞剧,也是唯一一部专门刻画唐玄宗与杨贵妃爱情的舞剧。《长恨歌》是大型室外实景演出,演出地华清池也是历史故事的真实发生地,以白居易优美迤逦的诗文《长恨歌》为蓝本,充分发掘景区资源。最先进的高科技舞台技术的运用、可视化多彩舞台灯光使演艺在山水间更富有层次感。户外水下的LED彩色表演舞台、舞台两侧的即时播放演出现场实况升降投影,使舞台三维感更突出,比翼鸟的翅膀可迎风扇动。观众席位增加至3 000人,转场时间压缩至15分钟。它是一个具有独特非遗文化艺术与非遗文化魅力的亮点产品,开创了一个将非物质文化遗产保护、传承与数字商业开发可融合的案例。《长恨歌》借助华清宫皇家园林这个5A级IP,使"非遗文化艺术＋数字休闲旅游"实现了"白＋黑"的融合,使消费实现了"非遗艺

---

① 数字化旅游引爆景区,虚实相生破局文化旅游新玩法! ——沉浸式体验实景剧游项目[EB/OL]. http://ipmaker. 3deazer.net/blog/76f9aa8bf7e. [访问时间:2022-08-30].

术观赏＋数字休闲度假"的结合,使"静态历史"成功实现"动态变活",具有变革意义(见图9-4-4)。

图9-4-4 实景历史舞剧《长恨歌》

资料来源:人气火爆 一票难求 西安《长恨歌》为何被誉为"大唐最美爱情故事"[EB/OL].
https://www.163.com/dy/article/EBA85Q970524AC68.html.[访问时间:2022-08-10].

戏曲作为中国传统艺术的瑰宝,却面临"传承难""年轻人不关注"等窘境。在数字化发展的今天,抖音、快手等短视频平台的崛起使戏曲焕发了新活力,抖音发起"谁说传统文化不抖音"一系列活动,运用"秦腔名角儿效应＋抖音合拍功能"与广大戏迷朋友进行互动,征集并选拔出最优秀、热度最高的合拍人(见图9-4-5)。

旨在借助抖音、快手等短视频平台推动戏曲文化进入人们的视野,传播优质传统文化的用户挑战赛,创新了年轻受众对于戏曲及中华传统文化的话语表达的新方式,提升了年轻受众对于戏曲及中华传统文化的认知与关注,从而能够挖掘出更多潜在的受众。

戏曲剧团加强与互联网平台的合作。聘请专业人员进行原创的表演和流行音乐等表演,在确保继承传统戏曲精华的基础上,创作出更多影响大众的具有创意文化内涵的作品。戏曲弘扬和发展的内涵与载体需要在艺术创新中更为多样化、更加适应现代人的审美习惯和消费模式。而经过这种创造性的探索和大胆的创新,戏曲艺术也许还会有更大的发展空间和更强大的生存能力。[①]

---

① 秦腔的创意化保护与发展思路探析[EB/OL].https://www.fx361.cc/page/2020/0318/8070078.shtml.[访问时间:
2022-08-10].

图 9 - 4 - 5　秦腔名角儿效应

资料来源："网红城市"进化论,城市品牌营销正当时[EB/OL].https://www.sohu.com/a/326802736_505797.[访问时间:2022 - 09 - 10].

(五) 数字化美食助力休闲旅游

在数字技术发展的大环境下,引入互联网、大数据、人工智能等先进的数字技术,全方位投入文旅相关产业体系中,深度融合非遗文化与数字旅游,赋能各产业经济增效提质,驱动各产业经济效用的提升,激活各产业经济效能提振,提升饮食创新发展,融合非遗文化等多种销售渠道,开拓产品线上线下营销新渠道。提供高水平、高层次、更富有文化内涵的美食指引。

研读材料

"长安 IN"文旅数字平台自主开发了系列数字藏品,其礼盒包装设计灵感来源于西安城墙。礼盒外立面包含四神兽、西安城墙永宁门、祥云等寓意美好的元素。传统文化底蕴中青龙为东方之神,白虎为西方之神、朱雀为南方之神、玄武为北方之神,它们依次环绕西安城墙永宁门,守护着千年古城墙,寓意"团团圆圆,长安永安"。

杭州文三路数字生活街区里新开了一家"气味元宇宙"体验馆,人们可以通过发射各种气味的气味涡环炮体验气味沉浸感,也可以体验视觉、听觉、嗅觉三者融合的沉浸式气味电影,定制独家专属气味。

"气味元宇宙"体验馆正门口的气味涡环炮可以"发射"各种气味,使人们体验气味沉浸感。在"气味电影院",坐在观影席上,观众的脖子处戴有气味播放器,慕斯蛋糕、微醺红酒、重庆火锅等气味,能够透过电影屏幕,通过气味播放器,扑鼻而来。相比于传统的观影体验,增加了嗅觉体验,将观众完全带入沉浸式的电影空间。在"气味直播间"

图 9 - 4 - 6　"颂月永宁"月饼包装

资料来源："颂月永宁"，这是一款来自元宇宙的月饼［EB/OL］https：//mp.
weixin.qq.com/s/oTlUpuDiIiM3gdWeSZKpgw.［访问时间：2022 - 08 - 10］.

里，主播直播拆解来自全球各地的气味样品，并将其送至气味分析实验室，可还原数字
气味配方，实现互联网的传输和复现。通过独家定制的专属气道，顾客可以选取喜欢的
香型进行组合搭配，通过"气味小播"软件生成新的气味配方，创造出独家定制的专属气
味。还可以将调配好的气味通过数字气味播放器按照配方还原。将气味分类整理、进
行数字化编码、数字化存储、通过"气味＋NFT技术"上传至区块链永久保存，既可交易
也可赠送（见图9 - 4 - 7）。将气味以数字化形式表现不再是虚无缥缈的描述，气味将

图 9 - 4 - 7　气味涡环炮，气味播放器

资料来源：看电影能闻到香气、把气味存进"胶囊"？文三街"气味元宇宙"来袭！数字生活王国［EB/OL］.https：//
www.sohu.com/a/537375864_121117477.［访问时间：2022 - 08 - 17］.

成为有价的数字资产,连通了气味"现实世界"与"虚拟世界"的大门,将气味价值由无形价值转变为有形价值,使人们具有别样的互动式体验。①

三、数字非遗休闲旅游智慧化

智慧旅游是新科学技术和文化旅游融合发展的更高级阶段,在旅游服务、景点数字化、推广旅游等方面发展数字文旅,并积极运用数字化等现代信息技术,全方位提高对游客的服务质量。进一步发展壮大"宅经济",积极推进旅游景点智能化、旅馆(民宿)服务品质化的建设,加快旅行社转型升级,将新业态作为促进文旅业发展的强力支撑。各大旅游景点都把线下游览活动搬到了线上,产生了多姿多彩的云游览、云会展等云上产品,并充分运用数字科技给居家的人们带来了沉浸式的线上旅行感受。而线上旅行与数字文旅等新产业的共同发展既促进了景点的发展,又促进了线下旅游业的复苏。

(一) 游玩服务升级

在智能景区建设方面,还设置了"数字旅游大数据平台",将景区数据全面接入大数据分析平台,游客主管部门能够直接通过这一平台监看景区状况、指导资源调度。同时,旅客还能够通过浏览手机地图,进行景区导航、查询厕所位置及状况。多个景区均采用了数字化还原技术以及 AR、VR 场景还原技术,旅客使用手机就能够发现已经消失的历史建筑。同时旅客还能够使用手机软件,买票、付款、查询购物点、厕所、停车位位置等,同时还能够了解旅游景区的推荐玩法,这将极大地方便游客,也为游客带来了更好的体验。

智能化景点建设,并且有目标、有步骤地把景点打造成为旅游产品智能化、项目经营智能化、精准推广智能化园区。构建了游客旅行大数据系统,实现景点 Wi-Fi 全覆盖;建立了售票营销体系,进行多渠道网上售票,同时建立智慧服务平台,进行科学智慧控制,使 5G、无人售货车、智慧扫地机器人等也参与到了景点建设。

研读材料

婺源位于江西省上饶市婺源县,被誉为"中国最美乡村",其建筑整体风格属徽文化。"婺源风景区"微信公众号,通过高科技信息技术和临场感 VR 拍摄制作为游客介绍景区信息,推荐游览路线,提供语音讲解,及介绍其周边值得体验的旅游景点信息,且贴心地增加了停车场、卫生间导航板块(见图 9-4-8)。数字科技为乡村旅游经济发展提供了强劲动力,为乡村旅游影响力与知名度提升了动能。

---

① 看电影能闻到香气、把气味存进"胶囊"? 文三街"气味元宇宙"来袭! [EB/OL]. https://www.sohu.com/a/537375864_121117477. [访问时间:2022-08-17].

图9-4-8 婺源·江湾VR智慧景区图片

资料来源: 婺源·江湾VR智慧景区APP截图。

(二) 互联网平台宣传

在"酒好也怕巷子深"的时代,只有积极利用好新媒体工具,才能打造出独具特色的城市品牌,城市品牌的价值和魅力才能真正得以体现。城市是美好生活的助推剂,每座城市都有自己的特色,美食、地标建筑、非遗文化、特色展馆、历史名胜、景观都是城市的特殊符号。成为"网红"城市不仅得益于丰富而多彩的文化底蕴与历史资源,更离不开旅游宣传推广上的巨大影响,因此能够成为旅游"网红"城市,更需要积极借助网络的新传播工具,通过大众喜闻乐见的方式,充分应用互联网文化在宣传上的巨大裂变作用。网红城市独有的美景和传统文化,点缀上数字潮流,辅以抖音的海量视频、有"梗"的内容、个性的风格、搞笑的音乐,共同造就了数亿次的用户观赏、点赞和转发。

研读材料

西安全面开展了互联网宣传营销工作,建设了"一主四辅多渠道"的宣传平台,推进了"西安智慧旅游宣传平台"的建设工作,在各个数字化平台上投放西安的旅游主页以及宣传广告,均取得了不错成绩。

在国产第一热剧《长安十二时辰》播出后,西安的美食、景区、博物馆纷纷"蹭"此热度,连原作马伯庸都开始在微博上感慨:"后悔……下次动笔之前应该设广告位招租。"此外,快速崛起的抖音、快手等短视频平台,也被作为宣传打造网红的重要渠道。例如永兴坊的摔碗酒就是通过抖音用户相互传播。利用这些新型传播通道,使得西安独特的历史文化魅力、精彩绝伦的旅游演绎、鲜明的节庆主题活动、美味可口的夜市美食时不时就爆火全网。[①]

四、数字非遗休闲旅游攻略

(一) 数字非遗旅游小程序

微信小程序是年轻人活跃的平台,旨在提供复杂的产品与服务。如果非遗保护可以结合小程序的推广,贴合年轻人的活跃场景,可以让更多的年轻人参与其中,以年轻化的姿态去加入对非物质文化遗产的保护与传承队列。

小程序丰富的功能和形式可以展现非遗文化,提供场景化、沉浸式的体验,充分激发用户对非遗文化的兴趣。也可以对非遗文化进行系统全面的讲解,使用户获取的各项信息呈现更加完善,使图片、文字、视频、直播融为一体,更加充分调动用户的各种感官,进行多角度全面思考。提升用户对非遗文化的兴趣,起到提升非遗推广的广度和深度的作用。还可以提供一些系列社交属性强的交流活动,使用户积极分享自己与非遗文化的故事和经验,促进双向交流,传播非遗文化。[②]

研读材料

开发"豫见黄河非遗"小程序是进一步整合黄河流域非遗资源的重要举措,将河南的非遗资源数字化,设置了"探索"(非遗手绘地图)、"全景博物馆""传习""资讯""礼物"等线上互动板块。用户在手机上便可身临其境地参观"全景博物馆",还可近距离细致观赏河南黄河流域1市8县的博物馆中的非遗馆藏品,查看藏品的详细介绍;通过浏览二次元手绘非遗地图,对1市8县重点推荐的非遗项目及非遗相关景点进行数字化探索,倾听语音讲解非遗故事,观看传承人的精彩动态、短视频,国家级、省级、市级非遗传承人的名片及生动故事(见图9-4-9)。[③]

---

① 智库研究:城市篇之西安篇-文旅升级下的"网红"城市[EB/OL].https://new.qq.com/rain/a/20210427A0AM2800.[访问时间:2022-08-30].
② 非遗小程序:让非遗文化更"年轻"[EB/OL].https://www.163.com/dy/article/HEG1GIQB055344ER.[访问时间:2022-08-30].
③ 上云端开启黄河宝藏"老家河南 黄河之礼"非遗数字馆小程序上线-河南省文化和旅游厅[EB/OL].https://hct.henan.gov.cn/2020/12-24/2064605.html.[访问时间:2022-08-30].

"豫见黄河非遗"小程序通过打造"数字平台＋黄河文明"的线上线下融合新场景，将非遗资源进行深度挖掘、解读、创意延伸利用，使年轻一代通过沉浸式交互体验领略黄河文明之美，足不出户就可以在云端上体验数字互动，对于非遗的传承和发展将会起到进一步的推动作用。

图 9-4-9 "老家河南 黄河之礼"——"豫见黄河非遗"小程序

资料来源："老家河南 黄河之礼"——"豫见黄河非遗"小程序截图。

（二）数字非遗旅游公众号

非遗文化通过微信公众号强大的留存推广和信息宣传能力，实现微信公众号运营裂变营销，以达到推广的目的。

表 9-4-1 微信公众号优点

微信公众号优点	
自带流量	平台客户群体庞大
互动性强	直接微信沟通，不需多方周转
	微信公众平台发布文章，分享至朋友圈，用于社群营销
成本较低	无需推广费用，可其他平台共享
营销多元	文章、视频、音频、图片、混合式编辑方式
客户精准	有一定需求的用户
服务方便	随时随地更新个人或单位的最新动态
简单交互	传递实现人与信息的连接，信息展示与营销

研读材料

截至 2022 年 2 月,河南省非遗数据汇总如表 9‑4‑2 所示。

表 9‑4‑2　非遗数据统计汇总表

非遗数据统计	共　计
人类非物质文化遗产代表作名录项目	3 个
河南省国家级非物质文化遗产代表项目	125 个
河南省国家级非物质文化遗产代表项目代表性传承人	127 名
河南省省级非物质文化遗产代表项目	1 030 个
河南省省级非物质文化遗产代表项目代表性传承人	1 147 名
河南省市级非物质文化遗产代表项目	2 762 个
河南省市级非物质文化遗产代表项目代表性传承人	3 445 名
河南省县级非物质文化遗产代表项目	9 272 个
河南省县级非物质文化遗产代表项目代表性传承人	9 600 名

"河南非遗"公众号分为三大模块:"非遗 V 网""关于非遗""非遗信息"。"关于非遗"模块细分为政策法规、重大活动、非遗数据;"非遗信息"模块细分为重点关注、城市动态、基础知识(见图 9‑4‑10)。

图 9‑4‑10　"河南非遗"公众号

资料来源:"河南非遗"公众号截图。

第十章
数字非遗的会展运用

第一节　数字非遗的会展运用概述

在数字化和信息化技术蓬勃发展的大背景下,新兴技术为文化产业带来了新的模式变化,对文化产业的转型也提出了新的要求。作为我国传统文化资源的重要构成部分,非物质文化遗产的保护与传承面临着数字化呈现的多种可能性。2022 年 5 月,国务院办公厅印发《关于推进实施国家文化数字化战略的意见》,提出"建成文化数字化基础设施和服务平台,基本贯通各类文化机构的数据中心,基本完成文化产业数字化布局,公共文化数字化建设跃上新台阶,形成线上线下融合互动、立体覆盖的文化服务供给体系"。[①] 作为国家文化数字化建设的重要部分,会展领域的数字化发展为非物质文化遗产的传承和传播拓展了空间,带来了新的效能,与数字非遗的发展可谓相辅相成。本章将主要从博物馆的数字非遗呈现、展会的数字非遗呈现以及节事的数字非遗呈现,来描述近年来我国数字非遗在博物馆和会展领域的发展概况、路径与方法,并简述主要案例,以供未来发展参考。

一、数字非遗会展概念

会展为非遗保护和传播提供了有效的载体,数字会展在空间和时间上都对非遗的保护和传播进行了延展。首先我们需要明确会展、数字会展、数字博物馆的概念,进而界定数字非遗会展的概念。

(一) 会展与数字会展的定义

关于会展的界定十分复杂,其含义的外延也十分广阔。一般认为,会展是在特定的时间

---

① 新华社,中共中央办公厅 国务院办公厅印发《关于关于推进实施国家文化数字化战略的意见》[EB/OL]. http://www.gov.cn/zhengce/2022 - 05/22/content_5691759.htm. [访问时间:2022 - 10 - 28].

段和场所内,以一定主题、内容、形式和目的,通过传播、展示和交流方式,实现人流、物流、资金流、信息流和能源流积聚的活动。狭义而言就是会议和展览;广义会展则包括会议、奖励旅游、大型会议、活动展览和节事活动等。因此,会展活动的类型也多种多样。按举办形式可分为会议、展览会、交易会等;按内容类型可分为商贸类、体育赛事类、社会文化类等;按照参与范围可分为国际级、国家级、省市级、某一行业内等;按照展览规模可分为综合型、中小型、小型、微型等;按照举办场地可分为室内、户外、室内露天混合型等。

"数字会展是指会展产业链上下游企业使用数字化的软硬件技术重塑组织结构、工作方式、业务流程;面向会展市场和会展参与群体提供数字化的产品和服务,创建数字化的连接,创造数字化的个性化的服务体验,获得数字化的收入,从而促进企业数字化转型的系列经营、运营和管理行为的集合。因此,数字会展不仅是新工具、新技术、新理念的应用,也是一种新业态、新模式和管理的创新"。①

非物质文化遗产是文化会展的重要部分,大型会展的举办通过各种现代科技手段(混合现实技术、数字媒体技术、人工智能技术、数字孪生技术等)、社交网络以及文化娱乐活动集中展现了非物质文化遗产,既聚集了各种非遗资源,又传播了非遗相关的知识,有力地推动了地域文化的发展。数字技术赋予了非遗文化活态传承的可能性。作为展现、传播非物质文化遗产的重要渠道和平台,会展产业本身正经历着数字技术的洗礼,在信息衔接、资源配置、产业集成、话语地位等方面形成了新的模式和新的机理,②这为数字非遗打破时间局限、突破空间限制、降低展示成本、增强体验、推进环保、可持续发展以及创新性转化提供了新的突破口。

(二)数字博物馆的定义

对于博物馆与数字化之间的关系,有两种定义:一是数字化博物馆,其强调博物馆的数字化过程;二是数字博物馆,其强调博物馆的数字展示形态。所谓"数字化博物馆是利用数字化媒体技术把传统博物馆陈列的可移动艺术品和不可移动有价值的实物的各个方面信息进行采集、整理、展示和处理,通过数字化技术有计划、有逻辑地进行视觉图形、图像、视频、音频、文字等方面的设计,并通过数字化平台对观众提供相关展示、教育以及研究等服务。数字化博物馆实际就是将计算机应用学、信息传播学以及博物馆学相结合的信息服务平台。观众在任何时间以及不同的空间场所都可以根据自己的需要浏览相关展品的信息,自由选择参观方式,通过非线性的方式获取想要的信息"。③

而"数字博物馆的概念主要起源于以物质文化遗产为主要展示实体的博物馆领域,以实体博物馆为依托,以独立于博物馆的数字化建设为基础。相对传统博物馆而言,数字博物馆是建立在数字空间之上的博物馆,涉及计算机科学、数据库、多媒体、虚拟现实、增强现实、人

① 楚有才.一文读懂数字会展:十问数字会展[EB/OL]. https://zhuanlan.zhihu.com/p/461167478.[访问时间:2022-08-30].
② 葛浩然,张瀚文,葛欣然,等.数字赋能下我国会展业战略效用提升机制研究[J].商展经济,2022,(10):1-4.
③ 王谨.南京云锦文化数字化博物馆建设设计构思[J].美术教育研究,2014,(11):70-71.

工智能、人机交互、网络信息等技术。在一定程度上,数字博物馆就是一个分布式的数字信息资源系统。非遗数字博物馆是以非物质文化遗产为主要展示内容,以分散分布在地域内的非物质文化遗产项目相关资源为依托,以项目资源的数字化采集、存储、管理、共享为基础"。[①] 在非物质文化遗产的保护与传承过程中,无论是数字化博物馆还是数字博物馆都发挥了作用,前者是对非物质文化遗产进行数字化采集和展示,而后者是在数字空间建立以非物质文化遗产为内容的博物馆。

(三) 数字非遗会展的定义

以此类推,数字非遗会展是指产业链上下游机构或企业使用数字化的软硬件技术,在特定的时间段和场所内,以非物质文化遗产为主题、内容、形式和目的,通过传播、展示和交流,实现与非遗相关的人流、物流、资金流、信息流和能源流积聚的活动,面向市场和相关参与群体提供数字化的产品和服务,创建数字化的连接,创造数字化的个性化的服务体验,获得数字化的收入。除了以非遗数字博物馆所具有的非遗资源的数字化采集、存储、管理、共享为基础外,还涉及传播和商贸。

本书所涉及的展览既包括具有文化展示和传播意义的在博物馆系统内开展的数字非遗展览,也包括以商业经贸为目的的数字非遗展览会、博览会以及节庆活动。

二、数字非遗会展发展历程

(一) 数字博物馆发展历程

20 世纪 80 年代中期文博系统开展信息化建设工作,无论是数字化保护还是数字化展示,实践案例都非常丰富,如故宫博物院的数字影像技术、敦煌壁画、南京博物院的多媒体和混合现实技术应用。特别是近年来,借助 APP 应用、数字文物解析、三维虚拟展、全景空间展等形式,数字博物馆有了长足的发展。在博物馆建设方面,在国家和各省市政策与资金的支持下,各地都在推动非物质文化遗产博物馆的建设,不仅开展了线上数字博物馆的建设,也在线下博物馆内借助互联网、大数据、多媒体技术、扩展现实技术等对非物质文化遗产进行数字化呈现。

表 10-1-1　代表性数字博物馆

名　字	运　营	网　　址	亮　点
全景故宫	故宫博物院(微景天下)	https://pano.dpm.org.cn/gugong_pano/mobile.html	以地理位置为线索,利用三维空间呈现故宫全貌
中国国家博物馆数字展厅	中国国家博物馆	https://www.chnmuseum.cn/portals/0/web/vr/	全景展览回顾

① 杨红.非物质文化遗产数字化研究[M].北京:社会科学文献出版社,2014:14.

续　表

名　字	运　营	网　　址	亮　点
数字敦煌	敦煌研究院	https://www.e-dunhuang.com/	数字化采集、加工和存储敦煌石窟
云游敦煌	敦煌研究院 人民日报新媒体 腾讯		微信小程序，集游览、探索和保护敦煌石窟艺术功能为一体
南京博物院虚拟展厅	南京博物院	http://www.njmuseum.com/zh/exhibitionIndex	利用 3D 建模技术复原展览现场
上海博物馆网上展览	上海博物馆	https://www.shanghaimuseum.net/mu/frontend/pg/display/online-exhibit	数字化采集、呈现展览内容

资料来源：作者整理。

2006 年，"中国非物质文化遗产网·中国非物质文化遗产数字博物馆"正式上线，开启了国家层面非遗数字博物馆的建设。根据中国非物质文化遗产数字博物馆（www.ihchina.cn）的数据，截至 2020 年 12 月，中国列入联合国教科文组织非物质文化遗产名录（名册）的项目共计 42 项，总数位居世界第一。其中，人类非物质文化遗产代表作 34 项（含昆曲、古琴艺术、新疆维吾尔木卡姆艺术和蒙古族长调民歌）；亟须保护的非物质文化遗产名录 7 项；优秀实践名册 1 项。截至 2021 年 6 月 30 日，国家级代表性项目共计 3 610 项，其中民间文学 251 项、传统音乐 431 项、传统舞蹈 356 项、传统戏剧 473 项、曲艺 213 项、传统体育、游艺与杂技 166 项、传统美术 417 项、传统技艺 629 项、传统医药 182 项、民俗 492 项，国家级代表性传承人 3 063 人，已经形成了一个体量巨大的中国非物质文化遗产基因库。[①]

在知网上以"非物质文化遗产数字博物馆"为关键词进行搜索，截至 2022 年 8 月，共查询到 48 篇相关文献，最早的研究发表于 2006 年，其中集中在文化方面的有 28 篇、档案及博物馆领域的有 13 篇、从计算机软件领域进入相关议题的有 8 篇，此外还有与美术相关的 3 篇、与旅游相关的 3 篇（见表 10 - 1 - 2）；在 2015 年、2016 年和 2019 年发表论文数量相对较多，达到 6—7 篇左右。相关研究主要涉及具体非遗项案例的数字化保护、具体省市的非遗数字化保存与传播、数字技术在博物馆、图书馆和档案馆的应用、非遗文化遗产中心的设计等方面。

（二）数字会展发展历程

在会展方面，一方面，会展业已延伸到日常生活和文化领域中，近年来各城市的节庆、赛事、活动不胜枚举，其总体规模和影响力堪比一般展览业和大型活动；另一方面，会展与营销、旅游、文化、艺术、媒介已呈现深度融合的趋势。近年来数字技术的发展、全球经济重构

---

① 中国非物质文化遗产数字博物馆.中国入选联合国教科文组织非物质文化遗产名录（名册）项目［EB/OL］. https://www.ihchina.cn/chinadirectory.html.［访问时间：2022 - 07 - 08］.

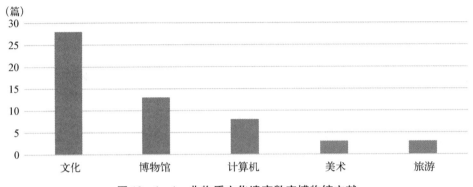

图 10 - 1 - 1　非物质文化遗产数字博物馆文献

资料来源：作者自绘。

和新冠疫情的影响都使得线下会展更多地面向线上会展转型,也从面对面到屏对屏的转型。展览业将 2021 年称为"元宇宙"之年,新冠疫情的暴发导致线下展览向数字化的转变不断加速。据 UFI 发布的《UFI 全球展览行业晴雨表》数据,全球 58% 的受访者在现有的展览产品中增加了数字服务和数字产品。[①] 全球会展巨头如励展和英富曼集团都加大对在线平台的投入,积极探索数字化新模式。米奥会展推出网展贸 MAX 数字化产品支持企业双线展。[②]中国国际贸易促进委员会推出了"贸促云展"平台(https://ccpit-expo.com/zh-CN),为国内外参展商提供了开放兼容的平台,通过智能化推荐、多场景展示等数字化方式助力中国会展行业数字化升级。广交会自 2020 年 4 月起连续三届以线上形式举办,打造 24 小时线上外贸平台,呈现云展厅、云展台,吸引采购商网上采购和交易。中国国际进口博览会从第三届开始搭建网上数字展厅,实现进博会商品全年 365 天展示。在国家展厅,以虚拟现实、三维建模等手段搭建标准化数字展厅;在品牌展厅,运用大数据挖掘、云计算等手段,构建出影像视听、短视频以及线上直播融合的线上线下新场景。搭建数字信息管理平台、应用展示和互动数字技术、应用人工智能技术拓展会展服务模式(如人脸识别、5G、VR/AR 技术、自助机器人、智能翻译、语音识别、墨水屏提示牌、智能会议室、智能投屏等数字技术等)以及会展活动的虚拟化方面,都成为会展数字化发展的显著趋势。[③] 非物质文化遗产作为会展业的主题和内容来源之一,也随着会展数字化的发展趋势而获得相应发展,在线上线下融合传播、展示场馆智能化建设以及信息平台建设方面发展迅猛,特别是近年来国家政策的大力支持,使非遗信息平台建设取得了较大成效。

研读材料

　　2021 年 10 月 1 日,迪拜世界博览会中国馆在阿联酋的迪拜揭幕,并同步上线"云上中国馆"(http://www.expochina2020.org/),将线下空间信息复制,以虚拟场景呈

①　中国 2021 展览经济发展报告[R].中国国际贸易促进委员会,2021：2.
②　后疫情时代,数字会展驱动会展龙头崛起[R].西部证券,2022：11.
③　梁增贤,罗秋菊,郑雅馨,等."新经济格局和数字技术下的会展业变革"系列笔谈[J].旅游论坛,2021,14(05)：69 - 84.

现"共同的梦想""共同的地球""共同的家园""共同的地球"四个展厅。[1] 该项目由数字空间供应商如视利用 VR 技术呈现，不仅提升了中国馆的观众人数（145 万人在线参观），而且给予了线上观众全新的视觉体验。中国馆本身的展示虽然更加突出地展示了中国在推动科技创新方面的成就。中国馆很多视觉元素就来自中国的非物质文化遗产，如中国馆建筑的造型取自红灯笼，以及展馆内的设计元素等都展现了中华民族丰富的传统文化与独特的审美意蕴。

在知网上以"数字会展"为关键词进行搜索，截至 2022 年 8 月，共查询到 586 篇文献，从 2002 年开始，呈逐年上升趋势，涉及贸易经济、信息经济、文化、计算机软件等领域。但是无论以"数字非物质文化遗产会展"为关键词还是以"非物质文化遗产数字会展"为关键词，都只有 1 篇相关图书文献，可见这方面的相关研究还有待开拓。

图 10-1-2　中国成都国际非物质文化遗产节首页

资料来源：中国成都国际非物质文化遗产节［EB/OL］. http://www.cdgjfyj.com/. ［访问时间：2022-07-20］.

图 10-1-3　迪拜世界博览会中国馆云上展馆

资料来源：中国馆云上专区［EB/OL］. http://www.expochina2020.org/. ［访问时间：2022-09-07］.

---

[1]　中国馆云上专区［EB/OL］. http://www.expochina2020.org/. ［访问时间：2022-09-07］.

(三)数字节事发展历程

在节事方面,传统节日既是非物质文化遗产的重要组成部分,也是集中展现非物质文化遗产的重要时间点。在非物质文化遗产中,有一类民俗、节庆、礼仪主要指反映某一民族活动区域习惯风俗的重要礼仪、节日、庆典活动、游艺活动以及民族体育活动。春节、元宵节、清明节、端午节、中秋节、重阳节等传统节日都有很多围绕节日形成的民俗、制品以及食品,也是重要的非物质文化遗产。近年来各地政府也围绕节事展开了丰富多彩的宣传推广活动,并积极在互联网平台开展"非遗购物节"活动。由于受新冠疫情影响,各地在每年6月的第二个周六"文化和自然遗产日"相应开展了"云游非遗"等活动,将形式多元的宣传活动汇聚在云端,推动着数字化展现非物质文化遗产的形式进一步创新。

在学术领域,以"非遗节庆"为主题关键词进行搜索,截止到2022年8月,在知网共搜索到252篇文章,呈现逐年上涨的趋势,主要涉及文化、旅游、音乐舞蹈、体育、文化经济、农业经济等相关领域,其主题和保护与传承、非遗文化、民俗节庆、发展路径、乡村振兴、文旅融合等话题有关。目前学界在综合的节事研究上,主要关注节事的新功能、新特征(本质性、事件性、节庆性、真实性、象征性传统性和后现代性),节事时间-空间综合体的研究以及从事件学体系出发的事件哲学、事件管理、事件学分支以及事件技术等方面。[1] 对于数字非遗的节事研究目前还更多停留在现象描述、策略发展阶段,在对其本质、意义以及新技术影响等方面的研究还有待开拓。

三、数字非遗会展发展意义

数字非遗和数字会展的发展相辅相成,相得益彰,是互为表里的关系。非遗借助数字技术在会展这个本身具有相当广泛传播力的大舞台上,找到了新的呈现方式、新的载体和新的时空传播范围。

首先,数字技术使非物质文化遗产与受众的互动性加强,数字技术吸引了更广泛以及更年轻的用户,让用户愿意了解传统文化资源;线上虚拟空间的设置可以让用户更便捷地获取非遗资源,线下多媒体技术以及虚拟现实技术打造的非遗互动项目让用户可以身临其境,参与其中。

其次,数字技术也使公共文化服务借助会展这个渠道惠及了更多的用户,丰富了公共文化服务的内容,推动了公共文化服务的发展,促进了公共文化服务体系的建设。

最后,数字技术使线上购物、线上直播成为可能,促成了非物质文化遗产的商品交易,使非遗走进了用户的日常生活,使非遗的保护和传承有了更多的可能性,进一步推动了非遗IP的发展。

研读材料

　　联合国教科文组织推出的"丝绸之路在线平台"将古丝绸之路上丰富的历史文化遗

---

① 梁增贤,罗秋菊,郑雅馨,等."新经济格局和数字技术下的会展业变革"系列笔谈[J].旅游论坛,2021,14(05):69-84.

产在网络空间进行重现和延展。该项目利用丝绸之路互动地图可视化呈现沿线的传统节日、传统手工艺、博物馆、文化遗产以及城市等。利用知识库提供相关专家信息库和关于丝绸之路的最新研究。同时，丝绸之路沿线的青年人还可以参与"丝绸之路青年之眼"国际摄影大赛，借助摄影镜头展示他们对沿线文化遗产的理解，并上传该平台。该项目通过广泛的参与、持续的对话，以增进不同文化之间的相互理解，推动对丝绸之路文化遗产的保护与传承。

总体上，非物质文化遗产的保护与传承在数字会展相关领域呈现形式多元、平台多元、技术多元的趋势，线上与线下相结合、展示与传播相结合、生产与消费相结合的特点，对非物质文化遗产的本真性、生产性和活态性保护和传承方面都产生了积极作用。数字技术使非物质文化遗产的全球化（Glocalization）有了全球化和本土化双向发展的可能性，一方面，加强了不同国家各种社区群体在全球化过程中的文化认同与对文化价值的寻找；另一方面，也让本土文化在全球范围内借助数字空间发声。

第二节　非遗数字博物馆

非物质文化遗产是珍贵的历史遗存，是社群记忆、身份认同、情感维系的纽带，是文化多样性的重要体现。[①] 数字技术的发展扩展了非物质文化遗产保护和传承的手段。联合国教科文组织《公约》（2016 年版）指出，国际层面对非遗的保护途径包括 A 学校包括属于教科文组织联系学校项目网络的学校；B 社区中心、博物馆、档案馆、图书馆和类似机构；C 大学、专业中心和研究机构；D 各种形式的媒体，包括教科文组织网站。[②] 在国内数字化保护和展示非物质文化遗产的重要途径之一就是通过博物馆、公共图书馆、档案馆以及相关公共文化组织进行收集、展示和传播。

一、博物馆与非物质文化遗产

（一）国际博物馆界与非遗

国际博物馆协会在 1998 年墨尔本举行的第 18 届大会，以"博物馆与文化多元性：古老的文化，崭新的世界"为主题，开始关注博物馆对非物质遗产文化的责任，探讨博物馆与文化多样性的关系；2002 年 10 月，在上海举行的国际博物馆协会亚太地区第七次大会专门通过

---

① 李妍.非遗保护的数字化赋能——以"国家级非遗炕围画数字博物馆·襄垣"为例[J].民艺,2021,(06)：47-50.
② 联合国教科文组织.2003 年保护非物质文化遗产公约[EB/OL]. https://ich.unesco.org/doc/src/2003_Convention_Basic_Texts-_2016_version_CH.pdf. [访问时间：2022-10-07].

了以"博物馆、非物质文化遗产和全球化"为标题的《上海宪章》，指出"作为保护非物质文化遗产建设性合作伙伴关系的推动者，博物馆应创立跨科学、跨行业的方法，使可移动与不可移动、物质与非物质、自然与文化遗产融为一体"。① 2016 年联合国教科文组织推出有关《公约》的基本文件，提出加强能力建设，以及有关伦理原则的政策指导。

（二）国内博物馆界与非遗

随着博物馆社会角色的转变，无论是展陈题材还是展示手段，都发生了很大变化。非物质文化遗产开始和博物馆发生越来越密切的关系，博物馆的职能从对物质文化遗产的展陈层面，扩大到了非物质文化遗产的保护与传承领域。20 年来，我国在非遗馆建设与展陈实践方面成果显著。2011 年，中国首座国际非遗博览园在四川成都落成，此后陆续出现了"非遗展示场所""非遗博物馆""非遗专题公共文化设施"等不同称谓的非遗展示空间。②

2021 年 5 月 25 日，文化和旅游部印发的《"十四五"非物质文化遗产保护规划》指出在"十四五"时期将建设 20 个国家级非遗馆，同时，支持地方政府和社会力量根据自身特点建设富有地方、民族、行业特色的非遗馆，改建或新建传承体验中心，形成集传承、体验、教育、培训、旅游等功能于一体的传承体验设施体系。③ 2021 年 8 月 2 日，中共中央办公厅、国务院办公厅印发《关于进一步加强非物质文化遗产保护工作的意见》，将非物质文化遗产传承体验设施建设列为非遗传承与保护的重要工作内容。④

因此，无论是从国际博物馆界还是国家政策层面，对于博物馆与非物质文化遗产之间的关系都在不断明确，也从体系建设、提高传承水平、加大传播力度以及具体保障措施等方面全方位推进与非物质文化遗产有关的保护与传承工作，具体主要体现在三个方面：一是数字化非遗：通过实地整理收集、数字化模型建设、数字化平台搭建等方式推动数字非遗工作的开展；二是实体展馆：利用数字技术展现非物质文化遗产，创造新的参观体验；三是虚拟展馆：借助互联网建立虚拟数字博物馆，扩展展示空间和信息资源。

二、数字技术赋能非遗网络平台

（一）非遗数字网络

基于互联网技术搭建非遗网络平台是目前非遗档案和数据库建设的重要途径。以数字博物馆的形式来展示非遗，具有数字博物馆所具有的一般特性，如信息实体虚拟化、信息资

---

① 赵向军.民族地区非物质文化遗产与博物馆的探索实践——以大理非物质文化遗产博物馆为例［C］.中国民族文博（第五辑），2013：112 - 118.

② 刘托：开启非遗展示与传播新篇章［EB/OL］. https：//new.qq.com/omn/20220113/20220113A08A3W00.html. ［访问时间：2022 - 08 - 01］.

③ 文化和旅游部.文化和旅游部关于印发《"十四五"非物质文化遗产保护规划》的通知［EB/OL］. http：//www.gov.cn/zhengce/zhengceku/2021 - 06/09/content_5616511.htm. ［访问时间：2022 - 07 - 08］.

④ 新华社.中共中央办公厅 国务院办公厅印发《关于进一步加强非物质文化遗产保护工作的意见》［EB/OL］. http：//www.gov.cn/zhengce/2021 - 08/12/content_5630974.htm. ［访问时间：2022 - 07 - 08］.

源数字化、信息传递网络化、信息利用共享化、信息提供智能化、信息展示多样化等。①

具体来说，通过实景模拟、立体展现、沉浸体验等形式，将线下实体博物馆"搬"到互联网上来，用户只需运用互联网就可以身临其境地欣赏珍贵典藏，能够更加方便快捷地了解相关知识，②数字非遗博物馆使存在于人们日常生产生活过程中的各类非物质文化遗产项目"活起来"，通过链接、数据库和搜索引擎技术的运用，方便使用者检索获取相关资料。

（二）全国性的线上非遗平台

数字敦煌博物馆于 2011 年建立，这一年是我国数字博物馆建设的开局之年。此后，一系列数字博物馆陆续建立起来，如 2012 年，百度百科博物馆计划上线，并陆续推出数字化文博展示区、VR 全景体验区以及数字藏品等，2018 年还推出了"中国文博数字化成果展"，借助多种技术展现中国文博之美；2016 年，国家博物馆数字展厅启用，至 2022 年共计上线 75 个数字展厅，借助 VR 全景技术，一批线下重要的展出都可以在线上回顾观看。

在非遗线上博物馆中，敦煌非物质文化遗产数据库建设较早并形成体系，它将敦煌曲子戏、敦煌彩塑制作、敦煌舞、敦煌民歌等国家及省地县级非物质文化遗产和抢救挖掘的非遗线索全部实现"数字化"。自 2009 年开始，共抢救挖掘整理非遗线索 300 多条、文字资料百余万字、图片资料 8 000 余幅、音视频资料 9 000 多分钟，成功申报国际级非遗 1 项、甘肃省级 14 项、酒泉市级 52 项、敦煌市级 68 项。③ 该网站在地理环境、历史渊源、传承谱系、存续状况、重要价值、保护计划等方面都做了相关信息梳理。

在国家级层面，中国非物质文化遗产网·中国非物质文化遗产数字博物馆（www.

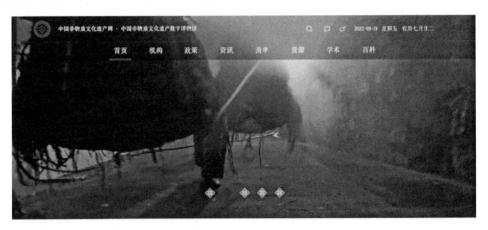

图 10 - 2 - 1　中国非物质文化遗产数字博物馆首页

资料来源：中国非物质文化遗产数字博物馆［EB/OL］. https：//www.ihchina.cn/chinadirectory. html.［访问时间：2022 - 07 - 08］.

① 杨红.非物质文化遗产数字化研究［M］.北京：社会科学文献出版社,2014：14.
② 肖瑱,陈嘉,钟梦茹."互联网＋"背景下南京云锦数字博物馆设计研究［J］.西部皮革,2021,43(17)：137 - 138＋144.
③ 南如卓玛.甘肃敦煌完成非遗数字化,传承敦煌文化基因［EB/OL］. http：//www. myzaker. com/article/5aed5d8277ac6458ff3e5ea2.［访问时间：2022 - 08 - 10］.

ihchina.cn/）根据《国务院关于加强文化遗产保护的通知》精神，由中国艺术研究院（中国非物质文化遗产保护中心）主办的公益性非物质文化遗产保护专业网站，包括政策、资讯、资源、学术、百科等多个板块，同时链接了相关展览、影音、图集、H5等新的数字化展示方式。非遗人之家（www.fyrhome.cn）由中国非物质文化遗产保护协会和中国数字文化集团创立，设有专门的非遗数字体验板块，以VR看展和图片看展的方式，呈现全国各地的非遗博物馆或展览馆；[①] 2022年6月，国务院《关于推进实施国家文化数字化战略的意见》发布不到一个月，由中国工艺美术馆、中国非物质文化遗产馆举办的首届"非遗馆里话非遗——文化数字化背景下非遗保护与教育"在非遗人之家官方和抖音账号同步播出，探讨在实施国家文化数字化战略背景下非遗的保护与教育问题。

研读材料

皮影数字博物馆于2007年建成（见图10-2-2），以"以中国美术学院民艺博物馆馆藏皮影为依托，通过图文、影音和动画等形式展现的物质文化遗产皮影和非物质文化遗产皮影戏；充分利用现代信息技术，对皮影领域的相关资料进行数字化采集、管理并实现永久保存。"[②] 皮影数字博物馆从皮影的艺术特色、起源发展、皮影功能、地方特色等方面对皮影艺术进行了全方位介绍，主要呈现如下亮点：① 将学术与科普、知识性与趣味性进行有机结合；② 作为专题性科普网站面向大众，内容完备、界面友好、资料翔实、检索方便；③ 具备良好的可扩展性，可发展为资源型网站，强调信息的数字化采集功能，同时具有数字传播的可能性。

图10-2-2 皮影数字博物馆首页

资料来源：皮影数字博物馆[EB/OL]. http://shadow.caa.edu.cn/.［访问时间：2022-07-08］.

---

① 非遗人之家[EB/OL]. https://www.fyrhome.cn/digitalExperience/digit.［访问时间：2022-07-15］.
② 皮影数字博物馆[EB/OL]. http://shadow.caa.edu.cn.［访问时间：2022-07-15］.

(三)地方非遗线上平台

各省的非物质文化遗产保护中心从某种意义上,集信息集成、发布、传播为一体,都具有初代数字博物馆的形态。

在国家和地方政府的政策支持下,各地的非物质文化遗产保护中心都建立了相关网站,形成信息检索型的非遗线上平台(见表 10-2-1)。在各省份层面,上海市非物质文化遗产网(ichshanghai.cn)设立有非遗影像、网上展厅等栏目;贵州非物质文化遗产保护中心(http://www.gzfwz.org.cn/),设置了包括政策法规、传承人名录、非遗产品等板块;江苏非物质文化遗产中心(http://www.jsfybh.com/)还设置了网上展厅、非遗线上课堂等板块;山东省非物质文化遗产保护中心(http://www.sdfeiyi.org/)也设有网上展厅、非遗影像栏目;2022 年,甘肃省文旅厅与腾讯云联合打造了"甘肃非物质文化遗产大数据平台"(gansuich.cn),汇集了 630 项甘肃省国家及省、地、县级非物质文化遗产,特别是其"非遗地图"功能以互动效果呈现了相关统计数据,包括知识图谱、传承人信息以及音视频资料等。

在地市级层面,杭州市非物质文化遗产网(http://fymy.zjhzart.cn/)除常规政策、名录、申报等栏目外,还设置了视听园地等特色栏目。宁波市非物质文化遗产网(https://www.ihningbo.cn)设置了非遗剧场栏目。广州市非物质文化遗产保护中心(www.ichgz.com)的网站汇集了大量的数字资源,包括视频、图集、音频等。再到市县一级的非遗保护中心则是依托市县一级文化馆开展相关线上信息发布、展示、传播工作。

表 10-2-1 地方非遗线上平台示例

时　间	名　　称	网　　址	亮　　点
2020 年	内蒙古自治区非物质文化遗产公共服务平台项目	http://www.ichnmg.cn/	集信息、音视频、相关节庆、在线展厅为一体
2020 年	江西省非物质文化遗产网	https://www.jxich.cn	提供信息之外,特设了影像专栏
2020 年	湖南非物质文化遗产网	http://www.hunanfeiyi.cn	提供信息之外,利用三维技术特设云上湖南非遗馆
2021 年	中医药非物质文化遗产网	http://www.ichtcm.com	专业领域的信息集成,全球首个中医药非物质文化遗产数据库
2021 年	青海非遗在线	http://www.qhfy.org.cn	除信息外,有直播、电商、影视等项目
2022 年	黑龙江非物质文化遗产	http://www.ichhlj.cn	集信息、产品、旅游等相关内容为一体

资料来源:作者整理。

上述数字非遗博物馆可以看作是基于互联网的数字博物馆,更强调信息的全面展示,注重内容传播的广泛性。

三、数字赋能非遗保护,创建沉浸式非遗博物馆

(一) 数字非遗空间数字技术手段

随着数字经济和体验经济的发展,更多的线下博物馆在场馆空间内还强调利用数字技术进行复原,打造出有趣的虚拟场景,强调沉浸式、互动式体验,使用3D、混合现实技术等全面展示非遗及相关的民俗民风,通过语音导览、短视频和图片等视觉信息,并辅以动人的叙事,帮助观众获得沉浸式体验,吸引观众投入对非遗内容的关注。

目前数字非遗博物馆的主要形式包括线上影音、动画、H5等,线下博物馆的数字应用包括LED大屏、多媒体、混合现实体验设备、互动游戏、触摸屏、声音捕捉、人体感应设备等数字技术(见表10‑2‑2)。

研读材料

"国家级非遗炕围画数字博物馆•襄垣"于2021年启动,是数字赋能非遗保护的一个代表性案例。炕围画,是在环炕几尺高的墙壁上绘制的"围子",目的是防止墙面剥皮脱落弄脏被褥或衣服,作为一种民间美化居室的装饰艺术,它兼具实用和审美功能。内蒙古、河北、山西等地都有炕围画,其中山西襄垣炕围画最具特色,于2008年6月入选第二批国家级非遗名录。襄垣县非物质文化遗产保护协会从2020年开始策划炕围画数字博物馆,旨在数字化再现"炕围画的活态空间",创造虚拟的炕围画博物馆。馆方通过现场采风和资料收集,选取襄垣地区有代表性的特色自然环境、民居建筑、民俗场景等,建设炕围画数字馆,再现太行山文化、襄垣特色的民居建筑群和民俗场景。[①] 其主要呈现如下亮点:① 实现从封闭空间到多维开放展示转变;② 从单一物态呈现到数字化展示转变;③ 从单一视觉呈现到交互式展示转变;④ 通过新媒体、传统媒体进行广泛宣传,包括自媒体扩散和直播引流,进行全媒体展示。

表10‑2‑2 全国数字非遗博物馆范例

	线上博物馆	创立时间	特 点
1	非遗人之家	2022年	"非遗人之家"秉持"非遗＋"理念,以服务"非遗人"为宗旨,是集权威认证、展示展播、互动分享、服务推送、交流体验、营销传播等功能为一体的大型非遗门户网络平台。为"非遗人"提供了一个融通网上网下,参与、交流、吸引、共享、便捷、可信、实用的多功能网络"家园"

---

① 李妍.非遗保护的数字化赋能——以"国家级非遗炕围画数字博物馆•襄垣"为例[J].民艺,2021,(06):47‑50.

	线上博物馆	创立时间	特　　点
2	中国非物质文化遗产数字博物馆	2018 年	利用数字化技术和网络平台展示、传播中国和世界非物质文化遗产的专业知识,展示我国深厚丰富的非物质文化遗产资源,提供非物质文化遗产保护工作的信息交流平台,凝聚非物质文化遗产保护实践的观念和理论共识
3	羌族文化数字博物馆	2008 年	网上展示平台,用不同的专题展现羌族古老悠久的历史文明与丰富多彩的文化遗产,同时展示羌族文化艺术的图片、影像等多媒体资料
4	皮影数字博物馆	2007 年	中国美术学院民艺博物馆以馆藏皮影为依托,通过图文、影音和动画等形式展现作为物质文化遗产的皮影和作为非物质文化遗产的皮影戏;充分利用现代信息技术,对皮影领域的相关资料进行数字化采集、管理并实现永久保存
线下展馆			
1	中国工艺美术馆（中国非物质文化遗产馆）	2021 年	主要承担中国工艺美术和非物质文化遗产项目的保护、鉴定、修复及传承发展的工作;承担文物遗产艺术珍品的典藏、物态遗产和保护项目的展览陈列、活态遗产和保护项目的展示演出任务;承担工艺美术和非物质文化遗产的科学研究、国内外学术交流、公共宣传教育、社会服务工作;承担项目和传承人保护接续的数字化采集存储和互联网信息大数据共享任务;承担传承中华文明、弘扬中国各民族优秀文化遗产的责任
2	广东省非物质文化遗产保护中心展览厅	2017 年	强调互动体验,展厅内设置了多处可供互动学习的触摸屏、200 平方米互动体验区、非遗电影院
3	湘西非物质文化遗产馆	2017 年	多感官深度体验,多个触摸屏、VR 互动、体感互动、传承人口述纪录片等多媒体项目。互动穿衣一体机、互动人体动态捕捉教学应用、多种音乐播放方式、智能舞美灯光、iPad 中控系统智能控制和智能导览等
4	贵州省非物质文化遗产博览馆	2016 年	以贵州非物质文化遗产为依托,秉承"活态"理念,以活态展示为路径;现场展示展演,加上实物、实景模型、图片图表、音视频多媒体、查询系统等多种技术手段
5	苏州市非物质文化遗产馆	2016 年	强调苏州特色和非遗时空,动静结合,倾听声音,设置沉浸式的多媒体互动展示和现场表演,触摸屏了解非遗传承人,互动体验,AR 增强现实互动游戏、声音捕捉感应、红外捕捉互动触摸桌、多屏互动数字触摸沙盘、人体感应互动屏等(见图 10 - 2 - 3)
6	山东省非物质文化遗产展示馆	2014 年	非遗项目数字化展示平台、多媒体互动视听体验空间

续　表

	线上博物馆	创立时间	特　　　点
7	南京博物馆非遗馆	2013年	遵循"以人为本,活态保护"的策展理念,强调动静结合、个人群体结合、内外结合,利用多媒体技术、实物展、公共教育活动推动保护与传承
8	温州市非物质文化遗产馆	2012年	传统图文、实物展示与现代声光电展示综合运用
9	西安市非物质文化遗产博物馆	2012年	用有形实物展示无形文化,经常性地开展活态展示、展演、互动、传习活动,以数字多媒体形式展现
10	大理非物质文化遗产博物馆	2012年	神话故事、传统技艺、白族本主文化场景复原、全息投影、触摸屏电脑、感应播放器等科技手段
11	四川非遗馆	2010年	注重活态价值,特别添置了AR、VR等体验设备,用互动小游戏的方式展示孔明灯、绵竹木版年画、成都银花丝制作技艺等内容(见图10-2-4)
12	福建省非物质文化遗产博览苑	2009年	一个以传承人传习为核心,集现场表演、项目展示、保存维护、研究推广为一体的多功能、开放式、互动式非遗展馆。设置"福建数字非遗体验厅",将AR和VR融入非遗项目和木偶戏体验剧(见图10-2-6)
13	绍兴市非物质文化遗产馆	2010年	图文音像并茂、场景实物共秀
14	潍坊风筝博物馆	1989年	传统风筝制作视频、VR展厅、新媒体传播等方式

资料来源:中国非物质文化遗产数字博物馆[EB/OL]. https://www.ihchina.cn.[访问时间:2022-07-08].

(二) 场景式地方数字非遗空间

如表10-2-2所示,全国各省份的非遗保护中心在建设非遗数字空间方面,不仅有信息丰富的网站平台,同时也在结合线下资源,开发相应线上数字非遗空间,并在线下空间借助沉浸式数字技术,使非遗展览的数字化叙事更具有真实感,呈现方式更多元化。在线上线下的非遗空间,非遗叙事的载体不仅包括图文、音视频,还包括全息投影、混合现实等数字技术的手段,实现从单一视觉到交互式展示的转变。

在众多地方非遗博物馆中主要分为两种形式:

一种是和博物馆进行合作,如南京博物院就较早专门建立了非遗馆(见图10-2-5),通过多媒体数字资料、现场活动等活态展示民俗活动、传统手工艺及口头表演等,为非物质文化遗产保护工作提供了永久的载体,也让更多受众切身感受到非物质文化遗产的独特魅力。这种形式可以借助博物馆的专业力量和成型的技术给予非遗创新展示,同时博物馆的观众也是非遗保护和传承的目标受众群,实现了对非遗的有效传播。

另一种是独立设立非遗场馆,如建成于2016年的苏州非物质文化遗产馆为全新建筑，馆内策展投资 2 500 万元，以八大科技展项动态还原非遗项目，包括异形 LED 屏幕、多通道融合视频播放系统、AR 增强现实互动游戏、声音捕捉感应、红外捕捉互动触摸桌、多屏互动数字沙盘应用展示、可触摸互动透明屏应用展示、人体感应互动屏应用展示等新兴科学技术。整个展览打破了常规的分类设置，形成了场景式叙事，从"光耀历史的一刻""市井生活的一天""岁时节令的一年""人生礼仪的一生"和"生态苏州的一城"的全新视角介绍苏州非遗项目，真正实现了本真性、活态化展示。这种形式完全另起炉灶，在展陈空间上进行了全新规划，在展陈理念上强调"苏州特色"和"非遗时空"，成为吸引国内外游客的一个地方特色文化场馆（见图 10 - 2 - 3）。潍坊风筝博物馆是以风筝为主题的独立非遗场馆，应用 AR、VR 技术，营造风筝放飞的真实场景，让游客戴上头盔等设备，在虚拟的场景中感受放风筝的乐趣，将与风筝相关的历史故事、传说以三维技术展现出来，让参观者更有沉浸感地感受、了解潍坊风筝文化。[①] 独立非遗场馆是在政府设立非遗保护中心组织架构的情况下，可以开展独立运营，进行全新规划，并启用最新的数字化和信息化技术，应用最新的策展理念讲述非遗故事，同时开展相应的活动宣传的有效空间和渠道，是城市文化治理中的新策略。

　　无论是在博物馆中的非遗馆，还是独立的非遗馆，地方政府以及相关文化组织都可以结合地方非遗文化与社区，使传统文化、城市 IP 和创意文化根植于人和土地的关系，制定地区重要的文化发展策略。而数字化技术使各种元素以及各方利益在信息层面、传播层面有了广泛连接的可能。

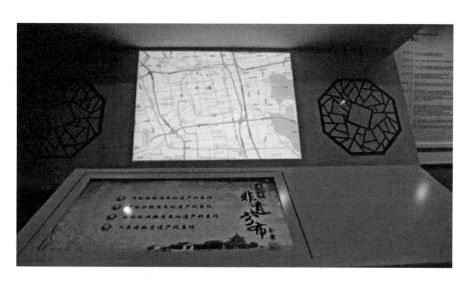

图 10 - 2 - 3　苏州多屏互动数字沙盘展现苏州非遗的分布特点和生态特色

资料来源："走进非遗展示馆"系列之一：苏州市非物质文化遗产馆［EB/OL］. https：//www. ihchina.cn/Article/Index/detail？ id＝9846.［访问时间：2022 - 07 - 20］.

---

① 朱丽兰，郭磊，孙媛.非物质文化遗产——风筝的数字化保护与传承研究［J］.商业文化，2021(03)：40 - 41.

图 10‑2‑4 四川非遗馆 VR 游戏体验《燃放孔明灯》

资料来源:"走进非遗展示馆"系列之二:四川非遗馆[EB/OL]. https://www.ihchina.cn/Article/Index/detail?id=9839.[访问时间:2022‑07‑20].

图 10‑2‑5 南京多媒体数字资料展

资料来源:"走进非遗展示馆"系列之三:南京博物院非遗馆[EB/OL]. https://www.ihchina.cn/Article/Index/detail?id=9821.[访问时间:2022‑07‑20].

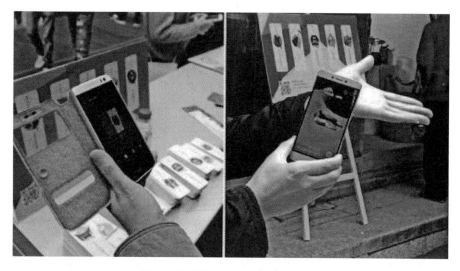

图 10-2-6　福建博览苑内,观众用手机现场扫描体验 AR 技术

资料来源:"走进非遗展示馆"系列之四:福建省非物质文化遗产博览苑[EB/OL]. https://
www.ihchina.cn/Article/Index/detail? id=9792. [访问时间:2022-07-20].

研读材料

　　苏州市非遗文化遗产馆、四川非遗馆、福建省博览苑是地方非遗特色馆建设的典型案例。上述展馆经过全新规划,以主题呈现和技术赋能的方式为观众带来了与众不同的体验。联合国教科文组织提出的《保护非物质文化遗产公约》强调要引入和发展参与式方法,显示出非物质文化遗产是不断演进的鲜活遗产。通过发展有利于传承知识和技能的文化场所,不仅保存了非物质文化遗产本身,而且对非物质文化遗产的生产、生活环境进行了全方位的展示,另外也促进了代际对话。

(三) 非遗数字博物馆的特点

　　不同类型的非遗项目在数字化展示中形成了不同形式的创新路径,比如传统文化类非遗的数字动画创新运用、传统技艺类非遗的交互式创新运用、传统表演类非遗的虚拟仿真创新应用以及移动终端的智慧展示应用等。[1] 在非遗的数字展示空间中,强调体验性、互动性、参与性、沉浸式以及时间延展性等特点,传统的非遗时空转换为了混合时空,拓展了非遗的传播可及性、共创性和形态转换可能性。

　　杨红认为非遗数字博物馆较之传统实体博物馆,具有三个优点:[2]一是不拘泥于非遗项目有关工具、制成品等实体的有限展示,利用三维影像、虚拟现实、多媒体等各类新技术立体、动态、高保真甚至展示活态技艺;二是数字博物馆不影响传承人正常的生产生活,通过数

---

① 王铠宏.数字化在非物质文化遗产展示空间中的应用思考[J].大众文艺,2022,(09):59-62.
② 杨红.非物质文化遗产数字化研究[M].北京:社会科学文献出版社,2014:15.

字形式记录传承常态；三是依托互联网，扩展了传播的时空范围。

换言之，从非遗本身的特质看，非遗数字博物馆给予了非物质文化遗产更广阔的时空平台；从文化发展的角度看，非遗数字博物馆更好地保留了文化记忆，形成了物质层面的精神家园，借助数字化技术，与受众保持了更多的联系；从国家和都市治理的角度看，非遗数字博物馆的建设是文化与经济发展新一轮的驱动力，可以从供给侧结构性改革，推动文化基础设施的建设。

四、存在问题与未来发展

尽管目前全国在博物馆与数字非遗的建设方面开展了不少卓有成效的工作，但是也看到不少问题，比如技术壁垒、重复建档、文化资源外泄、商业冲击、缺少长期维护等问题。①

（1）一些网上的非遗数字博物馆由于技术维护，出现打不开网页的现象，造成前期宣传热闹，后期无人问津。此外，数字技术更新迭代较快，不少省市的数字非遗网站还停留在静态展示部分，相对简单单调，同质化情况也比较严重。线下博物馆的数字互动部分也因维护成本较高，存在不能持久服务观众的问题。

（2）非物质文化遗产在博物馆领域的发展还需要各界人士的创造性转化和创新性传承，为非物质文化遗产的数字化展示开发更多形式。同时除了主政部门的努力，还需要社会各界积极参与，将非物质文化遗产转化为更有价值的 IP，形成可持续性发展。

（3）在数字非遗博物馆的建设方面，也应该强调参与式保护，以非遗传承人为主体，激发和鼓励非遗传承人以及拥有者的深度参与，而不只是展演式地呈现非遗项目。从文化传承的角度讲，应通过数字技术建立非遗展品、非遗传承人、生活习俗和地域文化之间的深度关联，以推动数字非遗传承的深入发展。

第三节　非遗数字会展

文化会展在近 20 年来发展迅速，非物质文化遗产作为中华优秀传统文化的重要组成部分，是文化展会可以利用的重要特色资源。非遗展会或者非遗博览会一般会在展览馆、博览馆举行。相比于博物馆的展览，展会注重全面性、整体性和主体性，突出非遗产品的产业价值，强调社会教育功能，并有利于促进文化消费。"一方面，各类文化会展（如文化产业博览会、旅游博览会、旅游节、文化节、艺术节等）积极引入非遗，设置非遗展区，开展非遗展演、展销等活动，将其作为展会特色内容；另一方面，以非遗为主题举办的专门性的文化会展，即非遗会展也如雨后春笋般涌现"。②

---

① 张建国.数字博物馆对文物保护与全球化传播的保障策略研究[J].情报科学,2022,40(02)：59-64.
② 张中波.公共文化服务视域下非遗类文化会展的类型及价值探析[J].商展经济,2021,(24)：10-13.

一、数字技术拓展非遗展会多元形态

（一）非遗会展发展历程

会展行业作为 21 世纪的朝阳产业,对于企业发展具有销售功能、营销功能,对于产业具有知识扩散和积聚功能,对于城市地区则具有推动经济发展、提升价值理念及其撬动城市相关产业和区域发展的意义。非遗作为公共文化的重要组成部分,使得非遗会展成为公共文化服务供给的重要载体。特别是随着国家从政策层面推动非遗保护,全国各级各界政府都开始陆续组织以政府为主导的公益性会展。"非遗会展将非遗作为公共文化产品,提供给民众观览、体验、参与、消费,一方面,有助于拓宽公共文化服务供给渠道,丰富公共文化服务供给内容,促进公共文化服务体系建设;另一方面,有助于更好地发挥非遗的现代公共文化价值,使非遗从原本小范围群体的公共文化走向全民共享的大共同体公共文化,体现了文化惠民、全民共享的公共文化服务宗旨,推动了非遗的惠民共享式保护"。[①]

2004 年,在深圳举办的首届中国(深圳)国际文化产业博览交易会开始设置非遗展览相关内容,此后全国各地的文化产业或文化创意产业博览会设有非物质文化遗产专区并成为常态,出现了国际非物质文化遗产节和中国非物质文化遗产博览会等专项展会(见表 10-3-1)。[②]2007 年,四川省成都市举办了首届"国际非物质文化遗产节",同时举行大型非遗展会,后经文化和旅游部批准,该活动落地成都,隔年举办;2010 年 10 月,山东济南举办了第七届"中国非物质文化遗产博览会"(见图 10-3-1),博览会发挥了将保护与生产、展示与交易、博览与展演、办会与建园相结合,将非物质文化遗产资源优势转化为发展文化事业和文化产业的优势。[③] 在形式上,非遗展会往往将展览会、论坛、节事、竞赛、会展旅游等不同项目结合起来,联合推出,形成规模效应,因此也成为地方政府重要的文化发展抓手,以及城市重要的会展品牌和文化品牌。

表 10-3-1　我国代表性非遗会展

会展类型	与非遗有关的会展类型	代表性会展名称
综合性展会	综合性非遗展会	中国国际非物质文化遗产博览会
	综合性展会与非遗结合	上海世博会、中国进出口商品交易会
专业性展会	专项非遗展会	中国国际非物质文化遗产传统技艺大展
	专业展会与非遗相结合	武汉农博会、深圳文博会、南京历史名城文化博览会

[①] 张中波.公共文化服务视域下非遗类文化会展的类型及价值探析[J].商展经济,2021,(24)：10-13.

[②] 谢小娟.浅议非遗会展对非遗保护与传播的作用与影响[J].大众文艺,2019(19)：5-6.

[③] 刘托：开启非遗展示与传播新篇章[EB/OL]. https://new.qq.com/omn/20220113/20220113A08A3W00.html. [访问时间：2022-08-15].

续　表

会展类型	与非遗有关的会展类型	代表性会展名称
消费性展会	非遗产品专项消费性展会	京津冀传统工艺暨文化创意产品展销会
	其他消费性展会与非遗结合	中国西北旅游营销大会
节事活动	非遗节事活动	中国吴桥国际杂技艺术节、成都国际非物质文化遗产节
	其他节事活动与非遗结合	粤港澳大湾区文化艺术节

资料来源:谢小娟.浅议非遗会展对非遗保护与传播的作用与影响[J].大众文艺,2019(19):5-6.

　　非物质文化遗产作为重要的文化基因,在会展领域、在虚拟空间的呈现、静态展览的呈现以及空间搭建、综合展演方面,都得到了多角度的应用。一方面,非遗会展可以形成具有地域特色的视觉形象;另一方面,也是地方文脉的重要展示平台。

图10-3-1　第七届中国非物质文化遗产博览会

资料来源:中国非物质文化遗产博览会[EB/OL]. http://www.cnfyblh.com/.[访问时间:2022-07-20].

(二)数字非遗会展创新

　　随着数字技术的发展,展会也在逐步实现从信息化到数据化的转型,如数字非遗博物馆,数字非遗展会也在不断运用新技术实现场景创新、技术创新和材料创新,为用户带来新的体验。特别是疫情暴发以来,倚重线下开展的展会不得不向线上转移,也就必须实现新的转型。作为引领数字经济的"元宇宙"概念,也与会展行业发生了紧密的联系。国家也积极扶持数字展会发展,商务部办公厅印发了《关于创新展会服务模式,培育展览业发展新动能有关工作的通知》,"鼓励积极打造线上展会新平台。推进展会业态创新,积极引导、动员和扶持企业举办线上展会,充分运用5G、VR/AR、大数据等现代信息技术手段,举办'云展览',开展'云展示''云对接''云洽谈''云签约',提升展示、宣传、洽谈等效果"。[1] 数字会展研究专家杨正认为,元宇宙与会展是在元宇宙数字基座的基础上,叠加了八大基础服务,包括门户端和硬件端、数字身份、互动、通信和交流、数字会展空间、虚拟漫游、虚拟展示以及数据统计。[2] 未来展览业的数字化转型将主要包括三方面内容:一是线上线下展览融合发展;二是展览场馆智能化建设强化;三是数字化展览信息平台建设潜力无限。[3]

与新经济形态相比,非物质文化遗产虽然是相对古老的文化传承成果,但是也在利用新的数字技术形式在数字会展时代焕发出新的生命力。从"中国非物质文化遗产博览会"历年主题的变化(见表 10-3-2)中,也可以看到这种趋势。而调研近两届非遗博览会可以看到,更多地出现了"非遗云展""非遗好物""云赏非遗"等形式。例如在非遗云展中,通过点击全国地图上的具体省份,可以寻找到地域相关的非遗项目。在"非遗好物"中,也可以直接链接到淘宝商城,进行在线购物。第六届博览会还举办了"匠人匠心"云竞技活动,作品视频的累计播放量超过 3 600 万次。

表 10-3-2　中国非物质文化遗产博览会历年主题

	时　　间	主　　题
第一届	2010 年	保护传承,合理利用
第二届	2012 年	促进非遗保护,共建精神家园
第三届	2014 年	非遗:我们的生活方式
第四届	2016 年	非遗走进现代生活
第五届	2018 年	活态传承,活力再现
第六届	2020 年	全面小康,非遗同行
第七届	2022 年	连接现代生活,绽放迷人光彩

资料来源:中国非物质文化遗产博览会[EB/OL]. http://www.cnfyblh.com/.[访问时间:2022-07-20].

数字技术的加持使非遗会展的应用场景更为丰富,互动性、参与性更强,传播范围更广,也推动了非遗相关产品的交易。全国各地将非物质文化遗产与地方商贸、文化创意产品相结合,推出了系列线上线下展会,以及新媒体平台的线上直播带货活动,使非物质文化遗产走进人们的日常生活。

[1]　商务部.商务部办公厅关于创新展会服务模式,培育展览业发展新动能有关工作的通知[EB/OL]. http://www.mofcom.gov.cn/article/i/jshz/xm/202004/20200402954950.shtml.[访问时间:2022-09-08].
[2]　付晓.会议行业如何实现数字化转型?[J].中国会展(中国会议),2022,(12):46-53.
[3]　中国 2021 展览经济发展报告[R].中国国际贸易促进委员会,2021:7.

二、助力本土文化发展

(一)建构本土文化

非物质文化遗产作为重要的文化基因,一方面,可以形成具有地域特色的视觉形象;另一方面,也是地方文脉的重要展示平台。

"非遗与地方是相互建构的,非遗通常被认为是一个地方或社区的文化遗产的一部分,是地方社群的生活经验、历史传统、集体记忆以及社会实践。"[①]在各地举办的非遗展会中,本土文化资源是非常重要的内容,一方面,使得地方受众强化了地方知识、地方意义和地方情感;另一方面,建构了区域认同,通过文化互动塑造了文化和民族认同。而数字技术在展会中的使用使这种文化建构的过程有了更多向内的参与度和向外的文化传播性。

数字技术提升了非遗基于地域文化的向内参与度。在山东举办的中国非物质文化遗产博览会、中国(长春)民间艺术博览会、潍坊国际风筝会、甘肃庆阳端午香包民俗文化节海南三亚南山非遗节等非遗会展是地方重要的会展品牌和文化品牌。

研读材料

风筝是潍坊市的国家级非物质文化遗产,已成为潍坊的象征。潍坊国际风筝会目前已举办了 39 届,是潍坊重要的城市品牌和文化符号。2022 年,第三十九届潍坊国际风筝会以"风筝共云飞,一起向未来"为主题,开展了"云上风筝会"等五项主题类活动。潍坊国际风筝会呈现了如下亮点:① 以风筝为媒,建立广泛交流平台;② 以风筝会为契机,开展相关经贸、文化、体育创意活动;③ 将节庆活动与社区营造结合,开展群众性活动,调动更多市民参与;④ 利用新媒体平台广泛宣传,举办线上线下融合展览。

(二)连接区域文化

数字技术连接了不同地域的非遗文化。非物质文化遗产本身具有地域性的特征,同时又因为其在大的地区具有相似性,有着同宗同源的特点。因此在数字化展示和传承方面,可以借助新技术呈现这种区域之间非遗项目的内在关联,并且在一个大的区域内共同借助网络力量进行宣传,挖掘区域文化,增强区域人文认同感。无论是粤港澳大湾区,还是长江三角洲,借助非遗这个纽带,越来越多的区域文化资源得以汇聚,而数字技术让区域资源能够同时建立共同的宣传平台,提供共同的传播空间以及联通机会,通过共同组织、共同参与和共同宣传,使区域之间加强合作与交流。

---

① 黄永林,余召臣.技术视角下非物质文化遗产的发展向度与创新表达[J].宁夏社会科学,2022,(03):198-206.

研读材料

作为 2022 年中国大运河非遗旅游大会、第十四届浙江·中国非物质文化遗产博览会的一项重要活动,一河串百艺·大运河非遗旅游嘉年华展会在线上线下同步开启。2022 年,中国大运河非遗旅游大会以"遇见大美运河,共享精彩非遗"为主题,在线上推出了"运河新韵"之宋韵风华展示展演活动,依托浙江省 12 项省级以上宋韵主题非遗项目,并借助音、画、演展示了古琴、笛、皮影戏、提线木偶戏、古彩戏法、宋画活画等具有宋韵情怀的非遗。"运河新意"之大运河非遗旅游大会线上展也同时构建线上 H5"五朵云"。该博览会呈现如下亮点:① 以大运河文化为纽带,汇集了大运河沿线的非遗资源;② 以宋韵为主题,在线上呈现了主题非遗项目;③ 通过 H5 等技术,更易于传播;④ 通过在线直播,观众点击主页就可以进入相关领域,了解旅游大会开幕式、论坛和具体产品等信息,实时参与旅游大会,更多观众的参与扩大了影响力。

图 10-3-2　一河串百艺·大运河非遗旅游嘉年华展会海报

资料来源:一河串百艺·大运河非遗旅游嘉年华展会在杭州启幕[EB/OL]. http://n.cztv.com/news/13687641.html. [访问时间:2022-08-10].

(三) 对外传播本土文化

从对外传播的角度讲,地方非物质文化遗产也是地方可供辨认的文化符号,如潍坊的风筝、自贡的灯。近年来,海南非物质文化遗产黎锦也走上了巴黎时装周的舞台,成为讲述中国文化和中国故事的代表符号。2022 年,海南还举办了锦绣世界文化周以及锦绣世界——首届非物质文化遗产织绣印染技艺精品展,并搭建黎锦设计师和设计服务平台,将黎锦的生产与销售进行对接。潍坊国际风筝会以风筝为纽带,与韩国展开艺术展览合作,在线上线下同步举行与风筝艺术相关的展览。全国各地也有不少省市将非物质文化遗产作为城市的文化符号和文化品牌,使其走出国门,传播中国传统文化,并创造了经济效益。在 2021 年的第四届中国国际进口进博会上,全国各地的非遗项目成为代表地域文化的亮点,让世界看到了中国美。

研读材料

2022 年 8 月,陕西渭南举办了首届国际非遗交流周,以"传承非遗,创享美好"为主题。举办方设置了国际国内非遗展台 26 个点,并举办国际非遗城市对话会以及"文化之祖,匠人精神"国际对话会,"世界看渭南,弘扬华夏魂""秦风、汉骨、唐韵"线上线下国际文创产品设计大赛以及"渭南欢迎您——外国留学生赴渭南参加非遗艺术展"等活动,以提高非遗文化的国际影响力。此次国际非遗交流周有三大亮点:① 以非遗文化为载体,发挥友协民间外交作用,加强民间对外交流;② 通过线上线下互动交流,广泛调动各方共同参与;③ 通过国际文创产品设计大赛以及非遗艺术展,推动非遗文化 IP 的转化。

三、国内数字非遗展会特征

中国文化传媒集团的《"文旅中国·百城百艺"非遗传播活力 2021 年度报告》[①]显示,全国各地的展会主要呈现了如下特征,其中也不乏利用数字技术展示非遗的亮点:

(1)东部地区,数字技术赋能非遗展会。广东、江苏、上海等省市非遗主管部门积极借助深圳文博会、中国国际进口博览会等契机,依托非遗展厅、非遗科技、沉浸式互动体验等新技术拓展非遗展览展演展示方式。

(2)西部地区,"非遗+旅游"形成区域特色。四川应推动对川剧、川菜、蜀锦、蜀绣、石刻等非遗项目的研究梳理和保护传承,结合川渝两地非遗特色文化旅游资源,推出有特色、有市场竞争力的一程多站非遗旅游线路,通过成都国际非物质文化遗产节激活区域合作,扩大区域影响力。

(3)陕西、广西等省份,把握"一带一路"倡议机遇,推动非遗走出国门。通过"国际非遗交流周"等形式,非遗文化得以走向世界,成为中外文化交流和民心相通的桥梁。

(4)中部和东北地区,需要加强非遗传承,目前多为常规性活动,地域自主品牌活动较少,特别是云南、甘肃、江西等非遗资源较为丰富的省份还缺少具有影响力的非遗会展品牌,在利用数字技术加大传播和保护方面还需努力。

四、存在问题与未来发展

与会展行业在数字化转型方面的快速发展相比,非遗领域在会展中的数字化技术应用以及数字非遗项目在会展中的呈现都还不够完善。特别是元宇宙等新兴数字经济的到来,对数字基础设施的建设有了更高的要求,主要存在以下六个方面:

---

① 中国文化传媒."文旅中国·百城百艺"非遗传播活力 2021 年度报告[EB/OL]. https://www.ccmg.cn/. [访问时间:2022 - 08 - 15].

（1）从非遗的数据库建设到非遗的虚拟空间的呈现，以及企业、用户等不同利益相关方虚拟身份的确立，都对非遗的数字化展示提出了更高的要求，是利益相关方需要关注的目标。

（2）非遗数据库的建立与非遗数据精准营销如何建立连接点，是会展行业相关参与方需要考虑的问题。

（3）目前的非遗会展多为政府主导，强调非遗会展的公共资源性，在调动企业参与投资、参与营销方面，还需要调动更多渠道资源。特别是在会展中利用电商平台将文化资源和商贸资源做好对接方面，还需要积极发力。

（4）围绕非遗项目，如何避免低水平重复建设，如何挖掘本土文化资源，创造性转化非遗项目，形成各具特色的非遗会展品牌也是各地政府需要考虑的问题。

（5）数字化技术本身需要持续投入，长期发展，目前不少会展品牌的网上建设存在维护不足，信息落后的问题。

（6）在非遗会展中，加快推进数字化会展场馆建设，充分运用5G、VR/AR、云计算技术、互联网大数据、人工智能技术等现代信息技术手段，举办"云展览"，开展"云展示""云对接""云洽谈""云签约"，提升展示、宣传、洽谈等效果。

加快对数字非遗会展相关人才的培养，使其尽快熟悉了解非遗资源，而且能够运用新的技术手段创新非遗的保存、展示和传承。

第四节　非遗数字节事

节事活动本身在推动地方经济发展、塑造地方文化品牌方面，起着不可或缺的作用。节事活动一般为节庆活动和特殊事件的总和。戴光全等学者认为，节事活动业态朝着多产业融合的方向发展，节事活动的主题不断突出，尤其与地方文化特色相结合的趋势明显，节事活动性质开始旅游与休闲并重，这些形成了新时期节事活动的新常态。[①]

一般来说，节事活动包括超大型活动、大型活动、重要活动、特殊节日、庆典以及节庆等。在实践领域，与非遗相关的节事活动主要分成四种类型：非物质文化遗产节、传统节日、文化遗产日以及非遗购物节。

一、宝贵遗产，作为非遗项目的传统节日

（一）传统节日作为数字文化资源

传统节日是我国优秀传统文化的重要组成部分，也是非物质文化遗产中重要的一部分。

---

① 戴光全，张洁，孙欢.节事活动的新常态[J].旅游学刊，2015(1)：3-5.

从事象学的角度看,与节庆有关的非遗项目主要可以分为三大类:一是节庆风俗事象,包括仪式活动、民间信仰等;二是节庆口头事象,包括俗语、传说、歌谣等;三是节庆物质事象,包括饮食、服饰、手工艺品等。[①] 在全球化的背景下,具有民族特色的传统节日和风俗面临消亡的风险,当代人对传统节日的热情也在消退。但传统节日是承载历史和民族记忆的重要载体,因此如何在新的时代背景下,创造性保护和创新性传承传统节日就成为数字非遗发展的工作之一。数字技术以及新媒体技术的互动性和形式多样性也让当今时代的节事活动有了宣传的便捷性、更高的用户参与度和更广泛的影响力。

在农业时代,节气提醒着中国人播种收成以及家族的团聚,形成了一系列的节日和丰收、欢乐和齐聚一堂的族群文化,其本身就是民族生活方式的重要表现。在中国入选联合国教科文组织非物质文化遗产名录项目中,二十四节气和端午节就在其中。在国家级非物质文化遗产代表性项目名录中,各地共有 492 项目涉及民俗,与节日或者节日习俗有关,包括传统春节、清明节、端午节、七夕节、重阳节等,也包括各民族特有的节日、与节日相关的饮食、服饰。

上述节日都与数字技术进行不同程度的结合。以二十四节气为例,国内以二十四节气为主题的动画、互动游戏设计、APP 层出不穷,设计者将二十四节气的文化基因融入互动产品设计中,提高了用户参与度和文化传播度。[②] 在新媒体社交运营方面也有类似"二十四节气生活"公众号、"二十四节气"公众号、"二十四节气宝贝"小程序、"二十四节气动漫体验展"小程序、李子柒"一生"系列视频,还有各类短视频等内容。[③] 目前利用新技术打造的"二十四节气"主题展览也应运而生,如中国艺术研究院举办的"时和岁丰:二十四节气主题艺术展",利用"实景搭建＋虚拟现实"的方法还原二十四节气,带给观众视觉、听觉、触觉、嗅觉多感官的沉浸式体验。[④]

(二) 传统节日作为数字艺术资源

"文旅中国·百城百艺"非遗传播活力展示平台报告显示,重要节庆是民俗类非遗项目传播的高峰。以中秋节为例,各地都对与中秋主题相关的非遗技艺和项目及文创产品进行了充分的展览展示。中国邮政在 2022 年中秋推出了以中秋为主题的中邮文创首款限量数字藏品。

作为近年来新兴的文化艺术品类,数字艺术应用区块链技术,将特定的图像、音乐、动画、游戏、艺术品等生成唯一数字凭证,成为艺术界的新宠。传统节日以其丰富的人文历史背景、明晰的故事以及人物 IP 成为具有开发潜力的 IP,不仅形成了具有辨识度的视觉符号,而且能够进一步在数字空间延展。

① 朱逸宁.非遗美学视域下中国节庆"事象之美"的阐释与重构[J].江苏社会科学,2021,(03):176-184.
② 张钊.中国二十四节气数字交互产品设计研究[D].哈尔滨工业大学,2018.曲丽娜,彭莉.节气文化基因的数字化设计[J].计算机与现代化,2019(11):88-93+99.
③ 张璇.融媒体时代二十四节气的传播与策略[J].今传媒,2022,30(01):33-36.
④ 王润卓.非遗活化:节气文化的活态传承与创新开发[J].人文天下,2021,(02):51-55.

研读材料

　　以端午节为例,除常规的线上活动外(2022年"屈原故里端午文化节"开幕式有150多个平台直播,3 090万人次在线观看),以端午为文化符号的数字艺术藏品也成为新闻热点(见图10-4-1)。国家新闻动漫传播示范平台与"阿里拍卖"和"数字中国链"共同策划实施了"数字端午"项目,与稻香村等百年老字号推出"买藏品,送粽子"活动。"饿了么"推出名为"唐小妹过端午"的数字藏品,将时令与食俗文化相融合,将端午节的来源、历史、文化与习俗以通俗易懂的方式传播出去,受到年轻人的热捧。人民日报社《国家人文历史》打造"诗经"端午主题文化数字藏品,在2022年端午节上线,以文化IP+的方式赋能数字非遗;腾讯书画频道等推出取材于中国美术家协会名誉主席冯远画作的"屈原与楚辞"系列数字藏品。星元数艺NFT平台推出了"酒神灵歌"数藏系列,以屈原《九歌》古绘本为基础,以动画NFT(九歌律动)和设色瓶NFT(九歌福禄)两种艺术数字形式,展现生动的楚神形象。央视纪录片《屈原》导演的周翼虎也在该平台推出了以屈原文化为主题的诗哲之花、酒神灵歌、诗性国魂、屈子舟等数字藏品。①

图10-4-1　端午节为主题的数字藏品

资料来源:稻香村 官方授权,《人民日报》漫画增刊参与创制"数字藏品"正式发行[EB/OL]. http://caijing. chinadaily. com. cn/a/202205/24/WS628c5c3ba3101c3ee7ad6df5.html.[访问时间:2022-09-07].

(三)传统节日作为数字游戏资源

　　与节日相关的民俗节目本身也是重要的非物质文化遗产,同时也具有数字化保护、传播和传承的潜力,而且在相关节日期间传播活跃力度会大幅提升。例如舞龙灯、舞狮、花灯、乞巧、猜谜、登高、戏曲、古乐、社火等中国人喜闻乐见的优秀民间艺术节目是节日期间的重头戏,一方面,传播了中华优秀传统文化,丰富了国人的节日文化生活;另一方面可以对上述活动提取具有特色的视觉符号,形成网上展演,还可以将上述文化符号串联到游戏、直播、网络

---

① 王擎宇.致敬千年诗哲　汲取民族力量:数字藏品引领端午文化新潮[EB/OL]. http://finance.china.com.cn/money/fintech/20220603/5819436.shtml.[访问时间:2022-06-03].

文学等新媒体环境中，让受众更易于参与，易于接受。

在数字赋能中国传统节日方面，网络游戏是当下值得关注的渠道，并呈现如下特点：① 精准面向年轻用户，借助游戏这个媒介，可以让年轻更易于接受传统文化；② 将文化内容植入游戏中，不是说教式的宣传，而是在游戏过程中了解传统节日；③ 强调互动性，代入感，游戏本身的特点决定了用户可以通过通关的方式，潜移默化地了解传统节日；④ 线上线下整合营销，游戏公司还会在线下活动中再现游戏场景，宣传推广游戏，同时也推广了传统节日。

研读材料

2019年，腾讯现象级游戏《王者荣耀》在中国非物质文化遗产保护协会的指导下，依托游戏IP与数字科技，围绕六大中国传统节日，打造了"荣耀中国节"系列文创活动。现已成功连续推出清明、端午、七夕三大主题活动。在节日期间，《王者荣耀》在游戏内逐步营造了"来王者峡谷过中秋"氛围，除了中秋节主题回城特效、塔后月饼造型血包、大厅聊天中秋祝福彩蛋等，还上线第一届峡谷中秋诗会（H5），与野怪赏月对诗。数字科技让传统节庆可观、可感、可玩，让用户在"云端"体验中秋民俗活动。[①]

图 10 - 4 - 2　荣耀中国节

资料来源：荣耀中国节四款节日限定，回味浓郁过节仪式感［EB/OL］. https：//pvp.qq.com/web201605/newsDetail.shtml？G_Biz＝18&tid＝544609.［访问时间：2022 - 09 - 07］.

（四）传统节日作为数字动漫资源

利用数字动漫技术再现、整合和重塑这些民族节日风俗是保护和传承民族节日的重

---

① 中国民俗学网.荣耀中国节唤新国民记忆赋予传统中秋佳节数字生命力［EB/OL］. https：//www.chinesefolklore.org.cn/web/index.php？NewsID＝19941.［访问时间：2022 - 08 - 15］.

要手段。民族地区的传统节日往往包含着丰富的文化符号、久远的神话故事以及特色鲜明的民族人物,是民族记忆的重要载体。提取这些人物、故事和视觉符号,利用现代人可以接受的新媒体技术,例如利用动漫技术讲述这些故事,可以让年轻人更加愿意了解传统文化。

研读材料

　　壮族节庆类非遗是文化现象的综合体,传说中的主角通常就是纪念祭祀对象。大多数民俗节庆包含着神话传说、民族信仰、族群崇拜、社群交流等文化现象。如壮族三月三为壮族始祖布洛陀的诞辰日,且流传着刘三姐传说。壮族人民在这个时候会举行盛大的歌圩,壮族三月三既是祭拜性、纪念性节庆,也是娱乐性节庆。这些文化资源都成为颇受年轻人喜欢的动漫节目的重要内容来源。创作者利用数字动漫设置壮族三月三的叙事主线、时间轴以及故事情节,再设置相应人物,通过视觉再现的方式讲述壮族三月三的节日,形式上有动画电影、数字插画、动漫剧以及交互绘本等。这一方面丰富了民族节日的数字资源;另一方面也拉近了与年轻受众的距离,通过可视化的方式再现演绎了民族节日。①

　　举办传统节庆活动,可以使之成为地方品牌,有利于发掘本地文化,也让大众更加了解,更加重视传统文化、民族文化;在节庆活动中展示非遗民俗,当地居民可以在轻松愉悦的氛围中,自发地参与到非遗的传承和保护工作中,也为非遗与大众日常生活的融合提供了重要窗口。从目前各界利用数字技术参与节庆非遗展示的情况,可以看到形式是非常丰富多样的,数字技术创造性转化和创新性传承了传统文化,渗透年轻人聚集的平台与圈层,吸引他们参与到对传统节日的保护与认同中,形成民族文化记忆。

二、地区品牌,非物质文化遗产节

　　传统节日是重要的非遗资源,也是全国各省市宣传非遗项目的重要契机。山西省在《关于进一步加强非物质文化遗产保护工作的实施方案》中指出,充分利用文化和自然遗产日、传统节日等重要节点举办非物质文化遗产主题传播活动和展示展演,策划推出山西非物质文化遗产宣传片、短视频、微记录、网络视听作品展映评选活动。

　　此外,各地政府围绕非遗设立了相关节日,部分地区还有专门的非物质文化遗产节,成为地区的重要文化品牌。

　　成都国际非物质文化遗产节创办于 2007 年,每两年在成都举办一届(见表 10 - 4 - 1),包括展览、论坛、竞赛和展演活动。

---

① 蒋慧,朱倩文.重述神话——壮族节庆类非物质文化遗产传说的数字动漫探析[J].美术观察,2020,(10):73-74.

表 10 - 4 - 1　历年中国成都国际非物质文化遗产节主题

	时　　间	主　　题
第十一届	2022 年	连接现代生活　绽放迷人光彩
第一届	2007 年	传统民族文化,沟通人类文明,共建和谐社会
第二届	2009 年	多彩民族文化,人类精神家园
第三届	2011 年	弘扬人类文明,共建精神家园
第四届	2013 年	人人都是文化传承人
第五届	2015 年	传承文脉,创造未来
第六届	2017 年	传承发展的生动实践
第七届	2019 年	传承多彩文化,创享美好生活
第八届	2021 年	尊重文化多样性,激活人类创造力

资料来源:根据网上资料,作者自制。

举办以非遗为主题的节庆活动,从社会层面讲,可以营造地区民众共同记忆,加强地区凝聚力,为市民提供休闲的机会;从文化层面讲,可以呈现地方具有特色的风土人情,保存文化传统与艺术,推动创新艺术形式以及文艺团体的参与;从政治层面讲,可以提升地区的国际声望,塑造城市形象品牌;从经济层面讲,可以引进外来投资,加强基础建设,并推动都市转型。成都作为国际非物质文化遗产节的永久举办地,在举办节庆期间推出了系列展演、论坛、展览以及竞技活动,并于 2009 年建设了成都国际非物质文化遗产博览园(国内首个非遗文化园区)。

非遗节事在和数字技术结合方面,目前主要是依托网络平台,进行形式多样的网络宣传,以视频、直播、网购、游戏等形式传播非遗节庆,以提升受众的参与度。

研读材料

第七届中国成都国际非物质文化遗产节首度举办的"中国非遗创意设计作品授权展",聚焦非遗符号的授权和转化,53 家 IP 版权方参展,展出并就 300 多个 IP 授权元素进行洽谈。对接项目 80 余个,洽谈签约金额达到 5 510 万元,实现非遗成果有效转化。[①] 授权展呈现了三个亮点:① 首先是文化 IP+在数字化技术赋能的情况下,汇聚

---

① 成都市文化广电旅游局.盛会落幕非遗正青春:第七届中国成都国际非遗节成功举办[J].文化月刊,2019(11):49.

了更多的参展资源;② 其次是通过数字化的技术手段形成了更多的 IP 授权元素,催生了新的文化创意产品形态;③ 最后授权展将产供销做了精准匹配,产生了巨大的市场效益,也激发了非物质文化遗产本身的活力。

2021 年,第八届中国成都国际非物质文化遗产节的主题为"尊重文化多样性,激活人类创造力",设有非遗博览园主场活动以及"云上非遗"线上非遗节,将线上与线下场景联动,并通过网络传播。"云上非遗"版块分为"云游非遗""云购非遗""云学非遗""云玩非遗"四部分内容。成都国际非物质文化遗产节的线上非遗节呈现了如下亮点:① 线上同步游览。"云游非遗",举行了"直播非遗节""非遗工坊探秘",面向全社会招募产品体验官,与网红博主、当地名人一起畅游非遗;② 联动大 V,提升影响力。"云购非遗",推出"非遗好物星推官",组织一批非遗推广大 V,联动一批非遗工作者,请"非遗好物星推官"为非遗打 call,并设有非遗线上购物节及李子柒东方美食频道;③ 直播课程,便利学习。在"云学非遗"方面,开设非遗大师直播课,精选知名非遗项目;④ 网上深度参与,增加趣味性。"云玩非遗",举行了"非遗有搬头(battle)",在线上发起非遗知识闯关游戏,市民通过微信小游戏随机回答题目,将有机会抽红包及其他奖品。此外,在非遗节举办的前半个月还持续开展了"线上嗨玩非遗节活动",每日抽取幸运观众送出"非遗大礼包"。

图 10‐4‐3　中国成都国际非物质文化遗产节展览现场

资料来源:中国成都国际非物质文化遗产节[EB/OL]. http://www.cdgjfyj.com/. [访问时间:2022‐07‐20].

三、主题保护,文化和自然遗产日

除了传统节日、地方政府着力打造的非遗节日之外,在全国层面,"文化和自然遗产日"已经成为向全社会宣传普及非遗知识、展示非遗保护传承实践的重要渠道、全国人民共享非遗保护成果的重要节日。2005 年,《国务院关于加强文化遗产保护的通知》发布后,国务院在 2006 年首次设立"文化遗产日",从 2017 年开始调整设立为"文化和自然遗产日"(见表10-4-2)。近 20 年来,文化和遗产日已经成为非遗保护的重要节日。历年来围绕"文化和自然遗产日",始终坚持全民参与、坚持文化传统以及将传统与现代生活结合的理念,各级地方政府都展开了形式多样的宣传活动,使更多的国民参与其中。

表 10-4-2 历年文化和自然遗产日主题

时　间	主　题	时　间	主　题
2022 年	连接现代生活　绽放迷人光彩	2019 年	非遗保护中国实践
2021 年	人民的非遗　人民的共享	2018 年	多彩非遗,美好生活
2020 年	非遗传承　健康生活	2017 年	文化遗产与"一带一路"

资料来源:中国非物质文化遗产数字博物馆[EB/OL]. https://www.ihchina.cn. [访问时间:2022-07-08].

特别是近年来,"文化自然遗产日"借助线上传播平台、直播平台、电商平台、各类微信公众号,极大地提升了非遗传播的力度,形成了集中爆发的传播力。"总之,非遗保护工作的线上与线下、传统与当代在近年'文化和自然遗产日'期间实现了融合,从内在理念来看,作为文化传统的非遗越来越积极地回应当代热点。"[①]

非遗视频影像的大量呈现是近年来文化和自然遗产日的重点和亮点。2022 年文化和自然遗产日推出的"云游非遗·影像展"获得了中国文化和旅游部的支持,腾讯视频、爱奇艺、优酷、抖音、快手、哔哩哔哩、酷狗、微博八家网络平台共同承办。各平台推出了"赏中国精彩技艺""非遗藏品季""焕新非遗计划""非遗奇遇记"等主题活动,向大众展示传统美食、传统手工艺、传统音乐等丰富的非遗资源。

各地借助非遗视频进行传播呈现了如下特点:

首先,非遗相关的视频成为节日展现非遗的重要项目和重要手段。

其次,从政府、媒体到普通用户,越来越多的群体、个体参与到拍摄、记录非遗传承人和非遗项目的过程中,形成从专业生成内容到用户生成内容的转变。

最后,通过话题参与、互动直播、故事征集等形式,形成了非遗影像的互动式传播。

各省围绕"文化和自然遗产日"在 2022 年举办了近 6 200 场非遗宣传展示活动,已经形

---

① 孙丰蕊.线下传统与线上传播——基于文化和自然遗产日的观察与思考[J].非遗传承研究,2022,(02):33-36+9.

图 10 - 4 - 4　云游非遗影像展

资料来源：中国非物质文化遗产数字博物馆［EB/OL］. https://www.ihchina.cn/special2022_yx.html.［访问时间：2022 - 07 - 08］.

成了全国范围内具有影响力的文化品牌。

> **研读材料**
>
> 　　在 2021 年的文化和自然遗产日,辽宁省博物馆在参与非物质文化遗产宣传推介工作的过程中,积极配合辽宁省文化遗产保护中心的工作,探索了多元化的创新宣传模式。在宣传活动中,辽宁省博物馆将"融合""共享""创新""发展"作为核心主题,全面展示了辽宁非物质文化遗产资源特色和深厚的文化底蕴,主要开展如下活动:① 依托自媒体平台,推出非物质文化遗产方面法律法规的线上宣传活动;② 开展"珍瓷剪影———传统手艺的时空对话"创意展,借助全媒体全面宣传;③ 织群众参与"我们的节日·端午节"非遗保护探索活动;④ 从经济层面入手开展辽宁非遗购物节活动,利用电商平台推广以辽宁省非物质文化遗产为 IP 的产品。[①]

四、线上线下,开展非遗购物节

　　非遗文化节和购物节正在逐渐融合,线上线下购物节,使传统的非遗项目转变为 IP,真正实现交易,创造价值,融入百姓的日常生活中。在 2020 年非遗购物节当天,"阿里巴巴、京

---

① 孙若晨.论博物馆在非物质文化遗产保护中的作用与实现路径［J］.文化创新比较研究,2022,6(14):97 - 100.

东等各大电商平台、网络平台的非遗产品下单数超过300万笔,销售非遗产品超过800万件,涉及各级非遗项目超过4 500项,成交金额近4亿元"。[①] 其中电商平台和网红直播成为近年非遗购物节的热点,例如甘肃省开展"云购非遗—非遗购物节线上直播带货活动",邀请网红直播带货、非遗传承人参与直播、网友互动等,使甘肃非遗产品"走上云端",为非遗传承人拓宽了销售渠道。

此外,少数民族地区的节庆活动也成为文旅融合背景下被重点开发的文化旅游资源和发展区域经济的商品资源。围绕民族地区的节日习俗,同时还有很多和节日相关的食物、风俗等,都可以利用电商平台进行传播,不仅面向本地用户,同时也面向全国用户,既销售了相关产品,也传播了非遗文化。

研读材料

拥有13项国家级非物质文化遗产的雷山县从2000年开始开展"中国·雷山苗年"活动,被国际节庆协会组织评为"中国最具特色民族节庆"。[②] 在2021年雷山苗年节,用新技术赋能传统节日,当地政府首次推出了线上苗年节,举办了雷山2021年苗年节农特产品电商线上促销活动,以"欢度苗年,共贺丰收"为主题,利用民族节日宣传、推广雷山优质农产品。这样的活动对于打造地方品牌、激发当地居民的热情以及推动经济发展都发挥了重要作用。

浙江省2022年的非遗购物节在形式上有不少创新之举:① 共创共享:广泛发动全省11地市广电新媒体,邀请知名主持人通过家乡人讲家乡事,号召全民随拍随传,宣传本地特色非遗产品;② 互动体验:围绕"一个传承人+一个非遗项目+一个非遗专栏+一条文旅路线"的"四个一"内容主线,通过"慢直播+精彩片段"的形式,聚焦网红传承人走近非遗项目、非遗工坊等展演展销和互动体验活动,多形态、立体式展示2022年"非遗购物节";③ 产品导向:聚合阿里巴巴、新浪微博、小红书、抖音、哔哩哔哩等头部电商和社交平台共同推进浙江非遗产品。

广州的非遗购物节在利用新媒体平台方面形成了自身的亮点:① 广州市非遗保护中心工作人员设立"非遗小探",协助传承人作为主播,并由专业团队协助直播策划及投放;② 针对非遗传承人开设了直播带货能力提升线下课程;③ 发起"遇见广州非遗""广州非遗购物节"等话题,以海量流量助推优质短视频的传播,持续提升曝光量;④ 设立"抖音广州非遗馆",作为广州非遗购物节的主场馆,"抖音广州非遗馆"已有61个非遗项目的96位传承人入驻,开设系列线上直播带货专场。

---

① 张玉玲.文化和旅游部官网.首届"非遗购物节"述评[EB/OL]. https://www.mct.gov.cn/preview/special/2020whhzrycr/8903/202006/t20200618_858162.htm.2020-06-17.[访问时间:2022-08-15].
② 黄晓意."非遗"的活态传承与文化使命——从"雷山苗年"说起[J].中国民族博览,2021,(07):96-98.

五、存在问题与未来发展

随着新技术的发展变迁,人民的精神文化需求也不断增长,新的营销方式层出不穷,游客获取信息的渠道更加复杂多样,这给节事活动的发展带来了机遇与挑战。节事活动只有利用新技术、增强产品的表现形式、不断提供优质丰富的产品、运用新的营销手段,才能增强竞争能力、延长产品的生命周期。[①] 未来,在节事期间,除了可以通过数字技术还原传统节日场景,为受众带来更多沉浸式体验,并全方位了解节日,相关节事的组织者也可以利用节日开展数字营销、数字推广、数字共创,带动非遗节事的发展。在数字技术赋能非遗节庆方面,可以重点关注以下方向:

(1) 深入挖掘传统节事内容,从风俗、口头、物质三方面寻找文化资源,利用数字技术多角度、多渠道转化节事资源。

(2) 利用游戏、共创平台,聚焦年轻人的圈层,带动年轻人了解节庆知识,参与到节庆情感的传达、节庆意义的挖掘中。

(3) 利用网购渠道,打通线上线下购物,将节庆 IP 转化为具有商业价值的品牌。

(4) 以文化和自然遗产日为契机,举办形式多样的节日活动,避免低水平、重复建设,保持对传承项目、传承人的常态化关注和保护。

(5) 在向数字化转型的过程中,同时关注线下非遗节庆的建设,加强非遗节庆的本真性、活态性建设。

---

① 张成雷,吴飞.新媒体视域下节事活动营销路径研究——以江南牡丹文化旅游节为例[J].经营与管理,2022,(08):65-70.

附录一
中国数字非遗大事年表

中国入选联合国教科文组织非物质文化遗产名录（名册）

2001 年　昆曲入选"人类口头和非物质遗产代表作"。

2003 年　古琴艺术入选"人类口头和非物质遗产代表作"。

2005 年　新疆维吾尔木卡姆艺术以及与蒙古国联合申报的蒙古族长调民歌入选"人类口头和非物质遗产代表作"。

2008 年　昆曲、古琴艺术、新疆维吾尔木卡姆艺术、蒙古族长调民歌四个项目被纳入"人类非物质文化遗产代表作名录"。

2009 年　中国传统桑蚕丝织技艺、南音、南京云锦织造技艺、宣纸传统制作技艺、侗族大歌、粤剧、格萨(斯)尔、龙泉青瓷传统烧制技艺、热贡艺术、藏戏、玛纳斯、花儿、西安鼓乐、中国朝鲜族农乐舞、中国书法、中国篆刻、中国剪纸、中国传统木结构营造技艺、端午节、妈祖信俗、中国雕版印刷技艺、呼麦 22 个项目入选"人类非物质文化遗产代表作名录"；羌年、黎族传统纺染织绣技艺、中国木拱桥传统营造技艺 3 个项目入选"急需保护的非物质文化遗产名录"。

2010 年　中国中医针灸、京剧入选"人类非物质文化遗产代表作名录"；中国水密隔舱福船制造技艺、中国活字印刷术以及麦西热甫被列入"急需保护的非物质文化遗产名录"。

2011 年　中国皮影戏入选"人类非物质文化遗产代表作名录"；赫哲族伊玛堪被列入"急需保护的非物质文化遗产名录"。

2012 年　福建木偶戏后继人才培养计划入选"优秀实践名册"。

2013 年　中国珠算入选"人类非物质文化遗产代表作名录"。

2016 年　中国申报的"二十四节气——中国人通过观察太阳周年运动而形成的时间知识体系及其实践"列入"人类非物质文化遗产代表作名录"。

2018 年　中国申报的"藏医药浴法——中国藏族有关生命健康和疾病防治的知识与实践"列入"人类非物质文化遗产代表作名录"。

2020 年　太极拳列入"人类非物质文化遗产代表作名录",太极拳成为 2026 年达喀尔青年奥林匹克运动会正式比赛项目。同年,中国与马来西亚联合申报的"送王船——有关人与海洋可持续联系的仪式及相关实践"项目列入"人类非物质文化遗产代表作名录"。

中国非遗·国际大事记

1966 年　联合国教科文组织大会通过了《国际文化合作原则宣言》,该《宣言》为在教科文组织框架范围内制定文化政策奠定了基础。

1970 年　联合国教科文组织召开了关于文化政策的体制、行政及财政问题政府间会议,开始提出与"文化的发展"和"发展的文化维度"相关的理念。

1972 年　联合国教科文组织通过《保护世界文化和自然遗产公约》。一些会员国开始关注保护"非物质遗产"(尽管当时并未形成此概念)的重要性。

1976 年 3 月　世界知识产权组织与联合国教科文组织的专家制定《适用于发展中国家的突尼斯示范版权法》,这是国际组织第一次专门为民间文艺的保护制定条款。

1982 年　在民间文艺的传播可能引起对文化遗产的不适当利用,甚至是滥用和歪曲,从而损害民族文化和经济利益的背景下,世界知识产权组织与联合国教科文组织共同颁布了意在指导各国国内关于民间文艺保护立法的《保护民间文学艺术表达形式、防止不正当利用及其他侵害行为的国内示范法》。将"民间文学艺术表现形式"(而不是"民间文学艺术作品")从著作权法中独立出来,以专门的法律对其进行保护是该示范法最大的特点。

1989 年 9 月 25 日　中华人民共和国国务院批复接受《关于禁止和防止非法进出口文化财产和非法转让其所有权的方法的公约》,该公约于 1970 年 11 月由联合国教科文组织在巴黎通过。

1996 年　由世界知识产权组织主持的外交会议上,通过了《世界知识产权组织表演和录音制品公约》。

1998 年 11 月　联合国教科文组织通过《人类口头和非物质遗产代表作条例》。

2000 年　联合国教科文组织展开了"人类口头和非物质遗产代表作"项目申报,每两年宣布一次"代表作"。

2000 年　世界知识产权组织成立了"知识产权与遗传资源、传统知识和民间文艺政府间委员会"(简称 IGC),明确了传统知识、遗传资源、民间文艺的"国家主权原则,知情同意原则和利益分享原则"。

2003 年 10 月 17 日　联合国教科文组织第 32 届大会通过了《保护非物质文化遗产公约》,中国积极参与《公约》制订工作的全部过程。

2004 年 8 月 28 日　经全国人大常委会批准,中国正式加入联合国教科文组织《保护非物质文化遗产国际公约》,成为第六个加入国。

2005 年 10 月　联合国教科文组织通过《保护和促进文化表现形式多样性公约》。

2006 年 6 月　联合国教科文组织《保护非物质文化遗产公约》缔约国大会第一次会议上，中国以高票当选由 18 个委员国组成的首届保护非物质文化遗产政府间委员会成员。中国有权参与审议联合国教科文组织"人类非物质文化遗产代表作名录"和"急需保护的非物质文化遗产名录"和提名，制定代表作名录和急需保护名录的遴选标准，并对国际援助进行审议。

2007 年 3 月 18 日　联合国教科文组织第 33 届大会通过的《保护和促进文化表现形式多样性公约》生效。

2007 年 4 月 16—20 日　由原文化部主办，中国艺术研究院承办的"中国非物质文化遗产艺术节"首次在联合国教科文组织总部举行。

2012 年 2 月 22 日　联合国教科文组织亚太地区非物质文化遗产国际培训中心（亚太中心）在北京成立。

2016 年 10 月 12 日　中国文化和旅游部与波兰文化和民族遗产部在波兰西南部城市克拉科夫主办了首届中国—中东欧国家非物质文化遗产保护专家级论坛。

2018 年 1 月 20—22 日　由丹麦中国文化中心和黑龙江省文化厅共同主办，黑龙江省非物质文化遗产保护中心承办的"渔猎风·北国韵"黑龙江省非物质文化遗产展在丹麦举办。

2018 年 7 月 2 日　由中共湖北省委宣传部、湖北省文化厅主办，中国驻捷克使馆支持的"长江边的非遗故事——中国湖北非物质文化遗产展演"在捷克科林西亚会议中心开幕。

2018 年 8 月 8 日　由上海市文化广播影视管理局和上海市人民政府外事办公室主办，上海艺术品博物馆、上海工艺美术职业学院、上海市文化艺术档案馆和亚历山大图书馆承办的"文化越古今——生活中的上海非物质文化遗产展"在埃及亚历山大图书馆精彩亮相。

2019 年 11 月 20 日　第十三届泉州国际南音大会唱在福建泉州举办，来自菲律宾、印尼、马来西亚、新加坡等国家和地区的 33 个南音社团参与此次活动。

2019 年 11 月 26—29 日　由日本东京中国文化中心和天津市文化和旅游局主办的"四时本草——天津传统中医药技艺特展"在东京举办。

2020 年 11 月 2 日　"物以载道——中国非遗数字展"在中国和摩洛哥的数字媒体平台上线，该展览由中国文化和旅游部国际交流与合作局主办，中国文化传媒集团有限公司下属中传创展（北京）文化发展有限公司承办，同名线下展于 11 月 2 日至 12 月 2 日在摩洛哥拉巴特中国文化中心举行。

2021 年 4 月 8 日—7 月 8 日　为纪念中国与科威特建交 50 周年，由文化和旅游部、中国驻科威特国大使馆、科威特国驻广州总领事馆主办，中国文化传媒集团、广东省文化和旅游厅组织的"物以载道——中国与科威特非遗数字展"在广东佛山南海大沥智城西洋艺术馆举办。本次数字展通过应用 AR 拍摄技术，打造沉浸式数字展厅，用"科技＋非遗"的手段，观众只需手机扫码即可随时随地欣赏展览。

2021 年 7 月 5 日—8 月 30 日　由联合国教科文组织驻华代表处和联合国教科文组织亚太地区非物质文化遗产国际培训中心联合举办的"跟我看非遗"青年非物质文化遗产保护

能力建设第一期培训班在线上举办。培训采用"培训师线上授课＋学员线下拍摄实践"的方式。学员们共拍摄完成 66 部非遗短片，内容涉及传统技艺、传统美术、传统表演、民俗等类别的 62 个不同主题的非遗项目、非遗事件、非遗人群等。

2021 年 8 月 12—18 日 巴黎中国文化中心同云南省文化和旅游厅合作策划了云南省文化旅游推介活动第二期——"七彩云南·魅力非遗"短视频展播活动。此次短视频展播活动重点推介云南剪纸、普洱茶、腾冲皮影、竹编、民族服饰等当地代表性非遗项目。该活动在中心官网、微信、脸书、推特、领英、Instagram 等海内外新媒体平台同步推出。

2022 年 6 月 15 日 第三届中国——中东欧国家非物质文化遗产保护专家级论坛以线上形式举办。本届论坛以"气候变化与非物质文化遗产"为主题。

2022 年 8 月 1 日 由福建省文化和旅游厅主办，省美术馆、《福建日报》社东南网海外部承办的"格物致道——福建非遗传统美术、传统技艺类作品展"以"云展览"形式正式在海外线上平台展出，为期一个月的展览向海外侨胞、国际友人展现了 40 件如白瓷、建盏、福州脱胎漆器等福建传统美术、传统技艺类的古今佳作。

2022 年 8 月 1 日—9 月 5 日 联合国教科文组织驻华代表处与联合国教科文组织亚太地区非物质文化遗产国际培训中心举办了第二届青年非物质文化遗产保护能力建设研讨会。来自中国、日本、蒙古国和韩国 32 所大学的近 150 名 18 至 28 岁的青年和观察员参加了这次研讨会。在 Deirdre Prins-Solani 女士（南非）和 Linina Phuttitarn 女士（泰国）两位联合国教科文组织 2003 年公约认证协调员的引领下，学员们进行在线课程，并根据线上课堂学习的内容开展为期 2 周的线下非遗视频拍摄实践。

中国非遗大事记

1950 年 3 月 29 日 中国民间文艺研究会（1987 年改名中国民间文艺家协会）在北京宣告成立。自此之后，中国民间文艺研究会对中国各民族的民间文学、民间艺术开展过多次大规模的搜集、调查、整理和研究工作。各省区市也陆续成立了分会组织。

1978 年 由钟敬文教授起草，联合顾颉刚、白寿彝、容肇祖、杨堃、杨成志、罗致平等人，致函中国社会科学院，随后发表了《建立民俗学及有关研究机构的倡议书》，得到有关领导同志的高度重视和全国广大民俗学工作者的积极响应。

1979 年 4 月 20 日 中国社会科学院联络局《情况和建议》第 96 期发表乌丙安、刘航舵的《重建中国民俗学的新课题》。

1979 年 12 月 《民间文学》发表顾颉刚、白寿彝、容肇祖、杨堃、杨成志、罗致平、钟敬文的《建立民俗学及有关研究机构的倡议书》。

1979 年 原文化部、国家民委、中国文联共同发起"十部中国民族民间文艺集成志书"编撰工作。该项目是对中国民族民间文艺进行的一次全面、深入的普查和抢救。

20 世纪 80 年代初 辽宁、吉林、浙江、江苏、广东、安徽等省陆续成立民俗学研究机构；许多高等院校，如辽宁大学、牡丹江师范学院、苏州大学、北京大学、河南师范大学、东北师范大学、中央民族学院、北京师范大学、中山大学等相继开设民俗学课程或成立民俗学社。

1983 年 5 月 21 日 中国民俗学会成立大会在北京召开，推选周扬为名誉理事长，钟敬文为理事长，刘魁立为秘书长，通过了《中国民俗学会章程》。

1994 年 6 月 13 日 中央民族大学民俗文化研究中心成立。该中心是跨系科、跨学科，从事中国各国各少数民族民俗文化的田野调查，探索民俗文化基础理论和进行综合性应用研究以及咨询的学术机构。陶立璠任中心主任。该中心编辑发行不定期刊物《民俗与研究》。

1997 年 5 月 20 日 中华人民共和国国务院令第 217 号颁布《传统工艺美术保护条例》。对传统工艺美术做出明确的规定，通过建立国家评定机构，保护了一大批传统工艺美术品种。

1998 年 文化部民族民间文艺发展中心成立，主要任务是全面承担中国民族民间文艺的搜集、整理、保护、研究、开发工作；继续负责十部中国民族民间文艺集成志书编纂出版工作；开展多方位的民族民间文化艺术交流；利用文艺资源优势及现代科技手段，建立系统的中国民族民间文艺基础资源数据库，宣传保护中华民族丰富的文化传统。

1999 年 9 月 24 日 由中央民族大学民俗文化研究中心和北京大道文化影业公司联合主办的《中国民俗网》，在北京电报大楼中国信息港举行开通仪式，在线与网民互动。该网站定位兼顾学术性和公益性，是国内开通的首家专门的民俗学学术网站。

2000 年 5 月 26 日 云南省颁布全国第一部非物质文化遗产保护方面的地方性法规《云南省民族民间传统文化保护条例》（云南省第九届人民代表大会常务委员会公告第 43 号）。

2001 年 3 月 冯骥才就任中国民间文艺家协会主席，开始策划、设计全国性的"中国民间文化遗产抢救工程"。由冯骥才改定、85 位专家签名的《抢救民间文化遗产呼吁书》于 2002 年 2 月 26 日正式向社会公布，《文艺报》《文汇报》《光明日报》《中国文化报》等数十家报刊全文刊登或部分摘发。

2001 年 12 月 原文化部制定《文化部保护和振兴昆曲艺术十年规划》，逐步建立起有利于昆曲艺术保护的有效机制。

2001 年 青海民族大学艺术学院创办全国首个工艺美术（唐卡）专业，将传统民间艺术纳入大学教学体系，实现从民间师徒传承模式向学校教学模式的转变，为传统民族文化培养人才，更好地传承非遗文化。

2003 年 1 月 20 日 原文化部、财政部联合国家民委、中国文联实施为期 17 年的"中国民族民间文化保护工程"。这项工程计划从 2003—2020 年用 17 年的时间，创建中国非物质文化遗产保护的有效机制，初步建立起比较完备的中国非物质文化遗产保护体系，基本实现了中国非物质文化遗产保护工作的科学化、规范化和法治化。

2003 年 11 月 全国人大教科文卫委员会起草《中华人民共和国民族民间传统文化保护法草案》并提交全国人大常委会审议。

2004 年 4 月 8 日　原文化部、财政部发出《关于实施中国民族民间文化保护工程的通知》，同时制定了《中国民族民间文化保护工程实施方案》。

2004 年　中国艺术研究院启动了《昆曲艺术大典》编纂工程，该项目被列入《国家"十一五"时期文化发展规划纲要》重要文化遗产保护出版项目，所收内容为明代中叶以来 600 多年间昆曲最重要的文字文献、谱录文献、图片资料、音像资料文献、昆曲传承人的文化遗存等。

2005 年 3 月 26 日　国务院办公厅发布了《关于加强我国非物质文化遗产保护工作的意见》，首次提出了要求建立中国非物质文化遗产代表作国家名录，确定了"保护为主、抢救第一、合理利用、传承发展"的指导方针及"政府主导、社会参与、明确职责、形成合力、长远规划、分步实施、点面结合、讲求实效"的工作原则。同时，《国家级非物质文化遗产代表作申报评定暂行办法》作为该意见的附件颁发。国家版权局《民间文学艺术作品保护条例》以及国家中医药管理局《中医药保护法》等也在起草中。

2005 年 6 月　中国开始进行第一批国家级非物质文化遗产名录申报与评审工作。

2005 年 7 月 5—8 日　第一届"中国非物质文化遗产保护·苏州论坛"在江苏苏州召开，由原文化部、江苏省政府共同主办，苏州市政府等承办，是中国非物质文化遗产保护领域首次以政府为主的大规模学术研讨活动。会议强调要坚持政府主导、学术界和社会广泛参与的原则，众志成城，抢救和保护好中国非物质文化遗产。

2005 年 7 月　原文化部下发《关于申报第一批国家级非物质文化遗产代表作的通知》。每两年申报一次国家级代表作，同时制定了申报代表作的项目条件。

2005 年 11 月　原由文化部起草的《非物质文化遗产保护法》报送国务院法制办。

2005 年 12 月 22 日　国务院下发《关于加强文化遗产保护工作的通知》，确定从 2006 年起，每年六月的第二个星期六为中国"文化遗产日"。

2005 年 12 月 31 日　首批国家级名录 501 项初选项目向社会公示。

2005 年底　原文化部发布了《中国民族民间文化保护工程普查手册》。《手册》由 100 多位民间文化领域的专家合作而成，第一次将中国非物质文化遗产分为 16 大类，即民族语言、民族文学、民间美术、民间音乐、民间舞蹈、戏曲、曲艺、民间手工技艺、生产商贸习俗、民间信仰、民间知识以及游艺、传统体育与竞技等。

2005 年起　原文化部、财政部共同实施"国家昆曲艺术抢救、保护和扶持工程"。

2005 年　国务院办公厅发布《非物质文化遗产保护工作部际联席会议制度》。

2005 年　原文化部在全国组织开展非物质文化遗产普查工作，下发了《关于开展非物质文化遗产普查工作的通知》。

2005—2009 年　中国第一次大规模开展了全国性的非遗普查活动，普查出非遗资源总量近 87 万项，较为全面地了解和掌握了各地区、各民族非遗资源的种类、数量、分布情况、生存和传承状况。在此基础上，建立了国家、省、地、县四级非遗名录体系。

2006 年　由原文化部、国家民委、中国文联共同发起的"十部中国民族民间文艺集成志书"298 部省卷全部出版完成。

2006年2月12日 首次"中国非物质文化遗产保护成果展"在中国国家博物馆展出。

2006年6月8日 "中国非物质文化遗产"标识出台。标识通过网上征集、群众投票和数轮专家评议,最终选出。

2006年6月10日 中国迎来第一个文化遗产日。

2006年7月13日 国家非物质文化遗产保护工作专家委员会在北京成立,专家委员会第一次会议同时举行。68名专家学者受聘为专家委员会委员,冯骥才任主任委员。

2006年8月 国内唯一一个非物质文化遗产主题公园——中国非物质文化遗产主题公园正式落户成都。

2006年9月26日 中国非物质文化遗产保护中心成立。该机构是国家级非物质文化遗产保护的专业机构,承担"中国非物质文化遗产数字化保护工程""非物质文化遗产数字化保护系列行业标准制定"等数字化保护项目建设,利用数字技术全面、真实、系统地记录非物质文化遗产代表性项目的相关情况。

2006年10月 财政部和原文化部联合发出《国家非物质文化遗产保护专项资金管理暂行办法》的通知,明确提出由中央财政拨款设立专项资金,该资金的管理和使用将遵循专款专用的原则,由地方各级文化行政部门和财政部门逐级申报,单位和个人均可向当地文化行政部门和财政部门提出申请。

2006年11月 原文化部颁发了《国家级非物质文化遗产保护与管理暂行办法》(中华人民共和国文化部令第39号),共28条,自2006年12月1日起施行。

2006年12月11日 由王文章主编的中国第一部全面系统地研究非物质文化遗产的专著——《非物质文化遗产概论》在京首发,由文化艺术出版社出版。

2006年12月 周和平主编的《第一批国家级非物质文化遗产名录图典》由文化艺术出版社出版。

2006年12月—2007年2月 原文化部委托中国民俗学会完成"民族传统节日与国家法定假日"课题。

2006年 国务院批准原文化部公布第一批国家级非物质文化遗产名录,共计518项。

2007年4月13日 非物质文化遗产保护首本工具书《第一批国家级非物质文化遗产名录图典》(上、下卷)在北京首发。

2007年5月23日—6月9日 以"传承民族文化、沟通人类文明、共建和谐世界"为主题的首届中国成都国际非物质文化遗产节在四川成都召开。其间同时举办"非物质文化遗产国际论坛",并发表世界上首个国际性非物质文化遗产保护宣言——《成都宣言》。

2007年6月5日 经各地推荐、申报,专家评审委员会评审、社会公示和复审,原文化部公布了包括民间文学、杂技与竞技、民间美术、传统手工技艺、传统医药五大类134个项目226名第一批国家级非物质文化遗产项目代表性传承人。

2007年6月8日 由原文化部主办、中国艺术研究院承办的中国非物质文化遗产专题展开幕。

2007年6月9日 中国首届文化遗产日颁奖仪式在京举行,原文化部正式批准设立闽南文化生态保护实验区,这是中国第一个国家级文化生态保护区,实验区包括福建的泉州、漳州、厦门三地,这里是台胞的主要祖籍地,也是闽南文化的发祥地和保存地。

2007 年 9 月 国家版权局召开民间文学艺术作品著作权立法工作会议,讨论《民间文学艺术作品保护条例》修改稿。

2007 年 12 月 7 日 《国务院关于修改全国年节及纪念日放假办法的决定》在国务院第 198 次常务会议通过,自 2008 年 1 月 1 日起施行。清明、端午、中秋等传统节日被定为法定休假日。

2007 年 商务部、原文化部联合下发《关于加强老字号非物质文化遗产保护工作的通知》。

2008 年 1 月 26 日 原文化部公布第二批国家级非物质文化遗产项目代表性传承人 551 名。

2008 年 4 月 2 日 国务院第 3 次常务会议通过《历史文化名城名镇名村保护条例》,2008 年 7 月 1 日起施行。

2008 年 5 月 14 日 原文化部审议通过并发布《国家级非物质文化遗产项目代表性传承人认定与管理暂行办法》(第 44 号令),对传承人的认定条件、应当提供的材料、认定程序和期限以及对传承人的权利和义务做了明确规定。该办法自 6 月 14 日施行。

2008 年 6 月 7 日 国务院公布第二批国家级非物质文化遗产名录 510 项和第一批国家级非物质文化遗产扩展项目名录 147 项。

2008 年 国务院在原文化部设立了非物质文化遗产司,负责管理全国的保护工作,各个省、自治区、直辖市相继设立了非物质文化遗产处和非物质文化遗产保护中心。

2008 年 中央财政开始对国家级代表性传承人开展传习活动予以补助,补助标准为每人每年 0.8 万元,2011 年补助标准提高至 1 万元,2016 年从每年 1 万元提高到每年 2 万元。

2009 年 3 月 原文化部非物质文化遗产司正式独立运行。

2009 年 5 月 国务院公布第三批国家级非物质文化遗产名录共计 191 项和国家级非物质文化遗产名录扩展项目名录共计 164 项。

2009 年 5 月 原文化部公布第三批国家级非物质文化遗产项目代表性传承人 711 名。

2009 年 8 月 原文化部正式确立成都为国际非遗文化节的永会址,国际非遗博览园落户成都。国内首个非遗文化园区——成都国际非物质文化遗产博览园,汇聚了来自世界各地的非遗文化精粹,是国家 AAAA 级旅游景区。

2009 年 10 月 国家社科规划和全国艺术科学规划重大项目——十部“中国民族民间文艺集成志书”编纂出版工程的十部“文艺集成志书”全部出版。这 10 部文艺集成志书,是按照统一规划、统一体例编撰的,分别为《中国民间歌曲》《中国戏曲音乐》《中国民族民间器乐曲》《中国曲艺音乐》《中国民族民间舞蹈》《中国戏曲》《中国民间故事》《中国歌谣》《中国谚语》《中国曲艺》,每一门类按省分卷。编纂过程中,共调查民歌 30 万首;收录戏剧剧种 394 个,唱腔 17 402 段;收录曲艺曲种 591 个,唱腔 11 108 段;收录器乐曲曲目 20 698 首;普查舞蹈节目 26 995 个;普查民间故事 30 万篇;收录民间歌谣 44 941 首;收录民间谚语 57 654 条。

这是改革开放以来中国在民族民间文化抢救与保护方面所取得的标志性成果。在十部"文艺集成志书"丰富资源基础上进一步研发了中国民族民间基础资源数据库"中国记忆""中国民间文学基础资源数据库""中国戏曲基础资源数据库"和"中国传统节日数据库"。

2009 年 11 月　中国首次非物质文化遗产全面普查基本完成。

2010 年 2 月　原文化部发布《关于加强国家级文化生态保护区建设的指导意见》。

2010 年 10 月 15—18 日　由文化部、山东省人民政府主办，文化部非物质文化遗产司、中国非物质文化遗产保护中心、济南市人民政府与山东省文化厅共同承办的首届中国非物质文化遗产博览会在山东济南举办。（第二届中国非物质文化遗产博览会于 2012 年 9 月在山东枣庄举办。第三届中国非物质文化遗产博览会于 2014 年 10 月在山东济南举办。自第四届中国非博会始，国家文化部将中国非物质文化遗产博览会永久落户山东济南。中国非物质文化遗产博览会是全国影响广、规模大、规格高、项目多、品类全的国家级非物质文化遗产博览会）。

2011 年 2 月 25 日　全国人大常委会第十九次会议审议通过《中华人民共和国非物质文化遗产法》。同年 6 月 1 日正式施行。

2011 年 10 月、2014 年 5 月　原文化部先后公布了两批国家级非物质文化遗产生产性保护示范基地，第一批示范基地涉及 41 个企业或单位，第二批示范基地涉及 59 个企业或单位，两批基地合计 100 个。

2011—2015 年　文化部通过中央财政支持生态区建设了 151 个非遗综合性传习中心。

2012 年 12 月 20 日　文化部公布了第四批国家级非物质文化遗产项目代表性传承人共 498 名，加上前三批已公布的 1 488 人，共计 1 986 人。

2012 年　原文化部发布的《文化部"十二五"时期文化改革发展规划》将"非物质文化遗产数字化保护工程"正式纳入规划。

2012 年　中国戏曲学院公布 2013 年本科招生简章，表演系将首次招收秦腔、阿宫腔、吕剧、柳子戏、藏戏等专业方向的本科生，并实行免学费政策。至此，京剧、昆曲、粤剧、藏戏中国 4 个世界级非遗剧种已全部纳入中国戏曲学院的本科教学计划。

2013 年 1 月 16 日　首批"国家级非物质文化遗产保护研究基地"在京命名并颁牌。入选首批"国家级非物质文化遗产保护研究基地"的传承单位为 4 个，分别是苏州市苏绣艺术创新中心（张美芳）、南通蓝印花布艺术馆（吴元新）、禹州市苗家钧窑有限公司（苗长强）和福建省仙作古典工艺家具研究开发有限公司（林友华）。

2013 年 11 月　中国非物质文化遗产保护协会在北京成立。

2013 年　以中山大学为牵头单位，以哈尔滨工业大学、华中师范大学、厦门大学、中国艺术研究院为协同单位的"文化遗产传承与数字化保护协同创新中心"正式挂牌，该中心通过机制创新来发挥四校一院的优势，开展非遗数字化保护研究和人才培养，推动非遗数字化保护工作的开展。

2014 年 5 月 21 日　国家主席习近平夫人彭丽媛邀请来中国出席亚信上海峰会的多国国家领导与夫人共同观看中国非物质文化遗产展示和文艺演出。这是首次在国际政府活动中,将非物质文化遗产列入展示内容。

2014 年 6 月 14 日 由原文化部主办、中国非物质文化遗产保护中心和国家图书馆联合承办的中国非物质文化遗产保护出版成果展在北京开幕,展出非物质文化遗产图书 1 800 余种、3 000 余册,非物质文化遗产纪录片 100 余部。

2014 年 7 月 由原文化部主办,原文化部非物质文化遗产司和中国非物质文化遗产保护中心承办,中国艺术研究院《中国摄影家》杂志社与中国摄影家网协办的"非遗传承,人人参与"——2014 中国非物质文化遗产摄影活动对外征稿。

2014 年 国务院批准原文化部确定公布的第四批国家级非物质文化遗产代表性项目名录共计 153 项,国家级非物质文化遗产代表性项目名录扩展项目名录共计 153 项。并按照《中华人民共和国非物质文化遗产法》的表述,将"国家级非物质文化遗产名录"名称调整为"国家级非物质文化遗产代表性项目名录"。

2015 年 4 月 原文化部印发《关于开展国家级非物质文化遗产代表性传承人抢救性记录工作的通知》,启动 300 名年满 70 周岁及不满 70 周岁体弱多病的国家级代表性传承人记录工作。

2015 年 6 月 13 日 全国首个非物质文化遗产 APP 项目《广东省非物质文化遗产电子地图》(手机版)正式上线。

2015 年 7 月 11 日 国务院办公厅印发《关于支持戏曲传承发展若干政策》的通知。

2015 年 11 月 17 日 原文化部启动"中国非遗传承人群研修培训计划"试点工作,并确定清华大学美术学院、中央美术学院等 20 余所院校为"中国非物质文化遗产传承人群研修培训计划"研修培训试点院校。

2016 年 1 月 原文化部与教育部共同实施的"中国非物质文化遗产传承人群研修研习培训计划"正式启动,57 所高校成为首批试点单位。

2016 年 6 月 30 日 深圳文化产权交易所"文化四板"的"非遗专板"上线,正式启动非物质文化遗产产业股权交易。

2016 年 9 月 29 日 国务院发布《国务院关于同意设立"文化和自然遗产日"的批复》,同意自 2017 年起将每年 6 月第二个星期六的"文化遗产日",调整设立为"文化和自然遗产日"。

2016 年 10 月 由原文化部非物质文化遗产司、文化部对外文化联络局主办的《保护非物质文化遗产公约》培训班在北京中央文化管理干部学院正式开班。

2016 年 12 月 6 日 国务院首次发布《中国的中医药》白皮书,全面阐述了中国政府对振兴发展中医药事业的坚定决心和信心。

2016 年 12 月 13 日 中国艺术研究院举行《昆曲艺术大典》首发式。

2016 年 12 月 25 日 《中华人民共和国中医药法》由中华人民共和国第十二届全国人民代表大会常务委员会第二十五次会议通过,自 2017 年 7 月 1 日起施行。

2016 年 武汉市档案馆、武汉市文化局等单位联合发起,对武汉 70 岁以上的非物质文化遗产传承人、工艺美术大师等人进行抢救性口述建档,同时开播系列电视专题片《江城非遗坊》。

2017 年 1 月 中共中央办公厅、国务院办公厅印发了《关于实施中华优秀传统文化传承发展工程的意见》,首次以中央文件形式专题阐述中华优秀传统文化传承发展。该《意见》明确提出,实施非物质文化遗产传承发展工程,进一步完善非物质文化遗产保护制度;完善非物质文化遗产普查建档制度;加大对国家重要文化和自然遗产、国家级非物质文化遗产等珍贵遗产资源保护利用设施建设的支持力度;制定文物保护和非物质文化遗产保护专项规划等。

2017 年 3 月 国务院办公厅转发了原文化部、工业和信息化部、财政部制定《中国传统工艺振兴计划》,提出要遵循"尊重优秀传统文化、坚守工匠精神、激发创造活力、促进就业增收、坚持绿色发展"原则,使传统工艺在当代生活中得到新的广泛应用,提升传统工艺的传承和再创造能力,提高从业者收入,促进城乡就业。文化部会同工业和信息化部、财政部印发《中国传统工艺振兴计划分工方案》,明确 21 个部(委、办、局)和 4 个全国性协会、联合会的职能分工和任务要求。到 2017 年底,贵州、天津、内蒙古等 10 个省(份)已出台当地传统工艺振兴计划。

2017 年 全国开展"喜迎十九大·文脉颂中华"非遗主题传播活动。中央网络媒体分四路,赴贵州、福建、山西、湖北开展非遗采访活动,全国 1 000 余名记者通过实地走访、参观体验,展示中国非物质文化遗产的独特魅力,网上媒体报道量 51.6 万篇,相关话题阅读量5 981 万人次,点击量过亿次。

2017 年 网络新媒体广泛、深度参与非遗传播,被业内称为"非遗直播元年"。伴随移动互联网的快速发展,非遗开始与网络直播"联姻",越来越多的非遗传承人登上直播平台,现场展示平常难得一见的非遗"绝技"。6 月上旬,在"锦绣中华——中国非物质文化遗产服饰秀"活动中,直播平台对 8 场非遗服饰秀全程直播,国内网络观众近 2 000 万人次,海外观众近 300 万人次。6 月至 12 月,光明网策划开展了 50 多场"致·非遗、敬·匠心"大型直播活动,深入等 15 个省(区、市)走访了 50 余名国家级省级非遗传承人,记录、传播了非遗人的执着坚守和文化传承。

2017 年 四川省艺术研究院、四川文艺音像出版社有限公司联合申报了"已故川剧名家影像资料数字化保护项目",该项目入选文化和旅游部"中华优秀传统艺术传承发展计划"戏曲专项扶持项目。

2018 年 1 月 20 日 由天津市文化广播影视局、共青团天津市委员会共同主办,天津市非物质文化遗产保护中心、天津市青少年活动中心承办的第九届娃娃庙会暨"践行党的十九大精神,争作非遗小传人"网络推选活动在天津市青少年活动中心举行。

2018 年 2 月 9 日 由河南省文化厅、河南广播电视台、河南省文学艺术界联合会、中国视协电视文艺委员会主办的"唱响新时代——2018 首届戏曲稀有剧种贺新春互联网公益晚会"在河南广播电视台 8 号演播厅举行。

2018 年 3 月 16 日 由中央网信办网络新闻信息传播局、文化和旅游部非物质文化遗产司共同指导,团中央网络影视中心、中国青年网主办的"贯彻党的十九大·文脉颂中华"全国青少年 VR 短视频大赛在中国国家图书馆正式启动。作品征集期间,还设立了青少年博物馆采风体验日、开展"创见非遗"VR 非遗展进校园等系列落地活动。

2018 年 3 月 23 日　"已故川剧名家影像资料数字化保护项目"专家研讨会在成都举行,相关专家学者就川剧名家名剧数字化保护建设进行了深入研讨。

2018 年 4 月 10 日　《江城非遗坊》一期作品移交武汉市档案馆收藏,包括抢救性记录的 40 多期非遗代表性项目和代表性传承人,累计摄制收集高清视频素材 400 多小时。

2018 年 4 月 14 日　反映中国非物质文化遗产魅力、弘扬中华民族传承力量的人文纪录片《传承(第二季)》在中央电视台中文国际频道播出。该片真实记录 35 位传承人的精彩技艺和人生故事。

2018 年 4 月 22—24 日　首届数字中国建设峰会在福州举行。由福建省文化厅负责的"海上丝绸之路及边疆万里数字文化长廊"展览亮相峰会,其中,包括由福建省艺术馆(福建省非物质文化遗产保护中心)负责的数字非遗板块。

2018 年 4 月 26 日　文化和旅游部、教育部、人力资源社会保障部联合印发《中国非物质文化遗产传承人群研修研习培训计划实施方案(2018—2020)》。

2018 年 5 月 22 日　国家级非遗影像背书大型系列主题纪录片《非遗中国行·走进内蒙古》在呼和浩特正式启动。启动仪式由内蒙古自治区文化厅、新华网、内蒙古非物质文化遗产保护中心、内蒙古展览馆主办,《非遗中国行》栏目组和新华网内蒙古分公司共同承办。

2018 年 5 月 24 日　文化和旅游部、工业和信息化部联合发布第一批国家传统工艺振兴目录,苏绣、蔚县剪纸、青神竹编等共计 383 个国家级传统工艺类非遗项目入选。

2018 年 5 月 31 日　中国互联网新闻中心(中国网)与国家京剧院战略合作发布会在北京梅兰芳大剧院举行。这是中国互联网新闻中心与国家京剧院以数字科技为理念,实现传统文化创造性转化和创新性发展的有益尝试。

2018 年 6 月 8 日　根据中宣部工作部署,文化和旅游部非遗司、中央电视台综艺频道和国家图书馆联合制作的 2018 年"文化和自然遗产日"特别节目——《非遗公开课》,在中央电视台综合频道(CCTV‐1)首播。

2018 年 6 月 9 日　国家图书馆启动了"年华易老,技忆永存——国家级非物质文化遗产代表性传承人抢救性记录工作成果展映月"系列活动。此次展映月包括主题交流活动、优秀成果推介活动、纪录片展映、主题展览等。

2018 年 6 月 19 日　上海市非遗保护中心推出的微纪录片《海派百工》在上海广播影视信息服务中心举行开机仪式。该项目计划在两年内,针对上海市级 220 个非遗项目中约 120 项具有代表性的工艺类项目,制作开发 120 部微纪录片。每部纪录片时长 5 分钟,以 8K 超高清形式呈现,以此纪录手工艺人的生活故事和精湛技艺。

2018 年 6 月 23 日　由非物质文化遗产大数据平台、腾讯 QQ 浏览器和 UXPA 中国、中央美术学院城市设计学院联合主办的首届非遗创新设计大赛颁奖典礼暨传统文化与设计教育跨领域高峰论坛在北京前门大街隆重举行。

2018 年 6 月 27 日、7 月 11 日　文化和旅游部、原国务院扶贫办连续印发《关于大力振兴贫困地区传统工艺助力精准扶贫的通知》《关于支持设立非遗扶贫就业工坊的通知》。7月,文化和旅游部、原国务院扶贫办确定了第一批 10 个"非遗＋扶贫"重点支持地区,支持设立非遗扶贫就业工坊。

2018 年 7 月 27 日　由文化和旅游部非物质文化遗产司支持、广东省文化厅主办的"2018 非遗品牌大会"在广州大剧院举办。

2018 年 12 月 10 日　文化和旅游部出台《国家级文化生态保护区管理办法》(文化和旅游部令第 1 号),于 2019 年 3 月 1 日起正式施行。

2018 年　文化和旅游部公布第五批国家级非物质文化遗产代表性项目代表性传承人名单,共计 1 082 人。

2019 年 1 月　中宣部、文化和旅游部、财政部联合印发《非物质文化遗产传承发展工程实施方案》,明确到 2025 年非遗保护的指导思想和基本原则,部署了 12 项重点任务,提出了 6 项保障措施。

2019 年 1 月 19 日　陕西首个专注于非物质文化遗产生产性保护产业发展的平台组织——陕西非物质文化遗产产业联盟在西安成立。

2019 年 2 月 18 日　由文化和旅游部支持的唯品会驻四川凉山传统工艺工作站在西昌市揭牌,该工作站将通过"政府＋唯品会＋非遗扶贫工坊＋贫困群众"的模式,通过在非遗领域的"扶志"和"扶智",助力凉山脱贫攻坚、精准扶贫,实现建站目标。

2019 年 3 月 19—21 日　由云南省文化和旅游厅主办、云南省非物质文化遗产保护中心承办的云南非物质文化遗产保护网联络员培训班在云南省昆明市举办。此次培训旨在提升基层非遗保护单位人员的网络媒介素养和能力,培训内容包括:非遗采访宣传技巧、非遗传播创新方法、短视频拍摄方法、云南非物质文化遗产保护网投稿系统操作方法、报送非遗项目的网络新路径等。

2019 年 3 月 23 日　璀璨非遗《海派百工》前传 60 部 8K 微电影纪录片发布仪式在上海缤谷文化广场举行。

2019 年 4 月 6 日　非遗纪录片《传承》第三季在央视中文国际频道播放,本季纪录片所关注的非遗传承者中 70％是年轻人。

2019 年 4 月 12 日　浙江省第一批国家级非遗代表性传承人口述史丛书发布会在杭州举行。该丛书依托抢救性记录工作的视频成果,在书中设置访谈内容相关的二维码,将纪实影像与文字叙述相结合。

2019 年 5 月 12—15 日　非遗传播高级研修班在中央文化和旅游管理干部学院举办。此次高研班由文化和旅游部非物质文化遗产司主办,邀请了中央媒体、网络媒体、新媒体代表及各省(区、市)从事非遗传播工作的媒体代表等 60 余名学员参加,旨在提高非遗传播工作的专业化和规范化水平。

2019 年 5 月 18 日　由北京恒品影视制作有限公司承担的国家艺术基金 2018 年度传播交流推广资助项目"中国传统戏曲互联网推广"戏缘 APP6.0 全新上线。戏缘 APP 充分运用"互联网＋"思维及当下流行的网络传播方式,将戏曲的看、听、学、唱搬上手机,为全国 400

位艺术家与 500 万戏迷搭建互动桥梁。

2019 年 7 月　文化和旅游部发布《曲艺传承发展计划》,对曲艺类非遗传承发展工作进行专项部署。

2019 年 7 月 18 日　由中央网信办网络新闻信息传播局、文化和旅游部非物质文化遗产司、教育部体育卫生与艺术教育司联合主办的 2019—2020 年度"文脉颂中华·非物质文化遗产新媒体传播"主题活动在北京启动。此次活动以"非遗进校园"为重点,委托北京、河北、江苏、浙江、山东、湖北、湖南、广东、四川、贵州以及中国青年网等 11 个地区单位开展非遗新媒体作品生产和传播。

2019 年 8 月 6 日　由中央网信办网络新闻信息传播局指导、银河系工作室和光明网共同主办的"可爱的中国"各民族优秀知识分子讲述各民族文化传承与发展系列短视频在京发布。该项目由文化和旅游部非物质文化遗产司提供业务支持,中央民族大学提供学术支持。该系列短视频内容聚焦各民族非遗传承人故事。

2019 年 8 月 16 日　"中国高校计算机大赛——微信小程序应用开发赛"小游戏类别全国总决赛在广州市举行。小游戏类别以非物质文化遗产等中国传统文化为主题,大众可通过"高校微信小程序开发大赛"微信公众号内容获取小游戏二维码,体验非遗主题小游戏。

2019 年 9 月 20—24 日　由文化和旅游部非物质文化遗产司支持,浙江省文化和旅游厅、杭州市人民政府主办的大运河文旅季暨第十一届浙江·中国非物质文化遗产博览会(杭州工艺周)在杭州市拱墅区运河文化艺术中心举办。博览会期间举行了非遗薪传奖颁奖典礼和高德"浙江非遗地图·守护者声音"上线仪式,首批上线了 25 位非遗传承人与非遗保护工作者的语音讲解。

2019 年 10 月 12 日　为更加生动、直观地展示我国非遗分布情况及相关数据,由中国非遗保护中心设计制作的"非物质文化遗产地图"发布上线。

2019 年 10 月 28 日　由文化和旅游部非物质文化遗产司指导,河南省文化和旅游厅、安阳市人民政府主办的第三届晋冀鲁豫传统戏剧展演活动在安阳市举办。展演通过网络直播平台进行现场直播和转播。

2019 年 11 月 5—10 日　由上海市政府新闻办、上海市文化和旅游局联合策划举办的上海非遗专题展"非遗客厅"亮相第二届中国国际进口博览会新闻中心。非遗客厅以传承人互动体验区为中心、静态展品环抱格局进行空间设计,整体风格稳重雅致,注重动静结合。

2019 年 11 月 29 日　文化和旅游部正式印发《国家级非物质文化遗产代表性传承人认定与管理办法》,该《管理办法》于 2020 年 3 月 1 日起正式施行。

2019 年　文化和旅游部和原国务院扶贫办联手推进文化和旅游扶贫工作,以深度贫困地区"三区三州"和部分少数民族地区为重点,支持设立了 156 家非遗扶贫就业工坊。各地依托非遗扶贫就业工坊,开展技能培训 5 600 多期,培训人员 17.67 万人次。据不完全统计,全国 393 个国家级贫困县和 150 个省级贫困县已开展非遗助力精准扶贫工作,建设非遗扶贫就业工坊 2 310 个,涉及非遗项目 2 206 个,带动建档立卡贫困户 22.92 万人参与就业,其中 22.02 万人实现脱贫。

2019年 文化和旅游部组织开展了国家级文化生态保护实验区建设验收工作,闽南文化生态保护实验区等七个国家级文化生态保护实验区通过验收,正式成为国家级文化生态保护区。这是中国自2007年建设国家级文化生态保护实验区以来,首次开展验收工作。

2019—2022年 由上海交通大学"上海交大-南加州大学文化创意产业学院"主办的四届全球文化创意产业合作与发展国际会议中均设置非遗板块,板块主题分别为"数字勘探与非遗传承""中国文化的传承与创新""传统文脉与非遗传承""数字非遗与文化认同"。

2020年3月1日 《国家级非物质文化遗产代表性传承人认定与管理办法》正式施行,明确了一般每5年开展一批国家级非物质文化遗产代表性传承人认定工作,并增加材料复核、根据需要安排现场答辩、公众异议等评审程序和环节,完善了传承人资格的退出机制。

2020年6月12日 2020年文化和自然遗产日"云游非遗·影像展""非遗购物节"启动仪式在京举行。

2020年7月 中国非物质文化遗产保护协会中医药委员会在京成立。

2020年9月3—7日 第二届大运河文化旅游博览会在江苏举办。本届运博会吸引超过10万人次来到展会现场,线上受众突破2亿人次。

2020年9月10日 第十二届浙江·中国非物质文化遗产博览会(杭州工艺周)正式开幕,本届博览会以"享·美好生活"为主题,运用互联网,结合3D建模、云直播、VR展示等信息化技术,打破空间和时间限制,进一步强化非遗活态展示、互动体验等特点,在线上呈现"展、论、赛、评、购"的形式。

2020年9月14—16日 由河南省文化和旅游厅主办,河南省非遗保护中心、尉氏县新尉工业园区枣朱小学等承办的"弘扬优秀传统文化·2020年河南省非物质文化遗产进校园巡展"活动在开封市尉氏县正式启动。此次活动以"线下+线上"的方式举行,包括在尉氏县4所学校开展线下非遗巡展活动,以及在"河南非遗"抖音直播间进行线上直播活动等。

2020年9月24日 由文化和旅游部非遗司业务指导,河北省文化和旅游厅、北京市文化和旅游局、天津市文化和旅游局、沧州市人民政府主办的"匠心华韵 运河传承"流动的文化——大运河非遗大展暨第六届京津冀非遗联展在沧州市大运河生态修复展示区开展。活动以线下和线上两种展示方式进行,其中线上活动主要分为直播现场、直播带货、直播寻访、云上展览等栏目。

2020年9月27日 "非遗扶贫品牌行动和优秀带头人"名单发布仪式在国家图书馆举行。

2020年10月9—14日 由文化和旅游部非物质文化遗产司、文化和旅游部艺术司、浙江省文化和旅游厅、宁波市人民政府主办、以"融入现代生活 弘扬时代价值"为主题的2020全国非遗曲艺周在浙江宁波举行。此次全国非遗曲艺周以"线上为主、线下为辅"的形式开展,首次汇聚全部127个国家级非遗曲艺代表性项目的258个优秀节目,在文化和旅游部官网、中国非物质文化遗产网、光明网、优酷、快手、宁聚等平台进行线上集中展播。

2020年10月 非遗司正式启动"非遗+扶贫"主题传播活动,包括主题采风、优秀扶贫案例选编等。10月9日,参加传播活动的10余家中央媒体、新媒体分两批启程,赴西藏、青海、甘肃和湖南、贵州、山西开展实地采风,挖掘优秀实践案例。此次传播活动在 10 月 17 日国家扶贫日前后展开集中宣传和深度报道。

2020 年 10 月 17—25 日 中国丹寨非遗周在贵州丹寨万达小镇举办。

2020 年 10 月 23—27 日 由文化和旅游部、山东省人民政府共同主办,山东省文化和旅游厅、济南市人民政府共同承办的第六届中国非遗博览会在济南举办。本届博览会首次举办线上"云展会",设置"云展厅""非遗好物"云销售、"云赏非遗"展播厅、"匠人匠心"云竞技、"网红非遗"直播带货等内容。

2020 年 11 月 3 日 中国传媒大学与腾讯微信联合主办的"非遗数字化传播论坛"在北京举行。同期,中国传媒大学与腾讯微信联合全国十余个省级非遗保护部门共同启动了"非遗薪火计划"。该计划邀请全国各级非遗传承人入驻微信视频号,开展非遗短视频传播力提升公益项目,推动非遗相关视频号与公众号、小程序、直播、小商店等数字化工具结合,赋能非遗市场价值孵化与开发。

2020 年 11 月 4—10 日 第三届中国国际进口博览会在上海国家会展中心举办。由上海市政府新闻办、上海市文化和旅游局联合策划举办的上海非遗专题展"非遗客厅"也在进博会新闻中心同步呈现。

2020 年 11 月 15 日 第四届四川省国家级羌族文化生态保护区成果展暨 2020 年羌历年庆祝活动在理县桃坪羌寨举办,此次活动由四川省文化和旅游厅、中共阿坝州委、阿坝州人民政府主办,四川省非遗保护中心、阿坝州文化体育和旅游局、中共理县县委、理县人民政府、阿坝州民族宗教事务委员会承办。此次活动以"幸福羌年吉祥理县"为主题,同期还举办了"云展播""云展览"、非遗好物直播带货等线上活动。

2020 年 12 月 27 日 "2020 非遗品牌大会(广州)"在广州举办。

2020 年 12 月 31 日 由文化和旅游部非遗司支持、湖南省文化和旅游厅主办的"迎新年乐小康"湖南省非遗助力乡村振兴展示展销活动在长沙启动。本次非遗展示展销活动分线下、线上两个版块同步进行。其中,线上依托淘宝、拼多多、京东三家"湖南非遗馆"在线上集中进行云展销,开展非遗产品促销、直播带货等活动。

2020 年 12 月 31 日 "非遗过大年,文化进万家"——2021 年元旦江西非遗扶贫年货展销系列活动暨"我画非遗"全省主题创作美术作品展在江西省文化馆举办。本次活动以线上和线下活动相结合的方式开展。其中,线上活动通过抖音"云游江西"账号发起"非遗过大年"官方话题,对 17 项非遗项目进行直播带货。

2020 年 文化和旅游部官方网站发布《文化和旅游部办公厅 国务院扶贫办综合司关于推进非遗扶贫就业工坊建设的通知》,明确非遗工坊的八条工作路径:摸清资源情况,明确项目抓手;设立非遗工坊,广泛吸纳就业;开展传统工艺技能培训;培育扶持非遗扶贫带头人;发展提升传统工艺产品;扩大传统工艺产品销售渠道;开展媒体传播,扩大社会影响;加强成效跟踪和动态管理。

2020 年 首届中国非物质文化遗产论坛大会在安徽省黄山市召开。

2021 年 1 月 1 日 由湖南省文化和旅游厅指导、湖南省文化馆(湖南省非遗保护中心)

主办的2021年"非遗过大年"——第四届湖南非遗新春博览会在湖南省文化馆举办。本届非遗新春博览会以"全面小康·非遗赋彩"为主题,活动期间,数名新媒体主播在各大网络直播平台对活动进行全方位的现场直播。

2021年1月20日 由文化和旅游部非遗司主办,中国演出行业协会协办,快手、抖音、微博、酷狗等网络平台参与的"文化进万家——视频直播家乡年"活动正式启动上线。活动以线上形式开展,全国各省(市、自治区)积极响应,陆续开通微博、抖音、快手等新媒体平台官方账号,各地以系列短视频、直播等方式在春节期间策划开展了形式多样的春节民俗活动。

2021年1月24日 由中国非物质文化遗产保护协会联合阿里巴巴集团共同主办的"非遗牛年大集"活动启动。活动以"寻得年味,解得乡愁"为主题,自活动启动至2月26日,消费者可以畅享"看非遗直播、购非遗好物、品非遗美食、赏非遗绝技"的线上大年集。活动期间,天猫、淘宝以及部分跨境电商开设非遗特色产品专区。淘宝专门针对年轻群体开展"非遗牛年大集"直播活动,联合主播力量为非遗发声;阿里本地生活(饿了么)平台为20个左右的城市开设非遗老字号城市特色馆,线上开设"非遗牛年大集"活动专区,进一步推动非遗相关企业线上和线下融合发展;高德地图通过淘宝、天猫平台向非遗店铺发布上线入口;飞猪为非遗相关景区景点开设慢直播,让游客线上了解非遗背后的故事。

2021年3月31日 中国非物质文化遗产保护协会非遗与旅游融合协调委员会在北京成立。

2021年4月30日—5月1日 由海南省旅游和文化广电体育厅主办,各市县旅游和文化广电体育局承办的海南省非遗助力乡村振兴展销活动在海口市日月广场举办。本次活动通过"线上＋线下"相结合的方式进行非遗展销和展演。

2021年5月10日 由文化和旅游部非物质文化遗产司主办、中国文化传媒集团承办的"2021年非遗传播高级研修班"在山东省青岛市即墨区国际手艺创意设计交流中心开班。来自中国非物质文化遗产博览会、"非遗带头人"计划、"文旅中国 百城百艺"等近年来备受关注的非遗活动和传播项目相关负责人,以案例分享的形式与学员进行了交流研讨。

2021年5月15—23日 由文化和旅游部非物质文化遗产司、资源开发司指导,中国非物质文化遗产保护协会主办,贵州省文化和旅游厅、黔东南州政府等联合主办的第二届中国丹寨非遗周在贵州丹寨万达小镇举办。

2021年5月25日 文化和旅游部发布《"十四五"非物质文化遗产保护规划》。

2021年6月11日 2021年文化和自然遗产日"云游非遗·影像展""非遗购物节"启动仪式在京举行。"云游非遗·影像展"由中国演出行业协会联合腾讯视频、爱奇艺、优酷、抖音、快手、哔哩哔哩、酷狗、微博八家网络平台共同承办。2 000余部非遗传承记录影像、非遗题材纪录片、访谈综艺节目于6月8—14日在线进行公益性展播。"非遗购物节"由文化和旅游部、商务部、国家乡村振兴局有关司局,共同支持阿里巴巴、京东、抖音、拼多多、唯品会、中国手艺网等网络平台联合举办。活动期间,7 000余家非遗店铺、6万余种非遗产品参与线上线下销售活动。

2021 年 6 月 12 日　由文化和旅游部、上海市人民政府共同主办的"百年百艺·薪火相传"中国传统工艺邀请展在上海宝山国际民间艺术博览馆拉开帷幕,此次展览相关展品在国家公共文化云、文化上海云、哔哩哔哩等网络平台同步展出。

2021 年 6 月 12 日　中国非物质文化遗产网(www.ihchina.cn)特别推出 2021 年"文化和自然遗产日"专题,除了介绍今年的几个重要活动之外,更汇集了各省(区、市)的遗产日系列活动资讯,"多彩资源"栏目展示了中国传统工艺邀请展的部分参展作品,同时,专题也汇聚了中国非遗网历年来制作发布的遗产日专题。

2021 年 7 月 24 日　由中国非遗保护协会主办,大理州人民政府、中国数字文化集团承办的中国非遗保护协会非遗数字专业委员会成立大会在云南大理召开,会议对推动非遗的数字化应用等相关问题进行深入研讨。

2021 年 8 月 2 日　中共中央办公厅、国务院办公厅印发《关于进一步加强非物质文化遗产保护工作的意见》。

2021 年 8 月 24 日　文化和旅游部召开学习贯彻《关于进一步加强非物质文化遗产保护工作的意见》座谈会。

2021 年 9 月 16—20 日　第十三届浙江·中国非物质文化遗产博览会(杭州工艺周)在杭州市富阳区富春山馆举办。本届非遗博览会以"共享非遗 共同富裕"为主题,线上与线下多场景、多维度互动。其中,线上由开幕式、沙龙、电商、视听、展览等内容构成。

2021 年 10 月 9 日　文化和旅游部、教育部、人力资源社会保障部联合印发了《中国非物质文化遗产传承人研修培训计划实施方案(2021—2025)》。

2021 年 10 月 28 日　由首尔中国文化中心、四川省文化和旅游厅主办,四川省非遗保护中心承办的"天府·茶·器"四川非遗展在线上举办。本次展览选取了茶、茶器制作技艺以及与茶文化紧密相关的四川非遗代表性项目和相关传承人作为主要展示内容,并推出了茶马古道和川江沿线非遗旅游线路。

2021 年 10 月 28 日—11 月 1 日　第八届中国成都国际非物质文化遗产节在四川成都国际非物质文化遗产博览园举行。本次活动以"尊重文化多样性 激活人类创造力"为主题,包括"线下活动"和"云上非遗"两部分内容。其中,非遗节"云上非遗"板块分为"云游非遗""云购非遗""云学非遗""云玩非遗",线上非遗节将与线下场景有机联动,通过网络传播至全球范围。

2021 年 11 月 4—10 日　第四届中国国际进口博览会在上海举办,博览会举办期间上海市文化和旅游局、上海市人民政府新闻办公室在新闻中心共同举办"非遗客厅"展示活动。

2021 年 12 月 6 日　四川非遗新媒体传播人才培训班在四川省非遗保护中心举办。培训以线上线下同步展开的方式,着力提升非遗保护工作者、非遗传承人和非遗相关从业人员的新媒体传播实践能力,开设了"这些直播红线碰不得""政务抖音运维策略及非遗传播""新媒体的传播技巧与宣传策略""短视频拍摄剪辑方法论"和"开启抖音直播之旅"等课程。

2021 年 12 月 7 日　文化和旅游部办公厅、人力资源和社会保障部办公厅、国家乡村振兴局综合司联合发布了《关于持续推动非遗工坊建设助力乡村振兴的通知》。

2021 年 12 月 11 日　由北京师范大学非物质文化遗产研究与发展中心主办的首届北京师范大学非遗年度论坛"非遗保护的中国实践——检视与展望"在北京师范大学珠海校区举办。

2021 年 12 月 13 日　文化和旅游部发布公告取消乔月亮等五人国家级非物质文化遗产代表性传承人资格。

2021 年 12 月 30 日　由北京市西城区文化和旅游局、梅兰芳纪念馆、中国文化管理协会文化旅游专业委员会、中国非遗保护协会非遗数字专业委员会、光明网、咪咕文化科技有限公司等单位共同主办的首届非遗数字化可持续发展线上论坛在北京召开。论坛聚焦非遗数字化可持续发展的热点话题，探讨非遗数字化传播和虚拟现实交互。

2021 年　国务院批准文化和旅游部确定的第五批国家级非物质文化遗产代表性项目名录共计 185 项，国家级非物质文化遗产代表性项目名录扩展项目名录共计 140 项。

2022 年 1 月 10 日　2022 年"文化进万家——视频直播家乡年"启动仪式在北京首创咏园举行。此次活动由文化和旅游部非物质文化遗产司、中央网信办网络传播局主办，中国演出行业协会联合抖音、快手、B 站、微博、酷狗等网络平台承办。活动以线上形式开展，发动年俗非遗项目所在地区的非遗保护机构、保护单位和非遗传承人，用镜头记录下各地年俗非遗传承活动，上传至平台活动专区集中展播，并支持网友参与拍摄上传、互动交流。抖音、快手、B 站、微博、酷狗等参与平台"视频直播家乡年"展播专区 1 月 10 日同步上线。按照文化和旅游部统一部署，全国各省（区、市）陆续启动 2022 年"文化进万家——视频直播家乡年"活动，包括江西省"视频直播家乡年 我的江西年"活动、新疆维吾尔自治区"新疆是个好地方——第九届天山南北贺新春非遗年俗展"、浙江省"2022 年浙里年味系列活动"、江苏省"水韵江苏 非遗陪你过大年"等。

2022 年 1 月 25 日　由文化和旅游部非物质文化遗产司支持，中国非遗保护协会主办的"非遗虎年大集"活动在京举办。本次活动以线上平台为依托，打造数字化非遗购物品牌活动。

2022 年 2 月 5 日　中国工艺美术馆·中国非物质文化遗产馆落成开馆暨"中华瑰宝——中国非物质文化遗产和工艺美术展"开幕仪式在京举行，该馆是党中央、国务院在"十三五"期间决定建设的国家重点文化设施，任务包括承担文物遗产艺术珍品的典藏、物态遗产和保护项目的展览陈列、活态遗产和保护项目的展示演出、承担项目和传承人保护接续的数字化采集存储和互联网信息大数据共享等。

2022 年 2 月　北京冬奥会多角度展示中国非遗元素。中国的二十四节气在北京冬奥会开幕式上以倒计时的方式从"雨水"开始，到"立春"落定；北京冬奥领奖花束采用"海派绒线编结技艺"手工制作；在冬奥会期间，我国政府接待国际友人的国宴上，还设有非遗长廊。

2022 年 3 月 22 日　甘肃省文化和旅游厅与腾讯云联合建设的"甘肃非物质文化遗产大数据平台"（www.gansuich.cn）上线发布，首批次共 630 项国家、省、市、县四级"非遗"档案数据已上传发布。这是西北地区首个以数字化方式记录、保存和展示非遗档案的大数据平台。

2022 年 4 月 2 日—5 月 2 日　"壮族三月三·八桂嘉年华"文化旅游消费品牌活动举

办,活动包括"桂风壮韵浓""相约游广西""民族体育炫""e网喜乐购""和谐在八桂"五大版块,以线上线下相结合的方式广泛开展。

2022年4月14日 由贵州省文化和旅游厅主办,贵州省非遗保护中心、传统工艺贵州工作站承办的"叙·非遗——非遗行业带头人经验分享活动"新闻发布会在贵州广播电视台全媒体新闻中心举行。

2022年4月23日 由中国艺术研究院收藏、建设的"世界的记忆——中国传统音乐录音档案"数字平台(https://www.ctmsa-cnaa.com)正式上线试运行。这是中国首个入选的珍贵档案,也是世界上首个入选的音像档案。平台通过"资源""专题"和"专栏"进行全方位展示业内学者、前辈所收集整理的各地珍贵传统音乐档案资料。

2022年4月—2023年1月 中国民俗摄影协会、中国乡土艺术协会、云南省非遗保护中心等多家单位将共同举办"OPPO非凡记忆——云南非物质文化遗产影像大赛"系列公益活动。活动全面征集与云南非遗相关的摄影(相机、手机摄影)和短视频作品。

2022年5月22日 中共中央办公厅、国务院办公厅印发《关于推进实施国家文化数字化战略的意见》,《意见》明确,到"十四五"时期末,基本建成文化数字化基础设施和服务平台,形成线上线下融合互动、立体覆盖的文化服务供给体系。《意见》提出了八项重点任务,并要求强化中华文化数据库数据入库标准,构建完善的文化数据安全监管体系,完善文化资源数据和文化数字内容的产权保护措施。

2022年6月2日 由文化和旅游部、湖北省人民政府主办的2022届原故里端午文化节开幕式暨屈原故里端午祭在湖北省宜昌市秭归县举行。此次屈原故里端午文化节采用现场＋"云上"的方式举行,通过150多家电视、网络媒体同步直播。

2022年6月10日 2022年文化和自然遗产日"云游非遗·影像展""非遗购物节"启动仪式在京举行。2022年"文化和自然遗产日"非遗宣传展示活动以迎接党的二十大为主线,通过线上线下融合、展示展销结合、多方协作联动,集中呈现党的十八大以来中国非遗保护传承丰硕成果,重点打造"云游非遗·影像展""非遗购物节"两大品牌活动。"云游非遗·影像展",在线展播2 300多部非遗传承记录影像、非遗题材纪录片,同步开展各类非遗短视频话题、主题直播、话题讨论等活动。"非遗购物节"以巩固脱贫攻坚成果、助力乡村振兴为目标,组织7 500多家非遗店铺参与,涉及非遗项目4 000多项,其中覆盖334个脱贫县的1 480余家非遗店铺、65个国家乡村振兴重点帮扶县的230余家非遗店铺,吸引各大网络电商平台参与。遗产日期间全国各地还举办6 200多项非遗宣传展示活动。

2022年6月11日 中国非物质文化遗产网(www.ihchina.cn)特别推出2022年"文化和自然遗产日"专题,以此来全方位介绍非遗宣传展示重点活动,集中展示全国各地丰富独特的遗产日活动,汇聚中国非遗网历年来制作发布的遗产日专题。

2022年6月11日 由中国工艺美术馆、中国非物质文化遗产馆主办的首届"非遗馆里话非遗——文化数字化背景下非遗保护与教育"论坛在线上举办。

2022年6月11日、12日 由文化和旅游部恭王府博物馆、中国昆剧古琴研究会共同主办的——"良辰美景·恭王府非遗演出季"在线上举办,特选取历届昆曲、古琴两个专场演出的精彩节目进行云播放。

2022 年 6 月 22 日 由广东省文化和旅游厅指导，广东省非遗保护中心主办、清远市非遗保护中心承办的 2022 年广东省非遗代表性传承人及项目保护单位负责人培训班在广东清远开班。培训班采用线下线上同步进行的方式，课程涉及非遗新媒体传播推广、非遗相关法律解析、项目保护单位档案建设、传承人与保护单位评估解读等内容。

2022 年 6 月 28 日 文化和旅游部、教育部、科技部等十部门，联合印发《关于推动传统工艺高质量传承发展的通知》，促进中国传统工艺创造性转化、创新性发展，实现长久保护和永续利用。

2022 年 7 月 25 日 大连市海岛非物质文化遗产研究与保护中心揭牌仪式在长海县举行，这是中国首个在海岛设立的非遗中心。

2022 年 7 月 31 日—8 月 4 日 由文化和旅游部、新疆维吾尔自治区政府主办的 2022"新疆是个好地方"对口援疆 19 省市非物质文化遗产展在乌鲁木齐市新疆美术馆举办。活动邀请对口援疆 19 省市 193 项非遗代表性项目、新疆 14 地州市和兵团 146 项非遗代表性项目参展，举办多彩非遗、乐舞非遗、指尖非遗、云上非遗、潮趣非遗、致趣非遗、月夜非遗、对话非遗、宝藏非遗等系列活动。

2022 年 8 月 13 日 由文化和旅游部、江苏省政府主办的 2022 年戏曲百戏（昆山）盛典在江苏昆山开幕。戏曲百戏（昆山）盛典以"戏曲的盛会 百姓的节日"为主题，举办开闭幕式、全国戏曲表演领军人才优秀剧目展演、"天下第一团"青年表演人才培训等主体活动和"数字直播""百戏数字艺术品"发布等延伸活动。

2022 年 8 月 25—26 日 2022 年全国非物质文化遗产保护工作会议在山东省济南市召开。

2022 年 8 月 25—29 日 由文化和旅游部、山东省政府主办的第七届中国非物质文化遗产博览会在济南举办。本届博览会以"连接现代生活 绽放迷人光彩"为主题，以线上线下相结合的方式举办，设主会场、分会场和线上平台，同时开设线上直播专场。

2022 年 9 月 14 日 由甘肃省文化和旅游厅主办的甘肃非物质文化遗产展厅正式开馆，通过实物和数字化技术手段相结合的方式，展现甘肃省非遗保护成果、讲述甘肃非遗故事。

中国非遗·港澳台地区大事记

1982 年 台湾"文化资产保存法"施行。

1994 年 台湾实行"社区总体营造"系列政策，"社区总体营造"以"建立社区文化、凝聚社区共识、建构社区生命共同体的概念，作为一类文化行政的新思维与政策"为主要目标。

1998 年 台湾启动数位博物馆专案计划。

2001 年 台湾典藏数位化专案计划开始。

2002 年 台湾数位典藏科技计划启动。

2005 年 2 月 5 日 台湾颁布新修订的"文化资产保存法",并于同年 11 月 1 日公布施行。

2006 年 4 月 《保护非物质文化遗产公约》在香港正式生效。此前,中国于 2004 年认可《公约》后,香港特别行政区政府(特区政府)同意《公约》应适用于香港,由 2004 年 12 月起生效。

2006 年 香港特区政府在康乐及文化事务署香港文化博物馆内设立了非物质文化遗产组,以执行《公约》要求的具体工作。

2006 年 《保护非物质文化遗产公约》经第 32/2006 号行政长官公告在澳门正式生效,文化局随即开展非物质文化遗产保护工作。同年,澳门特区政府成立跨部门小组进行法律草拟工作。

2007 年 12 月 7 日 台湾地区立法部门通过"原住民族传统智慧创作保护条例"。

2008 年 2 月 澳门特区政府成立的跨部门小组推出《文化遗产保护法(法案大纲咨询文本)》,为澳门文物保护法的立法工作开展第一阶段的咨询。

2008 年 香港特区政府成立非物质文化遗产咨询委员会。

2008 年 澳门文化局订立《澳门非物质文化遗产申报评定暂行办法》,作为当时澳门非遗项目申报和评定的规范。

2008 年 台湾数位典藏科技计划与数位学习科技计划合并为数位典藏与数位学习计划。

2009 年 2 月 澳门文化局以法律草案形式推出《文化遗产保护法(草案咨询文件)》,进入第二阶段咨询。

2009 年 8 月 香港特区政府委聘香港科技大学华南研究中心进行全港性非遗普查。经过三年多的时间,整项普查工作于 2013 年年中完成。

2010 年 11 月 7 日 "守望精神家园——第一届两岸非物质文化遗产月"在台湾开幕,"国风——中华非物质文化遗产专场演出"先后在台北、台中举行。

2011 年 6 月 11 日—7 月 10 日 由国家文化部(现文化和旅游部)与澳门特区政府社会文化司特别支持、中国艺术研究院·中国非物质文化遗产保护中心和澳门特区政府文化局共同主办"根与魂·中国非物质文化遗产展演"在澳门举办。

2012 年 2 月 8 日 "保护·传承·弘扬——两岸非物质文化遗产论坛"在台中举行。

2013 年 澳门颁布了《文化遗产保护法》,并于 2014 年 3 月 1 日开始实施。该法律涵盖面广,把物质和非物质文化遗产共冶一炉,是澳门十分重要的一个文化遗产保护法。

2014 年 香港特区政府公布首份非物质文化遗产清单,包括 480 个非遗项目。

2014 年 3 月 1 日 澳门《文化遗产保护法》正式生效,将非物质文化遗产纳为法律保护的对象。

2015 年 5 月 香港康乐及文化事务署将非物质文化遗产组升格为非物质文化遗产办事处,深化在确认、立档、研究、保存、推广和传承非物质文化遗产等方面的工作。

2015 年 10 月　澳门文化局开展"全澳非物质文化遗产普查"及资料搜集活动,以全面了解澳门潜在的非物质文化遗产项目的数量和情况。

2016 年 6 月　香港非物质文化遗产办事处在三栋屋博物馆设立"香港非物质文化遗产中心"（"三栋屋"古建筑 1981 年被列为法定古迹,1987 年正式开放让市民参观）。

2017 年　香港特区政府公布首份香港非物质文化遗产代表作名录,涵盖 20 个具有高文化价值的项目,其中包括港式奶茶制作技艺、粤剧、长洲太平清醮、扎作技艺、黄大仙信俗等。

2017 年　澳门文化局进行首次"拟订清单"的程序,将 15 个项目列入非物质文化遗产清单。

2017 年　澳门被联合国教科文组织评为创意城市"美食之都",这是继 2005 年澳门历史城区被列入世界文化遗产名录之后,澳门获得的另一张重量级的世界名片。

2017 年　澳门特区政府公布《澳门旅游业发展总体规划》,强调了澳门世界文化遗产和非物质文化遗产的底蕴。

2018 年 1 月 20 日　"指尖上的非遗——上海手工技艺精品展"在台湾高雄佛光缘美术馆隆重开幕。该展览由中华文化联谊会、上海文化联谊会与佛光山文教基金会、星云文化教育公益基金会共同主办,上海市非物质文化遗产保护中心和佛光缘美术馆承办。

2018 年 8 月 24—26 日　第四届"盂兰文化节"在香港维多利亚公园举行,通过抢孤竞赛、盂兰文化历史展览等一系列活动,向香港市民及游客推广这项国家级非物质文化遗产。活动还引进 VR 技术,人们可以戴上眼镜在逼真的虚拟环境中体验盂兰文化。

2018 年 10 月 13—28 日　中华文化联谊会与甘肃省文化厅共同举办的"交响丝路·如意甘肃——非物质文化遗产展演"在台湾高雄举办。此次非遗展演通过展览、技艺展示、讲座和文艺表演等多种形式,展示甘肃省非物质文化遗产的多样风貌与保护传承成果。

2018 年 10 月 31 日—11 月 4 日　由广东省文化和旅游厅、佛山市人民政府主办,广东省非物质文化遗产保护中心、佛山市文化广电新闻出版局、禅城区人民政府共同承办的"粤港澳大湾区·泛珠三角（广东）非遗周暨佛山秋色巡游活动"在佛山举行。

2018 年 12 月 15 日—2019 年 1 月 5 日　"口传心授——香港特别行政区非物质文化遗产展示月"活动在文化和旅游部恭王府博物馆举办。此次活动由文化和旅游部恭王府博物馆与香港特区政府康乐及文化事务署共同主办,重点介绍了 20 个纳入香港非物质文化遗产代表作名录的项目。

2018 年　香港特区政府批准 3 亿港元拨款推行"非物质文化遗产资助计划",以推动社区参与和加强对香港非物质文化遗产项目的保护工作。计划由康乐及文化事务署辖下的非遗办事处负责推行及管理,并经咨询非物质文化遗产咨询委员会的意见后,确定资助范畴及内容。计划包括"社区主导项目"及"伙伴合作项目",非遗办事处每年都会推出一次,为不同对象提供资助,期望利用社区力量,推动保护非物质文化遗产的工作。

2019 年 3 月 25 日　香港非遗办事处推出"2019 年社区主导项目",为"非物质文化遗产资助计划"首个资助项目。

2019 年 4 月 1 日　香港特区政府康乐及文化事务署（康文署）辖下非物质文化遗产办事

处就非遗资助计划"社区主导项目"举行传媒简报会。

2019 年 6 月 11—25 日　为庆祝澳门回归祖国 20 周年,"根与魂——浙江省非物质文化遗产展演"活动在澳门举办。此次活动由文化和旅游部、澳门特别行政区政府社会文化司主办,浙江省文化和旅游厅、澳门特别行政区政府文化局承办,浙江省非物质文化遗产保护中心协办。

2019 年 6 月 12 日　"根与魂·青未了——山东省非物质文化遗产展演"启动仪式在香港中央图书馆举行。该活动由文化和旅游部、香港特别行政区政府民政事务局主办,山东省文化和旅游厅、香港特别行政区政府康乐及文化事务署承办,山东省文化馆(山东省非物质文化遗产保护中心)协办。

2019 年 10 月 12 日　"美丽的草原我的家——内蒙古非物质文化遗产专场演出"在台湾高雄举行,拉开了"守望精神家园——第六届两岸非物质文化遗产月"暨"美丽中华行"大型公益交流活动的序幕。此次交流活动由中华文化联谊会、海峡两岸旅游交流协会、中国艺术研究院、内蒙古自治区非遗保护中心和台湾中华翰维文化推广协会联合主办。

2019 年　经公开咨询及咨询文化遗产委员会意见,澳门社会文化司司长批示共 12 个项目列入《非物质文化遗产名录》。

2019 年　中共中央、国务院印发《粤港澳大湾区发展规划纲要》,强调共同推进中华优秀传统文化传承发展,发挥粤港澳地域相近、文脉相亲的优势,联合开展跨界重大文化遗产保护,支持弘扬以粤剧、龙舟、武术、醒狮等为代表的岭南文化,彰显独特文化魅力。

2020 年 6 月　澳门文化局"更新清单",将 55 个新项目列入非物质文化遗产清单。

2020 年 12 月 24 日　文化和旅游部、粤港澳大湾区建设领导小组办公室、广东省人民政府联合印发《粤港澳大湾区文化和旅游发展规划》,《规划》要求强化重要文化和自然遗产、非物质文化遗产系统性保护,联合实施重要文化遗产保护传承专项计划,建立粤港澳大湾区文化遗产数字信息共享平台,共同推进海上丝绸之路保护和联合申遗工作等。

2020 年和 2021 年　广东省文化和旅游厅、省自然资源厅、省住房和城乡建设厅联合发布了首批和第二批广东省粤港澳大湾区文化遗产游径,目的在于贯彻落实粤港澳大湾区国家发展战略并拓展粤港澳大湾区在文化和旅游领域的交流与合作。

2022 年 6 月　中国工艺美术馆、中国非物质文化遗产馆联合港澳非遗发展研究会、香港崇正中学,举办了"海上生明月,非遗一线牵"系列活动。6 月 20 日,举办"海上生明月　非遗一线牵"之"云逛展　赏析非遗"活动,香港 100 余位青少年通过云直播的形式进行观看;6 月 30 日,在"海上生明月　非遗一线牵"之"云手作　体验非遗"环节中,馆方邀请韩山堂彩贴剪纸非物质文化遗产代表性项目传承人张永忠,通过线上直播的形式,为香港的青少年们介绍山西剪纸。

附录二
中国数字非遗的相关政策、法律规范汇总（2018—2022 年）

一、国家相关部委政策、法律规范

1. 2018 年 文化和旅游部办公厅在《关于大力振兴贫困地区传统工艺助力精准扶贫的通知》（办非遗发〔2018〕40 号）中提出通过线上途径宣传非遗产品：

文化和旅游部将结合传统工艺工作站，组织由设计师、专家、高校教师、非遗传承人等参加的团队，帮助贫困地区发展提升传统工艺产品。引进有阵地、渠道和平台的知名电商企业和相关企业，采取订单生产、以销定产等多种形式，扩大销售贫困地区的传统工艺产品。将贫困地区传统工艺产品展示销售与各类相关博览会、展销会相结合，鼓励和支持各省（区、市）每年专门针对贫困地区举办传统工艺展示交流活动。加大贫困地区传统工艺产品在线下线上的宣传和营销力度。

2. 2018 年 文化和旅游部办公厅、原国务院扶贫办综合司《关于支持设立非遗扶贫就业工坊的通知》（办非遗发〔2018〕46 号）中提出通过线上途径宣传非遗产品：

文化和旅游部、国务院扶贫办及相关省（区）文化厅、扶贫办帮助引进有品牌、渠道和用户的知名电商企业和相关企业，采取订单生产、以销定产等多种形式，扩大非遗扶贫就业工坊传统工艺产品销售渠道。将非遗扶贫就业工坊传统工艺产品展示销售与各类相关博览会、展销会相结合。加大深度贫困地区传统工艺产品线下线上的宣传和营销力度。

3. 2018 年 文化和旅游部在《国家级文化生态保护区管理办法》（中华人民共和国文化和旅游部令第 1 号）提出建立非遗数据库的要求：

国家级文化生态保护区建设管理机构应当进一步加强非物质文化遗产调查工作，建立完善非物质文化遗产档案和数据库，妥善保存非物质文化遗产珍贵实物资料，实施非物质文化遗产记录工程，促进记录成果广泛利用和社会共享。

4. 2019 年 文化和旅游部办公厅、原国务院扶贫办综合司在《关于推进非遗扶贫就业工坊建设的通知》（办非遗发〔2019〕166 号）中提出通过电商平台、媒介传播平台推进非遗扶

贫的要求:

积极引进电商及各类企业采取订单生产、以销定产等多种形式,帮助非遗工坊产品对接市场,扩大销路。鼓励和支持在相关博览会、展销会设立非遗助力精准扶贫专区,举办非遗工坊产品推介活动。

鼓励和支持在旅游景区、历史街区、步行街等设立非遗工坊产品展示展销窗口。鼓励结合互联网电商平台和各类商场,加大非遗工坊产品的线上线下展示和销售力度。探索将非遗工坊产品纳入政府采购目录,扩大传统工艺产品销售渠道。鼓励并支持各新闻媒体设立专题、专栏、频道等,开展非遗助力精准扶贫和乡村振兴的主题传播。鼓励开展优秀工坊和优秀非遗扶贫带头人评选,适时表扬、宣传、推广有效经验和典型做法。鼓励各地积极借助各种媒体资源,创新传播渠道,搭建传播平台,加强优秀案例、代表人物和生动实践的宣传报道,营造关注、支持和参与非遗助力精准扶贫和乡村振兴的社会氛围,激发参与人群的工作热情。

5. 2019 年　文化和旅游部在《关于印发〈曲艺传承发展计划〉的通知》(文旅非遗发〔2019〕92 号)中提出对传统曲艺音像资料收集、拓宽媒体传播渠道等要求:

做好项目记录,加强成果利用。以非遗记录工程为依托,以国家级非遗代表性项目为重点,组织开展曲艺记录工作,利用现代技术手段,全面、真实、准确地记录项目信息。加强曲艺传统曲本(脚本)和音像资料的搜集整理,保留珍贵历史信息。加强对全社会曲艺记录的收集和整理,定期汇总形成记录成果目录,有条件的地方及时向社会公布。加强记录成果的出版和传播,以资保护传承和后续转化、利用。

鼓励曲艺类非遗代表性项目保护单位、代表性传承人和各类表演团体与电视台、广播电台、互联网直播平台等开展合作,探索设立曲艺电视书场、广播书场和网络书场,开展多种形式的演播活动,拓展发展空间。

鼓励各地积极借助各种媒体资源,创新传播渠道,搭建传播平台,加强对曲艺的宣传报道,扩大曲艺的社会影响,为曲艺传承发展营造良好的社会氛围。

6. 2019 年　国务院办公厅在《关于进一步激发文化和旅游消费潜力的意见》(国办发〔2019〕41 号)中提出了非遗旅游与现代技术融合的要求:

促进产业融合发展。支持邮轮游艇旅游、非物质文化遗产主题旅游等业态发展。促进文化、旅游与现代技术相互融合,发展基于5G、超高清、增强现实、虚拟现实、人工智能等技术的新一代沉浸式体验型文化和旅游消费内容。丰富网络音乐、网络动漫、网络表演、数字艺术展示等数字内容及可穿戴设备、智能家居等产品,提升文化、旅游产品开发和服务设计的数字化水平。

7. 2019 年　科技部等六部门印发《〈关于促进文化和科技深度融合的指导意见〉的通知》(国科发高〔2019〕280 号)中提出数字化、网络化、智能化促进非遗保护、传播的要求:

以数字化、网络化、智能化为技术基点,重点突破新闻出版、广播影视、文化艺术、创意设计、文物保护利用、非物质文化遗产传承发展、文化旅游等领域系统集成应用技术,开发内容可视化呈现、互动化传播、沉浸式体验技术应用系统平台与产品,优化文化数据提取、存储、利用技术,发展适用于文化遗产保护和传承的数字化技术和新材料、新工艺。

贯彻国家大数据战略,加强顶层设计,加快国家文化大数据体系建设。依托现有工作基础,对全国公共文化机构、高等科研机构和文化生产机构各类藏品数据,分门别类标注中华民族文化基因,把非物质文化遗产记录成果中蕴含的优秀传统文化的精神标识提炼出来,建设物理分散、逻辑集中、政企互通、事企互联、数据共享、安全可信的文化大数据体系。

8. 2020 年 文化和旅游部在《关于推动数字文化产业高质量发展的意见》(文旅产业发〔2020〕78号)中提出非遗数字化的一系列要求:

促进优秀文化资源数字化。对文化资源进行数字化转化和开发,让优秀文化资源借助数字技术"活起来",将所蕴含的价值内容与数字技术的新形式新要素结合好,实现创造性转化和创新性发展。支持文化场馆、文娱场所、景区景点、街区园区开发数字化产品和服务,将创作、生产和传播等向云上拓展。支持文物、非物质文化遗产通过新媒体传播推广,鼓励线下文艺资源、文娱模式数字化,创新表现形式,深化文化内涵。鼓励依托地方特色文化资源,开发具有鲜明区域特点和民族特色的数字文化产品,助力扶贫开发。

培育云演艺业态。推动5G+4K/8K超高清在演艺产业的应用,建设在线剧院、数字剧场,引领全球演艺产业发展变革方向。建设"互联网+演艺"平台,加强演艺机构与互联网平台的合作,支持演艺机构举办线上活动,促进线上线下融合,打造舞台艺术演播知名品牌。推动文艺院团、演出经纪机构、演出经营场所数字化转型,促进戏曲、曲艺、民乐等传统艺术线上发展,鼓励文艺院团、文艺工作者、非物质文化遗产传承人在网络直播平台开展网络展演,让更多青年领略传统艺术之美。培养观众线上付费习惯,探索线上售票、会员制等线上消费模式。提高线上制作生产能力,培育一批符合互联网特点规律,适合线上观演、传播、消费的原生云演艺产品,惠及更多观众,拉长丰富演艺产业链。

9. 2021 年 中共中央、国务院印发《黄河流域生态保护和高质量发展规划纲要》,提出对黄河流域文化遗产的数字化保护:

完善黄河流域非物质文化遗产保护名录体系,大力保护黄河流域戏曲、武术、民俗、传统技艺等非物质文化遗产。综合运用现代信息和传媒技术手段,加强对黄河文化遗产的数字化保护与传承弘扬。

推动文化和旅游融合发展,将文化旅游产业打造成为支柱产业。强化区域间资源整合和协作,推进全域旅游发展,建设一批展现黄河文化的标志性旅游目的地。发挥上游自然景观多样、生态风光原始、民族文化多彩、地域特色鲜明优势,加强配套基础设施建设,增加高品质旅游服务供给,支持青海、四川、甘肃毗邻地区共建国家生态旅游示范区。中游依托古都、古城、古迹等丰富人文资源,突出地域文化特点和农耕文化特色,打造世界级历史文化旅游目的地。下游发挥好泰山、孔庙等世界著名文化遗产作用,推动弘扬中华优秀传统文化。加大石窟文化保护力度,打造中国特色历史文化标识和"中国石窟"文化品牌。依托陕甘宁革命老区、红军长征路线、西路军西征路线、吕梁山革命根据地、南梁革命根据地、沂蒙革命老区等打造红色旅游走廊。实施黄河流域影视、艺术振兴行动,形成一批富有时代特色的精品力作。

10. 2021 年 中共中央办公厅、国务院办公厅印发《关于进一步加强非物质文化遗产保护工作的意见》(2021),对非遗数字档案、媒介传播途径、影视创作等提出了新要求。完善调查记录体系:

开展全国非物质文化遗产资源调查,完善档案制度,加强档案数字化建设,妥善保存相关实物、资料。实施非物质文化遗产记录工程,运用现代科技手段,提高专业记录水平,广泛发动社会记录,对国家级非物质文化遗产代表性项目和代表性传承人进行全面系统记录。加强对全国非物质文化遗产资源的整合共享,进一步促进非物质文化遗产数据依法向社会开放,进一步加强档案和记录成果的社会利用。

促进合理利用:在有效保护前提下,推动非物质文化遗产与旅游融合发展、高质量发展。深入挖掘乡村旅游消费潜力,支持利用非物质文化遗产资源发展乡村旅游等业态,以文塑旅、以旅彰文,推出一批具有鲜明非物质文化遗产特色的主题旅游线路、研学旅游产品和演艺作品。支持非物质文化遗产有机融入景区、度假区,建设非物质文化遗产特色景区。鼓励合理利用非物质文化遗产资源进行文艺创作和文创设计,提高品质和文化内涵。利用互联网平台,拓宽相关产品推广和销售渠道。鼓励非物质文化遗产相关企业拓展国际市场,支持其产品和服务出口。

促进广泛传播:适应媒体深度融合趋势,丰富传播手段,拓展传播渠道,鼓励新闻媒体设立非物质文化遗产专题、专栏等,支持加强相关题材纪录片创作,办好有关优秀节目,鼓励各类新媒体平台做好相关传播工作。利用文化馆(站)、图书馆、博物馆、美术馆等公共文化设施开展非物质文化遗产相关培训、展览、讲座、学术交流等活动。在传统节日、文化和自然遗产日期间组织丰富多彩的宣传展示活动。加强专业化、区域性非物质文化遗产展示展演,办好中国非物质文化遗产博览会、中国成都国际非物质文化遗产节等活动。

推出以对外传播我国非物质文化遗产为主要内容的影视剧、纪录片、宣传片、舞台剧、短视频等优秀作品。通过中外人文交流活动等形式,交流非物质文化遗产保护先进经验,向国际社会宣介我国非物质文化遗产和中华优秀传统文化。积极推动和港澳、台湾地区的交流合作,充分发挥非物质文化遗产在增进文化认同、维系国家统一中的独特作用。

11. 2021 年　财政部、文化和旅游部在《关于印发〈国家非物质文化遗产保护资金管理办法〉的通知》(财教〔2021〕314 号)中对数字化非遗的资金管理进行说明:

组织管理费是指组织开展非物质文化遗产保护工作和管理工作所发生的支出,具体包括调查研究、规划编制、宣传出版、咨询评审、交流培训、数据库建设等。

国家级文化生态保护区建设补助费,用于补助国家级文化生态保护区相关的规划编制、研究出版、数字化保护、传承体验设施租借或修缮、普及教育、宣传推广等支出。

12. 2021 年　文化和旅游部办公厅、人力资源社会保障部、国家乡村振兴局综合司在《关于持续推动非遗工坊建设助力乡村振兴的通知》(办非遗发〔2021〕221 号)中提出通过网络平台宣传推广非遗文化和产品:

拓展销售渠道。建立非遗工坊产品目录(以下简称"目录"),在中国成都国际非遗节、中国非遗博览会等重要展会活动中设置专门展示展销平台,帮助目录产品与各类企业对接,实现订单交易。推动目录产品与网络销售平台建立长期稳定的合作关系,协调平台在"非遗购物节"等销售活动中,对目录产品给予流量投放、宣传推广、直播选品等方面的支持。将目录产品纳入文化消费范围,嵌入各类消费场所。将符合条件的目录产品列入消费帮扶范畴。

鼓励非遗工坊深入挖掘本地区文化内涵，生产特色传统手工艺产品。鼓励在 A 级旅游景区、历史文化街区等场所，为非遗工坊进景区、进街区等搭建制作体验和销售平台提供支持。

充分发动各类媒体，综合运用网络、报纸、杂志、广播电视等媒体平台，围绕本地区优秀非遗工坊和带头人开展深度报道、专栏报道和跟踪报道。支持非遗工坊及相关企业运用短视频、直播等形式讲述产品的地域和民族特色，以及其中所蕴含的文化内涵和工匠精神。依托乡村旅游创客基地，推动非遗工坊建设与乡村旅游相结合，培育特色鲜明、体现地方人文的研学旅游项目。文化和旅游部将定期发布非遗工坊建设优秀案例，开展集中宣传推广工作。

13. 2021 年　《中华人民共和国国民经济和社会发展第十四个五年规划》和《2035 年远景目标纲要》中对文化产业数字化战略、非遗系统性保护、文物科技创新提出了要求：

实施文化产业数字化战略，加快发展新型文化企业、文化业态、文化消费模式，壮大数字创意、网络视听、数字出版、数字娱乐、线上演播等产业。加快提升超高清电视节目制播能力，推进电视频道高清化改造，推进沉浸式视频、云转播等应用。实施文化品牌战略，打造一批有影响力、代表性的文化品牌。培育骨干文化企业，规范发展文化产业园区，推动区域文化产业带建设。积极发展对外文化贸易，开拓海外文化市场，鼓励优秀传统文化产品和影视剧、游戏等数字文化产品"走出去"，加强国家文化出口基地建设。

深入实施中华优秀传统文化传承发展工程，强化重要文化和自然遗产、非物质文化遗产系统性保护，推动中华优秀传统文化创造性转化、创新性发展。加强文物科技创新，实施中华文明探源和考古中国工程，开展中华文化资源普查，加强文物和古籍保护研究利用，推进革命文物和红色遗址保护，完善流失文物追索返还制度。

14. 2021 年　文化和旅游部在《"十四五"非物质文化遗产保护规划》中对非遗资料的数字建档、大众媒体传播、新媒体传播途径等均提出了新要求：

推进非遗调查。服务对接重大国家战略，加强重点区域、重点项目专项调查，为有针对性地开展非遗保护工作提供数据支撑。鼓励支持各地根据工作需要，在本区域内开展非遗专项调查。采取电子化方式开展调查登记，推进大数据在调查中的应用，提高调查数据采集处理效能。妥善保存调查数据、资料，加强调查成果的运用。研究启动第二次全国非遗资源普查。

完善非遗记录体系。运用文字、图像、音频、视频等方式，对国家级非遗代表性项目和代表性传承人实施全面记录，鼓励对县级以上非遗代表性项目和代表性传承人实施记录。广泛发动社会记录，鼓励高校、科研机构等专业机构参与，不断提高非遗记录水平。做好对记录成果的保存和公开，进一步促进社会利用。

加强非遗档案和数据库建设。完善档案制度，制定非遗档案和数据库建设标准和规范。加强对非遗有关文字、图片、音频、视频以及实物资料的搜集、整理和数字化处理，充分运用非遗调查记录成果，完善非遗档案和数据库体系。加强资源整合共享，推动构建准确权威、开放共享的公共数字平台，推进非遗档案和数据资源的社会利用。

鼓励支持新闻媒体和相关机构开展非遗传播。鼓励支持新闻媒体设立非遗专栏、专题，办好优秀栏目、节目。推动主流媒体加强非遗传播力量，建设非遗传播队伍，形成一批品牌传播项目，提高非遗传播的专业性、规范性。适应媒体深度融合趋势，充分发挥微博、微信、短视频、直播等新媒体的作用,培育一批非遗项目和传承人"网红"品牌。举办中国非遗保护年会。鼓励文化馆(站)、图书馆、博物馆、美术馆等开展非遗培训、展览、学术交流、公共教育等活动。鼓励支持有关机构策划推出体现非遗内容的宣传片、纪录片、公益广告等。

适应媒体深度融合趋势,拓展非遗传播渠道,支持各类媒体利用微博、微信、短视频、直播等全面深入参与非遗传播。加强对非遗传承人、非遗保护工作人员新媒体知识培训,促进非遗项目通过新媒体得到更广泛的认知认可。支持有关行业组织统筹直播、短视频、社交等平台力量,组织开展非遗传播培训,策划专题活动,推出非遗传播专项措施。

15. 2021 年　文化和旅游部印发的《"十四五"文化和旅游发展规划》中提出要完善非遗的数字化建档:

完善非物质文化遗产调查记录体系,加强档案数字化建设,推进非遗资源数据的共享利用。研究启动第二次全国非遗资源普查,开展黄河流域、大运河沿线非遗专项调查。实施非物质文化遗产记录工程。开展边疆地区特别是民族非物质文化遗产摸底调查,推动与周边国家开展联合保护行动。

16. 2021 年　文化和旅游部在《"十四五"文化和旅游科技创新规划》中对非遗数字化展示提出要求:

推进非物质文化遗产资源普查、挖掘、传播、创作技术研发,研究非物质文化遗产展示、体验和传播的数字化技术,推动优秀传统文化转化活化。推进非遗展示、体验、传播等技术标准研制。

研究图书馆、文化馆、博物馆、美术馆、非遗保护中心、游客服务(集散)中心等公共服务设施数字化改造和集成构建技术,研制一站式文化和旅游公共服务技术装备和智慧系统。研发智慧图书馆、智慧博物馆相关技术、平台、装备和系统。构建面向公众服务的综合知识视听平台,研发相关专用装备,提升线上线下服务体验。研制文化和旅游公共服务智能机器人、移动交互应用和智能呈现体验专用装备。

17. 2022 年　文化和旅游部、教育部、科技部、工业和信息化部、国家民委、财政部、人力资源社会保障部、商务部、国家知识产权局、国家乡村振兴局在《关于推动传统工艺高质量传承发展的通知》(文旅非遗发〔2022〕72 号)中对传统工艺数字化存档、互联网宣传、新媒体传播提出要求:

依托国家文化数字化战略,制定传统工艺数字化保存标准,实施传统工艺数字化保存行动。鼓励社会力量参与传统工艺的记录保存工作。

鼓励互联网平台设立传统工艺产品销售专区、举办"非遗购物节""老字号嘉年华"等活动,支持传统工艺进商场、进超市、进场站,通过线上线下结合的方式销售推广传统工艺产品。

支持新闻媒体和相关机构宣传传统工艺的当代价值及保护成果,鼓励传承人、项目保护单位及相关企事业单位、行业组织通过新媒体平台发布有内容、有深度的直播或短视频作品,营造传统工艺传承发展的良好社会氛围。

18. 2022 年　文化和旅游部、教育部、自然资源部、农业农村部、国家乡村振兴局、国家开发银行在《关于推动文化产业赋能乡村振兴的意见》(文旅产业发〔2022〕33 号)中提出了使用科技手段提升传统手工艺、发展数字文化的要求：

鼓励非物质文化遗产传承人、设计师、艺术家等参与乡村手工艺创作生产,加强各民族优秀传统手工艺保护和传承,促进合理利用,带动农民结合实际开展手工艺创作生产,推动纺染织绣、金属锻造、传统建筑营造等传统工艺实现创造性转化和创新性发展。推动手工艺特色化、品牌化发展,培育形成具有民族、地域特色的传统工艺产品和品牌,鼓励多渠道、多形式进行品牌合作,提升经济附加值。充分运用现代创意设计、科技手段和时尚元素提升手工艺发展水平,推动手工艺创意产品开发。

数字文化赋能。鼓励数字文化企业发挥平台和技术优势,创作传播展现乡村特色文化、民间技艺、乡土风貌、田园风光、生产生活等方面的数字文化产品,规划开发线下沉浸式体验项目,带动乡村文化传播、展示和消费。充分运用动漫、游戏、数字艺术、知识服务、网络文学、网络表演、网络视频等产业形态,挖掘活化乡村优秀传统文化资源,打造独具当地特色的主题形象,带动地域宣传推广、文创产品开发、农产品品牌形象塑造。推广社交电商、直播卖货等销售模式,促进特色农产品销售。

19. 2022年 教育部办公厅、文化和旅游部办公厅在《关于开展职业院校"技能传承中华优秀传统文化"展示活动的通知》(教职成厅函〔2022〕16号)中提出通过非遗资料的一些数字形式让学生了解非遗的要求：

"学非遗、传非遗、展非遗"活动。各地各校以文字、图片、视频等形式推进非遗进校园、进专业、进课堂,通过体验式、参与式的方式,提高学生参与非遗学习、保护、传承和宣传的积极性。以"喜迎二十大"为主题,引导学生创作展现具有地域特征、民族特色和教育特点的传统美术类、传统技艺类作品。开展非遗技艺技能作品系列展示活动,全面生动地诠释非遗的丰富性、多样性和独特文化魅力,使保护和传承非遗的理念深入学生心中,提高学生文化品位和素养。

20. 2022年 在商务部等27部门《关于推进对外文化贸易高质量发展的意见》(商服贸发〔2022〕102号)中提出了加强非遗数字化的对外传播：

推动中华特色文化走出去。加强传统文化典籍、文物资源、非物质文化遗产的数字化、网络化转化开发,面向海外用户开发一批数字文化精品。支持艺术家、传承人等与专业机构开展合作,实现资源整合,共同开拓国际市场。大力促进中国餐饮、中医药、中国园林、传统服饰和以中国武术、围棋为代表的传统体育等特色文化出口。

二、省、自治区、直辖市相关政策、法律规范

1. 2018年 辽宁省人民政府办公厅在《关于转发省文化厅等部门辽宁省传统工艺振兴计划实施意见的通知》(政办发〔2018〕45号)提出传统工艺与互联网融合、数字化保护等要求：

推动传统工艺与互联网融合发展,提升传统工艺信息化水平。鼓励建设各县专业特色的辽宁工艺美术品及相关文化产品电子商务平台,为经营者和消费者提供辽宁工艺美术品网上购买服务。

鼓励有条件的高校开设传统工艺类及相关课程,培养传统工艺专业技术人才和理论研究人才。加强传统工艺的挖掘、记录和整理工作,对具有独特历史意义的濒危传统工艺项目,加快实施抢救性记录,建立纸质和数字记录档案、拍摄一批项目和传承人专题片、编辑出版一批项目图录和传承人口述史、征集一批实物和作品、建成一批专题展示馆和传习所。鼓励高校、非物质文化遗产保护机构、相关企业设立传统工艺研究基地、重点实验室,在保持优秀传统的基础上,创新性研究,探索手工技艺与现代科技、工艺装备的有机融合,提高材料处理水平,解决关键技术问题,切实加强成果转化。鼓励和支持开展传统工艺相关课题研究、出版有关传统工艺的专著、图册等研究和实践成果。

发挥互联网在传统工艺产品宣传、展示、设计、销售等方面的作用,促进传统工艺资源实现传承和可持续发展。发挥旅游对文化消费的促进作用,促进传统工艺保护传承与旅游相结合,开发以传统工艺为元素的文化旅游产品,推动特色文化消费。

2. 2018 年 云南省人民政府办公厅在《关于转发省文化厅等部门云南省传统工艺振兴行动计划的通知》(云政办发〔2018〕64 号)中提出通过现代科技保护传统工艺、通过电子平台宣传传统工艺等要求:

鼓励高等院校、研究机构、企业等设立传统工艺研究基地、重点实验室等,在保持优秀传统的基础上,探索手工技艺与现代科技、工艺装备的有机融合,提高材料处理水平,切实加强成果转化。依托我省非物质文化遗产研究基地等,加强传统工艺的挖掘、记录和整理。对具有独特历史意义的濒危传统工艺项目,加快实施抢救性记录,落实保护与传承措施。鼓励出版有关传统工艺研究和实践成果的书籍。

充分利用"一部手机游云南""文化云南云"等平台,提供电子商务服务,拓宽传统工艺产品的推介、展示、销售渠道。充分发挥行业组织作用,拓展传统工艺在设计开发、会展销售、技术支持等方面的合作渠道。主动融入和服务国家"一带一路"建设,支持有条件的传统工艺企业"走出去",扩大产品和服务出口。

3. 2018 年 四川省人民政府办公厅在《关于转发文化厅等部门四川省传统工艺振兴实施计划的通知》(川办发〔2018〕47 号)提出通过数字技术途径推广、宣传、抢救传统工艺的要求:

搭建四川传统工艺线上线下推广平台,拓宽传统工艺产品的推介、展示、销售渠道。

鼓励省内各大传统媒体和新兴媒体推出丰富多彩的传统工艺类节目,拍摄和译制传统工艺纪录片、教学片和宣传片。

各地组织开展传统工艺普查工作,系统梳理本地文化资源,收集整理传统工艺项目传承谱系、技法流派、名家名作、典籍记载、传统图谱(传统纹样)、艺诀秘传等文字、图片、视频资料,挖掘传统工艺项目的内涵和价值。推进研发一批绿色环保材料,改进有污染的传统工艺生产流程。以藏羌彝文化产业走廊等区域为重点,对具有独特历史意义的濒危传统工艺项目组织实施数字化抢救工程。对传统工艺集聚的藏族、彝族、羌族特色村镇村落，以及名城古镇、文化街区等，采取集中保护和推广相融合方式，在生产和发展中进行整体性保护。

4. 2018年　西藏自治区人民政府办公厅在《关于转发文化厅等部门西藏自治区传统工艺振兴计划的通知》（藏政办发〔2018〕55号）提出了通过科技、多媒体保护、宣传传统工艺的要求：

进一步弘扬工匠精神，大力实施大众创业万众创新，在保持优秀传统的基础上，探索手工技艺与现代科技、工艺装备有机融合，提高材料处理水平，切实加强成果转化。加强传统工艺的挖掘、记录和整理。

鼓励各传统工艺企业、协会、传习所等充分利用"互联网＋传统工艺"模式，开展网络销售活动，拓宽销售渠道，促进我区传统工艺健康有序发展。鼓励商业网站与相关专业网站设立网络销售平台，帮助推介我区传统工艺产品。

鼓励有关部门拍摄和译制传统工艺纪录片、教学片、专题片和宣传片。充分发挥全区各级公共文化机构的作用，积极组织开展形式多样的传统工艺相关活动，增强传统工艺的社会认同，丰富民众文化生活。

5. 2018年　重庆市人民政府办公厅在《关于转发市文化委等部门重庆市传统工艺振兴计划的通知》（渝府办发〔2018〕85号）中提出了通过影像、网络平台等形式保护传统工艺的要求：

促进社会普及教育。组织面向社区的传统工艺展演、体验、传习、讲座、培训等活动，鼓励广播电视、新媒体推出传统工艺类节目栏目和影视作品，开展传统工艺代表性传承人群记录工程，对有关传统工艺的专著等出版物，在选题审批、书号核发、申请国家出版基金资助等方面给予支持。

创新传统工艺营销模式。鼓励具有较强设计能力的企业、高等院校和相关单位在传统工艺项目集中地设立工作站。鼓励重庆文艺网、手艺网等网站与相关专业网站设立网络销售平台。推广消费者参与传统工艺产品设计、体验等新型生产、消费模式，促进传统工艺融入现代生活。

6. 2018年　河北省人民政府办公厅在《关于转发省文化厅等部门河北省传统工艺振兴实施意见的通知》（冀政办字〔2018〕70号）中提出了通过现代科技、线上平台保护传统工艺的要求：

加强传统工艺理论、技术研究。鼓励高校、科研院所设立传统工艺的重点实验室，在保持优秀传统的基础上，探索手工技艺与现代科技、工艺装备的有机融合，解决与传统工艺相关的关键技术问题，加强研究成果转化。

鼓励商业网站及传统工艺相关专业网站设立传统技艺类网络销售平台，帮助推介传统工艺产品。鼓励社会力量创新营销方式，对展示性强的手工技艺产品推出直播营销，大力推广线上交易与线下交易相结合的模式，提高市场占有率和销售额。

7. 2018年　湖北省人民政府办公厅在《关于转发省文化厅等部门湖北省传统工艺振兴计划的通知》（鄂政办发〔2018〕22号）中提出通过现代科技、数字档案、拍摄影片等方式保护

传统工艺的要求:

开展传统工艺研究。鼓励和支持省级非物质文化遗产研究中心、省工艺美术研究所及其他科研机构在项目所在地或企业设立传统工艺研究基地、重点实验室、工作站等,与工艺美术大师、代表性传承人开展相关传统工艺项目研究,理清重点项目的历史渊源、地域或民族特色、历史与当代价值。探索在保持优秀传统的基础上,推进手工技艺与现代科技及工艺装备的有机融合,提高材料处理水平。加快实施抢救性记录,建立一套传统工艺纸质、数字和实物档案,拍摄优秀传统工艺项目和代表性传承人、工艺美术大师系列专题片,编辑出版大师、传承人口述史和大众普及系列丛书,建成一批优秀传统工艺项目专题展示馆和传习所。

鼓励传统媒体、新媒体开展荆楚传统工艺系列宣传,拍摄制作传统工艺纪录片、教学片和宣传片,促进知识传播、普及和技艺交流。

8. 2018 年 河南省人民政府办公厅在《关于转发省文化厅等部门河南省传统工艺振兴计划的通知》(豫政办〔2018〕27 号)中提出了通过数字档案、现代科技、电视节目、影片等形式保护传统工艺:

加强基础保护工作,实施传统美术抢救保护工程、传统技艺抢救保护工程、传统医药类非物质文化遗产抢救保护工程等专项保护工程,对全省传统工艺项目进行深度调查,并积极做好资料收集、影像记录、实物征集、场馆建设、人员培训等基础工作。

鼓励高校、研究机构、企业等设立传统工艺的研究基地、重点实验室等,在保持优秀传统的基础上,探索手工技艺与现代科技、工艺装备的有机融合,提高材料处理水平,切实加强成果转化。加强传统工艺的挖掘、记录和整理。对具有独特历史意义的濒危传统工艺项目,加快实施抢救性记录,落实保护与传承措施。探索"互联网＋"模式,鼓励商业网站与相关专业网站设立网络销售平台,帮助推介传统工艺产品,建立传承人与手工艺产品需求者的连接通道。

鼓励电视、网络媒体等推出丰富多彩的传统工艺类节目。拍摄和译制传统工艺纪录片、教学片和宣传片,弘扬工匠精神,促进知识传播、普及和技艺交流,方便大众学习传统工艺知识。

9. 2018 年 山东省文化厅、山东省经济和信息化委员会、山东省财政厅印发《〈关于贯彻落实中国传统工艺振兴计划实施意见〉的通知》(鲁文非遗〔2018〕7 号)中提出通过网络平台、媒体节目、拍摄影片的方式保护传统工艺:

鼓励各地探索"互联网＋传统工艺"模式,引导商业网站和相关专业网站设立网络销售平台,推介销售传统工艺产品。推动传统工艺普及教育。贯彻"互联网＋齐鲁优秀传统文化"行动计划,推动传统工艺研修游学。

鼓励大中小学开展体现地域特色、民族特色的传统工艺体验和比赛,提高青少年的动手能力和创造能力。鼓励电视、网络媒体等推出丰富多彩的传统工艺类节目。拍摄和译制传统工艺纪录片、教学片和宣传片,弘扬工匠精神,促进知识传播、普及和技艺交流。

10. 2018 年 黑龙江省人民政府办公厅在《关于转发省文化厅等部门〈黑龙江省传统工艺振兴计划〉的通知》(黑政办规〔2018〕5 号)中提出通过现代科技、网络平台、媒体节目等形式保护、宣传传统工艺:

加强传统工艺相关学科专业建设和理论、技术研究。开展研究基地评审，推动全省非物质文化遗产研究基地建设。鼓励高校、研究机构、企业等申报和设立传统工艺基地、重点实验室等，在保护优秀传统工艺基础上，探索手工技艺与现代科技、工艺装备有机融合，提高材料处理水平，加强成果转化。

培养具有我省特色传统工艺知名品牌。依托乡村旅游创客示范基地和返乡下乡人员创业创新培训园区（基地），推动传统工艺品的生产、设计等与发展乡村旅游有机结合。充分发挥专家作用，建立传统工艺从业人员和专家的交流网络平台，建立专家跟踪机制，开展专家下基层活动。鼓励对传统工艺进行创意开发。

积极引导、搭建网络销售平台，推介传统工艺产品，增加传统工艺传承人收入，坚定其"大国工匠"精神和传承信念。

加大传统工艺振兴宣传力度。融通多媒体资源，充分利用报刊、图书、广播、电视、互联网等载体，加大传统工艺振兴宣传力度。鼓励在电视台、网络媒体等推出丰富多彩的传统工艺类节目。吸引或带动更多部门和社会组织积极参与振兴活动。发挥公共文化机构作用，增强传统工艺社会认同感，强化传统工艺振兴意识。

11. 2018 年　云南省人民政府在《关于进一步加强非物质文化遗产保护工作的意见》（云政发〔2018〕6 号）中对建设非遗项目数字档案提出要求：

到 2020 年，我省国家级和省级非物质文化遗产保护名录及代表性传承人档案建设全面完成，非物质文化遗产记录和数字化保护工程全面实施，国家级文化生态保护实验区建设稳步推进，省级民族传统文化生态保护区建设全面启动；力争国家级非物质文化遗产保护名录增至 130 项以上，省级非物质文化遗产保护名录增至 500 项以上，国家级代表性传承人认定人数达到 100 人，省级代表性传承人认定人数达到 1 500 人；国家级和省级非物质文化遗产生产性保护基地达到 25 个，省级民族传统文化生态保护区达到 100 个，全省非物质文化遗产传承基地和传习馆（所、室）数量达到 300 个以上。

对已列入国家级和省级保护名录的项目及其代表性传承人，特别是历史文化价值高、传承困难的民间文学、音乐、舞蹈、美术、戏剧、曲艺、民俗等濒危项目和年事较高的代表性传承人进行抢救性记录。各级非物质文化遗产保护机构要借助信息技术手段，全面、真实、系统地采集记录非物质文化遗产项目及代表性传承人的情况，妥善保存文字、图片、音频、视频等记录成果。

12. 2019 年　《安徽省级文化生态保护区管理暂行办法》（2019）中提出了建设非遗数据库的要求：

指导开展保护区内非物质文化遗产资源调查，开展非物质文化遗产项目及传承人记录工程，建立完善非物质文化遗产档案和数据库。

13. 2019 年　《天津市非物质文化遗产保护条例》（2019）中提出通过大众媒体、网络媒体传播非遗文化的要求：

报刊、广播、电视及网络媒体应当通过专题、专栏和公益广告等形式，普及非物质文化遗产知识。

14. 2019 年　湖南省文化和旅游厅、湖南省工业和信息化厅、湖南省财政厅《关于印发〈湖南省传统工艺振兴计划〉的通知》(湘文旅非遗〔2019〕26 号)中提出通过现代科技、建立数字档案、网络平台宣传、媒体节目宣传等方式保护传统工艺:

立足湖湘优秀传统文化,发掘和运用传统工艺所包含的文化元素和工艺理念,进一步推动我省传统工艺的传承与创新发展,提升传统工艺产品设计与制作水平,培育具有湖湘特色的传统工艺知名品牌,促进传统工艺与艺术、科技、设计、教育融合发展,形成湖南传统工艺新优势,使传统工艺在现代生活中得到新的广泛应用,更好满足人民群众消费升级的需要。

鼓励高校、研究机构、企业等设立传统工艺研究中心,在保持优秀传统的基础上,探索手工技艺与现代科技、工艺装备的有机融合,加强新技术、新工艺、新材料的应用开发,提高材料处理水平,切实加强成果转化。加强传统工艺的挖掘、记录和整理。对具有独特历史意义的濒危传统工艺项目,加快实施抢救性记录,建立纸质和数字记录档案,落实保护与传承措施。鼓励出版有关传统工艺的专著、译著、图册等研究和实践成果。

支持举办形式多样的传统工艺博览会和传统工艺大展,为传统工艺搭建更多展示交易平台。鼓励商业网站与相关专业网站设立网络销售平台,帮助推介传统工艺产品。

支持各地将传统工艺纳入高校人文素质课程和中小学相关教育教学活动;支持大中小学校组织开展体现地域特色、民族特色的传统工艺体验和比赛,提高青少年的动手能力和创造能力,加深对传统文化的认知。鼓励电视、网络媒体等推出丰富多彩的传统工艺类节目。拍摄和译制传统工艺纪录片、教学片和宣传片,弘扬工匠精神,促进知识传播、普及和技艺交流,方便大众学习传统工艺知识。

15. 2019 年　《福建省非物质文化遗产条例》(2019)中提出了非遗数据库、数字化管理的要求:

第九条　县级以上地方人民政府文化主管部门和其他有关部门进行非物质文化遗产调查,应当进行真实、系统和全面的记录,建立非物质文化遗产档案和相关数据库,开展数字化管理。

16. 2019 年　《上海市传统工艺振兴计划》(沪府办发〔2019〕5 号)中提出了通过建立数据库、借助现代科技、网络平台、媒体节目保护、宣传传统工艺的要求:

加强传统工艺的挖掘、记录和整理。对具有独特历史意义的濒危传统工艺项目,加快抢救性记录,通过采录资料、征集实物等形式建立档案。鼓励出版、发表有关传统工艺的专著、译著、图册等研究和实践成果。鼓励具备条件的高校加强传统工艺科学研究机构建设。鼓励高校、研究机构、企业等设立传统工艺的研究基地、重点实验室等,在保持优秀传统的基础上,探索手工技艺与现代科技、工艺装备的有机融合,提高材料处理水平,切实推动成果转化。

发挥上海工美艺术品交易中心功能,拓展传统工艺作品、产品营销渠道,建设本市传统工艺品数据库,建立传统工艺品展示平台,不断提升传统工艺的社会知名度。探索创办本市传统工艺大型国际展示活动。大力推动"传统工艺＋互联网"模式,鼓励传统工艺企业、从业者和传承人通过与互联网企业合作、开设网上商店、开展网络营销等形式,进行线上展示和销售。

鼓励电视、网络媒体等推出丰富多彩的传统工艺类节目。拍摄和译制传统工艺纪录片、教学片和宣传片，弘扬工匠精神，促进知识传播、普及和技艺交流，方便大众学习传统工艺知识。

17. 2019 年　《北京市非物质文化遗产条例》（北京市人民代表大会公告第 1 号）中提出通过多媒体的形式进行非遗档案的建立、通过大众媒体、互联网等途径宣传非遗文化：

市、区文化和旅游主管部门应当综合运用图片、文字、录音、录像、数字化多媒体等形式，建立规范化的非物质文化遗产档案及相关数据库。

市、区文化和旅游主管部门应当将档案及相关数据信息通过互联网平台等向社会公开，供公众查阅，依法应当保密的除外。

市文化和旅游主管部门应当将市、区非物质文化遗产的相关数据信息纳入全市统一的数据库。

报刊、广播、电视和互联网媒体等应当通过专题专栏、公益广告等形式，宣传代表性项目，普及非物质文化遗产相关知识。

市文化和旅游、科技、经济信息化、新闻出版、广播电视等有关部门应当支持新技术、新媒体在非物质文化遗产传播中的开发、应用。

18. 2019 年　香港《非物质文化遗产资助计划"社区主导项目"申请须知》中，对于非遗数字记录，优先考虑资助：

鉴于本地非遗工作的发展情况及资源上的考虑，"非遗专项资助"优先考虑支持的资助申请如下：

（d）为搜集、记录、保存、整理、出版、播放或经互联网传递本地非遗的资料（包括口述历史、音像纪录、纪录片及其他具保存价值的资料）而进行的研究项目。

19. 2020 年　《四川省级非物质文化遗产代表性传承人认定与管理办法》（川文旅发〔2020〕90 号）中提出建立非遗传承人数字档案的要求：

省人民政府文化和旅游行政部门应当在省非物质文化遗产保护中心建立省级非物质文化遗产代表性传承人档案，并及时更新相关信息。档案内容主要包括传承人基本信息、参加学习培训、开展传承活动、参与社会公益性活动情况、年度评估情况等。可以根据需要，建立数字化档案和管理信息系统。

20. 2020 年　《安徽省徽州文化生态保护区管理办法》（2020）中提出了建立非遗数据库的要求：

县级以上文化和旅游主管部门对非物质文化遗产代表性项目明确保护单位，具体承担该项目的保护与传承工作。保护单位应采取文字、图片、录音、录像以及其他新型媒介方式，全面记录该项目的表现形式、技艺和知识等，建立档案和数据库。

21. 2020 年　广东省文化和旅游厅在《关于广东省省级文化生态保护区的管理办法》（粤文旅规〔2020〕1 号）中提出建立非遗数据库的要求：

省级文化生态保护区建设管理机构应当加强非物质文化遗产调查工作，建立完善非物质文化遗产档案和数据库,妥善保存非物质文化遗产珍贵实物资料,实施非物质文化遗产记录工程,留存相关实物和数据资料,促进记录成果广泛利用和社会共享。

22. 2020 年　《宁夏回族自治区非物质文化遗产保护管理暂行办法》(2020)中提出记录非遗影像资料的要求:

建立完善名录项目保护责任单位工作制度。项目保护单位为责任主体,单位法人是第一责任人,具体承担项目的保护传承工作,切实履行以下职责:……收集项目数据、实物、文字、图片、影像等资料,做好整理建档工作。

实行代表性传承人年度工作计划制度。依据有关法律法规赋予代表性传承人的权利和义务,分级制订代表性传承人年度工作计划,切实履行以下义务:……配合项目保护责任单位,通过文字、图片、录音、录像等方式,全面记录项目的表现形式、技艺流程等,并有计划地保管代表作品,建立资料档案。

23. 2020 年　香港非物质文化遗产办事处《非物质文化遗产资助计划"2020 年伙伴合作项目"申请须知》中提到如下非遗数字化传播计划:

非遗绘本系列。成功申请者须负责以下项目:

为绘本研发及制作相关教材,如工作纸、二维码资料、网上教材。

跟进绘本及配套活动的宣传,包括设计及发放各项宣传资料,如特稿、海报、信函、广告、网页及社交平台。

非遗创意馆。成功申请者须负责以下项目:配合展览内容,负责设计、制作和装置多媒体节目及互动游戏,包括但不限于影片拍摄、内容撰写、字幕及配音、多媒体节目的软件和硬件等。

设计宣传品,包括但不限于展览单张、广告、网页等宣传资料。

须为展场装置、多媒体节目的软件和硬件提供一年的保养(由开幕日期起计)。

24. 2020 年　香港《非物质文化遗产资助计划"社区主导项目"申请须知》中,对于非遗数字记录,优先考虑支持。

鉴于本地非遗工作的发展情况及资源上的考虑,康文署优先考虑支持的计划如下:

(e)为搜集、记录、保存、整理、出版、播放或经互联网传递本地非遗的资料(包括口述历史、音像纪录、纪录片及其他具保存价值的资料)而进行的研究项目;

25. 2021 年　中共甘肃省委、甘肃省人民政府印发《甘肃省黄河流域生态保护和高质量发展规划》中提出建设文化遗产保护的云平台:

加大"中国黄河"国家形象宣传力度,提升甘肃黄河文化"品"与"神",充分展现甘肃黄河文化的历史厚重感和亲和力。配合国家做好"中国黄河"国家形象宣传推广行动,加强与"一带一路"沿线国家和省区间人文合作,持续办好丝绸之路(敦煌)国际文化博览会和敦煌行•丝绸之路国际旅游节,打造"一带一路"文化遗产资源数据云平台,促进民心相通和文化认同。

26. 2021 年　《山西省黄河流域非物质文化遗产保护传承弘扬专项规划》(2021—2035年)(2021)中提出提升数字化建设水平、建立数字化平台、使用新媒体平台、高新科技宣传等要求:

积极开展黄河流域非遗调查工作。坚持案头工作与田野调查相结合,充分运用现代信息技术手段开展线索收集、文字记录、采访记录,对黄河流域非遗代表性项目和资源进行科学、准确、全面调查,掌握其种类、数量、分布情况、传承脉络、保护措施和存续状况,完善非遗档案建设,建立数字化平台,提高保护管理水平。

全面提升黄河流域非物质文化遗产数字化建设水平。完善档案制度,修改和完善非遗档案标准和规范,加大对非遗有关文字、图片、音频、视频及相关实物资料的收集、整理和数字化处理。建立山西黄河流域非遗数据库,加强资源整合,推动构建准确、权威、开放、共享的非遗数据信息库,推进非遗档案和数据资源的高效利用。

加强传统音乐和传统舞蹈保护。鼓励传统音乐和传统舞蹈结合当下文化元素进行再创作,通过新媒体平台进行传播。鼓励传统音乐、传统舞蹈项目进入旅游演艺市场。传统舞蹈引入全民健身,促进传统音乐和传统舞蹈类非遗在社区的传承传播。推动传统音乐和传统舞蹈类非遗进校园,作为课间操和选修课、社会实践课的重要内容。

实施传统戏剧保护提升工程。鼓励将符合条件的传统戏剧列入各级非遗代表性项目名录。加强对传统戏剧类非遗代表性传承人的扶持,支持其授徒传艺,培养后继人才,采取措施提升其艺能。支持有关院团和艺术院校合作开展人才培养项目。支持有关院团、传承人、演员等通过直播、短视频等方式广泛传播传统戏剧。推动"戏曲进乡村""戏曲进校园""戏曲进景区"。

在非遗的调查记录方面,与大数据、视频、VR、数字化处理技术、数字化平台等高新技术深度融合。在非遗的展示传播方面,充分运用VR、AR、AI、云计算、区块链等高科技手段,探索线上非遗展示、媒体推广新模式,提高黄河流域非遗保护传承弘扬水平。

支持将黄河流域非遗有机融入舞台剧、游戏、动漫、电影、电视剧等,创新传播渠道,扩大受众群体。开设"黄河非遗大讲堂",以线上线下方式宣传黄河非遗。

推出"黄河流域非遗体验季""创世神话艺术节""关公文化旅游节""重走晋商路""重走万里茶路"等活动,打造山西黄河流域非遗IP。开展以"黄河流域非遗在山西"为主题的宣传活动。策划推出黄河流域非遗主题宣传片、纪录片、公益广告、短视频等。鼓励媒体平台对非遗传承人的感人故事和非遗蕴含的文化内涵等进行深度报道,将非遗传承人推向市场,成为网络达人,扩大影响力。

27. 2021 年 《宁夏回族自治区级文化生态保护区管理暂行办法》(2021)中提出完善非遗数据库的要求:

自治区级文化生态保护区建设管理机构应当进一步加强非物质文化遗产调查工作,建立完善非物质文化遗产档案和数据库,妥善保存非物质文化遗产珍贵实物资料,实施非物质文化遗产记录工程,促进记录成果广泛利用和社会共享。

28. 2021 年 《青海省省级文化生态保护区管理办法》(青文旅发〔2021〕243 号)中提出完善非遗数据库的要求:

省级文化生态保护区建设管理机构应当加强非物质文化遗产调查工作,建立完善非物质文化遗产档案和数据库,妥善保存非物质文化遗产珍贵实物资料,实施非物质文化遗产记录工程,留存相关实物和数据资料,促进记录成果广泛利用和社会共享。

29. 2021年　《四川省"十四五"非物质文化遗产保护规划》(川文旅发〔2021〕76号)中提出了关于使用新媒体技术、大数据促进非遗传播、保护的诸多目标:

培育"十大非遗品牌"。着眼提升保护传承水平,重点培育"中国成都国际非遗节""四川非遗精品展""天府旅游美食""四川手作""非遗特色村镇(街区)""黄河源非遗保护论坛""四川非遗新媒体""四川非遗大讲堂""四川非遗购物节""四川非遗示范项目"。

推进非遗记录工作。以60岁以上省级非遗代表性传承人为重点,分步骤对省级非遗代表性传承人开展全面系统记录。有重点地对省级非遗代表性项目进行记录。对记录成果妥善保存,加强记录成果的转化利用和传播推广,通过展演展示、短视频、纪录片等方式开展传播运用。

加强档案、数据库建设。完善非遗档案制度和规范标准,加强档案资料和实物的收集整理,建设非遗文字、图片、视频资料库,对省级非遗代表性项目、代表性传承人档案实施数字化管理。依托"智游天府"建设非遗信息管理系统,建成数据采集、查询、评估、分析平台,为公众提供数据信息服务。

规范档案资料、实物管理。建立非遗档案资料库(室),推动与各级档案馆合作对重要非遗档案加强管理。建立非遗相关实物征集、捐赠和保管制度,利用各地非遗馆、博物馆等开展实物收集保管。实施非遗数字化工程。依托"智游天府"平台,建立覆盖省、市、县三级的非遗信息管理系统。使用云存储平台对非遗数字化档案资料进行存储。加强5G、VR、AR等技术在非遗馆展陈和非遗展演展示中的运用,推进线上虚拟非遗馆建设。

拓展传承体验空间。探索在景区游客中心、高速公路服务区、特色街区等开展非遗展示展销等传承体验活动。拓展网络空间,引入5G、VR、AR等先进技术,探索开展线上非遗展演展示,推动非遗与现代科技的有机结合。

促进传统工艺活化利用。鼓励各地与院校、企业等合作设立传统工艺工作站,提升非遗产品创意设计、生产工艺,重点支持建设一批省级传统工艺工作站。围绕乡村振兴全面推进非遗就业工坊建设,认定一批省级非遗就业工坊,将符合条件的省级非遗就业工坊纳入乡村振兴项目库。积极开展品牌培育和宣传推广,指导非遗产品申请公益品牌商标,拓展销售渠道。按照市场机制开展"非遗购物节"活动,推动建设衍生品、文创产品、知识产权交易等转化利用平台和常态化网络展示销售平台。加强非遗知识产权保护的研究和探索,建立非遗获取和惠益分享制度。

与驻外使领馆、海外中国文化中心、驻外旅游办事机构、高校、国内外文化交流人士等合作,开展以"一带一路"国家和地区为重点的涉外线上线下非遗展览、对话交流等活动,推出对外传播四川非遗为主要内容的纪录片、宣传片、短视频,推动文化交流互鉴。积极推动与港澳台地区的交流合作,推出适合港澳台地区的非遗研学、体验旅游产品和宣传交流活动。

建设四川非遗宣传矩阵。建设以四川文旅、四川非遗新媒体平台为核心,省级媒体、市(州)文旅部门、非遗保护协会、项目保护单位、代表性传承人为骨干的宣传传播体系,培育一批线上非遗宣传推广骨干和志愿者。制定宣传计划,对重要宣传内容实施联动,强化宣传效果。

实施非遗融媒体传播工程。结合传统节日、文旅节会、非遗展览展示活动,常态化开展线上直播活动，建设非遗"云传承"新场景，推动"非遗进万家"。常态化开展非遗网络展示展销活动，支持企业按市场机制搭建销售、授权等转化利用平台，每年常态化举办"四川非遗购物节"。评选一批"遗推广大使"，扩大四川非遗宣传传播的网络影响力。

实施非遗视频传播"十百千"工程。制作 10 部四川非遗宣传片（纪录片）；省级每年推出 20 部以上的宣传短视频（5 年 100 部以上），各市（州）每年分别推出不少于 10 部短视频（5 年共 1 000 部以上）。

实施非遗宣传品牌建设工程。推动四川非遗官方微博、抖音等平台在全国影响力、知名度进一步提升，培育一批非遗企业、非遗传承人宣传品牌。

开设媒体非遗栏目。联合电视台、报纸等传统媒体和新媒体合作，策划、开设非遗相关栏目，推出群众喜闻乐见的系列观赏、体验、传承节目，扩大宣传覆盖面。

加强优秀实践案例宣传。支持媒体和协会等，每年评选一批年度人物、典型案例、优秀品牌，发挥其示范引领作用。

建设数据资源中心。加强全省非遗资源挖掘整理，高质量推进国家级、省级非遗代表性项目、代表性传承人记录工作，建设全省非遗档案资料库和非遗大数据平台。开展数字化档案资料整理和储存，推动非遗数字资源共建共享。

建设宣传推广中心。培育"四川非遗新媒体"宣传品牌，以传统节日、重大节庆活动、文旅节会等为节点，统筹做好四川非遗新媒体宣传矩阵的宣传推广工作。建立宣传传播合作机制，加大国际国内宣传力度，进一步提升四川非遗影响力。

30. 2021 年 《四川省级非物质文化遗产代表性传承人记录工作管理办法》（川文旅发〔2021〕72 号）中对非遗数字化记录的流程和验收程序进行了规定：

记录工作，是指采用纸质文献和数字化多媒体等现代化信息技术手段，对应当进行记录的省级非物质文化遗产代表性传承人所掌握的非物质文化遗产核心技艺和传承实践进行全面、真实、系统记录，所形成的成果，是重要的非物质文化遗产资源，对于传承、研究、宣传、利用非物质文化遗产具有重要价值。

记录工作实施单位按照《操作指南》要求，组建工作团队，做好记录准备，开展文献收集，采用录像、录音、照相等方式全面采集传承人口述、项目实践、传承教学等活动内容。对记录工作获取的资料进行编辑整理，编制形成文献片（包括口述片、项目实践片、传承教学片）、综述片和工作卷宗（包括工作方案、收集文献、口述文字稿、工作流程相关附件）等记录成果，其中口述片访谈时间不得低于 5 小时。

验收工作分为通查验收和抽（复）查验收两个阶段，成立验收工作领导小组、制定验收工作方案，并分别成立专家组负责对记录成果进行评审验收。根据验收对象的类别和数量可设立若干专家小组，每个专家小组应由非物质文化遗产、文献、纪录片等专业的专家组成。参与记录工作实施的学术指导专家须回避评审验收工作。

31. 2021 年 《山东省省级文化生态保护区管理办法》（鲁文旅发〔2021〕18 号）中提出完善非遗数据库的要求：

省级文化生态保护区建设管理机构应当进一步加强非物质文化遗产调查工作，建立完善非物质文化遗产档案和数据库,妥善保存非物质文化遗产珍贵实物资料,实施非物质文化遗产记录工程,促进记录成果广泛利用和社会共享。

32. 2021 年　《宁夏回族自治区非物质文化遗产保护条例》(2021)中对非遗数字建档提出了要求:

县级以上人民政府文化和旅游主管部门应当综合运用图片、文字、录音、录像、数字化多媒体等形式,建立规范化的非物质文化遗产档案及相关数据库,并依法向社会公开。

公共文化机构、研究机构等单位应当妥善保管非物质文化遗产资料和实物,并进行整理、归档、研究、展示或者依法出版。重要的非物质文化遗产资料、实物,应当采用先进技术长期保护。

33. 2021 年　宁夏回族自治区文化和旅游厅印发《黄河流域宁夏非物质文化遗产保护传承弘扬专项规划》,提出通过建立数字数据库、在线平台、现代科技展示等方式保护文化遗产的目标:

重点突出特点、亮点,注重文化空间的主体和理念创新,坚持试点先行与重点推进相结合,重点抢救与整体保护相结合,典型示范,积累经验,以点带面,逐步建立比较完备、规范的非物质文化遗产保护制度。以传统曲艺保护、传统技艺振兴、传承人群可持续培养以及非物质文化遗产场馆、机构队伍、VR 技术、互联网建设等为重点,在体制机制、平台载体、保护实效、发展水平等方面取得突破,不断夯实黄河流域宁夏非物质文化遗产保护工作基础,整体提升非物质文化遗产保护事业发展水平。

非遗资源数字化。利用自治区技术、资源优势,至规划期末,完成集文本、图片、音频、视频、三维及虚拟现实数据于一体的完整资料,实现非遗资料录入率达到 100%,建成国家级、自治区级非遗数字化资源数据库。在规划中期,启动市、县级非遗资源数字化工作,至规划期末,实现市、县级非遗资源录入率达 50%。

非遗资源服务网络化。依托非遗数字化资源数据库,在规划末期完善和建成数字化技术传播和展演体系,实现非遗资源服务网络化。建成有独立 IP 地址的"黄河流域宁夏非物质文化遗产网";建成"黄河流域宁夏非物质文化遗产数字博物馆";建设非遗数字化地标保护服务体系;完善、建成"三微一端"的数字化保护服务体系。

管理数字化。依托非遗数字化资源数据库,建设有分类和综合查询报表、分析和评估、非遗代表性项目及传承人网上申报等集多种功能为一体的非遗数字管理工作平台。

充分利用现代高科技手段做好对非物质文化遗产的记录、保存、展示、传播工作。以优秀非遗文化项目为内容,以 VR\AR 交互式、沉浸式等现代科技方式,打造一批展示类、表演类和实用类非遗数字产品和衍生品,提高群众对非遗的认知和兴趣;以网络和手机等高科技新媒体传播媒介为主要载体,并与传统传播媒介相结合,在国内外推出一批黄河流域宁夏优秀非遗节目,提升宁夏非物质文化遗产在国内外的知名度和影响力。

34. 2021 年　香港《非物质文化遗产资助计划 2021 年伙伴合作项目"师傅到"系列》中,提出优先考虑有社区或教育节目经历的申请人:申请者如有以下资历/联系,将按以下次序获优先考虑:

432 中国非物质文化遗产数字传播研究报告(2018—2022年)

（a）过去五年（由 2017 年 2 月 10 日—2022 年 2 月 9 日）在策划历史、艺术、文化或非遗相关范畴的公众、社区或教育节目（当中须与不同范畴的文化、艺术或非遗工作者合作推广多项活动）方面具较丰富的经验；

（b）得到较多拥有非遗代表作或清单项目相关技术和知识，或能传承相关仪式或传统的人士/团体同意，支持有关工作。

35. 2021 年　香港《非物质文化遗产资助计划 2021 年伙伴合作项目"非遗巡回展览"》中提出通过多媒体技术宣传非遗：

非遗办事处和获资助者分别为主办单位和筹划单位（机构获资助者）/客席策展人（个人获资助者）。获资助者须负责以下项目：

与非遗办事处共同策划及构思，建议展览内容和演绎手法，设计及制作创新并具吸引性的展览，并按每个场地的情况和特色调整展览内容和演绎手法，例如因应场地许可增减多媒体节目及互动游戏等，并安排适当的配套活动。

配合展览内容，负责设计、制作和装置多媒体节目及互动游戏，包括但不限于影片拍摄、内容撰写、字幕及配音、多媒体节目的软件和硬件等。

设计宣传品，包括但不限于展览单张、纪念品、广告及网页等宣传资料。

36. 2021 年　香港《非物质文化遗产资助计划 2021 年社区主导项目》中，对于非遗数字记录，优先考虑支持：

鉴于本地非遗工作的发展情况及资源上的考虑，康文署优先考虑支持的计划如下：

（e）为搜集、记录、保存、整理、出版、播放或经互联网传递本地非遗的资料（包括口述历史、音像纪录、纪录片及其他具保存价值的资料）而进行的研究项目。

37. 2022 年　山东省文化和旅游厅等 22 部门印发《〈关于进一步加强非物质文化遗产保护工作的若干措施〉的通知》中提出高质量开展非遗数字记录、使用新媒体技术传播非遗文化的要求：

高质量开展国家级非物质文化遗产代表性项目和代表性传承人记录工作，有序推进省级非物质文化遗产代表性项目和代表性传承人记录工作。广泛发动社会记录，加强档案和记录成果的社会利用。建设山东省非物质文化遗产数字管理平台，实现资源整合共享，推动数据依法向社会开放。

促进广泛传播：适应媒体深度融合趋势，发挥新媒体优势，创新丰富非物质文化遗产传播手段，拓展传播渠道，加大非遗传播力度。支持各级文化馆（站）、图书馆、博物馆、美术馆等公共文化机构开展非物质文化遗产培训、展览、讲座、学术交流等活动。

创作以我省非物质文化遗产为主要内容的纪录片、宣传片、舞台剧、短视频等优秀作品，加大国际传播，提升齐鲁文化国际影响力。

38. 2022 年　贵州省文化和旅游厅印发《贵州省省级文化生态保护区管理暂行办法》（黔文旅发〔2022〕22 号）中提出建立完善非遗数据库的要求：

省级文化生态保护区建设管理机构应当加强非物质文化遗产调查工作，建立完善非物质文化遗产档案和数据库，妥善保存非物质文化遗产珍贵实物资料，实施非物质文化遗产记录工程,留存相关实物和数据资料,依法向社会开放,促进档案和记录成果社会化共享与利用。

39. 2022 年　甘肃省文化和旅游厅、甘肃省人力资源和社会保障厅、甘肃省乡村振兴局印发《甘肃省级非遗工坊认定与管理暂行办法》(甘文旅规〔2022〕1 号)中提出通过新媒体宣传非遗工坊的要求:

充分发挥各类媒体作用,围绕本地区非遗工坊和带头人,多渠道、多层次地开展深度报道、专栏报道和跟踪报道。支持非遗工坊及相关企业运用短视频、直播等形式讲述产品的地域和民族特色,以及蕴含的文化内涵和工匠精神。及时总结提炼非遗工坊建设优秀案例,予以宣传报道。

40. 2022 年　《甘肃省非物质文化遗产条例》中提出了完善非遗数字化体验、通过电商推广非遗产品的要求:

县级以上人民政府文化和旅游主管部门应当全面了解非物质文化遗产有关情况,建立非物质文化遗产档案及相关数据库。除依法应当保密的外,非物质文化遗产档案及相关数据信息应当公开,便于公众查阅。

鼓励、支持公民、法人和其他组织运用数字化采集、处理、存储等技术对非物质文化遗产进行保护,推动文化产品和服务的数字化体验,实现非物质文化遗产有效诠释、展示、传播与开发利用。

支持脱贫地区的公民、法人和其他组织利用本地区非物质文化遗产资源特色优势,通过非遗工坊、电商等方式,助力乡村振兴。

41. 2022 年　《海南省非物质文化遗产规定》中提出了推行非遗交互数字体验、开发影视作品的要求:

县级以上人民政府应当结合文化和自然遗产日、欢乐节、传统节庆等活动以及博鳌亚洲论坛、中国国际消费品博览会、海南岛国际电影节等国际活动,通过搭建文化数据服务平台、推行多语言交互新型数字化体验等方式,对非物质文化遗产进行宣传、展示、传播和交流。

鼓励公民、法人和其他组织合理利用非物质文化遗产创作开发动漫、游戏、演艺、影视、艺术品、文化创意产品等特色文化产品和服务。

42. 2022 年　《河北省大运河文化遗产保护利用条例》中提出了使用数字化技术提升大运河文化遗产保护的要求:

各级人民政府及其有关部门应当加强大运河文化遗产保护利用数字化、信息化、智能化建设,推进大运河文化遗产基础数据生产、整合和数据库建设,充分利用物联网、大数据、云计算、遥感监测等技术,推动文化遗产信息资源数据共享、开发利用、数字化展示,加强现代科技在大运河文化遗产保护利用工作中的应用。

大运河沿线县级以上人民政府文化和旅游主管部门应当以文字、图片、录音、录像、口述史等方式,记录拍摄非物质文化遗产代表性项目和代表性传承人掌握的相关知识和精湛技艺,做好大运河非物质文化遗产成果保存工作。

43. 2022 年　湖北省文化和旅游厅印发《进一步加强非物质文化遗产保护工作实施方案》(鄂文旅发〔2022〕19 号)中提出加强非遗数字档案建设、结合互联网推动非遗消费的要求：

非物质文化遗产保护工作亮点更加突出，新公布一批省级非物质文化遗产代表性项目和代表性传承人，设立一批省级文化生态保护区，形成一批在全国有影响的非物质文化遗产品牌，建设一批非物质文化遗产特色村镇、街区，评选一批"非遗＋旅游"融合发展、"非遗＋互联网平台"典型案例，全省非物质文化遗产保护工作队伍更加健全，综合能力素质明显提高，非物质文化遗产保护工作整体水平位居全国前列。

加强调查与记录工作。建立健全全省非物质文化遗产资源调查动态更新机制，根据每年调查情况及时充实项目资料，完善档案制度，加强档案数字化建设，妥善保存相关实物、资料。总结推广我省非物质文化遗产档案、数据库建设和社会利用经验，提高全省非物质文化遗产数字化保护和利用整体水平。对国家级、省级非物质文化遗产代表性项目和代表性传承人进行全面系统记录，鼓励支持各地对本级非物质文化遗产代表性项目和代表性传承人实施记录。

支持合理利用互联网拓宽非遗产品推广和销售渠道，进一步扩大文化消费，开展"非遗＋互联网平台"优秀案例评选活动。鼓励非物质文化遗产相关企业拓展国际市场，支持其产品和服务出口。

44. 2022年 四川省文化和旅游厅、四川省人力资源和社会保障厅、四川省乡村振兴局发布《四川省非遗工坊管理办法》（川文旅办发〔2022〕63号）中提出线上展销非遗产品的要求：

通过线上线下方式，展示销售非遗工坊产品。

45. 2022年 中共山东省委、山东省人民政府印发《山东省黄河流域生态保护和高质量发展规划》中提出对非遗进行数字化采集的要求：

实施非物质文化遗产保护传承工程。挖掘黄河民间文学、传统工艺、地方戏曲、风土人情、餐饮文化、神话传说、名人轶事、民间故事等非物质文化遗产，支持社会资本参与建设传习所、展示馆、授徒坊，实行数字化信息采集记录。支持泰山、曹州、邹鲁等文化生态保护实验区创建国家级保护区。建设黄河文化非遗小镇，谋划建设治水技术、中医中药综合展示中心，打造"黄河记忆"活态展示基地。

46. 2022年 四川省文化和旅游厅等12部门印发《关于进一步加强非物质文化遗产保护工作的实施意见》（川文旅发〔2022〕25号）中提出如下非遗数字化建设的目标：

到2025年，非遗代表性项目得到有效保护，名录体系进一步完善，调查记录体系更加科学，传承体验设施覆盖全省各县（市、区）、中心镇，工作制度科学规范、运行有效，数字化、智慧化水平进一步提升，影响力进一步增强，人民群众对非遗的参与感、获得感、认同感显著增强。继续开展全省非遗资源调查，重点对黄河流域、长江流域、巴蜀文化旅游走廊等区域进行调查。建设非遗文字、图片、音频、视频、口述史等资料库，妥善保存相关实物、资料。实施非遗记录工程，广泛发动社会记录，提高专业记录水平，对国家级、省级非遗代表性项目和代表性传承人进行全面系统记录，并给予经费保障。支持有条件的市（州）对市、县两级非遗代表性项目和代表性传承人开展记录。依托"智游天府"平台，建设非遗信息管理系统和大数据平台,设立非遗档案总库,实现数字化档案管理。加强非遗资源整合共享,推动非遗数据依法依规向社会开放。加强非遗档案和记录成果的社会利用,实现资源集聚化、管理平台化、应用多元化。

利用互联网平台,拓宽相关产品推广和销售渠道。鼓励非遗相关企业拓展国际市场,支持其产品和服务出口。

推出以四川非遗国际传播为主要内容的纪录片、宣传片、短视频等优秀作品。

47. 2022 年　中共江西省委宣传部、江西省文化和旅游厅印发《关于进一步加强非物质文化遗产保护工作的实施意见》中提出通过数字技术促进非遗存档、传播的要求:

加强资源调查与名录体系建设。开展全省非物质文化遗产资源调查,加强数据库建设,全方位保存相关资料、实物,建立调查管理系统,形成调查成果"一张图"。

强化科技支撑。加大对非物质文化遗产有关文字、图片、音频、视频以及实物资料的数字化处理,开展"智慧非遗"建设,以事业发展为核心,以现代科学技术为支撑,逐步实现智慧保护、智慧管理、智慧服务。深化与高等院校、科研院所合作,协同开展非物质文化遗产保护利用科学研究,将对非物质文化遗产保护传承的技术研究纳入科技计划予以重点支持。

强化非物质文化遗产传播。通过数字资源赋能,探索非物质文化遗产传播新模式新路径,支持新闻媒体设立非物质文化遗产专题、专栏等,推出一批促进非物质文化遗产传承、传播与发展的宣传片、纪录片和公益广告等。

48. 2022 年　广西壮族自治区党委办公厅、广西壮族自治区人民政府办公厅印发《关于进一步加强广西非物质文化遗产保护工作的实施意见》(厅发〔2022〕14 号)中提出开展数字化课题研究、通过数字影像、互联网提升广西非遗传播的目标:

注重科研成果和现代技术的应用,积极开展非物质文化遗产保护组织体系、制度体系、工作体系、评估体系、传播、数字化等课题研究,形成一批新研究成果。

加强国际化传播,推出以对外传播广西非物质文化遗产为主要内容的影视剧、纪录片、宣传片、舞台剧、短视频等优秀作品。通过线上线下联动,组织文化团体、新闻单位面向境外开展非物质文化遗产等主题的交流展示活动,交流非物质文化遗产保护先进经验,向国际社会宣介广西非物质文化遗产,进一步扩大广西优秀传统文化的影响力。

49. 2022 年　山西省文化和旅游厅印发《关于进一步加强非物质文化遗产保护工作的实施方案》中提出通过数字影像推广非遗文化的要求:

发挥民间力量,支持优秀民间原创非物质文化遗产手工艺品、优秀民间非物质文化遗产艺术表演展示活动"走出去"。推出以对外传播非物质文化遗产为主要内容的影视剧、纪录片、宣传片、舞台剧、短视频等优秀作品。

50. 2022 年　黑龙江省文化和旅游厅印发《关于进一步加强非物质文化遗产保护工作的措施》(黑文旅规〔2022〕2 号)中提出加强数字档案建设、扩大非遗多媒体传播等要求:

加强档案数字化建设,完善非遗数据库,推动数据共享。

多渠道多形式传播。充分利用新媒体,加强非遗宣传推广,鼓励非遗保护、传承机构和人员与新闻媒体合作,通过新闻报道、融媒体产品、公益广告等方式,扩大非遗的传播。

鼓励各地和非遗传承人录制以非遗为主要内容的影视剧、纪录片、宣传片、舞台剧、短视频等优秀作品，参与对外文化交流与合作。

51. 2022年 中共浙江省委宣传部、浙江省文化和旅游厅印发《关于进一步加强非物质文化遗产保护工作的实施意见》（浙文旅非遗〔2022〕5号）中提出通过短视频等方式促进非遗存档、通过网络平台促进非遗文化传播等要求：

实施非物质文化遗产记录工程。全面系统开展非物质文化遗产代表性项目和代表性传承人记录工作。加强非物质文化遗产记录数据库建设，组织开展丛书出版、短视频发布，推动记录成果的转化、传播和利用。至2025年，完成150位国家级非物质文化遗产代表性传承人记录工作，编撰出版《浙江省国家级非物质文化遗产代表性传承人口述史丛书》50卷，制作发布国家级非物质文化遗产代表性项目短视频200集。

打造非物质文化遗产传播阵地。支持新闻媒体开设非物质文化遗产专栏、专题、频道等，广泛应用新媒体传播，打造一批非物质文化遗产媒体传播平台和品牌。鼓励非物质文化遗产馆、图书馆、文化馆（站）、博物馆、美术馆、传统工艺工作站、农村文化礼堂等公共文化机构和非物质文化遗产相关保护机构开展非物质文化遗产传播普及活动。鼓励各地探索利用公共空间和商业空间开展非物质文化遗产传播活动。

拓展互联网传播。顺应互联网发展和媒体深度融合趋势，推动"非遗＋网络"，创新丰富传播渠道，强化新媒体手段应用，加强浙江非物质文化遗产网、"浙江非遗"微信公众号、"浙江非遗"官方抖音号等平台建设，打造浙江非物质文化遗产传播新媒体矩阵。完善"非遗Go"浙江非物质文化遗产体验平台建设。加强网络销售购物平台开发建设，鼓励支持传承人利用新媒体技术和平台"直播带货"。

鼓励将非物质文化遗产元素开发形成动漫、游戏、综艺、影视剧、艺术品等一系列文化创意产品，发挥网络平台作用，不断拓宽展示、推广和销售渠道。

52. 2022年《福建省省级文化生态保护区管理办法》（闽文旅规文〔2022〕2号）中提出建立和完善非遗数据库的要求：

省级文化生态保护区建设管理机构应当加强非物质文化遗产普查工作，建立完善非物质文化遗产档案和数据库，妥善保存非物质文化遗产珍贵实物资料，通过实施非物质文化遗产记录工程，对非物质文化遗产的存续、传承、实践情况留存完整的实物和数据资料，促进记录成果广泛利用和社会共享。

53. 2022年 中共云南省委办公厅、云南省人民政府办公厅印发《关于进一步加强非物质文化遗产保护工作的实施意见》中提出通过互联网平台、大众媒体、数字化平台等途径提升非遗传播：

支持依托传统美术、传统技艺类非物质文化遗产资源开发设计具有云南特色的旅游商品。支持利用传统医药类非物质文化遗产资源开发康养旅游产品。举办"非遗购物节"活动，利用互联网平台，拓宽有关产品推广和销售渠道。鼓励非物质文化遗产有关企业拓展国际市场，推动其产品和服务出口。

适应媒体深度融合趋势，丰富传播手段，拓展传播渠道，鼓励新闻媒体、公共数字文化平台设立非物质文化遗产专题专栏等,加强有关题材纪录片创作,推出系列特色优秀节目,鼓励各类新媒体平台做好有关传播工作,塑造"云南非遗公开课"品牌。利用文化馆(站)、图书馆、博物馆、美术馆等公共文化设施开展非物质文化遗产有关培训、展览、讲座、学术交流等活动。

54. 2022年　中共山西省委、山西省人民政府印发《山西省黄河流域生态保护和高质量发展规划》中提出加强文化遗产数字存档、新媒体传播的要求:

加强黄河文化资源普查。全面启动实施山西黄河文化资源普查工程,摸清文化遗产类型和分布状况,持续推动黄河流域古遗址、古建筑、彩塑壁画、古民居、古村落、古渡口、岩画等文物及戏曲、民俗、音乐、舞蹈等文化资源库建设。加强文化遗产数字化保护,逐步构建山西黄河文化资源公共数字平台。有序整合文化资源,构建黄河文化资源谱系。

支持非物质文化遗产展览、展示、传习场所建设,推动建立黄河红色文化研学教育基地、黄河传统村落民居保护研学基地、黄河文化遗产保护传习基地、黄河特色民俗活动传承体验基地。推进文化与科技协同发展,利用新技术提高博物馆、图书馆、美术馆、文化馆等文化场馆的数字化、智能化水平。推动"传统媒体＋新媒体"融合发展,开发设计山西黄河文化保护传承弘扬APP,宣传推介山西黄河文化。

55. 2022年　《辽宁省"十四五"非物质文化遗产保护规划》(辽文旅发〔2021〕35号)中提出非遗数字存档、扩展新媒体传播渠道等目标:

服务全省工作大局,开展非遗调查工作,摸清全省非遗资源家底,挖掘一批具有辽宁地域文化特色的非遗项目。妥善保存调查数据、资料,加强调查成果的运用。运用文字、图像、音频、视频等方式,推进省级非遗代表性传承人记录工作。运用非遗调查记录成果,开展非遗档案和数据库建设,推进非遗档案和数据资源的社会利用。

加强宣传保障。推动主流媒体加强非遗传播力度,设立非遗专栏、专题,形成一批品牌宣传项目。支持各类媒体利用微博、微信、短视频、直播等形式,全面参与非遗保护传播。

参考文献

中文著作

[1] 阿莱达·阿斯曼.回忆空间：文化记忆的形式和变迁[M].潘璐,译.北京：北京大学出版社,2019.

[2] 陈小清.新媒体艺术设计概论[M].广州：广东高等教育出版社,2013.

[3] 丁未,李凤亮主编.粤港澳台文化创意产业发展报告[M].北京：社会科学文献出版社,2015.

[4] 费希尔.完美的群体：如何掌控群体智慧的力量[M].浙江：浙江人民出版社,2013.

[5] 高丙中.民俗文化与民俗生活[M].北京：中国社会科学出版社,1994.

[6] 郝大海.社会调查研究方法[M].北京：中国人民大学出版社,2005.

[7] 何家辉.文创设计[M].武汉：华中科技大学出版社,2020.

[8] 赫尔曼·鲍辛格.技术世界中的民间文化[M].户晓辉,译.桂林：广西师范大学出版社,2014.

[9] 侯文华,郑海超.众包竞赛：一把开启集体智慧的钥匙[M].北京：科学出版社,2021.

[10] 黄亚生,王丹,张世伟.创新的创新：社会创新模式如何引领众创时代[M].杭州：浙江人民出版社,2016.

[11] 郝大海.社会调查研究方法[M].北京：中国人民大学出版社,2005.

[12] 何家辉.文创设计[M].武汉：华中科技大学出版社,2020.

[13] 赫尔曼·鲍辛格.技术世界中的民间文化[M].户晓辉,译.桂林：广西师范大学出版社,2014.

[14] 侯文华,郑海超.众包竞赛：一把开启集体智慧的钥匙[M].北京：科学出版社,2021.

[15] 黄亚生,王丹,张世伟.创新的创新：社会创新模式如何引领众创时代[M].杭州：浙江人民出版社,2016.

[16] 金元浦主编.数字和创意的融会：文化产业的前沿突进与高质量发展[M].北京：中国工人出版社,2020.

[17] 亢琳.视觉传达设计的造型要素与不同领域[M].北京：中国水利水电出版社,2014.

[18] 刘月林,黄海燕.整合媒体设计：数字媒体时代的信息设计[M].北京：中国建筑工业出版社,2016.

[19] 刘志迎,徐毅,洪进.众创空间:从"奇思妙想"到"极致产品"[M].北京:机械工业出版社,2016.

[20] 罗钢,刘象愚.文化研究读本[M].北京:中国社会科学出版社,2000.

[21] 马知遥,孙锐.文化创意与非遗保护[M].天津:天津大学出版社,2013.

[22] [美]理查德·哈克曼,孙晓敏,等.群体智慧:用团队解决难题[M].北京:北京大学出版社,2014.

[23] [美]迈克尔·哈耶特.平台:自媒体时代用影响力赢取惊人财富[M].赵杰,译.北京:中央编译出版社,2013.

[24] 裴琦.众创时代:互联网+创业[M].广州:华南理工大学出版社,2016.

[25] 彭冬梅.非物质文化遗产数字化保护与传播研究[M].济南:山东人民出版社,2014.

[26] 全国人大常委会法制工作委员会行政法室.非物质文化遗产法释义及行政指南[M].北京:中国民主法制出版社,2011.

[27] 宋俊华主编.中国非物质文化遗产保护发展报告[M].北京:社会科学文献出版社,2021.

[28] 谈国新.非物质文化遗产数字化保护与开发的技术体系构建[M].北京:社会科学文献出版社,2013.

[29] 王巍,刘正宏,孙磊.数字造型基础:"非遗"数字化应用[M].北京:中国轻工业出版社,2016.

[30] 王耀希.民族文化遗产数字化[M].北京:人民出版社,2009.

[31] 吴国林主编.非遗漫谈[M].上海:上海社会科学院出版社,2021.

[32] 吴霁红.众创时代:互联网+、物联网时代企业创业完整解决方案:soultions for the new e3economy[M].北京:中信出版社,2015.

[33] 吴霁虹,Jihong W. Sanderson,桑德森.众创时代:互联网+,物联网时代企业创新完整解决方案[M].北京:中信出版社,2015.

[34] 向勇.文化产业蓝皮书:中国文化产业发展报告(2021—2022)[C].北京:社会科学文献出版社,2022.

[35] 肖远平,柴立.中国少数民族非物质文化遗产发展报告[M].北京:社会科学文献出版社,2015.

[36] 杨红.非物质文化遗产数字化研究[M].北京:社会科学文献出版社,2014.

[37] 佚名.传统音乐类非物质文化遗产保护发展报告[M].北京:社会科学文献出版社,2015.

[38] 佚名.推动万众创新、大众创业——浅谈北京市创新孵化平台建设[M].北京:社会科学文献出版社,2015.

[39] 周承君.文创产品设计[M].北京:化学工业出版社,2019.

中文论文

[1] 蔡梦虹.非物质文化遗产的数字化传播研究——以数字出版为视角[J].中国传媒科技,2017(03):86-90.

［2］　陈臣,高庆占.文化传播视角下非遗数字化记录与传播媒介研究——以东北皮影戏为例[J].电影评介,2020(17)：90 - 93.

［3］　陈荟慧,郭斌,於志文.开放模式下群智感知高质量数据采集方法研究[J].小型微型计算机系统,2020,41(01)：7.

［4］　陈荟慧,郭斌,於志文.移动群智感知应用[J].中兴通讯技术,2014(01)：3.

［5］　陈金文."非遗"本真性问题再论[J].广西师范学院学报(哲学社会科学版),2018,39(04)：87 - 91.

［6］　陈明.基于脑电信号的情绪识别[D].杭州电子科技大学,2017.

［7］　陈星星,孟琳达."十二时辰长安秀"探路智媒融合[J].新闻战线,2020(24)：8 - 12.

［8］　陈悦,马翠华,哈晓晨,等.基于数字信息平台的博湖非遗旅游资源的开发模式研究[J].教育现代化,2018,005(49)：222 - 225,255.

［9］　仇兵奎,许子婵.非物质文化遗产生产性保护的生成逻辑与实践模式[J].晋中学院学报,2021,38(05)：26 - 30＋95.

［10］　崔博,田思源.数字技术对宝坻皮影戏的创新传承研究[J].包装工程,2019,40(24)：321 - 325＋357.

［11］　崔乐泉.2020 年度传统体育、游艺与杂技类非物质文化遗产研究报告[J].中国非物质文化遗产,2021(03)：65 - 83.

［12］　崔雪.陕西省非物质文化遗产 APP 界面交互设计研究[D].西安理工大学,2020.

［13］　戴光全,张洁,孙欢.节事活动的新常态[J].旅游学刊,2015(01)：3 - 5.

［14］　董甜甜.互联网时代中华元素的数字化艺术传播研究[D].东南大学,2019.

［15］　樊传果,孙梓萍.人工智能赋能下的传统手工艺非物质文化遗产传播[J].传媒观察,2021(08)：68 - 73.

［16］　范红,周鑫慈.中华优秀传统文化短视频传播的内容创新与优化策略——以"♯谁说京剧不抖音"为例[J].出版广角,2021(11)：67 - 71.

［17］　范涛,王昊,李跃艳,等.基于多模态融合的非遗图片分类研究[J].数据分析与知识发现,2022,6(Z1)：329 - 337.

［18］　范勇冠.我国非遗保护中本真性原则适用性的思考[J].大观(论坛),2020(10)：87 - 88.

［19］　范周.从"泛娱乐"到"新文创""新文创"到底新在哪里——文创产业路在何方？[J].人民论坛,2018(22)：3.

［20］　付丽丽,楼小龙,李欣怡,等.自然人机交互在"非遗"传承教育中的应用研究[J].现代信息科技,2022,6(06)：5.

［21］　高洁.湘中傩狮舞的非遗保护与传承对策分析[J].北京舞蹈学院学报,2021.

［22］　高阳.融媒体环境下短视频对"非遗"传播的影响[J].西部广播电视,2022,43(07)：3.

［23］　高旸,陈鹏.技术主导与情感零度："非遗"数字化技术伦理反思[J].广西社会科学,2020(07)：134 - 139.

［24］　高玥,段美琦.红色旅游与网红旅游融合路径研究[J].合作经济与科技,2022,(16)：

48－52.

[25] 葛浩然,张瀚文,葛欣然,等.数字赋能下我国会展业战略效用提升机制研究[J].商展经济,2022,(10)：1－4.

[26] 耿国华,何雪磊,王美丽,等.文化遗产活化关键技术研究进展[J].中国图像图形学报,2022(06)：20.

[27] 龚志文,龙珍.景德镇手工制瓷技艺生产性保护研究[J].现代商贸工业,2021,42(30)：1－3.

[28] 巩兵兵.文化馆在地域性非遗保护与传承中的功能[J].丝网印刷,2022(10)：3.

[29] 管志利.文化消费的提升路径和机制创新——一项典型案例的跟踪研究[J].社会科学家,2019(08)：156－160.

[30] 郭斌.论智能物联与未来制造——拥抱人机物融合群智计算时代[J].学术前沿,2020(13)：11.

[31] 郭斌,於志文.群智融合计算[J].中国计算机学会通讯,2018,014(11)：41－45.

[32] 郭斌,翟书颖,於志文,等.群智大数据：感知、优选与理解[J].大数据,2017,3(05)：13.

[33] 郭君健.数字化再现技术在钧窑生产性保护中应用探析[J].广西民族大学学报(哲学社会科学版),2019,41(06)：97－103.

[34] 郭丽丽,温超.非遗视野下板鹞风筝数字化平台交互设计策略研究[J].设计,2019,32(12)：3.

[35] 郭寅曼,季铁,闵晓蕾.非遗手工艺的文化创新生态与设计参与价值[J].装饰,2021(05)：102－105.

[36] 韩百川,潘辉,魏文静,等.基于网络文本分析的鼓山风景名胜区游客旅游体验研究[J].河南科技学院学报(自然科学版),2020,48(01)：35－41.

[37] 韩成艳.从学术上拯救"原生态"和"本真性"概念[J].广西民族大学学报(哲学社会科学版),2015,37(06)：86－91.

[38] 韩美群,周小芹.近二十年来非物质文化遗产数字化传承研究回顾与展望[J].中南民族大学学报(人文社会科学版),2022,42(01)：65－74＋184.

[39] 韩颖,董玉琦,毕景刚.学习分析中情绪的生理数据表征——皮肤电反应的应用前瞻[J].现代教育技术,2018,28(10)：12－19.

[40] 郝国强,刘景予.线上绣娘：乡村非遗文化活态传承研究[J].广西民族大学学报(哲学社会科学版),2019,41(04)：112－119.

[41] 后疫情时代,数字会展驱动会展龙头崛起[R].西部证券,2022.

[42] 胡佳妮.民间文学"白蛇传"传说数字化传承研究[D].江苏大学,2021.

[43] 胡潇文,陈芊骊,黄代吉,等.红色旅游资源开发利用新路径：数字赋能、多元认同与价值共创[J].中国市场,2022(03)：21－23.

[44] 黄佳俊.3D数字技术在旅游景区动画形象设计上的优势和实践[J].电脑迷,2017(10)：96.

[45] 黄琴.社会公众利用新媒体平台参与非遗建档路径探析[J].兰台世界,2021.

[46] 黄晓意."非遗"的活态传承与文化使命——从"雷山苗年"说起[J].中国民族博览,2021,(07)：96-98.

[47] 黄忻.虚拟现实技术在旅游文化遗产数字化保存中的应用研究[J].未来与发展,2017,41(01)：53-56.

[48] 黄永林.数字化背景下非物质文化遗产的保护与利用[J].文化遗产,2015(01)：1-10+157.

[49] 黄永林,余召臣.技术视角下非物质文化遗产的发展向度与创新表达[J].宁夏社会科学,2022,(03)：198-206.

[50] 贾菁.人工智能背景下非物质文化遗产数字化传播的进阶路向[J].当代传播,2020(01)：4.

[51] 菅丰,陈志勤.何谓非物质文化遗产的价值[J].文化遗产,2009(2).

[52] 蒋慧,朱倩文.重述神话——壮族节庆类非物质文化遗产传说的数字动漫探析[J].美术观察,2020,(10)：73-74.

[53] 解梦伟,侯小锋.非物质文化遗产数字化传播的反思[J].民族艺术研究,2021,34(06)：139-145.

[54] 靳璨,张飞越.非遗数字化保护与传承的新思路——MG 动画的运用优势及策略探析[J].艺术科技,2021,034(04)：27-28.

[55] 靳桂琳.我国非物质文化遗产的数字化保护研究[D].昆明理工大学,2019.

[56] 景智.非遗数字化保护的探索与实践——非遗文化下数字语境的表现[J].中国多媒体与网络教学学报(上旬刊),2020(05)：174-177.

[57] 蒯大申.文化产业振兴规划[J].上海人大月刊,2009(10)：13-13.

[58] 况成泉.非物质文化遗产生产性保护进程中的"异化"行为分析[J].西部学刊,2020(22)：52-54.

[59] 冷荣亮,冯艳.数字媒体艺术在非遗文化传承中的应用[J].邢台学院学报,2018,33(03)：3.

[60] 李成凯,席旭刚,王俊伟,等.表面肌电信号采集系统设计[J].杭州电子科技大学学报(自然科学版),2015,35(02)：34-37.

[61] 李定芳,文晨.湘西南"非遗＋SEB/OLoMo"智能移动平台建构初探[J].吉林艺术学院学报,2019(02)：6.

[62] 李朵朵.数字化工作方式下的非物质文化遗产活态记录与传播研究[D].南京艺术学院,2012.

[63] 李韩云,储蕾芳.非遗四平戏角色设计的传承与创新[J].美术教育研究,2021(18)：2.

[64] 李宏锋,冯卓慧,孙晨荟,等.2020 年度传统音乐类非物质文化遗产研究报告[J].中国非物质文化遗产,2021(03)：43-53.

[65] 李嘉慧.新媒体时代下非遗文化的传播及再建构——以哔哩哔哩视频平台为例[J].大观：论坛,2022(05)：3.

[66] 李江瑶.基于元数据与本体的非遗传承人个人档案数字资源组织研究[D].西北大

学,2021.

[67] 李小龙,阳君杰,马雪晴."守艺人"非物质文化遗产数字化平台建设[J].信息与电脑,
2022(034-007).

[68] 李晓.数字化视域下红色旅游创新发展研究[J].经济论坛,2022,(06):60-66.

[69] 李妍.非遗保护的数字化赋能——以"国家级非遗炕围画数字博物馆·襄垣"为例[J].
民艺,2021,(06):47-50.

[70] 李燕.少数民族音乐类非物质文化遗产生产性保护模式的分析[J].中国民族博览,
2020(18):137-138.

[71] 李艺雪.基于KANO模型的非遗数字化产品设计研究[D].重庆大学,2019.

[72] 李易安,黄婧瑜,钱景雯,等.非遗缂丝抖音平台传播策略研究[J].江苏丝绸,2021(06):6.

[73] 李媛媛.非遗经纪模式探索——以"传+"平台为例[J].非遗传承研究,2022(01):4.

[74] 梁增贤,罗秋菊,郑雅馨,等."新经济格局和数字技术下的会展业变革"系列笔谈[J].
旅游论坛,2021,14(05):69-84.

[75] 廖佳豪,於志文,刘一萌,等.移动群智感知平台设计与实现[J].浙江大学学报(工学
版),2020,54(10):8.

[76] 林思佳.国内非物质文化遗产的数字化传播浅谈[J].文艺生活,2020(04):124.

[77] 林泰祺,石鸣.浅析抖音平台上非遗文化的传播模式[J].西部广播电视,2020(02):2.

[78] 林毅红.基于数字化技术视角下的非物质文化遗产保护研究——以黎族传统纺染织
绣工艺为例[J].民族艺术研究,2011,24(05):116-121.

[79] 刘昌鑫.基于多生理信号融合的体征识别技术研究与实现[D].东南大学,2020.

[80] 刘丰,韩京龙,等.智能可穿戴设备等研究和应用进展[J].分析化学,2021,49(02):
159-171.

[81] 刘晗,周耀林.参与式共建:少数民族数字记忆建构模式及实现策略[J].档案学研究,
2022(03):60-67.

[82] 刘锦文,权黎明,李洁.非遗视角下地方性拳种传承困境与发展路径研究——以左家
拳为个案[J].第十二届全国体育科学大会论文摘要汇编——专题报告(武术与民族传
统体育分会),2022.

[83] 刘琉,王露露,孔德民.音乐类非物质文化遗产建档的应用方向研究——基于传承与
传播的关系辨析[J].档案学研究,2020(02):90-97.

[84] 刘敏.本真性视阈下非遗民歌的传承研究[J].当代音乐,2021(01):10-12.

[85] 刘向红.基于用户协作的非物质文化遗产数字资源分类模式研究[J].现代情报,2017,
37(03):21-25+31.

[86] 刘潇.陕北手工技艺类非遗影像化传承与地域文化传播研究[D].贵州民族大学,2021.

[87] 刘晓春.非遗文化的地方性与公共性[J].广西民族大学学报(哲学社会科学版),2008.

[88] 刘晓茜,李曦明,何人可.基于交互虚拟现实技术视域下非遗文化数字化传承与创新
[J].艺术工作,2022(01):6.

[89] 刘晓青."非遗"视角下武山旋鼓舞文化形态与传承现状研究[D].西北师范大学,2021.

[90] 刘奕铄,薛双,康帆.湖北省饮食类非遗推广平台设计研究[J].上海包装,2021(01):3.

[91] 刘禹乔,肖雨欣,郝书平.匠人APP——乡村振兴地区非遗工艺品电商交互平台[J].市场调查信息,2021,000(17):1-4.

[92] 刘月林,宋立巍.基于情境叙事的非物质文化遗产交互展陈体验设计[J].设计,2018,000(15):132-133.

[93] 刘智慧,张泉灵.大数据技术研究综述[J].浙江大学学报(工学版),2014,48(06):957-972.

[94] 卢毅.传承教育语境下的非遗数字化传播探索——以南京云锦为例[J].山东工艺美术学院学报,2020(06):4.

[95] 鲁力立,陆怡婕,许鑫.寓教于乐:元宇宙视角下口头文学类非遗的科普VR设计[J].图书馆论坛,2023,43(02):141-149.

[96] 吕思婧.基于使用与满足理论的明星真人秀中明星形象的受众感知研究[D].长春工业大学,2019.

[97] 吕燕茹,李昕澍,陈佳杨.非遗数字文创轻应用设计[J].包装工程,2019,40(14):1.

[98] 栾轶玫,张杏."多元传播"赋能的非遗扶贫新模式——以脱贫网红贵州"侗族七仙女"为例[J].云南社会科学,2020(05):10.

[99] 马迪.基于表面肌电信号的手势识别算法研究[D].吉林大学,2020.

[100] 马丁丁.数字媒体下非遗动态传播的影像表达[J].计算机产品与流通,2020(07):1.

[101] 马天容,李玲,刘颖,等.基于全景交互叙事的非物质文化遗产数字化保护研究——以羌笛演奏及制作技艺为例[J].艺术教育,2021(04):4.

[102] 马晓娜,图拉,徐迎庆.非物质文化遗产数字化发展现状[J].中国科学:信息科学,2019,49(02):121-142.

[103] 毛剑康,李晶,张梓微,等.佛山非遗保护平台的设计与实现[J].2021(04):248-249.

[104] 年志刚,梁式,麻芳兰,等.知识表示方法研究与应用[J].计算机应用研究,2007(05):234-236+286.

[105] 聂洪涛,韩欣悦.数字化传播视域下非物质文化遗产影像记录与有效活用研究[J].广西社会科学,2021(05):6.

[106] 潘彦瑾.非遗视域下四川传统竹编技艺的生产性保护研究[D].成都大学,2021.

[107] 潘玉.非遗传承和美丽乡村建设共同发展的思考[J].管理观察,2013(27):171-173.

[108] 彭冬梅,刘肖健,孙守迁.信息视角:非物质文化遗产保护的数字化理论[J].计算机辅助设计与图形学学报,2008(01):7.

[109] 朴原模.韩国非物质文化遗产的记录工程与数码档案的构建[J].河南社会科学,2009(04):4.

[110] 齐士馨,王亚微,付天琪.利用短视频平台推动沧州大运河非遗文化传播的策略研究[J].西部广播电视,2021,42(20):3.

[111] 钱晓虎,曾立新.数字影像在非物质文化遗产保护中的影像思维研究[J].电影评介,2014(20)：69－71.

[112] 邱悦.江苏非物质文化遗产研学旅行产品开发研究[D].东南大学,2017.

[113] 曲丽娜,彭莉.节气文化基因的数字化设计[J].计算机与现代化,2019(11)：88－93＋99.

[114] 饶蕊.利益相关者视角下三江县侗族大歌生产性保护研究[D].桂林理工大学,2020.

[115] 邵晰.基于VR技术下的少数民族节日数字化保护与传承研究[J].中国新通信,2020.

[116] 邵鋆南,金枝瑛.宁波非遗"十里红妆"数字化保护与创新研究[J].今古文创,2022(18)：66－68.

[117] 佘洁华.基于数字人文的非遗档案开发现状、问题与策略研究[J].浙江档案,2021(11)：60－62.

[118] 沈强.数字媒体技术在非遗文化"徐州剪纸"中的作用研究[J].传播力研究,2020,4(15)：2.

[119] 沈旭昆,闫烁.基于生物电传感的受众感知探索与研究[J].包装工程,2021,42(10)：26－31.

[120] 宋建明.当"文创设计"研究型教育遭遇"协同创新"语境基于"艺术＋科技＋经济学科"研与教的思考[J].新美术,2013,34(11)：10－20.

[121] 宋俊华.非物质文化遗产概念的诠释与重构[J].学术研究,2006(09)：5.

[122] 宋俊华.关于非物质文化遗产数字化保护的几点思考[J].文化遗产,2015(02)：25－26.

[123] 宋俊华,王明月.我国非物质文化遗产数字化保护的现状与问题分析[J].文化遗产.2021(06)：1－9.

[124] 宋梅梅.信息设计中画面设计与受众感知的关系研究[J].包装工程,2015,36(16)：45－48.

[125] 苏俊杰,方达.疫情防控下非物质文化遗产的可持续发展——基于全国网络问卷调查的分析[J].中南民族大学学报(人文社会科学版),2022,42(05)：78－87＋184.

[126] 孙发成.非遗"活态保护"理念的产生与发展[J].文化遗产,2020(03)：35－41.

[127] 孙若晨.论博物馆在非物质文化遗产保护中的作用与实现路径[J].文化创新比较研究,2022,6(14).

[128] 孙守迁,包恩伟,陈蕴,等.计算机辅助概念设计研究现状和发展趋势[J].中国机械工程,1999(06)：105－109＋8.

[129] 孙玉洁.数字媒体艺术沉浸式场景设计研究[D].中国艺术研究院,2021.

[130] 孙志军,薛磊,许阳明,等.深度学习研究综述[J].计算机应用研究,2012,29(08)：2806－2810.

[131] 谈国新,何琪敏.中国非物质文化遗产数字化传播的研究现状,现实困境及发展路径[J].理论月刊,2021(09)：87－94.

［132］ 谈国新,张立龙.非物质文化遗产数字化保护与传承刍议[J].图书馆,2019(04)：79 - 84.

［133］ 谭必勇,徐拥军,张莹.技术·文化·制度：非物质文化遗产数字化研究述评[J].浙江档案,2011(06)：30 - 33.

［134］ 谭必勇,张莹.中外非物质文化遗产数字化保护研究[J].图书与情报,2011(04)：5.

［135］ 唐婕.新媒体多元化形式下侨乡非遗数字化保护研究[J].科技传播,2021,13(18)：4.

［136］ 唐璐璐.亚洲四国乡村传统手工艺集群化发展策略的比较研究[J].文化遗产,2019(03)：8.

［137］ 王安霞,王喆.文化遗产的多元化视觉呈现研究[J].包装工程,2019,40(10)：1 - 7.

［138］ 王福州.从实践探索到学科建构还须行多久——兼议非物质文化遗产的学科建设[J].文化遗产,2021(06)：13.

［139］ 王建磊.基于 IdeaVR 引擎的苏州非遗文化传承平台的设计与实现[J].现代信息科技,2021,5(23)：6.

［140］ 王谨.南京云锦文化数字化博物馆建设设计构思[J].美术教育研究,2014,(11)：70 - 71.

［141］ 王铠宏.数字化在非物质文化遗产展示空间中的应用思考[J].大众文艺,2022,(09)：59 - 62.

［142］ 王亮,於志文,郭斌,等.基于移动社交网络的群智感知社群化任务分发[J].浙江大学学报(工学版),2018,52(9)：8.

［143］ 王润卓.非遗活化：节气文化的活态传承与创新开发[J].人文天下,2021,000(02)：51 - 55.

［144］ 王伟杰,徐小玲.我国"非遗"数字化保护现状及未来发展路径探析[J].歌海,2020(05)：24 - 29.

［145］ 王怡丹,马振龙.基于数字技术的非遗多元化传播研究[J].中国广告,2020(05)：4.

［146］ 王瑛.非遗传承的现实困境及创新模式[J].文化产业,2022(01)：64 - 66.

［147］ 王莹.智慧博物馆与非遗保护传承——以智化寺京音乐"数字化"保护与传承为例[C].2019 北京数字博物馆研讨会.2019.

［148］ 王忠民,赵玉鹏,等.脑电信号情绪识别研究综述[J].计算机科学与探索,2022,16(04)：760 - 774.

［149］ 韦曦.智能传播时代非物质文化遗产场景传播研究[J].传媒观察,2021(12)：62 - 68.

［150］ 魏东.关于数字动漫在非物质文化遗产保护中的应用研究[J].艺术评鉴,2020(09)：14 - 15.

［151］ 文琴.图书馆参与非物质文化遗产数字化的政策研究[J].图书馆建设,2019(S1)：156 - 160.

［152］ 吴兰.非遗资源数字复合出版的构建与思考[J].出版广角,2018(16)：37 - 38.

［153］ 吴飚.非遗数字化游戏传播方式探析[J].秦智,2022(1)：3.

[154] 肖瑱,陈嘉,钟梦茹."互联网＋"背景下南京云锦数字博物馆设计研究[J].西部皮革,2021,43(17)：137－138＋144.

[155] 笑婷.基于 UTAUT 模型的非遗数字传播用户采纳研究——以白蛇传传说为例[J].新媒体研究,2021,7(21)：5.

[156] 谢海洋.档案学语境下直隶非物质文化遗产数字化保护与传播策略研究[J].档案学研究,2018(04)：97－101.

[157] 谢小娟.浅议非遗会展对非遗保护与传播的作用与影响[J].大众文艺,2019(19).

[158] 徐飞.非物质文化遗产研究现状分析——基于 CNKI(2003—2019)数据[J].情报科学,2021,39(12)：179－186.

[159] 许大伟,王浩毅,张建国.基于网络文本分析的濮上园游客体验感知研究[J].天津农业科学,2021,27(01)：38－43.

[160] 许芳.基于 VR 技术的南岳衡山红色旅游与红色文化传承创新路径研究[J].经贸实践,2018(22)：211－212.

[161] 许万林,许燕,王云升.全域旅游视域下陕西红色旅游可持续发展路径选择[J].体育科技文献通报,2022,30(01)：179－181＋203.

[162] 许鑫,孙亚薇.非遗数字传播中的信息技术采纳研究[J].图书与情报,2017(06)：133－140.

[163] 许鑫,赵嘉伦.图书馆参与非物质文化遗产保护的现状与建议[J].图书情报工作,2014,58(21)：6－12.

[164] 薛可,龙靖宜.消弭数字鸿沟：中国非物质文化遗产数字传播新思考[J].中国非物质文化遗产,2021(02)：8.

[165] 薛可,龙靖宜.中国非物质文化遗产数字传播的新挑战和新对策[J].文化遗产,2020(01)：7.

[166] 薛如冰,陆黛灵."非遗后"时代视域下民俗艺术的数字动画传承探析——以安徽肘阁、抬阁为例[J].北京印刷学院学报,2021,29(S2)：43－45.

[167] 闫晓,张淑华.秦腔的创意化保护与发展思路探析[J].美与时代(下),2020(01)：68－70.

[168] 杨凡颖.基于新技术环境下的非遗文化数字传播思路探究[J].数码世界,2020,No.179(09)：256－257.

[169] 杨晗.陕西皮影艺术在新媒体交互体验平台中的应用设计研究[D].西安建筑科技大学,2020.

[170] 杨蕾,胡慧,周军.刺绣针法图样特征点提取及匹配方法研究[J].计算机应用研究,2021,38(07)：2231－2234＋2240.

[171] 杨蕾,张欣,胡慧,等.基于数字化保护与产业化应用的羌绣服务设计[J].包装工程,2022,43(02)：358－366.

[172] 杨利强,高瞩.基于用户体验的非遗社区 APP 设计研究[J].设计,2020,33(05)：3.

[173] 杨怡.非物质文化遗产概念的缘起、现状及相关问题[J].文物世界,2003(02)：27-31.

[174] 姚国章.非物质文化遗产的数字化发展及关键技术应用[J].常州大学学报(社会科学版),2021,22(04)：106-116.

[175] 易玲.文化遗产数字化成果私权保护：价值、成效及制度调适[J].政法论丛,2022(01)：30-41.

[176] 易玲,肖樟琪,许沁怡.我国非物质文化遗产保护 30 年：成就、问题、启示[J].行政管理改革,2021(11)：65-73.

[177] 尹雄,陶丽萍,潘伟晨."非遗"数字化保护与展示平台研究——以江汉平原皮影戏为例[J].现代信息科技,2021,5(15)：4.

[178] 于涓."脱域"的"再嵌入"：短视频平台赋权非遗传播——以抖音为例[J].电视研究,2022(05)：3.

[179] 余悦.非物质文化遗产研究的十年回顾与理性思考[J].江西社会科学,2010(09)：10-23.

[180] 宇克伟.试论非物质文化遗产的数字化传播对策[J].卷宗 2020(09)：124.

[181] 曾一敏.冷门非遗艺术的困境与机遇[D].湖南师范大学,2021.

[182] 翟姗姗,刘德印,许鑫.抢救性保护视域下的非遗数字资源长期保存[J].图书馆论坛,2019,39(01)：9-15.

[183] 翟姗姗,刘齐进,白阳.面向传承和传播的非遗数字资源描述与语义揭示研究综述[J].图书情报工作,2016,60(02)：6-13+21.

[184] 翟姗姗,许鑫,孙亚薇,等.记忆工程视野下的非遗数字化存档保护研究[J].图书与情报,2017(04)：47-53.

[185] 张成雷,吴飞.新媒体视域下节事活动营销路径研究——以江南牡丹文化旅游节为例[J].经营与管理,2022,(08)：65-70.

[186] 张朵朵,尼克·布莱恩·金斯.数字化平台助力手工艺非遗传承的中英案例研究[J].中国非物质文化遗产,2021(02)：8.

[187] 张福银,周晴,牛佳芮.移动互联网语境下非物质文化遗产数字化传播路径[J].哈尔滨师范大学社会科学学报,2021,12(06)：8.

[188] 张建国.数字博物馆对文物保护与全球化传播的保障策略研究[J].情报科学,2022,40(02).

[189] 张婧文."十二时辰长安秀"文化 IP 赋能城市新消费模式[J].当代旅游,2021,19(31)：16-18.

[190] 张力行,叶宁,黄海平,等.基于皮肤电信号与文本信息的双模态情感识别系统[J].计算机系统应用,2018,27(11)：103-108.

[191] 张璐,王若佳.在线教育视频用户评论行为比较研究——以 Bilibili 网站视频评论为例[J].现代情报,2020,40(02)：62-71.

[192] 张梦琦.基于体感识别技术的数字化交互在非物质文化遗产展陈中的应用[J].数码设计(上),2020,009(02)：252-253.

[193] 张琪,王东波.国外非物质文化遗产研究领域的知识结构与前沿演变[J].江苏科技信息,2019(32):12-16.

[194] 张文锡.数字人文视域下图书馆非遗资源保护平台的构建[J].江苏科技信息,2021,38(15):3.

[195] 张效娟."非遗"数字化保护中的"在场"问题研探——以青海刺绣艺术数字化保护为例[J].青海民族研究,2018,29(02):106-109.

[196] 张旭.非物质文化遗产的数字化展示媒介研究[J].包装工程,2015,36(10):20-23+48.

[197] 张璇.融媒体时代二十四节气的传播与策略[J].今传媒,2022,30(01):33-36.

[198] 张钊.中国二十四节气数字交互产品设计研究[D].哈尔滨工业大学,2018.

[199] 张中波.公共文化服务视域下非遗类文化会展的类型及价值探析[J].商展经济,2021,(24).

[200] 张中启.非遗蓝印花布数字化保护与传承对策研究[J].国际纺织导报,2020,48(09):4.

[201] 赵黎,侯彦霞.数字传播视域下衡水非遗国际化传播策略探究[J].海峡科技与产业,2020(11):53-55.

[202] 赵向军.民族地区非物质文化遗产与博物馆的探索实践——以大理非物质文化遗产博物馆为例[C]//.中国民族文博(第五辑),2013:112-118.

[203] 赵熠如.加速变现 微信视频号首战"6·18"[J].中国商界,2022(07):58-61.

[204] 赵跃.新时期档案机构参与非遗保护的反思与再定位[J].档案学通讯,2020(02):40-48.

[205] 赵跃,周耀林.国际非物质文化遗产数字化保护研究综述[J].图书馆,2017(08):59-68.

[206] 赵中华.数字化交互技术对徽州三雕非物质文化遗产保护的应用研究[J].山东省农业管理干部学院学报,2019,(10):81-82.

[207] 郑奥成,郑家鲲,王学彬.后疫情时代体育非物质文化遗产数字化传播的现实挑战与推进路向[J].广州体育学院学报,2021,41(01):57-61.

[208] 郑淞尹,孙传明,谈国新.基于文本挖掘的中外游客文化感知差异——以世界遗产为例[J].华侨大学学报(哲学社会科学版),2022(01):64-77.

[209] 钟红清.略论国外民间美术类非物质文化遗产保护概况——以亚欧多国为例[J].非物质文化遗产研究集刊,2012(01):13.

[210] 周春林.3D数字技术与旅游管理实验室建设[J].当代旅游(高尔夫旅行),2017(09):77-78.

[211] 周鼎,李芳.基于WebGIS的非遗资源数据库知识服务平台构建[J].科技与出版,2022(02):5.

[212] 周杰.基于sEMG的手势识别算法及应用研究[D].东北大学,2017.

[213] 周孟杰,余城宏.信息、互动与实践:乡村非遗的技术赋权与多元传播[J].南京晓庄学院学报,2022,38(03):110-115.

[214]　周亚,许鑫.非物质文化遗产数字化研究述评[J].图书情报工作,2017,61(02)：6-15.

[215]　朱璟怡,方琛,孟庆林.AR技术在非物质文化遗产数字化推广中的应用[J].艺海,2018(04)：111-113.

[216]　朱丽兰,郭磊,孙媛.非物质文化遗产——风筝的数字化保护与传承研究[J].商业文化,2021(03)：40-41.

[217]　朱学芳,王若宸.非遗图像语义信息本体构建及其关联数据存储和发布研究[J].现代情报,2021,41(06)：54-63.

[218]　朱逸宁.非遗美学视域下中国节庆"事象之美"的阐释与重构[J].江苏社会科学,2021,(03)：176-184.

英文著作

[1]　Csikszentmihalyi M, Csikzentmihaly M. Flow：The psychology of optimal experience[M]. New York：Harper & Row, 1990.

[2]　Friedman B, Kahn Jr P H. Human values, ethics, and design[M]//The human-computer interaction handbook. Florida：CRC Press, 2002：1209-1233.

[3]　Lang Y, Deng X, Zhang K, et al. Construction of intangible cultural heritage spot based on AR technEB/OLogy—taking the intangible cultural heritage of the Li nationality in the areca valley as an example[C]. IOP Conference Series：Earth and Environmental Science. IOP Publishing, 2019, 234(1)：012-119.

[4]　Lipton U. The Practical Guide to Information Design[M]. Shanghai：Shanghai People's Fine Arts Publishing House, 2008.

[5]　Liu Z, Yan S, Lu Y, et al. Generating Embodied Storytelling and Interactive Experience of China Intangible Cultural Heritage "Hua'er" in Virtual Reality[C]. CHI Conference on Human Factors in Computing Systems Extended Abstracts. 2022：1-7.

[6]　Manovich L. The language of new media[M]. Massachusetts：MIT press, 2002.

[7]　McLuhan E, Zingrone F. Essential McLuhan[M]. New York：Routledge, 1997.

[8]　Roobaert D, Karakoulas G, Chawla N V. Information gain, correlation and support vector machines[M]. Berlin, Heidelberg：Feature extraction. Springer, 2006：463-470.

[9]　Sugiyama K, Hatano K, et al. Refinement of TF-IDF schemes for web pages using their hyperlinked neighboring pages[C]. Proceedings of the fourteenth ACM conference on hypertext and hypermedia. 2003：198-207.

[10]　Vane O. Timeline design for visualising cultural heritage data[M]. London：Royal College of Art, 2020：42.

[11] Winston P H. Artificial intelligence[M]. Massachusetts: Addison-Wesley Longman Publishing Co., Inc., 1992.

英文论文

[1] Abdo A H. Digital heritage applications and its impact on cultural tourism[J]. Journal of Association of Arab Universities for Tourism and Hospitality, 2019, 17 (1): 37 - 50.

[2] Amabile T M, Conti R, Coon H, et al. Assessing the work environment for creativity[J]. Academy of management journal, 1996, 39(5): 1154 - 1184.

[3] Bekele M K, Pierdicca R, Frontoni E , et al. A Survey of Augmented, Virtual, and Mixed Reality for Cultural Heritage [J]. Journal on Computing and Cultural Heritage, 2018, 11(2): 1 - 36.

[4] Çakmakçıoğlu B A. Effect of digital age on the transmission of cultural values in product design[J]. The Design Journal, 2017, 20(sup1): S3824 - S3836.

[5] Christopher Robbins. Beyond preservation: New directions for technological innovation through intangible cultural heritage [J]. International Journal of Education and Development using Information and Communication Technology, 2010(2): 115 - 118.

[6] Damanpour F. Organizational innovation: A meta-analysis of effects of determinants and moderators[J]. Academy of management journal, 1991, 34(3): 555 - 590.

[7] Dang Q, Luo Z, Ouyang C, et al. Intangible cultural heritage in China: a visual analysis of research hotspots, frontiers, and trends using citeSpace[J]. Sustainability, 2021, 13(17): 9865.

[8] Gonçalves A R, Dorsch L L P, Figueiredo M. Digital Tourism: An Alternative View on Cultural Intangible Heritage and Sustainability in Tavira, Portugal[J]. Sustainability, 2022, 14(5): 2912.

[9] Idris M Z, Mustaffa N B, Yusoff S O S. Preservation of intangible cultural heritage using advance digital technology: Issues and challenges[J]. Harmonia: Journal of Arts Research and Education, 2016, 16(1): 1 - 13.

[10] Kayumovich K O. Prospects of digital tourism development[J]. Economics, 2020 (1 (44)): 23 - 24.

[11] Kim S, Im D, Lee J, et al. Utility of digital technologies for the sustainability of intangible cultural heritage (ICH) in Korea[J]. Sustainability, 2019, 11(21): 6117.

[12] Severo M, Venturini T. Intangible cultural heritage webs: Comparing national networks with digital methods[J]. New Media & Society, 2016, 18(8): 1616 - 1635.

[13] Skublewska-Paszkowska M, Milosz M, Powroznik P, et al. 3D technEB/OLogies for intangible cultural heritage preservation — Literature review for selected databases[J]. Heritage Science, 2022, 10(1): 1 - 24.

[14] Thiessen M, Sinclair S, et al. Information access and use by patients with cancer and their friends and family: development of a grounded theory[J]. Journal of medical Internet research, 2020, 22(10): e20510.

[15] Tong C, Kim H G. Intangible Cultural Heritage Based on AR TechnEB/OLogy[J]. Academic Journal of Humanities & Social Sciences, 2021, 4(12).

[16] Venkatesh V, Morris M G, Davis G B, et al. User acceptance of information technology: Toward a unified view[J]. MIS quarterly, 2003: 425 - 478.

[17] Verbeek P P. Materializing morality: Design ethics and technological mediation[J]. Science, Technology, & Human Values, 2006, 31(3): 361 - 380.

[18] Wen W H, Qiu Y H, et al. Construction and cross-correlation analysis of the affective physiological response database[J]. Science China Information Sciences, 2010, 53(9): 1774 - 1784.

[19] Wijesundara C, Sugimoto S. Metadata model for organizing digital archives of tangible and intangible cultural heritage, and linking cultural heritage information in digital space[J]. LIBRES: Library and Information Science Research Electronic Journal, 2018, 28(2): 58 - 80.

[20] Xie R. Intangible Cultural Heritage High-Definition Digital Mobile Display TechnEB/OLogy Based on VR Virtual Visualization[J]. Mobile Information Systems, 2021.

[21] Xie R. Intangible Cultural Heritage High-Definition Digital Mobile Display TechnEB/OLogy Based on VR Virtual Visualization[J]. Mobile Information Systems, 2021.

[22] Zaichkowsky J L. The personal involvement inventory: Reduction, revision, and application to advertising[J]. Journal of advertising, 1994, 23(4): 59 - 70.

[23] Zhang W. Key Technologies of Digital Protection of Historical and Cultural Heritage Based on Virtual Reality Technology[J]. Mobile Information Systems, 2022.

[24] Zhang Y, Han M, Chen W. The strategy of digital scenic area planning from the perspective of intangible cultural heritage protection[J]. eurasip journal on image and video processing, 2018, 2018(1): 1 - 11.

[25] Zhou Y, Sun J, Huang Y. The digital preservation of intangible cultural heritage in china: a survey[J]. Preservation, Digital Technology & Culture, 2019, 48(2), 95 - 103.